Die prozessualen Folgen eines Betriebsübergangs
nach § 613a BGB

Schriften zum Verfahrensrecht

Herausgegeben von
Peter Gottwald und Ulrich Haas

Band 34

PETER LANG
Frankfurt am Main · Berlin · Bern · Bruxelles · New York · Oxford · Wien

Stefanie Reiche

Die prozessualen Folgen eines Betriebsübergangs nach § 613a BGB

PETER LANG
Internationaler Verlag der Wissenschaften

Bibliografische Information der Deutschen Nationalbibliothek
Die Deutsche Nationalbibliothek verzeichnet diese Publikation in der Deutschen Nationalbibliografie; detaillierte bibliografische Daten sind im Internet über <http://www.d-nb.de> abrufbar.

ISSN 1619-344X
ISBN 978-3-631-59429-2

www.peterlang.de

Meiner Familie

Vorwort

Die vorliegende Arbeit wurde im Frühjahrssemester 2009 von der Rechtswissenschaftlichen Fakultät der Universität Zürich als Dissertation angenommen. Rechtsprechung und Literatur konnten bis Juli 2009 berücksichtigt werden.

Mein Dank gilt meinem Doktorvater Herrn Prof. Dr. Ulrich Haas für die Betreuung dieser Arbeit, die er nach seinem Fortgang an die Universität Zürich mit gleicher Intensität fortgeführt hat, für die rasche Erstellung des Gutachtens ebenso wie für die angenehme Zusammenarbeit an der Johannes Gutenberg-Universität Mainz. Für die stetigen Anregungen zu meiner Arbeit danke ich darüber hinaus Herrn Prof. Dr. C.W. Hergenröder.

Dank gebührt des Weiteren Herrn Prof. Dr. Peter Huber, der mich nach dem Fortgang von Herrn Prof. Haas nach Zürich als wissenschaftliche Mitarbeiterin an seinen Lehrstuhl übernommen hat und mir damit die Möglichkeit bot, meine Dissertation konzentriert zu Ende zu führen.

Herausstellen möchte ich Dr. Carla Katharina Luh, die mir nicht nur eine kritische Diskussionspartnerin in allen Fragen war, sondern auch eine wertvolle Freundin geworden ist, ebenso wie Myriam Sontag – vielen Danke für die beständige Unterstützung. Nicht zuletzt möchte ich mich bei Sabine Uhlmann bedanken, die als „guter Geist des Lehrstuhls" meine schöne Zeit an der Universität Mainz bereichert hat.

Schließlich gilt mein besonders herzlicher Dank meinen Eltern und meiner Schwester, die niemals müde geworden sind, mir in allen Dingen des Lebens, insbesondere in meiner juristischen Karriere und für diese Arbeit alle erdenkliche Motivation, Unterstützung, Ermutigung und Ermunterung zuzusprechen, und ohne die ich heute nicht stehen würde, wo ich stehe.

Köln, im Juli 2009 Stefanie Reiche

Inhaltsübersicht

Inhaltsverzeichnis

Andelewski, Utz — Anmerkung zu BAG vom 24.05.2005 - 8 AZR 246/04 – DB 2005, S. 2082 ff.

Ascheid, Reiner/ Preis, Ulrich/ Schmidt, Ingrid — Kündigungsrecht: Großkommentar zum gesamten Recht der Beendigung von Arbeitsverhältnissen, 3. Auflage, München 2007 (zitiert: APS-*Bearbeiter*)

Bachner, Michael — Fortgeltung von Gesamt- und Einzelbetriebsvereinbarungen nach Betriebsübergang, NJW 2003, S. 2861 ff.

Bader, Peter — Das Gesetz zu Reformen am Arbeitsmarkt: Neues im Kündigungsschutzgesetz und im Befristungsrecht, NZA 2004, S. 65 ff.

Bader, Peter/ Bram, Rainer/ Dörner, Hans-Jürgen/ Kriebel, Volkhart — Kündigungsschutzgesetz Kommentar, Loseblattsammlung Stand 04/2009, Köln

Baeck, Ulrich/ Winzer, Thomas — EuGH: Betriebsübergang auch bei organisatorischer Integration der Einheit, NZA 2009, S. 461

Balzer, Christian — Die Darlegung der Prozessführungsbefugnis und anderer anspruchsbezogener Sachurteilsvoraussetzungen im Zivilprozeß, NJW 1992, S. 2721 ff.

Bakker, Rainer — Anmerkung zu BAG vom 31.03.1993 – 2 AZR 467/92 – EzA KSchG § 4 n.F. Nr. 46

Bandey, Uwe — Die Kündigungsschutzklage nach dem Kündigungsschutzgesetz – Auslegung des Gesetzes hinsichtlich Rechtsnatur und Streitgegenstand der Klage gemäß § 4 Satz 1 KSchG, Marburg 1992

Baudenbacher, Carl — Auftragsnachfolge und Betriebsübergang im europäischen Recht, DB 1996, S. 2177 ff.

Bauer, Jobst-Hubertus — Unternehmensveräußerung und Arbeitsrecht: Arbeitsrechtliche Probleme bei der Übertragung von Unternehmen, Betrieben, Betriebsteilung und Gesellschaftsanteilen, Heidelberg 1983

Bauer, Jobst-Hubertus/ Preis, Ulrich/ Schunder, Achim — Das Gesetz zu Reformen am Arbeitmarkt – Reform oder nur Reförmchen?, NZA 2004, S. 195 ff.

Bauer, Jobst-Hubertus/ Steinau-Steinrück, Robert von — Neuregelung des Betriebsübergangs: Erhebliche Risiken und viel mehr Bürokratie!, ZIP 2002, S. 457 ff.

Baumbach, Adolf/ Lauterbach, Wolfgang/ Albers, Jan/ Hartmann, Peter — Zivilprozessordnung mit Gerichtsverfassungsgesetz und anderen Nebengesetzen, 67. Auflage, München 2009

Becker-Eberhard, Ekkehard — In Prozeßstandschaft erstrittene Leistungstitel in der Zwangsvollstreckung, ZZP 104 (1991), S. 413 ff.

Beitzke, Günther — Das Arbeitsverhältnis bei Ostenteignung und Betriebsverlagerung, BB 1950, S. 761 ff.

Ders. — Anmerkung zu LAG Frankfurt a.M. vom 15.03.1951 – II LA 449/50 – BB 1951, S. 421

Bender, Wolfgang/ Schmidt, Jan — KSchG 2004: Neuer Schwellenwert und einheitliche Klagefrist, NZA 2004, S. 358 ff.

Berger, Christian — Die subjektiven Grenzen der Rechtskraft bei Prozeßstandschaft, Köln/Berlin u.a. 1992

Berkowsky, Wilfried — Auflösungsantrag und Betriebsübergang – Auflösungsantrag des Betriebsveräußerers nach § 9 KSchG trotz Betriebsübergangs?, NZI 2006, S. 81 ff.

Ders. — Umfang der Rechtskraft stattgebender Kündigungsschutzurteile, NZA 2008, S. 1112 ff.

Bernsau, Gregor/ Dreher, Daniel/ Hauck, Friedrich — Betriebsübergang – Kommentar zu § 613a BGB unter Einschluss von betriebsverfassungsrechtlichen und insolvenzrechtlichen Vorschriften, 2. Auflage, Köln 2008

Berscheid, Ernst-Dieter — Konkurs, Gesamtvollstreckung, Sanierung, Schriften zur AR-Blattei, Band 25, Wiesbaden 1992

Ders. — Anmerkung zu HessLAG vom 03.02.2004 – 1 Sa 1315/03 – jurisPR-ArbR 14/2005 Anmerkung 4

Bettermann, Karl August — Der Gegenstand des Kündigungsstreits nach dem KSchG, ZfA 16 (1985), S. 5 ff.

Birk, Rolf — Anmerkung zu BAG vom 02.10.1974 – 5 AZR 504/73 – EzA Nr. 1 zu § 613a BGB

Blomeyer, Arwed — Zivilprozessrecht - Erkenntnisverfahren, 2. Auflage, Berlin 1985

Boemke, Burkhard — Kündigungsschutzklage (§ 4 KSchG) und allgemeine Feststellungsklage (§ 256 ZPO), RdA 1995, S. 211 ff.

Boewer, Dietrich — Ausgewählte Aspekte des Kündigungsschutzprozesses, RdA 2001, S. 380 ff.

Bork, Reinhard/ Jacoby, Florian — Das Schicksal des Zivilprozesses bei Abspaltungen, ZHR 167 (2003), S. 440 ff.

Borngräber, Helmut Arbeitsverhältnis bei Betriebsübergang, Düsseldorf 1977

Bötticher, Eduard Zum Übergang der Arbeitsverhältnisse auf den Betriebsnachfolger, in: Festschrift für Arthur Nikisch, Tübingen 1958, S. 3 ff.

Bötticher, Eduard Streitgegenstand und Rechtskraft im Kündigungsschutzprozess, in: Festschrift für Wilhelm Herschel „Beiträge zu Problemen des neuzeitlichen Arbeitsrechts", Stuttgart 1955, S. 181 ff.

Brecher, Fritz „Vertragsübergang, Betriebsnachfolge und Arbeitsverhältnis" – Eine Studie zur Struktur der Schuld- und Organisationsverhältnisse, in: Festschrift für Walter Schmidt-Rimpler zum 70. Geburtstag, Karlsruhe 1957, S. 181 ff

Brehm, Wolfgang Prozessstandschaft im Erkenntnisverfahren und in der Zwangsvollstreckung, Jura 1987, S. 600 ff.

Ders. Rechtsschutzbedürfnis und Feststellungsinteresse, in: Festschrift aus Anlaß des fünfzigjährigen Bestehens von Bundesgerichtshof, Bundesanwaltschaft und Rechtsanwaltschaft beim Bundesgerichtshof, Köln 2000, Band III, S. 87 ff.

Bydlinski, Franz Juristische Methodenlehre und Rechtsbegriff, 2. Auflage, Wien/New York 1991

Callies, Christian/ Ruffert, Matthias Das Verfassungsrecht der europäischen Union mit Europäischer Grundrechtscharta, 3. Auflage, München 2007

Caspers, Georg Personalabbau und Betriebsänderung im Insolvenzverfahren, Köln 1998

Clasen, Jens D. Berichtigungsmöglichkeit bei fehlerhafter Auswahl des Beklagten, NJW 2007, S. 2887 ff.

Däubler, Wolfgang/ Hjort, Jens Peter/ Hummel, Dieter/ Wolmerath, Martin (Hrsg.) Arbeitsrecht – Individualarbeitsrecht mit kollektivrechtlichen Bezügen, Handkommentar, Baden-Baden 2008 (zitiert: Hako-ArbR/*Bearbeiter*)

Denecke, Johannes Rechtsnachfolge in den Betrieb: Übergang der Arbeitsverhältnisse, BB 1950, S. 679 f., 875 f.

Ders. Anmerkung zu LAG Kiel vom 19.10.1950 – 1 Sa 237/50 – AP 51 Nr. 153

Diederichsen, Uwe	Die Funktion der Prozessführungsbefugnis in ihrer Beschränkung auf Drittprozesse, ZZP 76 (1963), S. 400 ff.
Dienstühler, Klaus-Jürgen	Die prozessuale Wirkweise des § 265 ZPO, ZZP 112 (1999), S. 61 ff.
Dieterich, Thomas (Hrsg.)	Erfurter Kommentar zum Arbeitsrecht, 6. Auflage, München 2006 (zitiert: ErfK/*Bearbeiter*)
Dietz, Rolf	Betriebsverfassungsgesetz mit Wahlordnung, 4. Auflage, München 1967
Ders.	Anmerkung zu LAG Bremen vom 04.04.1951 – Sa 37/51 – AP 52 Nr. 50
Diller, Martin	Neues zum richtigen Klageantrag im Kündigungsschutzverfahren, NJW 1998, S. 663 ff.
Dörner, Klemens/ Luczak, Stefan/ Wildschütz, Martin	Handbuch des Fachanwalts Arbeitsrecht, 6. Auflage, Neuwied/Kriftel 2007 (zitiert: D/W/L-*Bearbeiter*)
Düwell, Franz Josef/ Lipke, Gert-Albert	Arbeitsgerichtsgesetz, 2. Auflage, Frankfurt a.M. 2005
Eibner, Josef-Adolf	Möglichkeiten und Grenzen der Streitverkündung, Erlangen/Nürnberg 1986
Enneccerus, Ludwig/ Lehmann, Heinrich	Recht der Schuldverhältnisse, 15. Auflage, Tübingen 1958
Erman, Walter (Begr.)/ Westermann, Harm Peter (Hrsg.)	Handkommentar zum Bürgerlichen Gesetzbuch Band I: 4. Auflage, Köln 1967, sowie 12. Auflage, Köln 2008
Esser, Josef	Schuldrecht, Band 1 – Allgemeiner Teil, 4. Auflage, Karlsruhe 1970
Etzel, Gerhard	Gemeinschaftskommentar zum Kündigungsschutzgesetz und zu sonstigen kündigungsschutzrechtlichen Vorschriften, 8. Auflage, Neuwied 2007 (zitiert: KR/*Bearbeiter*)
Falkenberg, Rolf-Dieter	Schicksal der Arbeitsverhältnisse beim Betriebsinhaberwechsel, RdA 1967, S. 121 ff.
Ders.	Auswirkungen des § 613a BGB in der betrieblichen Praxis, DB 1980, S. 783 ff.
Ders.	Der rechtsgeschäftliche Betriebsübergang und seine Auswirkungen auf die betriebliche Altersversorgung, BB 1987, S. 328 ff.

Fiebig, Stefan/ Gallner, Inken/ Nägele, Stefan — Kündigungsschutzrecht Handkommentar, 3. Auflage, Baden-Baden 2007 (zitiert: HaKo-KSchR/*Bearbeiter*)

Fikentscher, Wolfgang/ Heinemann, Andreas — Schuldrecht, 10. Auflage, Berlin 2006

Fischer, Ulrich — Individualrechtliche Probleme des verdeckten bzw. (zunächst) unerkannten Betriebsübergangs, DB 2001, S. 331 ff.

Fornasier, Matteo/ Werner, Stephan — Die „anderen Gründe" für die Rechtsunwirksamkeit einer Kündigung im Rahmen des § 4 S. 1 KSchG, NJW 2007, S. 2729 ff.

Frahm, Sebastian — Betriebsteilübergang gemäß § 613a BGB und die Zuordnung der übergehenden Arbeitsverhältnisse, Frankfurt a.M./Berlin 2005

Galperin, Hans — Betriebsnachfolge, BB 1952, S. 322 ff.

Ders. — Betriebsnachfolge und Betriebsinhaberwechsel – Eine Begriffsbestimmung, DB 1962, S. 1078 ff., 1113 f.

Gaul, Björn (Hrsg.) — Aktuelles Arbeitsrecht, Köln 1996 (zitiert: *Bearbeiter* in: Gaul, Aktuelles Arbeitsrecht 1996)

Ders. — Die neue EG-Richtlinie zum Betriebs- und Unternehmensübergang, BB 1999, S. 526 ff.

Ders. — Das Arbeitsrecht der Betriebs- und Unternehmensspaltung, Köln 2002

Gaul, Björn/ Bonanni, Andrea — Anmerkung zu BAG vom 18.04.2002 – 8 AZR 346/01, EzA § 613a BGB Nr. 207

Gaul, Björn/ Otto, Björn — Rechtsfolgen einer fehlenden oder fehlerhaften Unterrichtung bei Betriebsübergang und Umwandlung, DB 2005, S. 2465 ff.

Gaul, Dieter — Betriebsinhaberwechsel und Arbeitsverhältnis, Schriftenreihe Arbeitsrecht, München 1966

Ders. — Betriebsinhaberwechsel und seine rechtlichen Auswirkungen auf die Arbeitsverhältnisse, DB 1966, S. 420 ff.

Ders. — Anmerkung zu BAG vom 21.12.1968 – 2 AZR 105/67, SAE 1968, S. 206 f.

Ders. — Die kollektivrechtlichen Auswirkungen eines rechtsgeschäftlich begründeten Betriebsübergangs, ZTR 1989, S. 432 ff.

Gentges, Peter — Die Zuordnung von Arbeitsverhältnissen beim Betriebsübergang, RdA 1996, S. 266 ff.

Germelmann, Claas-Hinrich/ Matthes, Hans-Christoph/ Müller-Glöge, Rudi/ Prütting, Hanns	Arbeitsgerichtsgesetz Kommentar, 6. Auflage, München 2008 (zitiert: Germelmann/*Bearbeiter*, ArbGG)
Gitter, Wolfgang	Betriebsübergang und Arbeitsverhältnis unter besonderer Berücksichtigung der Zustimmung der Arbeitnehmer, in: 25 Jahre Bundesarbeitsgericht, München 1979, S. 299 ff.
Grau, Timon	Unterrichtung und Widerspruchsrecht der Arbeitnehmer bei Betriebsübergang gem. § 613a Abs. 5 und 6 BGB, Köln 2005
Gravenhorst, Anna Caroline	Der Auflösungsantrag des Arbeitgebers, NZA-RR 2007, S. 57 ff.
Gravenhorst, Wulf	Anmerkung zu BAG vom 24.08.2006 – 8 AZR 574/05 – jurisPR-ArbR 16/2007 Anmerkung 3
Grell, Dieter	Der Betriebsinhaberwechsel - Zugleich ein Beitrag zur Lehre vom Arbeitsverhältnis und Betrieb, Neue Kölner Rechtswissenschaftliche Abhandlungen Heft 7, Berlin 1957
Grunsky, Wolfgang	Die Prozessführungsbefugnis des Beklagten, ZZP 76 (1963), S. 49 ff.
Ders.	Die Veräußerung der streitbefangenen Sache, Tübingen 1968
Ders.	Anmerkung zu BAG vom 15.12.1976 – 5 AZR 600/75 – SAE 1977, S. 224 ff.
Ders.	Anmerkung zu BAG vom 12.01.1977 – 5 AZR 593/75 – AP Nr. 3 zu § 4 KSchG 1969
Ders.	Arbeitsgerichtsgesetz, 7. Auflage, München 1995
Ders.	Prozessstandschaft, in: Festschrift aus Anlaß des fünfzigjährigen Bestehens von Bundesgerichtshof, Bundesanwaltschaft und Rechtsanwaltschaft beim Bundesgerichtshof, Köln 2000, Band III, S. 109 ff.
Ders.	Zivilprozessrecht, 13. Auflage, Köln/München 2008
Habscheid, Walter J.	Anmerkung zu LG Berlin vom 14.11.1957 – 10 O 72/57, NJW 1958, S. 834
Hanau, Peter	Aktuelle Fragen zu § 613a BGB, in: Festschrift für Dieter Gaul zum 70. Geburtstag, Neuwied u.a. 1992, S. 287 ff.

Ders. Die wiederholte Reform des arbeitsrechtlichen Kündigungs- und Befristungsschutzes, ZIP 2004, S. 1169 ff.

Hanau, Peter/ Vossen, Reinhard Die Auswirkungen des Betriebsinhaberwechsels auf Betriebsvereinbarungen und Tarifverträge, in: Festschrift für Marie Luise Hilger und Hermann Stumpf, München 1983, S. 271 ff.

Häsemeyer, Ludwig Die Interventionswirkung im Zivilprozeß – prozessuale Sicherung materiellrechtlicher Alternativverhältnisse, ZZP 84 (1971), S. 179 ff.

Ders. Anmerkung zu BGH vom 16.06.1993 – VIII ZR 222/92 – ZZP 107 (1994), S. 231 ff.

Ders. Zur materiellrechtlich-prozeßrechtlichen Doppelnatur des außergerichtlichen Vergleichs und des deklaratorischen Schuldanerkenntnisses, ZZP 108 (1995), S. 289 ff.

Heinze, Meinhard Die Arbeitgeber-Nachfolge bei Betriebsübergang, DB 1980, S. 205 ff.

Ders. Ausgewählte Fragen zu § 613a BGB, in: Festschrift für Günter Schaub zum 65. Geburtstag, München 1998, S. 275 ff.

Heither, Friedrich Verfahrenskoordination bei der Auslegung der EG-Richtlinie über den Betriebsübergang, RdA 1996, S. 96 ff.

Henckel, Wolfram Parteilehre und Streitgegenstand im Zivilprozeß, Heidelberg 1961

Ders. Prozessrecht und materielles Recht, Göttingen 1970

Ders. Die Veräußerung der Streitsache, in: Festschrift für Ulrich Waldner zum 65. Geburtstag, Zürich 1994, S. 193 ff.

Henssler, Martin Aktuelle Rechtsprobleme des Betriebsübergangs, NZA 1994, S. 913 ff.

Henssler, Martin/ Willemsen, Heinz Josef/ Kalb, Heinz-Jürgen Arbeitsrecht Kommentar, 3. Auflage, Köln 2008 (zitiert: HWK/*Bearbeiter*)

Hergenröder, Curt Wolfgang Anmerkung zu BAG vom 24.05.2005 – 8 AZR 246/04 – AR-Blattei ES 500 Betriebsinhaberwechsel Nr. 191

Hertzfeld, Herbert Auflösungsantrag bei Unwirksamkeit der Kündigung aus „anderen als den in § 1 II und III KSchG bezeichneten Gründen“, NZA 2004, S. 298 ff.

Hillebrecht, Wilfried — Der Bestandsschutz des Arbeitsverhältnisses im Zusammenhang mit § 613a BGB, NZA 1989, Beil. 4, S. 10 ff.

Hohenstatt, Klaus-Stefan/ Müller-Bonanni, Thomas — Auswirkungen eines Betriebsinhaberwechsels auf Gesamtbetriebsrat und Gesamtbetriebsvereinbarung, NZA 2003, S. 766 ff.

Hohenstatt, Klaus-Stefan/ Grau, Timon — Arbeitnehmerunterrichtung beim Betriebsübergang, NZA 2007, S. 13 ff.

Holtermüller, Winfried — Streitgegenstand, Rechtskraft und Präklusion im arbeitsgerichtlichen Kündigungsschutzverfahren - Ein Beitrag zur Streitgegenstandslehre, Frankfurt a.M./Berlin 2000

Hölters, Wolfgang (Hrsg.) — Handbuch des Unternehmens- und Beteiligungskaufs, 6. Auflage, Köln 2005

Holthausen, Michael/ Koch, Ulrich — Die Auswirkungen der Reform des Zivilprozessrechts auf arbeitsgerichtliche Urteilsverfahren, RdA 2002, S. 140 ff.

Holthausen, Sarah/ Holthausen, Joachim — Der Auflösungsantrag nach §§ 9, 14 KSchG – Taktisches Gestaltungsmittel des Arbeitgebers im Kündigungsschutzprozess, NZA-RR 2007, S. 449 ff.

Hueck, Alfred — Zusätzliche soziale Leistungen bei Betriebsübergang, BB 1951, S. 365 ff.

Hueck, Alfred/ Nipperdey, Hans Carl — Lehrbuch des Arbeitsrechts
1. Band, Individualarbeitsrecht, 7. Auflage, Berlin u.a. 1963
2. Band, Kollektives Arbeitsrecht: 1. Halbband, 7. Auflage, Berlin u.a. 1967
2. Band, Kollektives Arbeitsrecht: 2. Halbband, 7. Auflage, Berlin u.a. 1970

Hueck, Alfred/ Von Hoyningen-Huene, Gerrick — Kündigungsschutzgesetz, 12. Auflage, München 1997

Jacobs, Matthias — Der Gegenstand des Feststellungsverfahrens, Tübingen 2005

Jauernig, Othmar — Subjektive Grenzen der Rechtskraft und Recht auf recht-liches Gehör, ZZP 101 (1988), S. 361 ff.

Ders. — Zivilprozessrecht, 29. Auflage, München 2007

Kaiser, Gerhard J./ Gradel, Christian — Betriebliche Altersversorgung bei Unternehmenskäufen, DB 1996, S. 1621 ff.

Kamanabrou, Sudabeh — Europarechtliche Bedenken gegen die Klagefrist bei Kündigungen wegen Betriebsübergangs, NZA 2004, S. 950 ff.

Kania, Thomas/ Joppich, Tim — Informationspflicht über die wirtschaftlichen Bedingungen eines Betriebsübergangs nach § 613a Abs. 5 BGB, in: Festschrift für Wolfdieter Küttner zum 70. Geburtstag, München 2006, S. 383 ff.

Keßler, Ulrich G. — Der Auflösungsantrag nach § 9 KSchG im Spiegel der Judikatur, NZA-RR 2002, S. 1 ff.

Kion, Hans-Jürgen — Eventualverhältnisse im Zivilprozeß, Berlin 1971

Kirschner, Horst — Betriebsnachfolge und Betriebsinhaberwechsel, DB 1964, S. 1061 ff.

Kittner, Michael/ Däubler, Wolfgang/ Zwanziger, Bertram — Kündigungsschutzrecht, 7. Auflage, Frankfurt a.M. 2008 (zitiert: KDZ-Bearbeiter)

Klein, Raphael — Der Abschluss eines Prozessvergleichs im arbeitsgerichtlichen Kündigungsschutzprozess und § 143 SGB III, Saarbrücken 2001

Klinck, Fabian — Die Vergleichsbefugnis des Prozessstandschafters, WM 2006, S. 417 ff.

Kluth, Thomas — Die Tragikkomik des § 2 III ArbGG, NZA 2000, S. 1275 ff.

Knöringer, Dieter — Die Assessorklausur im Zivilprozess, 12. Auflage, München 2008

Kohler, J. — Über die Succession in das Prozessverhältnis, ZZP 12 (1888), S. 97 ff.

Kortstock, Ulf — Abfindung nach § 1a KSchG und Betriebsübergang, NZA 2007, S. 297 ff.

Kraft, Alfons — Betriebsübergang und Arbeitsverhältnisse in der Rechtsprechung des Bundesarbeitsgerichts, in: 25 Jahre Bundesarbeitsgericht, München 1979, S. 299 ff.

Kreft, Burghard — Normative Fortgeltung von Betriebsvereinbarungen nach einem Betriebsübergang, in: Arbeitsrecht im sozialen Dialog - Festschrift für Hellmut Wissmann zum 65. Geburtstag, München 2005, S. 347 ff.

Kreitner, Jochen — Die Zuordnung von Arbeitsverhältnissen beim Betriebsinhaberwechsel, NZA 1990, S. 429 ff.

Ders. — Kündigung beim Betriebsübergang, FA 1998, S. 2 ff.

Krejci, Heinz — Betriebsübergang und Arbeitsvertrag – Zugleich ein Beitrag zur Lehre von der Vertragsübernahme, Wien 1972

Künzel, Reinhard — Anmerkung zu BAG vom 20.03.1997 – 8 AZR 769/95 – EWiR § 613a BGB 1/98, 17

Küstner ,Wolfram / Manteuffel, Kurt von — Anmerkung zu BAG vom BAG vom 11.11.1986 – 3 AZR 179/85 – AP Nr. 60 zu § 613a BGB

Küttner, Wolfdieter/ Röller, Jürgen (Hrsg.) — Personalbuch 2009, 16. Auflage, München 2009

Larenz, Karl — Lehrbuch des Schuldrechts – Allgemeiner Teil, 11. Auflage, München 1976

Larenz, Karl/ Canaris, Claus-Wilhelm — Methodenlehre der Rechtswissenschaft, 4. Auflage, Berlin 2002

Laumen, Hans-Willi — Streitverkündung, Interventionswirkung und Beweislastverteilung bei alternativer Vertragspartnerschaft, in: Festschrift für Gottfried Baumgärtel zum 70. Geburtstag, Köln/ Berlin 1990, S. 281 ff.

Leinemann, Wolfgang (Hrsg.) — Kasseler Handbuch zum Arbeitsrecht
Band 1, 2. Auflage, Neuwied 2000
Band 2, 2. Auflage, Neuwied 2000
(zitiert: KassHandbuch/*Bearbeiter*)

Leipold, Dieter — Anmerkung zu BAG vom 15.121976 – 5 AZR 600/75 – AP Nr. 1 zu § 325 ZPO

Lieb, Manfred — Betriebs-(Teil-)Übergang bei zentraler Unternehmensorganisation, ZfA 1994, S. 233 ff.

Löwisch, Manfred — Kommentar zum Kündigungsschutzgesetz, 8. Auflage, Heidelberg 2000

Ders. — Neuregelung des Kündigungs- und Befristungsrechts durch das Gesetz zu Reformen am Arbeitsmarkt, BB 2004, S. 154 ff.

Löwisch, Manfred/ Spinner, Günter — Kommentar zum Kündigungsschutzgesetz, 9. Auflage, Heidelberg 2004

Löwisch, Manfred/ Neumann, Daniela — Betriebserwerber als richtiger Kündigungsschutz-Beklagter bei vor Betriebsübergang ausgesprochener Kündigung, DB 1996, S. 474 ff.

Lüke, Gerhard — Zum Streitgegenstand im arbeitsrechtlichen Kündigungsschutzprozeß, JZ 1960, S. 203 ff.

Ders. — Die Prozessführungsbefugnis, ZZP 76 (1963), S. 1 ff.

Ders. Zur Klage auf Feststellung von Rechtsverhältnissen mit oder zwischen Dritten, in: Festschrift für Wolfram Henckel zum 70. Geburtstag, Berlin/New York 1995, S. 563 ff.

Ders. Klagefrist und unzulässige Kündigungsschutzklage – BAG NJW 1994, 1084, JuS 1996, S. 969 ff.

Lüke, Gerhard/ Wax, Peter/ Wenzel, Joachim (Hrsg.) Münchner Kommentar zur Zivilprozessordnung, Band 1: §§ 1 – 510c, 2. Auflage, München 2008 Band 2: §§ 511 – 945, 2. Auflage, München 2007 (zitiert: MüKo-ZPO/*Bearbeiter*)

Lüke, Wolfgang Die Beteiligung Dritter am Zivilprozeß, Tübingen 1993

Ders. Zivilprozessrecht, Erkenntnisverfahren, Zwangsvollstreckung, 9. Auflage, München 2006

Matissek, Reinhard J. Der Auflösungsantrag des Arbeitgebers, in: Arbeitsrecht und Arbeitsgerichtsbarkeit, Festschrift zum 50-jährigen Bestehen der Arbeitsgerichtsbarkeit in Rheinland-Pfalz, Neuwied 1999, S. 287 ff.

Meyer, Cord Der Fortsetzungsanspruch bei Betriebsübergang, BB 2000, S. 1032 ff.

Ders. Sozialplangestaltung bei nachträglichem Betriebsübergang, NZA 2000, S. 297 ff.

Michaelis, Karl Der materielle Gehalt des rechtlichen Interesses bei der Feststellungsklage, in: Festschrift für Karl Larenz zum 80. Geburtstag, München 1983, S. 443 ff.

Mitglieder des Bundesgerichtshofs (Hrsg.) Kommentar zum Bürgerlichen Gesetzbuch, früher Kommentar der Reichsgerichtsräte Band II, Teil 3/1 §§ 611 – 620, 12. Auflage, Berlin, New York 1997 (zitiert: RGRK-*Bearbeiter*)

Molitor, Erich Arbeitnehmer und Betrieb – zugleich ein Beitrag zur einheitlichen Grundlegung des Arbeitsrechts, Marburg 1929

Moll, Wilhelm Betriebsübergang und Arbeitsverhältnisse, AnwBl 1991, S. 129 ff.

Ders. Betriebsübergang und Arbeitsverhältnisse – § 613a Abs. 1 Satz 1 BGB – Anwendungsbereich und Voraussetzungen, AnwBl 1991, S. 282 ff.

Ders. Die Rechtsstellung eines Arbeitnehmers nach einem Betriebsübergang, NJW 1993, S. 2016 ff.

Ders. Kollektivvertragliche Arbeitsbedingungen nach einem Betriebsübergang, RdA 1996, S. 275 ff.

Ders. Betriebsübergang und Betriebsänderung, RdA 2003, S. 129 ff.

Ders. Münchner Anwaltshandbuch Arbeitsrecht, 2. Auflage, München 2009 (zitiert: Moll/*Bearbeiter*, Anwaltshandbuch Arbeitsrecht)

Müller, Thomas/ Thüsing, Gregor Die Zuordnung von Arbeitsverhältnissen beim Betriebsübergang, ZIP 1997, S. 1896 ff.

Müller-Glöge, Rudi Bestandsschutz beim Betriebsübergang nach § 613a BGB, NZA 1999, S. 449 ff.

Müller-Glöge, Rudi/ Preis, Ulrich/ Schmidt, Ingrid (Hrsg.) Erfurter Kommentar zum Arbeitsrecht, 9. Auflage, München 2009 (zitiert: ErfK/*Bearbeiter*)

Musielak, Hans-Joachim Der rechtkräftig entschiedene Lebenssachverhalt – Versuch einer Abgrenzung, NJW 2000, S. 3593 ff.

Ders. Kommentar zur Zivilprozessordnung, 6. Auflage, München 2008

Neumann-Duesberg, Horst Gesetzliche Neuordnung des Übergangs von Arbeitsverhältnissen bei Betriebsinhaberwechsel, BB 1971, S. 969 ff.

Nicolai, Andrea Betriebsübergang: Wen muss/sollte/darf der Arbeitnehmer wie verklagen?, FA 2007, S. 164 ff.

Nikisch, Arthur Arbeitsrecht
Band I: 3. Auflage, Tübingen 1961
Band II: 2. Auflage, Tübingen 1959
Band III: 2. Auflage, Tübingen 1966

Ders. Anmerkung zu LAG Mannheim vom 30.11.1951 – Sa 86/51 – AP 52 Nr. 228

Ders. Anmerkung zu LAG Hamm vom 29.04.1950 – 1 Sa 136/50 – AP 50 Nr. 247

Oberhofer, Hermann Der Betriebsübergang gem. § 613a BGB – insbesondere im Konkursverfahren, AuR 1989, S. 293 ff.

Oehmann, Werner (Hrsg.) Arbeitsrecht-Blattei, Systematische Darstellung, Loseblatt-Ausgabe, Wiesbaden Stand: Mai 2007 (zitiert: AR-Blattei SD (Bearbeiter))

Ostrowicz, Alexander/ Künzl, Reinhard/ Schäfer, Horst — Der Arbeitsgerichtsprozess, 2. Auflage, Berlin 2002

Palandt, Otto (Begr.) — Bürgerliches Gesetzbuch, 68. Auflage, München 2009 (zitiert: Palandt/*Bearbeiter*)

Pawlowski, Hans-Martin — Probleme des rechtlichen Gehörs bei der Veräußerung einer Streitsache, JZ 1975, S. 681 ff.

Ders. — Die zivilrechtliche Prozessstandschaft, JuS 1990, S. 378 ff.

Picker, Eduard — Hauptintervention, Forderungsprätendentenstreit und Urheberbenennung – zugleich ein Beitrag zum Thema Prozessrecht und materielles Recht, in: Festschrift für Werner Flume zum 70. Geburtstag, Köln 1978, Band 1, S. 649 ff.

Posth, Martin — Arbeitsrechtliche Probleme beim Betriebsinhaberwechsel, Köln 1978

Preis, Ulrich — Die „Reform" des Kündigungsrechts, DB 2004, S. 70 ff.

Preis, Ulrich/ Steffan, Ralf — Neue Konzepte des BAG zum Betriebsübergang nach § 613a BGB, DB 1998, S. 309 ff.

Preis, Ulrich/ Richter, Marcus — Grenzen der normativen Fortgeltung von Betriebsvereinbarungen beim Betriebsübergang, ZIP 2004, S. 925 ff.

Quecke, Martin — Änderung des Kündigungsschutzgesetzes zum 1.1.2004, RdA 2004, S. 86 ff.

Raab, Thomas — Der Wiedereinstellungsanspruch des Arbeitnehmers bei Wegfall des Kündigungsgrundes, RdA 2000, S. 147 ff.

Ders. — Der erweiterte Anwendungsbereich der Klagefrist gemäß § 4 KSchG, RdA 2004, S. 321 ff.

Richardi, Reinhard — Die neue Klagefrist bei Kündigungen, NZA 2003, S. 764 ff.

Ders. — Misslungene Reform des Kündigungsschutzes durch das Gesetz zu Reformen am Arbeitsmarkt, DB 2004, S. 486 ff.

Richardi, Reinhard/ Wlotzke, Otfried — Münchner Handbuch zum Arbeitsrecht
Band 2: Individualarbeitsrecht II, 2. Auflage, München 2000
Band 3: Kollektives Arbeitsrecht, 2. Auflage, München 2000
(zitiert: MünchArbRHb/*Bearbeiter*)

Riesenhuber, Karl — Informationspflichten beim Betriebsübergang: Fehler bei der Umsetzung der Richtlinie und Anlass für eine grundsätzliche Neuordnung, RdA 2004, S. 340 ff.

Roemheld, Bernard — Zum Übergang der Arbeitsverhältnisse nach § 613a BGB, BB 1976, S. 845 ff.

Rolfs, Christian/ Giesen, Richard/ Kreikebohm, Ralf/ Udsching, Peter (Hrsg.) — Beck´scher Online-Kommentar Arbeitsrecht, München, Stand: 01.03.2009 (zitiert: BeckOK-ArbR/*Bearbeiter*)

Rosenberg, Leo (Begr.)/ Schwab, Karl Heinz/ Gottwald, Peter — Zivilprozessrecht, 16. Auflage, München 2004

Rosenberg, Leo/ Gaul, Hans Friedhelm/ Schilken, Eberhard — Zwangsvollstreckungsrecht, 11. Auflage, München 1997

Roth, Herbert — Gewillkürter Partweichsel und Bindung an Prozeßlagen, NJW 1988, S. 2977 ff.

Säcker, Franz Jürgen/ Joost, Detlev — Auswirkungen des Betriebsübergangs auf Ruhestandsverhältnisse, DB 1978, S. 1030 ff.

Säcker, Franz Jürgen/ Rixecker, Roland (Hrsg.) — Münchner Kommentar zum Bürgerlichen Gesetzbuch
Band 1/Teilband 1: Allgemeiner Teil §§ 1 – 240. ProstG, 5. Auflage, München 2006
Band 2 Schuldrecht Allgemeiner Teil §§ 241 – 432, 5. Auflage, München 2007
Band 3: Schuldrecht Besonderer Teil §§ 433 – 610, 5. Auflage, München 2008
Band 4: Schuldrecht Besonderer Teil II §§ 611 – 704, EFZG, TzBfG, KSchG, 4. Auflage, München 2005 sowie 5. Auflage, München 2009
(zitiert: MüKo-BGB/*Bearbeiter*)

Saenger, Ingo — Zivilprozessordnung Handkommentar, 2. Auflage, Baden-Baden 2007 (zitiert: Hako-ZPO/*Bearbeiter*)

Schack, Haimo — Drittwirkung der Rechtskraft?, NJW 1988, S. 865 ff.

Schaub, Günther — Rechtsprobleme des Betriebsübergangs, ZIP 1984, S. 272 ff.

Ders. — Praktische Probleme bei kumulativen Feststellungsanträgen im Kündigungsschutzprozess, NZA 1990, S. 85 ff.

Ders. Anmerkung zu LAG Hamm vom 17.05.1993 – 17 (11) Sa 1686/92 – EWiR 1994, § 613a BGB 1/94

Ders. Arbeitsrecht in der Insolvenz, DB 1999, S. 217 ff.

Schaub, Günter/ Koch, Ulrich/ Linck, Rüdiger/ Vogelsang, Hinrich Arbeitsrechts-Handbuch, 12. Auflage, München 2007

Schellhammer, Kurt Zivilprozess, 12. Auflage, Heidelberg 2007

Scherer, Inge Die Fortführung des Zivilprozesses durch den Scheinerben, JR 1994, S. 401 ff.

Dies. Anmerkung zu BGH vom 16.06.1993 – VIII ZR 222/92, JR 1994, S. 193 f.

Schiefer, Bernd Arbeitsrechtliche Voraussetzungen und Folgen des Betriebsübergangs nach § 613a BGB, RdA 1994, S. 83 ff.

Ders. Fortgeltung kollektivrechtlicher Regelungen im Falle des Betriebsübergangs gem. § 613a BGB, in: 50 Jahre Bundesarbeitsgericht, München 2004, S. 859 ff.

Schilken, Eberhard Veränderung der Passivlegitimation im Zivilprozeß, Köln/Berlin 1987

Schink, Alexander Rechtsnachfolge und Zivilprozeß – Die §§ 239 ff, 265 Abs. 2 Satz 1 ZPO im Überblick, Jura 1985, S. 291 ff.

Schliemann, Harald (Hrsg.) Das Arbeitsrecht im BGB: Kommentar, 2. Auflage, Berlin 2002

Schmidt, Karsten Das Prozeßrechtsverhältnis bei Umstrukturierung, Auflösung und Konkurs einer Handelsgesellschaft, Ein Beitrag zur zivilprozessualen Parteilehre und zu §§ 239 ff ZPO, in: Festschrift für Wolfram Henckel, Berlin 1995, S. 749 ff.

Ders. Handelsrecht, 5. Auflage, Köln u.a. 1999

Schmidt, Klaus Der Betriebsinhaberwechsel im Regierungsentwurf eines Betriebsverfassungsgesetzes, BB 1971, S. 1199 ff.

Schneider, Hellmuth Neues zur Lehre vom Betriebsinhaberwechsel, AuR 1959, S. 161 ff.

Schreiber, Klaus Das Arbeitsverhältnis beim Übergang des Betriebs, RdA 1982, S. 137 ff.

Ders. Anmerkung zu BAG vom 31.02.1993 – 2 AZR 467/92 – SAE 1996, S. 131 ff.

Schwab, Karl Heinz Der Stand der Lehre vom Streitgegenstand im Zivilprozeß, JuS 1965, S. 81 ff.

Schwab, Norbert/ Weth, Stefan (Hrsg.) Arbeitsgerichtsgesetz Kommentar, 2. Auflage, Köln 2008 (zitiert: Schwab/Weth-*Bearbeiter*)

Seiter, Hugo Betriebsinhaberwechsel: Arbeitsrechtliche Auswirkungen eines Betriebsübergangs unter besonderer Berücksichtigung des § 613a BGB i.d.F. vom 13. August 1980, AR-Blattei, Stuttgart/Wiesbaden 1980

Ders. Anmerkung zu BAG vom 22.06.1978 – 3 AZR 832/76 – AP Nr. 12 zu § 613a BGB

Sieg, Karl Anmerkung zu BGH vom 16.06.1993 – VIII ZR 222/92, VersR 1994, S. 1274 f.

Soergel, Hans Theodor (Begr.)/ Siebert, Wolfgang (Hrsg.) Bürgerliches Gesetzbuch
Band 4: Schuldrecht I (§§ 516 – 651), 12. Auflage, Stuttgart u.a. 1997

Söllner, Alfred Arbeitsrecht, 2. Auflage, Stuttgart 1969

Sprenger, Markus Kündigung wegen Betriebsübergangs: Ist § 13 Abs. 3 KSchG n.F. europarechtskonform?, AuR 2005, S. 175 f.

Stahlhacke, Eugen Zum Problemfeld der Klage nach § 4 KSchG, in: Festschrift für Wolfgang Leinemann zum 70. Geburtstag, Neuwied 2006, S. 389 ff.

Stahlhacke, Eugen/ Preis, Ulrich/ Vossen, Reinhard Kündigung und Kündigungsschutz im Arbeitsverhältnis, 9. Auflage, München 2005

Stein, Friedrich/ Jonas, Martin Kommentar zur Zivilprozessordnung
Band 1 §§ 1 – 40, 22. Auflage, Tübingen 2003
Band 2: §§ 41 – 127a, 22. Auflage, Tübingen 2002
Band 3: §§ 128 – 252, 22. Auflage Tübingen 2005
Band 4: §§ 253 – 327, 22. Auflage, Tübingen 2008
Band 6: §§ 511 – 703 d, 21. Auflage, Tübingen 1995
Band 7: 704 – 827, 22. Auflage Tübingen 2002

Streinz, Rudolf Europarecht, 8. Auflage, Heidelberg 2008

Tempel, Otto Die Wirkungen einer Rechtsnachfolge während der Rechtshängigkeit auf Verfahren, Urteil und Vollstreckung, Frankfurt a.M. 1953

Thüsing, Gregor Das Übergangsmandat und das Restmandat des Betriebsrats nach § 21a und § 21b BetrVG, DB 2002, S. 738 ff.

Ders. Folgen einer Umstrukturierung für Betriebsrat und Betriebsvereinbarung, DB 2004, S. 2474 ff.

Thüsing, Gregor/ Laux, Helga/ Lembke, Mark Kommentar Kündigungsschutzgesetz, Freiburg 2007

Trzaskalik, Christoph Die Rechtsschutzzone der Feststellungsklage im Zivil- und Verwaltungsprozeß, Berlin 1978

Tschöpe, Ulrich (Hrsg.) Anwaltshandbuch Arbeitsrecht, 5. Auflage, Köln 2007 (zitiert: Tschöpe/*Bearbeiter*, Anwalts-Handbuch ArbR)

Ulrici, Bernhard Dreiwochenfrist auch für die Klage wegen Vertretungsmängeln der Kündigung, DB 2004, S. 250 ff.

von Hoyningen-Huene, Gerrick/ Linck, Rüdiger Kündigungsschutzgesetz, 14. Auflage, München 2007

von Staudinger, Julius (Begr.) Kommentar zum Bürgerlichen Gesetzbuch mit Einführungsgesetzen und Nebengesetzen
Zweites Buch Recht der Schuldverhältnisse §§ 397 – 432, Neubearbeitung, Berlin 2005
Zweiter Band. Recht der Schuldverhältnisse Teil 3 §§ 611 – 704, 10. Auflage, Berlin 1939, 11. Auflage, Berlin 1958
Zweites Buch Recht der Schuldverhältnisse §§ 611 – 615 (Dienstvertragsrecht 1), Neubearbeitung, Berlin 2005

Wank, Rolf Die Geltung von Kollektivvereinbarungen nach dem Betriebsübergang, NZA 1983, S. 505 ff.

Weber, Richard Die Prozessführungsbefugnis als Sachurteilsvoraussetzung im Zivilprozeß und im Verwaltungsprozeß, Augsburg 1991

Wiesner, Georg Dieter Betriebsvereinbarungen bei Betriebsübergang, BB 1986, S. 1636 ff.

Willemsen, Heinz Josef Erneute Wende im Recht des Betriebsübergangs – ein „Christel Schmidt II“-Urteil des EuGH, NZA 2009, S. 289 ff.

Willemsen, Heinz Josef/ Annuß, Georg Kündigungsschutz nach der Reform, NJW 2004, S. 177 ff.

Wollenschläger, Michael/ Pollert, Dirk Rechtsfragen des Betriebsübergangs, ZfA 1996, S. 547 ff.

Wollenschläger, Michael/ Krogull, Jutta	Anmerkung zu BAG vom 24.05.2005 – 8 AZR 246/04 – AP Nr. 282 zu § 613a BGB
Zeuner, Albrecht	Wiederholung der Kündigung und Rechtskraft im Kündigungsschutzstreit – zum Verhältnis von Rechtskraft und neuen Tatsachen im Zivilprozess, MDR 1956, S. 257 ff.
Ders.	Verfahrensrechtliche Folgen des Betriebsübergangs nach § 613a BGB, in: Festschrift für Karl-Heinz Schwab zum 70. Geburtstag, München 1990, S. 575 ff.
Zöller, Richard (Begr.)	Zivilprozessordnung, 27. Auflage, Köln 2009 (zitiert: Zöller/*Bearbeiter*, ZPO)
Zöllner, Wolfgang	Arbeitsrecht – Ein Studienbuch, 2. Auflage, München 1979

Bezüglich der im Rahmen dieser Arbeit verwendeten Abkürzungen wird auf das Abkürzungsverzeichnis der Rechtssprache, 6. Auflage, Berlin 2008, von *Hildebert Kirchner* und *Cornelie Butz* verwiesen.

1. Kapitel Einleitung und historische Entwicklung

1. Abschnitt: Einleitung

„Unternehmen als käufliche Ware" – dieses Bild polarisiert und ist doch Realität. In unserer modernen Wirtschaftswelt bestimmen Unternehmensveräußerungen das tägliche Geschäft. Die Veräußerung von Unternehmen ist in ihrer heutigen Dimension ein Phänomen der letzten Jahrzehnte, im Übrigen aber nicht neu, sondern fand seine Anfänge in der aufblühenden Industrialisierung.

Die ArbeitsnehmerInnen sehen sich damals wie heute der Situation gegenüber, nach der Veräußerung ihrer betrieblichen Wirkungsstätte ohne Arbeitsplatz zurück zu bleiben. So rückte das Bedürfnis nach dem Schutz der Arbeitnehmer bereits frühzeitig mit Beginn dieser Entwicklung und sodann immer stärker in das soziale Bewusstsein der Verantwortlichen. Ihnen stellte sich die Kernfrage, was mit den Arbeitnehmern und ihrem in den Arbeitsverhältnissen begründeten Status geschieht, wenn ihr arbeitstechnischer Wirkungskreis durch den bisherigen Arbeitgeber veräußert wird. Das Ende der Diskussion wurde im Jahre 1972 erreicht mit der Einführung des § 613a in das BGB.

§ 613a BGB verwirklicht den Schutz des sozialen Besitzstandes der Arbeitnehmer auf materiell-rechtlicher Ebene.[1] Er statuiert eine komplexe Rechtsfolgenanordnung im Falle sog. Betriebsübergänge. Dessen Kernstück bildet die individualrechtliche Anordnung, der neue Inhaber trete *„in die Rechte und Pflichten aus den im Zeitpunkt des Übergangs bestehenden Arbeitsverhältnissen ein"*, § 613a Abs. 1 Satz 1 BGB.

Der hiermit bezweckte Schutz kann jedoch nur so weit reichen, wie ihn die Arbeitnehmer gegenüber Veräußerer und Erwerber auch zwangsweise durchsetzen können. Dass ihnen hierfür der Rechtsweg offen steht, ist grundrechtlich abgesichert und steht nicht zur Erörterung. Darüber hinaus allerdings besteht dringender Klärungsbedarf, was die Modalität der Rechtsdurchsetzung im Einzelnen anbelangt. Eine prozessrechtliche Regelung hat der Gesetzgeber dem § 613a BGB nicht zur Seite gestellt. Infolgedessen reicht das Klärungsinteresse von der Art und Weise einer gerichtlichen Entscheidung darüber, ob ein Betriebsübergang i.S.v. § 613a BGB überhaupt vorliegt, bis hin zu der Frage, wer nach Betriebsübergang auf Arbeitgeberseite prozessual zuständig ist, wenn das Arbeitsverhältnis selbst oder Ansprüche hieraus in Streit stehen. Diese Frage kumuliert damit in der Problematik zu beurteilen, wer *„richtige Partei"*[2] im Prozess ist. Vordringlich wird dabei zu erörtern sein, welche Auswirkungen der gesetzlich angeordnete Arbeitgeberwechsel bezogen auf die Stellung der Beteiligten nach sich zieht, sei es, dass ein Gerichtsverfahren noch anhängig oder bereits rechtskräftig beendet ist. Sie betrifft sowohl Klagen, die auf konkrete Ansprüche aus dem Arbeitsverhältnis gerichtet sind, als auch insbesondere das spezielle arbeitsrechtliche Institut der Kündigungsschutzklage.

---

1 Vgl. *Heinze* DB 1980, 205, 205.

2 Zum Begriff der „richtigen Partei" siehe D/L/W-*Stichler*, Handbuch ArbR, Kap. L Rn. 7 ff; MüKo-ZPO/*Lindacher*, vor §§ 50 ff. Rn. 41; vgl. auch *Lüke* ZZP 76 (1963), 1, 6.

Juristisch steht dabei, wie *Zeuner* prägnant herausstellt,[3] die alt hergebrachte Problematik der prozessrechtlichen Konsequenzen einer materiell-rechtlichen Rechtsnachfolge im Mittelpunkt. Sie stellt sich mit der arbeitsrechtlichen Dreieckskonstellation infolge des Eintritts des Betriebserwerbers in das ursprüngliche Arbeitsverhältnis in neuem Gewand dar. Dabei ist zu berücksichtigen, dass das Prozessrecht keinem Selbstzweck unterliegt. Vielmehr ist, so *Hartmann*, Ziel des Zivilprozesses *„die Verwirklichung [...] des sachlichen (materiellen) Rechts auf der Grundlage der Wahrheit, aber auch des Rechtsfriedens."*[4] *Lüke* spricht von einem notwendigen Zusammenhang von Prozessrecht und materiellem Recht, wobei allerdings nicht ausgeschlossen sei, dass das Prozessrecht eigenständigen Wertungen unterliegen kann, wo dies erforderlich ist, um dem Bedürfnis nach effektiver Rechtsdurchsetzung gerecht zu werden.[5] Angesichts dieser dienenden Funktion des Prozessrechts wird zu untersuchen sein, wie sich die materiellen Wirkungen des § 613a BGB im Lichte seiner ratio in das Prozessrecht transponieren bzw. die Strukturen des Prozessrechts hierauf übertragen lassen.

Im Rahmen der Erörterung dieser Thematik schließt die allgemeine Ansicht von der materiell-rechtlichen Schutzwirkung des § 613a BGB auf die prozessuale Schutzwürdigkeit des Arbeitnehmers. So führt das BAG in seiner Grundsatzentscheidung vom 15.12.1976 aus: *„Schon vom Sinn und Zweck des § 613a BGB her erscheint es geboten, den seine Ansprüche verfolgenden Arbeitnehmer davor zu schützen, daß er sich nach der Betriebsveräußerung auf einen Prozeß mit dem neuen Arbeitgeber einlassen muß."*[6] Ziel, wie es das BAG formuliert, ist sonach zu verhindern, dass der Arbeitnehmer durch die Folgen der Schutznorm auf prozessualer Ebene benachteiligt wird. Nach Ansicht des BAG impliziert dies eine Lösung, die den prozessualen Verfahrensstand, wie er im Zeitpunkt des Betriebsübergangs vorliegt, im Verhältnis zum Betriebsnachfolger zu perpetuieren. Die Konstruktion, die dies bewerkstelligen soll, muss dabei den Interessen aller Beteiligten, allen voran denjenigen der Arbeitnehmer, effektiv Rechnung tragen. Sie hat insbesondere zu berücksichtigen, dass es erhebliche Schwierigkeiten sowohl auf tatsächlicher wie auf rechtlicher Ebene bereiten kann zu beurteilen, ob ein Betriebsübergangs überhaupt vorliegt. Dasselbe gilt für die Bestimmung, zu welchem Zeitpunkt er stattgefunden hat.

Das BAG stützt sich seit den Anfängen seiner Rspr. hierzu auf eine umfassende Analogie zu den zivilprozessualen Vorschriften über die Veräußerung der streitbefangenen Sache.[7] Sie lässt sich heute als ständige Rspr. bezeichnen, ohne sich nochmals eingehender mit deren Begründung, alternativen Lösungsmodellen oder abweichenden Auffassungen einiger Instanzgerichte und Stimmen in der Lit. auseinander zu setzen.

---

3 In: FS für Schwab, 1990, S. 575, 575.

4 In: Baumbach/Lauterbach/Albers/*Hartmann*, ZPO, Einl. III Rn. 9.

5 In: FS für Henckel, 1995, 562, 575.

6 Az. 5 AZR 600/75 – AP Nr. 1 zu § 325 ZPO [zu 1.a) der Gründe].

7 §§ 265, 325, 727, 731 ZPO, vgl. die Grundsatzurteile vom 15.12.1976 - . 5 AZR 600/75 – AP Nr. 1 zu § 325 ZPO sowie vom 04.07.1979 – 5 AZR 8/78 – AP Nr. 10 zu § 611 BGB Rotes Kreuz; hierzu ausführlich unten.

Stattdessen bezieht sich das BAG stets auf seine frühe Rechtsprechung,[8] die es seither weiterentwickelt und ausdifferenziert hat.

Obwohl die prozessuale Behandlung des § 613a BGB vor diesem Hintergrund für alle Beteiligte immense Bedeutung erlangt, wird sie in der Rechtswissenschaft eher nachgeordnet und trotz der Rechtsfolgenkomplexität wenig ausdifferenziert behandelt. Die Rspr. hat sich der Natur ihrer Aufgabe gemäß stets nur mit solchen Konstellationen beschäftigt, die ihr zur Entscheidung vorlagen. Vor diesem Hintergrund war es im Rahmen dieser Arbeit Aufgabe, die aufgeworfenen Fragestellungen umfassend und systematisch zu beleuchten.

---

8 Vgl. etwa BAG vom 27.09.1984 – 2 AZR 309/83 – NZA 1985, 493, 493; vom 02.02.1988 – 3 AZR 161/86 – nv, recherchiert über juris; vom 04.03.1993 – 2 AZR 507/92 – AP Nr. 101 zu § 613a BGB [zu 1.b.aa) der Gründe]; vom 18.03.1999 – 8 AZR 306/98 – NZA 1999, 706, 708; vom 24.05.2003 – 8 AZR 246/04 - AP Nr. 282 zu § 613 a BGB [zu II.3.d) der Gründe; vom 24.08.2006 – 8 AZR 574/05 – AP Nr. 314 [zu § 613a BGB zu II 2 b (1) der Gründe]; vom 20.09.2006 – 6 AZR 249/05 – NZA 2007, 387, 387; vom 18.04.2002 – 8 AZR 346/01 – NZA 2002, 1207, 1210; ebenso, wenn auch nicht ausdrücklich, BAG vom 26.05.1983 – 2 AZR 477/81 – AP Nr. 34 zu § 613a BGB; vom 18.02.1999 – 8 AZR 485/97 – NZA 1999, 648, 649.

2. Abschnitt: Überblick über den Gang der vorliegenden Untersuchung

§ 613a BGB bildet den Ausgangspunkt aller nachfolgenden Erörterungen. Infolgedessen widmet sich das 1. Kapitel der historischen Diskussion vor Erlass der Norm sowie deren Entwicklung aufgrund der nachfolgenden europarechtlichen Vorgaben. Vorgezogen vor die Klammer wird sodann die die gesamte Untersuchung beherrschende ratio legis herausgearbeitet.

Den Ursprung für die Betrachtung der Wechselwirkungen von Betriebsübergang und Prozesslage stellt die Verknüpfung von materiellem Recht und Prozessrecht als dessen Hilfsrecht dar. Wenn der Prozess *„die praktische Umsetzung der Privatrechtsordnung im Streitfall“*[9] zum Ziel hat, so können die materiell-rechtlichen Vorgänge infolge eines Betriebsübergangs nach § 613a BGB grundsätzlich nicht ohne Auswirkungen im prozessualen Bereich bleiben. Entsprechend ist es zunächst notwenig, sich dessen Tatbestandsvoraussetzungen überblicksartig sowie die individualrechtsbezogenen Rechtsfolgen zu vergegenwärtigen, wie im 2. Kapitel geschehen. Sie bilden die Grundlage für sämtliche Überlegungen, wie die Folgen des Betriebsübergangs in das Prozessrecht umzusetzen sind, insbesondere dafür, wie sich bekannte zivilprozessuale Institute hierfür fruchtbar machen lassen.

Vor dem Hintergrund des komplexen Rechtsfolgensystems werden im Anschluss daran im 3. Kapitel die Auswirkungen auf das prozessrechtliche Geschehen erörtert. Im Mittelpunkt stehen dabei die personenbezogenen Voraussetzungen einer zulässigen wie begründeten Klage im Kontext mit dem Arbeitgeberwechsel, insbesondere das Erfordernis der Passivlegitimation.

Das 4. Kapitel widmet sich sodann der Frage, wie in den verschiedensten Konstellationen auf die prozessuale Entwicklung zu reagieren ist. Es befasst sich zunächst mit der Möglichkeit, mittels Auskunftsklage Informationen über die Umstände der konkreten Betriebsveräußerung zu erlangen. Im 3. Abschnitt steht die prozessuale Möglichkeit im Mittelpunkt, das Vorliegen eines Betriebsübergangs und gleichzeitig hiermit die Person des Arbeitgebers gerichtlich feststellen zu lassen. Ein diesbezügliches Feststellungsinteresse findet sich nicht nur im Verhältnis des Arbeitnehmers zu derjenigen Veräußerungspartei, die er für den tatsächlichen Arbeitgeber hält. Es tritt vielmehr auch in der Gestalt auf, dass der Bestand des Arbeitsverhältnisses zwischen den Veräußerungsparteien streitig ist. Dies leitet hin auf die generelle Diskussion, ob die Feststellung eines Drittrechtsverhältnisses zulässig sein kann. Sie stellt sich im Hinblick auf den Betriebsübergang insbesondere im Falle von Streitigkeiten unter den Veräußerungsparteien als Arbeitgeberprätendenten. Darüber hinaus führt die Dreipersonenkonstellation infolge von § 613a BGB zu der ganz allgemeinen Problematik, wie prozessual zu verfahren ist, wenn an einem Rechtsverhältnis mehr als zwei Personen beteiligt sind. Sie betrifft insbesondere die Bindungswirkung gegenüber dem jeweils dritten, am Betriebsübergang Beteiligten, der nicht Partei des Verfahrens ist. Insoweit

[9] *Lüke*, Festschrift für Henckel, 1995, S. 563, 575.

werden die prozessrechtlichen Instrumente der Streitverkündung und der subjektiven Klagenhäufung auf ihre Geeignetheit hin zu prüfen sein.

Hierauf folgend widmen sich die Abschnitte 5 und 6 der prozessualen Behandlung von Klagen, die konkrete Ansprüche zum Gegenstand haben. Insofern verbietet die Systematik des § 613a BGB angesichts der Bedeutung des individuellen Streitgegenstands eine pauschale Antwort auf die Frage, welchen Einfluss der Betriebsübergang auf die Sachlegitimation zeitigt. Zunächst wird im Hinblick auf rein betriebsbezogene Ansprüche zu klären sein, auf welche Weise ein bereits mit dem Alt-Arbeitgeber anhängiges Verfahren fortgeführt werden kann, sollte es währenddessen ein Betriebsübergang stattfinden. Dabei ist dem Weg über § 265 ZPO das Modell des gesetzlichen Parteiwechsels nach §§ 239, 242 ZPO gegenüber zu stellen. Daneben wird zu diskutieren sein, ob und unter welchen Bedingungen ein gewillkürter Parteiwechsel in Betracht kommt. War das Verfahren mit dem Betriebsveräußerer bereits rechtskräftig abgeschlossen, wird zu klären sein, inwiefern das ergangene Urteil gegenüber dem Betriebserwerber wirkt. Über die prozessuale Rechtskrafterstreckung mit anschließender Titelumschreibung hinaus stellt sich hierbei die Frage, ob § 613a BGB unmittelbar prozessrechtliche Wirkung zugeschrieben werden kann. Im Anschluss hieran stößt man auf die Problematik, inwieweit sich die gefundenen Ergebnisse auch auf Leistungsklagen ausdehnen lassen, die Ansprüche zum Gegenstand haben, für die § 613a BGB eine Nachhaftung des Betriebsveräußerers neben dem Erwerber festschreibt.

Der 1. Abschnitt des 5. Kapitels behandelt die am häufigsten und vehementesten diskutierte Fallgruppe, die Kündigungsschutzklage. Für die Frage, wie sich der Arbeitgeberwechsel auf die Passivlegitimation im Kündigungsstreit nach § 4 KSchG auswirkt, werden verschiedene Zeitmomente von Bedeutung. Sie ergeben sich insbesondere aus dem Streitgegenstand der Kündigungsschutzklage. Ihre zeitliche Abfolge fördert eine Vielfalt von Fallgestaltungen zutage. Die Problematik um die Passivlegitimation stellt sich insofern in zweierlei Hinsicht, einerseits für den Fall, dass der Betriebsübergang während Rechtshängigkeit eintritt, andererseits in der Situation, dass der Betrieb im Zeitraum nach Kündigungsausspruch, aber vor Klageerhebung veräußert wird. Ferner wird zu beleuchten sein, in welcher Weise der Arbeitnehmer ein Verstoß gegen das Kündigungsverbot des § 613a Abs. 4 BGB geltend machen kann, wobei – wie auch im Übrigen – das Fristerfordernis des § 4 KSchG in den Blick rückt. Zugleich wird den Interessen auf Seiten des Arbeitnehmers Rechnung zu tragen sein, die darauf gerichtet sind, die Feststellungen des Urteils, wenn dieses inzidenter zu den Betriebsübergangsvoraussetzungen Stellung nimmt, auf die prozessfremde Veräußerungspartei auszudehnen. Ferner sind prozesstaktische Überlegungen anzustellen, auf welche Weise der Arbeitnehmer gegen eine Kündigung des Betriebsveräußerers vorgehen kann, wenn dieser sie erst nach Betriebsübergang bzw. spiegelbildlich der Betriebserwerber sie vor Betriebsübergang erklärt. Insoweit gilt es die Modalität zu klären, wie das Kündigungsschutzbegehren auf die fehlende Kündigungsbefugnis gestützt werden kann.

In engem Zusammenhang mit dem Kündigungsschutzverfahren steht die Möglichkeit der Parteien, für den Fall der Unwirksamkeit der Kündigung einen Auflösungsantrag nach § 9 KSchG zu stellen. Das im Auslösungsverfahren ergehende Urteil löst das Arbeitsverhältnis zum hypothetischen Kündigungstermin auf, § 9 Abs. 2 KSchG. Vor diesem Hintergrund wird im 2. Abschnitt des 5. Kapitels die Antragsbefugnis bzw. die Person des Antragsgegners in verschiedenen Konstellationen zu untersuchen sein.

Zum Abschluss beleuchtet das 6. Kapitel die Frage, inwieweit die ursprünglichen Arbeitsvertragsparteien einen Prozessvergleich mit Wirkung für und gegen den Betriebserwerber abschließen können. Die sog. Vergleichbefugnis wird insbesondere bedeutsam, wenn ein Kündigungsschutzverfahren mittels Beendigungsvergleich zu Ende geführt werden soll, und zwischenzeitlich ein Betriebsübergang stattgefunden hat.

3. Abschnitt: Historischer Hintergrund

Die rechtliche Behandlung von rechtsgeschäftlichen Betriebsveräußerungen, die in dem heutigen § 613a BGB und den hierzu entwickelten Grundsätzen einen vorläufigen Zwischenstand gefunden hat, vollzog sich in Etappen. Um für die auf der materiellen Rechtslage aufbauenden Problematik von Betriebsübergängen ein Verständnis zu entwickeln, kommt man nicht umhin, den historischen Werdegang der Vorschrift, insbesondere die zugrunde liegenden Motive, nachzuvollziehen und sich mit der früheren Rechtsansichten sowie der ratio legis der ersten Kodifikationen auseinander zu setzen.

A. Vor Einführung des § 613a BGB

Zunächst fehlte bis zum Jahre 1972 eine gesetzliche Regelung. Das führte zu einer grundlegenden Diskussion in Rspr. und Lit. um das Schicksal der Arbeitsverhältnisse im Falle von Betriebsveräußerungen. Um den Interessen der Beteiligten Rechnung zu tragen, wurden jedoch schon früh die allgemeinen schuldrechtlichen Vorgaben des BGB, wonach es für die Übernahme der Arbeitnehmer eines ausdrücklichen Übertragungsakts bzgl. der Arbeitsverhältnisse bedürfe, in Frage gestellt. Zur Verwirklichung der Bestandsschutzinteressen der Arbeitnehmer wurde schon damals versucht, rechtstechnisch einen Automatismus zu konstruieren, wonach die Arbeitsverhältnisse auf den Erwerber übergehen.

Angestoßen wurde die Diskussion zu Beginn durch die Problematik der Anrechnung von vor der Betriebsveräußerung zurückgelegten Betriebszugehörigkeitszeiten auf den Erwerber, wie § 2 Angestelltenkündigungsgesetz vom 09.07.1926 sie im Falle der „*Rechtsnachfolge*" vorsah. Unklar war, ob diese „*Rechtsnachfolge*" auch eine auf Rechtsgeschäft beruhende Betriebsübernahme erfasste. Das RAG legt diesen Rechtsbegriff rein im Sinne einer wirtschaftlichen Betrachtung aus. Es ließ insoweit ausreichen, dass der Betrieb als zweckgerichtete arbeitstechnische Organisation bestehend aus personellen und sächlichen Betriebsmitteln im Wesentlichen identisch vom Betriebserwerber fortgeführt wird (sog. „*Betriebsidentität*").[10] Noch nicht in Rede stand hierbei eine irgendwie geartete Pflicht des Betriebserwerbers, die Arbeitsverhältnisse zu übernehmen („Ob" der Übernahme). Deren freiwillige Übernahme durch den Erwerber war vielmehr Voraussetzung für die sich hieran anschließende Rechtsfrage, ob das Arbeitsverhältnis inhaltlich unverändert fortbesteht („Wie" der Übernahme).[11] Erst in einem zweiten Schritt kam sodann die die historische Auseinandersetzung prägende Grundsatzfrage auf, die den eigentlichen Kern der Diskussion um die individualrechtlichen Folgen eines Betriebsübergangs bildet. Sie dreht sich darum, ob sich aus der

---

[10] RAG vom 26.10.1927 – RAG 1/27 – RAGE 1, Nr. 4 (7, 10 f.); RAG vom 08.02.1928 – RAG 46/27 – ARS 2, Nr. 23 (71, 75 ff.); RAG vom 01.10.1930 – RAG 194/30 – RAGE 11 Nr. 47 (208, 212 ff.); ebenso LAG Bremen vom 07.09.1949 – Sa 31/49 – AP 50 Nr. 16 m. Anm. *Nikisch*; *Denecke*, Anm. zu LAG Kiel vom 19.10.1950 – 1 Sa 237/50 – AP 51 Nr. 153; *Galperin* BB 1952, 322, 322 ff.; *ders.* DB 1962, 1078, 1079 mwN; zur Betriebsidentität *D. Gaul*, Betriebsinhaberwechsel 1966, S. 37 ff.; *Grell*, Betriebsinhaberwechsel 1957, S. 16 f.; zum Begriff der „Betriebsnachfolge" *Seiter*, Betriebsinhaberwechsel, A I 2 b) (S. 18) mwN.

[11] RAG vom 26.10.1927 – RAG 1/27 – RAGE 1, Nr. 4 (7, 11).

bestehenden Rechtsordnung zugleich eine Pflicht des Erwerbers herleiten lässt, in die beim bisherigen Betriebsinhaber bestehenden Arbeitsverhältnisse in unverändertem Zustand einzutreten[12], sog. „Fortsetzungspflicht"[13].

I. Die vertragliche Übernahme eines Rechtsverhältnisses im Ganzen

Damit in Zusammenhang stand der damals diskutierte Problemkreis, auf welche Art und Weise nach bürgerlichem Recht ein gesamtes Vertragsverhältnis auf einen Dritten rechtsgeschäftlich übertragen werden kann. Streng orientiert an den vom BGB vorgesehenen Übertragungstatbeständen konstruierte ein Teil der Lit. – praktischen Bedürfnissen folgend – eine vertragsrechtliche Lösung. Nach den Vorgaben der §§ 398 ff., 414 ff. sowie § 613 S. 2 BGB forderten sie einen ausdrücklichen vertraglichen Übertragungsakt, und zwar wegen des Betriebsübergangs als Einzelrechtsnachfolge durch Abtretung aller Einzelrechte und Übernahme aller Einzelpflichten aus dem Arbeitsverhältnis („Zerlegungstheorie").[14] Sich darüber hinwegsetzend hielten andere eine Übertragung des Arbeitsverhältnisses als Ganzes mit der Folge des Vertragspartnerwechsels für möglich. Sie sei erforderlich, um sämtliche aus dem Arbeitsverhältnis folgenden, auch nicht voraussehbaren Rechte, zudem Gestaltungsrechte[15], mit erfassen zu können („Einheitstheorie").[16] Beide Ansichten betonten dabei jedoch die Privatautonomie des Betriebserwerbers zu entscheiden, ob und welche Arbeitsverhältnisse er übernimmt (sog. Ablehnungsrecht des Betriebserwerbers; „Theorien vom willentlichen Handeln").[17]

Die Möglichkeit des gewillkürten Eintritts in die Subjektstellung eines Vertrags als Grundverhältnis erkannte die Rspr. später an.[18] Aber auch sie ließ sich für eine willen-

---

12 *Bötticher*, FS für Nikisch, 1958, 3, 3 formulierte: „Inwieweit kommt es für die Fortsetzung der Arbeitsverhältnisse beim Betriebsübergang auf den Willen des neuen Betriebsinhabers an?"; *Krejci*, Betriebsübergang 1972, S. 24; *Posth*, Betriebsinhaberwechsel, 1978, S. 6 mwN; beide sprechen von einer sog. Fortsetzungepflicht.

13 Vgl. *Krejci*, Betriebsübergang 1972, S. 24; *Posth*, Betriebsinhaberwechsel, 1978, S. 6 mwN.

14 Staudinger/*Nipperdey-Mohnen*, 11. Aufl., § 613 BGB Rn. 14, 18 ff.; ebenso LAG Hamm vom 29.02.1950 – 1 Sa 136/50 – AP 50 Nr. 247 m. abl. Anm. *Nikisch*; vgl. auch *Galperin* DB 1962, 1078, 1078.

15 Vgl. *Brecher*, FS Schmidt-Rimpler 1957, 181, 189 f.; *D. Gaul*, Betriebsinhaberwechsel 1966, S. 91 f.; *Molitor*, Arbeitnehmer und Betrieb, S. 39.

16 Enneccerus-*Lehmann*, SchuldR, 15. A., § 87 S. 350 f.; *Hueck/Nipperdey*, ArbR Bd. I, 7. A., § 54 I 1 f. (S. 512), III 4 (S. 518 ff.); *Nikisch*, ArbR Bd. I, § 46 I 3 (S. 657); *Grell*, Betriebsinhaberwechsel 1957, S. 138 f.; *Krejci*, Betriebsübergang 1972, S. 178 ff.; *Falkenberg* RdA 1967, 121, 122; *D. Gaul* DB 1966, 420, 423; *Neumann-Duesberg* BB 1971, 969, 969; vgl. aktuell Palandt/*Grünberg*, § 398 Rn. 41.

17 Staudinger/*Nipperdey-Mohnen*, 11. Aufl., § 613 Rn. 21; *Hueck/Nipperdey*, ArbR Bd. I, 7. A., § 54 III 2 (S. 515 ff.); Erman/*Küchenhoff*, 4. Aufl., § 613 Anm. d) Frage A); vgl. *Beitzke*, Anm. zu LAG Frankfurt a.M. vom 15.03.1951 – II LA 449/50 – BB 1951, 421; *Galperin* BB 1952, 322, 324; *ders.* DB 1962, 1078, 1081; *Hueck* BB 1951, 365, 366; einschränkend *D. Gaul* DB 1966, 420, 423 f.

18 Vgl. zur Übertragung von Schuldverhältnissen: BGH vom 08.11.1965 – II ZR 223/64 – BGHZ 44, 229, 231 (obiter dictum); BGH vom 02.07.1975 – VIII ZR 223/73 – BGHZ 65, 49, 52; vom 20.06.1985 - IX ZR 173/84 - BGHZ 95, 88, 93 f.; BAG vom 01.02.1971 – 3 AZR 7/70 – AP Nr. 2

sunabhängige Bindung des Betriebserwerbers an beim Veräußerer bestehende Arbeitsverhältnisse nicht gewinnen.[19] Allerdings beschränkte sich diese Rspr. auf Konstellationen, in denen Arbeitsverhältnisse leitender und zu höheren Diensten verpflichteter Angestellter betroffen waren. Insoweit hatte das BAG die Freiheit des Betriebserwerbers maßgeblich mit dem schutzwürdigen Interesse an einer intakten Vertrauensbasis begründet.

II. Die Ansicht vom Übergang des Arbeitsverhältnisses kraft Gesetz

Einen völlig neuen Weg schlugen die Vertreter der Lehre vom automatischen Übergang der Arbeitsverhältnisse ein. Sie befürworteten im Zuge der Rechtsfortbildung einen Übergang des Arbeitsverhältnisses kraft Gesetz.[20] *Nikisch*[21] stützte sich hierbei auf eine Analogie zu § 571 BGB a.F. (= § 566 n.F.: „Kauf bricht nicht Miete") und die Ähnlichkeit der zugrunde liegenden Sachverhalte sowie der angestrebten Rechtsfolgen. In beiden Fällen handele es sich um äußerlich erkennbar in Vollzug gesetzte Dauerschuldverhältnisse, die mit einem bestimmten Substrat – Grundstück bzw. Betrieb – verknüpft seien. In beiden Fällen bestehe das Bedürfnis, die Dauerschuldverhältnisse vor rechtsgeschäftlichen Verfügungen des anderen Teils bestandssicher zu machen. In ähnlicher Weise rechtfertigten andere den gesetzlichen Übergang mit einer quasidinglichen Verknüpfung des Arbeitsverhältnisses zum Betrieb als Organismus bzw. als betrieblicher Gemeinschaft ohne Ansehung der Person des Betriebsinhabers (sog. „Eingliederungstheorie" bzw. „Organtheorie").[22] Wiederum andere rekurrierten auf einen Vergleich zur Gesamtrechtsnachfolge und wollten deren Grundsätze analog heranziehen.[23] Schließlich wurde der Kündigungsschutz als Anknüpfungspunkt bemüht. Um dem Bestandsschutz auch im Falle von Betriebsveräußerungen Geltung zu ver-

---

zu § 282 ZPO [zu I 1 der Gründe] m. Anm. *Blomeyer*; LAG Baden-Württemberg vom 28.04.1950 – Sa 9/50 und 36/50 – BB 1950, 422, 423.

19 BAG vom 18.02.1960 - 5 AZR 472/57 – BAGE 9, 62; vom 29.11.1962 – 2 AZR 176/62 – BAGE 13, 333, 337 ff.; vom 29.04.1966 – 3 AZR 208/65 – NJW 1966, 1984, 1985; so schon zuvor das RAG vom 01.10.1930 – RAG 194/30 – RAGE 11 Nr. 47 (208, 212 ff.).

20 *Dietz*, Anm. zu LAG Bremen vom 04.04.1951 – Sa 37/51 – AP 52 Nr. 50 (S. 264); *Galperin* DB 1962, 1078, 1113; *Grell*, Betriebsinhaberwechsel, S. 138 ff., 163 ff.; *Molitor*, Arbeitnehmer und Betrieb, S. 40 ff.; *Schneider* AuR 1959, 161, 165 ff. mit Hinweis auf die Sozialpflichtigkeit des Unternehmers; ebenso LAG Frankfurt a.M. vom 15.12.1961 – 5 Sa 29/61 [LS 1].

21 *Nikisch*, ArbR Bd. I, § 46 II 2 (S. 659 ff.); *ders.* Anm. zu LAG Mannheim vom 30.11.1951 – Sa 86/51 – AP 52 Nr. 228 [S. 510]; ihm folgend *Falkenberg* RdA 1967, 121, 123 ff.; zust., *Bötticher*, FS Nikisch, 1958, 3, 10 ff; ebenso LAG Frankfurt a.M. vom 05.12.1961 – 5 Sa 29/61 – AuR 1963, 317; vom 01.12.1964 – 5 Sa 325/64 – BB 1965, 1270.

22 U.a. *Brecher*, FS Schmidt-Rimpler 1957, 181 mit ausführlicher Herleitung, insb. 216 ff., 220 ff.; ähnlich *Grell*, Betriebsinhaberwechsel, S. 151 ff., insb. S. 154; *Nikisch* Anm. zu LAG Hamm vom 29.04.1950 – 1 Sa 136/50 – AP 50 Nr. 247 [zu 1.d) der Ausführungen]; vgl. auch LAG Frankfurt a.M. vom 25.05.1951 – IV LA 112/51 – AP 51 Nr. 259 m. zust. Anm. *Reinhardt*; LAG Mannheim vom 30.11.1951 – Sa 86/51 – AP 52 Nr. 228 [zu II. der Gründe, S. 505].

23 LAG Mannheim vom 30.11.1951 – Sa 86/51 – AP 52 Nr. 228 m. zust. Anm. *Nikisch.*

schaffen, müsse zunächst ein automatischer Übergang stattfinden mit anschließender, der richterlichen Kontrolle unterworfener Kündigungsmöglichkeit.[24]

Vorgesehen war eine gesetzliche Rechtsnachfolge auch in § 90 des Entwurfs zu einem Gesetz über das Arbeitsverhältnis von 1938[25], der aber zunächst nicht weiter verfolgt wurde.[26]

III. Die Ansicht vom erleichterten rechtsgeschäftlichen Übergang des Arbeitsverhältnisses

Die einen gesetzlichen Automatismus ablehnende Lit. konstruierte den Übergang der Arbeitsverhältnisse beim Betriebsinhaberwechsel – wie dargestellt – rein rechtsgeschäftlich. Mittel der Vertragsübernahme war ein dreiseitiger Vertrag zwischen Betriebsveräußerer, -erwerber sowie Arbeitnehmer.[27] Dieser Ansicht schloss sich die Rspr. an.[28]

Allerdings gab es Bestrebungen, den Übergang der Arbeitsverhältnisse zu erleichtern, indem die Auslegungsregel des § 613 S. 2 BGB als stillschweigend abbedungen angesehen wurde. Die Begründungen hierfür deckten sich dabei nahezu mit denen der Lehre vom automatischen Übergang. Eine Ansicht stützte sich insoweit ebenfalls auf den Erhalt der Betriebsidentität unter dem neuen Betriebsinhaber.[29] Andere werteten das Weiterarbeiten unter dem Betriebserwerber, ohne eine Kündigung einzureichen oder Widerspruch zu erheben, im Zweifel als stillschweigende Genehmigung.[30] Wieder andere sahen die mit der Eingehung des Arbeitsverhältnisses herbeigeführte Bin-

---

24 *Bötticher*, FS Nikisch 1958, 3, 14 ff.; *Grell*, Betriebsinhaberwechsel 1957, S. 142 ff.; so auch angedeutet bei *Nikisch*, ArbR Bd. I, § 46 II 2 (S. 659); auf den Kündigungsschutz verweisend auch *Hueck* BB 1951, 365, 366, jedoch für den gesetzlichen Übergang eine gesetzliche Grundlage fordernd.

25 Erarbeitet vom Arbeitsrechtsausschuss der Akademie für Deutsches Recht; Überblick über nicht verwirklichte Gesetzesentwürfe aus dem Jahre 1923 und 1938, entnommen bei *Krejci*, Betriebsübergang 1972, S. 239 ff.

26 Vgl. den Hinweis hierauf in LAG Mannheim vom 30.11.1951 – Sa 86/51 – AP 52 Nr. 228 m. zust. Anm. *Nikisch*; ihn bereits als geltendes Recht heranziehen wollend, Staudinger/*Nipperdey*, 10. Aufl., § 613 Rn. 22.

27 Vgl. *Esser*, SchuldR I, § 56 IV 2 (S. 424 ff.); *Galperin* DB 1962, 1078, 1078.

28 BGH vom 29.10.1957 – VIII ZR 292/56 – MDR 1958, 90: „dreiseitiger Vertrag eigener Art“; BAG vom 02.10.1974 – 5 AZR 504/73 – AP Nr. 1 zu § 613a BGB [III 4a der Gründe] m. Anm. *Seiter*.

29 LAG Mannheim vom 30.11.1951 – Sa 86/51 – AP 52 Nr. 228 [zu II der Gründe, S. 506], das den Übergang aufgrund des Rechtsscheins der tatsächlichen Weiterbeschäftigung bejaht, m. abl. Anm. *Nikisch*; LAG Stuttgart vom 04.04.1951 – II Sa 239/50 – AP 51 Nr. 274 m. Anm. *Molitor*, das von einer stillschweigenden Überleitung im Falle der Fortführung des Betriebs ausgeht; ebenso LAG Frankfurt a.M. vom 15.03.1951 – II LA 449/50 – BB 1951, 420, 420 f.; *Hueck/Nipperdey*, ArbR Bd. I, 7. A., § 54 III 1 (S. 514 f.) mwN, III 4 (S. 518 ff.); Staudinger/*Nipperdey-Mohnen*, 11. Aufl., § 613 Rn. 21 f.; *Galperin* BB 1952, 322, 324.

30 LAG Bremen vom 12.07.1950 – Sa 33/50 – AP 51 Nr. 110 m. abl. Anm. *Molitor*; vom 04.04.1951 – Sa 37/51 – AP 52 Nr. 50 m. Anm. *Dietz*; ebenso LAG Kiel vom 19.10.1951 – 1 Sa 237/50 – AP 51 Nr. 153 m. Anm. *Denecke*; ähnlich LAG Düsseldorf/Köln vom 17.08.1965 – 8 Sa 429/64 – DB 1965, 1404, 1404 f.; *Hueck/Nipperdey*, ArbR Bd. I, § 54 III 4 (S. 519 f.); *D. Gaul*, Betriebsinhaberwechsel 1966, S. 95 ff.

dung des Arbeitnehmers an den Betrieb im Zweifel als stillschweigende Einwilligung an.[31] Im Übrigen blieb nach dieser Ansicht das Arbeitsverhältnis zum Veräußerer bestehen mit der regelmäßigen Konsequenz einer betriebsbedingten Kündigung.[32]

Folge der Konstruktion über eine (stillschweigende) Vertragsübernahme war im Ergebnis allerdings nach wie vor, dass das „Ob" der Übernahme des Arbeitsverhältnisses von der unwägbaren Entscheidung des Betriebserwerbers abhing.

IV. Haftungsfragen im Hinblick auf den Betriebsveräußerer

Trotz Übernahme des Arbeitsverhältnisses als Ganzes schloss die überwiegende Ansicht eine Haftung des Erwerbers für vor der Betriebsübernahme entstandene Verpflichtungen aus.[33] Auf der anderen Seite sah sie die Haftung des Veräußerers – spätestens mit Ablauf der Frist einer hypothetischen Arbeitnehmerkündigung –[34] als beendet an.[35]

B. Einführung von § 613a BGB anlässlich der Novellierung des BetrVG

Das Risiko auf Seiten der Arbeitnehmer sozialpolitisch anerkennend und vor dem Hintergrund der Rechtssicherheit und –klarheit hat der deutsche Gesetzgeber sodann reagiert.

---

31 Staudinger/*Nipperdey-Mohnen*, 11. A., § 613 Rn. 21; *Galperin* DB 1962, 1078, 1078; ähnlich BAG vom 26.05.1955 – 2 AZR 38/54 – NJW 1955, 1413, 1413.

32 Vgl. *Dietz*, BetrVG, § 1 Rn. 69 mwN; *D. Gaul*, Betriebsinhaberwechsel 1966, S. 94 f. mwN; *Bötticher*, FS Nikisch, 1958, S. 18 ff.; *Brecher*, FS Schmidt-Rimpler 1957, S. 234 f.

33 BAG vom 26.05.1955 – 2 AZR 38/54 – NJW 1955, 1413, 1413; LAG Hamm vom 12.01.1971 – 3 Sa 733/70 – DB 1971, 921 922 f.; *Hueck/Nipperdey*, ArbR I, § 54 III 4 sowie dortige Fn. 20, 21 (S. 518 f.) mwN; *Nikisch*, ArbR Bd. I, § 46 II 6 (S. 663) mit Verweis auf die Rechtsfolgenregelung des § 571 BGB a.F.; *Krejci*, Betriebsübergang 1972, S. 159; *D. Gaul*, Betriebsinhaberwechsel 1966, S. 92, 97; *Galperin* DB 1962, 1113, 1113.

34 *Hueck/Nipperdey*, ArbR Bd. I, § 54 III 4 (S. 520); Staudinger/*Nipperdey-Mohnen*, 11. Aufl., § 613 Rn. 22; *Nikisch* ArbR Bd. I, § 46 II 6 (S. 663) mit Verweis auf die Rechtsfolgenregelung des § 571 BGB a.F.

35 Kollektiverechtlich ging die überwiegende Meinung davon aus, dass im Falle fortbestehender Betriebidentität die Stellung des Betriebsrats unberührt blieb, vgl. *Dietz*, BetrVG, § 22 Rn. 30; *Nikisch*, ArbR Bd. III, § 98 III 1 (S. 119); *Galperin* DB 1962, 1113, 1114, ebenso wie die Wirksamkeit von Betriebsvereinbarungen, vgl. *Dietz*, BetrVG, § 1 Rn. 68, § 52 Rn. 70; *Nikisch*, ArbR III, § 197 IX 2 (S. 296 f.); *Grell*, Betriebsinhaberwechsel 1957, S. 40 ff. mwN; *Galperin* DB 1962, 1113, 1113 f. Kollektivrechtlich differenzierte sie zwischen Firmen- und Verbandstarifvertrag: Während der „Rechtgrund" für die Tarifbindung beim Firmentarifvertrag im Betrieb selbst angelegt sei, sodass insoweit eine „Rechtsnachfolge" stattfinden könne, vgl. *Hueck/Nipperdey*, ArbR Bd. II/1, § 22 B II 1 a (S. 473) mwN; *Grell*, Betriebsinhaberwechsel 1957, S. 24 f.; *Galperin* DB 1962, 1113, 1114; *Nikisch*, ArbR II, § 76 II 2 (S. 354 f.), knüpfe die Tarifbindung an einen Verbandstarif an die Mitgliedschaft des konkreten Betriebsinhabers an, vgl. RAG vom 24.05.1930 - RAGE 9 Nr. 103 (458, 462 f.); *Hueck/Nipperdey*, ArbR II/1, § 23 B V 2 (S. 490), § 23 B VII 2 (S. 494 f.) jeweils mwN; *Nikisch*, ArbR Bd. II, § 71 II 3 (S. 265); *Grell*, Betriebsinhaberwechsel 1957, S. 24 f.; *Galperin* DB 1962, 1113, 1114. Im Übrigen behalfen sich einige Vertreter mit einer Analogie zu § 4 Abs. 5 TVG, um eine Nach- und somit Fortwirkung der Tarifnormen auch unter dem neuen Betriebsinhaber zu erzeugen, vgl. *Hueck/Nipperdey*, ArbR II/1, § 23 B V 2 (S. 490).

Wie bereits erwähnt, war der Entwurf zu einem Gesetz über das Arbeitsverhältnis (1938) nicht weiter verfolgt worden. Stattdessen entschied sich der Gesetzgeber für eine umfassende individualrechtliche Regelung zum Schutz der Arbeitnehmer unter ausdrücklicher Abkehr von der Forderung nach einer Mitbestimmung des Betriebsrats.[36] Im Zuge der Novellierung des Betriebsverfassungsgesetzes wurde über § 122 BetrVG 1972 die Bestimmung des § 613a in das BGB eingeführt, die am 19.01.1972 in Kraft trat.[37] Mit dieser Norm folgt der Gesetzgeber denjenigen Stimmen, die schon zuvor die Übertragung des Arbeitsvertrags in seiner Gesamtheit auf den Betriebserwerber favorisierten. § 571 BGB a.F., der ebenfalls den automatischen Übergang des Rechts-, dort Mietverhältnisses, festschreibt, diente dabei als Vorbild.[38] In ihrer damaligen Fassung entsprach die Norm ihren heutigen Abs. 1 Satz 1, Abs. 2 und 3.

Infolge der nunmehrigen Regelung tritt der Betriebserwerber im Falle eines rechtsgeschäftlichen Betriebs(teil-)übergangs kraft Gesetzes in die Arbeitsverhältnisse ein („Fortsetzungspflicht des Betriebserwerbers").[39] In der Folge wurde damit der Wille des Betriebserwerbers für den Übergang der Arbeitsverhältnisse obsolet. Darüber hinaus schreibt sie die Weiterhaftung des bisherigen Arbeitgebers und deren Umfang fest.

C. Europarechtliche Richtlinien-Vorgaben

Mit der Einführung von § 613a BGB war der deutsche Gesetzgeber europarechtlichen Regelungsbestrebungen in einem gewichtigen Punkt voraus.

Auslöser für ein gesetzgeberisches Tätigwerden auf europäischer Ebene war die wirtschaftliche Entwicklung, die mit voranschreitenden Unternehmenskonzentrationen in den sechziger Jahren einherging. Insbesondere in grenzüberschreitenden Sachverhalten trat die unterschiedliche arbeitsrechtliche Behandlung von Betriebsübernahmen in den einzelnen Mitgliedsstaaten offen zutage.[40] Das hatte nicht nur in Bezug auf die Standortwahl Folgen für den gemeinsamen Markt. So war das Bedürfnis nach europaweit einheitlichen Regelungen zum Schutz der Arbeitnehmer und ihrer Ansprüche geweckt.

Diversen Bemühungen von Kommission und Rat folgte der Erlass der „Richtlinie zur Angleichung der Rechtsvorschriften der Mitgliedstaaten über die Wahrung von Ansprüchen der Arbeitnehmer beim Übergang von Unternehmen, Betrieben oder Be-

---

36 BT-Drucks. VI/1786 S. 59 „Zu §123".

37 Ausführlich zur Entstehungsgeschichte *Posth*, Betriebsinhaberwechsel, 1978, S. 13 ff. mwN. Zum individualrechtlichen Charakter der Norm, siehe BAG vom 22.02.1978 – 5 AZR 800/76 – AP Nr. 11 zu § 613a BGB [zu 1. der Gründe]; vom 06.02.1980 - 5 AZR 275/78 – AP Nr. 21 zu § 613a BGB [zu II.1. der Gründe] m. zust. Anm. *Herschel*; *Moll* AnwBl 1991, 282, 284.

38 Vgl. BAG vom 02.10.1974 – 5 AZR 504/73 – AP Nr. 1 zu § 613a BGB [zu III.4.a) der Gründe] m. Anm. *Seiter*; ArbRBGB-*Ascheid* § 613a BGB Rn. 61; ausführlich *Borngräber*, Betriebsübergang 1977, S. 65; *Birk*, Anm. zu BAG vom 02.10.1974 – 5 AZR 504/73 – EzA Nr. 1 zu § 613a BGB; *Schreiber* RdA 1982, 137, 138 f.

39 Vgl. hierzu, BAG vom 29.10.1975 – 5 AZR 444/74 – AP Nr. 2 zu § 613a BGB [zu 1.c) der Gründe]; vom 18.08.1976 - 5 AZR 95/75 – AP Nr. 4 zu § 613a BGB [zu 2.a) der Gründe] m. Anm. *Mayer-Maly*.

40 Vgl. die Begründung des Rates in der Präambel der Richtlinie 77/187/EWG, siehe Fn. 41.

triebsteilen“ (77/187/EWG) vom 14.02.1977[41]. Angestrebt war eine europaweite Rechtsharmonisierung im individual- wie kollektivrechtlichen Bereich zur Verwirklichung des Bestandsschutzes zugunsten der Arbeitnehmer,[42] wobei den Richtlinienadressaten ein gewisser Gestaltungsfreiraum verblieb. Die Richtlinie ist national durch das arbeitsrechtliche EG-Anpassungsgesetz vom 13.08.1980 („Gesetz über die Gleichbehandlung von Männern und Frauen am Arbeitsplatz und über die Erhaltung von Ansprüchen bei Betriebsübergang“)[43], in Kraft getreten am 21.08.1980, umgesetzt worden. Notwendig hierfür war lediglich, die Regelungen zur Fortgeltung von Kollektivvereinbarungen sowie das Verbot von Kündigungen wegen Betriebsübergangs der bereits bestehenden nationalen Norm hinzuzufügen.

Ausgeweitet wurden § 613a BGB sodann nochmals auf der Grundlage der EU-Richtlinie 98/50/EG[44] vom 29.06.1998, die die Vorgängerrichtlinie im Lichte der ständigen Rspr. des EuGH[45] fortschrieb. Mit dem Gesetz zur Änderung des SeemannsG und anderer Gesetze[46] vom 23.02.2002 zum 01.04.2002 wurde § 613a BGB um die Abs. 5 und 6 zu seiner heutigen Gestalt ergänzt. Sie schreiben die Unterrichtungspflicht gegenüber den Arbeitnehmern sowie deren Recht, dem Übergang ihres Arbeitsverhältnisses zu widersprechen, fest, wodurch ein lange schwelender Streit über die Zustimmungsbedürftigkeit seitens der Arbeitsnehmer beendet wurde.[47] Darüber hinaus stellt die Richtlinie klar, dass die Mitgliedstaaten eine gemeinsame Haftung von Veräußerer und Erwerber, wie sie in § 613a Abs. 2 BGB bereits enthalten war, vorsehen können.

Ohne inhaltliche Änderungen wurden die beiden vorgenannten Richtlinien sodann in der Richtlinie 2001/23/EG vom 22.03.2001[48] vereinigt.

D. Motive und ratio legis des § 613a BGB

Bereits aus der soeben dargestellten historischen Diskussion und der darauf folgenden Einführung des § 613a BGB lassen sich die Motive des Gesetzgebers und damit der mit der gesetzlichen Regelung verfolgte Sinn und Zweck ablesen. So heißt es prägnant in der Richtlinie 77/187/EWG: *„Es sind Bestimmungen notwendig, die die Arbeitneh-*

---

41 ABl. EG Nr. L 61 vom 05.03.1977, S. 26.

42 So die Präambel der genannten Richtlinie, siehe Fn. 41. Vgl. auch EuGH vom 25.07.1991 - Rs C 362/89 – AP Nr. 1 zu EWG-Richtlinie Nr. 77/187 [zu Rn. 9 f. der Gründe]; vom 26.05.2005 - Rs C 478/03 - Celtic Ltd. - C 478/03 – AP Nr. 1 zu Richtlinie Nr. 77/187/EWG [zu Rn. 26 f. der Gründe].

43 BGBl. I S. 1308.

44 ABl. EG Nr. L 201 vom 17.7.1998, S. 88; vgl. hierzu *Gaul* BB 1999, 526, 526 ff.

45 Richtungsweisend die sog. „Christel-Schmidt-Entscheidung“ vom 14.04.1994 – C-392/92 – AP Nr. 106 zu § 613a BGB; vgl. hierzu *Heither* RdA 1996, 96, 96 f.;

46 BGBl. I vom 23.03.2002, S. 1163.

47 Vgl. BAG vom 02.10.1974 – 5 AZR 504/73 – AP Nr. 1 zu § 613a BGB [zu II.2., III der Gründe] mwN, das im Wege der Auslegung zu der Grundsatzentscheidung gelangt, dass dem Arbeitnehmer gegen seinen Willen kein anderer Arbeitgeber aufgezwungen werden kann; zust. *Posth*, Betriebsinhaberwechsel, 1978, S. 51 ff. mwN.

48 ABl. EG Nr. L 82/16.

mer bei einem Inhaberwechsel schützen und insbesondere die Wahrung ihrer Ansprüche gewährleisten."[49]

Die Forderung nach einer Mitbestimmung des Betriebsrats bei Betriebsveräußerungen ablehnend hat sich der Gesetzgeber für einheitlich auf alle Arbeitverhältnisse anzuwendende Rechtsfolgen entschieden.[50] Hiermit hat er einer umfassenden individualrechtlichen Gesetzesbestimmung den Vorzug gegeben.[51] Die Einführung des § 613a BGB war dabei von drei Zielen (sog. Zwecktrias) geprägt. Für den Fall einer Betriebsveräußerung sollten erstens bestehende Arbeitsplätze geschützt, zweitens die Kontinuität des amtierenden Betriebsrates gesichert und drittens die Verteilung der Haftung zwischen neuem und altem Arbeitgeber geregelt werden[52].

Im Vordergrund stand der umfassende Bestandsschutz zugunsten der als schutzbedürftig angesehenen abhängigen Beschäftigten. Mit der Konstruktion eines gesetzlichen Eintritts des Betriebserwerbers in die Arbeitsverhältnisse sollte die Gefahr für die Arbeitsplätze beseitigt, die hierdurch bedingte Lücke im System des Kündigungsschutzes geschlossen und darüber hinaus der erdiente soziale Besitzstand der Arbeitnehmer gewährleistet werden.[53] Ziel war zudem die Schaffung von Rechtsklarheit und Rechtsicherheit durch eine eindeutige gesetzliche Regelung.[54]

Über die Nachhaftungsanordnung des § 613a Abs. 2 BGB sollen nach der Intention des Gesetzgebers die Arbeitnehmer vor einem faktischen Verlust wohlerworbener Ansprüche bewahrt werden, der infolge des Schuldnerwechsels auf einen möglicherweise weniger solventen Betriebserwerber droht.[55] Zudem erschien aus rechtspolitischen

---

49 Richtlinie 77/187/EWG des Rates vom 14. Februar 1977 zur Angleichung der Rechtsvorschriften der Mitgliedstaaten über die Wahrung von Ansprüchen der Arbeitnehmer beim Übergang von Unternehmen, Betrieben oder Betriebsteilen.

50 Vgl. BT-Drucks. VI/1786 S. 59 „Zu § 123"; BAG vom 07.11.1975 – 1 ABR 78/74 – AP Nr. 3 zu § 99 BetrVG 1972 [zu III.1.b) der Gründe: daher auch nicht als betriebsverfassungsrechtliche, sondern zivilrechtliche Norm zu qualifizieren] m. Anm. *Kraft/Geppert*; BAG vom 17.01.1980 - 3 AZR 160/79 - AP Nr. 18 zu § 613a BGB [zu II.2. der Gründe] m. Anm. *Heinze*.

51 BAG vom 17.01.1980 - 3 AZR 160/79 – AP Nr. 18 zu § 613a BGB [zu II.2. der Gründe] m. Anm. *Heinze*.

52 BAG vom 02.10.1974 – 5 AZR 504/73 – AP Nr. 1 zu § 613a BGB m. Anm. *Seiter* [zu III.3. der Gründe]; vom 17.01.1980 - 3 AZR 160/79 – AP Nr. 18 zu § 613a BGB [zu II.2. der Gründe] m. Anm. *Heinze*; vom 12.07.1990 – 2 AZR 39/90 – AP Nr. 87 zu § 613a BGB [zu B.II.3.d) aa) der Gründe]; ErfK/*Preis*, § 613a BGB Rn. 2; MüKo-BGB/*Müller-Glöge*, § 613a BGB Rn. 6 f.; RGRK-*Ascheid*, § 613a BGB Rn. 8; *Moll* AnwBl 1991, 282, 283; *Schiefer* RdA 1994, 83, 83.

53 BAG vom 07.11.1975 – 1 ABR 78/74 – AP Nr. 3 zu § 99 BetrVG 1972 [zu III.1.b) der Gründe] m. Anm. *Kraft/Geppert*; vom 30.08.1979 - 3 AZR 58/78 – AP Nr. 16 zu § 613a BGB [zu 1. der Gründe]; vom 12.07.1990 – 2 AZR 39/90 – AP Nr. 87 zu § 613a BGB [zu B.II.3.c), d) aa) der Gründe]; AR-Blattei SD (*Hergenröder*), 500.1 Rn. 55; Staudinger/*Annuß*, BGB, § 613a Rn. 9; *Birk*, Anm. zu BAG vom 02.10.1974 – 5 AZR 504/73 – EzA Nr. 1 zu § 613a BGB [zu I.1. der Ausführungen]; *Posth*, Betriebsinhaberwechsel, 1978, S. 42 f. mwN; *Kraft*, FS 25 Jahre BAG 1979, 299, 302; *Hillebrecht* NZA 1989, Beil. 4, 10, 10; *Moll* AnwBl 1991, 282, 283.

54 AR-Blattei SD (*Hergenröder*), 500.1 Rn. 63; *Birk*, Anm. zu BAG vom 02.10.1974 – 5 AZR 504/73 – EzA Nr. 1 zu § 613a BGB [zu II. der Ausführungen]; *Borngräber*, Betriebsübergang 1977, S. 32 f.; *Seiter*, Betriebsübergang, S. 31; kritisch *Kraft*, FS 25 Jahre BAG 1979, 299, 302.

55 AR-Blattei SD (*Hergenröder*), 500.1 Rn. 77; ErfK/*Preis*, § 613a BGB Rn. 133; Erman/*S. Edenfeld*, § 613a BGB Rn. 95; *Falkenberg* DB 1980, 783, 786.

Gründen eine Entlassung des Betriebsveräußerers aus der Haftung nicht sachgerecht, da der erzielte Veräußerungserlös den Mehrwert widerspiegele, den maßgeblich auch die Arbeitnehmer erwirtschaftet haben und der daher als Haftungsmasse zur Verfügung stehen soll.[56]

Insgesamt lässt sich § 613a BGB als weit reichende Arbeitnehmerschutzvorschrift vor drohenden Nachteilen im Zuge einer Betriebsveräußerung qualifizieren.[57] Als zwingend geltende Norm schließt sie Modifikationen der gesetzlichen Regelung zuungunsten der Arbeitnehmer aus.[58] Diese ratio legis bestimmt maßgeblich jede Auslegung und Rechtsfortbildung von § 613a BGB.[59]

---

56 ErfK/*Preis*, § 613a BGB Rn. 133; Erman/*S. Edenfeld*, § 613a BGB Rn. 95; HaKo-ArbR/*Karthaus/Richter*, § 613a BGB Rn. 152; *Seiter*, Anm. zu BAG vom 22.06.1978 - 3 AZR 832/76 – AP Nr. 12 zu § 613a BGB [zu 1.a) der Ausführungen]; *Heinze* DB 1980, 205, 206. Betriebsverfassungsrechtlich erlangt die gesetzliche Regelung insoweit Bedeutung, als sie zum einen den Fortbestand der Arbeitnehmerschaft als Anknüpfungspunkt für die Legitimation des Betriebsrats herbeiführt; vgl. BT-Drucks. VI/1786 S. 59 „Zu § 123"; BAG vom 02.10.1974 – 5 AZR 504/73 – AP Nr. 1 zu § 613a BGB [zu II 3 a) der Gründe] m. Anm. *Seiter*; AR-Blattei SD (*Hergenröder*), 500.1 Rn. 53 f.; *Borngräber*, Betriebsübergang 1977, S. 32 mwN; *Posth*, Betriebsinhaberwechsel, 1978, S. 40 f. mwN; *Kraft*, FS 25 Jahre BAG 1979, 299, 302; kritisch RGRK-*Ascheid*, § 613a BGB Rn. 11.

57 BAG vom 12.05.1992 - 3 AZR 247/91 - AP Nr. 14 zu § 1 BetrAVG Betriebsveräußerung [zu II.1. der Gründe]; AR-Blattei SD (*Hergenröder*), 500.1 Rn. 59; *Schiefer* RdA 1994, 83, 83.

58 BAG 29.10.1975 - 5 AZR 444/74 AP Nr. 2 zu § 613a BGB [zu 1.c) der Gründe]; vom 09.10.1985 - 3 AZR 485/83 – AP Nr. 4 zu § 1 BetrAVG Betriebsveräußerung [zu B.III.3.a) der Gründe]; Bernsau/*Dreher*/Hauck, § 613a BGB Rn. 31, 103; RGRK-*Ascheid*, § 613a BGB Rn. 10.

59 BAG vom 17.01.1980 - 3 AZR 160/79 – AP Nr. 18 zu § 613a BGB [zu II.2. der Gründe]; Staudinger/*Annuß* § 613a Rn. 13; *Posth*, Betriebsinhaberwechsel, 1978, S. 43.

2. Kapitel DIE VORAUSSETZUNGEN UND MATERIELL-RECHTLICHEN FOLGEN DES BETRIEBSÜBERGANGS

Um die Wirkungen der materiell-rechtlichen Vorgänge infolge eines Betriebsübergangs nach § 613a BGB im prozessualen Bereich zu verstehen, ist es notwendig, sich zunächst dessen Voraussetzungen und Rechtsfolgen zu vergegenwärtigen. Sie bilden den Ausgangspunkt für sämtliche Überlegungen, wie die Betriebsübergangsfolgen prozessual zu behandeln sind, insbesondere dafür, inwiefern eine Übertragung allgemeiner zivilprozessualer Strukturen auf die denkbaren Konstellationen, wie § 613a BGB sie hervorbringt, in Betracht kommt.

Die Brücke zwischen materiellem Recht und Prozessrecht liegt darin begründet, dass eine Klage nur dann Erfolg haben kann, wenn sie sich gegen den richtigen Klagegegner richtet, also grundsätzlich gegen den tatsächlichen Schuldner im Falle eines Leistungsanspruchs oder den Träger des Rechtsverhältnisses, wenn es um dessen Feststellung geht.

Demzufolge gilt es, die durch § 613a BGB begründete Entwicklung der materiellen Rechtslage zu berücksichtigen, wenn es auf Seiten einer Arbeitsvertragspartei erforderlich wird, zur zwangsweisen Durchsetzung ihrer Rechte den Rechtsweg zu beschreiten. An diese Entwicklung knüpft die im Prozess alles entscheidende Beurteilung an, wem die Sachlegitimation zukommt und wie deren Veränderung prozessrechtlich zu behandeln ist. Das Hauptaugenmerk der Darstellung auf materiellrechtlicher Seite wird daher auf der gesetzlichen Konstruktion liegen, durch die der Betriebserwerber in die Arbeitsverhältnisse eintritt, sowie der damit verbundenen „Haftungs"-verteilung[60] zwischen Betriebsveräußerer und -erwerber.

1. Abschnitt: Der Tatbestand des § 613a BGB

Seinem Wortlaut nach setzt § 613a BGB einen Betriebsübergang voraus. Hierbei handelt es sich um einen rein rechtlich geprägten Begriff, der vom Gesetzgeber weder auf deutscher noch auf europäischer Ebene eine weitergehende Ausgestaltung erfahren hat. Es ist daher an der Rechtspraxis, dessen Merkmale anhand der Anforderungen des täglichen, sich beständig wandelnden Wirtschaftslebens zu definieren.

Die Norm spricht vom Übergehen eines *„Betrieb[s] oder Betriebsteil[s] durch Rechtsgeschäft auf einen anderen Inhaber"*. Gegenstand der Veräußerung ist demzufolge ein Betrieb i.S. des von der Rspr. zu § 613a BGB geprägten Betriebsbegriffs. Die gesetzliche Formulierung betont dabei den Inhaberwechsel, was eine gewisse Kontinuität des Betriebs in seinem Bestand impliziert. Minimalvoraussetzung ist daher, dass der Erwerber den Betrieb in seiner vormaligen Struktur in der Folgezeit im Wesentli-

---

60 Der Begriff der „Haftung" in diesem Kontext stellt sich juristisch besehen nicht als einwandfrei dar angesichts der originären Schuldnerstellung des Betriebserwerbers und der Mitschuld des Betriebsveräußerers, wie noch zu zeigen sein wird. Er ist in diesem Kontext jedoch gebräuchlich und meint die schuldrechtliche Verpflichtetenstellung, vgl. AR-Blattei (*Hergenröder*) SD, 500.1 Rn. 73 ff.; HaKo-ArbR/*Karthaus/Richter*, § 613a BGB Rn. 152 ff.; HWK/*Willemsen*, § 613a BGB Rn. 291 ff. [*„Haftungssystem"*].

chen unverändert fortführt. Darüber hinaus setzt § 613a BGB in seinem unmittelbaren Anwendungsbereich voraus, dass die Betriebsübernahme durch ein schuldrechtliches Rechtsgeschäft vermittelt ist.

A. Beteiligte am Betriebsübergang und Betriebsinhaberwechsel

Beteiligt im weitesten Sinne sind an der Betriebsveräußerung und der von ihr nach § 613a BGB hervorgerufenen Folgen drei Personen.

Auf der einen Seite stehen die Akteure, die den Betriebsübergang durch rechtsgeschäftliche Betriebsübernahme herbeiführen, Betriebsveräußerer und -erwerber. Ihnen gegenüber stehen die Drittbeteiligten, die, ohne selbst aktiv zu werden, den unmittelbaren Auswirkungen der Betriebsübernahme ausgesetzt sind, also sowohl die Geschäftspartner der Veräußerungsparteine als auch die im Betrieb beschäftigten Arbeitnehmer. Auf diese Weise konstruiert die Betriebsveräußerung materiell-rechtlich ein Dreiecksverhältnis von Rechtsbeziehungen.[61]

Hierzu folgende *Abb. 1:*

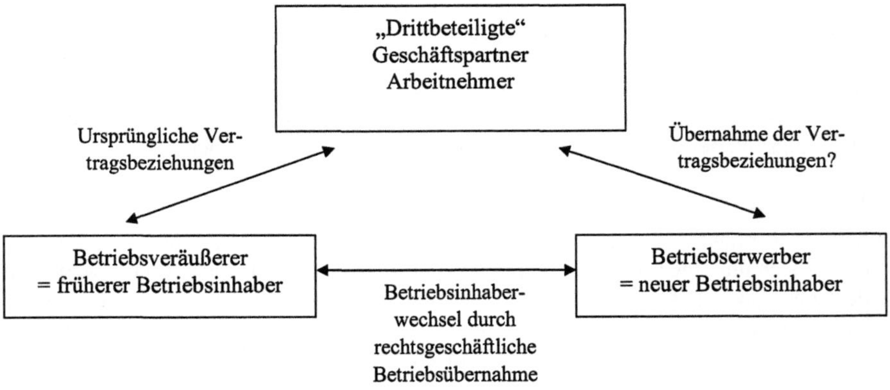

I. Betriebsinhaberwechsel

In der Rolle der Akteure befinden sich der ehemalige Betriebsinhaber als Betriebsveräußerer sowie der neue Betriebsinhaber als Betriebserwerber; beide zusammen werden im Folgenden mit dem Überbegriff „Veräußerungsparteien" bezeichnet.

61 *Fischer* DB 2001, 331, 331 spricht von „*Dreiecksbeziehung*".

Ein Betriebsinhaberwechsel fordert eine personelle Veränderung in der betrieblichen Führungsspitze.[62] Das setzt zunächst voraus, dass sowohl der Veräußernde vor als auch der Erwerbende nach der Veräußerung als Inhaber des Betriebs qualifiziert werden können. Die Betriebsinhaberstellung kommt dabei demjenigen zu, der die Verantwortung für den Betrieb trägt, indem er die organisatorisch und personell zusammengefassten Betriebsmittel in eigenem Namen und auf eigene Rechnung leitet.[63] Sie ist unabhängig von der originären Berechtigtenstellung über die den Betrieb bildenden Sachen und Rechte; ausreichend ist ein diesbezügliches Nutzungsrecht.[64] Mit der Ausnahme von Leiharbeitnehmern im Entleiherbetrieb ist der Betriebsinhaber zugleich Arbeitgeber der im Betrieb Beschäftigten, somit Rechtsträger der durch das Arbeitsverhältnis begründeten Rechte und Pflichten.[65]

II. Persönlicher Geltungsbereich des § 613a BGB

Die Arbeitnehmer im Betrieb des Veräußerers sind einerseits in den eigentlichen Veräußerungsprozess nicht involviert.[66] Andererseits sind sie massiv von dessen Folgen betroffen, als der Betriebsinhaberwechsel den Fortbestand ihres Arbeitsverhältnisses und infolgedessen ihren sozialen Besitzstand in Frage stellt.

Die Arbeitnehmer stellen die Begünstigten der Regelung dar. In der Folge grenzt der Arbeitnehmerbegriff den persönlichen Geltungsbereich der Norm gegenüber sonstigen „Drittbeteiligten" ab. Vorgaben, welche Formen der Beschäftigung unter den Begriff des „Arbeitsverhältnisses" i.S. der Betriebsübergangsregelungen fallen, statuiert Art. 2 Nr. 1 der EG-Richtlinie 98/50/EG (jetzt 2001/23/EG)[67] für Teilzeit-, Leiharbeits- und befristete Arbeitsverhältnisse; im Übrigen verweist er auf das nationale Recht.[68] Mangels Definition in § 613a BGB und fehlender Rückgriffsmöglichkeit auf die betriebsverfassungsrechtliche Regelung in § 5 BetrVG[69] ist die allgemeine Be-

---

62 HaKo-ArbR/*Karthaus/Richter*, § 613a BGB Rn. 18; *D. Gaul*, Betriebsinhaberwechsel 1966, S. 36; zu den europarechtlichen Vorgaben, *Gaul* BB 1999, 526, 527.

63 BAG vom 15.12.2005 – 8 AZR 202/05 – AP Nr. 294 zu § 613a BGB [zu B.I.1.c) aa) der Gründe]; HWK/*Willemsen*, § 613a BGB Rn. 45 ff.

64 Insbesondere kommt es nicht auf die Eigentümerstellung an, BAG vom 12.11.1991 - 3 AZR 559/90 – AP Nr. 12 zu § 1 BetrAVG Betriebsveräußerung [zu 3.c) der Gründe]; vom 15.12.2005 – 8 AZR 202/05 – AP Nr. 294 zu § 613a BGB [zu B.I.1.c) bb) der Gründe]; LAG Bremen vom 15.12.1995 – 4 Sa 91/95 – LAGE § 613a Nr. 46 [zu 1.b) der Gründe]; ErfK/*Preis*, § 613a BGB Rn. 53.

65 Zur Arbeitgeberstellung, *D. Gaul*, Betriebsinhaberwechsel 1966, S. 65 ff., insbesondere S. 72. Zur Leihabeitnehmerschaft, siehe §§ 1, 10 AÜG (Gesetz zur Regelung der gewerbsmäßigen Arbeitnehmerüberlassung vom 03.02.1995 (BGBl. I S. 158)).

66 Bernsau/*Dreher*/Hauck, Betriebsübergang, Rn. 112. Sie können lediglich ggf. über kollektivrechtliche Institute Einfluss auf die Folgen der Veräußerung für die Arbeitnehmer nehmen.

67 Siehe hierzu oben 1. Kap, 3. Abschn. D.

68 EuGH vom 10. 12. 1998 - verb. Rs. C-173/96 u. C-247/96 – NZA 1999, 189, 190 [zu Rn. 24]; vom 14.09.2000 – Rs. C-343/98 – EuZW 2001, 61 [zu Rn. 36 ff.]; ErfK/*Preis*, § 613a BGB Rn. 67; *Moll* AnwBl 1991, 282, 284; *Gaul* BB 1999, 526, 527.

69 Denn § 613a BGB stellt keine betriebsverfassungsrechtliche Vorschrift dar, vgl. BAG vom 22.02.1978 - 5 AZR 800/76 – AP Nr. 11 zu § 613a BGB [zu 1. der Gründe] m. abl. Anm. *Küchenhoff*, der unter 2. seiner Ausführungen auf die Einführung durch eine BetrVG-Vorschrift hinweist;

griffsbestimmung des BGB zugrunde zu legen. § 613a BGB erfasst demzufolge sämtlich Beschäftigte,[70] Ausbildungs- und ähnliche Verhältnisse[71] sowie Leiharbeitnehmer bezogen auf den Verleiherbetrieb[72], im Umkehrschluss jedoch nicht sonstige Dienst- oder Rechtsverhältnisse[73].

B. „Betriebs/-teil"-Begriff und Betriebsidentität i.S.v. § 613a BGB

Zudem bedarf es nach dem Gesetzeswortlaut eines *„Betrieb[s] oder Betriebsteil[s]"*, der auf einen Dritten qua Rechtsgeschäft *„übergeht"*. Diese Tatbestandsvoraussetzungen setzen in einem ersten Schritt die Qualifizierung des Veräußerungsobjekts als Betrieb voraus. In einem zweiten Schritt stellt sich die Frage, wann von einer Übernahme gerade dieses Betriebs gesprochen werden kann in Abgrenzung zum Erwerb einzelner Rechtspositionen, die in irgendeiner Weise in Zusammenhang mit dem Betrieb stehen.

I. Abgrenzung zum sog. share deal

Sowohl der europäische als auch der deutsche Gesetzgeber haben davon abgesehen, eine Definition des Betriebs(-teils) in das Gesetz aufzunehmen. Ein Rückgriff auf die Begriffsbestimmung des BetrVG ist wiederum untersagt.[74]

Die sich ergebenden Lücken haben zu diversen Diskussionen in Lit. und Rspr. geführt, was die Subsumtion im Detail angeht. Einig ist man sich in der Grundaussage, dass das Merkmal des Betriebs(-teils) eine real bestehende Arbeitseinheit beschreibt. In der Folge fällt hierunter ein sog. share deal als eine Erwerbsform, die zur Einzelrechtsnachfolge führt, nicht.[75] Beim share deal bilden Geschäftsanteile des Unternehmens den Gegenstand des Erwerbs. Der daraus folgende Wechsel der Anteilseigner lässt die juristische Person/Personen(handels-)gesellschaft als Rechtsperson unberührt. Inhaber des Betriebs bleibt unverändert die Gesellschaft.[76] Demgegenüber umfasst der

---

ausführlich hierzu Bernsau/*Dreher*/Hauck, § 613a BGB Rn. 12; HaKo-ArbR/*Karthaus/Richter*, § 613a BGB Rn. 9.

70 BAG vom 13.02.2003 – 8 AZR 59/02 – AP Nr. 249 zu § 613a BGB [zu II.1. der Gründe]; bzgl. leitender Angestellter, BAG vom 22.02.1978 - 5 AZR 800/76 - AP Nr. 11 zu § 613a BGB [zu 1. der Gründe] m. abl. Anm. *Küchenhoff*; AR-Blattei SD (*Hergenröder*), 500.1 Rn. 330 ff.; Bernsau/*Dreher*/Hauck, § 613a BGB Rn. 12; *Posth*, Betriebsinhaberwechsel, 1978, S. 89; *Heinze* DB 1980, 205 (209); *Moll* AnwBl 1991, 282, 283.

71 BAG vom 12.07.2006 - 8 AZR 382/05 – NJW 2007, 250, 251 mit Hinweis auf § 3 Abs. 2 BBiG in der Fassung vom 14.08.1969. Vgl. ebenfalls Bernsau/*Dreher*/Hauck, § 613a BGB Rn. 13; AR-Blattei SD (*Hergenröder*), 500.1 Rn. 334 f.; *Posth*, Betriebsinhaberwechsel, 1978, S. 90 ff.; *Schreiber* RdA 1983, 137, 147.

72 Bernsau/*Dreher*/Hauck, § 613a BGB Rn. 25; ErfK/*Preis*, § 613a BGB Rn. 67.

73 BAG vom 13.02.2003 – 8 AZR 59/02 – AP Nr. 249 zu § 613a BGB [zu II.1., 2. der Gründe]; *Moll* AnwBl 1991, 282, 284. Die Anwendung für arbeitnehmerähnliche Personen ablehnend, Bernsau/*Dreher*/Hauck, § 613a BGB Rn. 18; ErfK/*Preis*, § 613a BGB Rn. 67; *Heinze* DB 1980, 205, 209 f.; bejahend *Falkenberg* DB 1980, 783, 783.

74 Mangels betriebsverfassungsrechtlichen Charakters des § 613a BGB, vgl. oben Fn. 69.

75 Ausführlich hierzu AR-Blattei SD (*Hergenröder*), 500.1 Rn. 121 ff.; MünchArbRHb-*Wank* § 124 Rn. 61 ff.; *Hanau*, FS für Küttner, 2006, 357, 357.

76 Für die KG, BAG vom 12.07.1990 – 2 AZR 39/90 – AP Nr. 87 zu § 613a BGB mwN [zu B.II.2., 3. c) der Gründe: auch keine analoge Anwendung]; vgl. auch BAG vom 14.08.2007 – 8 AZR

sog. asset deal den Kauf eines Unternehmens(-teils) als eine Gesamtheit von Wirtschaftsgütern (Kauf von Aktivposten). Diese im Rahmen eines asset deals erworbenen Rechtspositionen, die einer wirtschaftenden Arbeitseinheit zuzuordnen sind, müssen sodann in ihrer Gesamtheit als ein Betrieb i.S.v. § 613a BGB qualifiziert werden können.

II. Betrieb als geschlossene Arbeitseinheit

Auch die Diskussion um die Betriebsdefinition ist in ihren Grundstrukturen heute im Wesentlichen abgeschlossen, nachdem der EuGH die maßgeblichen Grundsätze aufgestellt hat. Sie sind teleologisch geprägt von einer wirtschaftlichen Betrachtungsweise beruhend auf Art. 1 Abs. 1a der Richtlinie 2001/23/EG. Dies zugrunde gelegt, versteht der EuGH unter Betrieb eine *„ihre Identität bewahrende wirtschaftliche Einheit i.S. einer organisierten Zusammenfassung von Ressourcen zur Verfolgung einer wirtschaftlichen Haupt- oder Nebentätigkeit"*.[77]

Eine derart zu qualifizierende Arbeitseinheit geht dann i.S. des § 613a BGB über, wenn der Erwerber sie im Wesentlichen unverändert fortführt, sie somit ihre Identität bewahrt. Dies wird am Grad der Ähnlichkeit des Betriebscharakters, wie er vor der Veräußerung beim bisherigen Inhaber und nunmehr beim Betriebserwerber vorzufinden ist, gemessen.[78]

Diese Anforderungen gelten entsprechend für den Betriebsteil. Demnach muss ein solcher Teil bereits in den Händen des Betriebsveräußerers als eine in sich geschlossene organisatorische Einheit bestanden haben, die innerhalb des betrieblichen Gesamtzwecks einen abgrenzbaren Teilzweck erfüllt.[79]

III. Betrieb als typologische Gesamtschau seiner assets

Bei der Subsumtion unter die vom EuGH entwickelte Betriebsdefinition sind sämtliche, die betreffende Arbeitseinheit kennzeichnenden Charakteristika und deren Fortführung zu berücksichtigen. Sie stellen Teilaspekte einer typologischen Gesamtschau dar, ob es sich um eine im Wesentlichen identische, organisatorische Einheit von Personen und Sachen zur Ausübung einer wirtschaftlichen Tätigkeit mit eigener Zielset-

---

803/06 – BB 2008, 227 m. Anm. *Ubber*; AR-Blattei SD (*Hergenröder*), 500.1 Rn. 122 f.; *Borngräber*, Betriebsübergang, S. 52; *Kaiser/Gradel* DB 1996, 1621, 1621; *Schiefer* RdA 1994, 83, 84 f. mwN insb. zur analogen Anwendung; *Hanau*, FS Gaul 1992, 287, 290.

77 EuGH vom 11.03.1997 – Rs. C-13/95 – NZA 1997, 433 [zu 14 der Gründe]; dem folgend das BAG in st. Rspr., BAG vom 15.05.2002 – 8 AZR 319/01 – AP Nr. 237 zu § 613a BGB [zu B.III.1.b) cc) (3) der Gründe]; vom 21.02.2008 – 8 AZR 77/07 – NZA 2008, 815, 816 mwN; hierzu *Preis/Steffan* DB 1998, 309, 309.

78 EuGH vom 11.03.1997 – Rs. C-13/95 – NZA 1997, 433 [zu 14 der Gründe]; vom 10. 12. 1998 - verb. Rs. C-173/96 u. C-247/96 – NZA 1999, 189, 190 [zu Rn. 31 f.]; BAG vom 15.05.2002 – 8 AZR 319/01 – AP Nr. 237 zu § 613a BGB [zu B.III.1.b) cc) (3) der Gründe]; vom 27.10.2005 – 8 AZR 45/05 – NZA 2006, 263, 264; *Henssler* NZA 1994, 913, 914 ff.; *Preis/Steffan* DB 1998, 309, 310.

79 BAG vom 15.05.2002 – 8 AZR 319/01 – AP Nr. 237 zu § 613a BGB [zu B.III.1.b) cc) (3) der Gründe]; vom 27.10.2005 – 8 AZR 45/05 – NZA 2006, 263, 264; vom 16.02.2006 – 8 AZR 204/05 – NZA 2006, 794, 796.

zung handelt.[80] Die Grundlage hierfür bildet ein Sieben-Punkte Katalog. Er umfasst u.a. die Art und den unternehmerischen Zweck des jeweiligen Betriebs sowie die Wertung, inwiefern dieser Betrieb durch sächliche und/oder immaterielle Betriebsmittel, die menschliche Arbeitskraft, besonderes Know-how, Kundenstamm, Räumlichkeit etc. geprägt ist.[81]

Die Fortführung der Betriebsidentität bestimmt sich – ebenfalls wertend betrachtet – sodann danach, in welchem Maße der Betriebserwerber diese prägenden materiellen oder immateriellen Betriebsaktiva, darunter den für den Betrieb wesentlichen Teil der Belegschaft[82], und die Organisationsstruktur der bisherigen Arbeitseinheit übernimmt. Schließlich stellt sich die Frage nach dem Grad der Ähnlichkeit der fortgeführten Tätigkeit.[83] Verlässliche Richtlinien darüber hinaus finden sich nicht. Die Begriffsbestimmung dauert bis heute an, maßgeblich geprägt durch das Wechselspiel der Rspr. von BAG und EuGH.[84] So hat der EuGH in seiner jüngsten Entscheidung das Kriterium der identitätswahrenden Fortführung aufgeweicht. Nach seiner – wieder auflebenden – Auffassung steht es einem Betriebsübergang nicht entgegen, dass die Selbstständigkeit der übernommenen Organisationseinheit aufgelöst und sie unter Aufgabe der bisherigen Struktur in die Betriebsorganisation des Erwerbers eingegliedert wird.[85] Ausreichend ist, dass die „funktionelle Verknüpfung der Wechselbeziehung und Ergänzung" zwischen den übertragenen Faktoren beibehalten bleibt.[86] Damit scheint der

---

80 AR-Blattei SD (*Hergenröder*), 500.1 Rn. 148a; HWK/*Willemsen*, § 613a BGB Rn. 93.

81 EuGH vom 18.03.1986 – Rs. 24/85 - EuGHE 1986, 1119 [Rz. 13]; vom 11.03.1997 – Rs. C-13-95 – NZA 1997, 433 [Rz. 14]. Dem folgend, BAG vom 13.11.1997 - 8 AZR 375/96 – NZA 1998, 249, 250; vom 21.02.2008 – 8 AZR 77/07 – NZA 2008, 825, 826. Ausführlich hierzu AR-Blattei SD (*Hergenröder*), 500.1 Rn. 164 ff.; HWK/*Willemsen*, § 613a BGB Rn. 93 ff.; vgl. auch *Hanau*, FS für Küttner, 2006, 357, 363 ff., der von einem *„Sammelsurium von Kriterien"* spricht.

82 Früher str., ob dies Kriterium sein kann: Noch verneinend, BAG vom 22.05.1985 – 5 AZR 30/84 – AP Nr. 42 zu § 613a BGB [zu II.1., 3.c) bb) der Gründe]; aA EuGH vom 11.03.1997– Rs C 13/95 - AP Nr. 14 zu EWG-Richtlinie 77/187 („Ayse Süzen"), dem das BAG unter ausdrücklicher Aufgabe seiner früheren Rspr. folgte, BAG vom 22.05.1997 - 8 AZR 101/96 – NZA 1997, 1550, 1053 f.

83 Ausführlich AR-Blattei SD (*Hergenröder*), 500.1 Rn. 164 ff.; HWK/*Willemsen*, § 613a BGB Rn. 166 ff.

84 Vgl. etwa die Diskussion zur Einstufung der Auftragsnachfolge unter Übernahme der vom Auftraggeber überlassenen Betriebsmittel, EuGH vom 14.04.1994 – Rs C 392/92 - AP Nr. 106 zu § 613a BGB („Christel Schmidt"); vom 11.03.1997 – Rs C 13/95 - AP Nr. 14 zu EWG-Richtlinie 77/187 („Ayse Süzen"); vom 20.11.2003 – C 340/01 - AP Nr. 34 zu EWG-Richtlinie Nr. 77/187 („Carlito Abler"); vom 15.12.2005 – Rs. C-232, 233/04 – NZA 2006, 29. In Bindung hieran, BAG vom 22.05.1985 – 5 AZR 30/84 – AP Nr. 42 zu § 613a BGB [zu II.3.c) der Gründe]; vom 27.10.2005 – 8 AZR 45/05 – NZA 2006, 263, 264; vom 06.04.2006 – 8 AZR 222/2004 – AP Nr. 299 zu § 613a BGB [zu B.I.3.a) der Gründ]. Vgl. zur Diskussion um das Kriterium der eigenwirtschaftlichen Nutzung von Betriebsmitteln: Noch bejahend, BAG vom 22.07.2004 - 8 AZR 350/03 – AP Nr. 274 zu § 613a BGB [zu A.II.2.a.bb (1) der Gründe]; verneinend, EuGH vom 15.12.2005 - C 232, 233/04 - NZA 2006, 29, 30 f. („Güney Görres/Demir"); ihm folgend, BAG vom 6. 4. 2006 - 8 AZR 222/04 – NZA 2006, 723, 725.

85 EuGH vom 12.02.2009 – C-466/07 – NZA 2009, 251, 253.

86 EuGH vom 12.02.2009 – C-466/07 – NZA 2009, 251, 253 [Rn. 47].

Focus der Beurteilung auf die Fortführung des Produktionsablaufs gerichtet zu werden.[87]

C. Rechtsgeschäftlicher Erwerb

§ 613a BGB setzt schließlich eine durch Rechtsgeschäft vermittelte Betriebsübernahme voraus.[88] Nach der herrschenden Rechtspraxis ist – entgegen des zivilrechtlichen Verständnisses, dass lediglich Einzelrechtspositionen rechtsgeschäftlich veräußerbar sind – im Lichte des § 613a BGB eine wirtschaftliche Betrachtung zugrunde zu legen. Sie fordert eine Einigung zwischen den Veräußerungsparteien, die dem Erwerber die Verfügungsgewalt über die von den Parteien bestimmten sächlichen und immateriellen Gegenstände überträgt.[89] Das Merkmal der rechtsgeschäftlichen Übertragung dient insoweit der Abgrenzung zum Übergang eines Betriebs kraft Hoheitsakt oder kraft Gesetzes, insbesondere infolge Gesamtrechtsnachfolge.[90]

Als Rechtsgeschäft i.S.v. § 613a BGB ist mithin jedes Konglomerat von schuldrechtlichen Einzelverträgen zu qualifizieren, die dem Erwerber in ihrer Gesamtheit die tatsächliche Leitungsmacht über den Betrieb verleihen.[91] Dabei reicht aus, wenn der neue Betriebsinhaber die Befugnis zur Betriebsführung von einem Dritten ableitet; einer unmittelbaren Rechtsbeziehung zwischen bisherigem und neuem Inhaber bedarf es nicht.[92] Beispielhaft zu nennen sind Kauf, Schenkung oder Vermächtnis, Verpachtung sowie Nießbrauchbestellung.[93]

D. Abgrenzung zur Betriebsstilllegung

Den Gegenbegriff zum Betriebsübergang als Betriebsfortführung bildet die Betriebsstilllegung. Sie schließt die Anwendbarkeit des § 613a BGB - mangels Fortführung der Arbeitseinheit - aus. Unter diesem Begriff ist die mit ernstlicher Absicht betriebene, tatsächliche Auflösung der zu den Arbeitnehmern bestehenden Betriebs- und Organi-

---

87 *Baeck/Winzer* NZG 2009, 461; *Willemsen* NZA 2009, 289, 291 ff.

88 HaKo-ArbR/*Karthaus/Richter*, § 613a BGB Rn. 71 ff.; *Borngräber*, Betriebsübergang 1977, S. 49 ff.

89 BAG vom 08.01.1988 – 3 AZR 85/87 – AP Nr. 6 zu § 1 BetrAVG Betriebsveräußerung [zu I.3. der Gründe]; AR-Blattei SD (*Hergenröder*), 500.1 Rn. 279 ff.; *Berscheid*, Konkurs, Betriebsübergang/Betriebsinhaber-wechsel, Rn. 17.

90 BAG vom 06.02.1985 - 5 AZR 411/83 – AP Nr. 44 zu § 613a BGB [zu II.3.b) der Gründe]; vom 08.01.1988 – 3 AZR 85/87 – AP Nr. 6 zu § 1 BetrAVG Betriebsveräußerung [zu I.3. der Gründe] mwN; Bernsau/*Dreher*/Hauck, § 613a BGB Rn. 30, 97 ff.

91 BAG vom 25.02.1981 – 5 AZR 991/78 – AP Nr. 24 zu § 613a BGB [zu 2. der Gründe] m. Anm. *Lüke*; BAG vom 15.05.1985 – 5 AZR 276/84 – AP Nr. 41 zu § 613a BGB [zu II 3 b) der Gründe] m. kritischer Anm. *von Hoyning-Huene*; *Kraft*, 25 Jahre BAG 1978, 299, 305 mwN; *Heinze* DB 1980, 205, 208; *Moll* AnwBl 1991, 282, 294 ff.

92 Beispielsweise wenn nach beendeten Pacht ein neuer Pächter durch Vertrag mit dem Verpächter einen Betrieb übernimmt, BAG vom 25.02.1981 – 5 AZR 991/78 – AP Nr. 24 zu § 613a BGB [zu 2. der Gründe] m. kritischer Anm. *Lüke*; EuGH vom 07.03.1996 - verb. Rs. C-171/94 u. C-172/94 – NZA 1996, 413, 414 [zu Rn. 27 f.]; EuGH vom 10. 12. 1998 - verb. Rs. C-173/96 u. C-247/96 – NZA 1999, 189, 190 [Rz. 23]; vgl. auch *Kraft*, FS 25 Jahre BAG 1979, 299, 305 ff.; *Schaub* ZIP 1984, 272, 274 f.; aA *Heinze* DB 1980, 205, 208 f.

93 Vgl. *Bescheid*, Konkurs, Betriebsübergang/Betriebsinhaberwechsel, Rn. 18 ff. mwN.

sationsgemeinschaft zu verstehen.[94] Sie geht einher mit der Beendigung der Arbeitsverhältnisse und der Abstoßung der Betriebsmittel.

Kommt es nach der Stilllegung des Betriebs zu einer Veräußerung der noch vorhandenen Betriebsmittel, stellt sich die Frage, inwiefern es noch zu einem Betriebsübergang kommen kann. Denn insoweit gilt es zu verhindern, dass sich die Veräußerungsparteien auf eine angebliche Stilllegung verbunden mit einem „Resteverkauf" berufen mit dem Ziel, die Rechtsfolgen des § 613a BGB zu umgehen. Vor diesem Hintergrund fordert die h.M. für eine rechtserhebliche Betriebsstilllegung eine Unterbrechung der Betriebstätigkeit von wirtschaftlich nicht unerheblicher Dauer. Demzufolge steht eine nur vorübergehende Einstellung der Betriebstätigkeit der Fortführung des Betriebs i.S.v. § 613a BGB nicht entgegenstehen.[95] Als zeitliche Richtschnur kann die Grenze bei sieben Monaten als längstmöglicher Kündigungsfrist nach § 622 Abs. 2 BGB gezogen werden.[96] Indiziell lässt eine Wiederaufnahme des Geschäftsbetriebs innerhalb dieses Zeitraums die Kontinuität des Betriebs vermuten. Im Übrigen bedarf es einer Würdigung des Einzelfalls.[97]

E. Folgen für die Praxis: Rechtsunsicherheit

Die Rechtsfolgen des § 613a BGB knüpfen im Ergebnis an eine umfassende richterliche Würdigung sämtlicher Charakteristika des jeweiligen Betriebs vor und nach der konkreten Veräußerung im Einzelfall an. Zudem ist nicht nur die Einzelfallwürdigung, sondern auch die Herausbildung von Kriterien und eines Maßstabs für diese Würdigung der Judikative überlassen; gesetzliche Vorgaben finden sich nicht.

Dies führt in der Praxis zu nicht unerheblicher Rechtsunsicherheit.[98] Zwar können die Grundzüge mittlerweile als gefestigt angesehen werden. Angesichts des Variantenreichtums des Wirtschaftslebens und immer neuer Ideen, die Voraussetzungen des § 613a BGB mittels rechtlicher Konstruktionen zu umgehen, bildet die Rechtspraxis die Bewertungsgrundsätze beständig richterrechtlich fort – im Wechselspiel von nationaler und europäischer Ebene mit teils konträren Auffassungen. Die sich hieraus ergebende, stark ausdifferenzierte Einzelfallkasuistik ist wenig übersichtlich, in sich nicht stets stringent und in ihrer Entwicklung wenig vorhersehbar. Das gilt insbesondere für Grenzfälle, die sich nicht ohne weiteres eindeutig einordnen lassen.[99]

---

94 BAG vom 06.04.2006 – 8 AZR 222/04 – AP Nr. 299 zu § 613a BGB [zu B.I.2. der Gründe]; Ha-Ko-ArbR/*Karthaus/Richter*, § 613a BGB Rn. 64; ErfK/*Preis*, § 613a BGB Rn. 57.

95 BAG vom 22.05.1997 – 8 AZR 101/96 – AP Nr. 154 zu § 613a BGB [zu B.II.2.b) der Gründe] m. Anm. *Franzen*; ErfK/*Preis*, § 613a BGB Rn. 56; *Gaul*, Betriebs- und Unternehmensspaltung § 6 Rn. 209; *Hanau*, FS für Küttner, 2006, S. 357, 365 f.; *Preis/Steffan* DB 1998, 309, 313 f.; *Moll* RdA 2003, 129, 131 f.

96 BAG vom 22.05.1997 – 8 AZR 101/96 – AP Nr. 154 zu § 613a BGB [zu B.II.2.b) der Gründe] (im Bekleidungseinzelhandel jedenfalls bei 9 Monaten) m. Anm. *Franzen*; vom 15.05.2002 – 8 AZR 319/01 – AP Nr. 237 zu § 613a BGB [zu B.III.1.b) bb) der Gründe]; vom 29.09.2005 – 8 AZR 647/04 – NZA 2006, 720, 722; MüKo-BGB/*Müller-Glöge*, § 613a BGB Rn. 53; *Hanau*, FS für Küttner, 2006, S. 357, 365 (sechs Monate).

97 Ausführlich zum Ganzen, AR-Blattei SD (*Hergenröder*), 500.1 Rn. 261 ff.

98 Vgl. hierzu HWK/*Willemsen*, § 613a BGB Rn. 217.

99 Ebenso die Kritik bei *Hanau*, FS für Küttner, 2006, S. 357, 363.

Die „Ersatzgesetzgebung“ der Rspr. führt dazu, dass eine rechtliche Beurteilung sowohl aus Arbeitgeber- als auch insbesondere aus Arbeitnehmersicht in komplexen Konstellationen kaum zuverlässig erfolgen kann. Hinzu kommt für den Arbeitnehmer, der in der Regel keinen vollumfänglichen Einblick in die Betriebsstrukturen hat, die Schwierigkeit, die notwendigen Informationen zu erlangen, die die Grundlage der Subsumtion unter § 613a BGB bilden. In der Folge tut sich die Rechtspraxis schwer, was das prozessuale Vorgehen anbelangt, wenn es im Zusammenhang mit der Rechtsdurchsetzung zu einer Übernahme eines Unternehmens(teils) kommt.[100] Damit einher geht ein immenses Prozessrisiko.

[100] So auch *Fischer* DB 2001, 331, 331, 332, er spricht von einer Nachforschungsobliegenheit des Arbeitnehmervertreters.

2. Abschnitt: Die materiellen Rechtsfolgen des § 613a BGB

Der Schutz der Arbeitnehmer als „Drittbeteiligte“ stellt sich als das überragende Ziel des § 613a BGB dar. Materiell-rechtlich hat der Gesetzgeber einen vollumfänglichen Schutzmechanismus zugunsten der Arbeitsverhältnisse geschaffen.

Die § 613a Abs. 1 – 6 BGB ordnen ein Bündel von Rechtsfolgen an, die sämtliche Rechtsbeziehungen im Verhältnis der Veräußerungsparteien untereinander und in Bezug zum Arbeitnehmer betreffen.

Einen ersten Überblick hierüber bietet die folgende *Abb. 2*:

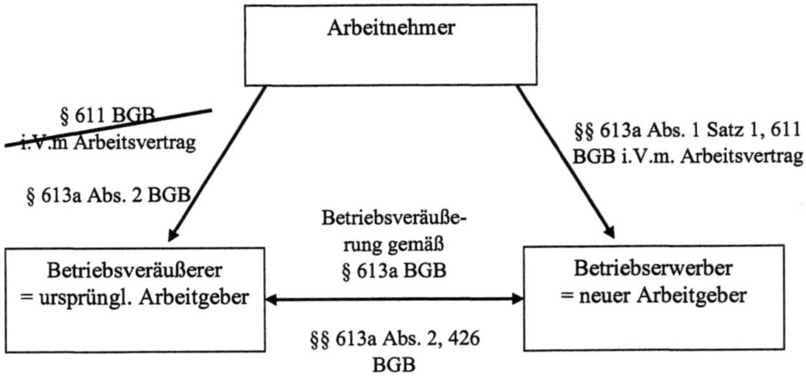

A. Übergang des Arbeitsverhältnisses infolge Arbeitgeberwechsels

§ 613a Abs. 1 Satz 1, 2. Halbsatz BGB statuiert den Grundsatz im Hinblick auf die Arbeitsverhältnisse und deren individualrechtlichen Inhalt. Danach *„tritt“* der Betriebserwerber *„in die Rechte und Pflichten aus den im Zeitpunkt des Übergangs bestehenden Arbeitsverhältnisse ein.“*

Die allgemeine Ansicht versteht hierunter eine gesetzlich angeordnete Rechtsnachfolge in das Arbeitsverhältnis als Ganzes. Sie geschieht in Form der Auswechslung der Vertragspartei auf Arbeitgeberseite; es findet ein Vertragsübergang kraft Gesetz statt.[101]

---

[101] BAG vom 02.10.1974 – 5 AZR 504/73 – AP Nr. 1 zu § 613a BGB [zu II.1. der Gründe] m. Anm. *Seiter*; vom 22.06.1978 - 3 AZR 832/76 – AP Nr. 12 zu § 613a BGB [zu 2. der Gründe] m. Anm. *Seiter*; vom 15.02.2007 – 8 AZR 397/06 – NZA 2007, 739, 740 f.; Bernsau/*Dreher*/Hauck, § 613a BGB Rn. 112; ErfK/*Preis*, § 613a BGB Rn. 3, 66; Erman/*S. Edenfeld* § 613a BGB Rn. 40;

I. Eintritt des Betriebserwerbers in die Arbeitgeberstellung

Dem steht nicht entgegen, dass die Rechtsnachfolge dem Wortlaut der Norm nicht zwingend zu entnehmen und ein Einrücken in eine Vertragspartnerstellung dem bürgerlichen Recht grundsätzlich fremd ist. Hierüber hat sich der Gesetzgeber als Reaktion auf die historische Diskussion hinweggesetzt.[102]

Der Betriebserwerber tritt also in die Arbeitgeberstellung verbunden mit allen sich hieraus ergebenden Rechten und Pflichten ein, ohne dass es zu einer Beendigung des Arbeitsverhältnisses und gleichzeitiger Neubegründung kommen würde.[103] Vielmehr besteht das bisherige Arbeitsverhältnis in seiner konkreten Ausgestaltung unverändert mit dem Betriebserwerber als neuem Vertragspartner fort.[104]

II. Austritt des Betriebsveräußerers aus der Arbeitgeberstellung

Die allgemeine Meinung geht dabei gleichzeitig von einem umfassenden und endgültigen Ausscheiden des bisherigen Betriebsinhabers aus dem Arbeitsverhältnis aus.[105] Dies lässt sich dem Wortlaut der Norm zwar nicht eindeutig entnehmen. Deutlicher formulierte der Gesetzgeber den gesetzlichen Vertragspartnerwechsel in § 571 BGB a.F. – *„anstelle des Vermieters"*. Trotz Fehlens einer derart eindeutigen Regelung in § 613a BGB kann hier nichts anderes gelten. Dies macht § 613a Abs. 2 BGB deutlich, der eine parallele Mithaftung des Betriebsveräußerers für bestimmte Ansprüche gerade ausdrücklich anordnet. Sie wäre überflüssig, bliebe der Vertragspartnerstatus des Betriebsveräußerers aufrechterhalten.[106] Nicht zuletzt sprechen Gründe der Rechtssicherheit und Rechtsklarheit für die Vermeidung einer doppelten Arbeitgeberstellung.[107]

Angesichts des vollständigen Ausscheidens des Betriebveräußerers aus dem Arbeitsverhältnis bei gleichzeitigem, vollständigem Eintritt des Betriebserwerbers spre-

---

HWK/*Willemsen*, § 613a BGB Rn. 221; MüKo-BGB/*Müller-Glöge*, § 613a BGB Rn. 6, 8, 77; ArbRBGB-*Ascheid*, § 613a BGB Rn. 61; *Posth*, Betriebsinhaberwechsel, 1978, S. 11, S. 126 f.; *Kraft*, FS 25 Jahre BAG 1979, S. 299, 307; ausführliche Herleitung bei *Schreiber* RdA 1982, 137, 138 f.

102 Siehe hierzu oben 1. Kap. 3. Abschn. B.

103 So ausdrücklich BAG vom 22.06.1978 - 3 AZR 832/76 – AP Nr. 12 zu § 613a BGB [zu 1.b) der Gründe] m. Anm. *Seiter*; AR-Blattei SD (*Hergenröder*), 500.1 Rn. 65; Staudinger/*Annuß*, § 613a BGB Rn. 298; *Schaub* ZIP 1984, 272, 277.

104 So ausdrücklich BAG vom 22.06.1978 - 3 AZR 832/76 – AP Nr. 12 zu § 613a BGB [zu 1.b) der Gründe]; ErfK/*Preis*, § 613a BGB Rn. 66; MüKo-BGB/*Müller-Glöge*, § 613a BGB Rn. 77; *Zöllner*, Arbeitsrecht, 2. Aufl. 1979, § 20 III 2 [S. 173].

105 BAG vom 22.06.1978 - 3 AZR 832/76 – AP Nr. 12 zu § 613a BGB [zu 2. der Gründe] m. Anm. *Seiter*; vom 10.08.1994 – 10 AZR 937/93 – NZA 1995, 742, 742 f.; Bernsau/*Dreher*/Hauck, § 613a BGB Rn. 111; MüKo-BGB/*Müller-Glöge*, § 613a BGB Rn. 77; MünchArbRHb/*Wank* § 124 Rn. 153; *Gruber* DStR 1991, 777, 779; *Schaub* ZIP 1984, 272, 276; *Schiefer* NJW 1993, 1817, 1819.

106 Vgl. die Begründung zum Gesetzesentwurf BT-Drucks. IV/1786, S. 59 „Zu § 123"; *Schreiber* RdA 1982, 137, 139, 140; Staudinger/*Annuß*, § 613a BGB Rn. 298; ArbRBGB/*Ascheid* § 613a BGB Rn. 118; *Borngräber*, Betriebsübergang 1977, S. 65; hiergegen *Löwisch* ZIP 1986, 1101, 1102, der von einer Fiktion der fortbestehenden Arbeitgeberstellung ausgeht.

107 BAG vom 02.10.1974 – 5 AZR 504/73 – AP Nr. 1 zu § 613a BGB [zu II.1. der Gründe] m. Anm. *Seiter*; AR-Blattei SD (*Hergenröder*), 500.1 Rn. 63; *Heinze* DB 1980, 205 (205).

chen einige Stimmen insoweit von einem echten Fall gesetzlicher Rechtsnachfolge[108] bzw. Sonderrechtsnachfolge[109].

III. Objekt des Arbeitgeberwechsels: „bestehende Arbeitsverhältnisse"

Wie sich aus der Natur der Sache und darüber hinaus eindeutig aus dem Wortlaut der gesetzlichen Regelung entnehmen lässt, sind nur solche Arbeitsverhältnisse übergangsfähig, die im Zeitpunkt des Betriebsübergangs (noch) rechtlichen Bestand haben[110], nach *Seiter* sog. aktive Arbeitsverhältnisse[111].

Bereits vor dem Betriebsübergang beendete, insbesondere wirksam gekündigte Arbeitsverhältnisse, deren Kündigungsfrist bereits vor Betriebsübergang abgelaufen ist, gehen demzufolge nicht über.[112] Im Übrigen findet ein Übergang des Arbeitsverhältnisses in gekündigtem Zustand auf den Betriebserwerber statt, unter dem es bis zum Ende der Kündigungsfrist fortbesteht.[113]

IV. Zuordnung des Arbeitsverhältnisses zum übergehenden Betrieb(-steil)

Der persönliche Anwendungsbereich des § 613a BGB ist ferner beschränkt auf solche Arbeitsverhältnisse, die dem zu veräußernden Betrieb(steil) zugeordnet sind.[114] Die Frage nach der Zuordnung des Arbeitnehmers wird dann praktisch relevant, wenn der Betriebsveräußerer mehrere Betriebe führt und lediglich einer von ihnen oder nur ein Teil eines Betriebs veräußert wird.

Die Zuordnungskriterien sind streitig. Die überwiegende Ansicht zieht vorrangig subjektive Kriterien heran, indem sie auf die einvernehmliche Zuordnung der Parteien abstellt. Nachrangig stützt sie sich auf objektive Kriterien und bestimmt die Zugehörigkeit danach, inwieweit der betreffende Arbeitnehmer im Betrieb/-steil tatsächlich überwiegend tätig und dort eingegliedert ist.[115]

---

[108] Vgl. EuGH vom 14.11.1996 - C-305/94 – AP Nr. 12 zu EWG-Richtlinie Nr. 77/187 [Rz. 18 ff.]; *Seiter,* Anm. zu BAG vom 22.06.1978 - 3 AZR 832/76 – AP Nr. 12 zu § 613a BGB [zu 1.a) und b)]; *Heinze* DB 1980, 205 (205); *Zöllner*, Arbeitsrecht, 2. Aufl. 1979, § 20 III [S. 173].

[109] Vgl. AR-Blattei SD (*Hergenröder*), 500.1 Rn. 64; *Schreiber* RdA 1982, 137 139.

[110] *Seiter*, Anm. zu BAG vom 22.06.1978 - 3 AZR 832/76 – AP Nr. 12 zu § 613a BGB [zu 2.b) der Ausführungen]; *Küstner/von Manteuffel*, Anm. zu BAG vom BAG vom 11.11.1986 - 3 AZR 179/85 – AP Nr. 60 zu § 613a BGB [zu II. der Ausführungen]; *Posth*, Betriebsinhaberwechsel, 1978, S. 10; *Heinze* DB 1980, 205, 210 mwN; *Gaul* BB 1999, 526, 527.

[111] *Seiter,* Anm. zu BAG vom 22.06.1978 - 3 AZR 832/76 – AP Nr. 12 zu § 613a BGB [zu 1.c) der Ausführungen].

[112] LAG Düsseldorf vom 27.10.1999 - 4 Sa 816/99 - NZA-RR 2000, 175, 177; AR-Blattei SD (*Hergenröder*), 500.1 Rn. 341 mwN; *Heinze* DB 1980, 205, 210; *Moll* NJW 1993, 2016, 2019.

[113] BAG vom 22.02.1978 - 5 AZR 800/76 – AP Nr. 11 zu § 613a BGB [zu 2. der Gründe]; ErfK/*Preis*, § 613a BGB Rn. 68; ArbRBGB-*Ascheid*, § 613a BGB Rn. 61; *Moll* NJW 1993, 2016, 2018; *Schiefer* RdA 1994, 83, 90 f. Beendet sind demgegenüber nicht lediglich ruhende Arbeitsverhältnisse, BAG vom 14.07.2005- 8 AZR 392/02 - NZA 2005, 1411 [LS 1]; ErfK/*Preis*, § 613a BGB Rn. 68; MüKo-BGB/*Müller-Glöge*, § 613a BGB Rn. 83; *Hanau*, FS Gaul 1992, 287, 289.

[114] BAG vom 11.09.1977 – 8 AZR 555/95 – AP Nr. 16 zu EWG-Richtlinie Nr. 77/187 [zu A.3.a) der Gründe]; vom 13.02.2003 – 8 AZR 102/02 – AP Nr. 45 zu § 613a BGB [zu II.2.c) bb) (2)].

[115] BAG vom 13.02.2003 – 8 AZR 102/02 – AP Nr. 245 zu § 613a BGB [zu II.2.a) bb) der Gründe]; vom 22.07.2004 – 8 AZR 350/03 - AP Nr. 274 zu § 613a BGB [zu B.II.2.c) der Gründe];

V. Zeitpunkt des Arbeitgeberwechsels

Zeitlich besehen fällt der Wechsel der Arbeitgeberposition nach § 613a Abs. 1 Satz 1 BGB mit dem Übergang des Betriebs zusammen. Dementsprechend findet der Eintritt des Betriebserwerbers in die Arbeitsverhältnisse in dem Moment statt, in dem dieser die erworbene wirtschaftliche Einheit unter Wahrung ihrer Identität tatsächlich fortführt.[116] Demgegenüber kommt es auf den vertraglich vereinbarten Übernahmezeitpunkt nicht an.[117] Entsprechend kann der tatsächliche Betriebsübergang mit dem Zeitpunkt der vertraglich vereinbarten Übernahme zusammenfallen, muss es aber nicht.[118]

Infolgedessen wird der Erwerber in dem Augenblick zum neuen Arbeitgeber, in dem er in tatsächlicher Hinsicht die Leitungsmacht über den Betrieb auf eigene Rechnung und Verantwortung im eigenen Namen ausübt. Erfolgt der Übergang fließend, ist der Zeitpunkt maßgeblich, in dem der Erwerber die für die Fortführung wesentlichen Betriebsmittel in Händen hält und daher die Entscheidung über den Betriebsübergang unumkehrbar ist.[119]

Damit tritt aus Sicht des Arbeitnehmers zur oben genannten Problematik, die Betriebsübergangsvoraussetzungen an sich zu beurteilen, die Schwierigkeit hinzu, den genauen Zeitpunkt des Betriebsübergangs zu bestimmen.

VI. Widerspruchsrecht nach § 613a Abs. 6 BGB

Die Veräußerung des Betriebs können die Arbeitnehmer zwar nicht verhindern, wohl aber den Arbeitgeberwechsel, indem sie von ihrem Widerspruchsrecht nach § 613a Abs. 6 BGB Gebrauch machen.

Der Widerspruch stellt ein „Rechtsfolgenverweigerungsrecht" dar mit der Folge, dass § 613a BGB unangewendet bleibt.[120] Er ist Gestaltungsrecht und muss schriftlich

---

ErfK/*Preis*, § 613a BGB Rn. 72; ausführlich die verschiedenen vertretenen Ansichten beleuchtend *Frahm*, Betriebsteilübergang und Zuordnung, 2005, S. 93 ff.; *Kreitner*, FS für Küttner, 2006, 399 ff.

116 BAG vom 21.02.2008 - 8 AZR 77/07 – NZA 2008, 825, 826 mwN; AR-Blattei SD (*Hergenröder*), 500.1 Rn. 95 ff.; *Hanau*, FS für Küttner, 2006, 357, 363.

117 EuGH vom 14.11.1996 - C-305/94 – AP Nr. 12 zu EWG-Richtlinie Nr. 77/187 [Rz. 25 f.] wegen des zwingenden Charakters der Vorschrift; ebenso EuGH vom 26.05.2005 - Rs C 478/03 - Celtic Ltd. - C 478/03, AP Nr. 1 zu Richtlinie 77/187/EWG [Rz. 30, 39, 42]; *Posth*, Betriebsinhaberwechsel, 1978, S. 85.

118 EuGH vom 10.12.1998 – verb. Rs. C-173/96 und C-247/96 – NZA 1999, 189, 190 [Rz. 21]; ihm folgend, BAG vom 18.03.1999 – 8 AZR 159/98 – AP Nr. 189 zu § 613a BGB [zu I. der Gründe mwN]; vom 15.12.2005 – 8 AZR 202/05 – AP Nr. 294 zu § 613a BGB [zu 1c)aa) der Gründe]; ErfK/*Preis*, § 613a BGB Rn. 66; Erman/*S. Edenfeld*, § 613a BGB Rn. 41; HaKo-ArbR/*Karthaus/Richter*, § 613a BGB Rn. 92; aA noch *Berscheid*, Konkurs, Betriebsübergang/Betriebsinhaberwechsel, Rn. 64; *Kraft*, FS 25 Jahre BAG 1979, 299, 304; *Schaub* ZIP 1984, 272, 275.

119 BAG vom 16.02.1993 - 3 AZR 347/92 – AP Nr. 15 zu § 1 BetrAVG Betriebsveräußerung [zu 2.b) der Gründe]; vom 15.12.2005 – 8 AZR 202/05 – AP Nr. 294 zu § 613a BGB [zu 1.c) aa) der Gründe]; AR-Blattei SD (*Hergenröder*), 500.1 Rn. 53, 99; ErfK/*Preis*, § 613a BGB Rn. 66.

120 BAG vom 30.10.2003 - 8 AZR 491/02 – AP Nr. 262 zu § 613a BGB [zu II.2.a) der Gründe]; AR-Blattei SD (*Hergenröder*), 500.1 Rn. 499; ausführlich hierzu *Grau*, Unterrichtung und Widerspruchsrecht, S. 361 ff.

sowie innerhalb eines Monats nach Zugang des Informationsschreibens gemäß § 613a Abs. 5 BGB - bzw. zeitlich unbegrenzt bei mangelhafter Unterrichtung - gegenüber einer der Veräußerungsparteien erklärt werden.[121] Infolge ordnungs- und fristgemäßer Ausübung bleibt das Arbeitsverhältnis unverändert zum ursprünglichen Betriebsinhaber bestehen.[122] Allerdings sieht sich der Arbeitnehmer dann der Gefahr einer betriebsbedingten Kündigung durch den Betriebsvseräußerer ausgesetzt, wenn bei diesem keine Beschäftigungsmöglichkeiten mehr besteht.[123] Angesichts der Beschränkung der Sozialauswahlkriterien in § 1 Abs. 3 KSchG ist es nach Ansicht des BAG nun jedoch nicht mehr zulässig, die Widerspruchsausübung bei der Sozialauswahl zu berücksichtigen.[124] Dies komme nur noch dann in Betracht, wenn die Widerspruchsausübung tief greifende Umorganisationsmaßnahmen im Betrieb notwendig macht, die die durchzuführende Sozialauswahl beeinflussen.[125]

VII. Information der Arbeitnehmer

Wie bereits erwähnt, ist der Arbeitnehmer, der selbst in der Regel über keinen hinreichenden Einblick in die Betriebsverhältnisse und das Betriebsveräußerungsgeschäft verfügt, auf Informationen von Seiten der Veräußerungsparteien angewiesen, um die Betriebsübergangsvoraussetzungen nach § 613a BGB eigenständig bewerten zu können. Sie sind notwendig, um seine Rechte erfolgreich insbesondere gegen die richtige Person geltend machen zu können.

1. Unterrichtungspflicht nach § 613a Abs. 5 BGB

Über § 613a Abs. 5 BGB hat der Gesetzgeber die Veräußerungsparteien verpflichtet, die betroffenen Arbeitnehmer zeitlich vor Betriebsübergang über die Person des Übernehmers und die Umstände der Betriebsveräußerung – Zeitpunkt, Grund, Folgen, Maßnahmen – zu unterrichten.[126] Die Unterrichtungspflicht steht dabei in unmittelba-

---

[121] Erman/*S. Edenfeld*, § 613a BGB Rn. 48 f.; HaKo-ArbR/*Karthaus/Richter*, § 613a BGB Rn. 189 f. Die zeitliche Grenze stellt die Verwirkung dar, nicht jedoch die Beendigung des Arbeitsverhältnisses, vgl. BAG vom 20.03.2008 - 8 AZR 1016/06 – NZA 2008, 1354, 1358 f.; BAG vom 24.07.2008 – 8 AZR 205/07 – NUA 2008, 1294, 1295 f.

[122] Bernsau/*Dreher*/Hauck, § 613a BGB Rn. 149, 166 ff.; ErfK/*Preis*, § 613a BGB Rn. 105; HaKo-ArbR/*Karthaus/Richter*, § 613a BGB Rn. 195. Das gilt auch dann, wenn dessen Ausübung erst nach Betriebsübergang erfolgt, der Widerspruch wirkt dann auf den Zeitpunkt des Betriebsübergangs zurück, BAG 14.12.2006 - 8 AZR 763/05 - AP Nr. 318 [zu II.2. der Gründe mwN]; LAG Köln vom 05.10.2007 – 11 Sa 257/07 - NZA-RR 2008, 5, 9; ErfK/Preis, § 613a BGB Rn. 105 mwN auch zu aA.

[123] Bernsau/*Dreher*/Hauck, § 613a Rn. 187 ff.; HaKo-ArbR/*Karthaus/Richter*, § 613a BGB Rn. 195.

[124] Die Rechtssprechungsentwicklung ausführlich aufzeigend, BAG vom 31.05.2007 – 2 AZR 276/06 – NZA 2008, 33, 37 ff. mit umfangreichen Nachweisen; HaKo-ArbR/*Karthaus/Richter*, § 613a BGB Rn. 196 f. mwN.

[125] BAG vom 31.05.2007 – 2 AZR 276/06 – NZA 2008, 33, 39.

[126] Grundlage für die Einführung der Unterrichtungspflicht war Art. 7 Abs. 6 der Richtlinie 2001/23/EG (EG-ABl. L 82/16), der über das Gesetz zur Änderung des Seemannsgesetzes und anderer Gesetze vom 23.03.2002 (BGBl. I S. 1163) m.W. zum 01.04.2002 in deutsches Recht umgesetzt wurde. Zum Inhalt der Unterrichtungspflicht, BAG vom 13.07.2006 – 8 AZR 303/05 – NJW 2007, 244, 245 f.; vom 13.07.2006 - 8 AZR 305/05 – NJW 2007, 246, 248 f. U.a. mit seinen Ent-

rem Zusammenhang zur Widerspruchsmöglichkeit nach § 613a Abs. 6 BGB, als die Widerspruchsfrist nicht vor deren Erfüllung zu laufen beginnt. Auf diese Weise soll dem Arbeitnehmer eine hinreichende Informationsgrundlage gewährleistet werden, was zum einen die Entscheidung über die Ausübung des Widerspruchs und zum anderen den Status seines Arbeitsverhältnisses anbelangt.[127] Nach überwiegender Ansicht trifft die Unterrichtungspflicht die Veräußerungsparteien als Gesamtschuldner i.S.v. § 421 Abs. 1 BGB.[128]

2. Weitergehender Auskunftsanspruch der Arbeitnehmer

Die Unterrichtungspflicht des § 613a Abs. 5 BGB setzt voraus, dass ein Betriebsübergang tatsächlich stattfindet.[129] Bestreiten die Veräußerungsparteien die Betriebsübergangsvoraussetzungen, und verweigern sie aus diesem Grunde Informationen, stellt sich die Frage, ob den Arbeitnehmern nicht bereits auf der Vorstufe ein Auskunftsanspruch zusteht. Dieselbe Problematik kommt auf, wenn die Informationen, die im Rahmen der Unterrichtung bekannt gegeben werden, nicht genügen, um § 613a BGB zu beurteilen. Ein über § 613a Abs. 5 BGB hinausgehender Auskunftsanspruch müsste darauf gerichtet sein, in einem solchen Umfang über die Umstände der Betriebsveräußerung aufzuklären, der es ermöglicht, die Voraussetzungen des § 613a BGB eigenständig bewerten zu können.[130]

Ein solcher Anspruch könnte sich jedenfalls als Nebenpflicht aus dem Grundsatz von Treu und Glauben ergeben, die dem Arbeitsverhältnis entspringt (§ 242 BGB). Die ständige Rspr. hat für die aus § 242 BGB abgeleitete Auskunftspflicht strenge Voraussetzungen aufgestellt. So muss sich gerade immanent aus der besonderen Art der Rechtsbeziehung zwischen den Parteien ergeben, dass der Anspruchsteller in entschuldbarer Weise über Bestehen oder Umfang seines Rechts im Ungewissen ist, während es dem Verpflichteten unschwer möglich ist, die relevanten Auskünfte zu erteilen.[131]

Diese Anforderungen erfüllt grundsätzlich auch der Fall der Betriebsveräußerung. Die Unsicherheit über die Person des Arbeitgebers gründet aus Sicht des Arbeitneh-

---

scheidungen vom 31.01.2008 – 8 AZR 116/06 –BeckRS 2008, 51836 [zu B.I.1 der Gründe] und vom 20.03.2008 – 8 AZR 1016/06 – BB 2008, 2072 m. Anm. *Bittmann/Rosemann* verschärft das BAG die Anforderungen. Seither wird in der Literatur heftig über den Umfang der Unterrichtung diskutiert, vgl. *Kania/Joppich*, FS für Küttner, 2006, S. 383 ff.; *Hohenstatt/Grau* NZA 2007, 13 ff.; ausführlich hierzu *Grau*, Unterrichtung und Widerspruchsrecht, S. 129 ff.

127 BAG vom 31.01.2008 – 8 AZR 116/06 – BeckRS 2008, 51836 [zu B.I.1. der Gründe].

128 Ausführlich AR-Blattei SD (*Hergenröder*), 500.1 Rn. 388 ff.; *Gaul*, Betriebs- und Unternehmensspaltung, § 11 Rn. 24; *Bauer/von Steinau-Steinrück* ZIP 2002, 457, 458; *Gaul/Otto* DB 2005, 2465, 2469.

129 HaKo-ArbR/*Karthaus/Richter*, § 613a BGB Rn. 284.

130 Vgl. dieselbe Problemstellung vor Einführung des § 613a Abs. 5 BGB, *Meyer* NZA 2000, 297, 302.

131 BGH vom 28.10.1953 – II ZR 149/52 - BGHZ 10, 385, 387; vom 17.07.2002 - VIII ZR 64/01 - NJW 2002, 3771, 3771; BAG vom 22. 5. 2007 - 3 AZR 834/05 – NZA 2007, 1283, 1284; vom 22. 5. 2007 - 3 AZR 357/06 – NZA 2007, 1285, 1286; ausführlich hierzu Palandt/*Heinrichs*, § 261 Rn. 8 ff.; BeckOK-ArbR/*Gussen*, § 613a BGB Rn. 142.

mers auf der Frage, ob die anstehende oder bereits erfolgte Betriebsveräußerung die Voraussetzungen des § 613a BGB erfüllt und damit diese Schutzvorschrift greift. Von besonderer Brisanz ist die Problematik, wenn etwa eine Kündigung ausgesprochen wird, die mit einer Betriebsstilllegung begründet wird. Dies vor Augen geht es aus Sicht des Arbeitnehmers nicht nur darum zu erfahren, wem nunmehr die Arbeitgeberstellung zukommt, sondern auch darum, einen möglichen Versuch von Seiten der Veräußerungsparteien, § 613a BGB zu umgehen, aufzudecken. In welchem Umfang die Betriebsübernahme vonstatten geht, wird für den Arbeitnehmer, insbesondere wenn er zuvor gekündigt und freigestellt worden ist, in seiner Gänze schwerlich von außen erkennbar sein. Insoweit ist seine Unwissenheit auch entschuldigt.[132] Um aber seine Rechte geltend machen zu können, ist er auf diese Informationen aus der Sphäre der Veräußerungsparteien dringend angewiesen. Demgegenüber stellt es keine unverhältnismäßige Belastung der Veräußerungsparteien dar, die notwendigen Tatsachen offen zu legen.[133] Einschränkend ist angesichts der Unternehmerrechte der Veräußerungsparteien allerdings zu fordern, dass sich die Bejahung des Tatbestands des § 613a BGB als überwiegend wahrscheinlich darstellt.[134]

3. Verstoß gegen § 613a Abs. 5 BGB – Einfluss auf ausgesprochene Kündigungen

Einfluss auf die Wirksamkeit einer ausgesprochenen Kündigung kommt der Unterrichtungspflichtverletzung nach Ansicht des BAG nicht zu.[135] Denn ob ein hinreichender Kündigungsgrund gegeben ist, kann nicht von der unzureichenden Unterrichtung abhängen, selbst wenn diese die Grundlage für die Widerspruchausübung bildet und der Betriebsveräußerer sodann das zu ihm fortbestehende Arbeitsverhältnis kündigt. Ein Übergriff des § 613a Abs. 5 BGB in das Kündigungsrecht ohne entsprechende Regelung stellt sich als systemwidrig dar.

4. Rechtsqualität der Unterrichtungspflicht des § 613a Abs. 5 BGB

Der Rechtsqualität der Unterrichtungspflicht nach § 613a Abs. 5 BGB kommt darüber hinaus Bedeutung für die Frage zu, ob eine Nicht- oder Fehlinformation zur Schadensersatzpflicht der Veräußerungsparteien führt. Dies ist für den Arbeitnehmer im Rahmen der vorliegenden Fragestellungen etwa von Interesse, wenn er aufgrund falscher Informationen gerichtlich gegen den „falschen Arbeitgeber" vorgeht. Nimmt er daraufhin seine Klage zurück, sind ihm ggf. ersetzbare Kosten entstanden.

Ob er insoweit Ersatz verlangen kann, hängt von der Rechtsqualität der Unterrichtungspflicht ab. Sie ist umstritten. Während einige Stimmen lediglich von einer Oblie-

---

[132] Siehe zur entschuldbaren Ungewissheit, Palandt/*Heinrichs*, § 261 Rn. 12 mwN.

[133] BAG vom 18.01.1996 – 6 AZR 314/95 – DB 1996, 2182, 2182: Erforderlich ist ein billigenswertes und schutzwürdiges Interesse des Anspruchstellers unter Abwägung der beiderseitigen Interessen nach dem Grundsatz der Verhältnismäßigkeit.

[134] So verallgemeinernd, BGH vom 17.07.2002 - VIII ZR 64/01 - NJW 2002, 3771, 3771; BAG vom 18.01.1996 – 6 AZR 314/95 – DB 1996, 2182, 2182. Ebenfalls vor Einführung des § 613a Abs. 5 BGB einen Auskunftsanspruchs aus § 242 BGB bejahend, *Meyer* NZA 2000, 297, 302 f.

[135] Ausführlich BAG vom 24.05.2005 – 8 AZR 398/04 – AR-Blattei ES 500 Nr. 192 [zu II.2.c) der Gründe mwN] m. zust. Anm. *Hergenröder*; AR-Blattei SD (*Hergenröder*), 500.1 Rn. 468.

genheit ausgehen,[136] sehen andere in ihr eine echte Rechtspflicht, die im Falle ihrer Nicht- oder Schlechterfüllung die Grundlage für Schadensersatzansprüche bildet.[137] Letztgenannter Ansicht hat sich das BAG angeschlossen. In seiner Argumentation beschränkte sich der entscheidende Senat darauf, auf seine bisherige Rspr. hinzuweisen, die allerdings in der nunmehr vertretenen Reichweite zuvor nicht existierte.[138] Dem BAG geben sowohl die europarechtlichen Vorgaben wie auch die spezifische Interessenlage Recht. In Art. 9 der maßgebenden Richtlinie wird den Mitgliedsstaaten aufgegeben, einen gerichtlich durchsetzbaren Ausgleich sicherzustellen, sollte es infolge Nichtbeachtung der umzusetzenden Regelungen zu Benachteiligungen der Arbeitnehmer kommen.[139] Mit diesem Sanktionswillen des europäischen Gesetzgebers geht die Schadensersatzbewehrtheit der Unterrichtungspflicht konform. Zudem ist zu berücksichtigen, dass die Unterrichtung nicht nur als Auslöser der Widerspruchsfrist, sondern aus Sicht der Arbeitnehmer auch massive Bedeutung erlangt, was die Person des Arbeitgebers sowie die rechtliche Beurteilung der Betriebsübergangsvoraussetzungen betrifft. Das Risiko zu bewerten, für wen er die Arbeitsleistung nunmehr zu erbringen hat bzw. von wem er Beschäftigung samt Lohn verlangen kann, liegt beim Arbeitnehmer. Ist dessen Rechtsstellung angesichts eines möglichen Arbeitgeberwechsels aber derart einschneidend betroffen, ist es sachgerecht, dem Arbeitnehmer einen durchsetzbaren Anspruch auf Information über die Betriebsveräußerungstatsachen an die Hand zu geben.

Ob es insoweit überzeugt, die Schadensersatzpflicht auf Fälle zu reduzieren, in denen der Schaden gerade aus der (unterlassenen) Ausübung des Widerspruchs resultiert, die kausal auf der nicht ordnungsgemäßen Unterrichtung beruht, wie einige meinen,[140] erscheint zweifelhaft. Denn ein solches Verständnis würde den Zweck der Unterrichtung einseitig auf die Widerspruchserklärung reduzieren. Der Informationsanspruch dient m.E. gerade auch dazu, die Arbeitnehmer darüber hinaus über den Status ihrer Arbeitsverhältnissee, insbesondere die Person des Arbeitgebers als Vertragspartner, aufzuklären.

Aufgrund eines solch weiten Verständnisses kommt m.E. in jedem Falle der Nicht- oder Schlechterfüllung der Unterrichtungspflicht ein Schadensersatzanspruch in Betracht, wenn der Arbeitnehmer hieraus einen finanziellen Schaden erleidet, etwa weil

---

136 *Bauer/von Steinau-Steinrück* ZIP 2002, 457, 458; *Riesenhuber* RdA 2004 340, 350 f. mwN zur Gegenansicht.

137 §§ 280, 311 BGB, vgl. AR-Blattei SD (*Hergenröder*), 500.1 Rn. 459 ff. mwN; ErfK/*Preis*, § 613a BGB Rn. 94 mwN; HWK/*Willemsen/Müller-Bonanni*, § 613a BGB Rn. 332; *Gaul/Otto* DB 2005, 2465, 2468 f. mwN; ausführlich hierzu *Grau*, Unterrichtung und Widerspruchsrecht, S. 312 ff.

138 BAG vom 13.07.2006 - 8 AZR 382/05 – NJW 2007, 250, 255 mwN zur Schadensersatzpflicht nach § 280 BGB, bestätigt durch BAG vom 31.01.2008 – 8 AZR 1116/06 – NZA 2008, 642, 644. Offen gelassen in BAG vom 24.05.2005 - 8 AZR 398/04 – NZA 2005, 1302, 1304.

139 Vgl. AR-Blattei SD (*Hergenröder*), 500.1 Rn. 384; *Gaul/Otto* DB 2005, 2465, 2469; ausdrücklich gegen dieses Argument, weil nicht zwingend, *Riesenhuber* RdA 2004, 340, 350 f.

140 BAG vom 31.01.2008 – 8 AZR 116/06 – BeckRS 2008, 51836 [zu B.I.3. der Gründe]; ebenso HWK/*Willemsen*, § 613a BGB Rn. 332; so wohl auch AR-Blattei SD (*Hergenröder*), 500.1 Rn. 460 ff.; *Grau*, Unterrichtung und Widerspruchsrecht, S. 316, der i.Ü. eine Ersatzpflicht des Erwerbers aus § 280 Abs. 1 BGB i.V.m. § 3 NachweisG ableiten will.

er gegen den falschen Schuldner vorgeht. Fraglich bleibt, wo man die Grenze des Verschuldens auf Seiten der Veräußerungsparteien zieht, um eine Ausuferung der Schadensersatzpflicht zu verhindern. Jedenfalls dürfte ein Verschulden ausgeschlossen sein, wenn die Veräußerungsparteien sich auf eine vertretbare Rechtsansicht stützen.[141]

B. Die individualrechtliche Stellung der Beteiligten

Die Erörterung der Rechtsfolgen von § 613a BGB ist ebenso geprägt wie beschränkt durch die gesetzgeberischen Zweckvorgaben. Demgemäß gilt es bei der Betrachtung der Folgen bezogen auf konkrete Einzelrechte zu beachten, dass nicht nur Verschlechterungen zulasten, sondern auch Besserstellungen zugunsten der Arbeitnehmer im Zuge des Betriebsübergangs zu verhindern sind.

Betrachtet man den Umfang der individualrechtlichen Rechtsfolgen, die der Arbeitgeberwechsel bedingt, bedarf es einer Differenzierung in dreierlei Hinsicht: Erstens stellt sich die Frage der Subsumtion konkreter Einzelrechte unter den Begriff der „Rechte und Pflichten" i.S.v. § 613a Abs. 1 Satz 1 BGB. Zum Zweiten ist nach den verschiedenen Beteiligten zu differenzieren. Einfließen muss schließlich die zeitliche Dimension angesichts des Charakters des Arbeitsverhältnisses als Dauerschuldverhältnis.

I. Umfang der konkreten Einzelrechte – „Rechte und Pflichten" i.S.v. § 613a Abs. 1 Satz 1 BGB

Wie bereits herausgearbeitet, tritt der Erwerber in das Arbeitsverhältnis als Grundverhältnis zum Arbeitnehmer ein. Der Eintritt umfasst demzufolge sämtliche aus dem Arbeitsvertrag fließenden Rechte und Pflichten – Hauptleistungs-, Nebenleistungs- und Nebenpflichten – sowie sonstige Rechtspositionen, die im Arbeitsverhältnisses begründet sind,[142] und zwar in dem Umfang, wie sie von den bisherigen Arbeitsvertragsparteien vereinbart worden sind und im Zeitpunkt des Arbeitsgeberwechsels noch bestehen.[143]

Nicht zuletzt müssen sich die neuen Arbeitsvertragsparteien entsprechend der Rückwirkung des Eintritts in die Arbeitgeberstellung sämtliche „tatsächlichen Ereig-

---

141 Insoweit greift zu Lasten der Veräußerungsparteien die Beweislastumkehr des § 280 Abs. 1 Satz 2 BGB.

142 ErfK/*Preis*, § 613a BGB Rn. 79; Erman/*S. Edenfeld*, § 613a BGB Rn. 59; *Posth*, Betriebsinhaberwechsel, 1978, 153 ff. mwN. Zudem in spezifischem Zusammenhang mit dem Arbeitsverhältnis stehende Ansprüche, etwa aus §§ 823 ff., 812 ff. BGB, vgl. Staudinger/*Annuß*, § 613a BGB Rn. 209; Erman/*S. Edenfeld*, § 613a BGB Rn. 59.

143 BAG vom 25.08.1976 - 5 AZR 788/75 – AP Nr. 41 zu § 242 BGB Gleichbehandlung [zu 3.a) der Gründe]; jedoch kein Verschlechterungsverbot für die Zukunft, *Seiter* Anm. zu BAG vom 22.06.1978 - 3 AZR 832/76 – AP Nr. 12 zu § 613a BGB [zu 3. der Ausführungen]; AR-Blattei SD (*Hergenröder*), 500.1 Rn. 1020 mwN; ArbRBGB-*Ascheid*, § 613a BGB Rn. 62; *Gruber* DStR 1991, 777, 779. Was kollektivrechtliche Vereinbarungen anbelangt, so treffen § 613 a Abs. 1 Sätze 2–4 BGB für deren Fortgeltung spezielle Regelungen, um die Kontinuität im Falle der fehlenden oder anderweitigen Tarifbindung des Betriebserwerbers auf individualrechtliche Weise zu sichern, insoweit wird auf die einschlägige Rspr. und das Schrifttum verwiesen.

nisse“, wie sie im bisherigen Arbeitsverhältnis stattfanden und die Grundlage für rechtliche Folgewirkungen bilden, gegenseitig zurechnen lassen.[144]

II. Rechtsfolgen auf Seiten des Betriebserwerbers

Neben der tatsächlichen Erbringung der Arbeitsleistung stellt sich aus finanzieller Sicht aller Beteiligten darüber hinaus die überaus wesentliche Frage, in welchem Verhältnis Erwerber und Veräußerer für entstandene und entstehende Geldzahlungsansprüche einzustehen haben.

1. Anspruch auf Arbeitsleistung und Pflicht zur (Weiter-)Beschäftigung

Als neuer Arbeitgeber wird der Betriebserwerber zuvörderst Gläubiger der Arbeitsleistung in der Gestalt, wie sie vor Betriebsübergang bestand samt Weisungsrecht.[145] Spiegelbildlich hierzu geht die (Weiter-)Beschäftigungspflicht auf ihn über.[146]

2. Reichweite der Pflichten/„Haftung“ – zeitliche Komponente

Über diese tatsächliche Komponente des Arbeitsverhältnisses hinaus verteilt § 613a BGB die Haftung[147] aus dem Arbeitsverhältnis auf den alten und den neuen Betriebsinhaber und bildet insoweit ein weiteres Instrument, anlässlich des Betriebsübergangs den status quo der übergehenden Arbeitnehmer abzusichern. Erreicht werden soll auf diese Weise, dem Arbeitnehmer den Zugriff auf einen solventen Schuldner – sei es der Betriebserwerber, sei es der Betriebsveräußerer – offen zu halten bzw. zu eröffnen.[148]

---

144 „Fortwirkung von (Rechts-)Tatsachen“, zum Annahmeverzugslohn, BAG vom 09.07.1987 - 2 AZR 467/86 – nv, recherchiert über juris [zu II.2. der Gründe]; vom 21.03.1991 – 2 AZR 577/90 – AP Nr. 49 zu § 615 BGB [zu II.2.a) der Gründe]; LAG Berlin vom 11.10.2002 – 6 Sa 961/02 - NZA-RR 2003, 409, 409; ArbRBGB-*Ascheid*, § 613a BGB Rn. 68; *Moll* NJW 1993, 2016, 2018; *Schiefer* RdA 1994, 83, 89; *Preis/Steffan* DB 1998, 309, 312; zu Kündigungssachverhalten unten unter II.3. Zum Fortlauf in Gang gesetzter Ausschluss-, Verjährungsfristen, AR-Blattei SD (*Hergenröder*), 500.1 Rn. 1069 ff.; Bernsau/*Dreher*/Hauck, § 613a BGB Rn. 120 f. Zum Eintritt in die Rechtslage, Staudinger/*Annuß*, § 613a BGB Rn. 234; MünchArbRHb-*Wank* § 124 Rn. 147; Schaub ZIP 1984, 272, 277. Zur Anrechnung von Betriebszugehörigkeitszeiten, BAG vom 25.08.1976 – 5 AZR 788/75 - DB 1977, 358, 359; Bernsau/*Dreher*/Hauck, § 613a BGB Rn. 125, 197; HWK/*Willemsen*, § 613a BGB Rn. 234. Für den Schwellenwert des § 23 Abs.1 KSchG stellt das BAG allerdings auf den Erwerberbetrieb ab, da kein „Recht“ betroffen sei, BAG vom 15.02.2007 – 8 AZR 397/06 – NZA 2007, 739, 740 f. Zur Zurechnung der Kenntnis des Betriebsveräußerers von der Schwerbehinderung des Arbeitnehmers, BAG vom 11.12.2008 – 2 AZR 395/07 – NZA 2009, 566, 568 mwN.

145 LAG Hamm vom 02.12.1999 – 4 Sa 1153/99 – NZA-RR 2000, 265, 266; Bernsau/*Dreher*/Hauck, § 613a BGB Rn. 192, 200; Staudinger/*Annuß*, § 613a BGB Rn. 212; *Borngräber*, Betriebsübergang 1977, S. 67 f.; *Schaub* ZIP 1984, 272, 277.

146 Damit verknüpft ist die Pflicht zur Freistellung im Rahmen der Urlaubsgewährung, AR-Blattei SD (*Hergenröder*), 500.1 Rn. 1075 ff.; ErfK/*Preis*, § 613a BGB Rn. 136. Dagegen kein Anspruch auf Urlaubsabgeltung nach § 7 Abs. 4 BUrlG, weil das Arbeitsverhältnis fortbesteht, BAG vom 02.12.1999 – 8 AZR 774/98 – AP Nr. 202 zu § 613a BGB [zu 3.c) der Gründe].

147 Zum Begriff der Haftung, siehe Fn. 60.

148 *Küstner/von Manteuffel*, Anm. zu BAG vom 11.11.1986 - 3 AZR 179/85 – AP Nr. 60 zu § 613a BGB. Zum Zweck dieser Regelung, siehe bereits oben 1. Kap. 3. Abschn. D.

Die Haftungsverteilung im Detail hängt zunächst vom zeitlichen Bestand des einzelnen Arbeitsverhältnisses, sodann vom Zeitpunkt der Entstehung und schließlich vom Fälligkeitszeitpunkt des Anspruchs ab.

a. Keine Haftung bzgl. bereits beendeter Arbeitsverhältnisse

Mangels Übergangs eines bereits aufgelösten Arbeitsverhältnisses übernimmt der Betriebserwerber, da kein Schuldverhältnis zu ihm begründet wird, nicht die Schuld für hieraus erwachsene, noch unbefriedigte Ansprüche.[149]

Das BAG knüpft strikt an diesen Grundsatz an. Entsprechend lehnte es eine Haftung des Betriebserwerbers für erst nach dem Betriebsübergang fällig werdende Provisionsansprüche ab, da das Arbeitsverhältnis im Zeitpunkt des Betriebsübergangs bereits aufgelöst war.[150] Ferner gehen nach Ansicht des BAG erdiente Versorgungsansprüche solcher Arbeitnehmer, die bereits vor dem Betriebsinhaberwechsel in den Ruhestand getreten sind, nicht auf den Betriebserwerber über. Hierbei handele es sich, so das BAG, um bereits beendete Arbeitsverhältnisse, sodass die ratio des § 613a BGB, den Arbeitsplatz zu erhalten, diesbezüglich nicht durchdringe.[151]

b. Umfang der Haftung in Rahmen übergegangener Arbeitsverhältnisse

In aktive Arbeitsverhältnisse tritt der Betriebserwerber im Moment des Betriebsübergangs vollumfänglich ein.[152] Dabei begründet der aktuelle Bestand den Umfang und zugleich die Grenze der Schuldübernahme; insbesondere ist übergehenden Arbeitnehmern die Forderung einer über den status quo hinausgehenden Leistungsanpassung unter Berufung auf die Gleichbehandlung mit den „Altarbeitnehmern" des Betriebserwerbers verwehrt.[153]

---

149 BAG vom 15.03.1979 – 3 AZR 859/77 – AP Nr. 15 zu § 613a [zu 2.a) der Gründe] m. Anm. *Willemsen*; MüKo-BGB/*Müller-Glöge*, § 613a BGB Rn. 83; *Gaul* BB 1999, 526, 527; siehe hierzu bereits oben A.III.

150 BAG vom 11.11.1986 - 3 AZR 179/85 – AP Nr. 60 zu § 613a BGB [zu II. der Gründe]: Das bereits vor Betriebsübergang eingeleitete, provisionspflichtige Geschäft wurde erst vom Betriebserwerber ausgeführt - auch keine analoge Haftung; vertiefend *Küstner/von Manteuffel*, Anm. zu BAG vom 11.11.1986, aaO.

151 BAG vom 24.03.1977 – 3 AZR 649/76 – AP Nr. 35 zu § 613a BGB [zu 1. der Gründe] m. Anm. *Blomeyer*. Bestehen die Arbeitsverhältnisse fort, gehen die beim Betriebsveräußerer erdienten Versorgungsanwartschaften über, unabhängig davon ob un-/verfallbar, BAG vom 12.05.1992 - 3 AZR 247/91- AP Nr. 14 zu § 1 BetrAVG Betriebsveräußerung [zu II.1. der Gründe]; vgl. auch AR-Blattei SD (*Hergenröder*), 500.1 Rn. 1053 ff. mwN; HWK/*Willemsen*/Müller-Bonanni, § 613a BGB Rn. 236 ff. mwN; *Kraft*, FS 25 Jahre BAG 1979, 299, 310; *Gruber*, DStR 1991, 777, 779; *Kaiser/Gradel* DB 1996 1621, 1622.

152 Zum Begriff des aktiven Arbeitsverhältnisses, oben unter A.III.

153 BAG vom 25.08.1976 - 5 AZR 788/75 – AP Nr. 41 zu § 242 BGB Gleichbehandlung [zu 3.a) der Gründe: „Die Betriebszugehörigkeit begründet für sich allein kein Recht."]; vom 31.08.2005 – 5 AZR 517/04 – AP Nr. 288 zu § 613a BGB [zu I.2. der Gründe: Kein Zwang zur Vereinheitlichung aus § 613a BGB]; vgl. auch *Seiter*, Anm. zu BAG vom 22.06.1978 - 3 AZR 832/76 – AP Nr. 12 zu § 613a BGB [zu 3. der Ausführungen: *„punktueller"* Bestandsschutz]; Bernsau/*Dreher*/Hauck, § 613a BGB Rn. 198; MüKo-BGB/*Müller-Glöge*, § 613a BGB Rn. 77; ArbRBGB-*Ascheid* § 613a Rn. 62; *Gruber* DStR 1991, 777, 779.

Aus dem Vertragspartnerwechsel folgt zunächst zwingend, dass der Betriebserwerber nach allgemeinen Regeln für all diejenigen Ansprüche haftet, die *nach Betriebsübergang* durch ihn als Vertragspartei begründet werden.[154] Insofern ist er originär Verpflichteter.

Hiervon zu unterscheiden sind bereits *vor Betriebsübergang* unter dem bisherigen Betriebsinhaber begründete Ansprüche. Insoweit kommt dem Eintritt des Betriebserwerbers in die Arbeitgeberstellung über § 613a Abs. 1 Satz 1 BGB Rückwirkung derart zu, dass er auch für die „Altschulden" des Betriebsveräußerers gegenüber dem Arbeitnehmer einzustehen hat. Das betrifft insbesondere rückständige Lohnforderungen. Die allgemeine Ansicht bejaht eine solche rückwirkende und damit vollumfängliche Schuldübernahme.[155]

Das bestätigt der Vergleich mit § 571 BGB a.F. (= § 566 BGB n.F.). Denn während in § 566 BGB ausdrücklich eine Beschränkung auf die sich *„während der Dauer des Eigentums aus dem Mietverhältnis ergebenden ... Pflichten"* festgeschrieben ist, fehlt eine solche einschränkende Regelung in § 613a BGB. Hierin kommt zum Ausdruck, dass der Gesetzgeber bewusst davon abgesehen hat, eine solche Haftungsbegrenzung auch für den Fall des Betriebsübergangs vorzusehen.[156] Aus der Sicht des dem § 613a BGB zugrunde liegenden Schutzgedankens ist die umfassende Haftung des Betriebserwerbers vielmehr zwingende Folge der Gewährleistung des sozialen Besitzstandes.[157] Ein solches Ergebnis stützt auch die Regelung des § 613a Abs. 2 BGB, wonach der bisherige Arbeitgeber für Altverbindlichkeiten „neben dem neuen Inhaber" haftet. Dies impliziert eine vollumfängliche Rückwirkung der Betriebserwerberhaftung.[158]

Im Ergebnis fingiert das Gesetz somit gleichsam eine originäre Schuldnerstellung des Betriebserwerbers. Hieraus folgt dessen von der zeitlichen Entstehung sowie Fälligkeit der Ansprüche unabhängige Einstandspflicht für sämtliche Verpflichtungen.

---

154 AR-Blattei SD (*Hergenröder*), 500.1 Rn. 74; *Seiter*, Betriebsinhaberwechsel, S. 31.

155 BAG vom 18.08.1976 – 5 AZR 95/75 – AP Nr. 4 zu § 613a BGB [zu 2.a) der Gründe] m. Anm. *Mayer-Maly*; vom 22.02.1978 - 5 AZR 800/76 – AP Nr. 11 zu § 613a BGB [zu 2. der Gründe] m. Anm. *Küchenhoff*; ArbRBGB-*Ascheid*, § 613a BGB Rn. 65; AR-Blattei SD (*Hergenröder*), 500.1 Rn. 70 ff.; MüKo-BGB/*Müller-Glöge*, § 613a BGB Rn. 161; MünchArbRHb-*Wank* § 124 Rn. 150; Staudinger/*Annuß*, BGB; § 613a Rn. 132; *Zöllner*, Arbeitsrecht, 2. Aufl. 1979, § 20 III 3 [S. 174]; *Moll* NJW 1993, 2016, 2018 f.; *Schiefer* NJW 1998, 1817, 1819; *Seiter*, Anm. zu BAG vom 22.06.1978 - 3 AZR 832/76 – AP Nr. 12 zu § 613a BGB [zu 1.a) der Ausführungen]; jedoch keine Haftung für rückständige Sozialabgaben, Lohnsteuer, *Gruber* DStR 1991, 777, 779.

156 Ausführlich AR-Blattei SD (*Hergenröder*), 500.1 Rn. 70 ff., 73; Bernsau/*Dreher*/Hauck, § 613a BGB Rn. 119; MüKo-BGB/*Müller-Glöge*, § 613a BGB Rn. 161; *Borngräber*, Betriebsübergang 1977, S. 67; *Posth*, Betriebsinhaberwechsel, 1978, S. 148 f.; *Heinze* DB 1980, 205, 211.

157 *Seiter*, Betriebsinhaberwechsel, B III 2 b, VII 2 b S. 31, 78; *Heinze* DB 1980, 205, 206.

158 BAG vom 18.08.1976 – 5 AZR 95/75 – AP Nr. 4 zu § 613a BGB [zu 2.a) der Gründe] m. Anm. *Mayer-Maly*; MünchArbRHb-*Wank* § 124 Rn. 149; Staudinger/*Annuß*, § 613a BGB Rn. 298; *Berscheid*, Konkurs, Betriebsübergang/Betriebsinhaberwechsel, Rn. 118; *Posth*, Betriebsinhaberwechsel, 1978, S. 149; ausdrücklich für Ruhegeldanwartschaften, BAG vom 24.03.1977 – 3 AZR 649/76 – AP Nr. 6 zu § 613a BGB [zu 1. der Gründe].

3. Übergang von Gestaltungsrechten

Bereits die vorgesetzliche Diskussion, wie sich die Auswirkungen der Betriebsveräußerung auf die im Betrieb tätigen Arbeitnehmer qua lege steuern lassen, verfolgte das Ziel, dem Betriebserwerber die Ausübung von Gestaltungsrechten in gleicher Weise zu eröffnen wie dem Betriebsveräußerer. Mit Einführung des § 613a BGB wurde dies mit dem Übergang der *„Rechte aus dem Arbeitsverhältnis"* festgeschrieben.[159] Parallel zur Arbeitgeberstellung geht somit insbesondere die hieraus fließende originäre Befugnis zur Kündigung des Arbeitsverhältnisses mit dem Zeitpunkt des Betriebsübergangs auf den Betriebserwerber über, während der Veräußerer sie zeitgleich verliert.[160]

In Zusammenschau mit dem Grundsatz der „Fortwirkung von Tatsachen"[161] kann sich der Erwerber auf einen bereits unter dem bisherigen Inhaber verwirklichten Sachverhalt stützen, um nach Betriebsübergang eine Kündigung gegenüber dem Arbeitnehmer auszusprechen. Allerdings ist für deren Begründung zu berücksichtigen, dass sie eine zukunftsgerichtete Lösungsmöglichkeit darstellt. Infolgedessen ist stets zu prüfen, inwieweit der frühere Vorfall das jetzige Verhältnis zwischen den neuen Arbeitsvertragsparteien in kündigungsrelevanter Weise belastet und Schlüsse auf dessen Zukunft zulässt.[162]

III. Rechtsfolgen auf Seiten des Betriebsveräußerers

Wie § 613a Abs. 2 BGB zeigt, wird auch der bisherige Arbeitgeber nicht vollständig aus der Haftung entlassen, obgleich, wie dargestellt, seine Arbeitgeberstellung im Zeitpunkt des Betriebsübergangs endgültig und vollständig endet. Diese „Nachhaftung" des § 613a Abs. 2 BGB ist von dem Grundgedanken „Gegenleistung für Leistung" geprägt mit der Folge, dass der Betriebsveräußerer grundsätzlich immer dann und insoweit einzustehen hat, als ihm selbst eine Gegenleistung des Arbeitnehmers zugute gekommen ist.[163]

---

[159] BAG vom 02.10.1974 – 5 AZR 504/73 – AP Nr. 1 zu § 613a BGB [zu II 1) der Gründe] m. Anm. *Seiter*; *Borngräber*, Betriebsübergang 1977, S. 66, 68 f.; *Heinze* DB 1980, 205, 205.

[160] BAG vom 27.01.2000 – 8 AZR 106/99 – nv, recherchiert über juris [LS 3]; LAG Hamm vom 11.03.1999 – 4 Sa 966/98 – ZInsO 1999, 424 [LS 1]; vom 22.03.2001 – NZA-RR 2002, 82, 84; AR-Blattei SD (*Hergenröder*), 500.1 Rn. 1161 ff.; Bernsau/*Dreher*/Hauck, § 613a BGB Rn. 201. Dasselbe gilt für das Anfechtungsrecht, vgl. AR-Blattei SD (*Hergenröder*), 500.1 Rn. 1161 ff.

[161] Hierzu oben unter I.

[162] Hierzu ausführlich AR-Blattei SD (*Hergenröder*), 500.1 Rn. 1162 ff mwN; Bernsau/*Dreher*/Hauck, § 613a BGB Rn. 201; MünchArbRHb-*Wank* § 124 Rn. 147; *Borngräber*, Betriebsübergang 1977, S. 68. Zur Anrechnung im Hinblick auf § 626 Abs. 2 BGB, ErfK/*Preis*, § 613a BGB Rn. 79; MüKo-BGB/*Müller-Glöge*, § 613a BGB Rn. 165 mwN.

[163] Begründung des BT-Ausschusses für Arbeit und Soziale Ordnung BT-Drucks. 6/2729, S. 25; ErfK/*Preis*, § 613a BGB Rn. 133; HaKo-ArbR/*Karthaus/Richter*, § 613a BGB Rn. 154; MüKo-BGB/*Müller-Glöge*, § 613a BGB Rn. 165.

1. Unveränderte Arbeitgeberpflichten bzgl. nicht übergegangener Arbeitsverhältnisse

Aus dem Umkehrschluss zu § 613a Abs. 1 Satz 1 BGB folgt, dass der Betriebsveräußerer für sämtliche Ansprüche aus nicht übergegangenen Arbeitsverhältnissen einzustehen hat, aus welchen Gründen auch immer der Betriebsübergang sie nicht erfasst. Mangels Vertragsübernahme ist und bleibt er insoweit originär und einzig Verpflichteter.[164]

2. Verlust der originären Arbeitgeberpflichten bzgl. übergegangener Arbeitsverhältnisse

Greift § 613a BGB, kommt – da der Betriebsveräußerer mit dem Betriebsübergang vollständig aus der Vertragspartnerstellung ausscheidet – eine Haftung für *nach Betriebsübergang* unter dem Betriebserwerber entstandene Ansprüche aus dem Arbeitsverhältnis nicht in Betracht.[165] Darüber hinaus hat die Rückwirkung des Schuldnerwechsels[166] zur Konsequenz, dass der Veräußerer mit dem Betriebsübergang aus seiner originären Arbeitgeberhaftung für die unter ihm entstandenen Ansprüche aus den übergegangenen Arbeitsverhältnissen entlassen wird.

3. Nachhaftung gemäß § 613a Abs. 2 BGB

Um den Veräußerer dennoch nicht völlig frei zu stellen, ordnet § 613a Abs. 2 BGB in Form einer selbstständigen Rechtsgrundlage eine abgestufte Mithaftung an.[167]

a. Qualifizierung als gesetzlich angeordneter Schuldbeitritt

Rechtlich besehen handelt es sich bei der Anordnung in § 613a Abs. 2 Satz 1 BGB nach allgemeiner Ansicht um einen gesetzlich angeordneten Schuldbeitritt.[168] Infolge-

---

[164] BAG vom 15.03.1979 – 3 AZR 859/77 – AP Nr. 15 zu § 613a [zu 2.a) der Gründe] m. Anm. *Willemsen*; vom 11.11.1986 - 3 AZR 179/85 – AP Nr. 60 zu § 613a BGB [zu II.1. der Gründe] m. Anm. *Küstner/von Manteuffel*; LAG Düsseldorf vom 27.10.1999 – 4 Sa 816/99 – NZA-RR 2000, 175, 177; Bernsau/*Dreher*/Hauck, § 613a BGB Rn. 207; ErfK/*Preis,* § 613a BGB Rn. 136; HaKo-ArbR/*Karthaus/Richter*, § 613a BGB Rn. 153; MüKo-BGB/*Müller-Glöge*, § 613a BGB Rn. 159, *Gruber* DStR 1991, 777, 779.

[165] ErfK/*Preis*, § 613a BGB Rn. 138; Erman/*S. Edenfeld*, § 613a BGB Rn. 98; MüKo-BGB/*Müller-Glöge*, § 613a Rn. 168; *Posth*, Betriebsinhaberwechsel, 1978, S. 11.

[166] Siehe hierzu oben unter II.2.b.

[167] BAG vom 22.06.1978 – 3 AZR 832/76 – AP Nr. 12 zu § 613a BGB [zu 2. der Gründe]; AR-Blattei SD (*Hergenröder*), 500.1 Rn. 75; Staudinger/*Annuß*, § 613a BGB Rn. 208: Betriebsveräußerer ist *„nicht mehr Pflichten- sondern nur noch Haftungsadressat"*; *Heinze* DB 1980, 205, 207; *Falkenberg* DB 1980, 783, 786; *Gaul* BB 1999, 526, 527; *Schreiber* RdA 1982, 137, 140, 148; zur ratio siehe oben 1. Kap., 3. Abschn., D.

[168] BAG vom 18.08.1976 - 5 AZR 95/75 – AP Nr. 4 zu § 613a BGB [zu 2.a) der Gründe] m. Anm. *Mayer-Maly*; vom 15.03.1979 – 3 AZR 859/77 – AP Nr. 15 zu § 613a [zu 2.a) der Gründe] m. Anm. *Willemsen*; *Seiter*, Anm. zu BAG vom 22.06.1978 - 3 AZR 832/76 – AP Nr. 12 zu § 613a BGB [zu 1.a) der Ausführungen]; AR-Blattei SD (*Hergenröder*), 500.1 Rn. 75; Bernsau/*Dreher*/Hauck, § 613a BGB Rn. 210; *Heinze* DB 1980, 205, 207; *Wollenschläger/Pollert*, ZfA 1996, 547, 564; *Zeuner*, FS für Schwab, 1990, 575, 580.

dessen wird der Veräußerer aus der originären Arbeitgeberverpflichtung entlassen; zugleich ordnet § 613a Abs. 2 BGB eine Mithaftung in entsprechendem Umfang an.

Im Außenverhältnis folgt hieraus eine gesamtschuldnerische Haftung des bisherigen Betriebsinhabers neben dessen Nachfolger, §§ 421 ff. BGB.[169] Intern entsteht zwischen beiden Veräußerungsparteien ein gesetzliches Ausgleichsverhältnis[170] mit grundsätzlich hälftiger Ausgleichspflicht nach § 426 BGB, sollte keine abweichende Abrede – wie wohl regelmäßig im Übernahmevertrag – vorzufinden sein.[171]

b. Zeitliche Grenzen der Nachhaftung

Der Schuldbeitritt erfasst unerfüllte Ansprüche dann, wenn sie dem Betriebsveräußerer zurechenbar und im Rahmen des Arbeitsverhältnisses *vor Betriebsübergang* entstanden sind.

Zugleich ist die Mithaftung der zeitlichen Schranke von einem Jahr unterworfen. Der Nachhaftungstatbestand erfasst hiernach lediglich solche Altansprüche, die *„vor Ablauf von einem Jahr"* nach Übernahme des Betriebs fällig werden, § 613a Abs. 1 Satz 1. Nach allgemeinem Verständnis existiert dabei eine vergangenheitsbezogene Grenze nicht, wie sich trotz des unklaren Wortlauts aus einem teleologischen erst-recht-Schluss zu Satz 1 ergibt.[172]

Darüber hinaus statuiert § 613a Abs. 2 Satz 2 BGB, um dem genannten Gegenleistungsprinzip gerecht zu werden,[173] eine zeitanteilige Beschränkung der Haftung für Ansprüche, die über einen bestimmten Bemessungszeitraum – pro rata temporis – hinweg erworben werden, in Relation zum Zeitpunkt des Betriebsübergangs.[174]

c. Inhaltliche Grenzen der Nachhaftung

Eine Mit-Verpflichtung des Betriebsveräußerers gemäß § 613a Abs. 2 BGB kommt für unvertretbare und damit in der Regel gegenwartsbezogene Verpflichtungen für die Zeit

---

169 BAG vom 18.08.1976 - 5 AZR 95/75 – AP Nr. 4 zu § 613a BGB [zu 2.a) der Gründe] m. Anm. *Mayer-Maly*; vom 15.03.1979 – 3 AZR 859/77 – AP Nr. 15 zu § 613a [zu 2.a) der Gründe] m. Anm. *Willemsen*; Staudinger/*Annuß*, § 613a BGB Rn. 304; *Berscheid*, Konkurs, Betriebsübergang/Betriebsinhaberwechsel, Rn. 164.

170 Palandt/*Grüneberg*, BGB, § 426 Rn. 1, 4.

171 BAG vom 04.07.1985 – 9 ZR 172/84 – AP Nr. 50 zu § 613a BGB [zu II.3. der Gründe]; BGH vom 25.03.1999 - III ZR 27/98 – NZA 1999, 817, 818; ArbRBGB-*Ascheid* § 613a Rn. 120; Bernsau/*Dreher*/Hauck, § 613a BGB Rn. 209; ErfK/*Preis*, § 613a BGB Rn. 137; HWK/*Willemsen/Müller-Bonanni*, § 613a BGB Rn. 295a; *Wollenschläger/Pollert*, ZfA 1996, 547, 564.

172 *Seiter*, Anm. zu BAG vom 22.06.1978 - 3 AZR 832/76 – AP Nr. 12 zu § 613a BGB [zu 1.c) der Ausführungen]; Bernsau/*Dreher*/Hauck, § 613a BGB Rn. 211; ErfK/*Preis*, § 613a BGB Rn. 136; HaKo-ArbR/*Karthaus/Richter*, § 613a BGB Rn. 154; HWK/*Willemsen/Müller-Bonanni*, § 613a BGB Rn. 293; *Posth*, Betriebsinhaberwechsel, 1978, S. 149 f.; *Gruber* DStR 1991, 777, 779.

173 Hierzu oben unter III.

174 Etwa im Falle von Jahressonderzahlungen bei unterjährigem Betriebsübergang, BAG vom 22.06.1978 – 3 AZR 832/76 – AP Nr. 12 zu § 613a BGB [zu 2. der Gründe]; HaKo-ArbR/*Karthaus/Richter*, § 613a BGB Rn. 154 f.; MüKo-BGB/*Müller-Glöge*, § 613a BGB Rn. 165; *Moll* NJW 1993, 2016, 2019.

nach Betriebsübergang praktisch nicht in Betracht. Das gilt sowohl für die Pflicht zur (Weiter-) Beschäftigung[175] wie ihr Pendant, die Pflicht zur Freistellung zu Urlaubszwecken,[176] als auch für sonstige, auf unvertretbare Handlungen i.S.v. § 888 ZPO gerichtete Ansprüche. Derart betriebsbezogene Ansprüche sind bereits ihrer Natur nach ausschließlich vom aktuellen Betriebsinhaber erfüllbar, während dies für die jeweils andere Veräußerungspartei aufgrund tatsächlicher oder rechtlicher Umstände unmöglich ist (§ 275 BGB). Der Betriebsveräußerer hält den Betrieb als Verwirklichungsstätte des Arbeitsverhältnisses nicht mehr in Händen und verliert zudem die rechtliche Arbeitgeberstellung.[177]

Aus diesem praktischen Umstand heraus ist m.E. zu schlussfolgern, dass nicht erst der Weg über die Unmöglichkeit nach § 275 BGB zu wählen ist, den Anspruch auf unvertretbare Leistung gegen den Betriebsveräußerer untergehen zu lassen. Vielmehr ist m.E. der Anwendungsbereich von § 613a BGB von Natur aus auf vertretbare, insbesondere Geldleistungsansprüche, reduziert. Ausschließlich insoweit vermag § 613a Abs. 2 BGB die Gesamtschuldnerstellung des Betriebsveräußerers zu begründen. Eine Verpflichtung zur Erfüllung unvertretbarer Ansprüche liegt schon von Grund auf nicht vor.[178]

IV. Kündigungsverbot des § 613 Abs. 4 Satz 1 BGB für beide Veräußerungsparteien

Den Bestand des Arbeitsverhältnisses im Kontext mit einem Betriebsübergang schützt das Kündigungsverbot des § 613a Abs. 4 Satz 1 BGB. Hiernach ist es beiden Veräußerungsparteien – dem Betriebsveräußerer vor, dem -erwerber nach der Übernahme der Leitungsmacht – untersagt, eine Kündigung *„wegen des Betriebsübergangs"* auszusprechen; sie ist unwirksam. Ausgeschlossen sind demzufolge Kündigungen, die überwiegend vom Beweggrund der reinen Personalreduzierung oder des Personalaustauschs zur Durchführung der Unternehmensveräußerung getragen sind. Demgegenüber bleiben gemäß Satz 2 dieser Vorschrift Kündigungen aus anderen Gründen, die unabhängig vom Betriebsübergang stehen, zulässig, selbst wenn der Betriebsübergang

---

[175] HessLAG vom 02.12.1999 – 4 Sa 1153/99 – NZA-RR 2000, 265, 266; LAG Düsseldorf vom 12.03.2001 5 Sa 230/00 – DZWIR 2002, 107, 108; *Berscheid*, Konkurs, Betriebsübergang/Betriebsinhaberwechsel, Rn. 252.

[176] Vgl. BGH vom 04.0.1985 – IX ZR 172/84 – AP Nr. 50 zu § 613a BGB [zu III.3. der Gründe]; ErfK/*Preis*, § 613a BGB Rn. 136 f. Anders jedoch, wenn es um einen rückständigen Anspruch auf Urlaubsentgelt/Urlaubsgeld geht, hierzu ausführlich AR-Blattei SD (*Hergenröder*), 500.1 Rn. 1076 ff. Vgl. für sonstige unvertretbare Ansprüche, BAG vom 15.12.1978 – 5 AZR 600/75 – AP Nr. 1 zu § 325 ZPO, hierzu ausführlich unten 4. Kap., 5. Abschn., A.

[177] LAG Hamm vom 22.03.2001 – 4 Sa 579/00 – NZA-RR 2002, 82, 84; vgl. auch BAG vom 22.02.1978 – 5 AZR 800/76 – AP Nr. 11 zu § 613a BGB [zu 4. der Gründe] m. Anm. *Küchenhoff*. Zur Freistellung im Rahmen der Urlaubsgewährung, MünchArbHb/*Leinemann*, § 91 Rn. 93, 97; Staudinger/*Annuß*, § 613a BGB Rn. 237.

[178] Vgl. HessLAG vom 02.12.1999 – 4 Sa 1153/99 – NZA-RR 2000, 265, 266; *Zeuner*, FS für Schwab, 1990, 575, 581 f.; Bernsau/*Dreher*/Hauck, § 613a BGB Rn. 208 ff. zum Anwendungsbereich von § 613a Abs. 2 BGB. Vgl. zu Entgeltfortzahlungskosten bei Urlaubsgewährung, Fn. 176.

hierfür äußerer Anlass sein mag.[179] Die Abgrenzung birgt nicht selten Schwierigkeiten, insbesondere auf tatsächlicher Seite und der damit verbundenen Beweislast im Prozess.

V. Rechtsfolgen auf Seiten des Arbeitnehmers

Das zum Übergang der Rechte und Pflichten aus dem Arbeitsverhältnis im Hinblick auf Betriebserwerber und -veräußerer Gesagte gilt spiegelbildlich für die Berechtigten- wie Verpflichtetenstellung der Arbeitnehmer, insbesondere was Arbeitsleistung und Vergütung anbelangt.

Zu Gunsten der Arbeitnehmer sind dabei die §§ 412, 399 ff. BGB entsprechend anzuwenden, was den Übergang der Gläubigerstellung vom Veräußerer auf den Erwerber anbelangt.[180]

C. Praktische Folge

Die Schwierigkeit, die Voraussetzungen des § 613a BGB im konkreten Fall zu bewerten, setzt sich sowohl zulasten der Veräußerungsparteien als auch zulasten der Arbeitnehmer auf der materiell-rechtlichen Rechtsfolgenseite fort. Für sämtliche Beteiligte ist mit der Beurteilung, ob ein Betriebsübergang vorliegt, die überaus bedeutsame Frage verknüpft, wer nunmehr Rechtsträger und damit Schuldner bzw. Gläubiger aus dem Arbeitsverhältnis auf Arbeitgeberseite ist.

---

[179] Vgl. Art. 4 Abs. 1 der EU-Richtlinie 2001/23/EG, Fn. 48. Ausführlich AR-Blattei SD (*Hergenröder*), 500.1 Rn. 623 ff.; Bernsau/*Dreher*/Hauck, § 613a BGB Rn. 224 ff.; Erman/*S. Edenfeld*, § 613a BGB Rn. 109; *Hillebrecht* NZA 1989, Beil. 4, 10, 12 ff.; *Schiefer* RdA 1995, 83, 89 ff.

[180] Erman/*S. Edenfeld*, § 613a BGB Rn. 59; MünchArbRHb-*Wank*, § 124 Rn. 146.

3. Kapitel Die personenbezogenen Auswirkungen im Prozess

Diese durch § 613a BGB begründete Entwicklung der materiellen Rechtlage bildet den Ausgangspunkt für sämtliche Überlegungen, die sich stellen, sollte einer der Beteiligten zur Durchsetzung seiner Rechte aus dem Arbeitsverhältnis den Rechtsweg beschreiten.

1. Abschnitt: Überblick über die prozessual relevanten Konstellationen

Uneinigkeiten zwischen den Beteiligten im Zusammenhang mit einer Betriebsveräußerung, die einer gerichtlichen Klärung bedürfen, können einmal den Übergang des Arbeitsverhältnisses als solches betreffen. So können bei allen Beteiligten Zweifel aufkommen, zu wem das Arbeitsverhältnis nun nach Betriebsveräußerung besteht. In Streit stehen können zudem konkrete Leistungsansprüche, die auf Geldzahlung oder sonstige, vertretbare wie unvertretbare Handlungen gerichtet sind. Ein weites Feld bildet daneben der prozessuale Angriff arbeitgeberseitig ausgesprochener Kündigungen.

In jedem dieser Fälle wird sich der Kläger die Frage stellen, ob die von § 613a BGB erzeugten materiellen Rechtsfolgen Einfluss auf die prozessuale Situation haben, und wenn ja, inwiefern diese ihm eine entsprechende Reaktion abverlangen, um seine Rechte erfolgreich vor Gericht weiterverfolgen zu können. Über die materiellrechtliche Schuldnerstellung hinaus bedarf es insoweit der Klärung, gegen wen nach Betriebsübergang erfolgreich prozessual vorgegangen werden kann bzw. muss. Dies ist prinzipiell gleichermaßen von Bedeutung für Verfahren, die bei Betriebsübergang bereits rechtshängig sind, wie für solche, die vor diesem Zeitpunkt bereits beendet waren oder erst später eingeleitet werden sollen. In allen Konstellationen ist es relevant, inwiefern der personale Wechsel auf Arbeitgeberseite die prozessrechtliche Stellung von Betriebserwerber und -veräußerer berührt.

Unterschiede im Hinblick auf die prozessualen Auswirkungen sind bedingt durch das jeweilige Verfahrensstadium, in dem der Betriebsübergang stattfindet, also ob die Veränderung der materiellen Rechtslage während des laufenden Verfahrens – innerprozessual – oder bereits vor- oder erst nachprozessual eintritt. Die Beurteilung, inwieweit eine prozessuale Reaktion auf die veränderte Rechtslage erforderlich ist, muss daher maßgeblich die unterschiedlichen Zeitstadien sowie die damit verbundenen spezifischen Interessenlagen berücksichtigen.

Dieser prozessualen Folgefragen sind sich Praxis und Wissenschaft wohl bewusst. Entsprechend versuchen sie, zielorientiert Antworten hierauf zu finden, was im Ergebnis wünschenswert ist. Dabei dürfen jedoch die dogmatischen Grundlagen, insbesondere wie sich die materiell-rechtlichen Rechtsfolgen des § 613a BGB auf prozessualer Ebene auswirken, für die prozessuale Lösung nicht aus den Augen verloren werden. Die Komplexität dieser Rechtsfolgen macht zunächst eine systematische Darstellung ihrer Auswirkungen im prozessualen Bereich notwendig.

In einem ersten Schritt wird zu klären sein, welche prozessrechtlichen Auswirkungen mit dem Betriebsübergang einhergehen, bevor in den unterschiedlichen Konstellationen die Frage nach einer adäquaten prozessualen Antwort hierauf gestellt werden kann.

2. Abschnitt: Die prozessuale Stellung von „altem“ und „neuem“ Arbeitgeber

Den Ausgangspunkt für die Betrachtung der Wechselwirkungen von Betriebsübergang und Prozesslage stellt die bereits aufgezeigte Verknüpfung von materiellem Recht und Prozessrecht dar.[181] Letztlich hat dieses Zusammenspiel zum Ziel, diejenige Person aus dem Urteil zu verpflichten, die der materiell-rechtlich der Schuldner ist. Folge dieses Grundsatzes ist, dass eine Veränderung der Schuldnerstellung auf materiell-rechtlicher Ebene regelmäßig auch auf die personenbezogenen Voraussetzungen einer zulässigen und begründeten Klage durchschlägt.

Die Begründetheit einer Klage setzt daher grundsätzlich voraus, dass der tatsächliche Gläubiger den wirklichen Schuldner im Hinblick auf den geltend gemachten Anspruch in den Prozess einbezieht. Daneben müssen für die Zulässigkeit der Klage die personenbezogenen Sachurteilsvoraussetzungen vorliegen. Prozessual stellt sich somit die Frage, wer für die Führung des Prozesses um den mit der Klage eingeklagten Anspruch zuständig ist.

Übertragen auf den Fall des Betriebsübergangs gilt es somit zu bestimmen, wer nach dem Wechsel in der Arbeitgeberstellung als prozessual „richtige Partei“ des bereits geltend gemachten bzw. noch geltend zu machenden Anspruchs anzusehen ist, der alte Betriebsinhaber, der neue Betriebsinhaber oder beide gemeinsam. Stets geht es hierbei um die Beurteilung der Berechtigten- und Verpflichtetenstellung und ihrer Auswirkungen auf den Prozess in der Dreieckskonstellation Betriebsveräußerer, Betriebserwerber, Arbeitnehmer.

Um das Gefüge von materiellem Recht und Prozessrecht in den Bereichen der Zulässigkeit wie der Begründetheit einer Klage in personenbezogener Hinsicht aufzuzeigen, bedarf es zunächst einiger allgemeiner Ausführungen zum arbeitsgerichtlichen Verfahren.

A. Besonderheiten im arbeitsgerichtlichen Urteilsverfahren

Das Urteilsverfahren greift weitgehend auf die Regelungen der ZPO zurück (vgl. §§ 2 Abs. 5, 46 Abs. 2, 64 Abs. 6, 72 Abs. 5 ArbGG, § 495 ZPO).[182] Entsprechend stellen die zivilprozessualen „Klagevoraussetzungen“ das Gerüst dar für sämtliche im Zusammenhang mit dem Betriebsübergang aufgeworfenen, prozessrechtlichen Fragestellungen um die Geltendmachung individualarbeitsrechtlicher Rechtspositionen.

Anders als im Zivilprozess jedoch, und das mag für die Einschätzung des Prozessrisikos von nicht unerheblicher Bedeutung werden, existiert im arbeitsgerichtlichen Urteilsverfahren erster Instanz kein Kostenerstattungsanspruch der obsiegenden Partei bzgl. außergerichtlicher Kosten, § 12a Abs. 1 ArbGG. Mithin hat jede Partei insbesondere die Kosten für die Hinzuziehung eines Prozessbevollmächtigten unabhängig vom Ausgang des Verfahrens selbst zu tragen.[183]

---

[181] Siehe hierzu oben 1. Kap., 1. Abschn.

[182] D/L/W-*Stichler*, Handbuch ArbR, Kap. L Rn. 1 f.; *Holthausen/Koch* RdA 2002, 140, 140.

[183] Vgl. hierzu ErfK/*Koch*, § 12a ArbGG Rn. 2 ff.

B. Der formelle Parteibegriff

Der zivilprozessuale Begriff der „Partei“ ist Dreh- und Angelpunkt der nachfolgenden Betrachtung. So liegt das mögliche Auseinanderfallen von Prozessführungsrecht und materieller Rechtsstellung maßgeblich in der dem Zivilprozessrecht eigentümlichen Definition der „Partei“ begründet.[184]

Die heute gefestigte Ansicht folgt einer rein formellen Sichtweise, indem sie als Partei des Verfahrens betrachtet, wer in der den Rechtsstreit einleitenden Prozesshandlung als solche bezeichnet ist (vgl. § 253 Abs. 2 Nr. 1, 1. Alt. ZPO).[185] Demzufolge kommt die Parteistellung – unabhängig von der materiellen Berechtigung bzw. Verpflichtung – demjenigen zu, der den Rechtsweg im eigenen Namen beschreitet bzw. gegenüber dem Rechtsschutz begehrt wird.[186] Angesichts dessen begründet die Zustellung der Klage ohne weiteres ein Prozessrechtsverhältnis zur beklagten Person und somit Rechtshängigkeit.[187]

Das bedeutet zugleich, dass unabhängig davon, welche prozessrechtlichen Folgen der Arbeitgeberwechsel infolge des Betriebsübergangs nach sich zieht, die durch Klageerhebung einmal begründete Parteistellung solange fortbesteht, bis das Verfahren endet, eine Partei wirksam eine die Parteienstellung beendende Prozesshandlung vornimmt oder das Gesetz eine solche Rechtsfolge vorsieht.

C. Prozessführungsbefugnis

Die derart in der Klageschrift bezeichnete Partei muss, um „richtige Partei“ zu sein, sämtliche parteibezogenen Sachurteilsvoraussetzungen in sich vereinen, darunter das Recht zur Prozessführung um den in der Klage bezeichneten Streitgegenstand.[188]

---

[184] MüKo-ZPO/*Lindacher*, vor §§ 50 ff. Rn. 3; Zöller/*Vollkommer*, ZPO, vor § 50 Rn. 18.

[185] BAG vom 18.04.2002 – 8 AZR 346/01 – NZA 2002, 1207, 1211 [zu II.2.c) der Gründe]; HaKo-ZPO/*Kayser*, § 50 Rn. 2; Zöller/*Vollkommer*, ZPO, vor § 50 Rn. 2; allerdings ist der formelle Parteibegriff bei unklarer Bezeichnung der Auslegung zugänglich, vgl. BGH vom 12.10.1987 – II ZR 21/87 – NJW 1988, 1585, 1587 mwN; BAG vom 21.09.2006 – 2 AZR 573/05 – AP Nr. 58 zu § 4 KSchG 1969 [zu B.II.1. der Gründe]; vgl. zur historischen Entwicklung, Stein/Jonas-*Bork*, ZPO, vor § 50 Rn. 1 ff. mwN; *Lüke* ZZP 76 (1963), 1, 6 ff. mwN.

[186] Allg. A., vgl. BGH vom 24.01.1952 – III ZR 196/50 – BGHZ 4, 328, 332; vom 05.10.1994 – XII ZR 53/93 – NJW 1994, 3232, 3233; MüKo-ZPO/*Lindacher*, vor §§ 50 ff. Rn. 2; Thomas/Putzo-*Hüßtege*, ZPO, Vorbem § 50 Rn. 3; Stein/Jonas-*Bork*, ZPO, vor § 50 Rn. 2 f. mwN; Zöller/*Vollkommer*, ZPO, vor § 50 Rn. 3.

[187] Sog. Grundsatz der Parteimaxime, vgl. Stein/Jonas-*Bork*, ZPO, vor § 50 Rn. 7; Zöller/*Vollkommer*, ZPO, vor § 50 Rn. 3. Ggf. kann das Gericht bereits die Zustellung verweigern, wenn Prozesshandlungsvorausatzungen fehlen, vgl. BGH vom 17.12.1986 – IVb ZB 144/84 – BGH NJW-RR 1987, 322, 323; Musielak/*Weth*, ZPO, § 78 Rn. 6. Demgegenüber handelt es sich bei der Prozessführungsbefugnis nicht um eine Prozesshandlungsvoraussetzung, so dass auch im Falle ihres Fehlens zuzustellen ist, vgl. HaKo-ZPO/*Kayser*, § 51 Rn. 10.

[188] MüKo-ZPO/*Lindacher*, vor §§ 50 ff. Rn. 41; Zöller/*Vollkommer*, ZPO, vor § 50 Rn. 18; vgl. zur historischen Herleitung und Entwicklung der Prozessführungsbefugnis in Abgrenzung zur Sachlegitimation, *Lüke* ZZP 76 (1963), 1, 6; *Weber*, Prozessführungsbefugnis, S. 5 ff.

I. Definition

Neben Partei-, Prozess- sowie Postulationsfähigkeit gemäß §§ 50 ff. ZPO, § 11 ArbGG bedarf es auf Kläger- wie Beklagtenseite des Rechts, den jeweiligen Prozess in eigenem Namen zu führen.[189] Diese sog. Prozessführungsbefugnis als in § 56 Abs. 1, 4. Alt. ZPO[190] vorausgesetzte Sachurteilsvoraussetzung ist Ausfluss des formellen Parteiverständnisses.[191] Sie übernimmt die Ausgleichsfunktion dafür, dass die Begründung des Prozessrechtsverhältnisses allein durch Benennung im Rubrum bewirkt wird. Zu diesem Zweck lässt sie nur denjenigen in zulässiger Weise Partei eines Rechtsstreits sein, der als Kläger den behaupteten Anspruch in eigenem Namen geltend zu machen bzw. der als Beklagter den Passivprozess im eigenen Namen zu führen berechtigt ist, sog. aktive und passive Prozessführungsbefugnis.[192]

Die Prozessführungsbefugnis bildet dabei das prozessuale Spiegelbild zur materiellrechtlichen Verfügungsbefugnis.[193] Sie steht grundsätzlich den Trägern des streitigen Rechtsverhältnisses zu, die hieraus unmittelbar berechtigt und verpflichtet sind (sog. originäre Prozessführungsbefugnis).[194] Tritt ein Dritter vor Gericht auf, der selbst nicht Rechtsträger ist, muss er als sog. Prozessstandschafter die Prozessführungsbefugnis vom Berechtigten ableiten.[195] Dies kann zum einen durch privatautonome Ermächtigung (sog. gewillkürte Prozessstandschaft), zum anderen qua Gesetzes geschehen

---

189 BGH vom 25.05.2005 - VIII ZR 301/03 - NJW-RR 2006, 138, 138; *Weber*, Prozessführungsbefugnis, S. 3.

190 Diese wird im Gesetz mit „Ermächtigung zur Prozessführung" umschrieben und bezieht sich nicht nur auf die gewillkürte Prozessstandschaft, Zöller/*Vollkommer*, ZPO § 56 Rn. 1.

191 Rosenberg/Schwab/Gottwald, Zivilprozessrecht, § 46 Rn. 1 ff.; *Diederichsen* ZZP 76 (1963), 400, 401; *Henckel*, Parteilehre und Streitgegenstand, S. 17: Verhinderung von Popularklagen; vgl. zur historischen Entwicklung, *Henckel*, aaO, S. 37 ff.; *Lüke* ZZP 76 (1963), 1, 6 ff.; *Grunsky*, Festschrift 50 Jahre BGH, Band III, S. 109, 111.

192 Musielak/*Weth*, ZPO, § 51 Rn. 14 f.; Thomas/Putzo-*Hüßtege*, ZPO, § 51 Rn. 20; Zöller/*Vollkommer*, ZPO, vor § 50 Rn. 18; *Henckel*, Parteilehre und Streitgegenstand, S. 17; vgl. auch *Lüke* ZZP 76 (1963), 1, 10 f., 13, 19; *Brehm* Jura 1987, 600, 601. Die Prozessführungsbefugnis wird im Falle von Feststellungsklagen vom Erfordernis eines Rechtsschutzbedürfnisses in Form des Feststellungsinteresses aufgesogen, so die h.M., vgl. *Henckel*, Parteilehre und Streitgegenstand, 1961, S. 90 ff. mwN; *Grunsky* ZZP 1963, 49, 70; Weber, Prozessführungsbefugnis, S. 22 ff. mwN; *Brehm*, FS 50 Jahre BGH, Band III, 2000, 89, 106 f.

193 BGH vom 14.12.1959 – V ZR 197/58 - BGHZ 31, 279, 281; Thomas/Putzo-*Hüßtege*, ZPO, § 51 Rn. 21; Zöller/*Vollkommer*, ZPO, vor § 50 Rn. 18; *Schellhammer*, Zivilprozess, Rn. 1202; *Blomeyer*, Zivilprozessrecht, § 41 II 4 a), b), S. 240 f.; *Grunsky* ZZP 76 (1963), 49, 53 f.

194 HaKo-ZPO/*Kayser*, § 51 Rn. 10; MüKo-ZPO/*Lindacher*, vor §§ 50 ff. Rn. 42; Stein/Jonas-*Bork*, ZPO, vor § 50 Rn. 26; vgl. auch *Grunsky*, Festschrift 50 Jahre BAG, Band III, S. 109, 111 f.

195 Vgl. zum Ganzen, *Pawlowski* JZ 1975, 681, 681; *Becker-Eberhard* ZZP 104 (1991), 413, 417; ausführlich hierzu *Grunsky*, Festschrift 50 Jahre BGH, Band III, S. 109, 109 ff; *Lüke* ZZP 76 (1963), 1, 10, zur Entstehungsgeschichte dieser Rechtsfigur, 10 ff.; sie geht zurück auf *J. Kohler*, Der Prozess als Rechtsverhältnis, 1888, S. 95 ff.; *ders*., ZZP 12 (1888), 97, 97 ff.

(sog. gesetzliche Prozessstandschaft).[196] In beiden Fälle tritt der Prozessstandschafter in einem Prozess um ein fremdes Recht als Partei in eigenem Namen auf.[197]

II. Zeitpunkt der Prüfung durch das Gericht und Prüfungsdichte

Die Prozessführungsbefugnis der Parteien muss spätestens im Zeitpunkt der letzten mündlichen Tatsachenverhandlung gegeben sein.[198] Das Gericht prüft ihr Vorliegen von Amts wegen[199] und in jeder Lage des Verfahrens.[200]

Ohne weiteres prozessführungsbefugt sind die Parteien, wenn sich aus dem vorgetragenen Sachverhalt schlüssig ergibt, dass sowohl Kläger als auch Beklagter aus materiell-rechtlicher Sicht Träger des streitigen Rechtsverhältnisses sind. Im Falle der Behauptung einer originären Prozessführungsbefugnis bleibt die Prüfung der Rechtsinhaberschaft der Begründetheit vorbehalten.[201] Behauptet der Kläger demgegenüber eine nur mittelbare Prozessführungsbefugnis, so muss er die Voraussetzungen seiner Prozessstandschaft substantiiert dartun, ggf. beweisen. Das Gericht entscheidet hierüber bereits im Rahmen der Zulässigkeit.[202]

D. Sachlegitimation

Die endgültige rechtliche Subsumtion im Hinblick auf die materiellen Rechtspositionen erfolgt im Rahmen der Prüfung der Sachlegitimation.

---

[196] MüKo-ZPO/*Lindacher*, vor §§ 50 ff. Rn. 3, 43; Musielak/*Weth*, ZPO, § 51 Rn. 16 f.

[197] MüKo-ZPO/*Lindacher*, vor §§ 50 ff. Rn. 54; *Lüke* ZZP 76 (1963), 1, 6; *Diederichsen* ZZP 76 (1963), 400, 404; *Grunsky*, Festschrift 50 Jahre BGH, Band III, S. 109, 110; *Pawlowski* JuS 1990, 378, 378.

[198] BGH vom 12.10.1987 – II ZR 21/87 – NJW 1988, 1585, 1587 mwN; vom 24.02.1994 – VII ZR 34/93 – NJW 1994, 2549, 2550; vom 25.05.2005 - VIII ZR 301/03 - NJW-RR 2006, 138, 139; HaKo-ZPO/*Kayser*, § 56 Rn. 2; Zöller/*Vollkommer*, ZPO, vor § 50 Rn. 19; *Berg* JuS 1966, 461, 461.

[199] Gemäß § 56 Abs. 1 ZPO; BGH vom 10.11.1999 – VII ZR 78/98 – NJW 2000, 738, 739; vom 25.05.2005 - VIII ZR 301/03 - NJW-RR 2006, 138, 139; vgl. Rosenberg/Schwab/Gottwald, Zivilprozessrecht, § 46 Rn. 47; Thomas/Putzo-*Hüßtege*, ZPO, § 51 Rn. 23; *Balzer* NJW 1992, 2721, 2722.

[200] Sowohl in der Tatsachen- wie der Revisionsinstanz, BGH vom 19.03.1987 – III ZR 2/86 – NJW 1987, 2018, 2018; vom 04.05.2004 – XI ZR 40/03 – NJW 2004, 2523, 2523 f.; vom 25.05.2005 - VIII ZR 301/03 - NJW-RR 2006, 138, 139; HaKo-ZPO/*Kayser*, § 51 Rn. 11, § 56 Rn. 2; MüKo-ZPO/*Lüke*, vor §§ 253 ff. Rn. 16.

[201] Heute allg. A., HaKo-ZPO/*Kayser*, § 51 Rn. 10; MüKo-ZPO/*Lindacher*, vor §§ 50 ff. Rn. 42; Zöller/*Vollkommer*, ZPO, vor § 50 Rn. 18; *Weber*, Prozessführungsbefugnis, S. 12 f.; *Berg* JuS 1966, 461, 462; *Balzer* NJW 1992, 2171, 2726. Vgl. zur überholten Diskussion zur Prozessführungsbefugnis als Sachurteilsvoraussetzung, *Lüke* ZZP 76 (1963), 1, 18 f; *Diederichsen* ZZP 76 (1963), 400, insbesondere 417 ff.

[202] BGH vom 10.11.1999 – VII ZR 78/98 – NJW 2000, 738, 739; MüKo-ZPO/*Becker-Eberhard*, § 265 Rn. 35; Zöller/*Vollkommer*, ZPO, vor § 50 Rn. 19; *Balzer* NJW 1992, 2721, 2726; vgl. hierzu auch *Grunsky*, Festschrift 50 Jahre BGH, Band III, S. 109, 123; *Lüke* ZZP 76 (1963), 1, 30 f.; *Berg* JuS 1966, 461, 462; *Becker-Eberhard* ZZP 1991 (104), 413, 417.

I. Definition

Die Sachlegitimation (auch Sachbefugnis) entspricht der materiell-rechtlichen Schuldner- bzw. Gläubigerstellung bzgl. des Streitgegenstands.[203] Sie ist Bestandteil der Begründetheit. Bejaht das Gericht die Zulässigkeit der Klage u.a. in personenbezogener Hinsicht, stellt es im Rahmen der Begründetheit fest, ob der Kläger aktivlegitimiert ist, ihm also der geltend gemachte Anspruch materiell-rechtlich zusteht, und der Beklagte passivlegitimiert ist, weil sich der geltend gemachte Anspruch materiell-rechtlich gegen ihn richtet bzw. er als Gegenpart des festzustellenden Rechtsverhältnisses anzusehen ist.[204]

II. Zeitpunkt der Prüfung durch das Gericht und Prüfungsdichte

Die Sachlegitimation beurteilt das Gericht auf Grundlage des festgestellten Sachverhalts. Die Darlegungs- und Beweislast hierfür trifft grundsätzlich den Kläger.[205] Maßgeblich für die Subsumtion ist, wie auch im Übrigen für die Begründetheit der Klage, der Zeitpunkt der letzten mündlichen Verhandlung in der Tatsacheninstanz (vgl. §§ 296a, 525 ZPO).[206]

E. Auseinanderfallen von Parteistellung und Prozessführungs-/ Sachbefugnis

Wie dargestellt bleibt die einmal begründete Parteistellung auch dann aufrecht erhalten, wenn die Sachlegitimation und damit die originäre Prozessführungsbefugnis gänzlich fehlt oder vor der letzten mündlichen Tatsachenverhandlung erlischt. In der Folge ergeht Prozessurteil, sofern die Parteistellung nicht auf anderem Wege beendet wird.[207] Dasselbe gilt, wenn der Kläger sich nach Verlust der Sachlegitimation als Prozessstandschafter ausgibt, es jedoch an deren Voraussetzungen und aufgrund dessen am wirksamen Übergang der Prozessführungsbefugnis fehlt.[208]

---

203 Baumbach/Lauterbach/Albers/*Hartmann*, ZPO, Grdz § 50 Rn. 23; *Lüke* ZZP 76 (1963), 1, 19.

204 *Schellhammer*, Zivilprozess, Rn. 1204; Thomas/Putzo-*Reichold*, ZPO, Vorbem § 253 Rn. 39; Zöller/*Vollkommer*, ZPO, vor § 50 Rn. 18.

205 Thomas/Putzo-*Reichold*, ZPO, Vorbem § 239 Rn. 40 f.

206 BGH vom 13.08.1997 – VII ZR 246/96 – NJW-RR 1998, 712, 713; HaKo-ZPO/*Saenger*, vor §§ 253 Rn. 40; Thomas/Putzo-*Reichold*, ZPO, Vorbem § 239 Rn. 37.

207 Str., so BGH vom 14.12.1959 – V ZR 197/58 - BGHZ 31, 279, 280 f.; vom 29.11.1961 – V ZR 181/60 - BGHZ 36, 187, 191 f.; ebenso Stein/Jonas-*Bork*, ZPO, vor § 50, Rn. 21 mit ausführlicher Begründung; Zöller/*Vollkommer*, ZPO, vor § 50 Rn. 19; *Grunsky* ZZP 76 (1963), 49, 54. AA Thomas/Putzo-*Hüßtege*, ZPO, § 51 Rn. 22; MüKo-ZPO/*Lindacher*, vor §§ 50 ff. Rn. 76 mwN, die in diesem Fall für die Abweisung mittels Sachurteil aufgrund Doppelrelevanz der Tatsache der Rechtsinhaberschaft plädieren.

208 BGH vom 03.07.1980 – IVa ZR 38/80 – BGHZ 78, 1, 4; vom 10.11.1999 – VII ZR 78/98 – NJW 2000, 738, 739; Thomas/Putzo-*Hüßtege*, ZPO, § 51 Rn. 22; kritisch hierzu *Grunsky*, Festschrift 50 Jahre BAG, Band III, S. 109, 122 ff. Zum Entscheidungsvorrang der Prozessführungsbefugnis, Weber, Prozessführungsbefugnis, S. 45 ff., insbesondere S. 53 ff. mit umfangreichen Nachweisen.

Fehlt oder erlischt die passive Prozessführungsbefugnis, spricht das Gericht die Abweisung der Klage als unbegründet aus, da die „falsche Partei" verklagt ist.[209] Insoweit handelt es sich bei der materiell-rechtlichen Schuldnerstellung im Hinblick auf den Streitgegenstand um eine sog. doppelrelevante Tatsache.

F. Übertragung auf die Situation des Betriebsübergangs: Systematisierung entsprechend den individuellen Streitgegenständen

Wie sich die dargestellten personenbezogenen „Klagevoraussetzungen" im Falle des Betriebsübergangs entwickeln, ist Ausfluss des § 613a BGB. Das bedingt die Frage, wie sich der gesetzlich herbeigeführte Arbeitgeberwechsel begleitet von der gesetzlich angeordneten Nachhaftung auf den soeben aufgezeigten Gleichlauf von Sach- und Prozessführungsbefugnis auswirkt.

Die Lit. nimmt zu dieser Problematik vielfach undifferenziert Stellung[210] und beschränkt sich in der Betrachtung vielfach einseitig und ergebnisorientiert auf die Auswirkungen auf Kündigungsschutzklagen[211]. Auch wenn Kündigungsschutzklagen einen überdurchschnittlich großen Anteil an Arbeitsgerichtsprozessen ausmachen, greift dies im Rahmen einer umfassenden Erörterung der arbeitsgerichtlichen Durchsetzung individualrechtlicher Rechtspositionen im Zusammenhang mit § 613a BGB zu kurz.

I. Voraussetzung: Vortrag der Betriebsübergangsvoraussetzungen im Prozess

Diese sogleich aufzuzeigende Entwicklung auf prozessualer Ebene entspricht der tatsächlichen Sach- und daraus folgenden Rechtslage, sollte es zu einem Betriebsübergang i.S.v. § 613a BGB kommen.

Ob die Betriebsveräußerung demgegenüber zum Bestandteil des Prozessstoffs wird, hängt vom Vortrag der Parteien ab. Angesichts dessen, dass der gesamte Zivilprozess ebenso wie das arbeitsgerichtliche Urteilsverfahren dem Grundsatz der Parteimaxime untersteht, ist dem Richter die Beurteilung der tatsächlichen Gegebenheiten nur in dem Umfang eröffnet, wie die Parteien sie durch ihren Sachvortrag beibringen, also die Umstände der Betriebsveräußerung in das konkrete Verfahren einführen.[212]

Denkbar ist ein entsprechender Klägervortrag, wenn es um die Anspruchsbegründung durch oder gegenüber dem Betriebserwerber geht. Auf Beklagtenseite kann der

---

[209] HaKo-ZPO/*Kayser*, § 52 Rn. 11: Ggf. ist die Klage bereits als unzulässig abzuweisen, wenn das erforderliche Rechtsschutzinteresse nicht hinreichend dargetan ist.

[210] Vgl. etwa AR-Blattei SD (*Hergenröder*), 500.1 Rn. 1192 ff.; Staudinger/*Annuß*, § 613a BGB Rn. 338 ff.

[211] Vgl. BeckOK-ArbR/*Gussen*, § 613a BGB Rn. 278 ff.; D/L/W-*Stichler*, Handbuch ArbR, Kap. L Rn. 26 ff.; Erman/*S. Edenfeld*, § 613a BGB Rn. 117 f.; HaKo-ArbR/*Karthaus/Richter*, § 613a BGB Rn. 273 ff.; HWK/*Willemsen/Müller-Bonanni*, § 613a BGB Rn. 362 ff.; MüKo-BGB/*Müller-Glöge*, § 613a BGB Rn. 205 ff.; Soergel/*Raab*, § 613a BGB Rn. 193 ff.; *Boewer* in: Gaul, Aktuelles Arbeitsrecht 1996, Kap. VI.7, S. 520 ff.; zum Kündigungsschutzprozess unten 5. Kap.

[212] Der Begriff der Parteimaxime umfasst die Dispositionsmaxime sowie den Verhandlungsgrundsatz, hierzu Rosenberg/Schwab/Gottwald, Zivilprozessrecht, § 76, § 77; ausführlich hierzu *Henckel*, Prozessrecht und materielles Recht, 1970, S. 118 ff., insbesondere S. 143 ff. zur Verhandlungsmaxime.

Vortrag einer Betriebsveräußerung i.S.v. § 613a BGB als Einwand dienen, die Inanspruchnahme durch den klagenden Arbeitnehmer abzuwenden.[213]

II. Relevanz des Streitgegenstands für die personenbezogenen „Klagevoraussetzungen"

Das komplexe Rechtsfolgensystem des § 613a BGB verbietet angesichts der Bedeutung des individuellen Streitgegenstands für die Sachlegitimation eine pauschale Antwort auf die Frage, wie sich die die prozessuale Situation entwickelt. Vielmehr ist eine Systematisierung notwendig.

Die Sachlegitimation ebenso wie die originäre Prozessführungsbefugnis knüpfen am Klagegrund, dem Streitgegenstand, an. Das mit der Klage geltend gemachte Recht bildet den Ausgangspunkt für die Beurteilung, wer hieraus berechtigt, wer verpflichtet ist, ob es sich um ein eigenes Recht der Parteien oder um ein fremdes Recht eines Dritten handelt.[214] Entsprechend erlangt die exakte Bestimmung des Streitgegenstands auf der Grundlage des Klageantrags sowie des vorgetragenen Lebenssachverhalts erhöhte Relevanz.[215] In der Folge ist es erforderlich, entsprechend den „Haftungsverhältnissen" differenzierte Fallgruppen zu bilden.

III. Streitgegenstand: Arbeitsverhältnis

Ist Streitgegenstand der positive Bestand des Arbeitsverhältnisses, so ist zu beachten, dass der automatische Übergang des Arbeitsverhältnisses im Zeitpunkt des Betriebsübergangs einen Wechsel in der Person des Rechtsträgers erzeugt. Der Betriebserwerber erlangt die Rechtsträgerschaft bezogen auf das Arbeitsverhältnis, während der Veräußerer sie verliert. Im Grundsatz ist daher – spezifiziert der Klageantrag keinen konkreten Zeitpunkt – der jeweils aktuelle Arbeitgeber sachlegitimiert.[216]

1. Außerprozessualer Betriebsübergang

Findet der Betriebsübergang außerhalb des Prozesses um den positiven Bestand des Arbeitsverhältnisses statt, wird dieser also bereits zuvor rechtskräftig abgeschlossen oder erst zeitlich später rechtshängig, ist ausschließlich der jeweils aktuelle Arbeitgeber sachbefugt.[217]

---

[213] Zur Darlegungs- und Beweislast siehe unten 4. Kap., 1. Abschn., D.

[214] Thomas/Putzo-*Hüßtege*, ZPO, § 51 Rn. 21, Vorbem § 253 Rn. 39.

[215] Zur Streitgegenstandsdefinition siehe unten 4. Kap., 6. Abschn, A.VI.4.

[216] BAG vom 20.03.1997 – 8 AZR 769/95 – AP Nr. 30 zu § 9 KSchG 1969 [zu B.II.4.d.aa) der Gründe]; LAG Hamm vom 02.12.1999 – NZA-RR 2000, 265, 267; KR/*Pfeiffer*, § 613a BGB Rn. 205; Löwisch/*Spinner*, KSchG, § 4 Rn. 39; *Bauer/von Steinau-Steinrück* in: Hölters (Hrsg.), Unternehmenskauf, Teil VI Rn. 381; Moll/*Boewer*, Anwaltshandbuch ArbR, § 45 Rn. 85; *Preis/Steffan* DB 1998, 309, 310; *Löwisch/Neumann* DB 1996, 474, 474.

[217] *Gaul*, Betriebs- und Unternehmensspaltung, § 23 Rn. 28, 33 f.

2. Innerprozessualer Betriebsübergang

Während eines schwebenden Verfahrens, das zuvor gegen den ursprünglichen Arbeitgeber eingeleitet worden ist, führt der Betriebsübergang mit dem Arbeitgeberwechsel zugleich einen innerprozessualen Wechsel in der Sachbefugnis herbei. Entsprechend büßt der Betriebsveräußerer die ihm ursprünglich zustehende Sach- und damit die originäre Prozessführungsbefugnis zugunsten des Betriebserwerbers ein. Berücksichtigt man, dass die Parteistellung im Prozess angesichts ihrer rein formellen Ausrichtung von dieser Entwicklung unberührt bleibt[218], begründet § 613a BGB im Ergebnis ein innerprozessuales Auseinanderfallen von Parteieigenschaft und Sachlegitimation.

Prozessual relevant wird dieser Wechsel im Zeitraum zwischen Rechtshängigkeit der Klage infolge Zustellung (§§ 253, 261 ZPO, ggf. vorverlagert auf den Zeitpunkt der Anhängigkeit über § 167 ZPO) und letzter mündlicher Verhandlung in der Tatsacheninstanz. Denn allein auf deren Grundlage entscheidet das Gericht über das Vorliegen von Sach- und Prozessführungsbefugnis.[219]

IV. Streitgegenstand: Arbeitnehmeransprüche gemäß § 613a Abs. 2 BGB

Stehen Ansprüche im Raum, die von der Nachhaftung des § 613a Abs. 2 Satz 1 BGB – jedenfalls zeitanteilig nach Satz 2 – erfasst sind, haften Betriebsveräußerer und -erwerber nach Betriebsübergang diesbezüglich gesamtschuldnerisch.[220] Der Arbeitnehmer kann auf beide Schuldner nach seiner Wahl einzeln oder gemeinsam zugreifen.

Demzufolge sind sowohl der alte als auch der neue Arbeitgeber in Bezug auf diesen Streitgegenstand passivlegitimiert[221] und entsprechend originär prozessführungsbefugt.

1. Außerprozessualer Betriebsübergang

In zeitlich nach dem Betriebsübergang initiierten Verfahren um einen gemäß § 613a Abs. 2 BGB doppelt haftungsbelegten Streitgegenstand sind somit sowohl Betriebsveräußerer als auch –erwerber „richtige Partei".

2. Innerprozessualer Betriebsübergang

Wurde zunächst Klage gegen den ehemaligen Arbeitgeber, den späteren Betriebsveräußerer, erhoben und findet während des noch laufenden Verfahrens ein Betriebsübergang statt, bleibt jener neben dem Betriebserwerber Schuldner und somit passivlegitimiert.[222] Seine Schuldnerstellung beruht jetzt allerdings nicht mehr auf seiner Arbeit-

---

218 Vgl. die Ausführungen zum formellen Parteibegriff oben unter B.

219 Vgl. für die maßgeblichen Prüfungszeitpunkte oben unter C.II., D.II.

220 Vgl. die Ausführungen hierzu oben 2. Kap., 2. Abschn., B.III.3.a.

221 BAG vom 25.07.2001 – 10 AZR 483/00 – AP Nr. 240 zu § 1 TVG Tarifverträge: Bau [zu II.1. der Gründe]; vgl. hierzu auch ArbRBGB-*Ascheid*, § 613a BGB Rn. 147, 150, 152; RGRK-*Ascheid*, § 613a BGB Rn. 303; *Schilken*, Veränderung der Passivlegitimation, S. 44.

222 Vgl. BAG vom 15.03.1979 – 3 AZR 859/77 – AP Nr. 15 zu § 613a BGB [zu 3.a) der Gründe]; ArbRBGB-*Ascheid*, § 613a BGB Rn. 150; RGRK-*Ascheid*, § 613a BGB Rn. 303; vgl. auch Küttner/*Kreitner*, Personalbuch, Betriebsübergang Rn. 89, der von fehlender Rechtsnachfolge spricht.

geberstellung, sondern der selbstständigen Nachhaftungsregelung des § 613a Abs. 2 BGB.[223]

Angesichts der ex tunc-Wirkung des Betriebsübergangs erfüllt der Betriebserwerber als nun aktueller Arbeitgeber ebenfalls die personenbezogenen Voraussetzungen einer erfolgreichen Klage. Dennoch steht er wegen des formellen Parteiverständnisses außerhalb des Verfahrens.

V. Streitgegenstand: Sonstige Arbeitnehmeransprüche

Greift der Tatbestand der gesamtschuldnerischen Haftung des § 613a Abs. 2 Satz 1 BGB nicht, ist je nach Konstellation entweder ausschließlich der Betriebsveräußerer oder der Betriebserwerber Schuldner des eingeklagten Anspruchs. Endet das Arbeitsverhältnis zeitlich vor dem Betriebsübergang, oder entsteht der geltend gemachte Anspruch erst nach diesem Zeitpunkt, findet kein Schuldnerwechsel und dementsprechend keine personenbezogene Veränderung auf prozessualer Seite statt.[224]

Darüber hinaus ist die Problematik um die Veräußerung des Betriebs während Rechtshängigkeit nahezu bedeutungslos, was Ansprüche angelangt, für die § 613a Abs. 2 Satz 1 und Satz 2 BGB zugunsten des Betriebsveräußerers zeitliche Einschränkungen aufstellen. Denn solche Ansprüche werden erst nach Betriebsübergang fällig. Demgemäß werden Klagen diesbezüglich regelmäßig erst nach Betriebsübergang erhoben werden. Der Betriebserwerber ist insoweit „Vollschuldner", der Betriebsveräußerer (ggf. Teil-)Mitschuldner (vgl. § 613a Abs. 2 Satz 2 BGB). In dem sich überschneidenden Umfang sind beide Veräußerungsparteien „richtige Partei" im prozessualen Sinne, im Übrigen ausschließlich der Betriebserwerber.

Was unvertretbare Ansprüche anbelangt, so geht mit dem vom Betriebsübergang erzeugten Arbeitgeberwechsel zugleich ein Wechsel in der Person des Passivlegitimierten und somit originär Prozessführungsbefugten einher.[225] Findet der Betriebsübergang während des schwebenden Verfahrens statt, bedingt dies den Verlust der Passivlegitimation auf Betriebsveräußererseite und demzufolge ein Auseinanderfallen von Parteistellung und Passivlegitimation.[226]

VI. Streitgegenstand Arbeitgeberansprüche

Stehen arbeitgeberseitige Ansprüche im Raum, entzieht der durch einen Betriebsübergang herbeigeführte Arbeitgeberwechsel dem Betriebsveräußerer die Berechtigtenstellung, sowohl was seine Gläubigerstellung aus dem Arbeitsverhältnis als auch seine Rechtsträgerschaft diesbezüglich anbelangt. Entsprechend verliert er mit Betriebsüber-

---

[223] Zu den prozessualen Auswirkungen dieses Anspruchsgrundlagenwechsels, siehe 4. Kap., 6. Abschn., A.VI.

[224] Vgl. *Bauer*, Unternehmensveräußerung, S. 113; *Bauer/von Steinau-Steinrück*, in: Hölters (Hrsg.), Unternehmenskauf, Teil VI Rn. 387.

[225] BAG vom 15.12.1978, aaO [zu 1. der Gründe]; AR-Blattei SD (*Hergenröder*), 500.1 Rn. 1231; HaKo-KSchR/*Mestwerdt*, § 613a BGB Rn. 199; Küttner/*Kreitner*, Personalbuch 2008, Betriebsübergang Rn. 89; *Berscheid*, Konkurs, Betriebsübergang/Betriebsinhaberwechsel, Rn. 252.

[226] Vgl. *Zeuner*, FS für Schwab, 1990, 575, 581 f.; zu möglichen Rechtsfolgen auch die Beispiele bei *Bauer*, Unternehmensveräußerung, Kap. 1.10.1, S. 113.

gang die Aktivlegitimation im Prozess samt der originären Prozessführungsbefugnis auf Klägerseite, während sie der Betriebserwerber erlangt.

Da grundsätzlich sämtliche Rechte und Ansprüche aus den betroffenen Arbeitsverhältnissen auf den Betriebserwerber übergehen, kommt es auf der Aktivseite mit der Übernahme der Betriebsleitung stets zu einem Rollenwechsel der „richtigen Partei" vom Betriebsveräußerer auf den Betriebserwerber. Im Falle eines innerprozessualen Betriebsübergangs fallen somit Parteistellung und Aktivlegitimation auf Klägerseite auseinander.

G. Zusammenfassung der personenbezogenen prozessualen Entwicklung

Es ist eine strikte Differenzierung zwischen den einzelnen Streitgegenständen erforderlich, um die prozessuale Entwicklung der personenbezogenen Anknüpfungspunkte einer Klage infolge des Betriebsübergangs nachzuverfolgen.

I. Vom Betriebsübergang unberührte Ansprüche

Stehen Ansprüche im Raum stehen, die vom Betriebsübergang unberührt bleiben, kommt die Sach- und Prozessführungsbefugnis dem jeweiligen Arbeitgeber zu.[227]

Die Beurteilung der Betriebsübergangsvoraussetzungen und insbesondere des exakten Zeitpunkts des Betriebsübergangs wird hierbei relevant, wenn der Übergang des Arbeitsverhältnisses an sich streitig ist. Zudem erlangt sie Bedeutung, wenn unklar ist, wann der Anspruch in Relation zu einem möglichen Betriebsübergang entstanden ist, insbesondere im Hinblick auf die Mithaftung des Betriebsveräußerers nach § 613a Abs. 2 BGB.[228]

II. Vollständiger Übergang der Sachlegitimation

Findet materiell-rechtlich aufgrund des Betriebsübergangs ein Austausch des Arbeitgebers und damit Rechtsträgers statt, bewirkt dies auf prozessualer Seite einen Wechsel in der Person des Sach-[229] und damit zugleich originär Prozessführungsbefugten.

Infolge eines innerprozessualen Betriebsübergangs verliert der zunächst beklagte Betriebsveräußerer als aktuelle Partei somit die Sachbefugnis, während zum Betriebserwerber als nunmehr sachbefugter Person kein Prozessrechtsverhältnis besteht. Insoweit wird zu klären sein, wie das Gesetz auf diese Situation reagiert bzw. inwiefern der klagende Arbeitnehmer aktiv werden muss, um eine Klageabweisung zu verhindern.

III. Materiell-rechtliche Nachhaftung des Betriebsveräußerers

Greift der Nachhaftungstatbestand des § 613a Abs. 2 BGB zulasten des Betriebsveräußerers, bleibt dieser bezogen auf das materielle Klagebegehren auch nach dem Betriebsübergang passivlegitimiert.

---

[227] Vgl. BAG vom 15.03.1979 – 3 AZR 859/77 – AP Nr. 15 zu § 613a [zu 2.a) der Gründe].

[228] *Bauer*, Unternehmensveräußerung, Kap. 1.10.1, S. 113; *Willemsen*, Anm. zu BAG vom 15.03.1979 – 3 AZR 859/77 – AP Nr. 15 zu § 613a [zu IV. der Ausführungen].

[229] Ebenso AR-Blattei SD (*Hergenröder*), 500.1 Rn. 1194, allerdings ohne die unterschiedlichen Haftungsverhältnisse hinreichend zu berücksichtigen, unklar aaO, Rn. 1192.

Infolge der Verdoppelung der Schuldnerstellung im Zuge des Betriebsübergangs kommt der Betriebserwerber als weiterer materiell Verpflichteter bezogen auf das Klagebegehren hinzu (§ 613a Abs. 1 Satz 1 BGB). Er ist bezüglich des streitgegenständlichen Anspruchs ebenfalls passivlegitimiert, ohne dass jedoch ein Prozessrechtsverhältnis zu ihm bestünde. Von Interesse wird daher für den klagenden Arbeitnehmer sein, inwiefern ein Endurteil gegen den Betriebsveräußerer sich auf die Rechtsstellung des Erwerbers erstreckt, bzw. auf welche Weise dies erreicht werden kann.

4. Kapitel Reaktion auf die prozessuale Entwicklung

Dieser prozessualen Ausgangslage sehen sich sowohl der Arbeitnehmer als auch die Veräußerungsparteien gegenüber. Das gilt unabhängig davon, ob sie einmütig die Voraussetzungen, wie die Rechtspraxis sie zu § 613a BGB entwickelt hat, als erfüllt ansehen oder deren Vorliegen jedenfalls für möglich halten.

1. Abschnitt: Ausgangsüberlegungen

A. Widerspruch als einfacheres Mittel

Der Arbeitnehmer kann, um den Übergang seines Arbeitsverhältnisses nach § 613a BGB zu verhindern, als einfacheres Mittel von seinem Widerspruchsrecht nach § 613a Abs. 6 BGB Gebrauch machen. Auf diese Weise werden sämtliche materiellen wie prozessualen Problematiken, die hiermit verbunden sind, obsolet. Allerdings geht mit dem Widerspruch zwingend der Verbleib des Arbeitsverhältnisses beim Veräußerer einher. Der Widerspruch stellt demnach nur dann ein sinnvolles Mittel dar, den Rechtsfolgen des § 613a BGB auf prozessualer Seite zu entgehen, wenn der Arbeitnehmer dies in Kauf nehmen will.[230]

B. Herangehensweise an die Problematik

Erhebt der Arbeitnehmer keinen Widerspruch, wird Ausgangspunkt sämtlicher seiner Überlegungen die Frage sein, ob sich die konkrete Unternehmenstransaktion überhaupt unter den Begriff des Betriebsübergangs subsumieren lässt. Bei Uneinigkeit hierüber werden die Beteiligten ggf. bereits auf dieser Stufe das Gericht anrufen wollen.

Um die Voraussetzungen eines Betriebsübergangs eigenständig beurteilen zu können, wird der Arbeitnehmer zunächst versuchen, an die erforderlichen Informationen zu gelangen. Insofern stellt sich zuvörderst das Problem, inwiefern er die Veräußerungsparteien zur Auskunft über die Umstände der Betriebsveräußerung auf prozessualem Wege zwingen kann.[231]

Auf dieser Grundlage kann der Arbeitnehmer sodann bei Gericht die Feststellung der Person des Arbeitgebers erwirken.[232] Dabei kann es zudem von Interesse für den Arbeitnehmer sein, in diesem Verfahren nicht nur ein Urteil gegenüber dem wahren Arbeitgeber zu erlangen, sondern auch zu erreichen, dass die jeweils andere Veräußerungspartei hieran gebunden ist. Insoweit wird zu klären sein, über welche prozessualen Mittel die Urteilswirkungen auch auf die jeweils andere Veräußerungspartei erstreckt werden können.

---

[230] BAG vom 15.12.1976 – AP Nr. 1 zu § 325 ZPO [zu 1.a) der Gründe] m. Anm. *Leipold*. Unter dem Betriebsveräußerer droht sodann ggf. eine betriebsbedingte Kündigung. Zur eingeschränkten Berücksichtigungsfähigkeit des Widerspruchs im Rahmen der Sozialauswahl nach § 1 Abs. 3 KSchG, BAG vom 31.05.2007 - 2 AZR 276/06 - NZA 2008, 33, 37 ff., auch ausführlich zur Entwicklung der Rspr..

[231] Hierzu der 2. Abschnitt.

[232] Hierzu der 3. Abschnitt.

Stehen bestimmte Einzelansprüche/-rechte aus dem Arbeitsverhältnis in Streit und sollen diese auf dem Rechtsweg durchgesetzt werden, sollte sich der Kläger zunächst mit der Problemtik auseinandersetzen, wie er auf die je nach Streitgegenstand unterschiedlichen Konsequenzen des Betriebsübergangs für Passivlegitimation und Prozessführungsbefugnis reagiert. Ziel muss es sein, einen unangreifbaren, vollstreckbaren Titel gegen den tatsächlichen Schuldner zu erlangen. Sowohl vor Einleitung eines Verfahrens als auch in bereits anhängigen Verfahren, stellt sich somit die Frage, gegen welche Person richtigerweise vorzugehen ist. In anhängigen Verfahren hat der Kläger die Möglichkeit, das ursprüngliche Verfahren auf die „richtige Partei" umstellen, was jedoch nicht erforderlich ist, wenn das Urteil bereits qua lege Wirkung gegenüber dem wahren Verpflichteten entfalten sollte.[233]

C. Die „rechtliche Qualität" des Betriebsübergangs

Für die nachfolgende Betrachtung ist zunächst die „prozessrechtliche Qualität" des Betriebsübergangs von Relevanz, insbesondere was die Zulässigkeit eines Auskunftsbegehrens bzgl. der Betriebsübergangsvoraussetzungen und deren Feststellungsfähigkeit anbelangt.

Der „Betriebsübergang" stellt einen materiell-rechtlich geprägten Begriff dar zur Bezeichnung einer Betriebsveräußerung, die unter die zu § 613a BGB entwickelten Voraussetzungen subsumiert werden kann und in der Folge die dort genannten Rechtsfolgen auslöst. Mithin ist die Bejahung eines Betriebsübergangs das Ergebnis einer rechtlichen Bewertung, somit eine Rechtsansicht. Er stellt keine Tatsache i.S. des Prozessrechts dar.[234] Tatsachenqualität kommt im Zusammenhang mit § 613a BGB sonach ausschließlich den Umständen zu, die die konkrete Betriebsveräußerung kennzeichnen.[235]

Aufgrund der Qualifizierung als Rechtsansicht können die Parteien das Vorliegen eines Betriebsübergangs im Prozess nicht unstreitig im engeren Sinne stellen. Vielmehr hat das Gericht stets eine eigene Bewertung der vorgebrachten Umstände bzgl. der Betriebsveräußerung vorzunehmen, selbst wenn diese übereinstimmend vorgetragen werden. Darüber hinaus kann der Vortrag, die Betriebsveräußung sei unter § 613a BGB zu subsumieren, als reine Rechtsansicht zeitlich unbeschränkt erfolgen und jederzeit geändert werden.[236]

D. Darlegungs- und Beweislast bzgl. der Betriebsveräußerungsumstände

Grundsätzlich gilt die allgemeine Regel, dass derjenige, der sich auf eine für ihn günstige Tatsache berufen will, diese auch darzulegen und erforderlichenfalls zu beweisen hat. Dementsprechend hängt die Beweislast für die dem Betriebsübergang zugrunde

---

[233] Hierzu im 4. Abschnitt.

[234] Ausführlich hierzu HaKo-ArbR/*Karthaus/Richter*, § 613a BGB Rn. 279.

[235] Siehe zu den Kriterien eines Betriebsübergangs, oben 2. Kap., 1. Abschn.

[236] Ein verspäteter Parteivortrag ist daher nicht denkbar, HaKo-ArbR/*Karthaus/Richter*, § 613a BGB Rn. 279.

liegenden Tatsachen davon ab, ob der Betriebsübergang anspruchsbegründenden/ -erhaltenden oder rechtsvernichtenden Charakter im konkreten Einzelfall aufweist.[237]

Allerdings dürfen nach allgemeiner Ansicht auf Seiten der Arbeitnehmer keine zu hohen Anforderungen gestellt werden. Dies folgt zum einen aus § 613a BGB, dessen Schutzzweck durch eine erschwerte gerichtliche Überprüfungsmöglichkeit beeinträchtigt würde.[238] Zum anderen sind angesichts des Informationsvorsprungs der Veräußerungsparteien, die die Betriebsveräußerung betreiben, Erleichterungen zugunsten der Arbeitnehmer anzuerkennen.[239] So reicht es nach überwiegender Meinung auf Arbeitnehmerseite aus, Tatsachen vorzubringen, deren Gesamtschau den Rückschluss zulassen, dass der Erwerber den Betrieb im Wesentlichen identisch fortführt. Im Rahmen eines Anscheinsbeweises genügt es, wenn der Übergang materieller wie immaterieller Betriebsaktiva, die Übernahme eines wesentlichen Teils der Belegschaft oder wichtiger Schlüsselpersonen oder die Ähnlichkeit der Tätigkeiten dargelegt wird.[240] Es obliegt sodann den Veräußerungsparteien, Gegenteiliges vorzutragen, das den Schluss auf einen Betriebsübergang entkräftet. Dem Anscheinsbeweis können sie die ernsthafte Möglichkeit eines atypischen Geschehensablaufs entgegenhalten.[241] Gegebenenfalls kommt auch eine Beweislastumkehr zugunsten der Arbeitnehmer in Betracht, wenn sich der Anschein erheblich verdichtet.[242] Darüber hinaus sind Ausnahmetatbestände zu § 613a BGB, wie die Betriebsstilllegung, ebenfalls von den Veräußerungsparteien zu beweisen.[243]

---

237 LAG Köln vom 15.01.1997 - 7 Sa 835/96 - NZA 1998, 484; AR-Blattei SD (*Hergenröder*), 500.1 Rn. 1190; *Hillebrecht* NZA 1989 Beil. 4, 10, 20; *Müller-Glöge* NZA 1999, 449, 456 f. mit Beispielen sowie dem Hinweis auf § 3 NachweisG.

238 HaKo-ArbR/*Karthaus/Richter*, § 613a BGB Rn. 285, der auf den „effet utile" im Hinblick auf die § 613a BGB zugrunde liegende Richtlinie, Art. 9 der RL 2001/23/EG, verweist.

239 HaKo-ArbR/*Karthaus/Richter*, § 613a BGB Rn. 284; KR/*Pfeiffer*, § 613a BGB Rn. 99-100; MüKo-BGB/*Müller-Glöge*, § 613a BGB Rn. 211.

240 BAG vom 15.05.1985 – 5 AZR 276/84 – AP Nr. 41 zu § 613a BGB [zu II 2 b) der Gründe] m. kritischer Anm. *von Hoyningen-Huene*; vom 03.07.1986 – 2 AZR 68/85 – NZA 1987, 123, 124; Soergel/*Raab*, § 613a BGB Rn. 72; Staudinger/*Annuß*, § 613a BGB Rn. 342; AR-Blattei SD (*Hergenröder*), 500.1 Rn. 1191, 708 ff., ErfK/*Preis*, § 613a BGB Rn. 177 ff.; HWK/*Willemsen*, § 613a BGB Rn. 365 f., jeweils mit Hinweis auf Ausnahmen bzgl. Kündigungsschutzklagen und des Kündigungsverbots nach § 613a Abs. 4 BGB. Ausführlich zu den Kriterien des 7-Punkte-Katalogs, HaKo-ArbR/*Karthaus/Richter*, § 613a BGB Rn. 285 ff.

241 KR/*Pfeiffer*, § 613a BGB Rn. 99-100. Zum Anscheinsbeweis allgemein, Musielak/*Foerste*, ZPO, § 286 Rn. 23 ff. mwN. Zur Darlegungs- und Beweislast im Hinblick auf Kündigungsschutzverfahren, KDZ-*Däubler/Zwanziger*, § 613a Rn. 137.

242 So HaKo-ArbR/*Karthaus/Richter*, § 613a BGB Rn. 285; *Meyer* NZA 2000, 297, 302.

243 Zur Betriebsstilllegung, BAG vom 03.07.1986 – 2 AZR 68/85 – NZA 1987, 123, 124.

2. Abschnitt: Klage auf Auskunft über die Umstände der Betriebsveräußerung

A. Auskunftsklage

Grundlage jeder rechtlichen Beurteilung ist die Kenntnis der hierfür notwendigen Tatsachen. Daher begründet § 613a Abs. 5 BGB einen einklagbaren Anspruch auf Unterrichtung zugunsten der Arbeitnehmer.[244] Entsprechend kann der Arbeitnehmer Auskunft in dem dort festgeschriebenen Umfang im Rechtswege durchsetzen, und zwar gegenüber beiden Veräußerungsparteien als Gesamtschuldner.[245]

Der Rechtsweg ebenfalls für den hier befürworteten vorgelagerten Informationsanspruch der Arbeitnehmer aus § 242 BGB eröffnet, wenn die Veräußerungsparteien die Auskunft gemäß § 613a Abs. 5 BGB mit der Behauptung fehlender Betriebsübergangsvoraussetzungen verweigern oder die Unterrichtung nach § 613a Abs. 5 BGB nicht ausreichend Informationen gibt.[246] Er richtet sich auf die Mitteilung der Umstände der Betriebsveräußerung als Grundlage für die Beurteilung der Betriebsübergangsvoraussetzungen. Hingegen kann keine Auskunft über die rechtliche Subsumtion verlangt werden, ob ein Betriebsübergang vorliegt; das Risiko der Beurteilung dieser Rechtsfrage verbleibt weiterhin beim Arbeitnehmer.

B. Die Schwierigkeiten der Antragsformulierung

Prozessuales Mittel ist die Auskunftsklage, gerichtet auf Zur-Verfügung-Stellung der geschuldeten Informationen. Prozessrechtlich tritt dabei die Schwierigkeit der korrekten Antragsformulierung auf. Im Fall des § 613a Abs. 5 BGB als Anspruchsgrundlage empfiehlt sich eine Anlehnung an den Wortlaut dieser Vorschrift, die die Unterrichtungsinhalte aufzählt. Dessen Vorgaben sind durch die Praxis hinreichend konkretisiert,[247] um den Voraussetzungen an einen bestimmten Klageantrag nach § 253 Abs. 2 Nr. 2 ZPO zu genügen.

Denselben Bestimmtheitsanforderungen unterliegt ein Antrag, der sich auf den Auskunftsanspruch aus Treu und Glauben stützt. Im Grundsatz kann ein Auskunftsantrag als bestimmt angesehen werden, wenn der Kläger in zumutbarem Rahmen die einzelnen Gegenstände des Auskunftsbegehrens sowie den Zeitraum, auf den sich die Auskunft beziehen soll, und die insoweit begehrten Belege in hinreichendem Maße konkretisiert.[248]

Im Falle der Auskunft bzgl. der tatsächlichen Umstände einer Betriebsveräußerung stellen sich diese Anforderungen als problematisch dar. Denn der Beurteilung von

---

[244] Hierzu oben 2. Kap., 2. Abschn., VII.4. Zum Verhältnis Auskunftsklage – Beweislastumkehr, *Meyer* NZA 2000, 297, 302 f.

[245] *Gaul*, Betriebs- und Unternehmensspaltung, § 23 Rn. 15 f. mwN; *Preis/Steffan* DB 1998, 309, 310.

[246] Siehe hierzu oben 2. Kap., 2. Abschnitt, A.VII.2.

[247] Zum Umfang der Unterrichtungspflicht nach § 613a Abs. 5 BGB, siehe oben 2. Kap., 2. Abschn., A.VII.1.

[248] MüKo-ZPO/*Becker-Eberhard*, § 253 Rn. 142; Stein/Jonas- *H. Roth*, ZPO, § 253 Rn. 33.

§ 613a BGB liegt eine typologische Gesamtschau sämtlicher Umstände zugrunde.[249] Ein Auskunftsbegehren mit dem Inhalt, die für die Subsumtion relevanten Tatsachen offen zu legen, erscheint vor diesem Hintergrund nicht bestimmt genug. Vielmehr wird man zunächst eruieren müssen, welche wesentlichen materiellen wie immateriellen Betriebsbestandteile in dem konkreten Unternehmen die Betriebsidentität ausmachen. Hierauf ist das Auskunftsverlangen sodann zu konkretisieren.

Erscheint die Formulierung des Auskunftsverlangens im Einzelfall nicht praktikabel, bleibt die Möglichkeit, unmittelbar Klage bzgl. des eigentlichen Begehrens unter Behauptung des Vorliegens/Nichtvorliegens der Betriebsübergangsvoraussetzungen zu erheben. Insoweit kann sich der Arbeitnehmer die oben genannten Beweiserleichterungen zunutze machen. Es findet sodann eine inzidenter-Prüfung von § 613a BGB, ggf. nach Beweisaufnahme, statt.

[249] Hierzu oben 2. Kap., 1. Abschn., B.III. Auf diese Problematik weist auch hin, *Meyer* NZA 2000, 297, 302.

3. Abschnitt: Die isoliert-gerichtliche Feststellung des Betriebsübergangs

Streben die Betroffenen isoliert die gerichtliche Entscheidung über die Qualifikation eines asset deals als Betriebsübergang an, ohne die Geltendmachung konkreter Einzelansprüche hiermit zu verbinden,[250] stellt sich die Frage, welches prozessuale Mittel ihnen hierzu zur Verfügung steht. Eine solche „isoliert-globale" Klärung[251], ob die rechtsfortbildend aufgestellten Voraussetzungen des § 613a BGB erfüllt sind, kann für jeden der Betroffenen an Bedeutung gewinnen, wenn Streit darum entbrennt, wie sich die Vertragsverhältnisse nunmehr nach der Veräußerung darstellen.

A. Praktisches Klärungsinteresse

Denkbar ist etwa, dass der Arbeitnehmer, nach dessen Auffassung ein Betriebsübergang gegeben ist, die Feststellung des Arbeitsverhältnisses gegenüber dem dies abstreitenden Erwerber begehrt. Ein Interesse hieran besteht ganz allgemein, wenn es um die Klärung der Berechtigten- und Verpflichtetenstellung aus dem Arbeitsverhätlnis geht, insbesondere aber etwa vor dem Hintergrund, dass der Erwerber über höhere Liquidität oder Konkurrenzfähigkeit verfügt oder beim Veräußerer keine Weiterbeschäftigungsmöglichkeit existiert.

Ein Klärungsinteresse kann darüber hinaus auch im Verhältnis der Veräußerungsparteien auftreten. Kommen nach der Betriebsveräußerung beide als potentielle Arbeitgeber in Betracht, kann auch ihnen im Streitfalle daran gelegen sein, vor Gericht eine Entscheidung über die Person des Arbeitgebers zu erreichen.

Angesichts der Dreieckskonstellation kann zudem ein über die jeweilige Zweierbeziehung hinausgehendes, auf sämtliche Rechtsbeziehungen des Dreiecks sich erstreckendes Klärungsbedürfnis bestehen, wenn zugleich auch der jeweils Dritte eine gegenteilige Rechtsauffassung bzgl. § 613a BGB vertritt.[252] Ein arbeitnehmerseitiges Klärungsbedürfnis ist beispielsweise dann gegenüber beiden Veräußerungsparteien vorstellbar, wenn sowohl Betriebserwerber als auch -veräußerer sich der Arbeitgeberstellung berühmen und die Arbeitsleistung des Arbeitnehmers für sich beanspruchen.

Bereits mit diesen Fallbeispielen sind die sich stellenden Problemkreise angesprochen. Allen voran wird zu beantworten sein, welche Mittel zur Verfügung stehen, eine gerichtliche Entscheidung in der Sache zu erlangen. Sodann wird besonderes Augenmerk der Frage zu widmen sein, ob die gerichtliche Klärung zulässigerweise auch im Verhältnis der Veräußerungsparteien untereinander erfolgen kann. Schließlich bedarf

---

[250] Zur Feststellung konkreter Positionen aus dem Arbeitsverhältnis unten 6. Abschn., B.

[251] Zur Erklärung der Begrifflichkeit: Isoliert, weil es sich um einen eigenständigen Streitgegenstand unabhängig von bestimmten Einzelrechten handelt, global, weil das Arbeitsverhältnis als Grundverhältnis in seiner Gesamtheit betroffen ist. Alternativ wird im Folgenden von „Statusklage" oder „Statusprozess" gesprochen - abweichend vom üblichen Verständnis soll hiermit das Verfahren bezeichnet werden, das die Vertragspartnerstellung auf Arbeitgeberseite klärt, ebenso das BAG vom 09.07.2003 - 5 AZR 595/02 – NZA-RR 2004, 9, 9 [LS 2]; von „Status" sprechen auch KDZ-*Däubler/Zwanziger*, § 613a BGB Rn. 152; MüKo-BGB/*Müller-Glöge*, § 613a BGB Rn. 215.

[252] Dieses Problem so ebenfalls formulierend, *Lieb* ZfA 1994, 229, 247

es der Klärung, auf welche Weise die jeweils dritte Person, die nicht Prozesspartei ist, an die gerichtliche Feststellung gebunden werden kann.

B. Feststellungsklage nach § 256 Abs. 1 ZPO

Mittel, das Vorliegen eines Betriebsübergangs gerichtlich überprüfen zu lassen, ist nach allgemeiner Ansicht die Feststellungsklage nach § 256 Abs. 1 ZPO, im Folgendes als Statusklage bezeichnet. Es bleibt, die Details einer solchen Klage zu klären.

I. Arbeitsverhältnis als feststellungsfähiges Rechtsverhältnis sowie Antragsformulierung

Zunächst stellt sich die Frage, worin im Zusammenhang mit einem Betriebsübergang nach § 613a BGB das feststellungsfähige Rechtsverhältnis i.S.v. § 256 Abs. 1 ZPO liegt.

Unter einem solchen Rechtsverhältnis ist eine gegenwärtige, aufgrund einer Rechtsnorm begründete und bezogen auf den konkreten Sachverhalt bestimmte rechtliche Beziehung zweier Personen untereinander zu verstehen.[253] Eine solche Beziehung liegt nicht schon in der bloßen Subsumtion, dass sich eine Betriebsfortführung als Betriebsübergang i.S.v. § 613a BGB darstellt. Denn Tatsachen oder rechtliche Vorfragen eines Rechtsverhältnisses bilden kein eigenständig feststellungsfähiges Rechtsverhältnis.[254] Entsprechend scheidet ein Antrag aus festzustellen, dass die konkrete Betriebsveräußerung die Voraussetzungen des § 613a BGB erfüllt. Auch das umfassende Begehren festzustellen, dass sämtliche Rechte und Pflichten aus dem Arbeitsverhältnis auf den Erwerber übergegangen sind, genügt den Anforderungen des § 256 Abs. 1 ZPO nach allgemeiner Ansicht nicht, da es an der notwendigen Konkretisierung fehlt.[255] Nach allgemeinem Verständnis ist daher letztlich auf das Arbeitsverhältnis selbst zurückzugreifen, das als hinreichend konkretes Rechtsverhälntis den Anforderungen des § 256

---

[253] BGH vom 15.10.1956 – III ZR 226/55 – BGHZ 22, 43, 47 f.; vom 02.10.1991 – VIII ZR 21/91 – NJW-RR 1992, 252, 253; BAG vom 16.05.2002 – 8 AZR 320/01 – AP Nr. 9 zu § 113 InsO [zu B.II.1 der Gründe]; MüKo-ZPO/*Becker-Eberhard*, § 256 Rn.10; Stein/Jonas-*H. Roth*, ZPO, § 256 Rn. 21; Thomas/Putzo-*Reichold*, ZPO, § 256 Rn. 5; Rosenberg/Schwab/Gottwald, Zivilprozessrecht, § 90 Rn. 6.

[254] BGH vom 19.4.2000 - XII ZR 332/97 - NJW 2000, 2280, 2281; MüKo-ZPO/*Becker-Eberhard*, § 256 Rn. 26; speziell zum Betriebsübergang, BAG vom 16.05.2002 – 8 AZR 320/01 – AP Nr. 9 zu § 113 InsO [zu B.II.1 der Gründe]; vom 22.07.2003 – 1 AZR 575/2002 – AP Nr. 160 zu § 112 BetrVG 1972 [zu III.1.b bb) der Gründe]; LAG Hamm vom 21.06.2006 – 2 Sa 1861/05 – recherchiert über juris [zu I. der Gründe]; AR-Blattei SD (*Hergenröder*), 500.1 Rn. 1216; MüKo-BGB/*Müller-Glöge*, § 613a BGB Rn. 206; ausführlich zur Bestimmung des Rechtsverhältnisses, *Trzaskalik*, Rechtsschutzzone der Feststellungsklage, 1978, S. 132 ff.

[255] I.E. ebenso, jedoch ohne Begründung, AR-Blattei SD (*Hergenröder*), 500.1 Rn. 1229; *Bauer*, Unternehmensveräußerung, Kap. 10.1.1 S. 113. Vgl. zur möglichen Auslegung des Klageantrags analog § 133 BGB, BAG vom 16.05.2002 – 8 AZR 320/01 – AP Nr. 9 zu § 113 InsO [zu B.II.1 der Gründe]; vom 25.09.2003 – 8 AZR 446/02 – AP Nr. 256 zu § 613a BGB [zu II.1.a)aa) der Gründe]; vom 31.01.2008 – 8 AZR 2/07 – BeckRS 2008, 53476 [zu B.II.1. der Gründe].

Abs. 1 ZPO genüge.[256] Mit dem positiven Bestands des Arbeitsverhältnisses zum Beklagten stellt das Gericht zugleich dessen Arbeitgeberstellung fest. Die Klärung der subjektiven Ausrichtung des Arbeitsverhältnisses erfordert dabei inzident die Prüfung des Betriebsübergangstatbestands im Hinblick auf das spezielle Arbeitsverhältnis. Prozessführungsbefugt bzgl. einer solchen Feststellung sind ohne weiteres die potentiellen Arbeitsvertragsparteien, also im Rahmen eines Prozesses zwischen Arbeitnehmer und einer der Veräußerungsparteien.[257] Die Klagemöglichkeit steht dabei sowohl dem Arbeitnehmer[258] als auch dem Erwerber/Veräußerer[259] offen. In Betracht kommt zum einen das positiv formulierte Feststellungsbegehren festzustellen, dass das Arbeitsvertrag mit dem Klagegegner fortbesteht,[260] zum anderen ein entsprechend negativ formuliertes.

II. Feststellungsinteresse

Darüber hinaus bedarf es der Darlegung eines nicht nur rein wirtschaftlichen oder ideellen, sondern rechtlichen Interesses an alsbaldiger Feststellung dieses Rechtsverhältnisses als besonderer Sachurteilsvoraussetzung, § 256 Abs. 1 ZPO.[261]

Um die Subsidiarität der Feststellungsklage gegenüber der spezielleren Leistungsklage abzusichern, wird dieses Interesse verneint, wenn eine Klage auf fällige Leistung zumutbar ist.[262] Eine Ausnahme vom Vorrang der Leistungsklage wird aus Gründen der Prozesswirtschaftlichkeit jedoch anerkannt, wenn in dem konkreten Rechtsverhältnis mehrere in Streit stehende Rechte und Pflichten gründen und dessen einmalige Feststellung trotz fehlender Vollstreckungsmöglichkeit eine sinnvolle und sachgerechte Erledigung auch der Einzelansprüche herbeizuführen vermag.[263] Das ist Tatfrage;

256 BAG vom 02.12.1999 – NJW 2000, 3226, 3226; vom 09.07.2003 – 5 AZR 595/02 – AP Nr. 158 zu § 611 BGB Lehrer, Dozenten [zu I.1. der Gründe]; LAG Frankfurt vom 17.12.1987 – 9/13 Sa 333/87 – LAGE Nr. 12 zu § 613a BGB [zu I.1. der Gründe]; LAG Hamm vom 02.12.1999 – 4 Sa 1153/99 – NZA-RR 2000, 265, 266 f.; AR-Blattei SD (*Hergenröder*), 500.1 Rn. 1212, 1230; KDZ-*Däubler/Zwanziger*, § 613a BGB Rn. 152; *Boewer* in: Gaul, Aktuelles Arbeitsrecht 1996, Kap. VI.7, S. 522 f.; Hako-ArbR/*Karthaus/Richter*, § 613a BGB Rn. 274; Moll/*Boewer*, Anwaltshandbuch ArbR, § 45 Rn. 94; Soergel/*Raab*, § 613a BGB Rn. 194; Stahlhacke/Preis/*Vossen*, Kündigungsschutz, Rn. 1792; *Kreitner* FA 1998, 2, 3; *Oberhofer* AuR 1989, 293, 298 f.

257 Zur Feststellungsfähigkeit im Verhältnis unter den Veräußerungsparteien, siehe unten unter C.

258 Beispielhaft für eine Arbeitnehmerklage, LAG Hamm vom 21.06.2006 – 2 Sa 1861/05 – recherchiert über juris [zu I. der Gründe].

259 AR-Blattei SD (*Hergenröder*), 500.1 Rn. 1230; Soergel/*Raab*, BGB, § 613a Rn. 194.

260 Vgl. zur Formulierung BAG vom 22.07.2004 – 3 AZR 350/03 – NZA 2004, 1383, 1385.

261 BAG vom 31.01.2008 – 8 AZR 2/07 – BeckRS 2008, 53476 [zu B.II.1 der Gründe]; Thomas/Putzo-*Reichold*, ZPO, § 256 Rn. 13; Rosenberg/Schwab/Gottwald, Zivilprozessrecht, § 90 Rn. 19 ff.; entsprechend ist dessen Vorliegen in jeder Lage des Verfahrens zu prüfen, BAG vom 25.09.2003 – 8 AZR 446/02 – AP Nr. 256 zu § 613a BGB [zu II.1.a) der Gründe]; vom 31.01.2008 – aaO, [zu B.II.1. der Gründe].

262 AR-Blattei SD (*Hergenröder*), 500.1 Rn. 1227; *Bauer*, Unternehmensveräußerung, Kap. 10.1.1 S. 113; *Bauer/von Steinau-Steinrück*, in: Hölters (Hrsg.), Unternehmenskauf, Teil VI Rn. 387.

263 BGH vom 09.06.1983 - III ZR 74/82 – NJW 1984, 1118, 1118 f.; vom 03.06.1997 – IX ZR 133/96 – NJW 1997, 2320, 2321; MüKo-ZPO/*Becker-Eberhard*, § 256 Rn. 50; HaKo-ZPO/*Saenger*, § 256 Rn. 16.

sie wird im Falle eines Grundsatzstreits über das Vorliegen eines Betriebsübergangs mit der Folge des Vertragspartnerwechsels im Arbeitsverhältnis angesichts der Vielzahl hieraus folgender Verpflichtungen wie Beschäftigungs-, Arbeitsleistungs-, Lohnzahlungspflicht etc. regelmäßig zu bejahen sein.[264]

III. Feststellungsfähigkeit vergangener Rechtsverhältnisse

Als zweifelhaft stellt sich das Interesse i.S.v. § 256 Abs. 1 ZPO dar, wenn der Kläger die Feststellung eines bereits beendeten und damit in der Vergangenheit liegenden Rechtsverhältnisses begehrt. Nur ausnahmsweise wird eine solche Feststellungsklage als zulässig angesehen und zwar dann, wenn die Entscheidung dem Kläger als Grundlage für die Geltendmachung aktueller, konkreter Ansprüche gegenüber dem Beklagten dienen soll.[265] Dasselbe gilt, wenn die gerichtliche Feststellung deshalb von Relevanz für die Gegenwart ist, weil sich aus dem vergangenen Rechtsverhältnis gegenwärtig noch Rechtsfolgen ergeben.[266]

Vor diesem Hintergrund verneinen einige Stimmen ein Feststellungsinteresse, wenn der Arbeitnehmer nach Betriebsübergang isoliert Feststellungsklage gegenüber dem ursprünglichen Arbeitgeber erhebt, ohne hiermit zugleich eine Kündigungsschutzklage oder die Geltendmachung rückständiger Forderungen gegenüber diesem zu verbinden. In diesem Falle verweisen sie den Arbeitnehmer auf eine positive Statusklage gegenüber dem Betriebserwerber.[267] Dem ist abgesehen von der Konstellation, dass sich der

---

264 BAG vom 09.01.1980 - 5 AZR 21/78 - AP Nr. 19 zu § 613a BGB [zu I.3. der Gründe]; vom 09.07.2003 – 5 AZR 595/02 – AP Nr. 158 zu § 611 BGB Lehrer, Dozenten [zu I.2. der Gründe]; vom 22.07.2004 – 3 AZR 350/03 – NZA 2004, 1383, 1385; LAG Frankfurt vom 17.12.1987 – 9/13 Sa 333/87 – LAGE Nr. 12 zu § 613a BGB [zu I.1. der Gründe]; LAG Köln vom 26.03.1998 – 5 Sa 1420/97 – NZA-RR 1998, 398, 399; KDZ-*Däubler/Zwanziger*, § 613a BGB Rn. 152; ebenso BAG vom 02.12.1999 – NJW 2000, 3226, 3226 für das Feststellungsinteresse während des Erziehungsurlaubs; vgl. auch Stein/Jonas-*H. Roth*, ZPO, § 256 Rn. 65.

265 BAG vom 03.03.1999 - 5 AZR 275/98 – AP Nr. 53 zu § 256 ZPO 1977 [zu 2. der Gründe]; vgl. auch Thomas/Putzo-*Reichold*, ZPO, § 256 Rn. 8. Zur parallelen Problematik betreffend die frühere Rechtslage, ob ein Feststellungsinteresse gegenüber dem Alt-Arbeitgeber gegeben ist, wenn ein Verstoß gegen § 613a Abs. 4 BGB geltend gemacht wird, LAG Hamm vom 26.11.1998 – 4 Sa 384/98 – ZInsO 1999, 302 [LS 1]; vom 28.01.1997 – 4 Sa 141/96 – LAGE § 91a ZPO Nr. 6 [zu 2.1.5. der Gründe]. Für den Fall der Kündigung vor Betriebsübergang, LAG Hamm vom 17.05.1993 – 17 (11) Sa 1686/92 – LAGE § 256 ZPO Nr. 7 [S. 4 f. der Gründe]; vom 07.01.1999 – 4 Sa 2350/97 – ZInsO 1999, 363 [LS 3]; vom 02.12.1999 – 4 Sa 1153/99 – NZA-RR 2000, 265, 266; ArbG Stade vom 14.12.1987 – 2 Ca 279/87 – DB 1988, 918; *Hillebrecht* NZA-Beil. 4/1989, 10, 19.

266 Vgl. hierzu unten in 5. Kap.,1. Abschn., G. die Konstellation, dass der Betriebsveräußerer nach Betriebsübergang kündigt.

267 LAG Hamm vom 09.03.1989 – 17 Sa 1499/88 – NZA 1989, 823 [LS 1], wobei LS 2 nach der Änderung des KSchG aufgrund des Gesetzes zu Reformen am Arbeitsmarkt vom 24.12.2003, BGBl. I S. 3002, m.W.v. 1.1.2004, hinfällig geworden ist; *Berscheid* (ehemaliger Vors.RiLArbG Hamm a.D.), Anm. zu HessLAG vom 03.02.2004 – 1 Sa 1315/03 – jurisPR-ArbR 14/2005 Anm. 4 [zu D. der Ausführungen]; Soergel/*Raab*, BGB, § 613a Rn. 195, der infolgedessen ein Nebeneinander der Prozesse gegen Betriebserwerber und –veräußerer oder eine subjektive Klagehäufung ausschließt.

Betriebsveräußerer gegenüber dem Arbeitnehmer der Arbeitgeberstellung berühmt, indem er das Vorliegen eines Betriebsübergangs bestreitet, zuzustimmen.[268]

Zugleich erkennt die herrschende Meinung an, dass die Feststellung des Bestands des Arbeitsverhältnisses an einen bestimmten Zeitpunkt oder eine bestimmte Zeitspanne geknüpft werden kann, wenn ein entsprechendes Feststellungsinteresse vorliegt.[269] Diese zeitliche Anknüpfung erlangt insbesondere Bedeutung, wenn das Rechtsschutzbedürfnis auf die Feststellung des Zeitpunkts des Betriebsübergangs gerichtet ist.[270]

IV. Schranke des isoliert-globalen Feststellungsbegehrens: Verwirkung

Das BAG unterwirft darüber hinaus die Statusklage der zeitlichen Schranke der Verwirkung. Insofern gelte nichts anderes als für jeden anderen Anspruch aus dem Arbeitsverhältnis. Entsprechend den Anforderungen an Zeit- und Umstandsmoment bejaht das BAG Verwirkung, wenn der Arbeitnehmer trotz Erkennbarkeit des Betriebsübergangs erst nach Ablauf eines erheblichen Zeitraums den Übergang seines Arbeitsverhältnisses geltend macht, und aus diesem Grund die in Anspruch genommene Veräußerungspartei zwischenzeitlich darauf vertrauen durfte, nicht mehr in Anspruch genommen zu werden. Für diese Beurteilung bedarf es einer Abwägung der Umstände des Einzelfalls.[271]

C. Statusklage um die Arbeitgeberstellung zwischen Betriebserwerber und -veräußerer

Ein Klärungsbedürfnis dahingehend, wem die Arbeitgeberstellung nach einer Betriebsveräußerung zukommt, ist auch im Verhältnis der Veräußerungsparteien untereinander denkbar. Hierzu kommt es etwa in der folgenden Situation. Der Betriebserwerber erhebt gegenüber dem Veräußerer „Anspruch“ auf einen konkreten Arbeitnehmer – etwa einen „wertvollen“ Know-how-Träger –, indem er geltend macht, als Betriebsnachfolger nach § 613a BGB nunmehr aus dem Arbeitsverhältnis berechtigt zu sein. Demgegenüber wendet der Veräußerer ein, es habe lediglich ein Teilbetriebsübergang stattgefunden und § 613a BGB erfasse dieses spezielle Arbeitsverhältnis

---

268 Siehe zur Konstellation der Betriebsveräußererkündigung nach Betriebsübergang, 5. Kap., 1. Abschn., G.

269 BAG vom 31.01.2008 – 8 AZR 2/07 – BeckRS 2008, 53476 [zu B.I.1. der Gründe]; Hako-ArbR/*Karthaus/Richter*, § 613a BGB Rn. 274; MüKo-BGB/*Müller-Glöge*, § 613a BGB Rn. 274; vgl. auch APS-*Ascheid/Hesse*, § 4 KSchG Rn. 149. Zur zeitlichen Begrenzung des Feststellungsantrags, BAG vom 09.07.2003 – 5 AZR 595/02 – AP Nr. 158 zu § 611 BGB Lehrer, Dozenten [zu I.1. der Gründe].

270 Siehe zur Konstellation der Betriebsveräußererkündigung nach Betriebsübergang, 5. Kap., 1. Abschn., G.

271 BAG vom 08.08.2002 - 8 AZR 583/01 – NZA 2003, 315, 316; vom 27.01.2000 – 8 AZR 106/99 – nv, recherchiert über juris [zu II.3. der Gründe], das von Verwirkung ein Jahr nach einem „offenbaren“ Betriebsübergang ausgeht; gegen starre Regelfristen bereits BAG vom 20.05.1988 – 2 AZR 711/87 – AP Nr. 5 zu § 242 BGB Prozessverwirkung [zu II.1. und 2. der Gründe]; ausführlich *Fischer* DB 2001, 331, 331 f. mwN.

nicht.[272] Als Grund hierfür führt er an, der Arbeitnehmer sei der übergegangenen Einheit nicht zuzuordnen (sog. Zuordnungsstreitigkeit) oder der erfolgte asset deal sei schon gar nicht als (Teil-) Betriebsübergang i.S.v. § 613a BGB zu qualifizieren. Insoweit stellt sich die Frage, ob eine Statusklage auch im Verhältnis unter den Veräußerungsparteien in Betracht kommt.

I. Möglichkeit einer „Drittrechtsfeststellung"

Fraglich ist in einem ersten Schritt, auf welche Rechtsbeziehung i.S.v. § 256 Abs. 1 ZPO eine solche Bestandsfeststellungsklage zwischen den Veräußerungsparteien zu richten ist.

Die abstrakte Feststellung eines Betriebsübergangs kommt abermals nicht in Betracht. Auch die schuldrechtlichen Beziehungen zwischen den Veräußerungsparteien eignen sich nicht als Feststellungsobjekt. Denn die Qualifikation als Betriebsübergang stellt über die rechtsgeschäftliche Übertragung der Nutzungsberechtigung an materiellen wie immateriellen Betriebsmitteln hinaus im Rahmen einer typologischen Gesamtschau darauf ab, inwiefern der Betrieb tatsächlich im Wesentlichen unverändert fortgeführt wird.[273] Schließlich beinhaltet auch der Antrag, den Verlust der Arbeitgeberstellung oder den Übergang des Arbeitsverhältnisses festzustellen, kein Rechtsverhältnis i.S.v. § 256 Abs. 1 ZPO zwischen den Veräußerungsparteien.

Feststellungsfähig ist daher wiederum allein das Arbeitsverhältnis in seiner subjektiven Ausrichtung. In der Folge wäre im Rahmen des Feststellungsverfahrens zwischen den Veräußerungsparteien der Antrag darauf zu richten, den Bestand des konkreten Arbeitsverhältnisses zwischen der einen Partei und dem Arbeitnehmer festzustellen, und zwar gegenüber der jeweils anderen Veräußerungspartei als Klagegegner. Rein formal stellt sich dieser Streitgegenstand als ein „Drittrechtsverhältnis" dar, nämlich als Rechtsverhältnis zwischen einer der Parteien und dem Arbeitnehmer als prozessfremdem Dritten.

Insoweit erlangt zum einen der Grundsatzstreit Bedeutung, ob ein solches Drittrechtsverhältnis überhaupt feststellungsfähig i.S. des § 256 Abs. 1 ZPO ist. Das bejahen Stimmen der arbeitsrechtlichen Lit., ohne sich dogmatisch näher mit den hierzu vertretenen Ansichten der Prozessualisten auseinanderzusetzen.[274] Darüber hinaus bedarf es der Erörterung, ob in einer solchen Konstellation ein hinreichendes Feststellungsinteresse der klagenden Veräußerungspartei i.S.v. § 256 Abs. 1 ZPO besteht.

---

272 Als Beispiel für einen Teilbetriebsübergang sei verwiesen auf BAG vom 24.08.2006 – 8 AZR556/05 – AP Nr 315 zu § 613a BGB; LAG Rheinland-Pfalz vom 24.05.2007 – 11 Sa 55/07 – NZA-RR 2007, 566, 566 ff.

273 Siehe hierzu oben Kap. 2, 1. Abschn., B.III.

274 Vgl. AR-Blattei SD (*Hergenröder*), 500.1 Rn. 1230; Soergel/*Raab*, BGB, § 613a Rn. 194; *Lieb* ZfA 1994, 229, 247 f.

II. Die Ansicht der Rspr. zur Feststellungsfähigkeit des „Drittrechtsverhältnisses“

Nach ständiger Rspr. des BGH muss das festzustellende Rechtsverhältnis nicht zwingend eine Rechtsbeziehung zwischen Kläger und Beklagtem betreffen. Vielmehr kann bei entsprechendem Rechtsschutzbedürfnis auch ein Drittrechtsverhältnis Gegenstand der Feststellungsklage sein.[275] Dem folgt das BAG und erkennt die Möglichkeit der Feststellung eines Arbeitsverhältnisses in der Gestalt eines Drittrechtsverhältnisses an.[276]

Als in der Sache zunächst richtig wird zur Begründung auf die in § 256 ZPO fehlende Einschränkung der Feststellungsklage auf ein „Prozessparteien-Rechtsverhältnis“ hingewiesen.[277] Die weite Formulierung der Norm lasse demzufolge auch die Feststellung eines Drittrechtsverhältnisses zu. Deren Zulässigkeit ergebe sich darüber hinaus, so vereinzelte Stimmen, aus einem Rückschluss a maiore ad minus aus der Möglichkeit, vermittels Feststellungsklage absolut wirkende Rechte bereits vor einer konkreten Rechtsverletzung feststellen zu lassen. Denn dann könne auch die absolut geschützte Zuständigkeit für relative Rechte gegenüber jedermann mittels Feststellungsklage geltend gemacht werden, unabhängig von einer konkreten Rechtsverletzung.[278]

Für die Zulässigkeit einer Drittrechtsfeststellung knüpft die Rspr. dabei weniger an die Feststellungsfähigkeit des Rechtsverhältnisses als vielmehr an ein sie bedingendes Rechtsschutzbedürfnis an. Auf diese Weise begründet sie die Feststellungsfähigkeit mit einem hinreichenden Feststellungsinteresse im Hinblick auf das streitige Rechtsverhältnis. Sonach setzt nach Auffassung der Rspr. die Drittrechtsfeststellung voraus, dass ein hinreichendes Rechtsschutzbedürfnis diesbezüglich gerade im Verhältnis zum Klagegegner besteht. Das sei der Fall, wenn die Rechtsbeziehung zum Dritten die

---

[275] BGH vom 13.05.1987 – I ZR 75/85 – NJW-RR 1987, 1522, 1522; vom 02.10.1991 – VIII ZR 21/91 – NJW-RR 1992, 252, 253; vom 20.05.1992 – IV ZR 231/91 – NJW-RR 1992, 1151, 1151; vom 16.06.1993 – VIII ZR 222/92 – NJW 1993, 2539, 2540 m. zust. Anm. *Scherer* JR 1994, 192, 194 f. und kritischer Anm. *Sieg*, VersR 1994, 1274, 1274; einschränkend im Hinblick auf das Feststellungsinteresse, Stein/Jonas-*H. Roth*, ZPO, § 256 Rn. 33 ff. mwN. Ausführlich hierzu *Henckel*, Parteilehre und Streitgegenstand, 1961, S. 86 ff., insbesondere S. 89; *Balzer* NJW 1992, 2721, 2726, der Drittrechtsfeststellungsklage als *„Unterform oder Nachbildung der Prozessstandschaft“* bezeichnet, ohne hierauf jedoch näher einzugehen.

[276] BAG vom 24.06.2004 – 2 AZR 215/03 – AP Nr. 278 zu § 613a BGB [zu B.I.1 b) der Gründe]; LAG Hamm vom 28.01.1997 – 4 Sa 141/96 – recherchiert über juris [zu 2.1.5. der Gründe]; vom 02.12.1999 – 4 Sa 1153/99 – NZA-RR 2000, 265, 266 f. mwN. Aus der arbeitsrechtlich Literatur zust., AR-Blattei SD (*Hergenröder*), 500.1 Rn. 1230; Soegel/*Raab*, BGB, § 613a Rn. 194; *Brehm*, FS 50 Jahre BGH, 2000, Band III, S. 87, 106; Stein/Jonas-*H. Roth*, ZPO, § 256 Rn. 33 mwN Fn. 160.

[277] Vgl. hierzu die Nachweise bei *Jacobs*, Gegenstand Feststellungsverfahren, 2005, S. 362 f.

[278] So Stein/Jonas-*H. Roth*, ZPO, § 256 Rn. 33; vgl. hierzu auch *Jacobs*, Gegenstand Feststellungsverfahren, 2005, S. 372 mwN und dem Hinweis auf die absolut geschützte Forderungszuständigkeit; vgl. ebenfalls *Picker*, FS für Flume, Band 1, 1978, 649, 658.

Rechtsbeziehung der Parteien in relevanter Weise beeinflusst und der Kläger insoweit ein berechtigtes Klärungsinteresse vorbringen kann.[279]

III. Kritik der Lit.

Diese Rechtssprechung hat in der Lit. teils vehement Kritik erfahren.[280] Sie will die Feststellungsmöglichkeit auf das Parteienrechtsverhältnis beschränken verbunden mit der Option einer Streitverkündung.[281]

1. Zweckverfehlung der Drittrechtsfeststellung

Die Kritik an der Zulässigkeit der Drittrechtsfeststellung setzt zunächst in ganz grundsätzlicher Weise an der fehlenden Zweckdienlichkeit einer solchen Klage an. Angesichts der Beschränkung der Rechtskraftwirkungen auf die Prozessparteien könne diese Klage das Ziel, Rechtsgewissheit über die Drittrechtsbeziehung zu erzeugen, regelmäßig nicht erfüllen. Denn als Prozessfremder werde gerade der Dritte an die gerichtliche Entscheidung nicht gebunden (vgl. § 325 Abs. 1, 1. HS ZPO).[282] Allein die vorherige Ankündigung des Dritten, sich dem Urteil aus freien Stücken zu unterwerfen, verhindere nicht das Risiko, diesem gegenüber später Klage um Rechte aus eben diesem Rechtsverhältnis erheben zu müssen.[283] Eine solche Zweitklage berge aber die Gefahr, eine divergierende Entscheidung hervorzubringen. Zugleich bestünde das nicht unerhebliche Risiko einer doppelten Inanspruchnahme der Justiz in derselben Angelegenheit.[284]

2. Reduzierung auf das Feststellungsinteresse

Darüber hinaus stoßen sich die kritischen Stimmen an der faktischen Reduzierung der Feststellungsfähigkeit auf das zugrunde liegende (Drittrechts-)Feststellungsinteresse. Auf diese Weise verzichte die Rspr. auf das Betroffensein eigener subjektiver Rechte der am Rechtsverhältnis nicht beteiligten Partei.[285] Zugleich übergehe sie in unzulässiger Weise die Sachurteilsvoraussetzung der Prozessführungsbefugnis, indem sie das

---

[279] St. Rspr., vgl. BGH vom 13.05.1987 – I ZR 75/85 – NJW-RR 1987, 1522, 1522 mwN; vom 20.05.1992 – IV ZR 231/91 – NJW-RR 1992, 1151, 1151; vom 16.06.1993 – VIII ZR 222/92 – NJW 1993, 2539, 2540; vom 05.12.2003 - V ZR 447/01 – NJW 2004, 1798, 1799; BAG vom 24.06.2004 - 2 AZR 215/03 – AP Nr. 278 zu § 613a BGB [zu B.I.2.b) der Gründe], LAG Hamm vom 02.12.1999 – 4 Sa 1153/99 – NZA-RR 2000, 265, 266 f.; ebenso Stein/Jonas-*H. Roth*, ZPO, § 256 Rn. 34.

[280] Vgl. auch die Nachweise bei *Jacobs*, Gegenstand Feststellungsverfahren, 2005, S. 46 ff.

[281] *Lüke*, FS für *Henckel*, 1995, 562, 571, 572.

[282] So HaKo-ZPO/*Saenger*, § 256 Rn. 6; Zöller/*Greger*, ZPO, § 256 Rn. 3b; *Lüke*, FS für Henckel, 1995, 562, 572 f.; *Michaelis*, FS für Larenz, 1983, 443, 452 ff.; *Häsemeyer*, Anm. zu BGH vom 16.06.1993 – VIII ZR 222/92 – ZZP 107 (1994), 228, 232. Die Rechtskrafterstreckung des § 325 Abs. 1, 2. HS ZPO auf den Rechtsnachfolger ist in dieser Konstellation, in der es um die Feststellung eines möglichen Betriebsübergangs geht, zu vernachlässigen.

[283] Stein/Jonas-*H. Roth*, ZPO, § 256 Rn. 35; *Jacobs*, Gegenstand Feststellungsverfahren, 2005, S. 308 ff.

[284] *Lüke*, FS für Henckel, 1995, 562, 571, 572.

[285] *Jacobs*, Gegenstand Feststellungsverfahren, 2005, S. 304 mwN.

Recht, den Prozess zu führen, allein im Feststellungsinteresse verortete. An der Prozessführungsbefugnis fehle es aber, da dem Dritten nicht die Rechtsträgereigenschaft bzgl. des festzustellenden Rechtsverhältnisses zukomme.[286]

3. Bestehen einer eigenen Rechtsposition der Parteien

Schließlich weisen kritische Stimmen die Annahme der Rspr. zurück, dass in solchen Fällen tatsächlich Drittrechtspositionen in Streit stehen. Vielmehr gehe es – so auch in den bereits von der Rspr. entschiedenen Fällen – stets um eine eigene Rechtsposition der Parteien, die es vorrangig zu eruieren gelte.

Angesichts dessen hält die Gegenansicht die Zulässigkeit einer Drittrechtsfeststellung mit Hinweis auf den Subsidiaritätsgedanken gegenüber einer „gewöhnlichen" Feststellungsklage für überflüssig.[287] Andere werfen der Rspr. vor, sie bestimme das eigentliche Klägerbegehren nicht korrekt, wenn sie darin die Feststellung eines Drittrechts erblicke.[288] Das Drittrechtsverhältnis könne stets nur eine Vorfrage eines zwischen den Parteien bestehenden Rechtsverhältnisses darstellen. Primär stünde, so die kritischen Stimmen, eine Rechtsfrage im Raum, die die Beziehung zwischen den Parteien selbst betreffe, möge diese auch dritte prozessfremde Personen involvieren.[289] Diese Beziehung begründe das „Parteienrechtsverhältnis", welches selbst zum Gegenstand der Klage gemacht werden müsse; der Drittbeziehung komme lediglich inzidenter Bedeutung in der Sachentscheidung zu.[290] Auch wenn der Antrag das Feststellungsbegehren bezogen auf ein Drittrechtsverhältnis formuliert, dürfe dies nicht darüber hinwegtäuschen, dass das Klärungsbegehren an eine eigene Rechtsposition der Parteien anknüpft.[291]

---

[286] HaKo-ZPO/*Saenger*, § 256 Rn. 6; Zöller/*Greger*, ZPO, § 256 Rn. 3b; MüKo-ZPO/*Becker-Eberhard*, § 256 Rn. 34; *ders.*, FS für Henckel, 1995, 562, 571, 572; *Häsemeyer*, Anm. zu BGH vom 16.06.1993 – VIII ZR 222/92 – ZZP 107 (1994), 228, 232; vgl. zur Ansicht, wonach bei Feststellungsklagen die Prozessführungsbefugnis vom Rechtsschutzbedürfnis aufgesogen wird, die Nachweise in Fn. 197.

[287] HaKo-ZPO/*Saenger*, § 256 Rn. 6; MüKo-ZPO/*Becker-Eberhard*, § 256 Rn.34; Zöller/*Greger*, ZPO, § 256 Rn. 3b; *Michaelis*, FS für Larenz, 1983, 443, 460. Auf die Subsidiarität der Drittrechtsfeststellung für den Fall, dass ein Rechtsverhältnis zwischen den Parteien eruiert werden kann, stellt auch eine die Zulässigkeit einer Drittrechtsfeststellungsklage im Prinzip bejahende Auffassung ab, BGH vom 16.06.1993 - VIII ZR 222/92 - NJW 1993, 2539, 2540 mwN; Stein/Jonas-*H. Roth*, ZPO, § 256 Rn. 33 mwN.

[288] *Trzaskalik*, Rechtsschutzzone der Feststellungsklage, 1978, S. 157 ff., insbesondere S. 162; vgl. auch Stein/Jonas-*H. Roth*, ZPO, § 256 Rn. 33, der eine genaue Prüfung fordert, ob ein Parteien-Rechtsverhältnis vorliegt.

[289] *Trzaskalik*, Rechtsschutzzone der Feststellungsklage, 1978, S. 156.

[290] HaKo-ZPO/*Saenger*, § 256 Rn. 6; MüKo-ZPO/*Becker-Eberhard*, § 256 Rn.34; Zöller/*Greger*, ZPO, § 256 Rn. 3b; *Trzaskalik*, Rechtsschutzzone der Feststellungsklage, 1978, S. 157 ff., 166; *Michaelis*, FS für Larenz, 1983, 443, 460.

[291] *Trzaskalik*, Rechtsschutzzone der Feststellungsklage, 1978, S. 158

IV. Stellungnahme

Anders, als diese Ansichten vermuten lassen, liegen m.E. Rspr. und die in der Lit. geäußerte Kritik im Ergebnis nicht derart weit auseinander. Während die Lit. die Herausbildung der dem Klagebegehren zugrunde liegenden Parteirechtspositionen betont, legt die Rspr. ihr Hauptaugenmerk auf ein hinreichendes Feststellungsinteresse gegenüber dem beklagten Dritten. Nach Ansicht der Rspr. fußt das Feststellungsinteresse auf der Betroffenheit in einer eigenen Rechtsposition, die in rechtlichem Zusammenhang mit der Rechtsposition des beklagten Dritten und in der Folge in wechselseitiger Abhängigkeit zu dem festzustellenden Drittrechtsverhältnis steht. Demgegenüber lässt die Lit. einen bezogen auf die Drittrechtsfeststellung formulierten Antrag genügen, wenn diesem nur tatsächlich eine eigene Rechtsposition der Parteien zugrunde liegt. Existiert eine solche eigene Rechtsposition, die lediglich im Antrag nicht zum Ausdruck gebracht werden kann, soll dies für die Prozessführungsbefugnis genügen.[292]

Beide Wege begegnen auf ihre Weise der Problematik, die festzustellenden Rechtspositionen auf Kläger- und Beklagtenseite, die in Abhängigkeit von einem dritten Rechtsverhältnis stehen und sich gegenseitig beeinträchtigen, nicht mittels eines Antrags formulieren zu können. M.E. liegt die Problematik um die Drittrechtsfeststellung sonach in einem Antragsformulierungsdefizit begründet, nicht in der Geltendmachung tatsächlicher Drittrechte.

1. Zum Zweckverfehlungsargument der Lit.

Wenn die Lit. einwendet, die Drittrechtsfeststellungsklage entbehre angesichts der auf die Parteien beschränkten Rechtskraft eines Zwecks, so lässt sie unberücksichtigt, dass sich die Rechtskraftproblematik angesichts des Prinzips des Zwei-Parteien-Prozesses in jeder rechtlich bedingten Dreipersonenkonstellation stellt. Sie taucht auch dann auf, wenn ein Parteirechtsverhältnis festgestellt werden soll, das die Rechtsstellung eines Dritten beeinflusst.[293] Stets gilt es in solchen Dreipersonenkonstellationen zu klären, wie der außen vor gelassene Dritte an die Entscheidung gebunden werden kann, um Rechtssicherheit in jeder Hinsicht zu erreichen.

Dabei scheint die Lit. davon auszugehen, dass eine Streitverkündung im Rahmen der Feststellung eines Drittrechtsverhältnisses nicht in Betracht kommt, wenn sie der Feststellung eines Parteienrechtsverhältnisses samt Streitverkündungsmöglichkeit den Vorrang einräumt. Konkret nimmt sie hierzu jedoch nicht Stellung. Wie noch zu zeigen sein wird, ist eine Streitverkündung im Rahmen einer Drittrechtsfeststellung durchaus nicht ausgeschlossen. Ein Unterschied zwischen Parteienrechts- und Drittrechtsfeststellung lässt sich daher insoweit nicht ausmachen.[294]

---

[292] Vgl. *Henckel*, Parteilehre und Streitgegenstand, 1961, S. 89; i.E. ebenso *Brehm*, FS 50 Jahre BGH, 2000, Band III, S. 89, 106, der im Aufgehen der Prozessführungsbefugnis im Feststellungsinteresse lediglich die Hervorhebung des Unterschieds zur Leistungs- und Gestaltungsklage sieht.

[293] Ähnlich argumentierend *Jacobs*, Gegenstand Feststellungsverfahren, 2005, S. 311.

[294] Zur Streitverkündung im Rahmen des Prätendentenstreits unten unter D.I.3.d., 4.

2. Zur Zwangsparteirollen der Rechtsträger

Des Weiteren liefe die Lit. mit ihrer Forderung, die Feststellungsfähigkeit auf eine Klage zwischen den Rechtsträgern des Rechtsverhältnisses zu beschränken, darauf hinaus, den Rechtsträgern quasi eine Zwangsparteirolle aufzubürden, selbst wenn in ihrem Verhältnis gar kein Streit besteht. Das würde bedeuten, die Streitigkeit, die tatsächlich mit einem Dritten besteht, im Verhältnis der Rechtsträger, die selbst nicht in Streit stehen, auszutragen.[295]

Zugleich ist der Lit. eine gewisse Inkonsequenz vorzuwerfen, wenn sie zwar eine Drittrechtsfeststellung ablehnt, aber ein Drittrechtsfeststellungsinteresse für die Feststellung eines Rechtsverhältnisses unter den Rechtsträgern genügen lässt. Denn stehen die Rechtsträger gar nicht in Streit, ist das Feststellungsinteresse rein drittbezogen begründet. Es entspringt gerade gegenüber dem Dritten, dessen behauptete Rechtsposition diejenige des Klägers beeinträchtigt. In der Folge hieße dies, die Zulässigkeit der Parteienfeststellungsklage widersinnig mit einem Drittrechtsfeststellungsinteresse zu rechtfertigen. Zudem stellt sich ein Prozess, in dem sich die Parteien einig sind und nur Streit mit dem Dritten besteht, dem gegenüber der Streit verkündet wird, als sinnentleert dar. Denn die Parteien werden nichts Unterschiedliches vortragen, während der beitretende Streitverkündete mit seinem Vortrag der Beschränkung des § 67 ZPO unterliegt.

3. Ergebnis

Ein auf die Feststellung eines Drittrechtsverhältnisses gerichteter Antrag ist nach der hier vertretenen Ansicht zulässig, wenn der Kläger in einer persönlichen Rechtsposition durch die Rechtsposition des Beklagten betroffen zu sein behauptet, dieses Rechtsverhältnis zwischen Kläger und Beklagtem jedoch kein formulierungsfähiges Rechtsverhältnis darstellt und zugleich die Rechtspositionen der Parteien vom Bestand des Rechtsverhältnisses zu dem Dritten abhängen. Zugleich bedarf es eines schutzwürdigen Interesses an der Feststellung gerade gegenüber dem Beklagten.

V. Übertragung auf die Betriebsübergangskonstellation

Die Konstellation, in der die Veräußerungsparteien um die Arbeitgeberstellung streiten, während der Arbeitnehmer mangels besonderen Interesses gewillt ist, je nach Rechtslage entweder für die eine oder die andere Veräußerungspartei zu arbeiten, macht deutlich, dass auch zwischen den Veräußerungsparteien der Anlass für eine gerichtliche Klärung liegen kann.

Insofern erscheint es unbillig, die Zulässigkeit der Drittrechtsfeststellung zu verneinen und damit den die Arbeitgeberstellung Behauptenden zur Durchsetzung seines Rechts auf den Arbeitnehmer zu verweisen. Die rein praktische Situation, dass es dem Arbeitnehmer in der Regel nur möglich sein wird, seine Arbeitskraft einem einzigen Arbeitgeber zur Verfügung zu stellen, rechtfertigt eine zwangsweise Parteirolle des

---

295 Diese Erwägung finden sich ebenfalls bei BGH vom 29.06.1987 – II ZR 198/86 – NJW-RR 1987, 1439, 1440; aus arbeitsrechtlicher Sicht, *Lieb* ZfA 1994, 229, 247.

Arbeitnehmers nicht, insbesondere angesichts der in § 613a BGB zum Ausdruck kommenden Schutzbedürftigkeit.

Dennoch reicht es nicht aus, das Drittrechtsfeststellungsinteresse in Bezug auf das Arbeitsverhältnis allein mit der grundsätzlichen Eignung der Drittrechtsfeststellungsklage zu begründen, den Streit um die Arbeitgeberstellung zwischen Veräußerer und Erwerber beizulegen.[296] Vielmehr kommt es nach allen Ansichten auf eine persönliche Rechtsbetroffenheit der Parteien an.

Entscheidend in Betracht zu ziehen ist in dieser Hinsicht die aus der materiellen Rechtslage nach § 613a BGB folgende Alternativität der Arbeitgeberstellung: Entweder ist der Betriebserwerber/einer von mehreren potentiellen Betriebserwerbern infolge des Betriebsübergangs Arbeitgeber des konkreten Arbeitsverhältnisses geworden, oder Arbeitgeber ist nach wie vor der Betriebsveräußerer. Eine doppelte Arbeitgeberstellung begründet § 613a BGB nicht. Das gegenseitige Ausschlussverhältnis bzgl. der Arbeitgebereigenschaft bedingt sonach, dass, steht die Arbeitgeberschaft eines der potentiellen Arbeitgeber fest, der jeweils andere nicht Arbeitgeber und daher nicht zur Geltendmachung von Rechten gegenüber dem Arbeitnehmer befugt sein kann. Diese Rechtsverschränkung hat zugleich zur Folge, dass die jeweils andere Veräußerungspartei in ihrer in Anspruch genommenen Rechtsträgerschaft bzgl. des Arbeitsverhältnisses persönlich betroffen ist.[297]

1. Anlehnung an die Figur des Prätendentenstreits, § 75 ZPO

Angesichts dieser Konkurrenz um die Arbeitgeberposition ließe sich für die Bejahung eines feststellungsfähigen „Parteien-Rechtsverhältnisses“ zwischen den Veräußerungsparteien auf die gesetzliche Figur des Prätendentenstreits nach § 75 ZPO rekurrieren. In dieser Konstellation erkennt auch der Gesetzgeber ein feststellungsfähiges Rechtsverhältnis zwischen zwei Prätendenten an, wenn diese um eine Rechtsposition gegenüber einem Dritten streiten.

a. Prätendentenstellung als feststellungsfähiges Rechtsverhältnis

Die Beziehung der am Unternehmeskauf Beteiligten beruht – wie bereits angesprochen – auf einem Ausschlussverhältnis bzgl. der Arbeitgeberstellung. Eine vergleichbare Konstellation behandelt § 75 ZPO mit dem Übergang eines Prozesses zwischen Gläubiger und Schuldner in einen Prozess zwischen den konkurrierenden Gläubigern, den sog. Prätendentenstreit. § 75 ZPO erfasst damit Dreiecksverhältnisse, in denen mehrere Personen alternativ als Gläubiger in Betracht kommen und jede dieser Personen die

[296] So aber AR-Blattei SD (*Hergenröder*), 500.1 Rn. 1228, 1230; Soergel/*Raab*, BGB, § 613a Rn. 194.

[297] Ähnlich hat sich auch *Lüke*, FS für *Henckel*, 1995, 562, 576 f. geäußert, der ein unmittelbares Betroffensein eines eigenen Rechtes durch das festzustellende Rechtsverhältnis verlangt; so auch *Henckel*, Parteilehre und Streitgegenstand, 1961, S. 86 ff., insbesondere S. 88, wo er ausführt, das derjenige, der fremde Rechte feststellen lasse, damit auch ausschließlich den Schutz eigener Rechte bezwecken wollen könne: „Das Recht, das Objekt des Rechtsschutzes ist, muss nicht identisch sein mit dem Recht, das festgestellt werden soll.“

Gläubigerstellung sowohl gegenüber dem Schuldner als auch gegenüber dem jeweiligen Konkurrenten für sich in Anspruch nimmt.

Sowohl Rspr. als auch Lit. – inklusive derjenigen Vertreter, die eine Drittrechtsfeststellung im Grunde ablehnen – qualifizieren über § 75 ZPO hinaus dieses Konkurrenzverhältnis als ein zwischen den potentiellen Gläubigern bestehendes Rechtsverhältnis, welches auch präventiv für gerichtliche Feststellungen über § 256 ZPO offen sei (sog. vorweggenommener Prätendentenstreit).[298] Diese Annahme stützt sich auf die gesetzliche Regelung des § 660 Abs. 2 BGB, der, so diese Ansicht, die Zulässigkeit eines Prätendentenstreits stillschweigend voraussetze.[299] Ferner sei Gegenstand der Klage gerade die Klärung der eigenen Rechtsstellung[300], wenn dies auch im Klageantrag selbst nicht zum Ausdruck komme. Denn dem Prätendentenstreit liege, wie *Lüke* für die Konstellation der Hauptintervention herausgearbeitet hat, ein Unterlassungs-/ Abwehranspruch zugrunde, der aus dem Eingriff des Konkurrenten in die Zuständigkeit für die Forderung resultiert.[301]

b. Prätendentenstreit um den Vertragspartnerstatus

Geht es im Falle des § 75 ZPO angesichts des Hinterlegungserfordernisses um konkrete Geld- oder Herausgabeansprüche[302], steht vorliegend die Feststellung des Vertragspartners im Raum. Betrachtet man das Arbeitsverhältnis faktisch als eine Bündelung einer Vielzahl von Rechten und Pflichten, sind beide Fälle einander jedoch derart angenähert, dass die Zulassung einer präventiven Feststellungsklage auch auf den Streit um die Vertragspartnerstellung Anwendung finden kann.[303] In beiden Fällen streiten

---

[298] RG vom 19.02.1920 – IV 184/19 - RGZ 98, 143, 145; BGH vom 29.06.1987 – II ZR 198/86 – NJW-RR 1987, 1439, 1440 mit ausführlicher Begründung; vom 02.10.1991 – VIII ZR 21/91 – NJW-RR 1992, 252, 253; vom 02.10.1992 – IV ZR 231/91 – NJW-RR 1992, 1151, 1152; vom 16.06.1993 – VIII ZR 222/92 – NJW 1993, 2539, 2540; Musielak/*Weth*, ZPO, § 75 Rn. 1; Zöller/*Greger*, ZPO, § 256 Rn. 3b. Vgl. auch Stein/Jonas-*H. Roth*, ZPO, § 256 Rn. 36 mwN; *Lüke*, FS für Henckel, 1995, S. 562, 569 ff. mwN; *Häsemeyer*, Anm. zu BGH vom 16.06.1993 – VIII ZR 222/92 – ZZP 107 (1994), 228, 232 f.

[299] BGH vom 29.06.1987 – II ZR 198/86 – NJW-RR 1987, 1439, 1440; Stein/Jonas-*H. Roth*, ZPO, § 256 Rn. 36; *Jacobs*, Gegenstand Feststellungsverfahren, 2005, S. 368 f.

[300] *Lüke*, FS für Henckel, 1995, 562, 573; BGH vom 29.06.1987 – II ZR 198/86 – NJW-RR 1987, 1439, 1440.

[301] *W. Lüke*, Beteiligung Dritter am Zivilprozeß, S. 363 ff., 371; zust. *Lüke*, FS für Henckel, 1995, 562, 574; *Jacobs*, Gegenstand Feststellungsverfahren, 2005, S. 371, 374 mwN, der von negatorischem Abwehranspruch spricht; ebenso wohl BGH vom 29.06.1987 – 2 ZR 198/86 – NJW-RR 1987, 1439, 1440; abstellend auf § 816 Abs. 2 BGB als Anspruchsverhältnis unter Gläubigerprätendenten, *Trzaskalik*, Rechtsschutzzone der Feststellungsklage, 1978, S. 163; auf ein die Zuständigkeit für die Forderung schützendes Abwehrrecht abstellend, *Picker*, FS für Flume, Band 1, 1978, S. 649, 675 ff., 711 ff., 720 ff.; zust. *Jacobs*, Gegenstand Feststellungsverfahren, 2005, S. 372 ff. mwN.

[302] MüKo-ZPO/*Schultes*, § 75 Rn. 4; Stein/Jonas-*Bork*, ZPO, § 75 Rn. 3; Thomas/Putzo-*Hüßtege*, ZPO, § 75 Rn. 2.

[303] Vgl. hierzu BGH vom 29.06.1987 – II ZR 198/86 – NJW-RR 1987, 1439, 1439 ff.; vom 02.10.1991 – XIII ZR 21/91 – NJW-RR 1992, 252; vom 20.05.1992 – IV ZR 231/91 – NJW-RR 1992, 1151, 1151.

die Parteien um eine alternativ bestehende Rechtsposition gegenüber einem Dritten, die von ihnen beiden beansprucht wird mit dem Ziel einer gerichtlichen Entscheidung, die es dem Unterliegenden untersagt, sich als Berechtigter zu gerieren.

Die Ausdehnung der Grundsätze des Prätendentenstreits auf streitige Vertragspartnerstellungen wird dadurch bestärkt, dass der BGH seine Rspr. zum präventiven Prätendentenstreit auch auf den umgekehrten Fall angewandt hat, in dem die Schuldnerstellung bzgl. einer bestimmten Verbindlichkeit zwischen mehreren Personen streitig ist und deren Feststellung begehrt wird.[304] Lässt der BGH sowohl die Feststellung zwischen konkurrierenden Gläubigern wie auch Schuldnern zu, ist der Schritt zur Feststellung eines Vertragspartnerstatus über ein Rechtsverhältnis, das eine Zusammenfassung sämtlicher hieraus entspringender Rechte und Pflichten darstellt, nicht weit. Hierfür sprechen auch prozessökonomische Erwägungen. Insbesondere die Vermeidung einer Vielzahl von Prozessen mit den betroffenen Arbeitnehmern legt es nahe, Meinungsverschiedenheit bzgl. der Arbeitgeberstellung zwischen den hierum konkurrierenden Veräußerungsparteien zuzulassen.[305]

2. Korrespondierendes Feststellungsinteresse

Bejaht man demzufolge ein prätendentenähnliches Parteirechtsverhältnis zwischen den Veräußerungsparteien, bedarf es darüber hinaus eines entsprechenden Feststellungsinteresses i.S.v. § 256 ZPO.[306] Ziel der Feststellungsklage ist es, gegenüber dem jeweils anderen Prätendenten eine in Rechtskraft erwachsende Ausschlusswirkung bzgl. des Arbeitsverhältnisses zu erzeugen.[307] Die Feststellung der eigenen Berechtigung und im Umkehrschluss der Nichtberechtigung des Prätendenten, der sich desselben Rechts berühmt, beendet die Ungewissheit um die Rechtsinhaberschaft.[308] In der Folge ist ein hinreichendes Feststellungsverhältnis in dieser Konstellation anzunehmen.

3. Beschränkung des Feststellungsinteresses durch den Prozess mit dem Arbeitnehmer

Es bleibt die Frage, wie in einer Konstellation zu verfahren ist, in der vor Erhebung der Prätendentenklage bereits ein Verfahren zwischen einem der potentiellen Arbeitgeber und dem Arbeitnehmer um die subjektive Ausrichtung des Arbeitsverhältnisses anhängig ist.

---

304 BGH vom 16.06.1993 – VIII ZR 222/92 – NJW 1993, 2539, 2540 m. zust. Anm. *Häsemeyer* ZZP 107 (1994), 228, 232 f., worin es um die Anwendbarkeit des § 613a BGB im Falle einer Betriebsübernahme aus der Insolvenz heraus wegen unklaren Übernahmezeitpunkts ging; dem folgend Zöller/*Greger*, ZPO, § 256 Rn. 3b; Stein/Jonas-*H. Roth*, ZPO, § 256 Rn. 36; die Möglichkeit, die Gründsätze des Forderungsprätendentenstreit in dieser Konstellation heranzuziehen, sieht auch *Lieb* ZfA 1994, 229, 248, ohne hierauf jedoch näher einzugehen.

305 Ebenso Soergel/*Raab*, § 613a BGB Rn. 194; *Lieb* ZfA 1994, 229, 247.

306 Zur Definition des Feststellungsinteresses oben unter B.II.

307 Vgl. hierzu BAG vom 24.06.2004 - 2 AZR 215/03 – AP Nr. 278 zu § 613a BGB [zu B.I.2.b) der Gründe]; Stein/Jonas-*H. Roth*, § 256 Rn. 35 f.

308 BGH vom 29.06.1987 – II ZR 198/86 – NJW-RR 1987, 1439, 1440; Soergel/*Raab*, § 613a BGB Rn. 194.

Im Falle des § 75 ZPO wird die Beendigung des Verfahrens zwischen Gläubiger und Schuldner mittels vorheriger Hinterlegung sichergestellt und auf diese Weise eine Klärung im Dreiecksverhältnis herbeigeführt. Im vorweggenommenen Prätendentenstreit hingegen fehlt es an einer solchen Mechanismus, Arbeitnehmer in die Klärung der Arbeitgeberstellung einzubeziehen, worauf die Lit. zu Recht hinweist.[309] Vor diesem Hintergrund darf für die Zulässigkeit eines Prätendentenstreits nicht unbeachtet bleiben, wie der Arbeitnehmer sich zu dieser Rechtsfrage verhält. Welche Anforderung hieran zu stellen sind, insbesondere in wie weit sich der Dritte der feststellenden Entscheidung im Prätendentenstreit unterordnet, wird unterschiedlich beurteilt.

Einer Ansicht nach genügt es jedenfalls nicht, wenn sich der Dritte dem Urteil rein freiwillig oder aus außerjuristischen Gründen unterwirft.[310] Ohne dieses Ausschlusskriterium jemals positiv formuliert zu haben, dreht sich diese Ansicht m.E. im Kreis. Auf der einen Seite erkennt sie prinzipiell die Zulässigkeit der Drittrechtfeststellung an, fordert aber auf der anderen Seite eine Bindungswirkung gegenüber dem Dritten, die der Prätendentenstreit aus sich heraus nicht zu erfüllen vermag.[311]

Demgegenüber überwiegen nach Ansicht des BGH prozessökonomische Erwägungen bereits dann, wenn der Schuldner zu erkennen gibt, dass er auf ein den Prätendentenstreit abschließendes Urteil hin zur Leistung bereit ist.[312] Eine solche Bereitschaft vermutet der BGH sogar und geht infolge dessen davon aus, dass die gegen den Prätendentenstreit gerichteten Rechtskraftbedenken allein theoretischer Natur sind und daher dem Feststellungsinteresse nicht entgegenstehen.[313] Dem ist im Grundsatz zuzustimmen. Hierfür sprechen schon rein praktische Schwierigkeiten, die subjektive Unterwerfungsabsicht des Arbeitnehmers nachzuweisen.

Überzeugender erscheint es, aus Rechtssicherheitsgründen eine objektive Zulässigkeitsschranke anzunehmen. Wenn mithilfe des Prätendentenstreits verhindert werden soll, den Streit auf dem Rücken des Arbeitnehmers auszutragen, geht dieser Zweck fehl, falls der Schuldner bereits selbst mit einem der Prätendenten vor Gericht steht. Dann erscheint es in der Tat sinnvoll, dem Rechtsstreit zwischen Arbeitnehmer und potentiellem Arbeitgeber Vorrang einzuräumen und den Prätendentenstreit zu sperren. Aus dieser Überlegung heraus ließe sich das Feststellungsinteresse für einen Prätendentenstreit auf diejenigen Fälle beschränken, in denen noch kein Rechtsstreit mit dem Arbeitnehmer anhängig ist. Den Prätendentenstreit zu sperren, stellt einen einfachen

---

[309] Vgl. BGH vom 29.06.1987 – 2 ZR 198/86 – NJW-RR 1987, 1439, 1440 sowie vom 02.10.1992 – IV ZR 231/91 – NJW-RR 1992, 1151, 1152, der ausführt, die in § 75 ZPO vorgesehene Streitverkündung helfe, Lücken in der Rechtskraftwirkung zu vermeiden; Stein/Jonas-*H. Roth*, § 256 Rn. 35.

[310] Stein/Jonas-*H. Roth*, ZPO, § 256 Rn. 35.

[311] Zur Möglichkeit der Streitverkündung siehe D.I.

[312] BGH vom 29.06.1987 – 2 ZR 198/86 – NJW-RR 1987, 1439, 1440; vom 02.10.1992 – IV ZR 231/91 – NJW-RR 1992, 1151, 1152; vgl. auch BGH vom 13.05.1987 – I ZR 75/85 – NJW-RR 1987, 1522, 1523; vom 16.06.1993 – VIII ZR 222/92 – NJW 1993, 2539, 2540; ähnlich *Lüke*, FS für Henckel, 1995, 563, 575.

[313] BGH vom 29.06.1987 – 2 ZR 198/86 – NJW-RR 1987, 1439, 1440; vgl. auch BGH vom 02.10.1991 – VIII ZR 21/91 – NJW-RR 1992, 252, 253, der ein Feststellungsinteresse ohne weiteres bejaht.

und sicheren Weg dar, die Herstellung von Rechtsklarheit unter allen Beteiligten zu gewährleisten. Geeignete Mittel, den Konkurrenten in diesem Fall in den Rechtsstreit mit dem Arbeitnehmer einzubinden, sind je nach Aktionsrichtung die Streitverkündung oder die Nebenintervention. Darüber hinaus kommt eine subjektive Klagenhäufung in einem einheitlichen Verfahren in Betracht.[314]

Nach dieser Ansicht setzt also das Feststellungsinteresse im Verhältnis der Veräußerungsparteien voraus, dass noch kein Rechtsstreits in derselben Sache mit dem Arbeitnehmer anhängig ist.

4. Rechtsweg – Eingriff in die Zuständigkeit der Arbeitsgerichtsbarkeit

Zu einer möglichen Rechtswegdivergenz wegen Kompetenzüberschneidung mit der Arbeitsgerichtsbarkeit kommt es im Falle des Prätendentenstreits nicht, selbst wenn der Antrag auf Feststellung des Arbeitsverhältnisses zum Arbeitnehmer gerichtet ist. Denn das Enumerationsprinzip des ArbGG beschränkt die ausschließliche Zuständigkeit der Arbeitsgerichte auf Bestandsstreitigkeiten zwischen Arbeitnehmer und Arbeitgeber (vgl. § 2 Abs. 1 Nr. 3, 1. HS, Abs. 1 Nr. 3b ArbGG). So meint denn auch der BGH, dass, solange der Prätendentenstreit um die Arbeitgeberstellung keine Bindungswirkung im Verhältnis zum Arbeitnehmer entfalte, ein Eingriff in die Zuständigkeit der Arbeitsgerichte nicht vorliege.[315]

Damit ist nach der Generalklausel des § 13 GVG für den Prätendentenstreit um die Arbeitgeberstellung der Rechtsweg zu den ordentlichen Zivilgerichten eröffnet.

VI. Ergebnis

Über die Heranziehung der Rechtsfigur des präventiven Prätendentenstreits gelangen sowohl die Rechtssprechung als auch die Lit. zur Zulässigkeit einer Feststellungsklage zwischen Konkurrenten um eine Rechtsposition gegenüber einem Dritten. In Übertragung dieser Grundsätze auf die Streitigkeit um den Vertragspartnerstatus, insbesondere die Arbeitgeberstellung, ist eine Feststellungsklage auch unter den Arbeitgeberprätendenten zuzulassen. Die Zulässigkeit einer solchen Klage ist jedoch durch das negative Kriterium beschränkt, dass nicht bereits ein Prozess zwischen einem der Prätendenten und dem Arbeitnehmer in derselben Sache anhängig sein darf.

D. Einbeziehung des jeweiligen Dritten in die Urteilswirkungen

Unabhängig davon, ob das Urteil eine Feststellungsklage bzgl. eines Parteien- oder eines Drittrechtsverhältnisses abschließt, sind hieran rechtskräftig ausschließlich die Prozessparteien gebunden, § 325 Abs. 1, 1. HS ZPO.[316] Angesichts des Dreipersonenverhältnisses wird aber, sollten die Prätendenten einen nachfolgenden Streit mit dem

---

314 Siehe hierzu unten unter D.IV.

315 BGH vom 16.06.1993 – VIII ZR 222/92 - NJW 1993, 2539, 2539 ff., eingehend besprochen unten unter D.5.

316 Das ist Ausfluss der gesetzgeberischen Entscheidung für das Zweiparteiensystem im Zivilprozess. Ausführlich zur daraus folgenden Notwendigkeit der Streitverkündung, *Eibner*, Streitverkündung, 1986, S. 5 ff.

Arbeitnehmer um die Arbeitgeberstellung nicht ausschließen können, ein Bedürfnis bestehen, die Feststellungswirkungen auch auf diesen zu erstrecken. Das führt zu der Problematik, wie eine von der Erstentscheidung im Prätendentenstreit divergierende Entscheidung in einem nachfolgenden Zweitprozess mit dem Arbeitnehmer verhindert werden kann.[317]

I. Streitverkündung, § 72 ZPO

Als ein mögliches Mittel, den Dritten in den Prozess einzubinden, kommt zunächst die Streitverkündung nach § 72 Abs. 1 ZPO in Betracht.

1. Voraussetzungen der Streitverkündung: Streitverkündungsgrund

Als Streitverkündungsgrund i.S.v. § 72 ZPO ist ausreichend aber auch erforderlich, dass der Streitverkünder oder der Streitverkündete im Falle des Unterliegens des Streitverkünders in der Sache einen Anspruch gegen den jeweils anderen geltend machen kann, der zu der im aktuellen Prozess behaupteten Rechtsposition in einem Verhältnis wechselseitiger Ausschließung steht.[318] Ein solches Alternativverhältnis wird angenommen, wenn ein auf dasselbe Erfüllungsziel gerichteter Anspruch in Betracht kommt.[319] Dieser Streitverkündungsvariante wird ebenfalls die Konstellation zugeordnet, in der die Schuldnerschaft wegen Streits um die Person des Vertragspartners unklar ist.[320]

2. Wirkungen der Streitverkündung, §§ 74, 68 ZPO

Auf die Streitverkündung hin hat der Streitverkündete die Möglichkeiten, untätig zu bleiben, § 74 Abs. 2 ZPO, oder dem Verfahren beitreten, §§ 74 Abs. 1, 68 ZPO. In beiden Fällen ist es dem Streitverkündeten verwehrt, die Entscheidung des Vorprozess in einem Nachfolgeprozess als unrichtig anzugreifen (sog. Interventionswirkung,

---

317 Ebenso explizit für die Konstellation des Betriebsübergangs, KDZ-*Däubler/Zwanziger*, § 613a BGB Rn. 146.

318 BGH vom 08.10.1981 – VII ZR 341/80 – NJW 1982, 281, 282 mwN; vom 09.11.1982 - VI ZR 293/79 NJW 1983, 820, 821 zur Alternativschuldnerschaft; HaKo-ZPO/*Kayser*, § 72 Rn. 8; Musielak/*Weth*, ZPO, § 72 Rn. 6; Rosenberg/Schwab/Gottwald, Zivilprozessrecht, § 51 Rn. 16 f.; enger wohl Thomas/Putzo-*Hüßtege*, ZPO, § 72 Rn. 6, 7f., der nur Ansprüche auf Gewährleistung oder Schadensersatz genügen lässt. Vgl. zudem *Häsemeyer* ZZP 84 (1971), 179, 183, 188 ff., der von Abhängigkeit mehrerer Rechtsverhältnisse spricht und von „positiv gleichgerichteten Alternativität“; ausführlich zur Ausdehnung des Streitverkündungsgrunds auf Alternativverhältnisse, *Eibner*, Streitverkündung, 1986, S. 45 ff.

319 BGH vom 09.10.1975 – VII ZR 130/73 – BGHZ 65, 127, 131 ff., 134; vom 28.10.1988 – 4 ZR 14/87 – NJW 1989, 521, 522; HaKo-ZPO/*Saenger*, § 72 Rn. 10; Musielak/*Weth*, ZPO, § 72 Rn. 5; *Schellhammer*, Zivilprozess, Rn. 1627 f.; *Eibner*, Streitverkündung, 1986, S. 48 f.; *Laumen*, FS für Baumgärtel, 1990, S. 281, 282 f.; *Häsemeyer* ZZP 84 (1971), 179, 183 f.

320 BGH vom 08.10.1981 – VII ZR 341/80 – NJW 1982, 281, 282, der darüber zu befinden hatte, ob der Vertragsschluss durch den Erklärenden in eigenem oder in fremdem Namen erfolgt war; HaKo-ZPO/*Kayser*, § 72 Rn. 8, 10; Zöller/*Vollkommer*, ZPO, § 72 Rn. 8; *Laumen*, FS für Baumgärtel, 1990, S. 281, 282 f.

§§ 74 Abs. 3, 68 ZPO), es sei denn, er kann sich erfolgreich auf die Einrede fehlerhafter Prozessführung berufen, § 68, 2. HS. ZPO.[321]

Von ihrem Umfang her ist die Interventionswirkung unabhängig davon, ob der Streitverkünder im Erstprozess unterliegt oder obsiegt.[322] Sie wirkt jedoch ausschließlich zugunsten des Streitverkündeten.[323] Sie bezieht sich auf die tragenden tatsächlichen sowie rechtlichen Feststellungen, auf denen das Urteil beruht.[324] Infolge einer wirksamen Streitverkündung stünden also insbesondere die Beurteilung der Betriebsübergangsvoraussetzungen nach § 613a BGB im Verhältnis zum Streitverkündeten fest, auch wenn sie nur eine Vorfrage im Prozess bildet.[325]

3. Streitverkündung im Rahmen der Statusklage

Die Streitverkündung als Mittel, in der Dreierkonstellation des Betriebsübergangs den jeweils Dritten an die Urteilsfeststellungen zu binden, wird von nicht wenigen Stimmen erwogen und befürwortet. Sie beziehen sich auf verschiedenste Konstellationen.[326] Vertiefte Auseinandersetzungen mit den Anforderungen an einen hinreichenden Streitverkündungsgrund finden sich demgegenüber selten.[327]

---

321 Zur Interventionswirkung bei Beitritt auf Seiten des Gegners des Streitverkünders, BGH vom 09.11.1982 - VI ZR 293/79 NJW 1983, 820, 821; Thomas/Putzo-*Hüßtege*, ZPO, § 74 Rn. 1. Zur Möglichkeit einer doppelten Streitverkündung, Rosenberg/Schwab/Gottwald, Zivilprozessrecht, § 51 Rn. 15; MüKo-ZPO/*Schultes*, § 72 Rn. 19, § 74 Rn. 9 mit Hinweis auf die streitigen Rechtsfolgen.

322 BGH vom 09.10.1975 – VII ZR 130/73 – BGHZ 65, 127, 131 mwN; vom 22.12.1977 – VII ZR 94/76 – BGHZ 70, 187, 189.

323 So die h.M., BGH vom 26.03.1987 – VII ZR 122/86 – JR 1988, 67, 67 f. mwN und kritischer Anm. *Häsemeyer*; vom 02.02.2000 – VIII ZR 12/99 – NJW 2000, 1407, 1408 mwN; BAG vom 26.03.1987 – IX ZR 69/86 – AP Nr. 66 zu § 613a BGB [zu I. der Gründe] mwN; ausführlich *Schellhammer*, Zivilprozess, Rn. 1633 mwN; Zöller/*Vollkommer*, ZPO, § 68 Rn. 6 mwN. Auch im Falle des Beitritts lehnt die h.M. eine Interventionswirkung zugunsten des Beitretenden ab (str.), BGH vom 16.01.1997 – I ZR 208/94 - NJW 1997, 2385, 2386; ebenso MüKo-ZPO/*Schultes*, § 68 Rn. 9 mwN; *Eibner*, Streitverkündung, 1986, S. 71 ff.; aA Stein/Jonas-*Bork*, ZPO, § 68 Rn. 18 ff. mwN; Rosenberg/Schwab/Gottwald, Zivilprozessrecht, § 50 Rn. 59, 60 mwN; ausführlich *Häsemeyer* ZZP 84 (1971), 179, 198 f.

324 Ausführlich hierzu *Eibner*, Streitverkündung, 1986, S. 86 ff.

325 Vgl. hierzu LAG Frankfurt vom 17.12.1987 – 9/13 Sa 333/87 – LAGE Nr. 12 zu § 613a BGB [zu I.2. der Gründe]; ebenso im arbeitsgerichtlichen Verfahren, Stein/Jonas-*Bork*, 21. Aufl., ZPO, § 72 Rn. 18; *Grunsky*, ArbGG,§ 46 Rn. 11.

326 BGH vom 26.03.1987 - IX ZR 69/86 – AP Nr. 66 zu § 613a BGB [zu I. der Gründe]; BAG vom 31.01.2008 – 8 AZR 11/07 – BeckRS 2008, 54209; LAG Frankfurt vom 17.12.1987 – 9/13 Sa 333/87 – LAGE § 613a BGB Nr. 12 [zu I.2. der Gründe]; APS-*Steffan*, § 613a BGB Rn. 253; AR-Blattei SD (*Hergenröder*), 500.1 Rn. 1249; KDZ-*Däubler/Zwanziger*, § 613a BGB Rn. 147, 149; KR/*Friedrich*, § 4 KSchG Rn. 96b; KR/*Pfeiffer*, § 613a BGB Rn. 209; Staudinger/*Annuß*, § 613a BGB Rn. 341; vgl. auch Hako-KSchR/*Gallner*, § 4 KSchG Rn. 102; *Bakker*, Anm. zu BAG vom 31.03.1993 – 2 AZR 467/92 – EzA KSchG § 4 n.F. Nr. 46 [zu III. der Ausführungen] *Hillebrecht* NZA Beil. 4/1989, 10, 20; *Meyer* NZA 2000, 207, 302.

327 Vgl. *Bakker*, Anm. zu BAG vom 31.03.1993 – 2 AZR 467/92 – EzA KSchG § 4 n.F. Nr. 46; *Habscheid*, Anm. zu LG Berlin vom 14.11.1957 – 10 O 72/57 – NJW 1958, 834. Ohne weiteres einen Streitverkündungsgrund annehmend, LAG Frankfurt vom 17.12.1987 – 9/13 Sa 333/87 – LAGE §

a. Alternativverhältnis der Arbeitgeberstellung als Streitverkündungsgrund

Im Unterschied zu den im Hinblick auf den Streitverkündungsgrund anerkannten Streitigkeiten um die Person des Schuldners[328] liegt dem Erstprozess in Form der Statusklage nicht ein konkreter Anspruch, sondern die Feststellung des Vertragspartners zugrunde.

Ob die Streitverkündung auf solche Feststellungsstreitigkeiten ausgedehnt werden kann, ist fraglich. Denn selbst eine weite Auslegung des § 72 Abs. 1 ZPO setzt grundsäzlich einen Alternativ*anspruch* voraus, der in Abhängigkeit von der Entscheidung im Ausgangsprozess steht. Einige arbeitsrechtliche Stimmen, die sich mit vergleichbaren Konstellationen infolge von § 613a BGB beschäftigen, setzen diese Prämisse stillschweigend voraus.[329] Die zivilprozessuale Kommentarliteratur äußert sich zu dieser Problematik – soweit ersichtlich – nicht.

Der Wortlaut des § 72 ZPO schließt einen Erstprozess in Form der Feststellungsklage nicht zwingend aus; er spricht von „Rechtsstreit" und ist darüber hinaus im allgemeinen Teil der ZPO verortet.

i. Alternativschuldnerschaft infolge des Alternativrechtsverhältnisses

Darüber hinaus setzt die Streitverkündung voraus, dass im Falle des Unterliegens der Streitverkündete als Alternativschuldner feststeht.[330]

Diese Anforderung erfüllt grundsätzlich auch ein Erstprozess, in dem nicht ein konkretes Erfüllungsziel, sondern die Feststellung eines Rechtsverhältnisses begehrt wird, welches die Grundlage für konkrete Ansprüche bildet. Denn aus der Vertragspartneralternativität bzgl. des Rechtsverhältnisses folgt die Schuldneralternativität für die mit diesem Rechtsverhältnis eingegangenen Verpflichtungen.[331] Insoweit stellt der Einzelanspruch lediglich einen Ausschnitt aus dem Rechtsverhältnis insgesamt dar. Wird demnach die gerichtliche Feststellung eines Rechtsverhältnisses zugelassen, bedingt dies ein berechtigtes Interesse, die diesbezügliche Entscheidung auf den möglichen Alternativvertragspartner ebenso zu erstrecken wie auf einen Alternativschuldner.

613a BGB Nr. 12 [zu I.2. der Gründe]; nunmehr auch das BAG, BAG vom 31.01.2008 – 8 AZR 11/07 – BeckRS 2008, 54209.

328 Sie hierzu Fn. 320.

329 BGH vom 26.03.1987 – IX ZR 69/86 – JR 1988, 71, 71 f.; BAG vom 31.01.2008 – 8 AZR 11/07 – BeckRS 2008, 54209; LAG Frankfurt vom 17.12.1987 – 9/13 Sa 333/87 – LAGE § 613a BGB Nr. 12 [zu I.2. der Gründe]; AR-Blattei SD (*Hergenröder*), 500.1 Rn. 1248 f.; die Streitverkündung als Mittel der Einbeziehung des Dritten nennt auch KR/*Friedrich*, § 4 KSchG Rn. 96b; § 613a Rn. 209; *Bauer/von Steinau-Steinrück* in: Hölters (Hrsg.), Unternehmenskauf, Teil VI Rn. 379; vgl. auch *Seiter*, Betriebsinhaberwechsel, G II 1 (S. 134); *Hillebrecht* NZA Beil.4/1989, 10, 20.

330 Dann nämlich besteht die besondere Abhängigkeit mehrerer Rechtsverhältnisse als „ausschließende Bedingtheit" oder „im materiellen Recht gründende Alternativität gleichwertiger Rechtsverhältnisse", wie *Häsemeyer* ZZP 84 (1971), 179, 183 f., 185 ff. als Zweck und Voraussetzung der Interventionswirkung definiert.

331 Ebenso *Bakker*, Anm. zu BAG vom 31.03.1993 – 2 AZR 467/92 – EzA Nr. 46 zu § 4 KSchG n.F., S. 17: Er weist in der Konstellation der Kündigungsschutzklage gegen eine noch vom Betriebsveräußerer ausgesprochene Kündigung ebenfalls auf die Alternativschuldnerstellung der potentiellen Arbeitgeber als Gegner der Kündigungsschutzklage hin.

Dieses Argument greift auch, was die Arbeitgeberalternativität anlässlich einer Betriebsveräußerung anbelangt. Sie impliziert eine Schuldneralternativität für sämtliche nach dem Zeitpunkt der Veräußerung entstehenden Ansprüche aus dem Arbeitsverhältnis, § 613a Abs. 1 Satz 1 BGB.

ii. Sinn und Zweck der Streitverkündung

Das Interesse, den Alternativvertragspartner an die Feststellungen des Urteils im Statusprozess zu binden, geht darüber hinaus konform mit dem Zweck der Streitverkündung. Sie dient als prozessualer Behelf zuvörderst den Interessen des Streitverkünders, der Gefahr divergierender Beurteilungen zu begegnen, wenn er im Hinblick auf einen einheitlichen Vorgang gezwungen ist, mehrere Prozesse gegen verschiedene Personen zu führen. Die Interventionswirkung soll ihn davor schützen, sämtliche dieser Prozesse zu verlieren, obwohl er wegen der materiell-rechtlichen Verknüpfung der im Vor- und Folgeprozess geltend gemachten Ansprüche zumindest einen davon gewinnen müsste.[332] Zudem gibt sie dem Streitverkündeten die Gelegenheit, sich mittels Nebenintervention in den Prozess einzuschalten.[333]

Dasselbe Schutzbedürfnis findet sich bei den Parteien einer Statusfeststellungsklage bzgl. des Arbeitsverhältnisses.[334] So kann sich beispielsweise ein Arbeitnehmer, der von der einen Veräußerungspartei auf Feststellung der Arbeitgeberschaft verklagt wurde, der gegenläufigen Behauptung der jeweils anderen, nicht am Prozess beteiligten Veräußerungspartei, sie sei der wahre Arbeitgeber, ausgesetzt sehen. Umgekehrt stellt sich die Gefahr für den klagenden Arbeitnehmer dar, wenn seine zunächst erhobene Statusklage gegen die eine Veräußerungspartei abgewiesen wird, und er nun gegen die jeweils andere Veräußerungspartei vorgeht. Einmal geht es um die Gefahr einer zweimaligen Bejahung und damit die Gefahr doppelter Inanspruchnahme, das andere Mal um die Gefahr einer zweifachen Verneinung der Arbeitgeberstellung. Auch die Statusklage bedarf sonach der Streitverkündung als Mittel, die Beurteilung der Betriebsübergangsvoraussetzungen gegenüber allen Beteiligten bindend zu klären.

iii. Gesamtschuldnerische Haftung

Die Anordnung der gesamtschuldnerischen Haftung der Veräußerungsparteien in § 613a Abs. 2 BGB steht der Notwendigkeit eines „Bindeinstruments" nicht entgegen. Zwar versagt die allgemeine Ansicht die Streitverkündung, wenn von vornherein eine kumulative Haftung der möglichen Anspruchsgegner im Raum steht.[335]

---

[332] *Bakker*, Anm. zu BAG vom 31.03.1993 – 2 AZR 467/92 – EzA Nr. 46 zu § 4 KSchG n.F., S. 17. Ausführlich zum Zweck der Streitverkündung, *Eibner*, Streitverkündung, 1986, S. 28 ff.

[333] BGH vom 28.10.1988 – V ZR 14/87 – NJW 1989, 521, 522; vom 14.11.1991 – I ZR 236/89 – BGHZ 116, 95, 100 mwN; Zöller/*Vollkommer*, ZPO, § 72 Rn. 1; Rosenberg/Schwab/Gottwald, Zivilprozessrecht, § 51 Rn. 3; kritisch zur Heranziehung des Zwecks als Argument für die Streitverkündungsmöglichkeit, *Häsemeyer* ZZP 84 (1971), 179, 181 f., 183.

[334] So angedeutet auch bei *Bakker*, Anm. zu BAG vom 31.03.1993 – 2 AZR 467/92 – EzA Nr. 46 u § 4 KSchG n.F., S. 17.

[335] BGH vom 09.10.1975 – VII ZR 130/73 – NJW 1976, 39, 40; vom 22.12.1977 – VII ZR 94/76 – BGHZ 70, 187, 189; MüKo-ZPO/*Schultes*, § 72 Rn. 12 mwN; Stein/Jonas-*Bork*, ZPO, § 72 Rn. 14

Allerdings erfasst § 613a Abs. 2 BGB ausschließlich vertretbare Ansprüche, die vor dem Betriebsübergang entstanden sind, nicht jedoch die Arbeitgeberstellung selbst.[336] Im Übrigen steht auch im unmittelbaren Anwendungsbereich des § 72 ZPO der Streitverkündungsmöglichkeit nicht entgegen, dass das Alternativverhältnis nur einen Teil des geltend gemachten Anspruchs erfasst.[337] Übertragen auf die Statusfeststellung genügt somit, wenn lediglich ein Teil der aus dem festzustellenden Rechtsverhältnis abgeleiteten Ansprüche eine Alternativschuldnerschaft begründen, wie im Falle des Arbeitsverhältnisses u.a. bezogen auf die Hauptleistungspflichten Beschäftigung und Arbeitsleistung sowie die Lohnzahlungspflicht nach Betriebsübergang.

b. Erforderlichkeit einer Einzelfallbetrachtung

Angesichts der vergleichbaren Rechtsschutzinteressen der Parteien erscheint es im Grundsatz nicht nur sachgerecht, sondern einzig konsequent, die Streitverkündung über die Situation konkreter Einzelansprüche hinaus auch im Falle der Statusklage zuzulassen. Insoweit stellt der Streit um die Arbeitgeberstellung ein besonders eindrückliches Beispiel für die Notwendigkeit der Streitverkündung dar.

Dies enthebt jedoch nicht davon, die Zulässigkeit der Streitverkündung in den einzelnen Fallkonstellationen einer Statusklage speziell zu beleuchten, was die Anforderungen an ein hinreichendes Alternativverhältnis anbelangt, so nachfolgend für die positive Statusklage.

c. Streitverkündung durch den Arbeitnehmer

Die Streitverkündung durch den Arbeitnehmer im Statusprozess – sei es als Kläger oder Beklagter – gegenüber der jeweils anderen Veräußerungspartei ist aufgrund der vorgenannten Überlegungen als stets zulässig zu erachten.

i. Arbeitnehmer als Kläger

Der Streitverkündungsgrund in dieser Konstellation liegt in der Alternativarbeitgeberstellung und damit der Alternativschuldnerschaft bzgl. der Ansprüche aus dem Arbeitsverhältnis begründet. Unterliegt der Arbeitnehmer mit seiner positiven Feststellungsklage, steht – jedenfalls dann, wenn nur ein einziger Erwerber in Betracht kommt und abgesehen von privatautonomen Vereinbarungen – aufgrund des Ausschlussverhältnisses nach materiellem Recht implizit fest, dass zu der jeweils anderen Veräußerungspartei das Arbeitsverhältnis besteht.[338]

---

mwN; Zöller/*Vollkommer*, ZPO, § 72 Rn. 8; Rosenberg/Schwab/Gottwald, Zivilprozessrecht, § 51 Rn 17; *Schilken*, Zivilprozess, Rn. 1629.

336 Hierzu unten 6. Abschn.

337 BGH vom 22.12.1977 – VII ZR 94/76 – BGHZ 70, 187, 191 f.; vom 09.10.1975 – VII ZR 130/73 – NJW 1976, 39, 40; MüKo-ZPO/*Schultes*, § 72 Rn. 12; Stein/Jonas-*Bork*, ZPO, § 72 Rn. 14.

338 Vgl. *Häsemeyer* ZZP 84 (1971), 179, 184. Die Zulässigkeit der Streitverkündung ebenfalls bejahend, *Bauer/von Steinau-Steinrück* in: Hölters (Hrsg.), Unternehmenskauf, Teil VI Rn. 379. Für die Konstellation der Kündigungsschutzklage, *Bakker*, Anm. zu BAG vom 31.03.1993 – 2 AZR 467/92 – EzA Nr. 46 u § 4 KSchG n.F., S. 17; ebenso implizit das LAG Frankfurt vom 17.12.1987 – 9/13 Sa 333/87 – LAGE Nr. 12 zu § 613a BGB [zu I.2. der Gründe], das die Interventionswir-

ii. Arbeitnehmer als Kläger, wenn mehrere Betriebserwerber in Betracht kommen

Die Frage nach einem hinreichenden Streitverkündungsgrund stellt sich auch dann, wenn mehrere Personen als Betriebserwerber i.S.v. § 613a BGB in Betracht kommen. Das kann beispielsweise der Fall sein, wenn die (im-)materiellen Betriebsmittel nicht in ihrer Gesamtheit, sondern in Teilen an mehrere Erwerber veräußert werden, und sich daher neben der Frage des „ob" des Betriebsübergangs die Frage des „auf wen" stellt. Weder Rspr. noch Lit. nehmen – soweit ersichtlich – zur Problematik der Streitverkündung bei Existenz von mehr als zwei potentiellen Schuldnern Stellung.

Ein Interesse an der Bindung des prozessfremden Dritten an die Feststellungen des Erstprozesses besteht in gleichem Maße. Die Gefahr divergierender Entscheidungen ist umso größer, je mehr Personen als Arbeitgeber in Betracht kommen. Zugleich lässt das Unterliegen im Erstprozess jedenfalls den Rückschluss zu, dass eine der übrigen Personen der aktuelle Arbeitgeber ist. Dies ist beispielsweise der Fall, wenn der Arbeitnehmer Statusklage gegen den Betriebsveräußerer erhebt, die das Gericht nach Bejahung von § 613a BGB abweist. Hieraus folgt, dass das Arbeitsverhältnis jedenfalls auf einen der Käufer übergegangen sein muss. Möglicherweise lassen die Feststellungen des Ersturteils sogar einen eindeutigen Schluss auf die Arbeitgeberstellung einer der übrigen Personen zu.[339]

Zwar existiert hier kein absolutes Ausschlussverhältnis im Hinblick auf die Arbeitgeberstellung, da mehr als zwei Personen als Arbeitgeber in Betracht kommen. Selbst wenn das Gericht den nach § 613a BGB neuen Arbeitgeber nicht explizit benennt, ergibt sich jedenfalls aus dem abweisenden Urteil in Zusammenschau mit der materiellen Ausschlusswirkung, dass eine der übrigen Personen die Arbeitgeberstellung übernommen hat.

Dies macht es notwendig, dem klagenden Arbeitnehmer einen Weg zu eröffnen, die übrigen potentiellen Arbeitgeber an die tatsächlichen und rechtlichen Feststellungen des Ersturteils zu binden. Jedem Einzelnen muss es in möglichen Nachfolgeprozessen verwehrt sein, sich auf die Arbeitgeberstellung des bereits erfolglos Verklagten zu berufen.[340] Entsprechend reicht es m.E. für einen Streitverkündungsgrund aus, dass mehrere Personen alternativ als Arbeitgeber in Betracht kommen und das Alternativrechtsverhältnis zwischen dem Beklagten und „der Gruppe der übrigen potentiellen Arbeitgeber" besteht. Würde die Streitverkündung nicht gegenüber einem jeden potentiellen Arbeitgeber zugelassen, stünde der Kläger schlechter dar als in der Konstellation, in der lediglich zwei potentielle Gläubiger existieren, obwohl er ggf. mehrere Folgepro-

---

kung im Folgeverfahren nach Streitverkündung im vorangegangenen Kündigungsschutzprozess bejaht; aA KDZ-*Däubler/Zwanziger*, § 613a Rn. 147. Zur Kündigungsschutzklage unten 5. Kap.

[339] Das wird insbesondere der Fall sein, wenn der Arbeitnehmer Statusklage gegen den Betriebsveräußerer erhebt und insoweit das Urteil zu den konkreten Umständen, die § 613a BGB begründen, Stellung nimmt. Allerdings ist auch denkbar, dass der Arbeitnehmer gegen einen der potentiellen Erwerber vorgeht und das Gericht zu dem Ergebnis kommt, es habe jedenfalls auf den Beklagten kein Betriebsübergang stattgefunden.

[340] Ggf. kommt auch eine weitere Streitverkündung des Streitverkündeten nach § 72 Abs. 2 ZPO gegen einen weiteren Arbeitgeberprätendenten in Betracht.

zesse führen muss. Insoweit stellt sich die mehrfache Streitverkündung gegenüber jedem der potentiellen Arbeitgeber als einzige Möglichkeit dar, die Arbeitgeberstellung – ggf. mittels mehrerer nacheinander geschalteter Klagen und dort ausgeübten Streitverkündungen – unter allen Aspekten zu klären.

iii. Arbeitnehmer als Beklagter

Die Statusklage eines potentiellen Arbeitgebers gegen den Arbeitnehmer ist der Ausgangskonstellation eines Prätendentenstreits nach § 75 ZPO weitgehend angenähert, der die Streitverkündung des beklagten Schuldners gegenüber dem außen stehenden, alternativen Gläubiger explizit vorsieht.[341] Allerdings macht die fehlende Hinterlegungsfähigkeit des Streitobjekts[342] einen Rückgriff auf § 72 Abs. 1, 3. Alt. ZPO erforderlich. Die Alternative der „Besorgnis“, einem Anspruch des streitverkündeten Dritten ausgesetzt zu sein, erfasst über § 75 ZPO hinaus sämtliche Konstellationen, in denen ein Dritter als Rechtsprätendent auftritt,[343] so beispielsweise im Fall von Ansprüchen auf Vornahme von Handlungen.[344]

Unter diese Variante des § 72 ZPO lässt sich in weiter Auslegung auch die vorliegende Konstellation subsumieren, indem man statt der Voraussetzung eines Alternativanspruchs wiederum das Alternativverhältnis bzgl. der Arbeitgeberstellung genügen lässt. Denn unterliegt der Arbeitnehmer, steht die Arbeitgebereigenschaft des Klägers gegenüber dem Arbeitnehmer rechtskräftig fest. Wie im Fall mehrerer Gläubiger der Schuldner sieht sich der unterliegende Arbeitnehmer infolgedessen mit der Gefahr doppelter Inanspruchnahme insofern konfrontiert, als auch die jeweils andere Veräußerungspartei Status- oder Leistungsklage gegen ihn mit der Behauptung der Arbeitgebereigenschaft erheben könnte. Es besteht aus Sicht des Arbeitnehmers daher die Notwendigkeit, die Entscheidung des Erstprozesses auch dem jeweils anderen Übernahmebeteiligten entgegenhalten zu können.

Die Parallelen zum Streit um die Gläubigereigenschaft sprechen dafür, die Streitverkündung in dieser Konstellation ebenfalls zuzulassen, sollten mehr als zwei Arbeitgeberprätendenten existieren.

d. Streitverkündung unter den Prätendenten

Fraglich ist, ob eine Streitverkündung im Statusverfahren mit dem Arbeitnehmer auch im Verhältnis der Veräußerungsparteien untereinander erfolgen kann, also von der einen Prozesspartei gegenüber der außerhalb des Prozesses stehenden anderen Veräußerungspartei. Dabei ist richtigerweise zwischen verschiedenen Konstellationen zu differenzieren[345]:

---

341 MüKo-ZPO/*Schultes*, § 72 Rn. 14.

342 MüKo-ZPO/*Schultes*, § 75 Rn. 4; Stein/Jonas-*Bork*, ZPO, § 75 Rn. 3; Thomas/Putzo-*Hüßtege*, ZPO, § 75 Rn. 2.

343 MüKo-ZPO/*Schultes*, § 72 Rn. 14; Stein/Jonas-*Bork*, ZPO, § 72 Rn. 15.

344 Stein/Jonas-*Bork*, ZPO, § 72 Rn. 15 mwN.

345 AA *Oberhofer* AuR 1989, 293, 298, der pauschal die Streitverkündung des einen gegen dem anderen Arbeitgeber zulassen will.

i. Streitverkündung des beklagten Betriebserwerbers gegenüber dem -veräußerer

Unterliegt der beklagte Betriebserwerber, besagt das Urteil, dass die Arbeitgeberstellung auf ihn übergegangen ist, und zugleich, dass zwischen den Veräußerungsparteien gemäß § 613a Abs. 2 BGB ein Gesamtschuldverhältnis bzgl. rückständiger Forderungen aus dem Arbeitsverhältnis besteht.

Da sich aus dem Unterliegen des Erwerbers in diesem Prozess gerade nicht der Rückschluss auf die Arbeitgeberstellung des Betriebsveräußerers ergibt, kann die Alternativität der Arbeitgeberstellung den Streitverkündungsgrund hier nicht stützen. Möglicherweise kann aber das gesetzliche Gesamtschuldverhältnis, aus dem ein interner Freistellungs-/Regressanspruch nach § 426 BGB gegen den Betriebsveräußerer folgt, die Streitverkündung rechtfertigen. So ist für die Variante „Anspruch auf Schadloshaltung gegen einen Dritten" i.S.v. § 72 Abs. 1, 2. Alt. ZPO anerkannt, dass ein beklagter Gesamtschuldner dem jeweils anderen Gesamtschuldner im Hinblick auf den Ausgleichsanspruch den Streit verkünden kann.[346]

Vor diesem Hintergrund spricht für die Ausdehnung des § 72 Abs. 1, 2. Alt. ZPO[347] auf die hier beleuchtete Konstellation zum einen, dass das Gesamtschuldverhältnis als gesetzliches Schuldverhältnis bereits mit Betriebsübergang entsteht unabhängig von der Existenz oder Geltendmachung konkreter Einzelansprüche gegenüber den Veräußerungsparteien.[348] Ferner entspringt die gesamtschuldnerische Haftung gerade denselben Rechtsfolgen wie das im Erstprozess festzustellende Rechtsverhältnis, nämlich der Beurteilung von § 613a BGB als Vorfrage. Zugleich stellt ein von der Gesamtschuld erfasster Arbeitnehmeranspruch ein „Teil"-Recht des im Erstprozess festzustellenden Rechtsverhältnisses dar.[349] Insgesamt kommt hierin die unmittelbare materiellrechtliche Verknüpfung von Rechtsverhältnis und Regressanspruch zum Ausdruck: Mit der inzidenter-Feststellung des Betriebsübergangs steht und fällt der Rückgriffsanspruch aus der Gesamtschuld. Dieser Zusammenhang begründet das berechtigte Interesse des Betriebserwerbers, die identische Beurteilung der Betriebsübergangsvoraussetzungen in einem Regressprozess gegen den Betriebsveräußerer auf der Grundlage von § 613a Abs. 2 BGB zu sichern.

Es erscheint deshalb sachgerecht, anstelle eines konkreten Anspruchs als Streitobjekt des Erstprozesses ein Feststellungsbegehren ausreichen zu lassen, wenn das festzustellende Rechtsverhältnis die Grundlage der gesamtschuldnerischen Haftung von Beklagtem und Streitverkündetem bildet.[350]

---

[346] OLG München vom 11.10.1985 14 U 209/85 – NJW 1986, 263, 263 m. zust. Anm. *Vollkommer*; MüKo-ZPO/*Schultes*, § 72 Rn. 11; Stein/Jonas-*Bork*, ZPO, § 72 Rn. 13.

[347] I.E. ebenso KDZ-*Däubler/Zwanziger*, § 613a BGB Rn. 149 für Kündigungsschutzsachverhalte.

[348] Siehe zur Gesamtschuldnerschaft oben Kap. 2, 2. Abschn., B.III.3.a.

[349] Vgl. die Herausarbeitung des Interventionszwecks bei *Häsemeyer* ZZP 84 (1971), 179, 183 f.: „ausschließende Bedingtheit" oder „im materiellen Recht gründende Alternativität gleichwertiger Rechtsverhältnisse".

[350] So auch KDZ-*Däubler/Zwanziger*, § 613a BGB Rn. 149, die – allerdings im Kontext einer Kündigungsschutzklage – auf eine bezweckte „Schadloshaltung" (§ 72Abs. 1 ZPO) gegenüber dem Erwerber abstellen.

ii. Übrige denkbare Konstellationen

Als problematisch stellt sich das Vorliegen eines Streitverkündungsgrundes in den übrigen Konstellationen dar. Abgesehen von privatautonomen Vereinbarungen kommt in diesen im Falle des Unterliegens des Streitverkünders weder ein Alternativanspruch aus dem Arbeitsverhältnis, den der Streitverkünder auf den Streitverkündeten abwälzen will, noch ein Feststellungsinteresse des Streitverkünders bzgl. der Gesamtschuldvoraussetzungen in Betracht.[351] Dies spricht zunächst gegen die Zulässigkeit einer Streitverkündung.

Ist Streitgegenstand die Feststellung eines Rechtsverhältnisses, das für ein Dreiecksverhältnis wie dasjenige infolge von § 613a BGB relevant ist, besteht allerdings stets die Gefahr, dass der im Erstprozess außen stehende Dritte im nachhinein gegen eine der Parteien vorgeht und eine dem Urteil des Erstprozesses zuwider laufende Feststellung vor Gericht begehrt.

Ein Beispiel hierfür stellt es dar, wenn der Arbeitnehmer im Falle eines möglichen (Teil-)Betriebsübergangs Statusklage gegen den Betriebsveräußerer, mit dem er die Fortsetzung des Arbeitsverhältnisses anstrebt, erhebt und obsiegt. Da auch der Betriebserwerber ein Interesse am Übergang des Arbeitnehmers haben kann, etwa wenn es sich um einen Know-how-Träger handelt, macht er in einem Nachfolgeprozess in Form eines Prätendentenstreits dem Betriebsveräußerer die im Erstprozess festgestellte Arbeitgeberstellung streitig.

Eine vergleichbare Situation stellt sich, wenn der Betriebsveräußerer zunächst Statusklage gegen den Arbeitnehmer erhoben hat und obsiegt, und sodann der Betriebserwerber einen Prätendentenstreit gegen ihn einleitet. Auch in diesem Fall besteht ein praktisches Interesse an der Streitverkündung zwischen den Übernahmebeteiligten, allerdings nicht, wie § 72 ZPO fordert, für den Fall des Unterliegens, sondern des Obsiegens. Gleiches gilt, wenn zunächst der Betriebserwerber gegen den Arbeitnehmer gewinnt und sodann der Betriebsveräußerer gegen den Erwerber im Prätendentenstreit vorgeht. In all diesen Konstellationen droht eine abweichende Entscheidung im Zweitprozess.

Im Falle der Leistungsklage wird eine nachfolgende, negative Feststellungsklage bzgl. des Anspruchs des einen Gläubigerprätendenten gegenüber dem anderen Gläubigerprätendenten durch die Subsidiarität der Feststellungsklage gegenüber der Leistungsklage gewährleistet. Im Übrigen sieht das Gesetz in § 75 ZPO vor, dass der Schuldner die Streitverkündung gegenüber dem anderen Gläubigerprätendenten betreibt. Entsprechend ist es konsequent, wenn im Falle der reinen Alternativschuldner-/gläubigerschaft die Streitverkündung unter den Alternativpersonen regelmäßig abge-

---

[351] Die Ansicht von KDZ-*Däubler/Zwanziger*, § 613a BGB Rn. 149, eine Streitverkündung zwischen Betriebsveräußerer und –erwerber zuzulassen, macht in ihrem Zusammenhang mit der Geltendmachung des Kündigungsverbots des § 613a Abs. 4 BGB Sinn. Die hier beleuchtete Konstellation ist jedoch eine andere.

lehnt wird.[352] Im Zweipersonenverhältnis sperrt die Rechtskraft, §§ 322, 325 ZPO, eine gegenläufige Klage in derselben Sache.

Jedenfalls bei Klageerhebung nach Betriebsübergang finden §§ 265, 325 ZPO keine Anwendung, sodass eine Rechtskrafterstreckung auf die jeweils andere Veräußerungspartei nicht stattfindet.[353] Es bedarf daher eines anderen Weges, divergierende Entscheidungen zu verhindern.

iii. Einschränkung der Zulässigkeit eines nachfolgenden Prätendentenstreits

Einen dieser Wege stellt die stringente Fortführung der obigen Überlegungen dar, nämlich die Zulässigkeit eines Prätendentenstreits insgesamt von der Nichtexistenz eines Statusverfahrens/-urteils im Verhältnis einer Veräußerungspartei und des Arbeitnehmers abhängig zu machen. Mittel wäre, in einem solchen Fall das Feststellungsinteresse nach § 256 Abs. 1 ZPO für einen nachfolgenden Prätendentenstreit zu verneinen und der Subsidiarität des Prätendentenstreits auf diese Weise Ausdruck zu verleihen.[354]

In der Folge würde der Rechtsstreit mit dem Arbeitnehmer den nachfolgenden Prätendentenstreit – sei er positiv oder negativ formuliert – an der Sachurteilsvoraussetzung des Feststellungsinteresses scheitern lassen. Ist ein nachfolgender Prätendentenstreit insgesamt unzulässig, bedarf es mangels Gefahr divergierender Entscheidungen keiner Streitverkündung.

Hierfür sprechen bereits die oben genannten Argumente.[355] Allerdings ließe sich gegen eine solche Lösung einwenden, dass dem Erstprozess auf diese Weise eine der Rechtskrafterstreckung ähnliche Wirkung gegenüber der jeweils anderen Veräußerungspartei zugeschrieben würde, indem der Erstprozess den Zweitprozess sperrt. Damit würde der beschränkte Anwendungsbereich des § 325 ZPO, der exklusiv eine Rechtskrafterstreckung vorsieht, in unzulässiger Weise ausgedehnt.

Dieses Argument überzeugt allerdings nur bedingt. Denn diese rechtskraftähnliche Wirkung ist lediglich eine Nebenfolge der Versagung des Feststellungsinteresses. Diese gründet jedoch primär in dem tatsächlich fehlenden Rechtsschutzbedürfnis an einer gerichtlichen Klärung im Verhältnis der Veräußerungsparteien, wenn infolge der Betriebsveräußerung bereits ein Verfahren mit dem Arbeitnehmer um den Status seines Arbeitsverhältnisses anhängig ist bzw. war. Zudem bedeutet das Versagen des Feststellungsinteresses bzgl. eines Prätendentenstreits nicht, dass die andere Veräußerungspartei in einem Zweitprozess nicht gegen den Arbeitnehmer vorgehen kann. Vielmehr ist ein Zweitprozess in Form des Statusverfahrens gegen den Arbeitnehmer nach wie vor möglich, sodass die andere Veräußerungspartei ihres Klagerechts nicht

[352] Thomas/Putzo-*Hüßtege*, ZPO, §.72 Rn. 7; ebenso *Häsemeyer*, Anm. zu BGH vom 16.06.1993 – VIII ZR 222/92, ZZP 107 (1994), 231, 233 f.

[353] Hierzu ausführlich unten 5. Abschn., B.

[354] Siehe hierzu oben C.V.3.

[355] Siehe hierzu oben C.V.3.

gänzlich beraubt wird, sondern lediglich im Verhältnis der Prätendenten untereinander. Dies bedeutet keine unverhältnismäßige Beschränkung ihrer Rechtsposition.[356]

Demzufolge ist der nachfolgende Prätendentenstreit mangels Feststellungsinteresses als unzulässig anzusehen; einer Streitverkündung bedarf es somit im Verhältnis der Prätendenten in dieser Konstellation nicht.[357] Schließt man sich dieser Ansicht nicht an, so erscheint es notwendig, auch in den genannten Konstellationen zum Schutz der Parteien die Streitverkündung in überaus weiter Auslegung des § 72 ZPO zuzulassen.[358]

4. Prätendentenstreit – Streitverkündung gegenüber dem Arbeitnehmer

Schließlich stellt sich die Frage, ob im Rahmen eines zulässigen Prätendentenstreits unter den Veräußerungsparteien eine Streitverkündung gegenüber dem Arbeitnehmer möglich ist. Stellungnahmen hierzu finden sich – soweit ersichtlich – nicht.

Legt man zunächst die Argumentation des BGH zur Begründung des Feststellungsinteresses im Prätendentenstreit zugrunde,[359] so besteht ein praktisches Bedürfnis für die Bindung des Arbeitnehmers an das Urteil im Prätendentenstreit gerade nicht. Denn nach der Vermutung des BGH wird sich der Schuldner ohne weiteres aus rein praktischen Erwägungen diesem Urteil unterwerfen. Diese Vermutung ist im Rahmen der Beurteilung des Feststellungsinteresses durchaus berechtigt, um den Schuldner, also den Arbeitnehmer, prozessual zu entlasten.[360] Im Hinblick auf die Streitverkündung ist sie jedoch nicht geeignet, deren Zulässigkeit auszuschließen. Denn die Argumentation des BGH auf die Zulässigkeit der Streitverkündung zu übertragen hieße, deren Zweck zu vernachlässigen. Dieser liegt in der Absicherung der Parteien vor divergierenden Entscheidungen in einem Folgeprozess mit einem Dritten. Diese Absicherung ist auch dann notwendig, wenn berechtigterweise im Zeitpunkt der Klageerhebung zu vermuten ist, der Schuldner/Arbeitnehmer werde sich dem Urteil des Erstprozesses unterwerfen. Denn er kann sein Verhalten ohne weiteres im Nachhinein ändern, sodass sich die Vermutung ex post als falsch herausstellt.

Aus der ex post-Betrachtung bietet die Vermutung bzgl. des nachfolgenden Schuldnerverhaltens somit keine ausreichende Rechtssicherheit für die Parteien. Dass eine solche Sicherheit erforderlich ist, zeigt § 75 ZPO, der die Zulässigkeit des Gläubiger-

---

356 Um in einem Zweiprozess mit dem Arbeitnehmer divergierende Entscheidungen zu vermeiden, ist es an diesem, der jeweils anderen Veräußerungspartei im Erstprozess den Streit zu verkünden. Hierzu oben unter c.

357 Im Ergebnis ebenso Thomas/Putzo-*Hüßtege*, ZPO, § 72 Rn. 7; *Häsemeyer*, Anm. zu BGH vom 16.06.1993 - VIII ZR 222/92, ZZP 107 (1994), 231, 233 f.; anders wohl *Oberhofer* AuR 1989, 293, 298, der eine Streitverkündung der einen Veräußerungspartei gegenüber der anderen zulassen will.

358 So wohl *Oberhofer*, AuR 1989, 293, 298, der im Falle einer Kündigungsschutzklage eine Streitverkündung der einen Veräußerungspartei gegenüber der anderen zulassen will. Vgl. auch KDZ-*Däubler/Zwanziger*, § 613a BGB Rn. 149 bezogen auf eine Kündigungsschutzklage gestützt auf § 613a Abs. 4 BGB. Praktische Bedenken hiergegen haben HaKo-ArbR/*Karthaus/Richter*, § 613a BGB Rn. 277.

359 Hierzu oben unter II., V.1. ff.

360 Siehe hierzu oben unter V.3.

prätendentenstreits an die Hinterlegung knüpft. Ist eine Hinterlegung mangels körperlichen Streitgegenstandsobjekts nicht möglich, bedarf es eines entsprechenden Ersatzes. An die Stelle der Hinterlegung muss somit die Möglichkeit der Streitverkündung treten, um den Rechtsschutz der Parteien nicht unzulässigerweise zu verkürzen. Insoweit stellt die Streitverkündung lediglich eine Art Rückversicherung im Verhältnis zum Arbeitnehmer dar für den Fall, dass sich die Vermutung von dessen freiwilliger Unterwerfung nicht realisieren sollte.

Der Zulässigkeit der Streitverkündung steht in dieser Konstellation auch nicht das Argument *Häsemeyers* entgegen, einer Bindung des Schuldners an die Entscheidung im Gläubigerprätendentenstreit bedürfe es nicht, da der Einzug der Forderung durch einen der Gläubigerprätendenten intern zum jeweils anderen Prätendenten aufgrund des Urteils im Prätendentenstreit ausgleichsfähig sei[361]. Denn ein interner Ausgleich im Hinblick auf unvertretbare Ansprüche aus dem Arbeitsverhältnis ist nicht in gleicher Weise praktizierbar.

5. Rechtswegdivergenz im Prozessparteien- und Streitverkündungsverhältnis

Bejaht man die Zulässigkeit der Streitverkündung in den aufgezeigten Konstellationen, ist auf den Kompetenzkonflikt einzugehen, der insoweit entsteht, als für die Feststellung unter den Prätendenten die allgemeine Zivilgerichtsbarkeit, für eine Feststellungsklage gegenüber dem Arbeitnehmer die Arbeitsgerichtsbarkeit zuständig ist.[362] Insbesondere die Zulassung der Streitverkündung gegenüber dem Arbeitnehmer könnte auf diese Weise in die ausschließliche Zuständigkeit der Arbeitsgerichte eingreifen.

a. Die Ansicht des BGH

Diese Bedenken haben den BGH dazu bewogen, in seiner Entscheidung vom 16.06.1993[363] die Zulässigkeit der Streitverkündung im Rahmen eines obiter dictum in einer ähnlichen Konstellation abzulehnen. Dem Verfahren war eine Verweisung des Arbeitsgerichts an die allgemeine Zivilgerichtsbarkeit vorangegangen.[364] Zugrunde lag verkürzt folgender Sachverhalt:

> Der Kläger war aufgrund Betriebsübergangs – dessen Tatbestand nach allen Ansichten vorlag – infolge Erwerbs eines in Konkurs gefallenen Unternehmens in die Arbeitgeberstellung mehrerer Arbeitverhältnisse eingerückt. Unklar war zwischen dem klagenden Betriebserwerber und dem Träger der Insolvenzsicherung gemäß § 7 Abs. 2 BetrAVG als Beklagtem der Zeitpunkt der Übernahme der Leitungsmacht und damit die Anwendbarkeit des § 613a BGB bezogen auf die Haftung für Versorgungsansprüche der Arbeitnehmer.[365] Unter Behauptung ei-

[361] *Häsemeyer*, Anm. zu BGH vom 16.06.1993 – VIII ZR 222/92, ZZP 107 (1994), 231, 233 f.

[362] Vgl. hierzu oben C.4.

[363] VIII ZR 222/92 – BGHZ 123, 44, 44 ff.

[364] Streitigkeiten zwischen dem Arbeitgeber und dem Träger der Konkurssicherung wurden vom damals einschlägigen § 2 ArbGG a.F. noch nicht erfasst; vgl. demgegenüber die heutige Fassung des § 2 Abs. 1 Nr. 6, 5 ArbGG.

[365] Vgl. zur Unanwendbarkeit des § 613a BGB als Haftungsnorm bei Betriebsinhaberwechsel in der Insolvenz, AR-Blattei SD (*Hergenröder*), 500.1 Rn. 1284 ff. mit umfangreichen Nachweisen auch zur Rspr..

nes Zeitpunkts nach Konkurseröffnung begehrte der Kläger die Feststellung, dass der Beklagte als alleiniger Schuldner für diejenigen Versorgungsanwartschaften hafte, die die übergegangenen Arbeitnehmer aufgrund betrieblicher Versorgungszusagen beim Betriebsveräußerer erdient hatten.

Der BGH entschied, dass eine Streitverkündung gegenüber dem Arbeitnehmer im Erstverfahren unzulässig ist. Denn anderfalls würde die für das Streitverkündungsverhältnis ausschließlich zuständige Arbeitsgerichtsbarkeit durch die über die §§ 74, 68 ZPO erzeugte Interventionswirkung an ein rechtswegfremdes Urteil gebunden. Eine solche Bindung stelle eine Beeinträchtigung der Pensionsanwärter dar, ihre Rechte effektiv vor den Arbeitsgerichten verfolgen zu können. Insoweit müsse, so der BGH, der Einwand der mangelhaften Prozessführung, § 68, 2. HS ZPO zugunsten der Arbeitnehmer erst recht durchgreifen, da sie ansonsten infolge der Interventionswirkung im Nachfolgeprozess *„den speziellen Ausgestaltungen dieses* [arbeitsgerichtlichen] *Verfahrens entzogen werden könnten.*“[366]

b. Stellungnahme

Diese Argumentation des BGH kann in Anbetracht der gegenwärtigen Rechtslage nicht mehr überzeugen.[367] Richtig ist zunächst der formelle Hinweis, dass für die Nebenintervention ebenso wie für die Streitverkündung keine selbstständigen sachlichen Prozessvoraussetzungen existieren, insbesondere keine Rechtswegerfordernisse.[368] Darüber hinaus ist die Zuständigkeit der Arbeitsgerichte nicht derart ausschließlich, als dass Entscheidungen der allgemeinen Zivilgerichtsbarkeit unter gewissen Voraussetzungen nicht auch die Arbeitsvertragsparteinen binden würden. Dieser Aspekt gründet auf der Entscheidung des Gesetzgebers, die Rechtswegzuständigkeit um der Einheitlichkeit der Sachentscheidung willen unter gewissen Voraussetzungen zu durchbrechen, siehe den Verweis in § 48 Abs. 1 ArbGG[369] auf die §§ 17 ff. GVG.[370] So überträgt § 17 Abs. 2 GVG dem rechtswegzuständigen Gericht die Entscheidungskompetenz bzgl. sämtlicher, im Hinblick auf den prozessualen Anspruch in Betracht kommender – auch rechtswegfremder – Anspruchsgrundlagen.[371] Gestützt wird diese Zuständigkeit kraft Sachzusammenhangs durch den bereits früher anerkannten Grundsatz, dass die materielle Rechtskraft rechtswegübergreifend wirkt, es sei denn, Verfahrensbesonderheiten stehen dem entgegen.[372] Ebenso anerkannt ist die Entscheidungskompetenz über rechtswegfremde Vorfragen.[373]

---

366 BGH vom 16.06.1993 - VIII ZR 222/92 – BGHZ 123, 44, 48 f.

367 Ebenso *Häsemeyer*, Anm. zu BGH vom 16.06.1993 – VIII ZR 222/92, ZZP 107 (1994), 231, 234 ff.; MüKo-ZPO/*Schultes*, § 68 Rn. 24.

368 So Stein/Jonas-*Bork*, ZPO, § 72 Rn. 17, § 66 Rn. 25.

369 Durch das Gesetz zur Vereinfachung und Beschleunigung des arbeitsgerichtlichen Verfahrens (Arbeitsgerichtsbeschleunigungsgesetz) vom 30.3.2000, BGBl. I S. 333, m.W.v. 1.5.2000.

370 So ebenfalls *Häsemeyer*, Anm. zu BGH vom 16.06.1993 – VIII ZR 222/92, ZZP 107 (1994), 231, 234 f.

371 Hierzu Rosenberg/Schwab/Gottwald, Zivilprozessrecht, § 9 Rn. 22 ff.

372 MüKo-ZPO/*Gottwald*, § 322 Rn. 67; Musielak/*Musielak*, ZPO, § 322 Rn. 13; HaKo-ZPO/*Saenger*, § 322 Rn. 18 mit Hinweis auf die Ausnahme bzgl. der Strafgerichtsbarkeit; für die Arbeitsgerichts-

Bindet ein rechtswegfremdes Urteil den Arbeitnehmer als Partei, so ist nicht einzusehen, warum ihn als streitverkündetem Dritten und Partei eines möglichen Folgeprozesses nicht dieselbe Wirkung soll treffen können. Rechtskraft- und Interventionswirkung ziehen eine vergleichbare Bindungswirkung nach sich.[374] Zwar ergibt sich die Gefahr divergierender Entscheidungen vorliegend nicht wie im Falle des § 17 Abs. 2 Satz 1 GVG daraus, dass der einheitliche Streitgegenstand u.a. rechtswegfremde Aspekte aufwirft. Vielmehr beruht sie – wie die Rechtswegdivergenz selbst – auf der Dreipersonenkonstellation und den ihr zugrunde liegenden alternativen Rechtsbeziehungen. Dennoch lässt sich auch insoweit von der Einheitlichkeit der streitgegenständlichen Rechtsfrage sprechen, als es in allen Zweierbeziehungen des Dreiecksverhältnisses um die Klärung der Person des Arbeitgebers geht. Das damit verbundene – auch aus Sicht des Arbeitnehmers – dringende Interesse an einer „Gesamtentscheidung" rechtfertigt die Zulassung einer rechtswegfremden Streitverkündung.[375]

Zudem legt der BGH nicht näher dar, welche Unterschiede der Verfahrensordnungen im Falle der Rechtswegdivergenz die Gefahr begründen, dass der streitverkündete Arbeitnehmer möglicher Rechte beschnitten wird. Das Argument der fachlichen Kompetenz des Gerichts kann angesichts des § 17 Abs. 2 Satz 1 GVG nicht überzeugen. Zugleich sind die Verfahrensordnungen aufgrund der Verweisung in § 46 Abs. 2 ArbGG weitgehend identisch.[376] Berücksichtigt man, dass es, um die Interventionswirkungen gegenüber dem Arbeitnehmer herbeizuführen, eines Folgeprozesses vor den Arbeitsgerichten bedarf, ist eine unangemessene Beeinträchtigung des Rechtsschutzes des Arbeitnehmers nicht zu erkennen.[377]

Gleiches gilt, wenn eine Veräußerungspartei im Prozess mit dem Arbeitnehmer den Streit gegenüber der anderen Veräußerungspartei verkündet. Auch die Interventionswirkung bzgl. der Entscheidung des Arbeitsgerichts greift nicht in unzulässiger Weise in die Kompetenz der allgemeinen Zivilgerichte ein. Hierfür spricht neben dem oben Ausgeführten die gesetzgeberische Entscheidung in § 2 Abs. 3 ArbGG, die Rechtswegzuständigkeit bei rechtlichem oder unmittelbar wirtschaftlichem Zusammenhang zu einem vor den Arbeitsgerichten anhängigen Rechtsstreit zugunsten der Arbeitsgerichte zu durchbrechen.[378]

---

barkeit, Germelmann/*Prütting*, ArbGG, Einleitung Rn. 65 ff.; Rosenberg/Schwab/Gottwald, Zivilprozessrecht, § 13 Rn. 10; *Häsemeyer*, Anm. zu BGH vom 16.06.1993 – VIII ZR 222/92, ZZP 107 (1994), 231, 234.

[373] Vgl. für die Arbeitsgerichtsbarkeit, Germelmann/*Matthes*, ArbGG, § 2 Rn. 136, 138; *Grunsky*, ArbGG, § 2 Rn. 16; *Häsemeyer*, Anm. zu BGH vom 16.06.1993 – VIII ZR 222/92, ZZP 107 (1994), 231, 235.

[374] *Häsemeyer*, Anm. zu BGH vom 16.06.1993 – VIII ZR 222/92, ZZP 107 (1994), 231, 234 f.; *ders.*, ZZP 84 (1971), 179, 191 zur Wesensgleichheit von Rechtskraft und Interventionswirkung.

[375] I.E. ebenso *Häsemeyer*, Anm. zu BGH vom 16.06.1993 – VIII ZR 222/92, ZZP 107 (1994), 231, 235.

[376] *Häsemeyer*, Anm. zu BGH vom 16.06.1993 – VIII ZR 222/92, ZZP 107 (1994), 231, 235.

[377] *Häsemeyer*, Anm. zu BGH vom 16.06.1993 – VIII ZR 222/92, ZZP 107 (1994), 231, 235 sowie JR 1988, 69 ff., fordert darüber hinaus eine strikte Beschränkung der Interventionswirkungen auf die das Alternativverhältnis begründenden Voraussetzungen.

[378] Sog. Zusammenhangszuständigkeit.

6. Ergebnis

Im Ergebnis ist, gestützt auf die Alternativität der Arbeitgeberstellung, im Rahmen der Statusklage eine Streitverkündung des Arbeitnehmers gegenüber der prozessfremden Veräußerungspartei stets zuzulassen. Dasselbe gilt für eine Streitverkündigung gegenüber dem Arbeitnehmer im Prätendentenstreit. Vor dem Hintergrund der Gesamtschuldnerschaft gilt dies ebenfalls für eine Streitverkündung des beklagten Betriebserwerbers gegenüber dem prozessfremden Betriebsveräußerer. Die Rechtswegdivergenz von Arbeits- und allgemeiner Zivilgerichtsbarkeit steht dem nicht entgegen.

Im Übrigen bedarf es einer Streitverkündung unter den Veräußerungsparteien nach hier vertretener Ansicht nicht, da der Prätendentenstreit subsidiär hinter den Statusprozess mit dem Arbeitnehmer zurücktritt, der die Zulässigkeit des Prätendentenstreits über das Fehlen des Feststellungsinteresses sperrt.

II. Nebenintervention, § 66 ZPO

Was die Zulässigkeit einer Nebenintervention im Rechtsstreit um die subjektive Ausrichtung des Arbeitverhältnisses anbelangt, so kann weitestgehend auf das zur Streitverkündung Gesagte verwiesen werden – sowohl im Hinblick auf die Voraussetzungen als auch die Rechtsfolgen. Dabei kann der Beitritt zum Erstprozess eine Reaktion auf eine Streitverkündung darstellen, kann aber auch initiativ vom Nebenintervenienten betrieben werden, wenn dieser ein rechtliches Interesse am Sieg einer Partei im Erstprozess darlegen kann, § 66 ZPO.[379] Angesichts des enger gefassten Streitverkündungsgrunds ergibt sich ein solches Interesse ebenfalls aus der materiell-rechtlichen Verflechtung der Rechtsbeziehungen der vom Betriebsübergang Betroffenen – dem Alternativverhältnis hinsichtlich der Arbeitgeberstellung sowie der gesamtschuldnerischen Haftung –, die jeweils bedingt sind durch das Vorliegen eines Betriebsübergangs.[380]

III. Die Nachteile der Interventionswirkung

Nicht übersehen werden darf, dass die Interventionswirkung nicht in jeder Hinsicht den Bedürfnissen nach Erstreckung der Entscheidung auf die jeweils nicht am Prozess beteiligte Person im Rahmen des Dreipersonenverhältnisses gerecht wird.[381]

Unabhängig davon, ob sie infolge Streitverkündung oder Nebenintervention erzeugt wird, erlangt sie nur im Verhältnis von Nebenintervenient zur unterstützten Partei bzw. im Streitverkündungsverhältnis Bedeutung, d.h. jeweils nur in einer Zweierbeziehung des Dreiecks.[382] Gleiches gilt im Falle einer Doppelstreitverkündung, wenn also beide Parteien demselben Dritten den Streit verkünden: Sie wirkt ausschließlich im Verhält-

---

[379] Zu den notwendigen formellen Voraussetzungen an eine Beitrittserklärung nach §§ 66 Abs. 1, 70 ZPO, BAG vom 31.01.2008 - 8 AZR 12/07 – BeckRS 2008, 54210 [zu C.II.2. der Gründe].

[380] So auch *Häsemeyer* ZZP84 (1971), 179, 190: „Ein rechtliches … Interesse besteh immer bei alternativ abhängigen gleichwertigen Rechtsverhältnissen." Die Möglichkeit einer Nebenintervention im Kündigungsschutzverfahren bejahend, KDZ-*Däubler/Zwanziger*, § 613a BGB Rn. 150.

[381] Vgl. hierzu auch *Jacobs*, Gegenstand Feststellungsverfahren, 2005, S. 386 f.

[382] *Hillebrecht* NZA Beil. 4/1989, 10, 20.

nis zur unterlegenen Partei, bzw., wenn der Dritte daraufhin beitritt, im Verhältnis zur unterstützten Partei.[383] Zudem wirkt sie nach überwiegender Auffassung stets nur einseitig zugunsten der unterstützten Partei bzw. des Streitverkünders zum Schutz vor doppeltem Prozessverlust.[384] Folgendes Beispiel soll dies veranschaulichen:

> Wegen streitigen Betriebsübergangs klagt der Arbeitnehmer gegen den Betriebserwerber auf positive Statusfeststellung. Beide Parteien verkünden dem Betriebsveräußerer den Streit, ohne dass dieser beitritt – der Arbeitnehmer angesichts der Möglichkeit eines Alternativarbeitsverhältnisses, der Betriebserwerber angesichts des möglichen Gesamtschuldverhältnisses. Obsiegt der Arbeitnehmer, beschränkt sich die Interventionswirkung auf das Verhältnis Betriebserwerber – Betriebsveräußerer. Zahlt nun der Betriebsveräußerer aufgrund von § 613a Abs. 2 BGB auf rückständige Forderungen und will Rückgriff beim Erwerber nehmen, so kann sich Ersterer aufgrund der Einseitigkeit der Interventionswirkung nicht auf die Bejahung des § 613a BGB durch das Erstgericht gegenüber dem Betriebserwerber berufen.

Hinzu kommt, dass es einer erneuten, nunmehr gegen den Streitverkündeten/ Nebenintervenienten gerichteten Klage bedarf, um eine rechtskräftige Klärung aller Zweierrechtsverhältnisse in der Dreipersonenkonstellation herbeizuführen.[385]

IV. Subjektive Klagenhäufung, §§ 59 f., 260 ZPO

Einen neuartigen Weg, die Entscheidung über den Betriebsübergang sowohl auf Betriebserwerber als auch –veräußerer zu erstrecken, hat das BAG in seiner Entscheidung vom 24.06.2004[386] angedeutet. Darin hat es eine Statusklage gegenüber beiden Veräußerungsparteien in einem Verfahren gemäß §§ 260, 59 f. ZPO zugelassen, ohne dass die Klagen über eine Prozessbedingung in einem Rangverhältnis standen (sog. subjektiv-unbedingte Klagenhäufung).

1. Fälle der Heranziehung der subjektiven Klagenhäufung im Kontext mit § 613a BGB

Bisher hat die arbeitsgerichtliche Rechtspraxis mit Zustimmung der Lit. die Prozessfigur der subjektiven Klagenhäufung nahezu ausschließlich in Konstellationen herangezogen, in denen sich der Arbeitnehmer gegen eine noch vor Betriebsübergang vom Veräußerer ausgesprochene Kündigung wendet und zugleich den Übergang des ungekündigten Arbeitsverhältnisses auf den Betriebserwerber geltend macht. In einem sol-

---

383 Auf diese Weise soll verhindert werden, dass es zu einer zweifachen Interventionswirkung kommt, die sich im Ergebnis aufheben würde, vgl. MüKo-ZPO/*Schultes*, § 74 Rn. 9; Zöller/*Vollkommer*, ZPO, § 72 Rn. 11, jeweils mwN auch zur Gegenansicht; *Eibner*, Streitverkündung, S. 107 ff.

384 *Hillebrecht* NZA Beil. 4/1989, 10, 20. Dass die Einseitigkeit der Interventionswirkung infolge Streitverkündung nicht unbedingt einsichtig ist, hat *Häsemeyer* ZZP 84 (1971), 179, 198 ff. ausführlich erörtert. Vgl. auch KDZ-*Däubler/Zwanziger*, § 613a BGB Rn. 147; *Hillebrecht* NZA Beil. 4/1989, 10, 20. Nach Zöller/*Vollkommer*, ZPO, § 72 Rn. 4 mwN schadet es nicht, wenn im Falle einer Abwehrstreitverkündung der Anspruch *auch* im Falle des günstigen Prozessausgangs droht.

385 HessLAG vom 17.11.2005 – 11 Sa 1890/04 – BeckRS 2006, 44060 mwN; *Hillebrecht* NZA Beil. 4/1989, 10, 20.

386 Az. 2 AZR215/03 – AP Nr. 278 zu § 613a BGB [zu B.I.2.b) der Gründe], hierzu unten unter 2.

chen Fall wird die Erhebung einer Statusklage gegen den angeblichen Betriebserwerber neben einem Kündigungsschutzantrag gegen den Betriebsveräußerer innerhalb eines Verfahrens empfohlen.[387] Betriebserwerber und –veräußerer sind in diesem Fall einfache Streitgenossen.[388]

Darüber hinaus vertreten einige Stimmen in der Lit., wenn die Arbeitgeberstellung infolge einer Betriebsveräußerung unsicher ist, eine positive Statusklage gegen den Veräußerer mit einer positiven Statusklage gegen den Erwerber (oder mehrere Erwerber, die über § 613a BGB als Arbeitgeber in Betracht kommen) als ranggleiche Klagen in einem Prozess zu kombinieren.[389] Sie nehmen dabei in Kauf, dass zwangsläufig nur eine dieser Klagen Erfolg haben kann, während die andere abgewiesen wird.

a. Zulässigkeit einer subjektiven Klagenhäufung

Subjektive Klagenhäufung bedeutet die Verbindung mehrerer selbstständiger Klagen gegen verschiedene Beklagte in einem Prozess. Ohne dass sie gesetzlich geregelt wäre, wird sie nach allgemeiner Ansicht unter den Voraussetzungen der objektiven Klagenhäufung, § 260 ZPO, sowie der Streitgenossenschaft, §§ 59 ff. ZPO, zugelassen.[390]

In weiter Interpretation der §§ 59 f. ZPO reicht insoweit nach allgemeiner Ansicht die Zweckmäßigkeit gemeinschaftlicher Prozessführung aus.[391] Die Alternative der gleichartigen Ansprüche des § 60 ZPO deckt dabei auch Fälle alternativer Berechtigung oder Verpflichtung verschiedener Personen ab.[392] In Fortführung der obigen Überlegungen zur Ausdehnung der Streitverkündung auf Statusklagen um die Arbeitgeberstellung[393] kann auch § 60 ZPO derart weit verstanden werden, dass er solche Feststellungsklagen um die Rechtsträgereigenschaft erfasst. Denn aus der Rechtsträgerei-

---

[387] Diese Vorgehensweise ist bedingt durch die Streitgegenstandsdogmatik zur Kündigungsschutzklage, hierzu ausführlich unten Kap. 2, 1. Abschn., B.I.2.

[388] BAG vom 25.04.1996 – 5 AS 1/96 – AP Nr. 1 zu § 59 ZPO; vom 13.11.1996 – 5 AS 11/96 – AP Nr. 52 zu § 36 ZPO [zu II.1. der Gründe]; vom 24.06.2004 – 2 AZR 215/03 – AP Nr. 278 zu § 613a BGB [zu B.I.2.a) der Gründe]; *Bauer/von Steinau-Steinrück* in: Hölters (Hrsg.), Unternehmenskauf, Teil VI Rn. 389; D/L/W-*Stichler*, Handbuch ArbR, Kap. L Rn. 31, 34; ErfK/*Kiel*, § 4 KSchG Rn. 17; KDZ-*Däubler/Zwanziger*, § 613a BGB Rn. 147; Moll/*Boewer*, Anwaltshandbuch ArbR, § 45 Rn. 94; Moll/*Cohnen/Tepass*, Anwaltshandbuch ArbR, § 51 Rn. 195; Staudinger/*Annuß*, § 613a BGB Rn. 340; KR/*Pfeiffer*, § 613 a BGB Rn. 209 nennt die Klagehäufung als Alternative zur Streitverkündung.

[389] HaKo-ArbR/*Karthaus/Richter*, § 613a BGB Rn. 275; Hako-KSchR/*Gallner*, § 4 KSchG Rn. 105 f.; KDZ-*Däubler/Zwanziger*, § 613a Rn. 148, mit Hinweisen zur Berufung; *Fischer* DB 2001, 331, 334. Vgl. auch das HessLAG vom 17.11.2005 – 11 Sa 1890/04 – BeckRS 2006, 44060, wonach Widersprüche im prozessualen Vorbringen nicht zur Unschlüssigkeit der Klage führen, insbesondere nicht ins Eventualverhältnis gestellte, widersprüchliche Behauptungen.

[390] BGH vom 21.04.2008 - II ZB 6/07 – NJW 2008, 2187, 2187; HaKo-ZPO/*Saenger*, § 260 Rn. 2.

[391] BGH vom 19.11.1991 – X ARZ 10/91 – NJW 1992, 981, 981 f.; BAG vom 25.04.1996 – 5 AS 1/96 – AP Nr. 1 zu § 59 ZPO: „Erforderlich, aber auch ausreichend ist, daß die "als Streitgenossen" in Anspruch genommenen Parteien zumindest einem gemeinschaftlichem Gegner gegenüberstehen“; HaKo-ZPO/*Kayser*, § 60 Rn. 5; Thomas/Putzo-*Hüßtege*, ZPO, § 60 Rn. 1.

[392] MüKo-ZPO/*Schultes*, § 59 Rn. 2; Stein/Jonas-*Bork*, ZPO, § 60 Rn. 3; Rosenberg/Schwab/Gottwald, Zivilprozessrecht, § 48 Rn. 8 mwN; *Nicolai* FA 2007, 164, 165.

[393] Hierzu oben unter I.

genschaft folgt die Berechtigten- und Verpflichtetenstellung, infolge einer Betriebsveräußerung aus dem Arbeitsverhältnis. Hierüber hinaus sind die Vorgaben des § 260 ZPO zu beobachten, insbesondere die Zuständigkeit des Gerichts für sämtliche Anträge.[394] Dies wirft abermals die Frage nach der Kompentenzabgrenzung von allgemeiner Zivil- und Arbeitsgerichtsbarkeit in der Konstellation des Betriebsübergangs auf.[395]

Bedingte Klagen gegen verschiedene Personen, eine sog. subjektiv-bedingte Klagenhäufung, lehnt die h.M. als unzulässig ab.[396] In der Folge kommt eine Klage auf Feststellung des Bestands des Arbeitsverhältnisses gegen die eine Veräußerungspartei und für den Fall der Abweisung hilfsweise gegen die andere Veräußerungspartei nicht in Betracht. Dasselbe gilt für eine alternative Antragstellung, wenn etwa die Klage auf Feststellung des Bestands des Arbeitsverhältnisses entweder zum Betriebserwerber *oder* zum Betriebsveräußerer gegen beide als Beklagte gerichtet ist. Denn einer solchen alternativen Klagenhäufung, die die Wahl der Rechtsfolge dem Gericht überlässt, fehlt es grundsätzlich an der notwendigen Antragsbestimmtheit i.S.v. § 253 Abs. 2 Nr. 2 ZPO.[397]

b. Vorteile der subjektiven Klagenhäufung

Trotz der fehlenden Möglichkeit, eine subjektive Klagenhäufung mithilfe von Hilfsanträge gegenüber den verschiedenen Beklagten abzuschichten, bietet sie gegenüber der Streitverkündung einige Vorteile. Ist die Klagenhäufung zulässig, wird in einem einzigen Verfahren und durch dasselbe erkennende Gericht über die gegen Betriebserwerber und –veräußerer gestellten Anträge entschieden. In der Folge wird das Gericht über die Rechts- wie Tatsachenfragen, die beide Rechtsverhältnisse betreffen einheitlich entscheiden. Stehen somit tatsächlich wie rechtlich zu beurteilende Fragen im Raum, die – ggf. als Vorfrage – für die Entscheidung sowohl über den einen Antrag als auch den anderen Antrag relevant sind, werden divergierende Entscheidungen verhindert. Darüber hinaus erwächst die tenorierte Schlussfolgerung hieraus in beiden Partei-Rechtsverhältnissen in Rechtskraft.[398] Zudem kann durch die Verbindung der Klagen ggf. schneller und kostengünstiger zu einer Entscheidung gegenüber beiden Beklagten führen, insbesondere wird nur eine Beweisaufnahme erforderlich.[399] Schließlich wird ein Folgeprozess mit dem jeweiligen Dritten entbehrlich, da die Klagehäufung sogleich einen Titel gegenüber beiden Beklagten herbeiführt.[400]

---

394 Stein/Jonas-*Schumann*, 21. Aufl. 1997, ZPO, § 260 Rn. 57.

395 Hierzu unten unter 2.c.

396 BAG vom 31.03.1993 – 2 AZR 467/92 – EzA Nr. 46 zu § 4 KSchG n.F. [zu B.II.2.b) der Gründe] m. Anm. *Bakker*; LAG Rheinland-Pfalz vom 30.01.2008 – 8 Sa 603/07 – recherchiert über juris [zu II.2. der Gründe]; KassHandbuch/*Hattesen*, Kap. 6.7 Rn. 244; Moll/*Cohnen/Tepass*, Anwaltshandbuch ArbR, § 51 Rn. 195; Staudinger/*Annuß*, § 613a BGB Rn. 340; ausführlich Stein/Jonas-*Bork*, ZPO, vor § 59 Rn. 4a.

397 MüKo-ZPO/*Becker-Eberhard*, § 260 Rn. 22 ff.; Stein/Jonas-*H. Roth*, ZPO, § 260 Rn. 10 mwN.

398 D/L/W-*Stichler*, Handbuch ArbR, Kap. L Rn. 31; *Hillebrecht* NZA 1989, 10, 20; *Fischer* DB 2001, 331, 334.

399 *Fischer* DB 2001, 331, 334; Thomas/Putzo-*Hüßtege*, ZPO, § 33 Rn. 10a zur Drittwiderklage.

400 AR-Blattei SD (*Hergenröder*), 500.1 Rn. 1245; KR/*Pfeiffer*, § 613 a BGB Rn. 209; *Hillebrecht* NZA 1989, 10, 20; *Kreitner* FA 1998, 2, 3 f.

2. Drittrechtsfeststellungskombination des BAG

Einen Schritt über diese Gestaltungsvarianten hinaus geht das BAG mit einer Kombinationslösung von positiven Statusklagen gegenüber den Veräußerungsparteien. In seiner Entscheidung vom 24.06.2004[401] führt es unter Berufung auf die Zulässigkeit einer Drittrechtsfeststellung aus, dass der Einzelantrag auf Feststellung des Bestands des Arbeitsverhältnisses zulässigerweise zugleich gegen den behaupteten Arbeitgeber und den jeweiligen Dritten – falls und weil unbedingt – im Wege subjektiver Klagenhäufung gerichtet werden könne. Der Entscheidung lag verkürzt folgender Sachverhalt zugrunde:

> Die klagende Arbeitnehmerin war bei der Beklagten zu 1) tätig, einem Forschungsinstitut. Dieses ging aus der TH Hannover hervor, wurde zunächst zum Reichsinstitut und nach Kriegsende vom Land Niedersachsen, dem Beklagten zu 2), verwaltet, sodann in eine rechtsfähige Anstalt des öffentlichen Rechts umgewandelt und gemeinsam von Bund und Ländern finanziert. Per Gesetz wurde die Auflösung der Beklagten zu 1) zum 31.12.2001 beschlossen. Noch 2001 sprach die Beklagte zu 1) gegenüber der Klägerin eine Kündigung aus. Gegen diese Kündigung wendete sich die Klägerin u.a. mit dem Einwand, der Beklagte zu 2) sei von Anfang ihr Arbeitgeber gewesen und sei dies auch immer noch. Die Beklagte zu 1) habe aufgrund eines Errichtungsfehlers niemals Rechtsfähigkeit erlangt. Jedenfalls sei aber das Arbeitsverhältnis, wenn es denn jemals mit der Beklagten zu 1) bestanden habe, mittels Betriebsübergang auf den Beklagten zu 2) übergegangen. Die Beklagten bestritten neben der Unwirksamkeit der Kündigung sowohl die Arbeitgeberstellung des Beklagten zu 2) als auch einen Betriebsübergang.
> Gegenüber dem Gericht stellte die Klägerin klar, dass sie zuvörderst die Feststellung der Unwirksamkeit der Kündigung begehre und für den Fall des Obsiegens insoweit die Feststellung des Bestandes des Arbeitsverhältnisses mit dem Beklagten zu 2), hilfsweise die Feststellung des Bestandes des Arbeitsverhältnisses mit der Beklagten zu 1), wenn ein Übergang nicht stattgefunden haben sollte und die Beklagte zu 1) weiterhin rechtlich existiert.[402]

Angesichts dieses Rechtsschutzbegehrens in der Konstellation einer Kündigung vor Betriebsübergang[403] nahm das BAG an, dass sich sämtliche Feststellungsbegehren gegen beide Beklagte kumulativ richteten, daher die Sachanträge in einem rein objektiven Eventualverhältnis stünden. Denn auch für den Fall, so das BAG, dass niemals eine arbeitsvertragliche Bindung zur Beklagten zu 1) existiert haben sollte, wolle die Klägerin der Beklagten zu 1) gegenüber festgestellt wissen, dass das Arbeitsverhältnis zum Beklagten zu 2) bestehe. Eine solche Feststellung sei auch von einem entsprechenden Feststellungsinteresse gedeckt, da die Beklagte zu 1) sich gegenteiliger Rechtspositionen berühme. In diesem Zusammenhang verweist das BAG explizit auf die Zulässigkeit einer Drittrechtsfeststellung, deren Voraussetzungen es im Verhältnis zur Beklagten zu 1) als gegeben ansieht.[404]

---

[401] 2 AZR 215/03 – AP Nr. 278 zu § 613a BGB.
[402] AP Nr. 278 zu § 613a BGB [zu B.I.2.b) der Gründe].
[403] Hierzu ausführlich unten 5. Kap., 1. Abschn., C.
[404] AP Nr. 278 zu § 613a BGB [zu B.I.2.b) der Gründe].

a. Stellungnahme

Unter Heranziehung der Drittrechtsfeststellung in dieser Konstellation eröffnet das BAG dem Arbeitnehmer die Möglichkeit, mit einer Klage den Bestand seines Arbeitsverhältnisses sowohl gegenüber dem behaupteten Arbeitgeber als auch gegenüber den übrigen Arbeitgeberprätendenten im Wege der subjektiven Klagenhäufung gemäß § 256 Abs. 1 ZPO klären zu lassen. Mit einer solchen Antragskombination eliminiert das BAG den Nachteil, dass im Falle der Kombination von jeweils einer positiven Statusklage gegen jede der Veräußerungsparteien eine dieser Klagen zwangsläufig scheitern wird.

Bei dieser Antragskombination handelt es sich um ein Bündel selbstständiger Anträge, die subjektiv unbedingt gestellt sind. Gegenüber dem Beklagten zu 1) handelt es sich um eine klassische positive Statusklage bezogen auf das Arbeitsverhältnis zum Arbeitnehmer, gegenüber den übrigen Beklagten um eine Drittrechtsfeststellung diesbezüglich. Unter der Voraussetzung eines entsprechenden Drittrechtsfeststellungsinteresses wegen Betroffenheit einer eigenen Rechtsposition ist nach hier vertretener Ansicht[405] eine solche Drittrechtsfeststellung zulässig. Wie das BAG richtig ausführt, ist dieses gegeben, wenn sich diese Beklagten gegenüber dem Arbeitnehmer der Arbeitgeberstellung berühmen, indem sie sich beispielsweise durch Kündigung des Arbeitsverhältnisses als der aktuelle Arbeitgeber gerieren. Die Klagenkonstruktion ersetzt auf diese Weise die Kombination einer positiven Statusklage gegenüber der einen Veräußerungspartei mit einer negativen Statusklage gegen die jeweils andere Veräußerungspartei in einem Verfahren. Auch sie wäre unter der Voraussetzung eines jeweiligen Feststellungsinteresses zulässig.

Das stattgebende wie das als unbegründet abgewiesene Urteil stellt gegenüber allen Beklagten rechtskräftig fest (§§ 322, 325 ZPO), dass das Arbeitsverhältnis zur Beklagten zu 1) besteht oder nicht besteht. Diese Entscheidung kann infolgedessen von keinem der Beklagten in einem anderweitigen Verfahren als unrichtig angegriffen werden. Damit ist das Ziel einer einheitlichen und in Rechtskraft erwachsenden Klärung der subjektiven Ausrichtung des Arbeitsverhältnisses gegenüber sämtlichen Arbeitgeberprätendenten erreicht.

b. Übertragung auf den Prätendentenstreit

Von der entsprechenden Möglichkeit kann m.E. auch derjenige Arbeitgeberprätendent Gebrauch machen, der sich als der tatsächliche Arbeitgeber sieht. Betreibt er gegenüber dem Arbeitnehmer die gerichtliche Statusfeststellung, so müsste, führt man die Rspr. des BAG konsequent fort, in subjektiver Klagenhäufung auch eine Drittrechtsfeststellung diesbezüglich gegenüber den Konkurrenten zulässig sein. Gegenüber dem Arbeitnehmer als Beklagtem zu 1) handelt es sich um eine klassische Statusklage. Die Klage gegenüber den übrigen Beklagten stellt sich als vorweggenommene Prätendentenklage dar. Der Antrag gegen den Arbeitnehmer als Beklagtem zu 1) und die Konkurrenten um die Arbeitgeberstellung als Beklagten zu 2) bis x) lautet

---

[405] Siehe hierzu sowie zur Ansicht von Rspr. und Literatur, oben C.II. ff.

gegenüber allen Beklagten zu 1) bis x) „festzustellen, dass das Arbeitsverhältnis des Beklagten zu 1) [...Spezifizierung] mit dem Kläger fortbesteht."

Unter der Prämisse der Zulassung einer Drittrechtsfeststellung erfasst die weite Interpretation des § 60 ZPO auch diese Konstellation. Das besondere Feststellungsinteresse gegenüber den Prätendenten liegt in der Alternativität der Arbeitgeberstellung und der Berufung der Prätendenten darauf, selbst Arbeitgeber zu sein, begründet.

Dem Feststellungsinteresse steht dabei auch nicht der gleichzeitige Statusfeststellungsprozess mit dem Arbeitnehmer entgegen. Die obige Ansicht, wonach dies der Fall ist,[406] kann in dieser Konstellation nicht überzeugen. Denn es handelt sich vorliegend gerade nicht um eine isoliert neben dem Statusverfahren mit dem Arbeitnehmer stehende oder diesem nachfolgende Klage. Vielmehr geht es um eine Zusammenfassung mehrerer Klagen in einem Verfahren mit dem Ziel, eine einheitliche Entscheidung in sämtlichen Prozessrechtsverhältnissen zu erreichen. Der gegen die nachfolgende isolierte Prätendentenklage erhobene Einwand der Gefahr divergierender Entscheidungen[407] greift daher nicht. Es bedarf in dieser Konstellation sonach keiner Einschränkung des Feststellungsinteresses.

c. Zuständigkeitskonflikte

§ 260 ZPO fordert für die Zulässigkeit einer objektiven Klagenhäufung darüber hinaus die Zuständigkeit desselben Gerichts für die verbundenen Klagen. Bei Divergenzen in der örtlichen Zuständigkeit ist der Weg über die gerichtliche Bestimmung nach § 36 Abs. 1 Nr. 3 ZPO zu nehmen.[408] Fällt die sachliche Zuständigkeit auseinander, ist eine Klagehäufung grundsätzlich ausgeschlossen. Insoweit stellt sich die Frage, welche Folgen von der Rechtswegdivergenz von Arbeits- und allgemeiner Zivilgerichtsbarkeit ausgehen.

Klagt der Arbeitnehmer, sind für sämtliche verbundenen Feststellungsklagen über das Bestehen oder Nichtbestehen des Arbeitsverhältnisses zwischen Arbeitnehmern und (potentiellen) Arbeitgebern die Arbeitsgerichte nach § 2 Abs. 1 Nr. 3b ArbGG zuständig. Schwierigkeiten treten jedoch auf, wenn einer der Arbeitgeberprätendenten Statusklage gegen den Arbeitnehmer erhebt und diese in subjektiver Klagenhäufung mit Drittrechtsfeststellungsklagen gegenüber seinen Konkurrenten verbindet.[409] Für

---

406 Vgl. hierzu oben unter C.V.3.

407 Hierzu oben unter C.V.3.

408 BAG vom 13.11.1996 – 5 AS 11/96 – AP Nr. 52 zu § 36 ZPO [zu II.1. der Gründe]; AR-Blattei SD (*Hergenröder*), 500.1 Rn. 1246; Moll/*Cohnen/Tepass*, Anwaltshandbuch ArbR, § 51 Rn. 195; Staudinger/*Annuß*, § 613a BGB Rn. 340; *Fischer* DB 2001, 331, 334. Das wird angesichts des einheitlichen besonderen Gerichtsstands des Erfüllungsortes (§ 46 Abs. 2 ZPO i.V.m. § 29 ZPO) oder des Arbeitsortes (§ 48 Abs. 1a ArbGG, eingeführt durch das Gesetz zur Änderung des Sozialgerichtsgesetzes und des Arbeitsgerichtsgesetzes vom 26.3.2008 (BGBl. I S. 444) m.W.v. 1.4.2008) eher selten der Fall sein, vgl. ausführlich hierzu BeckOK-ArbR/*Hamacher*, § 48 ArbGG Rn. 23 ff. mwN.

409 Siehe zur Konstellation der Drittwiderklage oben unter V., insbesondere 2.b.

die erstgenannte Klage ist nach § 2 Abs. 1 Nr. 3b ArbGG die Arbeitsgerichtsbarkeit zuständig, für die Feststellung im Verhältnis zu den übrigen Arbeitgeberprätendenten hingegen die allgemeine Zivilgerichtsbarkeit.

Über diesen Zuständigkeitskonflikt vermag die Regelung des § 2 Abs. 3 ArbGG hinwegzuhelfen.[410] Hiernach kann der Kläger nach seiner Wahl die Entscheidungszuständigkeit der allgemeinen Zivilgerichte auf die Arbeitsgerichtsbarkeit übertragen, wenn der eingeforderte Anspruch mit einer arbeitsrechtlichen Rechtsstreitigkeit in rechtlichem oder unmittelbar wirtschaftlichem Zusammenhang steht und keine anderweitige ausschließliche Zuständigkeit gegeben ist (sog. Zusammenhangsklage).[411]

Übertragen auf die vorliegende Konstellation bildet die Statusklage gegenüber dem Arbeitnehmer die arbeitsgerichtliche Hauptklage, die Feststellungsbegehren gegenüber den übrigen Arbeitgeberprätendenten die Zusammenhangsklagen. Wie § 3 Abs. 1 ArbGG a.F. als Vorgängervorschrift noch ausdrücklich bestimmte, ist ausreichend, dass lediglich eine der Parteien der Hauptklage zugleich die Parteirolle in der Zusammenhangsklage innehat.[412] Die Zusammenhangsklage darf somit zulässigerweise auch gegen eine Drittperson gerichtet sein.

In den Fällen, in denen ein klassischer Prätendentenstreit nach § 75 ZPO die Zusammenhangsklage bezogen auf eine Hauptklage i.S. der § 2 Abs. 1, 2 ArbGG darstellt, wird ein dem § 260 ZPO genügender Zusammenhang bejaht.[413] Gemäß den obigen Ausführungen zur Zulässigkeit eines Prätendentenstreits unter den potentiellen Arbeitgebern beruht das notwendige Bindeglied der hier zusammengefassten Klagen auf der materiell-rechtlichen Alternativität der umkämpften Arbeitgeberstellung.[414] Sämtliche Feststellungsbegehren, denen ein einheitlicher Antrag zugrunde liegt, beruhen dabei auf der Beurteilung der konkreten Betriebsveräußerung nach § 613a BGB. Diese rechtliche Verknüpfung deckt sich zugleich mit der ratio des § 260 ZPO, aus prozessökonomischen Überlegungen heraus zusammengehörende Streitigkeiten einer gemeinsamen Verhandlung zuzuführen.[415]

---

410 Zu dessen Vereinbarkeit mit Art. 101 Abs. 1 Satz 2 GG, *Kluth* NZA 2000, 1275, 1275 ff.; ErfK/*Koch*, § 2 ArbGG Rn. 37/38. Vgl. zur Rechtswegzuständigkeit im Falle einer klassischen Statusfeststellungsklage auch BVerfG vom 31. 8. 1999 - 1 BvR 1389/97 – NZA 1999, 1234, 1234 ff.

411 Ausführlich zu den Voraussetzungen, BAG vom 27.02.1975 – 3 AZR 136/74 – AP Nr. 1 zu § 3 ArbGG 1953 [zu II.2. der Gründe]; Germelmann/*Matthes*, ArbGG, § 2 Rn. 112 ff.; *Grunsky*, ArbGG, § 2 Rn. 131 ff.

412 Germelmann/*Matthes*, ArbGG, § 2 Rn. 122; *Grunsky*, ArbGG, § 2 Rn. 137 f.; MünchArbRHb/*Brehm*, § 389 BGB Rn. 50.

413 Ausdrücklich Germelmann/*Matthes*, ArbGG, § 2 Rn. 114; vgl. auch Thomas/Putzo-*Hüßtege*, ZPO, § 33 Rn. 5 zum prozessualen Zusammenhang nach § 33 ZPO bei Ansprüchen, die sich gegenseitig ausschließen.

414 Siehe dessen ausführliche Herausarbeitung oben unter C., insbesondere V.

415 BAG vom 27.02.1975 – 3 AZR 136/74 – AP Nr. 1 zu § 3 ArbGG 1953 [zu II.4. der Gründe]; ErfK/*Koch*, § 2 ArbGG Rn. 34, 37/38 mit Hinweis auf den rechtlichen Zusammenhang des § 33 ZPO; Germelmann/*Matthes*, ArbGG, § 2 Rn. 113; *Grunsky*, ArbGG, § 2 Rn. 143.

3. Ergebnis

Die subjektive Klagenhäufung stellt eine Alternative zur Streitverkündung dar, alle drei am Betriebsübergang Beteiligten an die gerichtliche Entscheidung über den Status des Arbeitsverhältnisses zu binden. Sie ist in verschiedenen Varianten denkbar, allerdings nicht subjektiv bedingt. Im Hinblick auf die Statusfeststellung kommt sie einmal als positive Statusklage gegen die eine Veräußerungspartei kombiniert mit einer positiven Statusklage gegen die jeweils andere Veräußerungspartei in Betracht. Diese Konstruktion hat allerdings das Unterliegen mit einer der Klagen zur Folge. Diesen Nachteil eliminiert die Kombination einer klassischen Statusklage des Arbeitnehmers gegen einen der potentiellen Arbeitgeber mit einer Drittrechtsfeststellungsklage gegenüber den übrigen potentiellen Arbeitgebern. Sie ist unter der Voraussetzung eines Feststellungsinteresses zulässig. Dasselbe gilt für die Variante, dass einer der Arbeitgeberprätendenten mittels Statusklage gegen den Arbeitnehmer und zugleich im Wege des Prätendentenstreits gegen seinen Konkurrenten vorgeht. Da beide Klagen in einem Verfahren vor demselben Gericht verfolgt werden, schließen sie sich im Hinblick auf das Feststellungsinteresse nicht gegenseitig aus. Zuständigkeitskonflikte ergeben sich, insbesondere unter Heranziehung der Zusammenhangszuständigkeit der Arbeitsgerichte gemäß § 2 Abs. 3 ArbGG, nicht.

V. Drittwiderklage in Form einer Abwehrklage

Eine weitere Variante der Statusfeststellung im Dreiecksverhältnis hat das LAG Köln mit seiner Entscheidung vom 26.03.1998[416] hervorgebracht, in der es im Rahmen eines Statusverfahrens zwischen Arbeitnehmer und einer der Veräußerungsparteien eine Drittwiderklage im Verhältnis der Veräußerungsparteien zugelassen hat.[417]

1. Urteil des LAG Köln vom 26.03.1998

Der Entscheidung des LAG Köln[418] lag folgender Sachverhalt zugrunde:

> Die klagende Arbeitnehmerin hatte gegenüber dem Betriebsveräußerer erstinstanzlich beantragt festzustellen, dass dessen Kündigung des Arbeitsverhältnisses unwirksam sei und das Arbeitsverhältnis zu ihm fortbestehe. Der Beklagte wand hiergegen den materiell-rechtlichen Übergang des Arbeitsverhältnisses auf den Betriebserwerber nach § 613a BGB ein und beantragte Klageabweisung. Zusätzlich beantragte er widerklagend sowohl gegenüber der Klägerin als auch gegenüber dem Betriebserwerber festzustellen, dass Letzterer beginnend mit dem [...] in das zwischen der Klägerin und dem Beklagten bestehende Arbeitsverhältnis eingetreten ist.

Das LAG Köln bejahte die von der Rspr. für die nachträgliche Parteierweiterung entsprechend herangezogenen §§ 263 ff. ZPO und damit die Zulässigkeit der Drittwiderklage.[419] Im Übrigen beschränkte es seine Ausführungen auf den kurzen Hinweis, zwi-

---

[416] 5 Sa 1420/97 – recherchiert über juris.

[417] Zust., APS-*Steffan*, § 613a BGB Rn. 252; *Fischer* DB 2001, 331, 334; zweifelnd Staudinger/*Annuß*, § 613a BGB Rn. 340.

[418] Vom 26.03.1998 - 5 Sa 1420/97 – recherchiert über juris.

[419] LAG Köln vom 26.03.1998 - 5 Sa 1420/97 – recherchiert über juris [zu II. der Gründe].

schen den Parteien der Widerklage sei ein gemäß § 256 ZPO schutzwürdiges rechtliches Interesse gegeben festzustellen, dass der Drittwiderbeklagte in das bisher zwischen dem Beklagten und der Klägerin bestehende Arbeitsverhältnis im Wege des Betriebsübergangs eingetreten ist.[420]

2. Stellungnahme

Die Zulässigkeit einer derartigen Drittwiderklage bedarf näherer Beleuchtung, insbesondere im Hinblick auf die Drittrechtsfeststellung, wie sie Gegenstand der Drittwiderklage ist.

a. Konstruktion der Antragstellung

In der dem LAG Köln vorliegenden Konstellation begründet die Widerklage eine subjektive Klagenhäufung. Sie umfasst eine positive Statusfeststellungsklage sowohl gegenüber der Arbeitnehmerin als auch gegenüber dem Betriebserwerber mit dem Inhalt festzustellen, dass das Arbeitsverhältnis nunmehr zwischen diesen besteht. Der Widerklage gegenüber der Arbeitnehmerin stellt sich damit aus Sicht des Widerklägers als Feststellungen eines reinen Drittrechtsverhältnisses dar, nämlich des Arbeitsverhältnisses zwischen der Arbeitnehmerin und dem Betriebserwerber. Die Widerklage gegenüber dem Betriebserwerber lässt sich als „umgekehrter Prätendentenstreit" qualifizieren, da der Widerkläger insoweit die Negation seiner eigenen Arbeitgeberposition und deren Zuweisung an den Drittwiderbeklagten anstrebt. Die Widerklage dient damit insgesamt als Abwehrklage gegenüber der Arbeitgeberstellung.

b. Rechtliche Zulässigkeit einer reinen Drittrechtsfeststellung

Die Zulässigkeit einer Drittwiderklage erkennt die h.M. ausnahmsweise dann an, wenn sie mit einer Widerklage gegen den Kläger verbunden ist und ein rechtlicher und tatsächlicher Zusammenhang von Klage und Widerklage besteht.[421] Darüber hinaus zieht die Rspr. die Grundsätze zur nachträglichen Parteierweiterung analog heran[422], während die Lit. lediglich das Vorliegen einer Streitgenossenschaft, §§ 59 f. ZPO, fordert[423]. Zu beachten bleibt, dass nach beiden Ansichten § 33 ZPO für die Begründung des Gerichtsstands der Drittwiderklage keine Anwendung findet.[424]

---

[420] LAG Köln vom 26.03.1998 - 5 Sa 1420/97 – recherchiert über juris [zu II. der Gründe].

[421] BGH vom 17.10.1963 – II ZR 77/61 – BGHZ 40, 185, 189 ff.; vom 05.04.2001 – VII ZR 135/00 – NJW 2001, 2094, 2094 f. zum Grundsatz und zur Ausnahmekasuistik. Vgl. auch Musielak/*Heinrich*, ZPO, § 33 Rn. 18 ff.; Thomas/Putzo-*Hüßtege*, ZPO, § 33 Rn. 12.

[422] Die sog. Klageänderungstheorie, BGH vom 17.10.1963 – II ZR 77/61 – BGHZ 40, 185, 189 f.; vom 12.10.1995 – VII ZR 209/94 - BGHZ 131, 76, 79; ihm folgend Stein/Jonas-*H. Roth*, ZPO, § 33 Rn. 41 ff.

[423] Thomas/Putzo-*Hüßtege*, ZPO, § 33 Rn. 11 f.; MüKo-ZPO/*Patzina*, § 33 Rn. 28 ff.; Zöller/*Vollkommer*, ZPO, § 33 Rn. 24; Rosenberg/Schwab/Gottwald, Zivilprozessrecht, § 95 Rn. 27 f.

[424] BGH vom 22.02.2000 – X ARZ 522/99 - NJW 2000, 1871, 1871 f., ggf. kommt nach desen Ansicht aber eine Gerichtsstandsbestimmung nach § 36 Abs. 1 Nr. 3 ZPO in Betracht; ebenso Thomas/Putzo-*Hüßtege*, ZPO, § 33 Rn. 13 mwN; aA Zöller/*Vollkommer*, ZPO, § 33 Rn. 24; Stein/Jonas-*H. Roth*, ZPO, § 33 Rn. 43.

Die Voraussetzungen einer Drittwiderklage dürften vorliegend nach beiden Ansichten gegeben sein. Insoweit sei abermals auf die Verknüpfung der Klagen aufgrund des materiell-rechtlichen Ausschlussverhältnisses bzgl. der Arbeitgeberstellung verwiesen.[425] Die subjektive Klagenhäufung wurde bereits oben eingehend beleuchtet und ihre Zulässigkeit nach § 60 ZPO bejaht.[426] Die Konstruktion der Drittrechtsfeststellung nimmt vorliegend jedoch eine neue Dimension an: Der Widerkläger begehrt die Feststellung des Bestands des Arbeitsverhältnisses zwischen der Arbeitnehmerin und seinem Betriebsnachfolger. Hierbei handelt es sich nicht um ein Rechtsverhältnis, an dem er selbst beteiligt zu sein behauptet. Dennoch macht der Betriebsveräußerer damit – losgelöst von der konkreten Antragsformulierung – eine eigene Rechtsposition geltend. Mit dem Antrag will er eine gerichtliche Bestätigung erreichen, dass er selbst nicht mehr Arbeitgeber ist. Sein Begehren beinhaltet somit die Abwehr einer ungerechtfertigen Inanspruchnahme als Arbeitgeber.

Auch eine solche Drittrechtsfeststellung ist in Fortführung der obigen Argumentation[427] und der Rspr.[428] folgend als zulässig anzusehen. Zwar handelt es sich nicht um einen klassischen, vielmehr einen „umgekehrten Prätendentenstreit" in Form eines Abwehrantrags. Dennoch begehrt der Widerkläger hiermit aufgrund der Alternativität der Arbeitgeberposition Schutz der eigenen Rechtsposition. Ein entsprechendes Feststellungsinteresse zu den Beklagten dürfte jedenfalls dann gegeben sein, wenn der Betriebsveräußerer vom Arbeitnehmer als Arbeitgeber in Anspruch genommen wird und der Betriebserwerber den Übergang des Arbeitsverhältnisses abstreitet.[429] Darüber hinaus kann auch eine Widerklage als Zusammenhangsklage nach § 2 Abs. 3 ArbGG erhoben werden, womit der Rechtsweg zu den Arbeitsgerichten eröffnet ist.[430]

VI. Verbleibende Nachteile der subjektiven Klagenhäufung; Verbindung mit Streitverkündung unter den Streitgenossen

Die Konstruktion einer subjektiven Klagenhäufung, ggf. in Form der Drittwiderklage, zeigt zwar gegenüber der Streitverkündung einige Vorteile, hat aber immer noch einen entscheidenden Nachteil im Dreipersonenstreit um die Arbeitgeberstellung. Auch sie vermag lediglich eine rechtsverbindliche Klärung in zwei der drei vorliegenden Zwei-Personenverhältnisse der Dreieckskonstellation herzustellen. Eine Klärung in dem verbleibenden Zwei-Personen-Verhältnis kann auch sie nicht – auch nicht im Wege

425 Siehe hierzu oben unter C.V.
426 Hierzu oben unter IV.
427 Siehe oben unter C.
428 Eine Feststellung eines Rechtsverhältnisses kann auch durch den Dritten begehrt werden, der an diesem nicht beteiligt ist, wenn dieses zugleich die Rechtsbeziehungen der Parteien rechtlich beeinflusst, BGH vom 10.05.1978 - VIII ZR 166/77 – NJW 1978, 1520, 1520; vom 10.10.2005 - II ZR 90/03 NJW 2006, 374, 375; Stein/Jonas-*H. Roth*, ZPO, § 256 Rn. 33, jeweils mwN.
429 Vgl. Stein/Jonas-*H. Roth*, ZPO, § 256 Rn. 36.
430 Stein/Jonas-*Schumann*, 21. Aufl. 1997, ZPO, § 33 Rn. 40.

der Drittwiderklage[431] – erreichen. Daher verbleibt auch bei Heranziehung einer subjektiven Klagenhäufung ein Klärungsdefizit.

Eine Möglichkeit, dieses Defizit auszugleichen, kann die Streitverkündung unter den Streitgenossen sein. Sie ist ebenso wie die Nebenintervention unter Streitgenossen derselben Seite anerkannt[432] und unter den Voraussetzungen des § 72 ZPO bzw. § 66 ZPO entsprechend den obigen Ausführungen in den dort genannten Konstellationen zulässig.[433]

E. Zusammenfassung

Die isoliert-gerichtliche Entscheidung, ob ein Betriebsübergang i.S.v. § 613a BGB stattgefunden hat, ist als Feststellungsklage auf Feststellung des Fortbestands des Arbeitsverhältnisses zwischen zwei Personen zu richten. Als Vorfrage in diesem Verfahren hat das Gericht zu klären, ob die zu § 613a BGB entwickelten Voraussetzungen eines Betriebsübergangs vorliegen.

Eine solche Statusklage kann sowohl im Verhältnis von Arbeitnehmer und einer der Veräußerungsparteien, als auch unter den Veräußerungsparteien selbst stattfinden. Im letzteren Fall werden die von Rspr. und Lehre anerkannten Grundsätze zur Zulässigkeit eines präventiven Forderungsprätendentenstreits entsprechend herangezogen. Voraussetzung hierfür ist, dass die klagende Veräußerungspartei ein entsprechendes Feststellungsinteresse gegenüber der jeweils anderen Veräußerungspartei vorweisen kann. Das ist der Fall, wenn die Veräußerungsparteien um die Arbeitgeberposition im Lichte des § 613a BGB konkurrieren bzw. beide sie bestreiten, und zudem nicht bereits ein Statusverfahren mit dem Arbeitnehmer anhängig ist.

Angesichts der Dreipersonenkonstellation kann das Bedürfnis nach Bindung des jeweils prozessfremden Dritten an die Entscheidung über die Interventionswirkung nach §§ 74 Abs. 1, 3, 68 ZPO oder über die Rechtskraft infolge subjektiver Klagenhäufung, ggf. in Form der Drittwiderklage, erreicht werden. Dabei ist die unterschiedliche Reichweite sowie Bindungsqualität beider Rechtsinstitute zu berücksichtigen. Aufgrund des materiellen Alternativverhältnisses bzgl. der Arbeitgeberstellung ist nach der hier vertretenen Ansicht eine Streitverkündung des Arbeitnehmers gegenüber der prozessfremden Veräußerungspartei stets möglich ebenso wie im umgekehrten Fall die Streitverkündung gegenüber dem Arbeitnehmer im Arbeitgeberprätendentenstreit.

---

431 Eine Drittwiderklage unter den auf derselben Seite stehenden Streitgenossen kommt nach h.M. nicht in Betracht, Baumbach/Lauterbach/Albers/*Hartmann*, ZPO, Anh § 253 Rn. 4; Rosenberg/Schwab/Gottwald, Zivilprozessrecht, § 95 Rn. 29; missverständlich MüKo-ZPO/*Patzina*, § 33 Rn. 27; Zöller/*Vollkommer*, ZPO, § 33 Rn. 18; zum „atypischen" Fall wegen Parteiidentität vgl. Zöller/*Vollkommer*, ZPO, § 33 Rn. 20 mwN; vgl. auch BGH vom 12.10.1995 – VII ZR 209/94 - BGHZ 131, 76, 79.

432 Zur Nebenintervention, BAG vom 10.12.1992 – 8 AZR 20/92 – AP Nr. 1 zu § 20b ParteienG-DDR [zu A. der Gründe]; zur Streitverkündung, BGH vom 13.11.1952 – III ZR 72/52 – BGHZ 8, 72, 77 ff.; MüKo-ZPO/*Schultes*, § 66 Rn. 4, § 72 Rn. 15; Rosenberg/Schwab/Gottwald, Zivilprozessrecht, § 50 Rn. 12, § 51 Rn. 11; HaKo-ZPO/*Kayser*, § 66 Rn. 5, § 72 Rn. 5: Grund hierfür ist, dass bei einfacher Streitgenossenschaft lediglich mehrere selbstständige Prozesse in einem Verfahren verbunden sind.

433 Siehe hierzu oben unter I.3., 4.

Die Streitverkündung im Verhältnis der Veräußerungsparteien ist im Hinblick auf ein mögliches Gesamtschuldverhältnis nach § 613a Abs. 2 BGB zuzulassen, wenn sie der Betriebserwerber gegenüber dem Veräußerer ausspricht. Im Übrigen kommt eine Streitverkündung nicht in Betracht, da ein Nachfolgeprozess in Form des Arbeitgeberprätendentenstreits unter den Veräußerungsparteien nach hier vertretener Ansicht wegen fehlenden Feststellungsinteresses gesperrt ist.

Als gegenüber der Streitverkündung vorteilhafter kann sich die subjektivunbedingte Klagenhäufung darstellen. Das gemeinsame Band der Streitgenossen bildet auch insoweit wiederum das materielle Ausschlussverhältnis bzgl. der Arbeitgeberstellung. Gegebenenfalls kann eine Kombination von subjektiver Klagenhäufung und Streitverkündung sinnvoll sein.

4. Abschnitt: Die gerichtliche Geltendmachung konkreter Ansprüche aus dem Arbeitsverhältnis - Überblick

A. Einleitende Fragestellungen und deren Systematisierung

Im Rahmen der Statusklage standen die gerichtliche Feststellung der Arbeitgebereigenschaft und damit die Frage nach dem Übergang des Arbeitsverhältnisses als Ganzes im Raum, ohne dass es um die Durchsetzung konkreter Einzelansprüche gegenüber dem Arbeitgeber ging. Dort dient die Statusklage der Klärung der Person des aktuellen Arbeitgebers. Demgegenüber stellt sich im Folgenden die Frage, wie zu verfahren ist, wenn konkrete Einzelrechte aus dem Arbeitverhältnis eingeklagt werden, typischerweise durch den Arbeitnehmer. Denkbar ist etwa eine Leistungsklage gerichtet auf Zahlung rückständigen Lohns, auf Weiterbeschäftigung oder die gerichtliche Geltendmachung der Unwirksamkeit einer ausgesprochenen Kündigung. Dem prozessualen Kündigungsschutz im Zusammenhang mit § 613a BGB wird im Anschluss ein eigener Abschnitt gewidmet werden (siehe 5. Kap.).

Findet im zeitlichen Kontext mit der gerichtlichen Durchsetzung einzelner Ansprüche ein Betriebsübergang statt, zwingen die materiellen wie prozessualen Folgen des § 613a BGB zu einer Reihe von Überlegungen. Ihren Ausgangspunkt finden sie bei der materiell-rechtlichen Entwicklung von Gläubiger- und Schuldnerstellung bzgl. des Arbeitsverhältnisses, die die prozessuale Lage unweigerlich beeinflusst.

B. Differenzierende Betrachtung nach Anspruchgruppen

Die unterschiedliche Rechtsfolgensystematik in § 613a Abs. 1 Satz 1 sowie Abs. 2 Satz 1 BGB macht es erforderlich, in der nachfolgenden Betrachtung nach unvertretbaren Ansprüchen und solchen i.S.v. § 613a Abs. 2 BGB zu differenzieren: Während der Betriebserwerber im Falle rein betriebsbezogener und damit unvertretbarer Ansprüche die Gläubigerstellung vollständig übernimmt, haftet der Betriebsveräußerer neben seinem Nachfolger unter den Voraussetzungen des § 613a Abs. 2 BGB gesamtschuldnerisch fort.[434]

In der Folge bestehen spezifische Interessenlagen, die die nachfolgende Untersuchung wesentlich mitbestimmen werden. Hinzu kommt das Zeitmoment, nämlich die zeitliche Abfolge von Klageerhebung, Urteilserlass und Betriebsübergang, dem erhebliche prozessuale Bedeutung zukommt.

In allen Konstellationen sind bei der Lösungsfindung Sinn und Zweck des § 613a BGB zu berücksichtigen. Aus dem von ihm bezweckten Schutz des status quo des Arbeitsverhältnisses folgt, ein unangemessenes Prozessrisiko sowie sonstige Beeinträchtigungen auf prozessualer Ebene zulasten der ARbeitnehmer zu verhindern. Hinzu treten prozessökonomische Erwägungen zum Schutz der Gerichte vor mehrfacher Inanspruchnahme in derselben Sache.

---

[434] RGRK-*Ascheid*, § 613a BGB Rn. 301. Zur Rechtsfolgensystematik im Hinblick auf die verschiedenen Anspruchsgruppen, siehe oben 2. Kap., 2. Abschn., B.

I. Prozess um betriebsbezogene Ansprüche aus dem Arbeitsverhältnis

Betriebsbezogene Ansprüche stellen vor das Problem, auf welche Weise prozessual auf den Übergang der Passivlegitimation von dem bisherigen auf den neuen Arbeitgeber zu reagieren ist. Parallel zur materiellen Rechtsnachfolge spricht *Schinck* hierbei von prozessualer Rechtsnachfolge. Hierunter versteht er den Eintritt eines Rechtssubjekts in die Rechts- oder Pflichtenstellung eines anderen Rechtssubjekts, wobei das Rechtsobjekt – die Rechtsstellung selbst – bis auf eine Zuordnung zu einem anderen Subjekt keinerlei Veränderungen erfährt.[435] Vor dem Hintergrund wird auf erster Stufe zu klären sein, ob und welche prozessualen Vorschriften insoweit einschlägig bzw. entsprechend anwendbar sind. Bedingt hiervon gilt es auf einer zweiten Stufe zu eruieren, inwiefern die an der Veräußerung Beteiligten initiativ werden müssen oder können, um auf die Veränderung der materiellen Rechtslage zu reagieren.

Wird ein Verfahren erst eingeleitet, nachdem der Betriebsübergang bekanntermaßen stattgefunden hat, oder wurde es bereits zuvor rechtskräftig abgeschlossen, ist passivlegitimiert der im Zeitpunkt der Klageerhebung bis zum Schluss der mündlichen Verhandlung aktuelle Arbeitgeber.[436] Die Problematik des Arbeitgeberwechsels verlagert sich in diesem Fall in das Vollstreckungsverfahren. Liegt nämlich im Zeitpunkt des Betriebsübergangs bereits ein rechtskräftiges Urteil gegen den Betriebsveräußerer vor, wird sich der Arbeitnehmer nach Betriebsübergang fragen, ob er den erlangten Titel auch gegenüber dem Erwerber einsetzen kann. Findet ein Betriebsübergang während eines schwebenden Verfahrens gegen den Betriebsveräußerer statt, wird zu beleuchten sein, wie weiter zu verfahren ist.

Aus § 613a BGB lässt sich die Zielsetzung entnehmen, die in einem laufenden oder bereits abgeschlossenen Erkenntnisverfahren zwischen Arbeitnehmer und Betriebsveräußerer bereits gewonnenen Ergebnisse zu konservieren, insbesondere den Betriebsübernehmer hieran zu binden.[437] Auf welche Weise dies zu erreichen ist, bedarf ebenfalls näherer Untersuchung.

II. Prozess um vertretbare Ansprüche i.S.v. § 613a Abs. 2 BGB

Dieselben Fragen kommen auf, wenn vertretbare Ansprüche i.S.v. § 613a Abs. 2 BGB im Raum stehen. Ist ein Prozess hierüber bereits rechtskräftig abgeschlossen, stellt sich die oben genannte Vollstreckungsproblematik.[438] Im Falle des innerprozessualen Betriebsübergangs wird zu untersuchen sein, auf welche Weise das Verfahren fortzuführen ist, und darüber hinaus wie der Betriebserwerber als weiterer Gesamtschuldner hieran beteiligt bzw. an dessen Ergebnisse gebunden werden kann.

---

435 *Schink* Jura 1985, 291, 291.

436 AR-Blattei SD (*Hergenröder*), 500.1 Rn. 1209 f., 1231; *Bauer*, Unternehmensveräußerung, Kap. 1.10.1, S. 113; *Schreiber* RdA 1982, 137, 149; vgl. für den Fall der Kündigungsschutzklage auch BAG vom 18.02.1999 –8 AZR 485/97 NZA 1992, 648, 650 sowie unten 5. Kap.

437 Vgl. AR-Blattei SD (*Hergenröder*), 500.1 Rn. 1251; RGRK/*Ascheid*, § 613a BGB Rn. 290.

438 Siehe oben unter I.

5. Abschnitt: Prozesse um betriebsbezogene Ansprüche aus dem Arbeitsverhältnis

Die erste Stellungsnahme des BAG zu den prozessualen Rechtsfolgen eines Betriebsübergangs nach Einführung des § 613a in das BGB erging in einem Prozess um einen betriebsbezogenen Anspruch.[439]

A. Grundsatzurteil des BAG vom 15.12.1976

In seiner Grundsatzentscheidung vom 15.12.1976[440] hatte sich das BAG mit den prozessualen Auswirkungen eines Betriebsinhaberwechsels nach § 613a BGB zu beschäftigen, der während eines schwebenden Verfahrens stattfand. Der Entscheidung lag verkürzt folgender Sachverhalt zugrunde:

> Der Kläger, ein Chefarzt, wandte sich mit seiner Klage gegen die Entscheidung der Beklagten, der Trägerin der von ihm betreuten Klinik, die Zahl der dieser Klinik zugewiesenen Betten zu reduzieren. In seinem Dienstvertrag mit der Beklagten war geregelt, dass Änderungen der internen Organisation und Größe der Klinik der Beklagten obliegen. Die von ihr zum 1.1.1973 vorgenommene Reduzierung der Bettenzahl erfolgte in Vorbereitung der Übernahme der Klinik durch einen privaten Trägerverein ab dem 1.1.1975. Der Kläger zog die Rechtmäßigkeit dieser Maßnahme in Zweifel und beantragte vor dem Arbeitsgericht, die Beklagte zu verurteilen, die ursprüngliche Bettenzahl wieder zur Verfügung zu stellen. Der Wechsel des Trägers fand sodann Anfang des Jahres 1975 während des noch rechtshängigen Verfahrens statt.

Das BAG gab der Klage ohne weiteres statt. Insbesondere hielt es eine Reaktion seitens des Klägers auf den Trägerwechsel nicht für notwendig. In einem ersten Schritt bejahte das BAG das Vorliegen eines Betriebsübergangs. Unabhängig hiervon könne der Rechtsstreit, so das BAG, auch nach dem Zeitpunkt der Betriebsübernahme gegen den alten Arbeitgeber fortgesetzt werden. Das gelte auch, wenn unvertretbare Handlungen i.S.v. § 888 Abs. 1 S. 1 ZPO in Streit stünden. Dieses Ergebnis begründet das Gericht mit einem Analogieschluss zu den Vorschriften über die Veräußerung der streitbefangenen Sache, §§ 265 Abs. 2, 325 Abs. 1, 727 ZPO (im Folgenden bezeichnet mit der Kurzfassung: §§ 265 u.a. ZPO). Als Rechtfertigung hierfür führt es die spezifische Interessenlage im Falle der Betriebsnachfolge nach Rechtshängigkeit an. Den Einwand gegen eine Analogie zu § 265 ZPO, nämlich dass es infolge von § 613a BGB zu einem Schuldnerwechsel komme, verwarf es. Denn der gesetzlich angeordnete Übergang des Arbeitsverhältnisses stelle gerade keine der befreienden Schuldübernahme vergleichbare Konstellation dar. Darüber hinaus stelle die Analogie zu §§ 325, 727 ZPO sicher, dass das Urteil für und gegen den Betriebsnachfolger durchsetzbar sei. Dessen Interessen, sich gegen eine Inanspruchnahme durch den Arbeitnehmer zur Wehr zu setzen, genüge die Möglichkeiten, eine entsprechende vertragliche Abrede mit dem Betriebsveräußerer zu treffen oder als Nebenintervenient aufzutreten.

---

[439] Zur materiell-rechtlichen Lage insoweit, siehe oben 2. Kap., 2. Abschn., B.

[440] Az. 5 AZR 600/75 – AP Nr. 1 zu § 325 ZPO [zu 1. der Gründe] m. kritischer Anm. *Leipold*= SAE 1977, 220, 221 f. m. zust. Anm. *Grunsky*.

B. Weiterentwicklung der Rspr.: Umfassende Analogie zu §§ 265 u.a. ZPO

Auf der Grundlage dieser Entscheidung stützt sich das BAG seit Inkrafttreten des § 613a BGB auf eine umfassende Analogie zu den §§ 265 Abs. 2, 325 Abs. 1, 727 ZPO ZPO. Sie lässt sich heute als ständige Rspr. bezeichnen.

So wendet das BAG die §§ 265 Abs. 2, 325 Abs. 1, 727 ZPO auch im Falle eines Betriebsinhaberwechsels während schwebender Kündigungsschutzverfahren ergänzend heran, wobei die Reichweite der Analogie noch zu eruieren sein wird.[441] Sie gelte ebenso, so das BAG, für Prozessvergleiche, die der Arbeitnehmer mit dem Betriebsveräußerer im fortgeführten Verfahren schließt. Jedenfalls dann, wenn der Betriebserwerber den Vergleich – ausdrücklich oder konkludent – genehmige, soll er entsprechend §§ 265 Abs. 2, 325 ZPO hieran gebunden sein.[442] Die Analogie im Falle bereits vor Betriebsübergang gestellter Auflösungsanträge nach § 9 KSchG hat das BAG hingegen bisher offen gelassen.[443]

I. Rechtsfolgen der analogen Anwendung der §§ 265 u.a. ZPO

Mit dieser Rechtsprechung hat sich das BAG, wenn es während des Verfahrens zum Betriebsübergang kommt, für den Weg der Fortführung des Prozesses durch den Betriebsveräußerer und nachfolgender Rechtskrafterstreckung auf den Betriebserwerber entschieden.[444]

Die §§ 265 Abs. 2, 325 Abs. 1, 727 ZPO stehen dabei in wechselseitiger Beziehung, indem sie aufeinander aufbauen. Ihre Rechtsfolgen dienen als Mittel, im Falle der Veräußerung der streitbefangenen Sache einen Ausgleich der schutzwürdigen und schutzbedürftigen Interessen der Beteiligten zu schaffen. Instrument ist die Perpetuierung des Ursprungsverfahrens zwischen den ursprünglichen Parteien mit Bindungswirkung gegenüber dem Erwerber. Ausgangsnorm ist § 325 ZPO, der die materielle Rechtskraft subjektiv auf die Prozessparteien und ihre Nachfolger beschränkt. Ergänzt wird diese Regelung durch § 265 ZPO für den speziellen Fall der Veräußerung während Rechtshängigkeit. Ihre vollstreckungsrechtliche Verwirklichung findet sie über § 727 ZPO.[445]

II. Veräußerung nach Rechtshängigkeit

§ 265 Abs. 2 Satz 1 ZPO hält die veräußernde Partei trotz Verlusts der Sachlegitimation im laufenden Verfahren fest, indem er ihr kraft gesetzlicher Prozessstandschaft eine

---

441 Zur Kündigungsschutzklage, unten 5. Kap.

442 Einzelheiten hierzu unten 6. Kap.

443 BAG vom 24.05.2005 – 8 AZR 246/05 – AP Nr. 282 zu § 613a BGB [zu II.3.d) der Gründe] = AR-Blattei ES 500 Nr. 191 m. Anm. *Hergenröder*; vom 20.03.1997 – 8 AZR 769/95 – AP Nr. 30 zu § 9 KSchG 1969 [zu B.II.4.d.bb) der Gründe]; siehe hierzu 5. Kap, 2. Abschn., F.II., H.II.

444 Bereits vor Existenz des § 613a BGB hat das LAG Frankfurt vom 05.12.1961 – 5 Sa 29/61 - WA 1963, 109, unter Bejahung einer Analogie zu § 571 BGB den § 265 Abs. 2 Satz 1 ZPO entsprechend herangezogen. Jüngst bestätigt, BAG vom 09.12.2008 – 1 ABR 75/07 – NJW 2009, 872, 872 f.

445 Hierzu *Schilken*, Veränderung der Passivlegitimation, S. 8 f. mwN; *Dienstühler* ZZP 112 (1999), 61, 63; vgl. auch MüKo-ZPO/*Becker-Eberhard*, § 265 Rn. 6.

abgeleitete Prozessführungsbefugnis über das nunmehr fremde Recht verleiht.[446] Sie bleibt Partei des Verfahrens[447] und zur Vornahme sämtlicher Prozesshandlungen befugt.[448] Spiegelbildlich hierzu ist dem Betriebserwerber als nunmehr eigentlich sachlegitimierter Person die Prozessführungsbefugnis entzogen.[449] Ihm bleibt die Nebenintervention (§ 265 Abs. 2 Satz 3 ZPO)[450], es sei denn, die ursprünglichen Parteien stimmen seiner Einwechslung anstelle des Veräußerers zu (§ 265 Abs. 2 Satz 2 ZPO i.V.m. den Grundsätzen der Klagerücknahme).[451]

Findet ein gewillkürter Parteiwechsel nicht statt, ist nach h.M. zu differenzieren zwischen Rechtsänderungen auf Kläger- und Beklagtenseite.

1. Veräußerung auf Klägerseite

Im Falle der Veräußerung auf Klägerseite fordert die herrschende sog. Relevanztheorie eine Anpassung des Klageantrags an die veränderte Rechtslage. Sie ist in Analogie zu § 264 Nr. 3 ZPO ohne weiteres zulässig.[452] Demzufolge muss – übertragen auf die Situation des Betriebsübergangs – der Betriebsveräußerer den gegen den Arbeitnehmer gerichteten Leistungsantrag auf Leistung an den Betriebserwerber umstellen, will er eine Klageabweisung wegen fehlender Aktivlegitimation verhindern.

---

[446] BGH vom 28.09.1982 – VI ZR 221/80 – ZIP 1982, 1461, 1462; vom 12.03.1986 – VIII ZR 64/85 – NJW 1986, 3206, 3207; Zöller/*Greger*, ZPO, § 265 Rn. 6; *Lüke*, ZZP 76 (1963), 1, 26; *Dienstühler* ZZP 112 (1999), 61, 63. Zur Konstellation des Betriebsübergangs, HessLAG vom 03.02.2004 – 1 Sa 1315/03, recherchiert über juris [zu II.1. der Gründe]; AR-Blattei SD (*Hergenröder*), 500.1 Rn. 1194 f.; RGRK-*Ascheid*, § 613a BGB Rn. 300.

[447] Und somit maßgeblich für die Beurteilung der personenbezogenen Sachurteilsvoraussetzungen, MüKo-ZPO/*Becker-Eberhard*, § 265 Rn. 78; Stein/Jonas-*H. Roth*, ZPO, § 265 Rn. 36; *Dienstühler* ZZP 112 (1999), 61, 64.

[448] BGH vom 14.05.1986 – IVa ZR 146/85 – NJW 1987, 307; HaKo-ZPO/*Saenger*, § 265 Rn. 12; Zöller/*Greger*, ZPO, § 265 Rn. 6; Stein/Jonas-*H. Roth*, ZPO, § 265 Rn. 20; zur Stellung des Rechtsvorgängers, *Tempel*, Rechtsnachfolge, S. 63, 71 ff.; zum Prozessvergleich, siehe unten 6. Kap.

[449] HaKo-ZPO/*Saenger*, § 265 Rn. 13; Thomas/Putzo-*Reichold*, ZPO, § 265 Rn. 12; Rosenberg/Schwab/Gottwald, Zivilprozessrecht, § 99 Rn. 17; *Schink* Jura 1985, 291, 294.

[450] BAG vom 04.03.1993 – 2 AZR 507/92 – AP Nr. 101 zu § 613a BGB [zu 1 b aa) der Gründe]; MüKo-ZPO/*Becker-Eberhard*, § 265 Rn. 102; AR-Blattei SD (*Hergenröder*), 500.1 Rn. 1198 f.; *Gaul*, Betriebs- und Unternehmensspaltung, § 23 Rn. 26; KDZ-*Däubler/Zwanziger*, § 613a Rn. 150; Soergel/*Raab*, § 613a BGB Rn. 193; ausführlich hierzu *Tempel*, Rechtsnachfolge, S. 112 ff.

[451] H.M., BAG vom 04.03.1993 – 2 AZR 507/92 – AP Nr. 101 zu § 613a BGB [zu A.1.b) aa) der Gründe]; MüKo-ZPO/*Becker-Eberhard*, § 265 Rn. 93; HaKo-ZPO/*Saenger*, § 265 Rn. 18; differenzierend *Dienstühler* ZZP 112 (1999), 61, 78 f. Mangels Gutglaubenserwerbstatbestands bzgl. Betriebsveräußerungen greift § 265 Abs. 3 ZPO nicht, so LAG Bremen vom 02.02.1982 – 4 Sa 392/81 – AP Nr. 30 zu § 613a BGB [zu 3 a) der Gründe]; missverständlich noch BAG vom 15.12.1976 - 5 AZR 600/75 – AP Nr. 1 zu § 325 ZPO [zu 1 b) der Gründe]; vgl. auch *Grunsky*, Anm. zu BAG vom 15.12.1976 – 5 AZR 600/75 – SAE 1977, 224, 225 f.

[452] RG vom 07.10.1897 – IV 43/97 - RGZ 40, 340, 341 ff.; BGH vom 12.03.1986 – VIII ZR 64/85 – NJW 1986, 3206, 3207; vom 20.11.1996 – XII ZR 70/95 – NJW 1996, 735, 736; ausführlich MüKo-ZPO/*Becker-Eberhard*, § 265 Rn. 83 ff., 87, 90 mwN; *Grunsky*, FS 50 Jahre BAG, Band III, 109, 114. Kritisch ggü. der Relevanztheorie, *Henckel*, FS für Waldner, 1994, 193, 202 ff. mwN.; Rosenberg/Schwab/Gottwald, Zivilprozessrecht, § 99 Rn. 31 ff. Vgl. für den Fall des Betriebsübergangs, AR-Blattei SD (*Hergenröder*), 500.1 Rn. 1200.

Erfolgt die Antragsmodifizierung, umfasst der Prüfungskatalog des Gerichts den Anspruch im Zeitpunkt der letzten mündlichen Verhandlung im Verhältnis Erwerber – Beklagter einschließlich des Rechtsnachfolgetatbestands, also § 613a BGB.[453] Sodann bewirkt § 325 Abs. 1 ZPO eine Rechtskrafterstreckung auf den Erwerber. Entsprechend steht einer Klage des Erwerbers wegen Streitgegenstandsidentität die anderweitige Rechtshängigkeit (§ 261 Abs. 3 Nr. 1 ZPO) bzw. die Rechtskraft des Urteils (§§ 322, 325 Abs. 1 ZPO) entgegen.[454]

Aus einem stattgebenden Titel ist nach h.M. die Vollstreckung durch den Veräußerer ausschließlich zugunsten des Erwerbers zulässig. Alternativ kann der nach § 325 Abs. 1 ZPO in die Rechtskraftwirkung einbezogene Erwerber[455] nach Titelumschreibung gemäß § 727 ZPO die Vollstreckung betreiben.[456] Letzteres setzt den qualifizierten Nachweis des Rechtsnachfolgetatbestands voraus. Dieses Formerfordernis kann das Urteil, das inzidenter Feststellungen zum Betriebsübergang trifft, in der Regel nicht erfüllen, da sie als Vorfrage nicht in Rechtskraft erwachsen.[457] Allerdings reicht es aus, wenn der verurteilte Schuldner die Rechtsnachfolge zugesteht und der Veräußerer der Klauselerteilung ausdrücklich zustimmt.[458] Kann der Nachweis nicht geführt werden, muss Klauselerteilungsklage nach § 731 ZPO erhoben werden, in deren Rahmen die Voraussetzungen des § 613a BGB abermals zu prüfen sind. Ist sie erfolgreich, wird zur Verhinderung einer Doppelvollstreckung eine zuvor erteilte Ausfertigung eingezogen, alternativ eine weitere Ausfertigung i.S.v. § 733 ZPO ausgestellt.[459]

Weist das Gericht den umgestellten Klageantrag als unbegründet ab, weil es das geltend gemachte Recht oder den Rechtsnachfolgetatbestand verneint, beansprucht die

---

453 *Tempel*, Rechtsnachfolge, S. 89, 99; *Henckel*, FS für Waldner, 1994, S. 193, 206; *Dienstühler* ZZP 112 (1999), 61, 65 f.

454 HaKo-ZPO/*Saenger*, § 265 Rn. 13; MüKo-ZPO/*Becker-Eberhard*, § 265 Rn. 18; *Schink* Jura 1985, 291, 294; zur historischen Auseinandersetzung, *Tempel*, Rechtsnachfolge, S. 115 ff.; kritisch bzgl. einer Streitgegenstandsidentität, *Dienstühler* ZZP 112 (1999), 61, 67 f.

455 Zur Rechtskrafterstreckung, BGH vom 23.11.1983 – IV a ZR 161/83 – ZIP 1984, 370, 371; Thomas/Putzo-*Reichold*, ZPO, § 325 Rn. 2; ausdrücklich auch BAG vom 04.03.1993 – 2 AZR 507/92 – AP Nr. 101 zu § 613a BGB [zu A.1.b) aa) der Gründe]; Soergel/*Raab*, § 613a BGB Rn. 198. Kritisch zur Rechtskrafterstreckung im Lichte von Art. 103 Abs. 1 GG, *Pawlowski* JZ 1975, 681, 682 ff.; kritisch im Hinblick auf die Beschränkung des Rechtsnachfolgers auf die Nebenintervention, *Blomeyer*, Zivilprozeßrecht, § 47 II 1, S. 264 f.; hiergegen *Henckel*, FS für Waldner, 1994, S. 193, 195 ff.; *Jauernig*, ZZP 101 (1988), 361, 373 ff.

456 RG vom 08.11.1941 – II 84/41 - RGZ 167, 321, 323; Thomas/Putzo-*Hüßtege*, ZPO, § 727 Rn. 8; Zöller/*Stöber*, ZPO, § 727 Rn. 13; *Becker-Eberhard* ZZP 104 (1991), 413, 418 ff., 437 mwN; AR-Blattei SD (*Matthes*), 1890 Rn. 104 ff.; vgl. auch BAG vom 09.02.1994 – 2 AZR 781/93 – NZA 1994, 612, 613.

457 AR-Blattei SD (*Hergenröder*), 500.1 Rn. 1205; KR/*Pfeiffer*, § 613a BGB Rn. 209; *Grunsky*, FS 50 Jahre BGH, Band III, S. 109, 115 f.; *Dienstühler* ZZP 112 (1999), 61, 75; *Becker-Eberhard* ZZP 104 (1991), 413, 427, 437; *Hillebrecht* Beil. 4/1989, 10, 19.

458 Vgl. BGH vom 05.07.2005 – VII ZB 23/05 – WM 2005, 1914, 1915; Zöller/*Stöber*, ZPO, § 727 Rn. 20.

459 Im Übrigen sperrt eine titelumschreibende Klausel die Erteilung einer einfachen Klausel, vgl. BGH vom 23.11.1983 – IV a ZR 161/83 – ZIP 1984, 370, 371; Thomas/Putzo-*Hüßtege*, ZPO, § 727 Rn. 8; *Dienstühler* ZZP 112 (1999), 61, 74; *Becker-Eberhard* ZZP 104 (1991), 413, 438

Entscheidung sowohl dem Kläger als auch dem Rechtsnachfolger gegenüber Wirkung, § 325 Abs. 1 ZPO.[460]

Unterlässt der Kläger die Antragsumstellung und behauptet er damit weiterhin eine eigene Rechtsposition, ist es konsequent, die Klage mangels Aktivlegitimation als unbegründet abzuweisen.[461] Der Rechtsnachfolger kann in diesem Fall eigenständig Klage erheben.[462]

2. Veräußerung auf Beklagtenseite

Im Falle der Veräußerung auf Beklagtenseite vertritt die h.M. die sog. Irrelevanztheorie, in deren Folge die Veräußerung ausgeblendet wird. Demzufolge geht der Prozess unter den bisherigen Parteien so weiter, als hätte eine Veräußerung nicht stattgefunden; die Parteien gelten weiterhin als sachlegitimiert.[463] In der Folge bedarf es keiner Reaktion auf die prozessuale Entwicklung, insbesondere nicht einer Antragsumstellung.[464] Entsprechend prüft das Gericht ausschließlich, ob das geltend gemachte Recht in der juristischen Sekunde vor Veräußerung durchsetzbar gegenüber dem Veräußerer bestand.[465] Daher ist die Rechtsnachfolge daher weder im Verfahren noch in den Urteilsgründen zu berücksichtigen.[466]

Gibt das Gericht der Klage statt, ist der Kläger nach h.M. befugt, aus dem Urteil – entgegen der materiellen Rechtslage – gegen den Veräußerer zu vollstrecken. Hiergegen kann letzterer Vollstreckungsgegenklage gemäß § 767 ZPO unter Berufung auf die zwischenzeitlich erfolgte Rechtsnachfolge erheben.[467] Gegenüber dem Erwerber

---

460 BGH vom 27.04.1988 – VIII ZR 178/87 – NJW 1988, 3209, 3209; Zöller/*Greger*, ZPO, § 265 Rn. 7. Kritisch *Dienstühler* ZZP 112 (1999), 61, 68 f.

461 So die h.M., BGH vom 28.09.1982 – VI ZR 221/80 – ZIP 1982, 1461, 1462; vom 12.03.1986 – VIII ZR 64/85 – NJW 1986, 3206, 3207; vom 09.02.1990 – V ZR 189/88 – NJW 1990, 2755, 2755; MüKo-ZPO/*Becker-Eberhard*, § 265 Rn. 90; ausführlich, *Tempel*, Rechtsnachfolge, S. 55 ff.; vgl. auch *Brehm*, Jura 1987, 600, 602.

462 Aufgrund Antragsdivergenz, MüKo-ZPO/*Becker-Eberhard*, § 265 Rn. 90; *Tempel*, Rechtsnachfolge, S. 57 f.

463 *Knöringer*, Zivilprozess, § 10 III 1, S. 164 ff.

464 RG vom 04.07.1928 – V 466/27 - RGZ 121, 379, 381 f.; BGH vom 31.10.1974 – III ZR 82/72 – ZZP 88 (1975), 324, 328; MüKo-ZPO/*Becker-Eberhard*, § 265 Rn. 91; Stein/Jonas-*H. Roth*, ZPO, § 265 Rn. 27 f.; *Blomeyer*, Zivilprozessrecht, § 47 II 2 b), S. 268; *Henckel*, ZZP 82 (1969), 333, 354 f.; *ders.*, FS für Waldner, 1994, S. 193, 210; *Dienstühler* ZZP 112 (1999), 61, 82 f.; daher hält *Tempel*, Rechtsnachfolge, S. 159, den Begriff „Prozessstandschaft" für falsch; vgl. auch AR-Blattei SD (*Hergenröder*), 500.1 Rn. 1200.

465 *Knöringer*, Zivilprozess, § 10 II 1, S. 165; *Tempel*, Rechtsnachfolge, S. 156 f.; *Dienstühler* ZZP 112 (1999), 61, 84.

466 Wenn auch der Einwand überzeugt, dass sie infolge der Vorverlagerung des maßgeblichen Prüfungszeitpunkts nicht gänzlich unbesehen bleiben kann, *Dienstühler* ZZP 112 (1999), 61, 84.

467 KDZ-*Däubler/Zwanziger*, § 613a Rn. 155. § 767 Abs. 2 ZPO greift nicht, weil die Rechtsnachfolge im Erkenntnisverfahren unberücksichtigt geblieben sei, AR-Blattei SD (*Hergenröder*), 500.1 Rn. 1207; *Leipold*, Anm. zu BAG vom 15.121976 – 5 AZR 600/75 – AP Nr. 1 zu § 325 ZPO [zu 3. der Ausführungen]; für eine nur eingeschränkte Zulassung der Vollstreckungsgegenklage, *Dienstühler* ZZP 112 (1999), 61, 85; *Tempel*, Rechtsnachfolge, S. 160 f.

finden die §§ 325 Abs. 1, 727, 731 ZPO Anwendung mit der Folge von Rechtskrafterstreckung und Titelumschreibungsmöglichkeit.[468]

Erfolgt die Rechtsnachfolge nach der letzten mündlichen Verhandlung, sodass sie im Erkenntnisverfahren keine Berücksichtigung mehr erfahren konnte, finden die §§ 325, 727, 731 ZPO ebenfalls Anwendung.[469]

III. Verdeckte Veräußerung während Rechtshängigkeit

Die Darlegungs- und Beweislast für die Veräußerung auf der Aktivseite trägt der Beklagte, für eine solche auf Passivseite der Kläger.[470] Trägt keine der beiden Parteien Entsprechendes vor, entscheidet das Gericht materiell-rechtlich auf der Grundlage seines Kenntnisstandes am Ende der mündlichen Verhandlung.[471] Veräußert der Kläger, so ist dieser aus einem stattgebenden Urteil zunächst zu vollstrecken berechtigt. Anknüpfend an § 325 ZPO kann nach h.M. auch der Rechtsnachfolger den Titel auf sich umschreiben lassen, sollte die Nachfolge nach Rechtshängigkeit stattgefunden haben.[472] Bei verdeckter Veräußerung auf Beklagtenseite gilt Entsprechendes.[473]

---

[468] BAG vom 02.02.1988 – 3 AZR 161/86 – nv, recherchiert über juris [zu II. der Gründe]; OLG Brandenburg vom 07.12.1995 - 5 U 58/95 – NJW-RR 1996, 724, 725; Thomas/Putzo-*Reichold*, ZPO, § 265 Rn. 14; Zöller/*Greger*, ZPO, § 265 Rn. 6b. Zur Konstellation des Betriebsübergangs, LAG Düsseldorf vom 10.07.1995 – 10 Sa 508/95 – NZA 1996, 242, 243; AR-Blattei SD (*Hergenröder*), 500.1 Rn. 1204, 1250 ff.; D/L/W-*Stichler*, Handbuch ArbR, Kap L Rn. 26 ff.; Erman/*S. Edenfeld*, § 613a BGB Rn. 118; *Gaul*, Betriebs- und Unternehmensspaltung, § 23 Rn. 26; Kass-Handbuch/*Hattesen*, Kap. 6.7 Rn. 235 ff.; Moll/*Boewer*, Anwaltshandbuch ArbR, § 45 Rn. 92 ff.; Moll/*Cohnen/Tepass*, Anwaltshandbuch ArbR, § 51 Rn. 192 ff.; MüKo-BGB/*Müller-Glöge*, § 613a BGB Rn. 215; *Hillebrecht* NZA Beil. 4/1989, 10, 19; vgl. auch BAG vom 09.02.1994 – 2 AZR 781/93 – NZA 1994, 612, 613, wonach die Möglichkeit zur Klauselumschreibung ein Verfahren gegen den Erwerber nicht sperrt. KDZ-*Däubler/Zwanziger*, § 613a BGB Rn. 155, will aus nicht näher dargelegten Gründen zur Titelumschreibung auf § 728 ZPO zurückgreifen.

[469] BGH vom 17.02.1982 – III ZR 184/81 – NJW 1983, 2032, 2032; vom 29.05.1991 – VIII ZR 214/90 - BGHZ 114, 360, 364; BAG vom 09.02.1994 – 2 AZR 781/93 – NZA 1994, 612, 613, wobei offen bleibt, ob sich das BAG auf § 325 ZPO oder die materielle Rechtsnachfolge stützt; HaKo-ZPO/*Saenger*, § 325 Rn. 8; Zöller/*Vollkommer*, ZPO, § 325 Rn. 13; Rosenberg/Schwab/Gottwald, Zivilprozessrecht, § 156 II 2 a (2), S. 937; *Jauernig* ZZP 101 (1988), 361, 374. Zur Konstellation des Betriebsübergangs, HessLAG vom 03.02.2004 – 1 Sa 1315/03, recherchiert über juris [zu II 1. der Gründe]; AR-Blattei SD (*Hergenröder*), 500.1 Rn. 1250 f.; Erman/*S. Edenfeld*, BGB, 12. Aufl., § 613a Rn. 118; KDZ-*Däubler/Zwanziger*, § 613a BGB Rn. 138, 156, die ergänzend eine prozessuale Bindung aus § 613a BGB ableiten. Zu den Ansichten, die im Falle des Betriebsübergangs eine materielle Rechtskrafterstreckung über § 613a BGB vertreten, siehe unten unter C.I.

[470] Zur Beweislastverteilung bzgl. der Betriebsveräußerungsumstände, siehe oben 1. Abschn., D.

[471] Stein/Jonas-*H. Roth*, ZPO, § 265 Rn. 18; *Brehm* Jura 1987, 600, 603.

[472] Vgl. RG vom 07.10.1897 – IV 43/97 - RGZ 40, 340, 345; BGH vom 26.01.1983 – VIII ZR 258/81 - NJW 1983, 886, 887; MüKo-ZPO/*Becker-Eberhard*, § 265 Rn. 79; Stein/Jonas-*H. Roth*, ZPO, § 265 Rn. 18; *Brehm* Jura 1987, 600, 603; aA MüKo-ZPO/*Wolfsteiner*, § 727 Rn. 6; *Dienstühler* ZZP 112 (1999), 61, 72, mit Hinweis auf die Divergenz zwischen rechtskräftiger Feststellung und Tenor, zur Folge abweisender Urteile, aaO, 71.

[473] Ein verdeckter Betriebsübergang war wohl auch Gegenstand von LAG Düsseldorf vom 10.07.1995 – 10 Sa 508/95 – NZA 1996, 242, 243; aA *Dienstühler* ZZP 112 (1999), 61, 87 f.

Damit einher geht der überwiegenden Ansicht zufolge die Unzulässigkeit einer gegen den Rechtsnachfolger gerichteten Klage.[474] Eigene Einwendungen kann der Rechtsnachfolger im Falle seiner Inanspruchnahme mittels Vollsteckungsgegenklage geltend machen.

C. Zustimmung und Gegenansichten in Lit. und Rspr.

Die h.M. in der Lit. und unter den Instanzgerichten folgt im Grundsatz dieser vom BAG entwickelten Analogie zu den §§ 265 Abs. 2, 325 Abs. 1, 727 ZPO.[475]

Im Detail ist die Lösung des BAG über die §§ 265 Abs. 2, 325 Abs. 1, 727 ZPO jedoch umstritten, insbesondere was gewisse Einzelkonstellationen anbelangt. Das betrifft insbesondere Verfahren, die von der Nachhaftung des § 613a Abs. 2 BGB umfasste Verpflichtungen zum Gegenstand haben, sowie Kündigungsschutzstreitigkeiten.[476] Zudem wird an verschiedenen Stellen die Analogie zu den §§ 265 Abs. 2, 325 Abs. 1, 727 ZPO überhaupt in Frage gestellt.

Es bereitet nicht unerhebliche Schwierigkeiten, die Argumente der Gegenansichten nachzuvollziehen, die sich in unterschiedlicher Ausprägung gegen die Analogie zu den §§ 265 Abs. 2, 325 Abs. 1, 727 ZPO wenden. Sie resultiert aus einer häufig nicht exakt vorgenommenen Abgrenzung der verschiedenen Anwendungsfälle. Insoweit bleibt häufig unklar, ob sich die Kritik bzw. die abweichenden Lösungswege auf sämtliche Arten von Ansprüchen beziehen oder nur auf vertretbare oder betriebsbezogene Ansprüche.

I. Materielle Rechtskrafterstreckung über § 613a Abs. 1 Satz 1 BGB

Ascheid lehnt die Anwendung der Vorschriften über die Veräußerung der streitbefangenen Sache zur Lösung der Problematik ab. Er will eine der Rechtskrafterstreckung gleiche Wirkung dem materiellen Recht selbst, also § 613a Abs. 1 Satz 1 BGB, ent-

---

[474] So mit Hinweis auf das fehlende allgemeine Rechtsschutzbedürfnis, RG vom 26.05.1916 – VII 84/16 - RGZ 88, 267, 270; ebenso RG vom 19.02.1929 – II 296/28 - RGZ 124, 146, 151; HaKo-ZPO/*Saenger*, § 727 Rn. 1; Thomas/Putzo-*Hüßtege*, ZPO, § 727 Rn. 2; ablehnend *Dienstühler* ZZP 112 (1999), 61, 88 ff. wegen fehlender Streitgegenstandsidentität.

[475] U.a. AR-Blattei SD (*Hergenröder*), 500.1 Rn. 1192 ff.; KDZ-*Däubler/Zwanziger*, § 613a BGB Rn. 138 ff., 155; Erman/*S. Edenfeld*, § 613a BGB Rn. 117 f.; KassHandbuch/*Hattesen*, Kap. 6.7 Rn. 235 ff.; KR/*Friedrich*, § 4 KSchG Rn. 96 ff.; KR/*Pfeiffer*, § 613a BGB Rn. 205 ff.; MüKo-BGB/*Müller-Glöge*, § 613a BGB Rn. 205, 215; MüKo-ZPO/*Eberhard*, § 265 Rn. 42; MünchArbRHd-*Wank*, § 124 Rn. 111; Musielak/*Foerste*, ZPO, § 265 Rn. 6; Staudinger/*Annuß*, § 613a BGB Rn. 338; *Seiter*, Betriebsinhaberwechsel, G I 1 (S. 131); Bauer, Unternehmensveräußerung, Kap. 1.10.2, S. 114 f.; *Gaul*, Betriebs- und Unternehmensspaltung, § 23 Rn. 17 ff.; *Gaul/Bonanni*, Anm. zu BAG vom 18.04.2002 – 8 AZR 346/01, EzA § 613a BGB Nr. 207, S. 21 ff.; *Grunsky*, Anm. zu BAG vom 15.12.1976 – 5 AZR 600/75 – SAE 1977, 224, 225 f.; *Hillebrecht* NZA Beil.4/1989, S. 10, 19; *Oberhofer* AuR 1989, 293, 298 f.; *Schaub* EWiR 1994, 33, 34; *ders.*, DB 1999, 217, 225 ff.; *Schilken*, Veränderung der Passivlegitimation, S. 44. Eingeschränkte Zustimmung für betriebsbezogene Ansprüche, RGRK-*Ascheid*, § 613a BGB Rn. 288 ff, 298 ff.; Küttner/*Kreitner*, Personalbuch, Betriebsübergang Rn. 89; *Zeuner*, FS für Schwab, 1990, S. 575, 581 ff.

[476] Siehe zu Klagen im Kontext mit § 613a Abs. 2 BGB unten 6. Abschn., zum Kündigungsrechtsstreit unten 5.Kap.

nehmen. Um den Regelungszweck dieser Norm nicht zu verkürzen, müsse das Eintreten in den status quo des Arbeitsverhältnisses auch das Eintreten in die zwischen den ursprünglichen Arbeitsvertragsparteien bindend festgestellte Rechtslage umfassen.[477] Denn das Urteil, so *Ascheid*, verändere die Rechtslage nicht, sondern stelle sie lediglich fest, wie sie vor Betriebsübergang bestand.[478]

Was die Analogie zu den §§ 325, 727 ZPO anbelangt, geht *Ascheid* davon aus, dass die Anwendung von § 325 ZPO an den Anwendungsbereich des § 265 ZPO anknüpft, somit eine Rechtskrafterstreckung nur im Falle der Veräußerung während Rechtshängigkeit, nicht aber nach Rechtkraft in Betracht kommt.[479] Darüber hinaus stellt er bereits grundsätzlich in Frage, ob die Rechtsfolgen des § 613a BGB eine Nachfolge i.S.v. § 265 ZPO beinhalten, da im Falle des Betriebsübergangs aus seiner Sicht eine reine Schuldnachfolge vorliege.[480] Entsprechend komme eine Titelumschreibung nach §§ 325, 727, 731 ZPO nicht in Betracht.[481] Dies gilt nach *Ascheids* Verständnis auch im Hinblick auf betriebsbezogene Ansprüche, wenn der Betriebsübergang während des rechtshängigen Verfahrens stattfindet.[482]

Im Gegensatz zu *Ascheid* plädieren einige Literaturstimmen zwar nicht grundsätzlich gegen eine Analogie zu den genannten Vorschriften, wohl aber für eine ergänzende Heranziehung einer materiell-rechtlichen Rechtskrafterstreckung über § 325 ZPO hinaus. Der Ausgang eines Verfahrens gegen den Betriebsveräußerer wirkt ihrer Ansicht nach jedenfalls materiell-rechtlich nach § 613a Abs. 1 Satz 1 BGB gegenüber dem Betriebserwerber, weil er mit allen Risiken in das Arbeitsverhältnis und damit auch in rechtskräftig festgestellte Forderungen eintrete.[483] Anders als im Anwendungsbereich des § 325 ZPO wollen sie jedoch in diesem Falle eine Titelumschreibung nach § 727 ZPO nicht zulassen.[484]

---

477 RGRK-*Ascheid*, § 613a BGB Rn. 290; ihm folgend ErfK/*Preis*, § 613a BGB Rn. 180; vgl. auch BAG vom 09.02.1994 – 2 AZR 781/93 – NZA 1994, 612, 613, 615, das auf diese Ansicht hinweist, sich jedoch einer Stellungnahme enthält; vom 21.03.1991 – 2 AZR 577/90 – AP Nr. 49 zu § 615 BGB [zu 3.2 c) der Gründe]; vom 02.02.1988 – 3 AZR 161/86 – nv, recherchiert über juris [zu II. der Gründe], jedoch mit gleichzeitigem Hinweis auf § 325 ZPO.

478 RGRK-*Ascheid*, § 613a BGB Rn. 289, 305.

479 RGRK-*Ascheid*, § 613a BGB Rn. 291; ebenso allgemein MüKo-ZPO/*Gottwald*, § 325 Rn. 10, der die Rechtskraftbindung in diesem Fall aus der materiell-rechtlichen Rechtsnachfolge ableiten will.

480 RGRK-*Ascheid*, § 613a BGB Rn. 291, allerdings zu betriebsbezogenen Ansprüchen Rn. 308. Ebenso ErfK/*Preis*, § 613a BGB Rn. 180, allerdings verweisend auf die Analogie der Rspr. im Falle unvertretbarer Ansprüche.

481 RGRK-*Ascheid*, § 613a BGB Rn. 291; ihm folgend, ErfK/*Preis*, § 613a BGB Rn. 180.

482 RGRK-*Ascheid*, § 613a BGB Rn. 308; dieselben Ausführungen bei ArbRBGB-*Ascheid*, § 613a Rn. 144 ff. sowie APS-*Ascheid*, 2. Aufl. 2004, § 4 KSchG Rn. 51.

483 KDZ-*Däubler/Zwanziger*, § 613a BGB Rn. 138, 156; dies klingt auch an bei MüKo-BGB/*Müller-Glöge*, § 613a BGB Rn. 214; vgl. auch *Henckel*, Parteilehre und Streitgegenstand, S. 160 ff. AA LAG Hamm vom 28.01.1996 – 4 Sa 141/96 – recherchiert über juris [zu 2.4.2 der Gründe), das auf einen häufigen Interessenkonflikt zwischen Betriebserwerber und -veräußerer hinweist, was eine Rechtskraftbindung interessenwidrig mache.

484 KDZ-*Däubler/Zwanziger*, § 613a BGB Rn. 155 f.; HaKo-ArbR/*Karthaus/Richter*, § 613a BGB Rn. 273.

II. Analogie zum gesetzlichen Parteiwechsel nach §§ 239, 242 ZPO

Einen völlig anderen Lösungsansatz verfolgen diejenigen, die eine Analogie zum gesetzlichen Parteiwechsel, §§ 239, 242 ZPO, vertreten, allen voran das LAG Hamm.[485] Ihre Herleitung der Analogie begründen sie schlagwortartig mit folgender Aussage: *„Mit dem Betriebsübergang tritt eine Zäsur ein, die es gerechtfertigt erscheinen lässt, in sinngemäßer Anwendung der §§ 239, 242 ZPO einen Parteiwechsel vorzunehmen"*.[486] Dabei beschränken die Vertreter dieser Ansicht die Analogie ersichtlich zum einen auf Klagen um rein betriebsbezogene Ansprüche, zum anderen auf Kündigungsschutzverfahren.[487]

1. Angeführte Argumente für diese Ansicht

Vorrangiges Bestreben dieser Vertreter ist es, die Nachteile, die die BAG-Lösung ihrer Ansicht nach beinhaltet, zu beseitigen. Dies betrifft zum einen die Vollstreckungsmöglichkeit gegen den Betriebsveräußerer aus dem Urteil des fortgeführten Verfahrens, zum anderen die Rechtskrafterstreckung gegenüber dem Betriebserwerber als am Prozess unbeteiligten Dritten.[488] Zudem halten sie dem BAG vor, seine Lösung vermeide wegen des Erfordernisses der nochmaligen Prüfung des § 613a BGB im Rahmen der Klauselerteilungsklage Doppelprozesse gerade nicht, wie das BAG behauptet.[489]

In weiter Auslegung der §§ 239, 242 ZPO soll hierunter auch der vollständige Austausch der Person des Arbeitgebers, wie § 613a BGB ihn vorsieht, fallen.[490] In der Folge könne der Erwerber seiner automatischen Einbeziehung in den Prozess nicht

---

485 LAG Hamm vom 12.12.1996 – 4 Sa 1258/94 – LAGE § 613a Nr. 60 [zu 1.6.2, 2.5.3 der Gründe]; vom 28.01.1997 – 4 Sa 141/96 – recherchiert über juris [zu 2.4. ff. der Gründe]; vom 22.02.2001 – 4 S 579/00 – NZA-RR 2002, 82, 84 f.; ebenso ArbG Siegen vom 14.03.1989 – 1 Ca 780/88 – recherchiert über juris [LS 3]; *Berscheid* (Vors.RiLAG Hamm a.D.), Anm. zu LAG Frankfurt vom 03.02.2004 – 1 Sa 1315/03 – jurisPR-ArbR 14/2005 Anm. 4 [zu D. der Ausführungen]; *ders.*, Konkurs, Betriebsübergang/Betriebsinhaberwechsel, Rn. 260; MüKo-BGB/*Schwerdtner*, 4. Auflage 1997, § 622 BGB Anh. Rn. 205, spricht ebenfalls den Parteiwechsel an. Hiergegen explizit, MüKo-BGB/*Müller-Glöge*, § 613a BGB Rn. 205; *Gaul*, Betriebs- und Unternehmensspaltung, § 23 Rn. 21 ff.; *Schilken*, Veränderung der Passivlegitimation, S. 44 Fn. 10.

486 LAG Hamm vom 12.12.1996 – 4 Sa 1258/94 – LAGE § 613a Nr. 60 [zu 1.6, 1.6.2. f. der Gründe]; vom 28.01.1997 – 4 Sa 141/96 –recherchiert über juris [zu 2.5. der Gründe]; vom 22.03.2001 – 4 Sa 579/00 – NZA-RR 2002, 82, 85; *Berscheid*, Anm. zu HessLAG vom 03.02.2004 – 1 Sa 1315/03 – jurisPR-ArbR 14/2005 Anm. 4 [zu D. der Ausführungen].

487 LAG Hamm vom 12.12.1996 – 4 Sa 1258/94 – LAGE Nr. 60 zu § 613a BGB [zu 1.6 der Gründe]; vom 28.01.1997 – 4 Sa 141/96 –recherchiert über juris [LS 4]; vom 22.03.2001 – 4 Sa 579/00 – NZA-RR 2002, 82, 85; ArbG Siegen vom 14.03.1989 – 1 Ca 780/88 – recherchiert über juris [LS 3]; *Berscheid*, Anm. zu HessLAG vom 03.02.2004 – 1 Sa 1315/03 – jurisPR-ArbR 14/2005 Anm. 4 [zu D. der Ausführungen]; *ders.*, Konkurs, Betriebsübergang/Betriebsinhaberwechsel Rn. 260; *Fischer* DB 2001, 331, 334.

488 LAG Hamm vom 12.12.1996 – 4 Sa 1258/94 – LAGE § 613a BGB Nr. 60 [zu 1.4. der Gründe]; vom 28.01.1997 – 4 Sa 141/96 – recherchiert über juris [zu 2.3 der Gründe] mit Hinweis auf das Grundrecht rechtlichen Gehörs, Art. 103 Abs. 1 GG.

489 LAG Hamm vom 28.01.1997 – aaO (Fn. 488) [zu 2.3., 2.4. der Gründe].

490 LAG Hamm vom 12.12.1996 – aaO (Fn. 488) [zu 1.5. der Gründe]; vom 28.01.1997 – aaO (Fn. 488) [zu 2.4., 2.5.2. der Gründe]; *Fischer* DB 2001, 331, 335.

widersprechen; er bleibe zudem an die bisherigen Prozessergebnisse gebunden. Der Betriebsveräußerer scheide ipso iure wegen des Verlusts seines Prozessführungsrechts aus dem Rechtsstreit aus.[491] Was die Abgrenzung des Parteiwechsels nach §§ 239 ff. ZPO vom Schutz vor Parteiänderung über §§ 265 Abs. 2, 325 Abs. 1, 727 ZPO anbelangt, so sei in Zweifelsfällen sei nach den typischen Parteiinteressen sowie dem Zweck der jeweiligen Rechtsänderung zu entscheiden.[492] Diesen werde der gesetzliche Parteiwechsel im Falle des Betriebsübergangs in höherem Maße gerecht. Er habe für den Arbeitnehmer den Vorteil, dass der erworbene Titel der materiellen Rechtslage entspreche, weil es gegenüber dem Betriebserwerber ergehe, und daher ohne Umweg über die Titelumschreibung vollstreckbar sei. Spiegelbildlich hierzu müsse der Veräußerer keine Inanspruchnahme aus dem ergehenden Urteil fürchten. Aus Sicht des neuen Inhabers spreche für eine solche Lösung, dass der Rechtsnachfolgetatbestand vollständig geprüft werde und seine Beteiligung am Verfahren – soweit es der Verfahrensstand zulässt – ihm die Möglichkeit eröffne, eigens Stellung zu nehmen.[493]

2. Rechtsfolgen der analogen Anwendung der §§ 239, 242, 249 ZPO

a. Parteiwechsel und Unterbrechung des Verfahrens

Explizit angeordnet wird der Parteiwechsel in den §§ 239, 242, 249 ZPO nicht, sie setzen ihn vielmehr voraus.[494] Nach heutigem Verständnis geht mit dem auslösenden Ereignis während Rechtshängigkeit die Parteistellung ipso iure auf den Rechtsnachfolger – den (Nach-)Erben, § 1922 BGB (§ 2139 BGB) – über, der infolgedessen in das Prozessrechtsverhältnis eintritt.[495] Dasselbe soll analog für im Wege der Gesamtrechtsnachfolge ohne Liquidation erlöschende juristische Personen gelten.[496] Übertragen auf den Betriebsübergangs würde hiernach die Übernahme der Leitungsmacht einen Parteiwechsel auf den Betriebserwerber auslösen.

---

491 LAG Hamm vom 12.12.1996 – aaO (Fn. 488) [zu 1.6.2. der Gründe]; vom 28.01.1997 – aaO (Fn. 488) [zu 2.5.2. der Gründe]; *Berscheid*, Konkurs, Betriebsübergang/Betriebsinhaberwechsel Rn. 263.

492 LAG Hamm vom 28.01.1997 – aaO (Fn. 488) [zu 2.4.1. der Gründe].

493 LAG Hamm vom 12.12.1996 – aaO (Fn. 488) [zu 1.6.3. der Gründe]; vom 28.01.1997 – aaO (Fn. 488) [zu 2.5.3. der Gründe], auch mit dem Hinweis auf die Entlastung der Insolvenzmasse durch Entlassung des veräußernden Insolvenzverwalters aus dem Verfahren; *Berscheid*, Konkurs, Betriebsübergang/Betriebsinhaberwechsel, Rn. 263.

494 Dies ist historisch bedingt durch den zur Zeit des Erlasses der ZPO herrschenden materiellen Parteibegriff.

495 So die h.M. zum heute herrschenden formellen Parteibegriff, RG vom 09.11.1899 - VI 245/99 - RGZ 45, 359, 362; MüKo-ZPO/*Gehrlein*, § 239 Rn. 1; Stein/Jonas-*H. Roth*, ZPO, § 242 Rn. 1 ff.; *Grunsky*, Veräußerung der streitbefangenen Sache, S. 68; *Henckel*, Parteilehre und Streitgegenstand, S. 145 f.; *Schink* Jura 1985, 291, 295 f.; *Scherer* JR 1994, 401, 401 mwN. Explizit für den Fall des Betriebsübergangs, LAG Hamm vom 12.12.1996 – 4 Sa 1258/94 – LAGE Nr. 60 zu § 613a BGB [zu 1.6.2. der Gründe].

496 BGH vom 28.06.1971 – III ZR 103/68 – NJW 1971, 1844 für die KG; HaKo-ZPO/*Wöstmann*, § 239 Rn. 2 mwN; MüKo-ZPO/*Gehrlein* , § 239 Rn. 15 ff. mwN, der sich gegen eine Unterbrechung ausspricht.

Hierzu kommt es unabhängig von der Kenntnis des Betriebsübergangs von Gesetzes wegen mit der Folge der Unterbrechung des anhängigen Verfahrens, es sei denn, es besteht anwaltliche Vertretung, § 246 ZPO.[497] Die Unterbrechung bewirkt nach § 249 Abs. 2 ZPO, dass – vereinfacht gesprochen – von Prozesshandlungen der Parteien wie des Gerichts im Hinblick auf den prozessualen Anspruch keinerlei Wirkung ausgeht. Entscheidungen des Gerichts, insbesondere Endurteile, sind zwar wirksam, jedoch anfechtbar.[498] Besteht Streit, ob die die Unterbrechung herbeiführenden Umstände – also der Betriebsübergang – vorliegen, ist der Sachverhalt von Amts wegen aufzuklären.[499] Werden sie verneint, ist das ursprüngliche Verfahren ohne Zwischenentscheidung fortzusetzen.[500]

b. Wiederaufnahme des Verfahrens durch den Rechtsnachfolger

Liegen die Unterbrechungsvoraussetzungen vor, trifft den Rechtsnachfolger die Pflicht, das unterbrochene Verfahren aufzunehmen, § 239 Abs. 1, 5 ZPO;[501] bei Verzögerung seinerseits ist zur Aufnahme auch der Klagegegner berechtigt, § 239 Abs. 2 ZPO. Im Falle des Bestreitens prüft das Gericht den Rechtsnachfolgetatbestand tatsächlich wie rechtlich im Verfahren mit dem behaupteten Rechtsnachfolger.[502] Gibt es dem Antrag statt,[503] scheidet der Rechtsvorgänger aus dem Prozess aus. Der eintretende Rechtsnachfolger ist an die bisherigen Ergebnisse des Prozesses gebunden, kann jedoch selbst – soweit prozessrechtlich noch zulässig – zum Streitgegenstand vortragen.[504] Das Endurteil ergeht sodann ausschließlich gegenüber dem Rechtsnachfolger.

---

[497] BGH vom 29.01.1976 – IX ZR 28/73 – BGHZ 66, 59, 61; vom 21.06.1995 – VII ZR 224/94 – NJW 1995, 2563; Stein/Jonas-*H. Roth*, ZPO, Vorbem. vor § 239 Rn. 6; Zöller/*Greger*, ZPO, vor § 239 Rn. 7. Die Unterbrechung ist von Amts wegen zu beachten, vgl. Rosenberg/Schwab/Gottwald, Zivilprozessrecht, § 124 Rn .1.

[498] Ausführlich hierzu Thomas/Putzo-*Hüßtege*, ZPO, § 249 Rn. 5 ff.; MüKo-ZPO/*Gehrlein*, § 249 Rn. 20. Zur Wirksamkeit ergangener Gerichtsentscheidungen, BGH vom 29.01.1976 – IX ZR 28/73 – BGHZ 66, 59, 61 f.; vom 21.06.1995 – VII ZR 224/94 – NJW 1995, 2563; vom 05.04.2001 - IX ZR 309/00 – NJW 2001, 2095, 2096; Stein/Jonas-*H. Roth*, ZPO, § 249 Rn. 15 ff.; Zöller/*Greger*, ZPO, § 249 Rn. 10.

[499] MüKo-ZPO/*Gehrlein*, § 239 Rn. 21.

[500] BGH vom 08.06.2004 – IX ZR 281/03 – NJW 2004, 2983, 2984; vom 10.11.2005 – IX ZB 240/04 – NJW-RR 2006, 288; hierzu umfassend Stein/Jonas-*H. Roth*, ZPO, vor § 239 Rn. 6 ff.; Zöller/*Greger*, ZPO, vor § 239 Rn. 3.

[501] MüKo-ZPO/*Gehrlein*, § 239 Rn. 29; *Berscheid*, Konkurs, Betriebsübergang/Betriebsinhaberwechsel, Rn. 263.

[502] Es gilt der Verhandlungsgrundsatz, ggf. ist Beweisaufnahme notwendig, MüKo-ZPO/*Gehrlein*, § 239 Rn. 32; Stein/Jonas-*H. Roth*, ZPO, § 239 Rn. 24; Zöller/*Greger*, ZPO, § 239 Rn. 12; *Scherer* JR 1994, 401, 402, 403.

[503] Es ergeht Zwischen- bzw. bei Entscheidungsreife Endurteil, wobei in den Gründen die Rechtsnachfolge festzustellen ist, RG vom 10.02.1915 – V 381/14 - RGZ 86, 234, 238; Zöller/*Greger*, ZPO, § 239 Rn. 11 f., zur fehlerhaft bejahten Rechtsnachfolge, aaO, Rn. 18; Stein/Jonas-*H. Roth*, ZPO, § 239 Rn. 23.

[504] Siehe Fn. 501.

Ist der Nachweis der Rechtnachfolge nicht geführt oder sind deren Voraussetzungen nicht gegeben, wird die Aufnahme durch rechtsmittelfähiges Endurteil zurückgewiesen. Die Unterbrechung des ursprünglichen Prozesses dauert fort.[505]

c. Rechtsnachfolge nach letzter mündlicher Verhandlung/ nach Rechtskraft

Findet eine von den §§ 239 ff. ZPO erfasste Rechtnachfolge nach Abschluss der mündlichen Verhandlung statt, so steht dies der Verkündung der Entscheidung nicht entgegen, § 249 Abs. 3 ZPO. Dennoch kommt es zur Unterbrechung, die eine Wideraufnahme erforderlich macht.[506]

Der Anwendungsbereich der §§ 239 ff. ZPO ist beschränkt auf die Fälle der Rechtsnachfolge vor Rechtskraft. Für die Folgen einer Rechtsnachfolge nach Rechtskraft gilt das bereits Gesagte.[507]

d. Verdeckte Unterbrechung während Rechtshängigkeit/"Schein"-Rechtsnachfolger

Auch im Falle der „verdeckten Rechtsnachfolge" während eines Verfahrens – mangels Kenntnis oder Sachvortrags –, kommt es zur Unterbrechung des Prozesses ipso iure. Wird sie während des noch laufenden Verfahrens bekannt, kommt es zum Parteiwechsel mit Bindung des Rechtsnachfolgers an den Prozessstand.[508] Wird die Rechtnachfolge hingegen nicht offenbar, entfaltet das ergehende Urteil gegenüber dem wahren Rechtsnachfolger keine Wirkung; § 325 ZPO ist nicht anwendbar.[509] Dasselbe gilt, wenn das Gericht den Rechtsnachfolgetatbestand entgegen der wahren Tatsachen- und Rechtslage als gegeben ansieht.[510]

---

505 BGH vom 08.06.2004 – IX ZR 281/03 – NJW 2004, 2983, 2984; HaKo-ZPO/*Wöstmann*, § 239 Rn. 6; Stein/Jonas-*H. Roth*, ZPO, § 239 Rn. 26.

506 Zur Möglichkeit der Aufnahme entweder in der unteren oder nächst höheren Instanz, vgl. BGH vom 8. 1. 1962 - VII ZR 65/61 – NJW 1962, 589, 590; OLG Schleswig vom 05.11.1992 – U 228/89 – OLGZ 230, 230 f. Einzelheiten sind umstr., vgl. Stein/Jonas-*H. Roth*, ZPO, § 239 Rn. 28 ff. mwN; Zöller/*Greger*, ZPO, § 239 Rn. 14 mwN; Rosenberg/Schwab/Gottwald, Zivilprozessrecht, § 124 Rn. 18 ff.

507 Vgl. hierzu die Ausführungen oben unter B.II.

508 MüKo-ZPO/*Gehrlein*, § 239 Rn. 31; ähnlich *Scherer* JR 1994, 401, 402 f., 404. Dasselbe kann der Prozessgegner durch Ladung des Rechtsnachfolgers bewirken; RG vom 09.11.1899 - VI 245/99 - RGZ 45, 359, 362; Zöller/*Greger*, ZPO, § 239 Rn. 18; *Scherer* JR 94, 401, 403 f.

509 § 239 ZPO verdrängt die §§ 265, 325 ZPO während Rechtshängigkeit. Es ergeht in der Folge ein anfechtbares Urteil ausschließlich im Verhältnis den Prozessparteien, vgl. Stein/Jonas-*H. Roth*, ZPO, § 249 Rn. 15 ff.

510 Str. Arg. ex Art. 103 Abs. 1 GG wegen fehlenden rechtlichen Gehörs, so Stein/Jonas-*H. Roth*, ZPO, § 239 Rn. 23, 25 mwN auch zur Gegenansicht; ebenfalls eine Rechtskrafterstreckung ablehnend, Zöller/*Greger*, ZPO, § 239 Rn. 18; ausführlich hierzu *Scherer* JR 1994, 401, 402.

III. Zulassung eines gewillkürten Parteiwechsels unter erleichterten Voraussetzungen

Wiederum andere Stimmen in der Lit. bevorzugen, teils anstelle des gesetzlichen Automatismus des § 265 Abs. 2 Satz 1 ZPO,[511] teils alternativ hierzu[512] einen gewillkürten Parteiwechsel (bzw. -erweiterung), den sie unter erleichterten Bedingungen zulassen wollen.

Vereinfacht soll der Parteiwechsel insoweit sein, als es auf die Zustimmung zum Parteiwechsel sowohl des ursprünglich Beklagten als auch des neuen Beklagten, wie sie in unterschiedlichen Variationen von Rspr. und Lit. gemäß §§ 263 f., 269 Abs. 1 ZPO (analog) gefordert werden,[513] nicht ankommen soll.[514] Eine Sachdienlichkeitsfeststellung seitens des Gerichts anstelle der Zustimmung sei ebenfalls nicht erforderlich. Die Erleichterungen gälten ebenso in zweiter Instanz.[515] Demzufolge bedarf es lediglich eine Parteiwechselerklärung seitens des Klägers, um einen Parteiwechsel herbeizuführen, dem auf diese Weise ein unbeschränktes Initiativrecht eingeräumt wird.[516]

Bereits an dieser Stelle soll angemerkt werden, dass diese Ansicht die Zulässigkeit eines vereinfachten Parteiwechsels nicht nur in Fällen rein betriebsbezogener Ansprüche diskutiert. Sie lässt ihn auch in Form eines Parteibeizugs in denjenigen Konstellationen zu, in denen § 613a Abs. 2 BGB eine gesamtschuldnerische Haftung der Veräußerungsparteien herbeiführt.[517]

1. Argumente dieser Ansicht

Zur Begründung führt diese Ansicht ganz ähnliche Argumente an wie die zuvor genannte, nämlich dass auf diese Weise der Anspruch vollständig auch im Verhältnis

---

511 *Leipold*, Anm. zu BAG vom 15.12.1976 – 5 AZR 600/75 – AP Nr. 1 zu § 325 ZPO [zu 4.].

512 *Zeuner*, FS für Schwab, 1990, 575, 590 f., 592; ohne nähere Ausführungen, KR/*Pfeiffer*, § 613a BGB Rn. 209; MüKo-BGB/*Schwerdtner*, 4. Auflage 1997, § 622 BGB Anh. Rn. 205; *Boewer* in: Gaul, Aktuelles Arbeitsrecht 1996, Kap. VII, S. 521; *Fischer* DB 2001, 331, 334; *Löwisch/Neumann* DB 1996, 474, 475.

513 Auf der einen Seite die Klageänderungstheorie der Rspr., instruktiv BGH vom 13.11.1975 – VII ZR 186/73 – BGHZ 65, 264, 267 f.; vom 16.12.1997 – VI ZR 279/96 – NJW 1998, 1496, 1497; ihm folgend noch MüKo-ZPO/*Lüke*, 2. Aufl. 2000, § 263 Rn. 78. Demgegenüber fordert die Lit. zwar nicht für die Einwechslung, wohl aber für die Bindung der einzuwechselnden Person an die bisherigen Prozessergebnisse deren Zustimmung (Theorie von der Regelungslücke), HaKo-ZPO/*Saenger*, § 263 Rn. 17 ff.; Musielak/*Foerste*, ZPO, § 263 Rn. 14; Thomas/Putzo-*Hüßtege*, ZPO, Vorbem § 50 Rn. 15; Rosenberg/Schwab/Gottwald, Zivilprozessrecht, § 42 Rn. 20 ff.; vgl. die umfassende Darstellung bei *Roth* NJW 1988, 2977, 2978 ff.

514 *Zeuner*, FS für Schwab, 1990, 575, 591; *Leipold*, Anm. zu BAG vom 15.12.1976 – 5 AZR 600/75 – AP Nr. 1 zu § 325 ZPO [zu 4. der Ausführungen].

515 *Zeuner*, FS für Schwab, 1990, 575, 591; einschränkend demgegenüber KR/*Pfeiffer*, § 613a BGB Rn. 209.

516 Siehe Fn. 514. Ohne auf den Zustimmungsverzicht einzugehen, KassHandbuch/*Hattesen*, Kap. 6.7 Rn. 243; explizit gegen einen Zustimmungsverzicht im Berufungsverfahren, aber ohne Begründung, KR/*Pfeiffer*, § 613a Rn. 209; *Löwisch/Neumann* DB 1996, 474, 475, da es an einer gesetzlichen Grundlage fehle.

517 Hierzu unten unter 6. Abschn., A.V.

zum Betriebserwerber geprüft wird, dass dieser im Lichte von Art. 103 Abs. 1 GG hierzu Stellung nehmen kann sowie Aspekte der Prozesswirtschaftlichkeit.[518] Dem klagenden Arbeitnehmer unbeschränkt das Recht zu gewähren, einen Parteiwechsel herbeizuführen, liegt ihrer Meinung zufolge in der spezifischen Interessenlage infolge des Betriebsübergangs begründet. Der erleichterte Parteiwechsel wahre die Interessen des klagenden Arbeitnehmers nicht nur, sondern verwirkliche sie erst.[519] Denn es bestehe durchaus ein Interesse des Arbeitnehmers, den Betriebserwerber in das Verfahren einzubeziehen zum einen, um unmittelbar einen vollstreckbaren Titel gegen diesen zu erlangen, zum anderen, um den weiteren Vergleichsspielraum mit dem Betriebserwerber zu nutzen.[520] Darüber hinaus könne der Arbeitnehmer auf diese Weise selbst entscheiden, ob aus seiner Sicht diese Vorteil das Risiko eines neuen Prozessgegners und damit Kostenschuldners aufwiegt. Hierdurch erlange der klagende Arbeitnehmer ein erhöhtes Maß an Handlungsfreiheit, die er entsprechend der konkreten Situation, insbesondere je nach dem, wie er das Prozessrisiko hinsichtlich der Beurteilung der Betriebsübergangsvoraussetzungen einschätzt, ausüben könne.

Den Parteiwechsel unter erleichterten Bedingungen zuzulassen, rechtfertigt diese Ansicht mit der spezifischen Interessenlage, wie sie in § 613a BGB ihren Ausdruck gefunden hat. Dem Grundgedanken des § 613a Abs. 1 BGB sei zu entnehmen, dass der Betriebsübergang auch den Eintritt in die prozessrechtliche Lage zur Folge habe.[521] Konsequenterweise müsse der angeordnete Übergang des status quo des Arbeitsverhältnisses auf prozessualer Seite einen erleichterten Austausch von Betriebsveräußerer und -erwerber zulassen.[522] Die Bindung des Betriebserwerbers an den bisherigen Prozesssstand lasse sich dabei auf die grundsätzliche Rechtskrafterstreckung nach §§ 265, 325 ZPO stützen.[523] Schließlich sehe das Gesetz selbst in ähnlichen Fällen – insbesondere der Gesamtrechtsnachfolge – einen gesetzlichen Parteiwechsel vor, sodass die schwächere Form eines gewillkürten Parteiwechsels auf Initiative des Arbeitnehmers erst recht zuzulassen sei.[524]

2. Rechtsfolgen eines gewillkürten Parteiwechsels

Darauf, welche Rechtsfolgen ein derart gewillkürter Parteiwechsel im Kontext mit § 613a BGB nach sich zieht, geht diese Ansicht nicht näher ein. Grundsätzlich prüft das Gericht zunächst das Vorliegen der notwendigen Parteiwechselerklärungen bzw.

---

[518] *Zeuner*, FS für Schwab, 1990, 575, 590 ff.; *Leipold*, Anm. zu BAG vom 15.12.1976 – 5 AZR 600/75 – AP Nr. 1 zu § 325 ZPO [zu 4. der Ausführungen].

[519] *Zeuner*, FS für Schwab, 1990, 575, 591, 592, nach dessen Auffassung jedenfalls dann, wenn man ihn alternativ zu § 265 ZPO zulässt; zum Verhältnis zu den §§ 265 u.a. ZPO sogleich unten unter D.IV.

[520] *Zeuner*, FS für Schwab, 1990, 575, 592. Hierzu ausführlich unten 6. Kap.

[521] *Zeuner*, FS für Schwab, 1990, 575, 590 ff.; *Leipold*, Anm. zu BAG vom 15.12.1976 – 5 AZR 600/75 – AP Nr. 1 zu § 325 ZPO [zu 4. der Ausführungen].

[522] *Zeuner*, FS für Schwab, 1990, 575, 591, 592.

[523] *Zeuner*, FS für Schwab, 1990, 575, 592.

[524] *Zeuner*, FS für Schwab, 1990, 575, 590 ff.; *Leipold*, Anm. zu BAG vom 15.12.1976 – 5 AZR 600/75 – AP Nr. 1 zu § 325 ZPO [zu 4. der Ausführungen].

Sachdienlichkeit nach § 263, 2. Alt. ZPO.[525] Ob die eingewechselte Person tatsächlich sachlegitimiert ist, stellt das Gericht erst im Endurteil zwischen den neuen Parteien fest.[526]

Im Falle des Betriebsübergangs wird das Gericht die Voraussetzungen des § 613a BGB bereits vollständig im Rahmen der Zulässigkeit des Parteiwechsels prüfen. Denn § 613a BGB bildet die Vorfrage dafür, ob die Zustimmung des alten und des neuen Beklagten aufgrund erleichterter Bedingungen des Parteiwechsels entbehrlich sind. Liegen die Voraussetzungen des § 613a BGB vor, führt die Erklärung des Klägers somit den Parteiwechsel herbei. Verneint das Gericht§ 613a BGB, kommt es nach wie vor auf die Zustimmung der Veräußerungsparteien bzw. Sachdienlichkeit an. Fehlen sie, ist der Parteiwechsel unzulässig. Die Klage richtet sich infolgedessen unverändert gegen die ursprüngliche Partei.[527] Dennoch wird infolge der Parteiwechselerklärung auch die einzuwechselnde Person Prozesspartei. Im Verhältnis zu ihr ergeht sodann mangels Zulässigkeit der Einwechslung Prozessurteil.[528]

D. Stellungnahme zur Analogie zu den §§ 265 u.a. ZPO, §§ 239, 242 ZPO

I. Regelungsbedürftigkeit zugunsten der Arbeitnehmer nach allen Ansichten

Zunächst gilt es, sich nochmals die Ausgangssituation zu vergegenwärtigen. Ohne gesetzliche Regelung bliebe dem Arbeitnehmer nur, den Rechtsstreit für erledigt zu erklären, wenn es zu einem innerprozessualen Betriebsübergang nach § 613a BGB kommt. Dies ginge mit dem Verlust der bisherigen möglicherweise günstigen Prozessergebnisse einher. Zur Realisierung seines Anspruchs wäre er sodann gezwungen, einen Prozess mit dem Betriebserwerber mit entsprechend kostenmäßiger Belastung „von vorne“ zu beginnen. Ein gewillkürter Parteiwechsel bedarf grundsätzlich der Zustimmung sämtlicher Beteiligter oder Sachdienlichkeit.

Dass dieses Ergebnis den Wertungen des § 613a BGB – der umfassenden Sicherung des status quo der Arbeitnehmer – nicht entspricht, ist offensichtlich. Hiernach gilt es, jegliche Nachteile für die Arbeitnehmer infolge des Betriebsübergangs so weit wie möglich zu vermeiden.

---

525 MüKo-ZPO/*Becker-Eberhard*, § 263 Rn. 91; Thomas/Putzo-*Hüßtege*, ZPO, Vorbem § 50 Rn. 27; Rosenberg/Schwab/Gottwald, Zivilprozessrecht, § 43 Rn. 28.

526 Thomas/Putzo-*Hüßtege*, ZPO, Vorbem § 50 Rn. 28 f.

527 Sowohl nach der Rspr. als auch nach der Lit., vgl. BGH vom 10.11.1980 – II ZR 96/80 – NJW 1981, 989, 989 f.; MüKo-ZPO/*Becker-Eberhard*, § 263 Rn. 98; Rosenberg/Schwab/Gottwald, Zivilprozessrecht, § 42 Rn. 28.

528 Jedenfalls nach Ansicht der Rspr., vgl. BGH vom 16.12.1997 – VI ZR 279/96 – NJW 1988, 1496, 1497. In der Lit. ist dies str. Zwar ist nach ihr die Zustimmung der einzuwechselnden Partei nicht erforderlich; unklar ist jedoch, ob die Zustimmung der ursprünglichen Partei (analog § 269 Abs. 1 ZPO) auch Zulässigkeitsvoraussetzung für den „Rollentausch“ ist, vgl. hierzu *Knöringer*, Zivilprozess, § 15 III 3, S. 231; Thomas/Putzo-*Hüßtege*, ZPO, Vorbem § 50 Rn. 27, 29. Für ein Prozessurteil gegenüber der eingewechselten Partei, MüKo-ZPO/*Becker-Eberhard*, § 263 Rn. 98; Rosenberg/Schwab/Gottwald, Zivilprozessrecht, § 42 Rn. 28; aA wohl Stein/Jonas-*H. Roth*, ZPO, § 263 Rn. 66.

Von der Schutzwürdigkeit des Arbeitnehmers, der der Gesetzgeber auf materiellrechtlicher Seite begegnet ist, schließt die allgemeine Ansicht auf die Notwendigkeit, einen Mechanismus zu erschaffen, der dieser Schutzwürdigkeit auch auf prozessrechtlicher Ebene Rechnung trägt.[529] Dieser Rückschluss ist berechtigt angesichts der Lage des Arbeitnehmers, den Erhalt der Sachlegitimation des Betriebsveräußerers allein mittels Widerspruchs als Rechtsfolgenverweigerungsrecht erkaufen zu können, und dies um den Preis des möglichen Verlusts seines Arbeitsplatzes. Zudem wäre dem jeweiligen Arbeitgeber Tür und Tor geöffnet, aus dem Prozess zu flüchten und sich von bereits erzielten Prozessergebnissen zu befreien.

Ziel muss daher eine Regelung der prozessrechtlichen Situation sein, die

- Doppelprozesse vermeidet,[530]
- eine Bindung des Betriebserwerbers an den Prozessstand herbeiführt[531] sowie
- eine verfahrensabschließende Entscheidung zum Ergebnis hat, die zu einem gegenüber dem Betriebserwerber rechtskräftigen und vollstreckbaren Titel führt.

Diese Interessenlage anerkennend gehen alle hierzu vertretenen Lösungsmodelle von derselben Ausgangslage aus, wollen ihr aber mit diametral gegenläufigen Mitteln Herr werden.[532]

II. Regelungslücke als Analogievoraussetzung: Anwendungsbereich des § 265 ZPO

Schulmäßig betrachtet setzt eine solche ergänzende Rechtsfortbildung das Vorliegen einer planwidrigen Regelungslücke bei vergleichbarer Interessenlage voraus, wie sie der entsprechend anzuwendenden Norm zugrunde liegt.[533] Eine solche Regelungslücke wäre dann nicht vorhanden, wenn eine prozessuale Regelung existierte, die die Behandlung des Betriebsübergangs nach Rechtshängigkeit bereits in ihrem unmittelbaren Anwendungsbereich erfasst.[534] Eine konkret auf den Betriebsübergang ausgerichtete Norm existiert nicht. Angesichts der speziellen Voraussetzungen scheidet zudem eine unmittelbare Anwendung der §§ 239 ff. ZPO aus.

Ob im Hinblick auf den Tatbestand des § 265 ZPO eine Regelungslücke vorliegt, bedarf näherer Erörterung. Insoweit wird erforderlich, das Tatbestandsmerkmal der

---

529 Vgl. BAG vom 15.12.1976 - 5 AZR 600/75 – AP Nr. 1 zu § 325 ZPO [zu 1.a) der Gründe].

530 Vgl. LAG Hamm vom 12.12.1996 – 4 Sa 1258/94 – LAGE N. 60 zu § 613a BGB [zu 1.5. der Gründe]; vom 28.01.1997 – 4 Sa 141/96 – recherchiert über juris [zu 2.4. der Gründe]; *Bork/Jacoby* ZHR 167 (2003), 440, 446; MüKo-ZPO/*Becker-Eberhard*, § 265 Rn. 7. Vgl. zur ratio des § 265 ZPO ausführlich *Grunsky*, Veräußerung der streitbefangenen Sache, 1968, S. 15 ff.

531 So das LAG Hamm vom 12.12.1996 – 4 Sa 1258/94 – LAGE Nr. 60 zu § 613a BGB [zu 1.6.3 der Gründe].

532 Wie oben unter A. ff. beschrieben.

533 *Larenz*, Methodenlehre, S. 365 ff.; *Bydlinski*, Methodenlehre, S. 475 ff.

534 Zur Regelungslücke *Larenz*, Methodenlehre, S. 354 ff.; *Bydlinski*, Methodenlehre, S. 472 ff.

„Veräußerung der streitbefangenen Sache" i.S.v. § 265 ZPO näher zu beleuchten. Dabei ist zu beachten, dass die Grenze der Auslegung einer Norm[535] zugleich die Tür zur Analogie öffnet; dort, wo Auslegung möglich ist, fehlt es an einer Regelungslücke.[536] Die Grenzen verschwimmen freilich.

In diesem Zusammenhang findet sich an einigen Stellen der ausdrückliche Hinweis, beim Betriebsübergang werde gerade *„nicht die in Streit befangene Sache i.S. des § 265 ZPO veräußert, und erfasst ist auch vom Wortlaut der Norm her nur die Veräußerung oder die Abtretung."*[537] Die Aussage, dass der rechtsgeschäftliche asset deal nicht den Streitgegenstand des Arbeitnehmerprozesses bildet, sei unwidersprochen. Diesem Verständnis ist m.E. jedoch vorzuwerfen, dass sie das Objekt, welches die streitbefangene Sache i.S.v. § 265 ZPO darstellt, ungenau wählt, wenn sie auf die Veräußerung der Betriebsbestandteile abstellt.

M.E. erscheint es notwendig, die Problematik aus dem folgenden Blickwinkel heraus anzugehen: Ausgangspunkt der Überlegungen, ob § 265 ZPO unmittelbar eingreift, muss die Bestimmung der konkret streitbefangenen Sache sein. In der vorliegenden Konstellation der Klage auf Erfüllung betriebsbezogener Ansprüche aus dem Arbeitsverhältnis durch den Arbeitnehmer gegenüber dem Arbeitgeber ist als streitbefangenes Objekt m.E. der geltend gemachte Anspruch selbst zu qualifizieren.[538] Die Gläubiger-/Schuldnerstellung diesbezüglich begründet die Sachlegitimation mit der Folge, dass die Übertragung des Anspruchs zu einem Wechsel der sachlegitimierten Person führt.[539]

Die Rechtsbegriffe der „Veräußerung" und „Abtretung" in § 265 ZPO legt die h.M. weit aus. Sie versteht hierunter nicht ausschließlich rechtsgeschäftliche Übertragungen, sondern untechnisch jede Art von Einzelrechtsübertragung in Abgrenzung zu den von §§ 239 ff. ZPO erfassten Gesamtrechtsnachfolgetatbeständen. Dabei ist irrelevant, ob die Einzelrechtsübertragung privatautonom, qua lege oder durch Hoheitsakt eintritt, solange sie einen Wechsel in der Sachlegitimation zur Folge hat.[540] Es bedarf einer

---

535 Als Eruierung des dem Gesetz objektiv entspringenden Gehalts, so *Bydlinski*, Methodenlehre, S. 428.

536 *Larenz*, Methodenlehre, S. 351; *Bydlinski*, Methodenlehre, S. 474.

537 So AR-Blattei SD (*Hergenröder*), 500.1 Rn. 1193; ebenso u.a. *Bork/Jacoby* ZHR 167 (2003), 440, 457; ErfK/*Preis*, § 613a BGB Rn. 180; ArbRBGB-*Ascheid*, § 613a Rn. 151.

538 Unter „Anspruch" i.S. des § 265 ZPO sind sämtliche subjektiven Rechte zu verstehen, vgl. MüKo-ZPO/*Becker-Eberhard*, § 265 Rn. 19 f. Zudem tritt Streitbefangenheit stets nur hinsichtlich des konkreten Anspruchs ein, der rechtshängig gemacht wurde, Stein/Jonas-*H. Roth*, ZPO, § 265 Rn. 11.

539 Thomas/Putzo-*Reichold*, ZPO, § 265 Rn. 3; *Knöringer*, Zivilprozess, § 10 I, S. 157; vgl. auch Stein/Jonas-*H. Roth*, ZPO, § 265 Rn. 10, der unter dem Begriff „Abtretung" allein Veränderungen der Gläubigerposition fassen will, mit Hinweis auf Rn. 5, wo er meint, der Übergang einer Verpflichtung falle nur insoweit unter § 265 ZPO, als er eine Folge der Veräußerung der Streitsache sei.

540 RG vom 03.05.1921 – III 485/20 – RGZ 102, 177, 179 mwN; MüKo-ZPO/*Becker-Eberhard*, § 265 Rn. 34; Thomas/Putzo-*Reichold*, ZPO, § 265 Rn. 6 ff.; siehe auch die ausführliche Untersuchung bei *Grunsky*, Veräußerung der streitbefangenen Sache, 1968, S. 32 ff.; *Schink* Jura 1986, 291, 293 f.

Veränderung in der Berechtigung, welche im Falle des gesetzlichen Forderungsübergangs, insbesondere infolge von § 268 Abs. 3 und § 426 Abs. 2 BGB, anerkannt ist.[541]

Einen solchen gesetzlichen Forderungsübergang im Hinblick auf die arbeitsvertraglichen Einzelansprüche bewirkt aber auch § 613a Abs. 1 Satz 1 BGB: Mit dem Austausch der Vertragspartner geht ein Wechsel in der im Arbeitgeberstatus begründeten, originären Schuldnerstellung einher. Als Bestandteil des Übergangs des Arbeitsverhältnisses geht die Forderung gegen den ursprünglichen Arbeitgeber auf den Betriebserwerber als neuen Schuldner über.[542] Abgesehen von ihrem Übertragungsmodus steht die von § 613a BGB ausgelöste Rechtsfolge einem gesetzlichen Forderungsübergang der arbeitsvertraglichen Einzelansprüche gleich.

In der vorliegenden Konstellation besteht also genau betrachtet die „Veräußerung der streitbefangenen Sache“ in dem gesetzlichen Übergang der eingeklagten Forderungen aus dem Arbeitsverhältnis infolge von § 613a Abs. 1 BGB. Objekt des § 265 ZPO ist nach hiesigem Verständnis also nicht der Unternehmenskauf an sich. Er bildet lediglich den privatautonom gesetzten Tatbestand, der den gesetzlich angeordneten Forderungsübergang im Rahmen des Arbeitgeberwechsels auslöst. Erst dieser Forderungsübergang verkörpert die eigentliche „Veräußerung“.[543] Dass der Tatbestand, der den Forderungsübergang auslöst, die Veräußerung eines Betriebs zum Gegenstand hat, ist im Hinblick auf die Voraussetzungen des § 265 ZPO nach diesem Verständnis ohne Belang.[544] Als auslösendes Ereignis steht er auf derselben Stufe wie die Befriedigung des Gläubigers durch einen der Gesamtschuldner im Falle von § 426 Abs. 2 BGB oder durch einen Dritten im Falle von § 268 Abs. 3 BGB.

Legt man ein solches Verständnis zugrunde, ließe sich eine Regelungslücke verneinen, da schon die Rechtsbegriffe „Veräußerung“/„Abtretung“ qua Auslegung auch den gesetzlichen Vertragspartner- und damit zugleich Schuldnerwechsel, wie § 613a BGB ihn zur Folge hat, erfassen.

III. Vergleichbarkeit der Interessenlagen

Über die Gesetzeslücke hinaus fordert der Analogieschluss, dass der geregelte Tatbestand und der ungeregelte Tatbestand vergleichbar sind. Konkret fordert die Gesetzesanalogie, dass beide Tatbestände gemessen an Zweck und Grundgedanken der gesetzlichen Regelung hinreichend ähnlich zu bewerten sind, weil ihnen eine vergleichbare Interessenlage zugrunde liegt.[545] Wie bereits dargelegt, erreichen alle Lösungsmodelle im Grundsatz das gewünschte Ergebnis, nämlich einen vollstreckbaren Titel gegen den Erwerber; die Betrachtung muss somit tiefer gehen.

---

541 MüKo-ZPO/*Becker-Eberhard*, § 265 Rn. 49; Stein/Jonas-*H. Roth*, § 265 Rn. 15.

542 Ebenso *Zeuner*, FS für Schwab, 1990, 575, 578.

543 Zum Kriterium des derivativen Erwerbs einer Forderung, *Grunsky*, Veräußerung der streitbefangenen Sache, 1968, S. 36 f.

544 Vgl. hierzu Stein/Jonas-*H. Roth*, ZPO, § 265 Rn. 16.

545 *Larenz*, Methodenlehre, S. 365 f.

1. Schuldbefreiung auf Seiten des Veräußerers als Voraussetzung des § 265 ZPO

Was zunächst die Vergleichbarkeit der Rechtsfolgen des § 613a BGB mit den von § 265 ZPO anerkanntermaßen erfassten Tatbeständen anbelangt, so ist zu beachten, dass nach allgemeiner Ansicht die §§ 265 Abs. 2, 325 Abs. 1, 727 ZPO lediglich dann auf Tatbestände einer privatautonomen Schuldübernahme Anwendung finden, wenn diese befreiend wirken. Sie greifen somit nicht, wenn es nicht auch zu einer Schuldbefreiung auf Seiten des Veräußerers infolge der Veräußerung kommt.[546] Grund hierfür ist, dass die Vorschriften über die Veräußerung der streitbefangenen Sache gerade den Verlust der Sachlegitimation voraussetzen.

Inwiefern sich insoweit die Nachhaftungsanordnung des § 613a Abs. 2 BGB auswirkt, soll eigens an späterer Stelle beleuchtet werden.[547] Hier genügt es festzuhalten, dass jedenfalls im Hinblick auf unvertretbare, weil betriebsbezogene Ansprüche wie etwa denjenigen auf Beschäftigung oder Urlaubsgewährung[548], keine kumulative Haftung eintritt. Dasselbe gilt angesichts des Vertragspartnerwechsels für die Arbeitgeberstellung, wenn das Arbeitsverhältnis selbst in Streit steht. Damit führt § 613a Abs. 1 Satz 1 BGB jedenfalls in den genannten Bereichen zum vollständigen Austausch der sachlegitimierten Person, was das Überdenken einer Analogie zu § 265 ZPO insoweit rechtfertigt.[549]

2. Vergleichbarkeit mit der befreienden Schuldübernahme nach §§ 414, 415 BGB

Darüber hinaus steht der Vergleichbarkeit der Tatbestände im Hinblick auf § 265 ZPO auch nicht entgegen, dass § 613a BGB eine der privatautonomen befreienden Schuldübernahme i.S.v. §§ 414, 415 BGB ähnliche Wirkung zukommt.

Nach h.M. unterfällt eine solche Schuldübernahme dem § 265 ZPO nicht. Als Begründung führt sie an, der Gläubiger sei durch den materiell-rechtlichen Zustimmungsvorbehalt in § 415 Abs. 1 BGB auch prozessrechtlich hinreichend geschützt. Willige er in den Schuldnerwechsel ein, habe er die damit verbundenen – auch prozessualen – Konsequenzen hinzunehmen.[550]

---

546 BGH vom 20.02.1968 – 2 U 140/68 – NJW 1969, 1493, 1494 zur Vermögensübernahme nach § 419 Abs. 1 BGB a.F. mit Hinweis auf die Ausnahme, wenn mit der Vermögensübernahme die Sachlegitimation des Rechtsvorgängers erlischt; MüKo-ZPO/*Becker-Eberhard*, § 265 Rn. 57 mwN; Musielak/*Foerste*, § 265 Rn. 6; Stein/Jonas-*H. Roth*, ZPO, § 265 Rn. 5.

547 Siehe hierzu unten 6. Abschn.; vgl. hierzu vorab *Zeuner*, FS für Schwab, 1990, 575, 579 f.

548 Vgl. hierzu oben 2. Kap., 2. Abschn., B.II.2.b. sowie III.3.c.

549 RGRK-*Ascheid*, § 613a BGB Rn. 301; Küttner/*Kreitner*, Personalbuch, Betriebsübergang Rn. 89; *Kreitner* FA 1998, 2, 4. Vgl. für die Situation der Umwandlung sowie des § 613a BGB, *Bork/Jacoby* ZHR 167 (2003), 440, 451 ff., 456.

550 BGH vom 12.07.1973 – VII ZR 170/71 – BGHZ 61, 140, 141 ff.; vom 31.10.1974 – III ZR 82/72 – ZZP 88 (1975), 324, 325; MüKo-ZPO/*Becker-Eberhard*, § 265 Rn. 55 ff. mwN; Zöller/*Greger*, ZPO, § 265 Rn. 5a mwN auch zur Gegenansicht; Rosenberg/Schwab/Gottwald, Zivilprozessrecht, § 99 Rn. 10. AA Baumbach/Lauterbach/ Albers/*Hartmann*, ZPO, § 265 Rn. 12, vgl. auch Rn. 14. Zum Streitstand ausführlich, *Schilken*, Veränderungen der Passivlegitimation, S. 12 ff., 26 ff.

Diese Begründung trifft jedoch nicht in demselben Maße auf die Situation des Betriebsübergangs zu. Denn einen vergleichbar effektiven Schutzmechanismus wie den Zustimmungsvorbehalt sieht § 613a BGB zugunsten der Arbeitnehmer nicht vor. Zwar steht ihnen offen, den Übergang ihres Arbeitsverhältnisses mittels Widerspruch zu verhindern. Damit risikieren sie jedoch, mangels Weiterbeschäftigungsmöglichkeit beim Veräußerer ihren Arbeitsplatz zu verlieren.[551]

Die Argumentation zu den §§ 414 f. BGB lässt sich sonach nicht auf den von § 613a BGB angeordneten Vertragspartnerwechsel übertragen. In der Folge stellt das Widerspruchsrecht kein Hindernis für die Anwendung der §§ 265 Abs. 2, 325 Abs. 1, 727 ZPO dar.

3. Vergleich mit der prozessualen Handhabung im Kontext mit § 566 BGB

Aufgrund des Modellcharakters des damalige § 571 BGB (§ 566 BGB n.F.) für die gesetzliche Regelung des Betriebsübergangs[552] lassen sich möglicherweise aus dessen prozessualer Handhabung Rückschlüsse für die Behandlung von § 613a BGB ziehen.[553]

Seit den Entscheidungen des RG vom 21.09.1903[554] und vom 03.05.1921[555], in denen es eine dem § 613a BGB gleich gelagerte Regelungsbedürftigkeit für die prozessuale Behandlung des Eigentümerwechsels bzgl. des Mietobjekts anerkennt,[556] entspricht es allgemeiner Ansicht, dass für die Veräußerung eines Grundstücks während Rechtshängigkeit einer Mietraumstreitigkeit die §§ 265 Abs. 2, 325 Abs. 1, 727 ZPO analog eingreifen.[557] Auch § 566 BGB ordnet einen gesetzlichen Austausch der Vermieterstellung an kombiniert mit einer Nachhaftung des Veräußerers.[558]

In ausführlicher Begründung stützt sich das RG auf die Konstruktion einer quasidinglichen Bindung der Vermieterrechte/-pflichten des vermietenden Eigentümers an das Eigentum. Es führt aus, die Rechtsstellung des Vermieters sei Ausfluss seines andauernden Eigentums mit der Folge, dass dessen Übertragung zur Neuentstehung die-

---

[551] BAG vom 15.12.1976 – 5 AZR 600/75 - AP Nr. 1 zu § 325 ZPO [zu 1.a) der Gründe] m. Anm. *Leipold*; LAG Hamm vom 28.01.1997 – 4 Sa 141/96 – recherchiert über juris [zu 2.4.1. der Gründe]; *Grunsky*, Anm. zu BAG vom 15.12.1976 – 5 AZR 600/75 – SAE 1977, 224, 225; differenzierend *Schink* Jura 1986, 291, 294.

[552] Siehe hierzu oben 1. Kap., 3. Abschn., B.

[553] Die heute geltenden Nachfolgevorschriften der §§ 566, 578 BGB decken sich vollständig mit § 571 BGB a.F.

[554] Az. VI 42/03 - RGZ 55, 293, 294 zur Veräußerung des klagenden Vermieters.

[555] Az. III 485/20 – RGZ 102, 177 zur Veräußerung durch den beklagten Vermieter.

[556] RG vom 03.05.1921 - III 485/20 – RGZ 102, 177, 179; ebenso *Schilken*, Veränderung der Passivlegitimation, S. 45.

[557] MüKo-ZPO/*Becker-Eberhard*, § 265 Rn. 42; Stein/Jonas-*H. Roth*, ZPO, § 265 Rn. 15 f.; Rosenberg/Schwab/ Gottwald, Zivilprozessrecht, § 99 Rn. 9, 11; *Schilken*, Veränderung der Passivlegitimation, S. 44 ff.

[558] § 566 Abs. 2 BGB n.F., der eine selbstschuldnerische Bürgenstellung des Veräußerers im Hinblick auf Pflichtverletzungen des Erwerbers statuiert; hierzu Palandt/*Weidenkaff*, § 566 BGB Rn. 22 f.; zum gesetzlichen Vertragspartnerwechsel *ders.*, aaO, Rn. 15 ff.; MüKo-BGB/*Häublein*, § 566 BGB Rn. 23, 44 ff.

ser Position in der Person des Erwerbers kraft Gesetz führe.[559] Aufgrund dessen könnten die in Streit stehenden Ansprüche aus dem Mietverhältnis, obwohl schuldrechtlicher Natur, als streitbefangen angesehen werden. Denn im Gegensatz zu sonstigen schuldrechtlichen Ansprüchen, die beispielsweise auf Übereignung der veräußerten Sache gerichtet seien,[560] führe die Veräußerung der Mietsache mit dem Übergang der Schuldnerstellung zu einem Wechsel in der Sachlegitimation.[561] Ferner liege, so das RG, der Vorschrift die ratio zugrunde, den Mieter vor Schaden infolge der Veräußerung zu bewahren. Diesen Schutzzweck setze § 265 ZPO auf prozessualer Ebene um. Denn § 265 ZPO erfasse gerade Fälle, in welchen *„die Veräußerung einer Sache infolge der rechtlichen Beziehungen der einen oder anderen Partei zu ihr das Schuldverhältnis so beeinflusst, dass sie die materielle Verpflichtung, deren Erfüllung verlangt wird, in der Person des Veräußerers zum Erlöschen und in der des Sacherwerbers neu zur Entstehung bringt."*[562]

Diese Gedanken lassen sich auch für § 613a BGB fruchtbar machen, denn ratio und Folgen beider Vorschriften sind sich weitgehend angenähert: Wie der neue Grundstückseigentümer in die Vermieterstellung einrückt, so übernimmt der Betriebserwerber mit der Betriebsidentität die Arbeitgeberstellung. § 613a BGB bindet dabei die Arbeitgeberstellung derart an die Betriebsidentität, dass deren Übernahme zum Übergang der prinzipalen Haftung aus dem Arbeitsverhältnis führt. In der Folge bedingt § 613a BGB eine gesetzliche Verknüpfung der Betriebsübernahme mit der Vertragspartnerstellung bzgl. der Arbeitsverhältnisse. Sie ist der quasi-dinglichen Bindung von Grundstück und Vermieterstellung ähnlich.

Dass die Betriebsidentität nicht gegenständlich erfasst werden kann so wie das Grundstückseigentum, sondern sich wertend als Gesamtschau von Kriterien im Hinblick auf die Art und Weise der Betriebsführung und Übernahme wesentlicher Betriebsmittel darstellt, steht einer Vergleichbarkeit der Normen nicht entgegen. Vielmehr setzt § 613a BGB einen anderen Tatbestand, den Betriebsübergang, an die Stelle der Eigentumsübertragung des § 566 BGB als Auslöser für den Übergang der Vertragspartnerstellung. Die rechtliche Beziehung von Partei und „Sache" gründet in beiden Fällen auf der Rechtsfolgenanordnung der entsprechenden Norm. Diese Norm wiederum ist Ausfluss einer gesetzgeberischen Entscheidung zum Schutze der Vertragsgegner. Wie im Mietrecht den Mieter, gilt es im Falle des § 613a BGB, den Arbeitnehmer vor Schaden infolge der Betriebsveräußerung zu bewahren.

Ein wesentlicher Unterschied im Vergleich beider Normen ist nach dem Gesagten nicht ersichtlich, sodass deren Rechtsfolgenidentität für eine prozessuale Gleichbe-

---

559 RG vom 03.05.1921 - III 485/20 – RGZ 102, 177, 178, 180; von quasi-dinglicher Bindung spricht auch Rosenberg/Schwab/Gottwald, Zivilprozessrecht, § 99 Rn. 9; zur „Verdinglichung" des Mietverhältnisses, vgl. MüKo-BGB/*Häublein*, § 566 BGB Rn. 2, 3 f. mwN; *Henckel*, Parteilehre und Streitgegenstand, S. 163.

560 Vgl. HaKo-ZPO/*Saenger*, § 265 Rn. 7; *Knöringer*, Zivilprozess, § 10 I, S. 158.

561 RG vom 03.05.1921 - III 485/20 – RGZ 102, 177, 179 f.; *Schilken*, Veränderung der Passivlegitimation, S. 45.

562 RG vom 03.05.1921 - III 485/20 – RGZ 102, 177, 179 f.

handlung spricht.[563] Allerdings haben sich weder das Reichsgericht noch im Anschluss daran der BGH mit der Möglichkeit einer Analogie zu §§ 239 ff. ZPO im Falle des § 566 BGB befasst.

IV. Abgrenzung der Regelungssysteme der §§ 239, 242 ZPO und §§ 265 u.a. ZPO

Sprechen die vorgenannten Argumente für eine Anwendung der §§ 265 Abs. 2, 325 Abs. 1, 727 ZPO bzw. jedenfalls nicht dagegen, bedarf es darüber hinaus der weiteren Auseinandersetzung, ob diesen gegenüber nicht die Analogie zu den §§ 239, 242 ZPO als vorzugswürdig anzusehen ist.

Hierfür ist es notwendig, das Verhältnis der vom Gesetzgeber vorgesehenen Regelungssysteme herauszuarbeiten. Im Mittelpunkt wird hierbei die ratio der Rechtsfolgenregelungen in Anbetracht ihrer Voraussetzungen stehen. Hieraus lassen sich sodann Rückschlüsse ziehen, welches der Regelungssysteme der Betriebsübergangssituation näher steht. Dabei überschneiden sich die folgenden Abgrenzungskategorien teilweise.

1. Spezialitätsgrundsatz

Sich auf die Aussage zu beschränken, § 265 ZPO greife immer dann nicht, wenn der Anwendungsbereich der §§ 239 ff. ZPO eröffnet ist, da es sich insoweit angesichts des engeren Tatbestandes um die spezielleren Vorschriften handele[564], ist für die Analogiebildung nicht zielführend. Die Auflösung der Normkonkurrenz über den Spezialitätsgrundsatz wäre nur dann von Hilfe, wenn man hieraus den §§ 239 ff. ZPO die Analogiefähigkeit absprechen wollte. Nach h.M. sind aber sowohl die §§ 265 Abs. 2, 325 Abs. 1, 727 ZPO als auch die §§ 239 ff. ZPO einer Rechtsfortbildung zugänglich.[565] Es geht daher um die Frage, welche dieser Bestimmungen die sachnähere Regelung zur Behandlung der Betriebsübergangsfolgen auf prozessualer Ebene darstellt.

2. ratio der §§ 239, 242 ZPO

Ein wesentliches Kriterium für die Abgrenzung im Falle des Betriebsübergangs bilden die Motive, die bereits den Gesetzgeber dazu bewogen haben, zwei derart konträre Regelungssysteme in die ZPO aufzunehmen. § 239 ZPO bezweckt den Schutz des Prozessgegners für den Fall, dass die ursprüngliche Partei den Prozess praktisch nicht mehr fortzuführen vermag, weil sie nicht mehr existiert. In diesem Fall kann eine Fortführung des Verfahrens rein praktisch allein über einen Parteiwechsel auf den Rechtsnachfolger realisiert werden. § 242 ZPO erfasst den Nacherbfall als Gesamtrechtsnachfolge in ein Sondervermögen während rechtshängiger Aktivprozesse des befreiten Vorerben um Nachlassgegenstände. Er trägt der materiell-rechtlichen Konstruktion der Vor-/Nacherbschaft Rechnung, wonach der Nacherbe ausschließlich in die Rechtsstel-

---

563 Ebenso *Löwisch/Neumann* DB 1996, 474, 475.

564 Nicht ausdrücklich, aber im Ergebnis, Zöller/*Greger*, ZPO, § 265 Rn. 5a; HaKo-ZPO/*Saenger*, § 265 Rn. 9; *Bork/Jacoby* ZHR 167 (2003), 440, 444; *Schink* Jura 1986, 291, 296.

565 *Bork/Jacoby* ZHR 167 (2003), 440, 445.

lung des Erblassers und nicht des Vorerben eintritt (§ 2100 BGB).[566] Mangels Rechtsnachfolge in die Rechtsposition des tatsächlichen Rechtsvorgängers vermögen die §§ 265, 325 ZPO diesen Fall nicht zu erfassen.[567]

Dem Gesetzgeber war es jedoch unbenommen, angesichts des Wechsels der Sachlegitimation (§§ 2139, 2140 BGB) eine den §§ 265, 325 ZPO entsprechende Regelung auch für die Nacherbschaft zu schaffen, jedenfalls für solche Fälle, in denen der Vorerbe noch fortexistiert. Dennoch hat er sich für eine einheitliche Ausgestaltung in Anlehnung an § 239 ZPO entschieden.[568] Nahe liegende Begründung hierfür ist, dass sich der Gesetzgeber am praktischen Regelfall orientiert hat, dem Versterben des Vorerben, vgl. § 2106 Abs. 1 BGB. Die Gleichstellung mit der Regelung des § 239 ZPO ist insoweit sinnvoll, als die ursprüngliche Partei auch in diesem Fall nicht mehr als möglicher Prozessstandschafter zur Verfügung steht. Ohne nach anderweitigen Tatbeständen zu differenzieren, die nach entsprechender Bestimmung des Erblassers ebenfalls den Nacherbfall auslösen können (vgl. § 2106 Abs. 1 BGB), hat sich der Gesetzgeber für eine einheitliche Behandlung des Nacherbfalls mittels gesetzlichen Parteiwechsels entschieden.[569] Insoweit nimmt der Gesetzgeber den Regelfall – „Untergang" der ursprünglichen Partei – als Anlass für eine einheitliche Regelung sämtlicher Nacherbfälle mittels gesetzlichen Parteiwechsels. Dieser Rückschluss vom Regelfal auf den Ausnahmefall lässt aber wenig Raum für eine Analogie, die sich auf den Ausnahmefall bezieht. Gerade hierauf beruft sich aber die genannte Ansicht, wenn sie sich für die Anwendung der §§ 239, 242 ZPO auf die Betriebsübergangskonstellation ausspricht, in denen der Betriebsveräußerer als Rechtsvorgänger regelmäßig fortexistiert.

Darüber hinaus ist § 242 ZPO in seiner gesamten Ausgestaltung darauf ausgerichtet, der erbrechtlichen Situation Rechnung zu tragen. In Korrelation mit den materiellrechtlichen Beschränkungen des Vorerben reduziert sich sein Anwendungsbereich auf diejenigen Situationen, in denen der Prozessgegner tatsächlich prozessual schutzbedürftig ist.[570] So dient er in Zusammenschau mit § 326 ZPO vorrangig dem Schutz des Vor- und des Nacherben. Der klagende Vorerbe wird infolge des Parteiwechsels vor einer kostenpflichtigen Erledigungserklärung, zugleich der Nacherbe vor einem erneuten Prozess gegen den Schuldner bewahrt[571], und zwar in dem Umfang, wie die Rechtsstellung des Nacherben von der des Vorerben abhängig ist, vgl. § 326 Abs. 2 ZPO.[572] Im Passivprozess gegen den Vorerben hingegen ist der Nacherbe durch die materiell-rechtlichen Regelungen ausreichend geschützt (§§ 2110 f. BGB). Eine prozessuale Regelung für diese Konstellation existiert daher nicht. Im Gegensatz hierzu

---

566 Palandt/*Edenhofer*, § 2100 BGB Rn. 1; MüKo-ZPO/*Gehrlein*, § 242 Rn. 1.

567 Vgl. *Grunsky*, Veräußerung der streitbefangenen Sache, 1968, S. 33 f.

568 Vgl. die ähnliche Fragestellung bei *Grunsky*, Veräußerung der streitbefangenen Sache, 1968, S. 84 ff.

569 Vgl. *Grunsky*, Veräußerung der streitbefangenen Sache, 1968, S. 82; *Schink* Jura 1986, 291, 295 f.

570 *Henckel*, Parteilehre und Streitgegenstand, S. 148, 157; für § 239 ZPO, vgl. *K. Schmidt*, FS für Henckel, 1995, S. 749, 754, 762 f.

571 Stein/Jonas-*H. Roth*, ZPO, § 242 Rn. 2.

572 Gleichstellung mit dem Sachlegitimationswechsel, vgl. *Henckel*, Parteilehre und Streitgegenstand, S. 148, 157.

soll im Falle des Betriebsübergangs gerade der Schutz des Prozessgegners – des Arbeitnehmers – erreicht werden und zwar im typischen Fall des Passivprozesses der Veräußerungsparteien.

Die dem § 242 ZPO zugrunde liegende Interessenlage erscheint daher bereits aus diesen beiden Gesichtspunkten heraus nicht hinreichend mit derjenigen infolge des Betriebsübergangs vergleichbar.

3. Einzelrechts- oder Gesamt-/Sonderrechtsnachfolge

Abgesehen hiervon läuft die aufgeworfene Fragestellung auf einen althergebrachten Streit zur Abgrenzung von gesetzlich angeordnetem Parteiwechsel nach §§ 239 ff. ZPO und gesetzlicher Prozessstandschaft gemäß § 265 ZPO hinaus.[573]

Eine weit verbreitete Ansicht zieht die Grenze zwischen beiden Rechtsinstituten beim Vorliegen einer Gesamtrechts- im Gegensatz zu einer Einzelrechtsnachfolge.[574] Geht ein einzelnes Recht über, so finde Prozessfortführung in gesetzlicher Prozessstandschaft statt; sei eine Vermögensgesamtheit bzw. ein Sondervermögen betroffen, führe dies zum Parteiwechsel. Dahinter steht der Gedanke, dem Beklagten die Haftungsmasse für den Kostenerstattungsanspruch nicht zu entziehen, indem ein neuer Gegner in den Prozess eintritt.[575] Diese Bedenken bestehen dann nicht, wenn das gesamte Haftungsvermögen auf die neue Partei übergeht. Wie man die Vermögensmasse im Einzelnen näher bestimmen mag – als Streitvermögen oder als Interessevermögen–, kann vorliegend dahinstehen.[576] Denn weder lässt sich der Übergang der Arbeitsverhältnisse als Gesamt-/Sonderrechtsnachfolge noch die Betriebsidentität in ihrer Gesamtheit als wenigstens sondervermögensähnlich verstehen.

Das Vermögen umfasst die Gesamtheit aller bereits konkretisierten, in Geld schätzbaren Rechtspositionen einer Person, als Sondervermögen rechtlich separiert von einer weiteren Vermögensgesamtheit in der Hand derselben Person. Schätzbarer Vermögenswert ließe sich dem Betrieb als auf Dauer angelegte wirtschaftliche und organisatorische Einheit insoweit noch zusprechen, als der Betrieb aus einer Vielzahl geldwerter Rechtspositionen besteht, aus deren faktischer Zusammenführung der Wert des Betriebes gewonnen werden kann.

Allerdings fehlt es insoweit an der personenbezogenen Totalität von Vermögenswerten, die den Charakter als haftungsmäßig verselbstständigte Vermögensmasse ausmacht. Abgesehen von den Fällen der Verschmelzung, Abspaltung und Vermögensübernahme nach UmwG, die die Übernahme des Vermögens des Rechtsvorgän-

---

[573] Hierauf überblicksartig eingehend, *Bork/Jacoby* ZHR 167 (2003), 440, 444 f.

[574] *Bescheid*, Konkurs, Betriebsübergang/Betriebsinhaberwechsel, Rn. 10; *Bork/Jacoby* ZHR 167 (2003), 440, 448 f.; *Schink* Jura 1986, 291, 293, 295 f., zu § 242 ZPO aaO, 297; explizit für den Betriebsübergang, *Zeuner*, FS für Schwab, 1990, 575, 590; vgl. für Gesamtrechtsnachfolge im gesellschaftsrechtlichen Bereich, *K. Schmidt*, FS für Henckel, 1995, S. 749, 764 ff.; gegen dieses Abgrenzungskriterium, MüKo-ZPO/*Becker-Eberhard*, § 265 Rn. 7.

[575] Eingehend hierzu *Bork/Jacoby* ZHR 167 (2003), 440, 447.

[576] Vgl. *Henckel*, Parteilehre und Streitgegenstand, S. 169 ff.; überblicksartig *Bork/Jacoby* ZHR 167 (2003), 440, 449 f., die darauf abstellen wollen, ob der Übergangs des Vermögensteiles eine bereits bei Klageerhebung angelegte Vermögensaussonderung realisiert.

gers im Wege der Universalsukzession ausdrücklich vorsehen, verbleibt es im Übrigen bei der Übertragung von Einzelrechtspositionen.[577] Welche dies sind, bestimmen die Parteien einvernehmlich. Ob in der Gesamtheit der veräußerten Einzelrechtspositionen ein Betrieb i.S.v. § 613a BGB zu sehen ist, ergibt sich erst in einem zweiten Schritt aus einer rechtlichen Wertung, in welcher Weise diese fortan eingesetzt werden anhand einer Vorher-Nachher-Beurteilung der Betriebssituation. Dabei ist zu berücksichtigen, dass ein Betriebsübergang nicht den Eintritt in sämtliche mit dem Unternehmen(-steil) verbundenen Rechtspositionen voraussetzt, sondern nur in die betriebsprägenden. Im Ergebnis fehlt dem Betrieb also der Charakter als personenbezogene Vermögensgesamtheit. Darüber hinaus fehlt es auch an einer objektgebundenen Vermögensgesamtheit, denn eine innere Zusammengehörigkeit der Betriebsassets zu einem in sich geschlossenen Sondervermögen lässt sich nicht herleiten.[578]

Auch in dem vollständigen Austausch der Arbeitsvertragsparteien kann im Ergebnis keine sonderrechtsnachfolgeähnliche Rechtsübertragung oder „partielle Gesamtrechtsnachfolge" gesehen werden.[579] Zwar stützte sich vor Einführung des § 613a BGB eine Ansicht auf eine Analogie zu den Grundsätzen der Gesamtrechtsnachfolge, um den automatischen Übergang der Arbeitsverhältnisse kraft Gesetz zu begründen.[580] Auch bildet das Arbeitsverhältnis ein personengebundenes Konglomerat von geldwerten Ansprüchen und Verpflichtungen sowie faktischen Positionen, die in der Beziehung von Arbeitnehmer und bisherigem Betriebsinhaber begründet sind. In diese tritt der Erwerber zudem zwingend und umfassend ein. Die Bündelung von Rechten und Pflichten ist jedoch jeder schuldrechtlichen Sonderbeziehung immanent. Die Übertragung eines Rechtsverhältnisses geht dabei stets mit einem Eintritt in diese Gesamtheit von Rechten und Pflichten einher. Aus der Rechtsfolge der Übertragung eines schuldrechtlichen Grundverhältnisses auf eine insoweit abgrenzbare Vermögensmasse und damit auf eine der Gesamtrechtsnachfolge vergleichbare Sonderrechtsnachfolge zu schließen, überzeugt daher nicht.

4. Auslösendes Ereignis für den Verlust der Passivlegitimation

Zudem lässt sich zur Abgrenzung der Regelungssysteme danach differenzieren, welche Ereignisse den Wechsel der Passivlegitimation auslösen. Diese Abgenzung läuft abermals auf die Frage nach der Schutzrichtung der Regelungssysteme hinaus. Während § 265 ZPO insoweit in der Regel ein steuerbares aktives Betreiben der Veräußerungsparteien als wenigstens mittelbare Ursache voraussetzt, werden die §§ 239 ff.

---

577 RGRK/*Ascheid*, BGB, § 613a Rn. 288 (der Betriebserwerber ist nicht „(Teil-)Gesamtrechtsnachfolger"); *Gaul/Bonanni*, Anm. zu BAG vom 18.04.2002 - 8 AZR 346/01 - EzA § 613a BGB Nr. 207 [zu 5. der Ausführungen, S. 22]; für § 419 BGB a.F., OLG Stuttgart vom 20.12.1968 – 2 U 140/68 – NJW 1969, 1493, 1493; vgl. aber für die Quasi-Sonderrechtnachfolge nach UmwG bei Ausgliederung und Spaltung, *K. Schmidt*, FS für Henckel, 1995, S. 749, 769. Vgl. insoweit zudem den Verweis in § 324 UmwG auf § 613a BGB.

578 Ebenso *Zeuner*, FS für Schwab, 1990, 575, 590; aA LAG Hamm vom 28.01.1996 – 4 Sa 141/96 – LAGE § 91a ZPO Nr. 6 [zu 2.4.1. der Gründe].

579 Zum Begriff „partielle Gesamtrechtsnachfolge", *K. Schmidt*, FS für Henckel, 1995, S. 749, 169.

580 Siehe hierzu oben 1. Kap., 3. Abschn., A.II.

ZPO regelmäßig von nicht steuerbaren oder beabsichtigten Ereignissen ausgelöst, wie dem Versterben, einem sonstigen Verlust der Prozessfähigkeit oder der Vermögensverwaltung.

Diese Unterscheidung ist bedingt durch die Schutzrichtung der Normen. Im Falle der Veräußerung der streitbefangenen Sache bezieht sie sich auf den Prozessgegner. Insoweit begegnet die gesetzliche Anordnung der Prozessstandschaft der Gefahr, dass der beklagte Sachinhaber mit der Veräußerung ein Instrument in der Hand hat, die Abweisung der Klage herbeizuführen und dem Prozessgegner einen neuen Klagegegner aufzudrängen. Mit dem Festhalten der bisherigen Partei am Prozess soll dem aktiven Betreiben eines Sachlegitimationswechsels eine Missbrauchsschranke entgegen gesetzt werden.[581] Demgegenüber überwiegt in von §§ 239 ff. ZPO erfassten Konstellationen das Interesse, den Prozess mit dem Rechtnachfolger fortzuführen, entweder weil die vormalige Partei nicht mehr existiert oder ihr aus einem anderen Grunde die Prozessführung entzogen ist.

Im Falle des § 613a BGB wird der Übergang des Arbeitsverhältnisses mittelbar durch den Veräußerungsakt zwischen Betriebsveräußerer und -erwerber ausgelöst. Wie bereits herausgearbeitet kann der Arbeitnehmer den Übergang seines Arbeitsverhältnisses nur mittels Widerspruchs und dem damit in der Regel verbundenen Arbeitsplatzverlust verhindern. In dieser Hinsicht steht das Arbeitsverhältnis quasi zur Disposition der Veräußerungsparteien, was dieselbe Schutzbedürftigkeit wie im Falle des § 265 ZPO begründet.

V. Vor- und Nachteile der Lösungsmodelle angesichts der spezifischen Interessenlage

Betrachtet man die verschiedenen Lösungsmodelle, bergen diese in unterschiedlichem Maße Vor- wie auch Nachteile.

1. Verhinderung von Doppelprozessen

a. Nach dem Lösungsmodell über die Analogie zu den §§ 265 u.a. ZPO

Dem häufig vorgebrachten Argument, § 265 ZPO bewahre vor Doppelprozessen, kann insbesondere im Falle des Betriebsübergangs nur eingeschränkt zugestimmt werden.[582] Denn ergeht im Falle des Arbeitnehmerprozesses stattgebendes Urteil gegenüber dem Betriebsveräußerer als Prozessstandschafter, setzt die Vollstreckung gegen den Erwerber die Titelumschreibung – in der Regel im Wege der Klauselerteilungsklage – voraus.[583]

---

[581] Den Schutz des Gegners als wesentliches Abgrenzungskriterium, so MüKo-ZPO/*Becker-Eberhard*, § 265 Rn. 7.

[582] Ebenso *Leipold*, Anm. zu BAG vom 15.12.1976 – 5 AZR 600/75 – AP Nr. 1 zu § 325 ZPO [zu 3. der Ausführungen], der die Frage aufwirft, ob es nicht vorzugswürdig sei, die Rechtsnachfolge innerprozessual zu prüfen; ArbRBGB-*Ascheid* § 613a Rn. 152. Vgl. zu diesem Argument ebenfalls *Bork/Jacoby* ZHR 167 (2003), 440, 446; *Schink* Jura 1986, 291, 292, 293.

[583] Dasselbe gilt für ein in Prozessstandschaft durch den Betriebsveräußerer erstrittenes Urteil gegen den Arbeitnehmer. Siehe hierzu oben B.I., II.

Die Klauselerteilungsklage wird insbesondere erforderlich, falls der Betriebserwerber die Betriebsübergangsvoraussetzungen abstreitet. Sie ist gegenüber dem vorangegangenen Verfahren prozessual eigenständig, weshalb im Hinblick auf Gebühren und Kostenlastentscheidung keine Besonderheiten gelten.[584] Die Zuständigkeit liegt beim Prozessgericht erster Instanz des früheren Verfahrens. Dennoch ist das Gericht an die im Erkenntnisverfahren getroffenen Feststellungen nicht gebunden, was den Rechtsnachfolgetatbestand anbelangt, selbst sofern das für vollstreckbar zu erklärende Urteil hierüber bereits inzident entschieden hat.[585] Daher ist es nicht ausgeschlossen, dass die nochmalige Sachverhaltsermittlung unter Beteiligung des Rechtsnachfolgers zu einer abweichenden rechtlichen Bewertung führt. Das bedeutet im Ergebnis, dass der Arbeitnehmen, um einen vollstreckbaren Titel zu erlangen, ggf. einen weiteren Prozess anstrengen muss,[586] in dem die Voraussetzungen des § 613a BGB erneut zu prüfen sind.

Weist das Gericht die Klauselerteilungsklage ab, weil es einen Betriebsübergang nicht als gegeben ansieht, verbleibt dem Arbeitnehmer zwar der Titel gegen den Betriebsveräußerer. Beruft sich dieser aber gegen die Vollstreckung im Wege der Vollstreckungsgegenklage auf den Betriebsübergang, hat abermals das Prozessgericht des ersten Rechtszugs zu entscheiden, allerdings wiederum ohne Bindung an die vorangegangene Entscheidung. Im Ergebnis kann daher auch die Lösung über die §§ 265 Abs. 2, 325 Abs. 1, 727 ZPO die Gefahr eines Doppelprozesses nicht gänzlich verhindern.

b. Nach dem Lösungsmodell über die Analogie zu den §§ 239, 242 ZPO

Eine vergleichbare Gefahr tritt bei der Anwendung der §§ 239, 242 ZPO nicht auf. Das Verfahren hiernach stellt sicher, dass ein Titel erlassen wird, der sofort vollstreckt werden kann, weil die Prüfung des Rechtsnachfolgetatbestands vollständig in das Erkenntnisverfahren verlagert ist.[587] Zusätzliche Gebühren entstehen nicht, da es sich um eine einheitliche Gebühreninstanz handelt, selbst wenn Zwischenentscheidungen ergehen.[588] Vorteil dieses Verfahrens ist daher, dass dasselbe Gericht über das Vorliegen der Rechtsnachfolge und die Person des Rechtsnachfolgers eine sowohl gegenüber den Veräußerungsparteien als auch gegenüber dem Arbeitnehmer verbindliche Entscheidung trifft. In einem ersten Schritt klärt es die Unterbrechungsvoraussetzungen und damit das Vorliegen einer Rechtsnachfolge im Verhältnis Betriebsveräußerer – Arbeitnehmer, in einem zweiten im Rahmen der Wiederaufnahme die Person des Rechtsnachfolgers im Verhältnis Arbeitnehmer – Betriebserwerber. Die Verlagerung der Frage nach der Rechtsnachfolge in das Erkenntnisverfahren führt zugleich dazu, dass ein möglicher Streit hierum in beiden Parteiverhältnissen entschieden wird.

---

584 Zöller/*Stöber*, ZPO, § 731 Rn. 8 mit Differenzierung nach Gerichts- und Anwaltsgebühren.

585 Vgl. zum Prüfungsumfang bzgl. der Rechtsnachfolge im Ausgangsverfahren oben B.II.

586 Vgl. LAG Hamm vom 28.01.1997 – 4 Sa 141/96 – recherchiert über juris [zu 2.3.2. der Gründe].

587 LAG Hamm vom 12.12.1996 – 4 Sa 1258/94 – LAGE Nr. 60 zu § 613a BGB [zu 1.6.3. der Gründe].

588 Vgl. für Einzelheiten, Zöller/*Greger*, ZPO, § 239 Rn. 19.

Es bleibt festzuhalten, dass der Parteiwechsel über das Verfahren der Unterbrechung und Aufnahme einen wesentlichen Vorteil mit sich bringt, nämlich die einheitliche Entscheidung über das Vorliegen eines Betriebsübergangs innerhalb des Erkenntnisverfahrens bei gleichzeitiger Bindung sowohl des Arbeitnehmers als auch der Veräußerungsparteien.

2. Zeit- und Verzögerungsaspekte

Eine weitere wesentliche Rolle aus Sicht des Arbeitnehmers spielt der Zeitfaktor, der mit der Durchsetzung seiner Rechte aus dem Arbeitsverhältnis verbunden ist. Denn in der Regel geht es hierbei um die Sicherung seines Lebensunterhalts.

Die Frage, welches Verfahren – Erkenntnisverfahren einmal mit anschließender Titelumschreibung, einmal mit Unterbrechung und Aufnahme – schneller vonstatten geht, kann nicht pauschal beantwortet werden. In beiden Varianten sind die Betriebsübergangsvoraussetzungen zu prüfen und ggf. hierüber Beweis zu erheben, auf der einen Seite im Rahmen der selbstständigen Klauselerteilungsklage, auf der anderen Seite im Rahmen des Aufnahmeverfahrens.[589] Eine wesentliche Zeitersparnis ist weder für den einen noch für den anderen Weg generell ersichtlich. Aus diesem Kriterium lassen sich daher keine allgemeingültigen Rückschlüsse ziehen.[590]

Inwiefern eine tatsächliche zeitliche Zäsur infolge der Übernahme des Betriebs die Anwendung der §§ 239 ff. ZPO rechtfertigen soll, wie einige Stimmen anführen,[591] ist nicht nachvollziehbar. Denn um eine solche Verzögerung, die sich etwa aufgrund der notwendigen Informationsweitergabe an den Rechtsnachfolger ergibt, prozessual zu verhindern, wäre die Fortführung des Verfahrens durch den ehemaligen Betriebsinhaber nach § 265 ZPO das geeignetere Mittel.

3. Vollstreckbarkeit des Urteils gegenüber dem Betriebsveräußerer

Die analoge Anwendung des § 265 ZPO sehen einige Stimmen zudem als kritisch an, da infolgedessen zunächst ein vollstreckbarer Titel gegen den Prozessstandschafter ergeht. Wird hieraus die Vollstreckung gegen ihn betrieben, muss er sich mittels Vollstreckungsgegenklage, § 767 ZPO, unter Berufung auf den Vertragspartnerwechsel hiergegen aktiv zur Wehr setzen.[592]

---

[589] Demgegenüber meint Stein/Jonas-*Schumann*, 21. Aufl. 1996, ZPO, § 265 Rn. 9, Zweck des § 265 ZPO sei, tatsächliche Verzögerungen zu vermeiden, die ein Parteiwechsel mit sich bringen kann. Für das Ausgangsverfahren ist dem zuzustimmen, *Schumann* lässt jedoch das Klauselerteilungsverfahren außer Betracht.

[590] Ebenso *Bork/Jacoby* ZHR 167 (2003), 440, 446 f.

[591] LAG Hamm vom 28.01.1997 – 4 Sa 141/96 – recherchiert über juris [zu 2.3.2 der Gründe].

[592] LAG Hamm vom 12.12.1996 – 4 Sa 1258/94 – LAGE Nr. 60 zu § 613a BGB [zu 1.6.3. der Gründe]; vom 28.01.1997 – 4 Sa 141/96 –recherchiert über juris [zu 2.3., 2.3.1, 2.5.3. der Gründe]; *Berscheid*, Konkurs, Betriebsübergang/Betriebsinhaberwechsel, Rn. 258 f. mit Hinweis auf die Situation eines Teilbetriebsübergangs: Bestehe trotz Übergang des Arbeitsverhältnisses eine Weiterbeschäftigungsmöglichkeit beim Betriebsveräußerer, könne der Arbeitnehmer gegen den Betriebsveräußerer aus dem Weiterbeschäftigungsurteil, das nach § 265 ZPO ergangen ist, vollstrecken.

Dieser Vorwurf vernachlässigt, dass der Veräußerer diese Situation selbst aktiv herbeigeführt hat und daher gerade weniger schutzwürdig ist im Vergleich zum Arbeitnehmer. Die Erhebung einer abwehrenden Vollstreckungsgegenklage stellt sich daher als zumutbar dar. Dies wertete der Gesetzgeber wohl ebenso, als er die Regelungen der §§ 265 Abs. 2, 325 in die ZPO aufnahm.

4. Beteiligungs- und Anhörungsrechte des Betriebserwerbers

Gravierender erscheint demgegenüber das „Außenvorlassen" des Betriebserwerbers aus dem Verfahren, wie § 265 Abs. 2 ZPO es anordnet. Dieser Ausschluss führt dazu, dass es zu einem Titel und damit einer Verurteilung eines Dritten kommt, der nicht am Prozess beteiligt ist.[593] Einfluss auf das Verfahren kann dieser lediglich in der beschränkten Rolle eines einfachen Nebenintervenienten gemäß § 67 ZPO nehmen, solange die bisherigen Parteien einem Parteiwechsel nach § 265 Abs. 2 Satz 2 ZPO nicht zustimmen.[594]

Demgegenüber ermöglicht ein Parteiwechsel dem Rechtsnachfolger, seine Sicht der Dinge, soweit prozessual noch zulässig, in den Prozess einzubringen.[595] Allerdings ist der Betriebserwerber dann, insbesondere weil sich der streitige Sachverhalt noch in der Zeit vor Betriebsübergang abgespielt haben dürfte, darauf angewiesen, dass der Veräußerer ihm die notwendigen Informationen weitergibt. Insoweit würde ihm die Unterbrechung des Verfahrens zwar die nötige Vorbereitungszeit liefern.[596] Dennoch ist denkbar, dass der Betriebserwerber die Fortführung des Prozesses durch den Betriebsveräußerer aufgrund dessen Kenntnisstandes als vorteilhafter ansieht. Pauschal lässt sich ein Interesse des Betriebserwerbers, sich unbeschränkt am Verfahren beteiligen zu können, somit nicht bejahen.

Aus Sicht des Prozessgegners – des Arbeitnehmers – böte der Parteiwechsel zudem den Vorteil, einen weiter reichenden Prozessvergleich mit dem Rechtsnachfolger schließen zu können als dies mit dem Rechtsvorgänger möglich ist.[597] Allerdings kann der Rechtsnachfolger einen Prozessvergleich im mit dem Prozessstandschafter fortgeführten Prozess genehmigen, sodass die Möglichkeit auch bei Fortführung des Verfahrens mit dem Betriebsveräußerer besteht, einen über den Verfahrensgegenstand hinausgehenden Vergleich zu schließen.[598]

---

[593] So das LAG Hamm vom 28.01.1997 – 4 Sa 141/96 –recherchiert über juris [zu 2.4.3., 2.4.4 der Gründe]; *Berscheid*, Konkurs, Betriebsübergang/Betriebsinhaberwechsel, Rn. 258; vgl. hierzu auch die Allgemeinkritik an der Rechtsfigur der gesetzlichen Prozessstandschaft nach § 265 ZPO, oben Fn. 455.

[594] Siehe hierzu oben B.II.

[595] So LAG Hamm vom 12.12.1996 – 4 Sa 1258/94 – LAGE Nr. 60 zu § 613a BGB [zu 1.6.3. der Gründe]; vom 28.01.1997 – 4 Sa 141/96 –recherchiert über juris [zu 2.5.3. der Gründe]; *Berscheid*, Konkurs, Betriebsübergang/Betriebsinhaberwechsel, Rn. 263; *Leipold*, Anm. zu BAG vom 15.12.1976 – 5 AZR 600/75 – AP Nr. 1 zu § 325 ZPO [zu 4. der Ausführungen], der dies als Vorteil eines gewillkürten Parteiwechsels wertet.

[596] Vgl. MüKo-ZPO/*Gehrlein*, § 239 Rn. 1.

[597] So *Zeuner*, FS für Schwab, 1990, 575, 592.

[598] Hierzu ausführlich unten 6. Kap.

Zudem steht dem Betriebserwerber unter Zustimmung der übrigen Beteiligten die Möglichkeit offen, anstelle des Rechtsvorgängers in den Prozess einzutreten (§ 265 Abs. 2 Satz 2 ZPO). Der Zustimmung zu einem solchen Parteiwechsel kann er sich gegenüber dem Betriebsveräußerer über das Grundgeschäft versichern, indem in die Übernahmeverträge eine entsprechende Zustimmungspflicht aufgenommen wird.[599] Nicht zuletzt steht ihm bei vorsätzlicher Schädigung durch den Betriebsveräußerer § 826 BGB zur Seite. Gegenüber seinem Rechtsvorgänger ist der Betriebserwerber somit hinreichend abgesichert. Im Vergleich zum Arbeitnehmer ist er weniger schutzwürdig. Dem Arbeitnehmer soll keine fremde Person als neuer Klagegegner aufgedrängt werden, weshalb die Auswechslung der Gegenpartei nicht ohne dessen Zustimmung erfolgen darf; sie ist weder erzwing- noch ersetzbar.[600]

Insgesamt statuiert § 265 ZPO insoweit einen sachgerechten Ausgleich, was die Beteiligungs- und Anhörungsrechte des Rechtsnachfolgers im Verhältnis zu den Interessen der übrigen Beteiligten anbelangt.

5. Rechtsunsicherheit des Arbeitnehmers bzgl. der Betriebsübergangvoraussetzungen

Das wesentlichste Kriterium geht m.E. von der Notwendigkeit aus, den Arbeitnehmer prozessual so weit als möglich vor dem Risiko zu schützen, von den Umständen der Betriebsveräußerung nicht hinreichend Kenntnis zu erlangen und entsprechend die rechtliche Bewertung vornehmen zu können. Beides stellt den Arbeitnehmer vor nicht unerhebliche Schwierigkeiten. Besondere Bedeutung erlangen dabei diejenigen Konstellationen, in denen es während des Verfahrens unerkannt zu einem Betriebsübergang kommt.

In dieser Hinsicht scheinen die §§ 239 ff. ZPO vordergründig von Vorteil. Sie erfassen typischerweise Situationen, in denen es zu einer unklaren Rechtsnachfolge eines Dritten in den Streitgegenstand kommt, etwa die Erbfolge im Todesfall.[601] Entsprechend dieses Zwecks ordnen sie die Unterbrechung des Verfahrens an. Selten aber wird in den von §§ 239 ff. ZPO erfassten Fällen die Rechtsnachfolge unbemerkt von statten gehen. Die Anordnung des gesetzlichen Parteiwechsels scheint demzufolge auf eine Situation ausgerichtet, in der die Rechtsnachfolge relativ offensichtlich ist, während die Person des Rechtsnachfolgers klärungsbedürftig sein kann.

Dementsprechend unbefriedigend ist das System, wenn es während des anhängigen Prozesses zum unerkannten Eintritt der Unterbrechungstatbestandsvoraussetzungen kommt. Wie bereits oben beschrieben, ergeht in einem solchen Fall zwischen den formellen Prozessparteien ein wirksames, aber anfechtbares Urteil. Das auf diese Weise

[599] HaKo-ZPO/*Saenger*, § 265 Rn. 18: Regelmäßige Verpflichtung des Rechtsvorgängers aus dem Grundgeschäft; vgl. auch in diese Richtung BAG vom 15.12.1976 – 5 AZR 600/74 – AP Nr. 1 zu § 325 ZPO [zu 1c) der Gründe]. Stimmt der Rechtsvorgänger gleichwohl nicht zu, wohl aber der Prozessgegner, ist die Hauptintervention (§ 64 ZPO) eröffnet, MüKo-ZPO/*Becker-Eberhard*, § 265 Rn. 95; Zöller/*Greger*, ZPO, § 265 Rn. 7.

[600] H.M., vgl. BGH vom 27.06.1996 – IX ZR 324/95 – NJW 1996, 2799 mwN; Zöller/*Greger*, ZPO, § 265 Rn. 7.

[601] So Zöller/*Greger*, ZPO, § 239 Rn. 1.

abgeschlossene Verfahren ist sodann nur bei erfolgreichem Rechtsmittel einer der Parteien[602] durch den bzw. gegenüber dem Rechtsnachfolger wieder aufnehmbar. Sind die Fristen möglicher Rechtsmittel abgelaufen, tritt Rechtskraft ein.[603] Stellt sich erst im Nachhinein heraus, dass während des Verfahrens ein Betriebsübergang stattgefunden hat, ist ein Urteil, das einen rein betriebsbezogenen Anspruch des Arbeitnehmers tituliert, wegen Unmöglichkeit der Vollstreckung gegen den Betriebsveräußerer praktisch hinfällig. Gegenüber dem Betriebserwerber entfaltet es keine Wirkung.

Im Gegensatz hierzu lassen die §§ 325, 727 ff. ZPO eine Titelumschreibung auf den Betriebserwerber auch dann zu, wenn es während des mittlerweile abgeschlossenen Verfahrens zu einem Übergang des Arbeitsverhältnisses nach § 613a BGB kam, ohne dass die Betriebsveräußerung Eingang in das Verfahren gefunden hat. Hält das Gericht einen Betriebsübergang für gegeben, schreibt es den Titel um, sodass eine Vollstreckung gegen den Erwerber möglich ist; lehnt es sie ab, verbleibt dem Arbeitnehmer der Titel gegen den Betriebsveräußerer. Dieser Vorgang bietet den Vorteil, dass auch die nachträgliche Kenntniserlangung von der Betriebsveräußerung über das nachträgliche Klauselerteilung noch Berücksichtigung finden kann. Das Urteil wird somit nicht hinfällig, sondern bleibt vollstreckbar je nach Ergebnis des Klauselerteilungsverfahrens gegenüber dem Betriebsveräußerer oder dem –erwerber.

VI. Zusammenfassende Stellungnahme

Auf der Grundlage aller dieser Aspekte und genannten Argumente ist im Rahmen einer Interessenabwägung abschließend zu klären, welches Instrument der Interessenlage am ehesten gerecht wird. In Zweifelsfällen haben die typischen Parteiinteressen ebenso wie der Zweck der materiellen Rechtsänderung darüber zu entscheiden, ob dem Parteiwechsel oder der Prozessstandschaft der Vorzug zu geben ist.[604] Zuzugeben ist, dass beide Regelungssysteme nicht bis ins Detail überzeugen. Im Ergebnis fällt m.E. die Interessenabwägung dennoch zugunsten der analogen Anwendung der §§ 265 ZPO aus. Dabei ist zu beachten, dass angesichts der praktischen Häufigkeit der Schwerpunkt der Betrachtung am Aktivprozess des Arbeitnehmers auszurichten ist.[605]

Die gegen die Anwendung der §§ 265 Abs. 2, 325 Abs. 1, 727 ZPO angeführten Kritikpunkte münden nicht selten in eine generelle Kritik, indem sie deren Regelungsmodell unabhängig von der Konstellation des Betriebsübergangs allgemein und insgesamt in Frage stellen. Dennoch wurden verfassungsrechtliche Bedenken diesbe-

---

602 Str. ist insoweit, ob auch der Rechtsnachfolger das Rechtsmittel einlegen darf. M.E. ist dies zu verneinen, da auf seiner Seite kein Rechtsschutzinteresse besteht, wenn das Urteil nicht gegen ihn wirkt. Im Falle des § 240 ZPO lässt eine Ansicht demgegenüber die Anfechtung auch durch den Insolvenzverwalter zu, vgl. Stein/Jonas-*H. Roth*, ZPO, § 249 Rn. 16; Musielak/*Stadler*, ZPO, § 249 Rn. 5; Baumbach/Lauterbach/Albers/*Hartmann*, ZPO, § 249 Rn. 12; aA OLG Köln vom 09.03.1988 – 13 U 230/87 – ZIP 1988, 447, 447 f.

603 Stein/Jonas-*H. Roth*, ZPO, §249 Rn. 17.

604 Stein/Jonas-*H. Roth*, ZPO, § 265 Rn. 3: Interessenabwägung als maßgebliches Abgrenzungskriterium; ebenso MüKo-ZPO/Becker-Eberhard, § 265 Rn. 7.

605 Ebenso *Zeuner*, FS für Schwab, 1990, 575, 579.

züglich bisher nicht aufgegriffen.[606] Diese Bedenken überzeugen m.E. angesichts der überwiegenden Interessen des Prozessgegners, der sich der aktiven Veräußerung des streitbefangenen Objekts von Seiten der Veräußerungsparteien ausgesetzt sieht, nicht. Der Rechtsstellung der Veräußerungsparteien ist über die Folgeregelungen in den §§ 265 Abs. 2 Satz 2, 3, 325, 727, 731, 767 ZPO Genüge getan.

Die Vorzüge einer Anwendung der §§ 239 ff. ZPO liegen darin, dass sie mit ihrer Lösung über den Parteiwechsel die Entwicklung der materiellen Rechtslage unmittelbar widerspiegelt.[607] Zugleich bewirkt sie die innerprozessuale Klärung der Rechtsnachfolge unter allen drei Beteiligten. Dennoch vermag ein gesetzlicher Parteiwechsel der spezifischen Interessenlage beim Betriebsübergang nicht ausreichend Rechnung zu tragen. So sind die §§ 239 ff. ZPO auf äußerst spezielle Situationen zugeschnitten, die eine Prozessfortführung durch den Rechtsvorgänger praktisch unmöglich oder im Hinblick auf Drittbetroffene unzumutbar machen.[608] Das zeigt sich – wie beschrieben – besonders deutlich am Tatbestand des § 242 ZPO. Eine vergleichbare Interessenlage zur Konstellation des Betriebsübergangs liegt daher eher fern. Zudem lässt sich schwerlich ein sondervermögensähnlicher Charakter weder der veräußerten Betriebsaktiva noch des Arbeitsverhältnisses ausmachen, der die Einstufung als gesamtrechtsnachfolgeähnlichen Vorgang rechtfertigen würde. Das führt zu dem Schluss, dass die Tatbestände der §§ 239, 242 ZPO zu weit von der Betriebsübergangskonstellation abweichen, als dass ihre Vergleichbarkeit eine Analogie rechtfertigen könnte.

Demgegenüber stellen die §§ 265 Abs. 2, 325 Abs. 1, 727 ZPO einen sachnahen Lösungsweg für die Situation des Betriebsübergangs dar, in der der Schutz des Arbeitnehmers im Vordergrund steht. Denn zu seinen Gunsten gilt es zu verhindern, dass ihm das Risiko der Kenntniserlangung und der rechtlichen Beurteilung der Betriebsveräußerung ebenso wie dasjenige eines neuen Kostenschuldners aufgebürdet wird.

Unstimmig bleibt das Argument, der Weg über die §§ 265 Abs. 2, 325 Abs. 1, 727 ZPO vermeide Doppelprozesse mit entsprechender Kostenfolge. Denn in der Regel wird eine Klauselerteilungsklage zur Titelumschreibung notwendig werden. Auch ist ein Zeitvorsprung gegenüber einer Lösung über §§ 239, 242 ZPO nicht generell auszumachen. Allerdings überzeugt die Nähe des Betriebsübergangsregelung zur Einzelrechtsübertragung in Abgrenzung zur Gesamtrechtsnachfolge.

Letztlich besticht als m.E. bedeutendster Vorteil der §§ 265 Abs. 2, 325 Abs. 1, 727 ZPO die Möglichkeit, im Falle eines ungewissen oder insbesondere unerkannten Betriebsübergangs während Rechtshängigkeit nachträglich im Klauselerteilungsverfahren eine Klärung der Rechtsnachfolge herbeizuführen. Das Urteil wird weder bei Stattgabe noch Abweisung der Klauselerteilungsklage hinfällig. Zugleich rechtfertigt die Schutzwürdigkeit des Arbeitnehmers, dem Betriebsveräußerer die Abwehr der Vollstreckung aus dem Ursprungstitel mittels Vollstreckungsgegenklage aufzuerlegen.

---

606 Insoweit wäre ein Verstoß gegen den verfassungsrechtlichen Grundsatz des rechtlichen Gehörs, Art. 103 Abs. 1 GG, zu denken.

607 So auch das LAG Hamm vom 12.12.1996 – 4 Sa 1258/94 – LAGE Nr. 60 zu § 613a BGB [zu 1.6.2. der Gründe]; vom 28.01.1997 – 4 Sa 141/96 – recherchiert über juris [zu 2.5.2. der Gründe]; *Fischer* DB 2001, 331, 334 für Kündigungsschutzklagen.

608 *Schink* Jura 1986, 291, 295.

Dasselbe gilt für den Vorwurf, die Rechtskrafterstreckung auf den Betriebserwerber eröffne diesem nur eingeschränkt rechtliches Gehör.

Auch im Passivprozess des Arbeitnehmers gewährleisten die §§ 265 Abs. 2, 325 Abs. 1, 727 ZPO einen hinreichenden Schutz zugunsten des Arbeitnehmers.[609] Ein Parteiwechsel auf Klägerseite von Betriebsveräußerer auf -erwerber ist von dessen Zustimmung abhängig, § 265 Abs. 2 Satz 2 ZPO. Die Vollstreckung aus dem Titel gegen den Arbeitnehmer kann entweder ausschließlich zugunsten des oder durch den Betriebserwerber erfolgen.[610]

Im Ergebnis ist daher einer Lösung über die §§ 265 Abs. 2, 325 Abs. 1, 727 ZPO gegenüber einer solchen über die §§ 239, 242 ZPO der Vorrang zu geben.

E. Stellungnahme zur Rechtskrafterstreckung über § 613a BGB

I. Zur Ansicht *Ascheids*

Aus den genannten Gründen kann denn auch die Ansicht *Ascheids*, der sich gänzlich gegen eine Anwendung der §§ 265 Abs. 2, 325 Abs. 1, 727 ZPO ausspricht und auch in prozessualer Hinsicht allein auf § 613a BGB stützen will, nicht überzeugen.

So ist *Ascheid* zwar zunächst zuzustimmen, wenn er meint, die Rechtsfolgenanordnung des § 613a BGB müsse auf die prozessuale Seite des Arbeitsverhältnisses durchschlagen. Denn soll der Arbeitnehmer über den Erhalt seines status quo effektiv und umfassend geschützt werden, ist es erforderlich, den Betriebserwerber auch an den prozessualen Stand eines laufenden oder bereits abgeschlossenen Gerichtsverfahrens zu binden, in dem über Ansprüche aus dem Arbeitsverhältnis, in dessen Schuldnerstellung er nach § 613a Abs. 1 Satz 1 BGB einrückt, gestritten wird.

Zur Begründung einer aus § 613a BGB unmittelbar entspringenden Rechtskraftwirkung weist *Ascheid* darauf hin, das Urteil stelle im Falle des innerprozessualen Betriebsübergangs lediglich die Rechtslage fest, wie sie bereits vor dem Betriebsübergang bestanden habe, und in die der Betriebserwerber eingetreten sei. Wenn er damit meint, es spiele somit keine Rolle, dass das Urteil diesbezüglich erst nach Betriebsübergang ergehe, so greift dieses Argument m.E. zu kurz. Denn das Urteil befindet über den Streitstand nach Abschluss der letzten mündlichen Verhandlung, nicht im Zeitpunkt der Klageerhebung. Entsprechend sind auch tatsächliche Ereignisse, die erst nach Betriebsübergang eingetreten sind und sich auf den streitgegenständlichen Anspruch auswirken, unter der Voraussetzung eines prozessual zulässigen Sachvortrags noch zu berücksichtigen. Der zu entscheidende Sachverhalt ist somit nicht zwangsläufig bereits vor Betriebsübergang abgeschlossen. Über den Zeitpunkt des Betriebsübergangs hinaus vermag § 613a BGB selbst m.E. jedoch keine – auch nicht prozessuale – Bindungswirkung herbeiführen. Vielmehr bezieht sich die prozessuale Wirkung des § 613a BGB ausschließlich auf diejenige prozessuale Situation, wie sie aktuell im Zeitpunkt des Wechsels der Leitungsmacht besteht. Eine Bindung des Betriebserwerbers an nach diesem Zeitpunkt stattfindende Ereignisse, u.a. einen Urteilserlass gegen-

---

[609] Ebenso *Zeuner*, FS für Schwab, 1990, S. 575, 578.

[610] Angesichts der notwendigen Antragsumstellung, siehe hierzu B.II.

über dem Betriebsveräußerer, vermag der Rückgriff auf § 613a BGB daher m.E. nicht zu stützen.

Diese Funktion übernimmt die hier befürwortete Analogie zu den §§ 265 Abs. 2, 325 Abs. 1, 727 ZPO, deren Rechtfertigung freilich auf der ratio der Rechtfolgenanordnung des § 613a BGB sowie der ihm zugrunde liegenden, spezifischen Interessenlage beruht.

II. Rechtskrafterstreckung und Titelumschreibungsmöglichkeit im Falle des Betriebsübergangs nach Rechtskraft

Eine ergänzende Heranziehung des § 613a BGB ist zwar durchaus denkbar. Insoweit vermag die strenge materiell-rechtliche Abhängigkeit des Betriebserwerbers von der Rechtsposition des bisherigen Arbeitgebers im Zeitpunkt des Betriebsübergangs möglicherweise auch eine prozessuale Wirkung hervorzurufen.[611] Aufgrund seiner auf den Zeitpunkt des Betriebsübergangs bezogenen Wirkungen rechtfertigt § 613a BGB unmittelbar allerdings weder die Fortführung des Verfahrens durch den Betriebsveräußerer noch die Rechtskrafterstreckung auf den Betriebserwerber, wenn es innerprozessual zu einem Betriebsübergang kommt.

Demgegenüber findet die prozessrechtliche Rechtskrafterstreckung nach § 325 ZPO m.E. auch dann statt, wenn es erst nach Rechtskraft eines vom Arbeitnehmer gegenüber dem späteren Betriebsveräußerer erwirkten Urteils zum Betriebsübergang kommt. Zwar besteht auch in der zivilprozessualen Lit. Uneinigkeit, was die Anwendbarkeit des § 325 ZPO im Falle der Rechtsnachfolge nach Rechtskraft anbelangt.[612] Einleuchtende Gründe, dessen Anwendbarkeit in Frage zu stellen, finden sich m.E. jedoch nicht. Aus dem Wortlaut der Norm, der Bezug auf den Zeitraum nach Rechtshängigkeit nimmt, ist nicht zwingend zu entnehmen, dass sich ihr Anwendungsbereich auf die Rechtsnachfolge während Rechtshängigkeit beschränkt. Vielmehr schließt der Zeitraum nach Rechtshängigkeit auch den Zeitraum nach Rechtskraft ein.

Darüber hinaus ist aus meiner Sicht kein zusätzlicher Schutz zugunsten des Rechtsnachfolgers gewonnen, lehnt man eine prozessuale Rechtskrafterstreckung mit anschließender Titelumschreibungsmöglichkeit ab. Das gilt selbst vor dem Hintergrund, dass der Rechtsnachfolger in keiner Weise am ursprünglichen Verfahren beteiligt war bzw. die Möglichkeit hierzu hatte. Denn finden die §§ 727 ff. ZPO keine Anwendung, bedarf es zur Vollstreckung gegen den Rechtsnachfolger einer eigenständigen Klage, die auf der Grundlage der materiellen Rechtskraftwirkung ausschließlich den Rechtsnachfolgetatbestand prüft. Eine ebensolche Prüfung leistet aber auch das Klauselerteilungsverfahren, insbesondere die selbstständige Klauselerteilungsklage nach § 731 ZPO. In ihrem Rahmen kann der Erwerber zugleich Einwendungen gegen den titulier-

---

[611] Die von der Rspr. anerkannten Fallgruppen haben gemein, dass sie angesichts der voneinander abhängigen Ansprüche nur in einem einheitlichen Sinne beurteilt werden können, so etwa im Falle der Gesellschafterhaftung nach §§ 129 Abs. 1, 161 Abs. 2 HGB, vgl. BGH vom 11.12.1978 – II ZR 235/77 – NJW 1979, 1361, 1362 mwN. So auch im Falle der akzessorischen Haftung (Bürge, Hypothekenschuldner, Pfandgeber einer beweglichen Sache), vgl. BGH vom 12.03.1980 - VIII ZR 155/70 – NJW 1980, 1460, 1461 sowie ausführlich MüKo-ZPO/*Gottwald*, § 325 Rn. 68 ff.

[612] Siehe hierzu oben unter B.II.2.

ten Anspruch nach Maßgabe des § 767 ZPO geltend machen.[613] Ein Mehr an Rechtsschutz bietet aus meiner Sicht somit weder der eine noch der andere Weg.

Vor diesem Hintergrund sprechen m.E. die besseren Gründe für eine umfassende und stringente Anwendung der §§ 265, 325, 727, 731 ZPO. Sie stellen ein in sich geschlossenes Rechtsfolgen- und Wertungssystem im prozessualen Bereich dar, das aus Sicht des Gesetzgebers die Interessen aller Beteiligten angemessen zu berücksichtigen vermag. § 325 ZPO stellt dabei m.E. die Ausgangsnorm dar, die die Rechtskrafterstreckung auf den Rechtsnachfolger anordnet. § 265 ZPO erweitert den Regelungsbereich, indem er festlegt, wie das Verfahren fortzuführen ist. § 727 ZPO stellt sodann die logische Konsequenz der Rechtskrafterstreckung dar, nämlich die Schaffung der Vollstreckungsmöglichkeit gegen den Rechtsnachfolger über die Titelumschreibung.[614] Spricht man sich an einer Stelle für die Anwendung einer der Normen der §§ 265 Abs. 2, 325 Abs. 1, 727 ZPO aus, folgt hieraus m.E. zwingend die Anwendung der jeweils anderen Normen. Andernfalls fände eine Durchbrechung eines zusammenhängenden Rechtsfolgensystems statt, die m.E. als contra legem anzusehen ist.

Stehen oder standen rein betriebsbezogene Ansprüche in Streit, so bedarf es somit im Falle eines Betriebsübergangs nach Rechtshängigkeit und damit auch nach Rechtkraft eines (ergänzenden) Rückgriffs auf die materiell-rechtliche Norm des § 613a BGB nicht, um auf materielle Weise eine Bindungswirkung gegenüber dem Betriebserwerber zu erreichen. Die Funktion, die prozessuale Entwicklung infolge des Betriebsübergangs zu regeln, kommt vielmehr dem System der §§ 265, 325, 727, 731 ZPO zu. Deren analoge Anwendbarkeit beruht freilich auf der Rechtsfolgenanordnung des § 613a BGB.

III. Ergebnis

Im Ergebnis erstreckt sich sowohl im Falle des innerprozessualen Betriebsübergangs als auch des Betriebsübergangs nach Rechtskrafteintritt die Rechtkraft des gegenüber dem Betriebsveräußerer ergangenen Urteils analog § 325 ZPO auf den Erwerber. Das eröffnet zugleich die Möglichkeit, den Titel analog §§ 727, 731 ZPO – regelmäßig im Rahmen einer Klauselerteilungsklage – auf den Erwerber umzuschreiben.

F. Stellungnahme zur Zulassung eines vereinfachten Parteiwechsels

Gibt man im Prinzip der Analogie zu den §§ 265 Abs. 2, 325 Abs. 1, 727 ZPO den Vorzug, stellt sich die Frage, wie sich die Möglichkeit eines gewillkürten Parteiwechsels (bzw. -beizugs) hierzu verhält. Über die Zulässigkeit eines Parteiwechsels unter den regulären Voraussetzungen der §§ 263 f., 269 Abs. 1 ZPO (analog) hinaus will ein Teil der Lit. dem Arbeitnehmer ein unbeschränktes Initiativrecht zugestehen, indem hierfür weder die Zustimmung des Betriebserwerbers als einzuwechselnder Partei noch die des Betriebsveräußerers als auszuwechselnder Partei gefordert wird.[615]

---

613 Thomas/Putzo-*Hüßtege*, ZPO, § 731 Rn. 7.

614 Auf das Zusammenspiel der genannten Normen weist auch MüKo-BGB/*Müller-Glöge*, § 613a BGB Rn. 215 hin.

615 Siehe zur Darstellung dieser Ansicht ausführlich oben C.III.

Diese Ansicht wirft zwei Fragen auf. In einem ersten Schritt wird zu klären sein, ob neben der Analogie zu § 265 ZPO ein gewillkürter Parteiwechsel auf Initiative des klagenden Arbeitnehmers überhaupt zulässig sein kann. In einem zweiten Schritt ist zu beleuchten, inwiefern § 613a BGB als „Kontinuitätsklausel" und die ihm zugrunde liegende, spezifische Interessenlage derart erleichterte Bedingungen für einen gewillkürten Parteiwechsel rechtfertigen können.

I. Zulässigkeit eines gewillkürten Parteiwechsels von Seiten des Arbeitnehmers

1. Verhältnis zum Regelungssystem der §§ 265 u.a. ZPO

Ist somit ein Parteiwechsel im Grundsatz zulässig, stellt sich die Frage, ob die Möglichkeit eines derart gewillkürten Parteiwechsels das Regelungssystem der §§ 265 Abs. 2, 325 Abs. 1, 727 ZPO generell verdrängt oder lediglich eine Wahlmöglichkeit auf Seiten des Klägers besteht, wenn es während des Verfahrens zum Betriebsübergang kommt. Ersteres vertritt – soweit ersichtlich – lediglich *Leipold*.[616] Seine Ansicht gründet darauf, dass er die Anwendung der §§ 265 Abs. 2, 325 Abs. 1, 727 ZPO auf den Fall des Betriebsübergangs generell ablehnt.[617] Anstelle dessen bevorzugt er eine Lösung über einen erleichterten Parteiwechsel auf Initiative des Arbeitnehmers.[618]

Das überzeugt nicht. Vergegenwärtigt man sich die Schutzbedürftigkeit des Arbeitnehmers, so ist ein gewisser Automatismus, wie die beiden Regelungssysteme der ZPO ihn für den Verlust der Sachlegitimation vorsehen,[619] nicht entbehrlich. Verzichtet man auf die analoge Anwendung eines der beiden „automatisierten" Systeme, würde das Risiko der rechtlichen Beurteilung, ob ein Betriebsübergang stattgefunden hat, sowie das Informationsrisiko bzgl. der tatsächlichen Umstände der Betriebsveräußerung wiederum vollständig auf den Arbeitnehmer abgewälzt. Eine Fehlbeurteilung der Umstände bzw. die Unkenntnis diesbezüglich ginge vollständig zu seinen Lasten.[620]

Die Schwierigkeiten, die *Leipolds* Theorie nicht zu meistern vermag, verdeutlichen sich in Fällen, in denen der Betriebsübergang zunächst im Verfahren unbemerkt bleibt. In diesen Konstellationen liefe der gegenüber dem Betriebsveräußerer erwirkte Titel mangels Wirkung gegenüber dem Betriebserwerber ins Leere. Gegen den Erwerber kann hieraus nicht vorgegangen werden; dem Veräußerer ist die Erfüllung rein betriebsbezogener Ansprüche unmöglich.[621]

Darüber hinaus drängt der Lösungsweg *Leipolds* dem Arbeitnehmer unwillkürlich eine neue Prozesspartei auf. Hat nämlich ein Betriebsübergang stattgefunden, ist der Arbeitnehmer gezwungen, die Klage auf den Betriebserwerber umzustellen, will er

---

616 Anm. zu BAG vom 15.12.1976 – 5 AZR 600/75 – AP Nr. 1 zu § 325 ZPO [zu 4. der Ausführungen].

617 Anm. zu BAG vom 15.12.1976 – 5 AZR 600/75 – AP Nr. 1 zu § 325 ZPO [zu 2. ff. der Ausführungen].

618 Anm. zu BAG vom 15.12.1976 – 5 AZR 600/75 – AP Nr. 1 zu § 325 ZPO [zu 4. der Ausführungen].

619 §§ 239 ff. ZPO sowie §§ 265 u.a. ZPO, siehe hierzu oben B.II., C.II.2.

620 Ebenso verallgemeinernd *Bork/Jacoby* ZHR 167 (2003), 440, 445.

621 Siehe hierzu oben unter 2. Kap., 2. Abschn., B.III.3.c.

nicht unterliegen. Den Arbeitnehmer auf diese Weise vor die Wahl zu stellen, entweder einen Prozessverlust oder einen neuen Titelschuldner hinzunehmen, wird wiederum der ratio des § 613a BGB nicht gerecht.[622] Dies liefe auf einen faktischen Zwang zur Vornahme eines Parteiwechsels hinaus.

Der gewillkürte Parteiwechsel stellt somit eine Handlungsalternative des Arbeitnehmers gegenüber dem gesetzlichen Automatismus der §§ 265 Abs. 2, 325 Abs. 1, 727 ZPO dar.

2. Verhältnis zum gewillkürten Parteiwechsel i.S.v. § 265 Abs. 2 Satz 2 ZPO

Der Unterschied des gewillkürten Parteiwechsels, wie ihn die hier dargestellte Ansicht vertritt, zu demjenigen, wie § 265 Abs. 2 Satz 2 ZPO ihn von Gesetzes wegen vorsieht, liegt in der Aktionsrichtung begründet. Im gesetzlich geregelten Fall geht die Initiative, einen Parteiwechsel auf Beklagtenseite herbeizuführen, vom Rechtsnachfolger als einzuwechselnder Partei aus. Demgegenüber gibt der gesetzlich nicht geregelte, aber gewohnheitsrechtlich anerkannte gewillkürte Parteiwechsel[623] dem Kläger ein Mittel an die Hand, einen Austausch der Parteien auf Beklagtenseite herbeizuführen.

Dass das Gesetz einen gewillkürten Parteienwechsel auf Initiative des Klägers im Falle der Veräußerung des Streitobjekts während Rechtshängigkeit im Gegensatz zur Variante des § 265 Abs. 2 Satz 2 ZPO nicht explizit vorsieht, spricht nicht zwangsläufig gegen dessen Zulässigkeit. Denn generell hat der gewillkürte Parteiwechsel von Seiten des Klägers keine Erwähnung in der ZPO gefunden. § 265 Abs. 2 Satz 2 ZPO enthält denn auch eine Sonderform des Parteiwechsels, der vom Rechtsnachfolger ausgeht. Gerade diesen Ausnahmecharakter sah der Gesetzgeber als kodifizierungswürdig an im Vergleich zum „Normalfall“. Aus der Nichtkodifikation auf einen Ausschluss des gewillkürten Parteiwechsels auf Initiative des Klägers zu schließen, soweit der Anwendungsbereich des § 265 ZPO eröffnet ist, ist jedenfalls nicht geboten.[624]

Übertragen auf die Situation des Betriebsübergangs bedeutet dies, dass es dem Arbeitnehmer in dem von ihm geführten Aktivprozess gegen seinen ursprünglichen Arbeitgeber nicht verwehrt ist, auf einen innerprozessualen Betriebsübergang mit der Initiierung eines Parteiwechsels auf den Betriebserwerber zu reagieren. Eine andere Frage stellt es dar, welchen Voraussetzungen ein solcher Parteiwechsel unterliegt.

3. Spezifische Interessenlage auf Seiten des Arbeitnehmers

Die Zulassung eines wahlweise gewillkürten Parteiwechsels wird darüber hinaus den spezifischen Interessen des Arbeitnehmers, wie sie im Rahmen von Klagen um be-

---

622 So schon oben unter D.I.

623 Vgl. MüKo-ZPO/*Becker-Eberhard*, § 263 Rn. 67; Stein/Jonas-*H. Roth*, ZPO, § 264 Rn. 43, jeweils mwN.

624 Ebenso *Zeuner*, FS für Schwab, 1990, 575, 592 Fn. 45; vgl. auch Stein/Jonas-*H. Roth*, ZPO, § 265 Rn. 26; nicht nachvollziehbar *Oberhofer* AuR 1989, 293, 298, der behauptet, ein Parteiwechsel sei während des Prozesses nach h.M. nicht möglich.

triebsbezogene Ansprüche bestehen, gerecht.[625] Diese können, so *Zeuner*, durchaus darauf gerichtet sein, den Betriebserwerber anstelle des -veräußerers in den Prozess einzuwechseln, und zwar aus zwei bereits erwähnten Gesichtspunkten: Zum einen verschaffe der Parteiwechsel unmittelbar einen Titel gegen den materiell-rechtlichen Schuldner. Zum anderen bestünde mit dem Sachlegitimierten eine weiter reichende Vergleichsmöglichkeit.[626]

Diese Einschätzung der Arbeitnehmeriteressen überzeugt. Ein Vergleichsabschluss unmittelbar mit dem materiellen Schuldner lässt sich praktisch einfacher gestalten, als dies über die Zustimmungslösung des BAG der Fall ist.[627] Auch kann der Kläger so den Umweg über das Klauselerteilungsverfahren vermeiden; das Vorliegen der Betriebsübergangsvoraussetzungen wird bereits innerprozessual im Rahmen der Sachlegitimation beurteilt. Zudem kann der Arbeitnehmer seine Entscheidung, ob er vom Parteiwechsel Gebrauch macht, an seiner Einschätzung des Prozessrisikos ausrichten. Er wird den Parteiwechsel daher nur dann erklären, wenn er sich bei der rechtlichen Beurteilung des Betriebsübergangs relativ sicher ist.

Ein zur Wahl des Arbeitnehmers stehender Parteiwechsel geht mit dessen Interessen somit ohne weiteres konform und eröffnet diesem eine aus seiner Sicht wünschenswerte Handlungsalternative.

4. Zwischenergebnis

Im Ergebnis steht dem klagenden Arbeitnehmer somit alternativ zur Regelungsautomatik des § 265 Abs. 2 ZPO offen, einen gewillkürten Parteiwechsel vorzunehmen, wenn es im Zusammenhang mit einer Klage um betriebsbezogene Ansprüche zum Betriebsübergang kommt.

II. Rechtfertigung der erleichterten Bedingungen eines Parteiwechsels

Versteht man dementsprechend den gewillkürten Parteiwechsel als Alternative zur gesetzlichen Prozessstandschaft, bleibt zu erörtern, womit sich die erleichterten Bedingungen, unter denen dieser nach der hier beleuchteten Ansicht zulässig sein soll, rechtfertigen lassen.

Die Erörterung muss diejenigen Interessen berücksichtigen, wie sie sich aus Sicht des klagenden Arbeitnehmers und insbesondere der Veräußerungsparteien beim Betriebsübergang darstellen. Sie impliziert die Frage, inwieweit auf der einen Seite der Betriebsveräußerer als ursprünglicher Beklagter in Anbetracht seines Ausschlusses aus dem Prozess schutzwürdig ist. Auf der anderen Seite steht die Schutzwürdigkeit des Betriebserwerbers in Frage, der als neuer Beklagter in den aktuellen Stand des Prozesses hinein versetzt wird.

---

[625] Hierzu explizit *Zeuner*, FS für Schwab, 1990, 575, 592; insoweit nicht explizit differenzierend, *Leipold*, Anm. zu BAG vom 15.12.1976 – 5 AZR 600/75 – AP Nr. 1 zu § 325 ZPO [zu 4. der Ausführungen].

[626] Zu beiden Argumenten *Zeuner*, FS für Schwab, 1990, 575, 592. Dass diese nicht gegen die Anwendbarkeit von § 265 ZPO analog sprechen, wurde bereits oben herausgearbeitet, siehe hierzu oben unter D.V.

[627] Zur Vergleichmöglichkeit mit dem Prozessstandschafter, siehe unten 6. Kap.

1. Bindungswirkung gegenüber dem Betriebserwerber ohne dessen Zustimmung

a. Rückschluss aus der Rechtskrafterstreckung des § 325 ZPO

Dass die Zustimmung der einzuwechselnden Partei im Regelfall des gewillkürten Parteiwechsels notwendig ist, um den Prozess mit inhaltlich bindender Wirkung gegen sie fortsetzen zu können, ist unbestritten.[628] Der Streit zwischen Rspr. und Lit., was das konkrete Objekt der Zustimmung anbelangt, ist insoweit von nur untergeordneter Relevanz. Der Verzicht auf diese Zustimmung jedenfalls bedeutet eine Benachteiligung des Betriebserwerbers, der sich seiner Einwechslung bzw. seiner Bindung an die bisherigen Prozessergebnisse nicht zu entziehen vermag. Diese Schlechterstellung muss sich mit den Besonderheiten des Betriebsübergangs rechtfertigen lassen.

Zur Begründung der Bindungswirkung lässt sich, *Zeuner* folgend,[629] auf die Anordnung der Rechtskrafterstreckung nach §§ 265, 325 ZPO in einer Art Rückschluss a maiore ad minus rekurrieren. Solange der klagende Arbeitnehmer nicht einen gewillkürten Parteiwechsel betreibt, kommt die Analogie zu den genannten Vorschriften zur Anwendung. Geht der Betrieb erst nach Rechtshängigkeit auf den Erwerber über, kommt es hiernach ipso iure zur Rechtskrafterstreckung auf den Betriebserwerber, ohne dass es dessen Zustimmung hierzu bedarf. Einfluss auf das Verfahren kann er nur bedingt nehmen, vgl. § 265 Abs. 2 Satz 2, 3 ZPO. Die Rechtskrafterstreckung bewirkt somit – jedenfalls mittelbar – eine weitaus stärkere Bindung an den Verfahrensstand, als dies beim Parteiwechsel der Fall ist. Denn sie bindet den Rechtsnachfolger faktisch an diejenige prozessuale Sachlage, wie sie sich nach Abschluss des Verfahrens im Tenor des Urteils widerspiegelt.

Im Vergleich hierzu eröffnet der Parteiwechsel dem neuen Betriebsinhaber ein gewisses Maß an rechtlichem Gehör und damit die Möglichkeit, als Partei noch eigenen Sachvortrag in das Verfahren einzubringen.[630] Denn seine Bindung an die bisherigen Prozessergebnisse beschränkt sich auf den Stand des Verfahrens im Zeitpunkt des Parteiwechsels. Infolgedessen muss der Betriebserwerber im Falle des Parteiwechsels denjenigen innerprozessualen Verfahrensstand übernehmen, wie er sich zu diesem Zeitpunkt darstellt; sodann führt er das Verfahren „eigenhändig" zu Ende. Das Urteil in diesem Verfahren bindet ihn sodann – nunmehr in seiner Rolle als Partei – ebenfalls im Umfang der Rechtskraft.

Stellt man die Wirkung dieser beiden Instrumente gegenüber, lässt sich die Bindung des Erwerbers an den jeweiligen Verfahrensstand sonach faktisch als ein „Weniger" im Vergleich zur Rechtskrafterstreckung des § 325 ZPO qualifizieren. Sie stellt sich quasi als ein Teil der Rechtskrafterstreckung, nämlich bezogen auf den Zeitpunkt des Parteiwechsels, dar. Das führt zu dem Schluss, dass der Parteiwechsels, da er lediglich

---

628 Zu den unterschiedlichen Anforderungen von Seiten der Rspr. sowie der Lit., siehe oben unter C.III.2.

629 *Zeuner*, FS für Schwab, 1990, 575, 592. Von einer Bindung gegen den Willen des neuen Beklagten aufgrund einer möglichen Rechtskrafterstreckung geht grundsätzlich auch Stein/Jonas-*H. Roth*, ZPO, § 263 Rn. 55 aus, wobei differenzierend; *ders.* NJW 1988, 2977, 2981.

630 So *Zeuner*, FS für Schwab, 1990, 575, 591; *Leipold*, Anm. zu BAG vom 15.12.1976 – 5 AZR 600/75 – AP Nr. 1 zu § 325 ZPO [zu 4. der Ausführungen].

eine bezogen auf das Verfahren zeitanteilige Bindung zur Folge hat, den Betriebserwerber verglichen mit dem gesetzlichen Automatismus der § 265, 325 ZPO nicht benachteiligt. Vielmehr stellt sich der Parteiwechsel quasi als „milderes Mittel“ dar.[631]

Dieses Ergebnis wird gestützt von der ratio des § 613a BGB, der einen umfassenden Eintritt des Betriebserwerbers in die Lage des Arbeitverhältnisses vorschreibt. Soll diese Rechtsfolge eine Verschlechterung der Rechtsstellung des Arbeitnehmers vermeiden, muss sie auch die prozessuale Seite des Rechtsverhältnisses erfassen. So spricht denn auch § 613a BGB selbst dafür, den Betriebserwerber dem aktuellen Verfahrensstand zu unterwerfen. Nichts anderes geschieht, wenn man dem Parteiwechsel eine Bindungswirkung bezogen auf den Zeitpunkt der Parteiwechselerklärung zuspricht.

b. Zustimmungsverzicht oder Rechtsmissbräuchlichkeit der Zustimmungsverweigerung

Auf die Zustimmung der Gegenparteien zu verzichten, lässt sich rechtlich besehen auf zwei Wegen begründen. Zum einen ließen sich Voraussetzungen des gewillkürten Parteiwechsels entsprechend teleologisch reduzieren. Zum anderen ließe sich vertreten, die Zustimmungsverweigerung seitens des Betriebserwerbers als rechtmissbräuchlich zu qualifizieren mit der Folge, dass die Verweigerung unbeachtlich wäre.

Die Figur der rechtsmissbräuchlichen Zustimmungsverweigerung hat der BGH für den Beklagtenwechsel in zweiter Instanz entwickelt. Nach gefestigter Rspr. ist die Zustimmungsverweigerung des neuen Beklagten treuwidrig, wenn nach den Umständen des Einzelfalls ersichtlich jedes schützwürdige Interesse fehlt, von einer Einwechslung in das Berufungsverfahren verschont zu bleiben. Angesichts des Verlusts einer Tatsacheninstanz fordert der BGH hierfür, dass die einzuwechselnde Person bereits während des erstinstanzlichen Rechtsstreits mit dem Sachverhalt vertraut war und dessen Führung tatsächlich maßgeblich beeinflusst hat.[632] Darüber hinaus verallgemeinert der BGH die Anforderungen dahingehend, dass die Umstände des Einzelfalls maßgeblich dafür sind, ob in der konkreten Prozesssituation eine „*irgendwie geartete Schlechterstellung*“ des neuen Beklagten zu befürchten ist.[633]

---

[631] Sieht man von der Notwendigkeit auf Betriebserwerberseite ab, sich Informationen bzgl. des bisherigen Prozessablaufs und der streitgegenständlichen Umstände zu beschaffen. Zum Umfang der Bindungswirkung, *H. Roth* NJW 1988, 2977, 2982 f.

[632] BGH vom 04.10.1985 - V ZR 136/84 - NJW RR 1986, 356 für den Fall, dass anstatt der Ehefrau der Ehemann in das Berufungsverfahren eintreten soll; vom 18.03.1997 - XI ZR 34/96- NJW 1997, 2885, 2886 f.; vom 26.02.1987 - VII ZR 58/86 - NJW 1987, 1946, 1947; siehe hierzu auch *H. Roth* NJW 1988, 2977, 2982 f.

[633] So BGH vom 04.10.1985 - V ZR 136/84 - NJW RR 1986, 356; vom 26.02.1987 - VII ZR 58/86 - NJW 1987, 1946, 1947; vom 18.03.1997 - XI ZR 34/96- NJW 1997, 2885, 2886 f. Allerdings kann auch nach Ansicht der Rspr. im Falle eines Parteiwechsels in zweiter Instanz die Sachdienlichkeit die Zustimmung des Berufungsbeklagten nicht ersetzen, BGH vom 07.04.1978 – V ZR 154/75 – BGHZ 71, 216, 219; vom 16.12.1997 – VI ZR 279/96 - NJW 1998, 1496, 1497 mwN; ebenso MüKo-ZPO/*Becker-Eberhard*, § 263 Rn. 80.

Diese Rspr. ist auf den Fall des innerprozessualen Betriebsübergangs übertragbar. Insbesondere wenn der Betriebsübergang erstinstanzlich stattfindet, lässt sich die Zustimmungsverweigerung seitens des Betriebserwerbers als rechtsmissbräuchlich qualifizieren. Denn selbst wenn der Erwerber auf den Prozess zeitlich vor dem Betriebsübergang in der Regel keinen Einfluss genommen hat, ist eine Schlechterstellung diesem gegenüber infolge des Parteiwechsels nicht auszumachen. Denn wie soeben aufgezeigt, stellt die innerprozessuale Bindung ein Weniger im Vergleich zur Rechtskrafterstreckung nach § 325 ZPO dar. Die Lösung, die Zustimmung in dieser Konstellation als rechtsmissbräuchlich zu bewerten, ist sonach stringent.[634]

2. Entbehrlichkeit der Zustimmung des Betriebsveräußerers

Betrachtet man die Lage des Betriebsveräußerers, so bewirkt der gewillkürte Parteiwechsel, dass dieser aus dem Prozess ausscheidet. Um zu verhindern, dass dem ursprünglichen Beklagten hierdurch sein Anspruch auf Erlangung einer Sachentscheidung, wie er in den §§ 263, 269 ZPO zum Ausdruck kommt,[635] entzogen wird, wendet die h.M. § 269 Abs. 1 ZPO entsprechend an. Das Ausscheiden der ursprünglichen Partei und damit die Aufgabe ihrer Parteistellung hängen demnach im Regelfall vor ihrer Zustimmung ab, wenn bereits mündlich verhandelt wurde.[636] Nach einigen Stimmen soll in der Konstellation des Betriebsübergangs hiervon keine Ausnahme gelten.[637]

Verweigert der Betriebsveräußerer seine Zustimmung, so scheidet er nach der genannten Ansicht nicht aus dem Prozess aus. Das Prozessrechtsverhältnis zu ihm wird fortgesetzt.[638] Nach Ansicht der Rspr. ergeht ihm gegenüber sodann Sachurteil, gegenüber dem unzulässig eingewechselten neuen Beklagten Prozessurteil.[639]. In der Folge

---

[634] Ebenso *Bork/Jacoby* ZHR 167 (2003), 440, 452 für den Fall der Abspaltung von Unternehmensteilen während anhängiger Verfahren. Eine solche Lösung geht mit der Ansicht von *Löwisch/Neumann* DB 1996, 474, 475 konform, die einen generellen Zustimmungsverzicht ohne entsprechende gesetzliche Grundlage ablehnen.

[635] Vgl. MüKo-ZPO/*Becker-Eberhard*, § 269 Rn. 1; Stein/Jonas-*H. Roth*, ZPO, § 263 Rn. 54.

[636] BGH vom 10.11.1989 – II ZR 96/80 – NJW 1981, 989, 989, wonach auch Sachdienlichkeit die Einwilligung nicht ersetzen kann; MüKo-ZPO/*Becker-Eberhard*, § 263 Rn.77; HaKo-ZPO/*Saenger*, § 263 Rn. 23, 24; Thomas/Putzo-*Hüßtege*, ZPO, Vorbem § 50 Rn. 22; *Schellhammer*, Zivilprozess Rn. 1679 f. AA Zöller/*Greger*, ZPO, § 263 Rn. 6; demgegenüber geht Stein/Jonas-*H. Roth*, ZPO, § 263 Rn. 54 davon aus, dass die Zustimmungsverweigerung wegen Rechtsmissbräuchlichkeit unbeachtlich sein kann.

[637] *Zeuner*, FS für Schwab, 1990, 575, 591 f. mwN; ebenso, weil ein Recht des Arbeitnehmer auf einen Parteiwechsel verneinend, *Seiter*, Betriebsinhaberwechsel, G I 1 b (S. 131); ebenso, aber ohne nähere Ausführungen, *Boewer* in: Gaul, Aktuelles Arbeitsrecht 1996, Kap. VII, S. 521; *Löwisch/Neumann* DB 1996, 474, 475. AA wohl *Leipold*, Anm. zu BAG vom 15.12.1976 – 5 AZR 600/75 – AP Nr. 1 zu § 325 ZPO [zu 4. der Ausführungen].

[638] BGH vom 16.12.1997 - VI ZR 279/96 - NJW 1998, 1496, 1497, für den Fall, dass sowohl der alte als auch der neue Beklagte die Zustimmung verweigern; vgl. auch Stein/Jonas-*Schumann*, 21. Aufl. 1996, ZPO, § 264 Rn. 122; MüKo-ZPO/*Becker-Eberhard*, § 263 Rn. 98.

[639] Siehe Fn. 638. Die Folgen nach Ansicht der Lit. sind unklar: Nach Zöller/*Greger*, ZPO, § 263 Rn. 23, kommt es wohl zu einer Streitgenossenschaft auf Beklagtenseite; nach Thomas/Putzo-*Hüßtege*, ZPO, Vorbem § 50 Rn. 27, kann nur die bisherige oder die neue Partei alternativ am Prozessrechtsverhältnis beteiligt sein.

kommt es zu einem beachtlichen Risiko, dass der Arbeitnehmer jedenfalls teilweise unterliegen wird.

Diesem Risiko gegenüber steht der Anspruch des ursprünglichen Beklagten, eine Sachentscheidung zu erlangen. Er bildet einen wesentlichen Grundsatz des Prozessrechts. Keine Partei soll ohne ihre Zustimmung dem Risiko ausgesetzt sein, mit demselben Rechtsschutzbegehren später erneut konfrontiert zu werden. So schützt die Rechtskraft des Sachurteils vor einer erneuten Inanspruchnahme durch den Kläger in derselben Sache; eines solchen Schutzes bedarf auch der Betriebsveräußerer. Demgegenüber hat der Arbeitnehmer die Wahl, von einem Parteiwechsel abzusehen und das Verfahren weiter gegen den Betriebsveräußerer als gesetzlichen Prozessstandschafter zu betreiben. Ihm bleibt zudem die Möglichkeit, zunächst die Einwilligung des bisherigen Beklagten einzuholen, bevor er den Parteiwechsel erklärt bzw. die entsprechende Erklärung zustellen lässt.[640]

In Abwägung dieser Interessen ist der klagende Arbeitnehmer hinreichend geschützt über die Möglichkeit, die Zustimmung des ursprünglich Beklagten vorab einzuholen. In der Folge überwiegt das Rechtsschutzbedürfnis des Betriebsveräußerers, sodass im Ergebnis auf dessen Zustimmung zum Parteiwechsel analog § 269 Abs. 1 ZPO nicht verzichtet werden kann.

III. Vereinfacht gewillkürter Parteiwechsel in der Berufungsinstanz

Findet der Betriebsübergang erst während des Berufungsverfahrens statt oder erklärt der klagende Arbeitnehmer den Parteiwechsel aus anderen Gründen erst in diesem Stadium, stellt sich wiederum die Frage der Zustimmungsbedürftigkeit. Hinzu kommt das Problem, inwiefern die Vorschriften über die Zulassung neuer Angriffs- und Verteidigungsmittel einem solchen Parteiwechsel entgegenstehen.[641] Zu beachten ist dabei, dass die zweitinstanzliche Klageänderung ein zulässig eingelegtes Rechtsmittel aus anderweitigen Gründen voraussetzt.[642]

1. Rechtsmissbräuchlichkeit der Zustimmungsverweigerung

Im Hinblick auf einen Parteiwechsel in zweiter Instanz sind sich die verschiedenen Ansichten grundsätzlich einig, dass auf die Zustimmung des neuen Beklagten nicht verzichtet werden kann.[643]

In der Konstellation des innerprozessualen Betriebsübergangs wird wiederum eine Ausnahme anerkannt. Für deren Begründung kann vollumfänglich auf die obigen Aus-

---

640 So der Vorschlag von Zöller/*Greger*, ZPO, § 263 Rn. 23.

641 Dies sind §§ 529 ZPO ff. i.V.m. § 64 Abs. 6 ArbGG, § 67 ArbGG.

642 BGH vom 07.05.2003 – XII ZB 191/2002 – NJW 2003, 2172, 2173; vom 30.11.2005 - XII ZR 112/03 – NJW-RR 2006, 442, 443; Germelmann/*Germelmann*, ArbGG, § 67 Rn. 6; Musielak/*Foerste*, ZPO, § 265 Rn. 8; Thomas/Putzo-*Reichold*, ZPO, § 533 Rn. 2.

643 Auch keine Ersetzung durch Sachdienlichkeit, BGH vom 07.04.1978 – V ZR 154/75 – NJW 1978, 1529, 1530; vom 16.12.1997 – VI ZR 279/96 - NJW 1998, 1496, 1497 mwN. Die Lit. führt das Argument an, dass dem neuen Beklagten eine Tatsachinstanz genommen wird, MüKo-ZPO/*Becker-Eberhard*, § 263 Rn. 79; Musielak/*Foerste*, ZPO, § 263 Rn. 15; Thomas/Putzo-*Reichold*, ZPO, Vorbem § 50 Rn. 23.

führungen zum erstinstanzlichen Parteiwechsel verwiesen werden. Auch in der Berufungsinstanz ist die Zustimmungsverweigerung als rechtsmissbräuchlich zu qualifizieren.[644] Das ergibt sich wiederum aus der ratio des § 613a Abs. 1 Satz 1 BGB sowie der Anordnung der Rechtskrafterstreckung in §§ 265, 325 ZPO, die auch bzgl. eines Urteils höherer Instanz automatisch einträte, hätte der Kläger den Parteiwechsel nicht erklärt. Demnach ist die innerprozessuale Bindung an den aktuellen Verfahrensstand auch im Hinblick auf die zweite Tatsacheninstanz der Rechtskrafterstreckung immanent. Sie bedeutet keine Schlechterstellung des Betriebserwerbers, sodass es zu seinem Schutz keines Einwilligungsvorbehalts bedarf.

Demgegenüber bedarf es auch in zweiter Instanz der Zustimmung des ausscheidenden Betriebsveräußerers entsprechend § 269 Abs. 1 ZPO.

2. Neues Tatsachenvorbringen in der Berufungsinstanz

In der Regel wird der Kläger zur Begründung von Aktiv- und Passivlegitimation im Verhältnis zur einzuwechselnden Partei neue, ggf. streitige Tatsachen vorbringen müssen.[645] In der Konstellation des Betriebsübergangs sind dies die Umstände der Betriebsveräußerung, die nach Ansicht des Klägers den Vertragspartnerwechsel als Rechtsfolge auslösen.

Das Erfordernis neuen Tatsachenvortrags veranlasst einige Stimmen in der Lit. dazu, die Zulässigkeit eines zweitinstanzlichen Parteiwechsels über das Zustimmungserfordernis hinaus aufgrund der Neufassung des § 533 ZPO[646] in Frage zu stellen.[647] Nach dessen Nr. 2 darf sich eine zweitinstanzliche Klageänderung im ordentlichen Berufungsverfahren nur auf solche Tatsachen stützen, die das Berufungsgericht gemäß § 529 ZPO ohnehin zu berücksichtigen hat, was auch für den den Parteiwechsel begründenden Sachvortrag gelte.

Nach überwiegender Ansicht findet § 533 ZPO über § 64 Abs. 6 ArbGG auch im arbeitsgerichtlichen Urteilsverfahren Anwendung.[648] § 533 Nr. 2 ZPO verweist inso-

---

644 Zur Rechtsmissbräuchlichkeit in erster Instanz, siehe oben unter II.1.b. I.E. ebenso *Zeuner*, FS für Schwab, 1990, 575, 592; ihm folgend, Baumbach/Lauterbach/Albers/*Hartmann*, ZPO, § 263 Rn. 12.

645 Vgl. Zöller/*Greger*, ZPO, § 263 Rn. 19; Germelmann/*Germelmann*, ArbGG, § 67 Rn. 6.

646 Durch das Gesetz zur Reform des Zivilprozesses (Zivilprozessreformgesetz) vom 27.7.2001 (BGB. I S. 1887) m.W.v. 1.1.2002.

647 Musielak/*Foerste*, ZPO, § 263 Rn. 8, 15. Zöller/*Greger*, ZPO, § 263 Rn. 19 mwN, wonach der Rechtsgedanke des § 533 Nr. 2 ZPO ein Parteiwechsel in zweiter Instanz kaum noch zulasse. Entsprechend allgemeiner Grundsätze ist ein gewillkürter Parteiwechseln der Revisionsinstanz nicht zulässig, BGH vom 24.09.1982 – V ZR 188/79 – ZIP 1982, 1318, 1319 mwN; HaKo-ZPO/*Saenger*, § 263 Rn. 12; MüKo-ZPO/*Becker-Eberhard*, § 263 Rn. 81; eine Ausnahme besteht, wenn die notwendigen Tatsachen bereits zuvor vorgetragen wurden, vgl. Thomas/Putzo-*Reichold*, ZPO, § 559 Rn. 2, 3 mwN.

648 BAG vom 30.05.2006 – 1 AZR 111/05 – NZA 2006, 1170, 1173; ErfK/*Koch*, § 67 ArbGG Rn. 1/2, 9; Lipke/*Breinlinger*, ArbGG, § 67 Rn. 6; *Schwab*/Weth, ArbGG, § 67 Rn. 11. Einschränkend Germelmann/*Germelmann*, ArbGG, § 67 Rn. 3, der § 533 Nr. 2 ZPO durch § 67 ArbGG als lex specialis verdrängt sieht, wobei er § 67 ArbGG auf die Klageänderung, weil der Angriff selbst, nicht anwenden will, aaO Rn. 9.

weit über § 529 Abs. 1 Nr. 2 ZPO für die Zulassung neuen Tatsachenvortrags auf den spezialgesetzlichen § 67 ArbGG.[649] Greift § 533 Nr. 2 ZPO auch für den Parteiwechsel,[650] müsste der Arbeitnehmer die neuen Tatsachen, die dem Parteiwechsel zugrunde liegen, noch nach § 67 ArbGG in das Verfahren einbringen dürfen. Das ist in der Konstellation des Betriebsübergangs zum einen der Fall, wenn die Betriebsveräußerung erst nach der Berufungseinlegung erfolgt, die Tatsachen sonach erst später entstanden sind, vgl. § 67 Abs. 3, Abs. 4 Satz 2, 1. Alt. ArbGG. Zum anderen kann sich der klagende Arbeitnehmer über die § 67 Abs. 3, 2. HS, 2. Alt., Abs. 4 Satz 2, 3. Alt. ArbGG exkulpieren, wenn er von der Tatsache der Betriebsveräußerung bisher nichts wusste. Dasselbe gilt, wenn die tatsächlichen Umstände der Betriebsveräußerung unstreitig sind, denn solche Tatsachen in den Prozess einzubringen, führt zu keinen Verzögerungen.[651]

IV. Folgen eines gewillkürten Parteiwechsels

Erklärt der Arbeitnehmer den Parteiwechsel, endet eine zuvor ipso iure in der Person des Betriebsveräußerers eingetretene Prozessstandschaft.[652] Infolge seiner Zustimmung zum Parteiwechsel scheidet der Betriebsveräußerer aus dem Verfahren aus.

1. Umfang der Bindungswirkung

Der Betriebserwerber wird sodann neue Partei; er ist sowohl an die Prozesshandlungen des Betriebsveräußerers als auch an die bisherigen Prozessergebnisse gebunden. Die Bindungswirkung bezieht sich dabei auf denjenigen Verfahrensstand, wie er im Zeitpunkt der Parteiwechselerklärung besteht. Wann materiell die Leitungsmacht über den Betrieb vom Betriebserwerber übernommen wurde, ist hingegen ohne Belang. Im Zeitraum zwischen der materiell-rechtlichen Rechtsnachfolge nach § 613a BGB und der

---

649 Explizit ErfK/*Koch*, § 67 ArbGG Rn. 1/2, 9. Nach überwiegender Ansicht verdrängt § 67 ArbGG i.V.m. § 64 Abs. 6 ZPO als großzügigeres lex specialis bzgl. der Zulassung neuen Sachvortrags die §§ 530, 531 ZPO, *Schwab*/Weth, ArbGG, § 67 Rn. 2; für die Verdrängung von § 531 Abs. 2 ZPO, BAG vom 25.01.2005 – 9 AZR 44/04 – AP Nr. 22 zu § 1 AEntG [zu A.II.2.b) der Gründe]; für eine Verdrängung von § 531 ZPO insgesamt, BAG vom 15.02.2005 - 9 AZN 892/04 – NJW 2005, 1452, 1453.

650 Die Rspr. hat sich einer Stellungnahme zur Frage, ob § 533 ZPO auf den gewillkürten Parteiwechsel in zweiter Instanz anwendbar ist, bisher enthalten, vgl. BGH vom 07.05.2003 – XII ZB 191/2002 – NJW 2003, 2172, 2173 sowie vom 11.04.2006 - 9 AZN 892/05 – AP Nr. 1 zu § 533 ZPO [zu II.3.b) der Gründe]; vgl. auch Thomas/Putzo-*Reichold*, ZPO, § 531 Rn. 12. Ablehnend, Germelmann/*Germelmann*, ArbGG, § 67 Rn. 6, nach dessen Ansicht es im Übrigen bei der allgemeinen Prozessförderpflicht des § 56 ArbGG verbleibt.

651 BAG vom 25.01.2005 – 0 AZR 44/04 – AP Nr. 22 zu § 1 AEntG [zu A.II.2.b) der Gründe]; Lipke/*Breinlinger*, ArbGG, § 67 Rn. 14; Ostrowicz/Künzl/Schäfer, Arbeitsgerichtsprozess, Rn. 112; vgl. auch MüKo-ZPO/*Prütting*, § 296 Rn. 45.

652 Das muss auch dann gelten, wenn der Betriebsveräußerer seine Zustimmung zum Ausscheiden aus dem Prozess analog § 269 Abs. 1 ZPO verweigert und sodann neben dem Erwerber Partei bleibt. Denn die eigene Parteistellung des Betriebserwerbers, die er infolge seiner Einwechslung in das Verfahren erlangt, muss sinnlogisch die Prozessstandschaft des Betriebsveräußerers in demselben Verfahren verdrängen. Eine Streitgenossenschaft von Prozessstandschafter und der von ihm „vertretener Person" kommt nicht in Betracht.

Ausübung der Parteiwechselerklärung wird der Betriebsveräußerer zunächst als gesetzlicher Prozessstandschafter tätig. Dessen Prozesshandlungen ebenso wie die unter dem Betriebsveräußerer bis zur Parteiwechselerklärung gefundenen Prozessergebnisse wirken somit sowohl für und gegen den später eingewechselten Betriebserwerber wie auch für und gegen den Arbeitnehmer.

2. Kostenfragen

Soll § 613a BGB vermeiden, dass der Arbeitnehmer infolge des Betriebsübergangs benachteiligt wird, rückt im Falle des Parteiwechsels die Kostenfrage in den Blick. Grundsätzlich trifft die Kostenlast den den Parteiwechsel initiierenden Kläger, § 269 Abs. 3 Satz 2 ZPO.[653]

Es stellt sich somit die Frage, wie bei der Kostenentscheidung berücksichtigt werden kann, dass der Betriebsübergang und damit der Anlass für den Parteiwechsel von den Beklagten initiiert wurden. *Leipold* schlägt vor, auf § 91a ZPO zurückzugreifen.[654] Demzufolge sind die Kosten unter Berücksichtigung des aktuellen Prozesstands und der darauf beruhenden Erfolgsaussichten zu verteilen.

Das überzeugt lediglich im Ergebnis. Zwar ist *Leipold*, was seine Gesamtkonzeption zur prozessualen Behandlung des Betriebsübergangs anbelangt, durchaus konsequent. Nach seiner Ansicht sollen §§ 265 Abs. 2, 325 Abs. 1, 727 ZPO überhaupt nicht zur Anwendung kommen.[655] Auf der Grundlage eines solchen Verständnisses ließe sich eine Erledigung der Klage im Verhältnis zum Betriebsveräußerer durchaus annehmen, denn dessen Schuldnerstellung endet mit dem Betriebsübergang. In der Folge ist die Klage unbegründet. Folgt man demgegenüber der hier vertretenen Ansicht, greifen die §§ 265 Abs. 2, 325 Abs. 1, 727 ZPO, sollte der Parteiwechsel nicht erklärt werden. Eine Erledigung des Rechtsstreits liegt in diesem Falle fern.

Die Lösung über § 91a ZPO überzeugt dennoch vor der ratio des § 613a BGB. Und auch der Vergleich zu § 265 ZPO stützt diese Lösung. Denn auch hiernach hätte der Betriebsveräußerer bzw. der -erwerber nach Titelumschreibung die Kosten des Verfahrens zu tragen. Gegebenenfalls ließe sich auch an einen materiellen Kostenerstattungsanspruch[656] des klagenden Arbeitnehmers gegen den Betriebsveräußerer auf der Grundlage einer schuldhaften Verletzung der Unterrichtungspflicht denken.[657]

---

[653] Allerdings besteht auch im Falle der Klagerücknahme im erstinstanzlichen Arbeitsgerichtsprozess kein Anspruch auf Erstattung der außergerichtlichen Kosten, § 12a Abs. 1 ArbGG, vgl. Ostrowicz/Künzl/Schäfer, Arbeitsgerichtsprozess, Rn. 131.

[654] *Leipold*, Anm. zu BAG vom 15.12.1976 – 5 AZR 600/75 – AP Nr. 1 zu § 325 ZPO [zu 4.].

[655] *Leipold*, Anm. zu BAG vom 15.12.1976 – 5 AZR 600/75 – AP Nr. 1 zu § 325 ZPO [zu 4.].

[656] Vgl. zum prozessualen Einfluss des materiellen Kostenerstattungsanspruchs auf die Kostenentscheidung nach § 269 Abs. 3 Satz 2 ZPO, Zöller/*Greger*, ZPO, § 269 Rn. 18, 18c; MüKo-ZPO/*Becker-Eberhard*, § 269 Rn. 77.

[657] Zum Schadensersatz infolge fehlerhafter Unterrichtung, siehe oben unter 2. Kap., 2. Abschn., VII.4.

V. Erleichterter Parteiwechsel außerhalb des Anwendungsbereiches des § 265 ZPO

1. Einführung in die Problematik

Befürwortet man die analoge Anwendung der §§ 265 Abs. 2, 325 Abs. 1, 727 ZPO, und spricht deren Anwendbarkeit wiederum für eine Bindung des Betriebserwerbers im Rahmen eines gewillkürten Parteiwechsels, stellt sich die Frage, was außerhalb des Anwendungsbereichs der genannten Vorschriften im Hinblick auf die Voraussetzungen eines gewillkürten Parteiwechsels gilt.

Lässt man zunächst diejenige Fallgruppe, die Prozesse um Ansprüche i.S.v. § 613a Abs. 2 BGB erfasst, außen vor (hierzu gesondert unten im 6. Abschn.), stellt sich die angesprochene Problematik dann, wenn der Betriebsübergang – unerkannt – bereits vor Rechtshängigkeit stattgefunden hat. Die §§ 265 Abs. 2, 325 Abs. 1, 727 ZPO finden auf diese Konstellation keine Anwendung.[658] Entsprechend steht die gesetzlich angeordnete Rechtskrafterstreckung nach § 325 ZPO, zu der es nach der hier vertretenen Ansicht ohne Parteiwechsel kommen würde, nicht zur Verfügung, um die Bindung des Betriebserwerbers an den aktuellen Prozessstand zu rechtfertigen.

Beispielsfälle sind, dass der Arbeitnehmer zunächst gegen den Betriebsveräußerer als vermeintlichen Arbeitgeber vorgeht, etwa weil er keine Kenntnis vom bereits erfolgten Betriebsübergang hatte bzw. § 613a BGB nicht für einschlägig hielt. Oder der Arbeitnehmer glaubt irrigerweise, dem veräußerten Teilbetrieb nicht anzugehören. Erkennt der Arbeitnehmer dies noch während des laufenden Verfahrens, würde ihm in dieser Lage ein Parteiwechsel auf den Betriebserwerber helfen. In der Folge stellt sich die Frage, ob auch in dieser Konstellation Erleichterungen für den gewillkürten Parteiwechsel, der grundsätzlich zulässig ist, in Betracht kommen.

2. Bindungswirkung über § 613a Abs. 1 Satz 1 BGB unmittelbar

Die Bindungswirkung bzgl. des Verfahrensstands gegenüber dem Betriebserwerber lässt sich in einer solchen Konstellation nicht auf § 325 ZPO stützen, da dessen Anwendungsbereich nicht eröffnet ist. Als Rechtfertigung für eine Bindung kommt demnach allein § 613a Abs. 1 Satz 1 BGB selbst in Betracht.[659] Es fragt sich, ob dessen materiell-rechtliche Wirkung zugleich den vollständigen Eintritt in den Prozesstand in dieser Konstellation zu bewirken vermag.

a. Keine Fehlerkorrektur über § 613a BGB

Dabei ist vorliegend die besondere Ausgangslage zu berücksichtigen. Unabhängig davon, ob der Arbeitnehmer schuldlos davon ausgehen durfte, mit dem Betriebsveräußerer seinen aktuellen Arbeitgeber zu verklagen, richtet sich seine Klage gegen den fal-

---

[658] MüKo-BGB/*Müller-Glöge*, § 613a BGB Rn. 215; KR/*Pfeiffer*, § 613a BGB Rn. 209; D/L/W-*Stichler*, Handbuch ArbR, Kap. L Rn. 26; Moll/*Boewer*, Anwaltshandbuch ArbR, § 45 Rn. 93; *Bauer/von Steinau-Steinrück*, in: Hölters (Hrsg.), Unternehmenskauf, Teil VI Rn. 381.

[659] Zu dessen materiell-rechtlicher Rechtskraftwirkung, siehe oben unter C.I., E.

schen Klagegegner. Denn die Sachlegitimation kam von Anfang an ausschließlich dem Betriebserwerber zu. Demzufolge würde die Zulassung eines vereinfachten gewillkürten Parteiwechsels in dieser Konstellation dazu dienen, diesen Fehler zu berichtigen.[660] Die Möglichkeit einer derart nachträglichen Fehlerkorrektur im Prozess entspricht jedoch nicht dem Sinn und Zweck des § 613a BGB. Dieser dient der Absicherung des status quo des Arbeitnehmers und zwar bezogen auf den Zeitpunkt des Betriebsübergangs. Selbst wenn ihm die Aufgabe zukommt, Informationsdefizite auf Arbeitnehmerseite auszugleichen, bedarf gerade die Zurechnung von Rechtshandlungen, die zeitlich nach dem Betriebsübergang im Verhältnis zum Veräußerer geschehen, besonderer Rechtfertigung. Im prozessualen Bereich geschieht dies über die Analogie zu den §§ 265 Abs. 2, 325 Abs. 1, 727 ZPO. Deren Regelungssystem trägt aber gerade der Ausgangslage Rechnung, dass zunächst die prozessual richtige Partei verklagt wurde.[661]

b. Auf den Betriebsübergangszeitpunkt beschränkte Bindungswirkung

Eine Bindung über § 613a BGB in diesen Konstellationen abzulehnen, geht dabei auch konform mit denjenigen Literaturstimmen, die § 613a BGB im Grundsatz sehr wohl heranziehen, um eine der Rechtskraft ähnliche Bindungswirkung gegenüber dem Betriebserwerber zu begründen. Hierzu ist erforderlich, sich den zeitlichen Bezugspunkt zu vergegenwärtigen, bezogen auf den § 613a BGB eine prozessuale Bindungswirkung herbeiführt. Er spiegelt sich im Grundgedanken der Norm wider, den neuen Betriebsinhaber in die Rechtslage hineinzuversetzen, wie sie sich zum Zeitpunkt des Betriebsübergangs darstellt. Konsequenterweise muss dies auch für die prozessrechtliche Situation gelten.[662] So man § 613a Abs. 1 Satz 1 BGB prozessuale Bindungswirkung zuerkennt, kann sie sich demnach ausschließlich auf diejenige prozessuale Situation beziehen, wie sie aktuell im Zeitpunkt des Wechsels der Leitungsmacht besteht. Eine über diesen Zeitpunkt hinausgehende Bindung des Betriebserwerbers vermag demgemäß auch der Rückgriff auf die materielle Vorschrift nicht zu stützen.

Demzufolge kann die materiell-rechtliche Rechtsnachfolge des § 613a BGB in dieser Konstellation weder den Verzicht auf die Zustimmung des Betriebserwerbers noch dessen Bindung an den Prozessstand rechtfertigen.[663] Es bleibt dem Arbeitnehmer mithin allein die Möglichkeit zu versuchen, die Zustimmung der Veräußerungsparteien zu einem gewillkürten Parteiwechsel zu erlangen, oder eine neue Klage gegen den Betriebserwerber zu erheben. Eventuelle Schäden kann er ggf. aufgrund Verletzung der Unterrichtungspflicht über § 280 Abs. 1 BGB i.V.m. § 613 a Abs. 5 BGB geltend machen.[664]

---

660 Vgl. zum Zweck des gewillkürten Parteiwechsels im Allgemeinen, Stein/Jonas-*H. Roth*, ZPO, § 263 Rn. 40; *Jauernig*, Zivilprozessrecht, § 86 II (S. 278).

661 Siehe hierzu oben unter B.I. ff., V.

662 *Zeuner*, FS für Schwab, 1990, 575, 591 im Kontext mit dem vereinfacht gewillkürten Parteiwechsel; vgl. auch MüKo-ZPO/*Gottwald*, § 325 Rn. 14, nach dessen Ansicht der Gegenstand aufgrund der Rechtsnachfolge gleichsam mit dem Prozessergebnis belastet erworben wird.

663 Siehe hierzu oben F.II.1. sowie 6. Abschn., A.V.2.

664 Hierzu oben unter 2. Kap., 2. Abschn., A.4.

VI. Ergebnis für den gewillkürten Parteiwechsel

Im Ergebnis steht dem klagenden Arbeitnehmer somit alternativ zur Regelungsautomatik des § 265 Abs. 2 ZPO offen, einen gewillkürten Parteiwechsel zu bewerkstelligen. Ihm steht mithin ein Wahlrecht zu, entweder den Prozess gegen den Betriebsveräußerer als Prozessstandschafter fortzuführen oder einen im Hinblick auf die Prozessergebnisse bindenden Parteiwechsel auf den Betriebserwerber vorzunehmen.

Die Zustimmungsverweigerung von Seiten des Betriebserwerbers ist angesichts der ratio des § 613a BGB sowie des Rechtsgedankens des § 325 ZPO als rechtsmissbräuchlich anzusehen, jedenfalls entbehrlich. Denn die innerprozessuale Bindung an den aktuellen Verfahrensstand stellt gegenüber der Rechtskrafterstreckung des § 325 ZPO, die ohne den Parteiwechsel einträte, ein „Weniger" dar. In der Folge ist die Verweigerung der Zustimmung unbeachtlich.

Stimmt der Betriebsveräußerer zu, wird er aus dem Prozess entlassen. Die Kostenentscheidung erfolgt analog § 91a ZPO. Ist sich der Arbeitnehmer der Zustimmung des Betriebsveräußerers unsicher, empfiehlt es sich, den Parteiwechsel erst dann gegenüber dem Betriebserwerber zu erklären, wenn die Einwilligung des Veräußerers eingeholt ist. Auf diese Weise kann der Arbeitnehmer das Risiko einer Klageabweisung infolge Zustimmungsverweigerung ausschließen.

Im Übrigen wird ein gewillkürter Parteiwechsel nur in denjenigen Konstellationen für den Arbeitnehmer von Interesse sein, in denen er sich bei der rechtlichen Beurteilung des § 613a BGB relativ sicher ist.[665]

G. Ergebnis für Klagen um unvertretbare Ansprüche

Stehen bzw. standen betriebsbezogene Ansprüche in Streit, rechtfertigt die Interessenlage infolge des Betriebsübergangs eine umfassende Analogie zu den §§ 265, 325, 727, 731 ZPO. Ihr System wird dem Regelungsbedürfnis angesichts des Grundgedanken des § 613a BGB, den status quo der Arbeitnehmer vollumfänglich zu schützen, auf prozessualer Ebene am weitesten gerecht.

Das hat zur Folge, dass sowohl im Falle des innerprozessualen Betriebsübergangs als auch des Betriebsübergangs nach Rechtskrafteintritt das gegen den (späteren) Betriebsveräußerer erlassene Urteil auch für und gegen den Betriebserwerber wirkt. § 727 ZPO eröffnet zugleich die Möglichkeit, den Titel zum Zwecke der Vollstreckung gegen den Erwerber auf diesen umzuschreiben. In der Regel wird hierfür eine Klauselerteilungsklage nach § 731 ZPO notwendig, in deren Rahmen das Gericht über die Betriebsübergangsvoraussetzungen zu befinden hat. Findet der Betriebsübergang während des rechtshängigen Verfahrens statt, tritt der Automatismus des § 265 ZPO in Kraft, aufgrund dessen der Betriebsveräußerer das Verfahren in gesetzlicher Prozessstandschaft mit Wirkung gegenüber dem Betriebserwerber fortführt.

Alternativ hierzu steht es dem Arbeitnehmer frei, initiativ einen gewillkürten Parteiwechsel zu betreiben. Dieser ist unter erleichterten Bedingungen zulässig. Infolge eines a maiore ad minus-Schlusses zu § 325 ZPO kann sich der Betriebserwerber we-

---

[665] Relative Gewissheit über die Einschätzung des Gerichts wäre jedenfalls dann gegeben, wenn das Gericht zuvor einen entsprechenden Hinweis aussprechen würde.

der seiner Einwechslung in den Prozess noch seiner Bindung an den bisherigen Prozessstand verweigern. Für das Ausscheiden des Betriebsveräußerers aus dem Prozess bedarf es jedoch dessen Zustimmung analog § 269 Abs. 1 ZPO. Erteilt er sie, ergeht Kostenentscheidung analog § 91a ZPO. Andernfalls verbleibt er im Verfahren, was es aus Sicht des Arbeitnehmers zu verhindern gilt. Zu diesem Zweck kann der Arbeitnehmer zunächst die Zustimmung des Betriebsveräußerers einholen, bevor er dem Erwerber den Parteiwechsel erklärt.

Ein Parteiwechsel ist auch dann probates Instrument, wenn der Betriebsübergang unbemerkt bereits vor Klageerhebung stattgefunden und der Arbeitnehmer daher mit dem Betriebsveräußerer den Falschen verklagt hat. Die §§ 265 Abs. 2, 325 Abs. 1, 727 ZPO greifen in diesem Fall nicht. Das bedeutet allerdings auch, dass die erleichterten Bedingungen eines Parteiwechsels in diesem Fall nicht zur Anwendung kommen. Auch über § 613a BGB lässt sich ein Zustimmungsverzicht nicht begründen, da dessen Rechtsfolgewirkungen auf den Zeitpunkt des Betriebsübergangs beschränkt sind.

H. Aktivprozesse des Arbeitgebers

In konsequenter Fortführung der hier vertretenen Ansicht sind die §§ 265, 325, 727, 731 ZPO ebenfalls analog auf Aktivprozesse des Betriebsveräußerers anzuwenden.[666] Einer Differenzierung nach vertretbaren und unvertretbaren Ansprüchen bedarf es insoweit nicht. Denn die Gläubigerstellung bzgl. sämtlicher Pflichten des Arbeitnehmers aus dem Arbeitsverhältnis geht nach § 613a BGB auf den Betriebserwerber über. In der Folge findet in sämtlichen Konstellationen, in denen es während eines Verfahrens des ursprünglichen Arbeitgebers gegen den Arbeitnehmer zu einem Betriebsübergang kommt, ein Wechsel in der Aktivlegitimation statt.

---

[666] Ebenso *Zeuner*, FS für Schwab, 1990, 575, 578 f., 593; wohl auch AR-Blattei SD (*Hergenröder*), 500.1 Rn. 1200.

6. Abschnitt: Prozesse um Ansprüche i.S.v. § 613a Abs. 2 BGB

Wie bereits ausführlich dargestellt, ist die materielle Rechtslage und daraus folgend die prozessrechtliche Ausgangslage eine gänzlich andere, wenn Ansprüche im Raum stehen, die § 613a Abs. 2 BGB unterfallen.[667] Hierbei handelt es sich vornehmlich um Ansprüche auf Geldleistung, für die die Veräußerungsparteien nunmehr als Gesamtschuldner haften.

Auch diesbezüglich stellen sich die oben aufgeworfenen Fragen, wem die Passivlegitimation zukommt, wie auf einen Betriebsübergang während eines schwebenden Verfahrens zu reagieren ist und inwiefern ein bereits rechtskräftiges Urteil gegenüber dem Betriebsnachfolger wirkt. Bei deren Beantwortung ist die besondere materiellrechtliche Entwicklung der Schuldnerstellung zu berücksichtigen. Es verbietet sich daher, unbesehen auf die Lösung zu verweisen, die für rein betriebsbezogene Ansprüche entwickelt wurde.

Wie bereits erwähnt, beschränken die Vertreter der Analogie zu den §§ 239, 242 ZPO deren Anwendung auf Rechtsstreitigkeiten bzgl. rein betriebsbezogener Ansprüche.[668] Ob sie sich anstatt dessen auf die Analogie zu den §§ 265 Abs. 2, 325 Abs. 1, 727 ZPO stützen wollen, kommt in den generellen Ausführungen nicht klar zum Ausdruck.[669] Auch diejenigen Stimmen, die eine rechtskraftähnliche Bindungswirkung des Prozesses gegenüber dem Betriebserwerber unmittelbar auf § 613a BGB stützen, umreißen den Anwendungsbereich nicht eindeutig.[670] Darüber hinaus sprechen sich wiederum andere für die Möglichkeit eines vereinfachten gewillkürten Parteiwechsels bzw. eines in dieser Konstellation relevanteren Parteibeitritts aus.

A. Behandlung eines innerprozessualen Betriebsübergangs

I. Ablehnung der Lösung über einen gesetzlichen Parteiwechsel

Die Lösung der prozessualen Problematik über die Annahme eines gesetzlichen Parteiwechsels macht im Falle eines innerprozessualen Betriebsübergangs wenig Sinn, vergegenwärtigt man sich die materiell-rechtliche Situation. Angesichts der fortbestehenden Haftung des Veräußerers und infolge dessen der parallelen Schuldnerstellung beider Veräußerungsparteien unter den Voraussetzungen des § 613a Abs. 2 BGB ist es wenig einsichtig, den Betriebsveräußerer als ursprüngliche Partei automatisch aus dem

---

[667] Hierzu oben 2. Kap., 2. Abschn., B.III.3. sowie Kap.3, 2. Abschn., F.IV. Vgl. auch RGRK-*Ascheid*, § 613a BGB Rn. 301.

[668] Siehe hierzu oben 5. Abschn., C.II.

[669] Nicht explizit zwischen rein betriebsbezogenen Ansprüchen und solchen i.S.v. § 613a Abs. 2 BGB differenzierend, AR-Blattei SD (*Hergenröder*), 500.1 Rn. 1192 ff.; KDZ-Däubler/Zwanziger, § 613a Rn. 155; MünchArbRHb/*Wank*, § 124 Rn. 111; *Bauer/von Steinau-Steinrück*, in: Hölters (Hrsg.), Unternehmenskauf, Teil VI Rn. 390; unklar auch KR/*Pfeiffer*, § 613a BGB Rn. 206, 209, der im Kontext von § 613a Abs. 2 BGB den § 265 Abs. 2 ZPO erwähnt.

[670] KDZ-*Däubler/Zwanziger*, § 613a BGB Rn. 156, spricht von einer materiellen Bindung „in anderen Fällen", wobei er in Rn. 155 die Analogie zu § 325 ZPO für Zahlungsklagen generell befürwortet; siehe auch RGRK-*Ascheid*, § 613a BGB Rn. 290, 291, 305; ErfK/*Preis*, § 613a BGB Rn. 180.

Prozess zu entlassen, wie es nach §§ 239, 242 ZPO der Fall wäre.[671] Er bleibt Schuldner des eingeklagten Anspruchs und damit passivlegitimiert mit der Folge, dass ein gegen ihn ergehender Titel der materiellen Rechtslage entspricht.

Ein von Gesetzes wegen angeordneter Parteiwechsel scheidet zudem mangels Schutzwürdigkeit des Arbeitnehmers, dem infolge des Arbeitgeberwechsels der Schuldner und damit Passivlegitimierte gerade nicht genommen wird, aus. Vor diesem Hintergrund muss es in der Entscheidungsmacht des Arbeitnehmers liegen, ob er nach wie vor gegen seinen ursprünglichen Arbeitgeber oder nunmehr nach Betriebsübergang gegen den Erwerber vorgehen will.

II. Analoge Anwendbarkeit der §§ 265 u.a. ZPO

Die Interessenlage und daraus folgend der Blickwinkel der Fragestellung, wie die Rechtslage bezogen auf Ansprüche nach § 613a Abs. 2 BGB prozessual zu handhaben ist, verschiebt sich somit. Aus Sicht des Arbeitnehmers geht es darum, auf welche Weise er eine vollstreckbare Entscheidung neben dem Betriebsveräußerer auch gegenüber dem Betriebserwerber herbeiführen kann.

Es stellt sich daher die Frage, ob eine analoge Anwendung der §§ 265 Abs. 2, 325 Abs. 1, 727 ZPO auch in dieser Konstellation einen sinnvollen Weg darstellen kann.

1. Andeutung des BAG in seiner Entscheidung vom 15.12.1976 und ihre Interpretation

Das BAG hat zur Frage, wie Prozesse um Ansprüche i.S.v. § 613a Abs. 2 BGB infolge des Betriebsübergangs zu behandeln sind, bisher nicht explizit Stellung genommen. Die Grundsatzentscheidung des BAG vom 15.12.1976[672] enthält lediglich eine Andeutung. Sie bleibt in ihrem Aussagegehalt jedoch unklar, was die Reichweite der Analogie zu den §§ 265 Abs. 2, 325 Abs. 1, 727 ZPO in dieser Konstellation anbelangt.[673] Im ersten Leitsatz der Entscheidung heißt es vor dem Hintergrund der befürworteten Analogie zu den §§ 265 u.a. ZPO:

> *„Geht nach Rechtshängigkeit eines gegen den Arbeitgeber gerichteten Anspruchs der Betrieb nach § 613a Abs. 1 BGB auf einen neuen Arbeitgeber über, kann der Arbeitnehmer den Rechtsstreit gegen den alten Arbeitgeber auch dann fortsetzen, wenn der Anspruch nur durch den neuen Arbeitgeber zu erfüllen ist.“*[674]

---

[671] Vgl. BGH vom 06.12.2000 – XII ZR 219/98 – NJW 2001, 1217, 1218; *Leipold*, Anm. zu BAG vom 15.12.1976 – 5 AZR 600/75 – AP Nr. 1 zu § 325 ZPO [zu 4. der Ausführungen]; *Zeuner*, FS für Schwab, 1990, S. 575, 590; i.E. ebenso ArbRBGB-*Ascheid*, § 613a Rn.

[672] Az. 5 AZR 600/75 - AP Nr. 1 zu § 325 ZPO, Darstellung oben 5. Abschn., A.

[673] So auch die Bewertung der Entscheidung von *Zeuner*, FS für Schwab, 1990, 575, 584.

[674] BAG vom 15.12.1976 – 5 AZR 600/75 – AP Nr. 1 zu § 325 ZPO [LS 1].

Aus der Formulierung „*auch*" könnte zunächst der Schluss gezogen werden, das BAG wolle den Weg über die gesetzliche Prozessstandschaft *auch* für vertretbare Ansprüche i.S.v. § 613a Abs. 2 öffnen.

Ein solches Verständnis des Leitsatzes ist jedoch nicht zwingend, vom inhaltlichen wie sprachlichen Kontext her sogar wenig überzeugend. So betont das BAG m.E. hiermit lediglich, dass der Arbeitnehmer nicht nur Ansprüche i.S.v. § 613a Abs. 2 BGB wegen der fortdauernden Schuldnerschaft des Veräußerers, sondern über die Figur der gesetzlichen Prozessstandschaft gerade auch unvertretbare Ansprüche weiterhin prozessual gegenüber dem Betriebsveräußerer verfolgen kann. Die vergleichende Aussage des BAG bezieht sich demzufolge allein auf die Möglichkeit, Ansprüche gegenüber dem Veräußerer weiterzuverfolgen.[675]

2. Rechtsfolgenproblematik der analogen Anwendung der §§ 265 u.a. ZPO

Diejenigen Stimmen, die eine analoge Anwendung der §§ 265 Abs. 2, 325 Abs. 1, 727 ZPO auch im Falle vertretbarer Ansprüche zu befürworten scheinen,[676] enthalten sich allerdings einer Aussage dazu, welche Rechtsfolgen die Analogie in der Konstellation des § 613a Abs. 2 BGB für das konkrete Prozessgeschehen nach sich zieht. So bleibt unklar, in welcher Funktion der Betriebsveräußerer ab dem Zeitpunkt des materiellen Vertragspartnerwechsels im Verfahren steht: als gesetzlicher Prozessstandschafter, als persönlicher Schuldner über § 613a Abs. 2 BGB oder in beiden Funktionen.

Zugleich entspricht das gegenüber dem Betriebsveräußerer ergehende Urteil der materiellen Rechtslage. Denn der Betriebsveräußerer als im Urteil benannter Beklagter schuldet den streitgegenständlichen Anspruch nach wie vor. Würde der Arbeitnehmer aus dem Urteil die Vollstreckung gegen den Betriebsveräußerer einleiten, müsste das Gericht sonach eine vom Betriebsveräußerer hiergegen erhobene und auf den Arbeitgeberwechsel gestützte Vollstreckungsgegenklage nach § 767 ZPO abweisen. In der Folge stellt sich die Frage, ob der Arbeitnehmer wahlweise den Titel nach §§ 325, 727, 731 ZPO auf den Rechtsnachfolger umschreiben lassen kann. Ein solches Wahlrecht überzeugt vor dem Sinn und Zweck der §§ 265 u.a. ZPO nicht. Damit ergibt sich bereits kein klares Bild, wie § 265 ZPO auf diese Konstellation umzusetzen wäre.

3. Vorliegen einer kumulativen Schuldübernahme

Vor dem Hintergrund dieser Rechtsfolgenproblematik spricht sich denn auch die Gegenansicht mit dem Hinweis auf die gesamtschuldnerische Nachhaftung gemäß § 613a Abs. 2 BGB gegen eine Anwendung der Vorschriften über die Veräußerung der streitbefangenen Sache aus.[677]

---

675 Im Ergebnis ebenso ArbRBGB-*Ascheid*, § 613a Rn. 151; RGRK-*Ascheid*, § 613a BGB Rn. 301, nach dessen Ansicht in der soeben dargestellten Entscheidung unausgesprochen zwischen vertretbaren und unvertretbaren Ansprüchen differenziert werde mit der Folge, dass eine *„unkritische Übertragung auf andere Fallvarianten ... bedenklich"* sei.

676 Vgl. die teilweise undifferenzierten Stellungnahmen der in Fn. 475 genannten Literaturstimmen.

677 RGRK-*Ascheid*, § 613a BGB Rn. 291; Küttner/*Kreitner*, Personalbuch, Betriebsübergang Rn. 89; *Zeuner*, FS für Schwab, 1990, S. 575, 579; AR-Blattei SD (*Hergenröder*), 500.1, Rn. 1255 für die Analogie zu § 325 ZPO.

Sie stützt sich dabei auf die herrschende Ansicht, wonach der Tatbestand des § 265 ZPO eine Schuldbefreiung des ursprünglich Beklagten im Hinblick auf den Streitgegenstand voraussetzt.[678] Denn bleibe die ursprüngliche Partei trotz der Veräußerung materiell-rechtlich verpflichtet, fehle es an einem „Rechtsübergang im weitesten Sinne".[679] Komme es auf materieller Ebene zu einer kumulativen Schuldübernahme, so finde ein Wechsel bzgl. der Sachlegitimation als rechtfertigendem Charakteristikum der §§ 265 Abs. 2, 325 Abs. 1, 727 ZPO gerade nicht statt.[680] Dies ist für die gesetzlich angeordneten Schuldbeitrittsfällen, wie §§ 419 Abs. 1 BGB a.F.[681], 2382 Abs. 1 BGB und § 25 Abs. 1 HGB sie vorsehen, anerkannt.[682]

Nach weit verbreiteter Ansicht ist die Rechtslage infolge von § 613a Abs. 2 BGB diesen Schuldbeitrittsfällen gleichzustellen.[683] Angesichts der fortbestehenden Schuldnerstellung und der daraus folgenden Passivlegitimation liege eine die Anwendung des § 265 ZPO rechtfertigende Ausgangssituation ebenfalls nicht vor.[684] Vielmehr könne der Arbeitnehmer, ohne hierdurch benachteiligt zu sein, gegen seinen bisherigen Arbeitgeber weiter prozessieren. Dementsprechend fehle es an der Schutzbedürftigkeit des Arbeitnehmers im Lichte der §§ 265 u.a. ZPO.[685]

Dieser Ansicht zufolge richtet sich die Klage, ohne dass § 265 ZPO greifen würde, weiterhin gegen den Betriebsveräußerer als persönlichen Schuldner. In der Folge wird

---

678 BGH vom 20.02.1968 – 2 U 140/68 – NJW 1969, 1493, 1494; vom 06.12.2000 – XII ZR 219/98 – NJW 2001, 1217, 1218; Baumbach/Lauterbach/Albers/*Hartmann*, ZPO, § 265 Rn. 12; MüKo-ZPO/*Becker-Eberhard*, § 265 Rn. 57 mwN; Musielak/*Foerste*, ZPO, § 265 Rn. 6; Thomas/Putzo-*Reichold*, ZPO, § 265 Rn. 10.

679 MüKo-ZPO/*Becker-Eberhard*, § 265 Rn. 57; Küttner/*Kreitner*, Personalbuch, Betriebsübergang Rn. 89 spricht im Rahmen von § 613a Abs. 2 BGB von fehlender Rechtsnachfolge angesichts der gesamtschuldnerischen Haftung.

680 H.M., vgl. BGH vom 20.02.1968 – 2 U 140/68 – NJW 1969, 1493, 1494; vom 08.05.1989 – II ZR 237/88 – ZIP 1989, 1193, 1195; vom 06.12.2000 – XII ZR 219/98 – NJW 2001, 1217, 1218; Baumbach/Lauterbach/Albers/*Hartmann*, ZPO, § 265 Rn. 12; MüKo-ZPO/*Becker-Eberhard*, § 265 Rn. 57 mwN; Musielak/*Foerste*, ZPO, § 265 Rn. 6; Thomas/Putzo-*Reichold*, ZPO, § 265 Rn. 10; *Zeuner*, FS für Schwab, 1990, S. 575, 579 f.; *Kreitner* FA 1998, 2, 4.

681 Aufgehoben m.W.v. 01.01.1999; er lautete: „(1) Übernimmt jemand durch Vertrag das Vermögen eines anderen, so können dessen Gläubiger, unbeschadet der Fortdauer der Haftung des bisherigen Schuldners, von dem Abschlusse des Vertrags an ihre zu dieser Zeit bestehenden Ansprüche auch gegen den Übernehmer geltend machen." Die Vermögensübernahme ist nunmehr geregelt in §§ 174 ff. UmwG.

682 Zu § 419 BGB a.F., BGH vom 18.12.1956 – VIII ZR 26/56 – NJW 1957, 420; vom 20.02.1968 – 2 U 140/68 – NJW 1969, 1493; OLG Stuttgart vom 20.12.1968 – 2 U 140/68 – NJW 1969, 1493, 1494; für die übrigen genannten Normen, vgl. MüKo-ZPO/*Becker-Eberhard*, § 265 Rn 57 mwN; zur Situation im Falle der Abspaltung von Unternehmen nach § 131 Nr. 1 UmwG, *Bork/Jacoby* ZHR 167 (2003), 440, 451.

683 Küttner/*Kreitner*, Personalbuch, Betriebsübergang Rn. 93; *ders.* FA 1998, 2, 4; *Schilken*, Veränderung der Passivlegitimation, S. 44; *Zeuner*, FS für Schwab, 1990, S. 575, 580, vgl. auch RGRK-*Ascheid*, § 613a BGB Rn. 291, 303.

684 AR-Blattei SD (*Hergenröder*), 500.1 Rn. 1255; Küttner/*Kreitner*, Personalbuch, Betriebsübergang Rn. 89; Musielak/*Foerste*, ZPO, § 265 Rn. 6; *Schilken*, Veränderung der Passivlegitimation, S. 44; ebenso für die Situation im Falle der Abspaltung von Unternehmen nach § 131 Nr. 1 UmwG, *Bork/Jacoby* ZHR 167 (2003), 440, 451.

685 *Schilken*, Veränderung der Passivlegitimation, S. 44; *Zeuner*, FS für Schwab, 1990, S. 575, 580.

das Gericht in der Regel die Beurteilung der Betriebsübergangsvoraussetzungen dahingestellt sein lassen und seine Entscheidung damit begründen, der einmal entstandene Anspruch gegen den Betriebsveräußerer bestehe jedenfalls über § 613a Abs. 2 BGB fort. So die Klage nicht auf künftige, sondern im Zeitpunkt der Klageerhebung bereits entstandene und fällige Ansprüche gerichtet ist – wie regelmäßig der Fall –, werden die zeitbezogenen Haftungserleichterungen des § 613a Abs. 2 Satz 1, 2 BGB ebenfalls keine Rolle spielen.

Offen bleibt die Möglichkeit, einen gewillkürten Parteiwechsel/-beizug oder ein gesondertes Verfahren von Seiten des Arbeitnehmers gegen den Betriebserwerber anzustrengen.[686]

4. Stellungnahme

Dreh- und Angelpunkt der aufgeworfenen Problematik ist auf erster Stufe die Frage, ob die Anwendbarkeit des § 265 ZPO, wie überwiegend gefordert, tatsächlich eine Schuldbefreiung voraussetzt. Ist dies der Fall, wird auf einer zweiten Stufe zu klären sein, ob der Betriebsübergang eine solche Schuldbefreiung nach sich zieht.

a. Unklare Rechtsfolgewirkungen

Zuvörderst stellt sich die Frage, wie die Rechtsfolgenanordnung des § 265 ZPO auf die Konstellation nach § 613a Abs. 2 BGB umzusetzen wäre.

Denkbar wäre der Weg, dem klagenden Arbeitnehmer über die analoge Anwendung des § 265 ZPO die Wahl zu lassen, den Prozess gegen den Betriebsveräußerer entweder in der Funktion als gesetzlicher Prozessstandschafter mit Wirkung gegen den Betriebserwerber, §§ 325, 727, 731 ZPO, oder in der Rolle des persönlichen Schuldners weiter zu führen. Im ersten Falle würde sich der Arbeitnehmer auf die originäre Schuldnerschaft des Arbeitgebers, im zweiten Falle auf die Nachhaftung des Betriebsveräußerers berufen.

Ein solches Wahlrecht würde den unterschiedlichen materiell-rechtlichen Anspruchsgrundlagen jedoch eine zu wesentliche Bedeutung zuschreiben. Denn die Passivlegitimation ist hiervon unabhängig.[687] Zudem ließe man auf diese Weise zu, dass der Betriebsveräußerer in „Personalunion" – als gesetzlicher Prozessstandschafter und zugleich selbst Sachbefugter – vor Gericht auftritt. Eine solche Ämterhäufung, auf die der Arbeitnehmer nach seiner Wahl zugreifen kann, ist aus Gründen der Rechtsklarheit ausgeschlossen. Vielmehr muss bereits im Prozess die Funktion des Betriebsveräußerers klargestellt werden, um die Beteiligungsrechte des Rechtsnachfolgers nach § 265 Abs. 2 ZPO zu sichern und der beschränkten materiell-rechtlichen Verfügungsbefugnis des Prozessstandschafters über den Streitgegenstand Rechnung zu tragen.[688]

---

686 RGRK-*Ascheid*, § 613a BGB Rn. 304. Zum gewillkürten Parteiwechsel/-beizug, siehe unten unter V.

687 Sie hängt vom konkreten Streitgegenstand ab, der seinerseits von der materiellen Anspruchsgrundlage unabhängig ist, hierzu oben 3. Kap., 2. Abschn., F. sowie unten unter VI.4.

688 Sie wird relevant im Falle des Abschlusses eines Prozessvergleichs, hierzu unten 6. Kap.

b. Schuldbefreiung als Charakteristikum der §§ 265 u.a. ZPO

Die erste Frage ist angesichts des Schutzzwecks der §§ 265 Abs. 2, 325 Abs. 1, 727 ZPO zu bejahen. Denn Zweck dieser Normen ist es, die Partei eines rechtshängigen oder bereits abgeschlossenen Verfahrens vor einer Schlechterstellung zu bewahren, die ihr infolge Einzelrechtsnachfolge in die streitbefangenen Sache droht. Die Schutzwürdigkeit der von § 265 ZPO begünstigten Partei setzt immanent den Verlust der Passivlegitimation im Hinblick auf den Streitgegenstand voraus.[689]

Für ein solches Ergebnis spricht zudem die Sondervorschrift des § 729 ZPO. Diese lässt eine Titelumschreibung im Falle der Vermögensübernahme, die in der Regel mit einer Parallelhaftung von früherem Vermögensinhaber und neuem Vermögensinhaber einhergeht, explizit zu.[690] Daraus, dass der Gesetzgeber diese Konstellation gesondert regelt, lässt sich im Umkehrschluss entnehmen, dass § 727 ZPO und damit zusammenhängend die §§ 265, 325 ZPO auf eine kumulative Schuldübernahme im Übrigen keine Anwendung finden.[691]

Im Ergebnis setzt die Anwendung der §§ 265 u.a. ZPO somit der herrschenden Ansicht folgend einen wenigstens schuldbefreiungsähnlichen Vorgang voraus.

c. Schuldbefreiungsähnlicher Vorgang vor dem Hintergrund des § 613a Abs. 2 BGB

Vor diesem Hintergrund gilt es zu klären, ob sich in dem Zusammenspiel von § 613a Abs. 1 Satz 1 und Abs. 2 BGB tatsächlich ein schuldbefreiungsähnlicher Vorgang erblicken lässt. Denn die originäre Schuldnerstellung an sich geht auf den Betriebserwerber über; der Veräußerer wird hiervon befreit, wobei ihn unter den Voraussetzungen des § 613a Abs. 2 BGB zugleich die Nachhaftung trifft.

Trotz Auswechslung des Arbeitgebers aber führen die genannten Vorschriften im Ergebnis zu einer Gesamtschuldnerschaft der Veräußerungsparteien, sodass ohne weiteres eine Verdoppelung der Schuldnerstellungen eintritt. Denn abgesehen von der Haftungsschranke des § 613a Abs. 2 Satz 1, 2 BGB haftet der Veräußerer dem Arbeitnehmer gegenüber unverändert und kann von diesem voll in Anspruch genommen werden neben dem Betriebserwerber als neuem Arbeitgeber.[692] Vom Ergebnis her betrachtet fehlt es somit an einer Schuldbefreiung des Betriebsveräußerers; dessen Passivlegitimation besteht mithin fort.[693]

---

689 Ebenso BGH vom 18.12.1956 – VIII ZR 26/56 – NJW 1957, 420; OLG Stuttgart vom 20.12.1968 – 2 U 140/68 – NJW 1969, 1493, 1494; AR-Blattei SD (*Hergenröder*), 500.1 Rn. 1255; MüKo-ZPO/*Becker-Eberhard*, § 265 Rn. 42, 57; RGRK-*Ascheid*, § 613a BGB Rn. 301 f.; *Schilken*, Veränderung der Passivlegitimation, S. 44; *Zeuner*, FS für Schwab, 1990, 575, 579.

690 Vgl. § 419 BGB a.F., dazu oben unter 3. sowie Fn. 681, nunmehr nach UmwG.

691 MüKo-ZPO/*Becker-Eberhard*, § 265 Rn. 57; MüKo-ZPO/*Gottwald*, § 325 Rn. 37.

692 Siehe hierzu oben 2. Kap., 2. Abschn., B.III.3.

693 Ebenso RGRK-*Ascheid*, § 613a BGB Rn. 301 ff.; Stein/Jonas-*H. Roth*, ZPO, § 265 Rn. 15; *Zeuner*, FS für Schwab, 1990, S. 575, 579.

d. Kumulative Schuldübernahme – Vergleich mit §§ 419 Abs. 1 BGB a.F., 2382 Abs. 1 BGB, § 25 Abs. 1 HGB

Anders als in den Fällen der §§ 419 Abs. 1 BGB a.F., 2382 Abs. 1 BGB und § 25 Abs. 1 HGB erfasst der gesetzliche Schuldbeitritt nach § 613a Abs. 2 BGB allerdings nicht den Rechtsnachfolger, sondern den Betriebsveräußerer als Rechtsvorgänger. Nach § 613a Abs. 2 BGB ist es im Gegensatz hierzu der aus dem Schuldverhältnis entlassene Betriebsveräußerer, der der zunächst verlorenen Schuldnerstellung rückwirkend beitritt. Demgegenüber tritt im Rahmen der §§ 419 Abs. 1 BGB a.F., 2382 Abs. 1 BGB, § 25 Abs. 1 HGB der jeweilige Rechtsnachfolger – Vermögensübernehmer, Käufer beim Erbschaftskauf, Erwerber einer Handelsfirma – der Schuld bei, während der Rechtsvorgänger aus dem ursprünglichen Rechtsverhältnis zum Dritten verpflichtet bleibt. Der Schluss, dass es im Hinblick auf die letztgenannten Vorschriften an einem „Rechtsübergang im weitesten Sinne" fehlt, ist vor diesem Hintergrund berechtigt.

Im Gegensatz hierzu führt die gesetzliche Konstruktion beim Betriebsübergang aber durchaus zu einem Rechtsübergang, nämlich zum Wechsel in der Person des originär Verpflichteten aus dem Arbeitsverhältnis. Formal betrachtet ändert sich infolgedessen der Schuldgrund. Zunächst fußt die Verpflichtung des Veräußerers auf § 611 BGB i.V.m. dem Arbeitsvertrag, sodann auf § 613a Abs. 2 BGB als selbstständiger Rechtsgrundlage.[694]

Dieser Wechsel darf m.E. nicht überbewertet werden. Denn abgesehen davon, dass die zeitlichen Schranken des § 613a Abs. 2 Satz 1, 2 BGB zu beachten sind, ändert sich am Schuldgehalt im Hinblick auf den Betriebserwerber nichts; es wechselt lediglich die Anspruchsnorm, und zwar gerade mit dem Zweck, die ursprüngliche Schuldnerstellung bzgl. des Arbeitsverhältnisses als fortbestehend zu fingieren. So dient nach der Intention des Gesetzgebers der Nachhaftungstatbestand als notwendiges Korrektiv für die Entlassung des Betriebsveräußerers aus der Arbeitgeberfunktion mit dem Ziel, die Arbeitnehmer umfassend zu schützen. In der Folge will also das Gesetz gerade verhindern, obwohl das Arbeitsverhältnis auf den Erwerber übergeht, dass sich der frühere Arbeitgeber durch die Betriebsveräußerung seinen Verpflichtungen entzieht. Eine Schuldbefreiung ist gerade nicht intendiert.

In Anbetracht der hinzutretenden Schuldnerstellung des Betriebserwerbers liegt daher rechtlich gesehen – wenn auch konstruktiv auf andere Weise – ebenfalls eine gleichstufige Verpflichtung beider Veräußerungsparteien im Hinblick auf die streitbefangene Forderung vor. Im Ergebnis kommt es daher auch im Falle des Betriebsübergangs zu einer kumulativen Schuldübernahme.[695] Das spricht dafür, diese Konstellation den Fällen der Vermögensübernahme insoweit gleichzustellen.[696]

---

694 Siehe hierzu oben unter 2. Kap., 2. Abschn., B.III.2., 3.

695 Ebenso AR-Blattei SD (*Hergenröder*), 500.1 Rn. 1255; *Zeuner*, FS für Schwab, 1990, S. 575, 580; RGRK-*Ascheid*, § 613a BGB Rn. 305.

696 Ebenso *Zeuner*, FS für Schwab, 1990, S. 575, 580. Zur analogen Anwendbarkeit des § 729 ZPO, siehe unten unter IV.2.

e. Fortbestand der Passivlegitimation – Änderung des Streitgegenstands

Unabhängig von der materiell-rechtlichen Anspruchsgrundlage bleibt der Betriebsveräußerer inhaltlich besehen Schuldner des geltend gemachten Anspruchs. Hiermit korrespondiert prozessual, dass der Betriebsveräußerer auch nach Betriebsübergang passivlegitimiert bleibt.[697] Auf die konkrete materiell-rechtliche Anspruchsgrundlage kommt es prozessrechtlich nicht an.[698]

Dem steht nicht entgegen, dass die Umstände der Betriebsveräußerung, wenn sie nachträglich in das Verfahren eingebracht werden, ggf. eine Streitgegenstandsänderung herbeiführen.[699] Ist das der Fall, ist der Betriebsveräußerer aber auch hinsichtlich dieses neuen Streitgegenstands – neben dem Betriebserwerber – passivlegitimiert. Somit liegt selbst dann, wenn es zu einer Änderung des Streitgegenstands kommt, Sachbefugnis auf Seiten des Betriebsveräußerers vor.[700] Gerade der Verlust der Sachlegitimation auf Rechtsvorgängerseite begründet aber die Schutzbedürftigkeit des Klagegegners und damit die grundlegende Rechtfertigung für das System der Rechtskrafterstreckung gegenüber einem Dritten. Von dieser Wertung abzuweichen hieße, die Analogievoraussetzung der vergleichbaren Interessenlage zu missachten.[701]

5. Ergebnis

Im Ergebnis lässt sich in der Situation vertretbarer Ansprüche eine ipso iure eintretende Prozessstandschaft des Betriebsveräußerers weder mit der ratio des § 613a BGB noch mit den Interessen des Arbeitnehmers rechtfertigen. Angesichts dessen, dass die Passivlegitimation des Betriebsveräußerers fortdauert, ist der Arbeitnehmer aus prozessualer Sicht nicht schutzbedürftig. Zudem sind die Rechtsfolgen des § 265 ZPO auf den Verlust der Sachlegitimation des Veräußerers ausgerichtet, passen sinnlogisch somit nicht auf die kumulative Schuldübernahme, wie § 613a Abs. 2 BGB sie zur Folge hat.

Vielmehr zwingt m.E. die Entwicklung der materiell-rechtlichen Lage dazu, es dem Arbeitnehmer freigestellt zu lassen, ob er weiterhin gegen den Betriebsveräußerer als Passivlegitimierten vorgeht oder den Betriebserwerber an dessen Stelle oder neben diesen in den Prozess hineinzieht. Als Mittel hierfür steht dem klagenden Arbeitnehmer offen, einen gewillkürten Parteiwechsel bzw. –beizug herbeizuführen. Alternativ kann der Arbeitnehmer ein gesondertes Verfahren gegen den Betriebserwerber anstrengen, wobei insoweit allerdings die Gefahr divergierender Entscheidungen besteht.[702]

---

697 ArbRBGB-*Ascheid*, § 613a Rn. 147, unklar im Hinblick auf die Anwendung von § 325 ZPO jedoch Rn. 152; ebenso RGRK-*Ascheid*, § 613a BGB Rn. 291, 303; MüKo-ZPO/*Becker-Eberhard*, § 265 Rn. 42; *Schilken*, Veränderung der Passivlegitimation, S. 44; *Zeuner*, FS für Schwab, 1990, S. 575, 580.

698 Zur Definition des Streitgegenstands siehe unten unter VI.4.

699 So aber wohl ArbRBGB-*Ascheid*, § 613a Rn. 147; RGRK-*Ascheid*, § 613a BGB Rn. 291.

700 Zur Frage, ob sich der Streitgegenstand ändert, siehe unten unter VI.

701 Ebenso *Zeuner*, FS für Schwab, 1990, S. 575, 579; *Schilken*, ,Veränderung der Passivlegitimation, S. 42 allgemein für die Fälle gesetzlichen Schuldbeitritts i.V.m. einer Vermögensübernahme.

702 Ebenso *Schilken*, Veränderung der Passivlegitimation, S. 44.

III. Rechtskrafterstreckung bzgl. eines gegenüber dem Veräußerer erlassenen Urteils

Fehlt es sonach im Hinblick auf Ansprüche nach § 613a Abs. 2 BGB an der notwendigen Rechtsnachfolge i.S.v. § 265 ZPO, ist auch der Tatbestand der Rechtskrafterstreckung nach § 325 Abs. 1 ZPO nicht erfüllt. Entsprechend ist dem Arbeitnehmer die Möglichkeit verwehrt, einen gegen den Betriebsveräußerer ergehenden Titel nach §§ 727, 731 ZPO auf den Betriebserwerber umschreiben zu lassen.[703] Denn die genannten Vorschriften stehen in systematischem Zusammenhang; sie bauen auf derselben „Rechtsnachfolge"-Definition auf.[704]

1. Materielle Rechtskraftwirkung über § 613a Abs. 1 Satz 1 BGB

Kommt also eine prozessuale Rechtskrafterstreckung nach §§ 265, 325 ZPO nicht in Betracht, stellt sich die Frage, ob das Urteil, das bereits vor dem Betriebsübergang rechtskräftig gegenüber dem Betriebsveräußerer ergangen ist oder im fortgeführten Verfahren gegen den Betriebsveräußerer ergeht, nicht auf andere Weise Wirkungen im Verhältnis Arbeitnehmer – Betriebserwerber entfaltet.

Dabei wird zu untersuchen sein, ob der obsiegende Arbeitnehmer sich auch im Verhältnis zum Betriebserwerber auf eine bereits rechtskräftige Feststellung des Anspruchs gegenüber dem Betriebsveräußerer berufen kann, bzw. ob der Betriebserwerber dem klagenden Arbeitnehmer ein abweisendes Urteil im Prozess mit dem Betriebsveräußerer entgegenhalten kann. Eine solche Wirkung befürworten einige Stimmen in der Lit. Sie stützen sich auf die gesetzliche Konstruktion des § 613a BGB, die ihrer Ansicht nach eine „Rechtskrafterstreckung kraft materiell-rechtlicher Abhängigkeit" begründet.[705]

Die h.M. erkennt eine solche Bindungswirkung in gewissen Sonderkonstellationen an, in denen das Rechtsverhältnis zu einem Dritten von dem Rechtsverhältnis zwischen den Parteien in materiell-rechtlicher Weise abhängig ist.[706] Im Detail besteht

---

703 *Zeuner*, FS für Schwab, 1990, 575, 580 f.

704 Hierzu oben unter 5. Abschn. B.I.

705 APS-*Ascheid*, 2. Aufl. 2004, § 4 KSchG Rn. 51, der Hinweis auf BAG vom 21.3.1991 - AP BGB § 615 Nr. 49 überzeugt jedoch nicht, da es insoweit um die materielle Zurechnung des Verzugs geht; ArbRBGB-*Ascheid*, § 613a Rn; RGRK-*Ascheid*, § 613a BGB Rn. 290 und insbesondere Rn. 305; KDZ-*Kittner/Zwanziger*, § 613a BGB Rn. 138, 156; ErfK/*Preis*, § 613a BGB Rn. 180; nicht ganz eindeutig MüKo-BGB/*Müller-Glöge*, § 613a BGB Rn. 214 f.

706 MüKo-ZPO/*Gottwald*, § 325 Rn. 36 (dort für den Fall der kumulativen Schuldübernahme, wenn die Schuld gemäß dem Prozessergebnis übernommen wird), sowie Rn. 59 ff.; Rosenberg/Schwab/Gottwald, Zivilprozessrecht, § 155 Rn. 23 ff. Anerkannte Beispiele sind: sog. Einwendungsausschluss des Gesellschafters im Hinblick auf ein Urteil gegenüber der OHG/KG, §§ 129, Abs. 1, 161 Abs. 2 HGB, vgl. BGH vom 11.12.1978 – II ZR 235/77 – NJW 1979, 1361, 1362; Bindung an das Urteil gegenüber dem Schuldner zugunsten des akzessorisch Haftenden (Bürge, § 768 Abs. 2 BGB (so BGH vom 24.11.1969 – VIII ZR 78/68 – NJW 1970, 279), Hypothekenschuldner, § 1137 Abs. 1 BGB, Pfandgeber einer beweglichen Sache, § 1211 Abs. 1 BGB), BGH vom 08.11.2004 – II ZR 362/02 – NJW-RR 2005, 338, 339; MüKo-ZPO/*Gottwald*, § 325 Rn. 72; Thomas/Putzo-*Reichold*, ZPO, § 325 Rn. 5 mwN auch zur Gegenansicht; Rosenberg/Schwab/Gottwald, Zivilprozessrecht, § 155 Rn. 23 ff.; vgl. für weitere Fallgruppen, MüKo-

jedoch Streit, sowohl was die Fallgruppen als auch die Rechtsfolgen anbelangt.[707] Im Falle des Betriebsübergangs vertreten einige Stimmen, dass sich die prozessuale Bindungswirkung unmittelbar aus der materiell-rechtlichen Abhängigkeit infolge von § 613a Abs. 1 Satz 1 BGB ableiten lässt. Denn hiernach trete der Betriebsveräußerer vollumfänglich in das Arbeitsverhältnis und damit in diejenigen Rechte und Pflichten ein, wie sie zwischen dem Arbeitnehmer und dem früheren Betriebsinhaber gerichtlich festgestellt worden sind.[708]

2. Die Rechtsfolgen der „materiellen Rechtskrafterstreckung"

Die „Rechtskrafterstreckung" aus materiellen Gründen unterscheidet sich von der prozessualen Rechtskrafterstreckung dadurch, dass sie materiell wirkt. Sie begründet in den bisher anerkannten Fällen weder den Einwand entgegenstehender Rechtskraft als Sachurteilsvoraussetzung (§§ 322, 325 ZPO), noch kommt – so die überwiegende Ansicht – auf ihrer Grundlage eine Titelumschreibung in Betracht (§ 727 ZPO).[709]

Demzufolge muss der Arbeitnehmer, um einen Titel gegen den Dritten zu erlangen, erneut den Rechtsweg beschreiten. In diesem Folgeverfahren bindet die materiell-rechtliche Rechtskrafterstreckung das Gericht an das Urteil des Vorprozesses mit der Folge, dass es über die materiell-rechtlichen Fragen nicht erneut, insbesondere nicht abweichend entscheiden darf. Mit einem gegenteiligen Vortrag ist der Dritte, auf den sich die materielle Bindungswirkung erstreckt, somit präkludiert.[710]

3. Stellungnahme

Eine solche materiell-rechtliche Bindungswirkung bedarf einer besonderen Rechtfertigung.[711] Denn § 325 Abs. 1 ZPO beschreibt im Grundsatz abschließend die subjektiven Grenzen der Rechtskraft. Hierin kommt zum Ausdruck, dass das Gesetz eine generelle Bindung an die Entscheidung über das streitige Rechtsverhältnis, die bereits im

---

ZPO/*Gottwald*, § 325 Rn. 78 ff.; Zöller/*Vollkommer*, ZPO, § 325 Rn. 31 ff., der einen allgemeinen Grundsatz aufstellt, Rn. 41 ff.

707 Vgl. hierzu ausführlich Stein/Jonas-*Leipold*, ZPO, § 325 Rn. 80 ff. mit umfangreichen Nachweisen.

708 APS-*Ascheid*, 2. Aufl. 2004, § 4 KSchG Rn. 51, der daher die Analogie zu §§ 265, 325 ZPO für verzichtbar hält - sein Hinweis auf BAG 21.3.1991 AP BGB § 615 Nr. 49 überzeugt jedoch nicht; dort geht es um die materielle Zurechnung des Verzugs; ArbRBGB-*Ascheid*, § 613a Rn. 147; RGRK-*Ascheid*, § 613a BGB Rn. 290 und insbesondere Rn. 305; KDZ-*Däubler/Zwanziger*, § 613a BGB Rn. 138, 156; ErfK/*Preis*, § 613a BGB Rn. 180; MüKo-BGB/*Müller-Glöge*, § 613a BGB Rn. 214 f., allerdings mit zusätzlichem Hinweis auf § 325 ZPO; ebenso *Zeuner*, FS für Schwab, 1990, 575, 591, für die Bindung im Falle eines gewillkürten Parteiwechsels.

709 ArbRBGB-*Ascheid*, § 613a Rn. 152; RGRK-*Ascheid*, § 613a BGB Rn. 306 f.; ErfK/*Preis*, § 613a BGB Rn. 180. Zur Möglichkeit einer Analogie zu § 729 ZPO, siehe unten unter IV.2.

710 Ebenso für die kumulative Schuldübernahme infolge von §§ 25, 28 HGB, BGH vom 08.05.1989 – II ZR 237/88 – ZIP 1989, 1193, 1195; MüKo-BGB/*Bydlinski*, § 425 BGB Rn. 29; vgl. auch *Blomeyer*, Zivilprozessrecht - Erkenntnisverfahren, § 91 II 3 b) (S. 507) sowie § 93 II (S. 519). Der Begriff „Rechtskrafterstreckung", dem im Prozessrecht eine feststehende Bedeutung zukommt, erscheint angesichts dieser Rechtsfolgen wenig präzise. Vorzugswürdig ist m.E., von einer materiell-rechtlichen Bindungswirkung des Urteils zu sprechen.

711 Vgl. Musielak/*Musielak*, ZPO, § 325 Rn. 3; *Schack* NJW 1988, 865, 868 f.

Verhältnis zwischen anderen Beteiligten ergangen ist, ablehnt.[712] Ausnahmen hiervon sind spezialgesetzlich normiert. Das hat zur Folge, dass die materiell-rechtliche Abhängigkeit einer Rechtsposition grundsätzlich keine Bindungswirkung bzgl. eines vorangegangenen Urteils erzeugt.[713] Vorligend handelt es sich jedoch nicht lediglich um eine Abhängigkeit. Vielmehr sind die mit dem Betriebsübergang übernommenen Verpflichtungen mit denjenigen des alten Arbeitgebers identisch. Bereits diese spezielle Konstruktion spricht für eine materielle Bindungswirkung.

Bei der Beantwortung der Frage, ob diese Identität eine materielle Bindungswirkung auf prozessualer Ebene zu rechtfertigen vermag, ist vor diesem Hintergrund abermals zwischen der Bindungswirkung bzgl. eines Urteils, das nach Betriebsübergang ergeht, und eines im Zeitpunkt des Betriebsübergangs bereits rechtskräftigen Urteils zu unterscheiden.

a. Betriebsübergang während Anhängigkeit

i. Bindungswirkung des Urteils gegenüber einem Gesamtschuldner

Findet der Betriebsübergang während eines anhängigen Verfahrens statt, so werden Betriebsveräußerer und -erwerber materiell-rechtlich gesehen ab diesem Zeitpunkt Gesamtschuldner. Das Urteil, das in dem nach Betriebsübergang gegenüber dem Betriebsveräußerer fortgeführten Verfahren ergeht, richtet sich somit gegen einen von zwei Gesamtschuldnern.

Dies kann nicht unberücksichtigt bleiben vor dem Hintergrund, dass § 425 Abs. 1, 2, letzte Alt. BGB mit abschließender Wirkung eine Rechtskrafterstreckung auf den jeweils anderen Gesamtschuldner, der nicht Partei des Verfahrens war, ausschließt.[714] Dieser Regelung ist der allgemeine Rechtsgedanke zu entnehmen, dass sich nicht nur die prozessuale Rechtskrafterstreckung, sondern sich jegliche Bindungswirkung zulasten des prozessfremden Gesamtschuldners verbietet. Hiervon in der Konstellation des Betriebsübergangs während Rechtshängigkeit eine Ausnahme zu machen, besteht keine Notwendigkeit. Zwar haben die Ansprüche gegenüber den Veräußerungsparteien als Gesamtschuldner einen gemeinsamen Ursprung und sind im Zeitpunkt des Betriebsübergangs zunächst identisch. Nach dem Zeitpunkt des Betriebsübergangs können die Ansprüche jedoch eine unterschiedliche Entwicklung nehmen.

Die Bindungswirkung in diesem Fall abzulehnen, hält auch einem Vergleich mit den anerkannten Fällen der materiell-rechtlich begründeten Rechtskrafterstreckung

---

712 Rosenberg/Schwab/*Gottwald*, Zivilprozessrecht, § 155 Rn. 27; *Schack* NJW 1988, 865, 865.

713 MüKo-ZPO/*Gottwald*, § 325 Rn. 68; Musielak/*Musielak*, ZPO, § 325 Rn. 3; Rosenberg/Schwab/Gottwald, Zivilprozessrecht, § 155 Rn. 27.

714 BGH vom 08.05.1989 – II ZR 237/88 – ZIP 1989, 1193, 1195; vom 15.05.1993 – XI ZR 133/92 – NJW-RR 1993, 1266, 1267; MüKo-ZPO/*Gottwald*, § 325 Rn. 83; explizit für die kumulative Schuldübernahme, die zu einer gesamtschuldnerischen Haftung führt, MüKo-ZPO/*Gottwald*, § 325 Rn. 36 mwN (die dort genannte Ausnahme der Übernahme einer Schuld entsprechend dem Prozessergebnis liegt nicht vor); Musielak/*Musielak*, ZPO, § 325 Rn. 9; *Blomeyer*, Zivilprozessrecht - Erkenntnisverfahren, § 93 III 1 a) (S. 520); Rosenberg/Gaul/Schilken, Zwangsvollstreckungsrecht, § 16 V 2 b bb) (S. 273); *Schack* NJW 1988, 865, 869.

stand. So ordnen die §§ 129 Abs. 1, 161 Abs. 2 HGB einen Einwendungsausschluss zulasten des Gesellschafters an, wenn der OHG/KG die Einrede im Vorprozess abgesprochen wurde.[715] Umgekehrt erlauben die gesetzlichen Regelungen dem akzessorisch Haftenden, sich gegenüber dem Gläubiger auf das die Einrede des Hauptschuldners bejahende Urteil zu berufen (Bürge, § 768 Abs. 2 BGB, Hypothekenschuldner, § 1137 Abs. 1 BGB, Pfandgeber einer beweglichen Sache, § 1211 Abs. 1 BGB).[716] Auf diesen „Einwendungsdurchgriff" beschränkt sich denn aber auch die hieraus gefolgerte Bindungswirkung des Ersturteils.[717] Insoweit begründen die genannten Vorschriften eine wesentlich stärkere Qualität an materiell-rechtlicher Abhängigkeit, als dies bei der Gesamtschuld infolge von § 613a Abs. 2 BGB der Fall ist.[718]

ii. Zeitlicher Bezugspunkt der materiell-rechtlichen Abhängigkeit über § 613a BGB

Darüber hinaus ist zu beachten, dass § 613a Abs. 1, 2 BGB die materielle Abhängigkeit rein auf den Rechtszustand im Zeitpunkt des Übergangs der Leitungsmacht bezieht. Nach diesem Zeitpunkt nehmen die Schuldverhältnisse Arbeitnehmer – Betriebsveräußerer und Arbeitnehmer – Betriebserwerber unabhängig voneinander ihren Fortgang. An Tatsachen, die nach dem Betriebsübergangszeitpunkt in einem der Verhältnisse geschaffen werden, kann § 613a BGB das jeweils andere Verhältnis materiell-rechtlich nicht binden.[719]

iii. Gegenschluss zu § 729 ZPO

Eine ebensolche Wertung kommt darüber hinaus in der Ausnahmeregelung des § 729 ZPO zum Ausdruck. Hiernach entfaltet ein Urteil im Falle eines gesetzlichen Schuldbeitritts ausnahmsweise dann prozessrechtliche Wirkung, wenn die Rechtsnachfolge nach Rechtskraft stattfindet.[720]

Hieraus lässt sich im Gegenschluss verallgemeinernd feststellen, dass eine Schuldübernahme jedenfalls nur dann materiell-rechtliche Bindung bewirkt, wenn sich der

---

715 MüKo-ZPO/*Gottwald*, § 325 Rn. 69 mwN; Thomas/Putzo-*Reichold*, ZPO, § 325 Rn. 5; MüKo-BGB/*Bydlinski*, § 425 BGB Rn. 29.

716 MüKo-ZPO/*Gottwald*, § 325 Rn. 72 ff. mwN; Thomas/Putzo-*Reichold*, ZPO, § 325 Rn. 5; hierzu umfassend und zu weiteren Fallgruppen, Musielak/*Musielak*, ZPO, § 325 Rn. 15 ff.; Stein/Jonas-*Leipold*, ZPO, § 325 Rn. 95 ff.

717 MüKo-ZPO/*Gottwald*, § 325 Rn. 68.

718 Nach BGH vom 15.05.1993 – XI ZR 133/92 – NJW-RR 1993, 1266, 1267 handelt es sich hierbei um einen Sonderfall, der auf andere Gesamtschuldverhältnisse nicht übertragen werden kann mit der Folge, dass es bei den Regelungen des § 425 BGB belassen bleibt; vgl. auch *Blomeyer*, Zivilprozessrecht – Erkenntnisverfahren, § 93 II 12 a) (S. 520 f.).

719 Eine Ausnahme bildet das Zusammenspiel mit den §§ 265, 325 ZPO, eine prozessuale Bindung zu erzeugen.

720 Stein/Jonas-*Münzberg*, ZPO, § 729 Rn. 1, 4 spricht von *„vor der Übernahme rechtskräftig festgestellten Schulden"*; MüKo-ZPO/*Wolfsteiner*, § 729 Rn. 3 stellt explizit dar, dass *„die Rechtshängigkeit nicht auf den Beitretenden erstreckt wird"*; zur Möglichkeit der Titelvervielfältigung nach § 729 ZPO, siehe unten unter IV.

Rechtsnachfolgetatbestand noch während des schwebenden Verfahrens verwirklicht.[721] Diese gesetzgeberische Wertung ist auf die Konstellation des Betriebsübergangs infolge von § 613a Abs. 2 BGB zu übertragen.

Das Urteil, das im mit dem Betriebsveräußerer fortgeführten Verfahren ergeht, bezieht sich demzufolge ausschließlich auf dessen materiell-rechtliche Verpflichtung, nicht auch auf die Stellung des Betriebserwerbers.[722]

b. Betriebsübergang nach Rechtskraft

Anders ist die Rechtslage zu bewerten, wenn der Betriebsübergang erst erfolgt, nachdem das Urteil gegen den damaligen Arbeitgeber und späteren Betriebsveräußerer bereits in Rechtskraft erwachsen ist.

Der Unterschied liegt darin begründet, dass im Zeitpunkt des Rechtskrafteintritts die Gesamtschuld noch nicht gegeben war. Das frühere Urteil stellt sonach eine Verpflichtung aus dem Arbeitsverhältnis fest, die ausschließlich den damals aktuellen Arbeitgeber traf. Tituliert wurde somit die „Ursprungsschuld", die die Grundlage für die später hierüber eingetretene Gesamtschuld bildet. In diese gerichtlich rechtskräftig festgestellte Schuld tritt der Betriebserwerber über § 613a Abs. 1 Satz 1 BGB ein. Zugleich hält § 613a Abs. 2 BGB die Haftung des Betriebsveräußerers diesbezüglich aufrecht.

Aus der von § 613a BGB umfassend angeordneten Nachfolge in die Rechtsstellung des Betriebsveräußerers ließe sich vor diesem Hintergrund folgern, dass der Betriebserwerber die Verpflichtung so zu übernehmen hat, wie sie besteht, folglich in der Gestalt, wie sie das Urteil rechtskräftig feststellt.[723] Dass § 613a BGB Bindungswirkungen auf prozessualer Ebene zukommen können, wurde bisher nicht verallgemeinernd ausgeschlossen[724], sie bedürfen jedoch eingehender Begründung.

i. Keine Anwendung des § 325 ZPO analog

Ebenso wie § 265 ZPO kann auch § 325 ZPO auf die Konstellation infolge von § 613a Abs. 2 BGB keine Anwendung finden. Die Begründungen decken sich.[725] Eine Rechtskrafterstreckung im prozessualen Sinne kommt mithin nicht in Betracht.[726]

---

[721] Ebenso *Zeuner*, FS für Schwab, 1990, 575, 581; vgl. auch BGH vom 08.05.1989 – II ZR 237/88 – ZIP 1989, 1193, 1195.

[722] Ebenso *Zeuner*, FS für Schwab, 1990, 575, 591; für die kumulative Schuldübernahme nach §§ 25, 28 HGB, BGH vom 08.05.1989 – II ZR 237/88 – ZIP 1989, 1193, 1195; aA wohl RGRK-*Ascheid*, § 613a BGB Rn. 305.

[723] So ArbRBGB-*Ascheid*, § 613a Rn. 147; RGRK-*Ascheid*, § 613a BGB Rn. 290, 305; KDZ-*Däubler/Zwanziger*, § 613a BGB Rn. 156; *Zeuner*, FS für Schwab, 1990, S. 575, 580.

[724] Siehe hierzu oben 5. Abschn., E.

[725] Siehe hierzu oben unter II.4.

[726] Ebenso ArbRBGB-*Ascheid*, § 613a Rn. 151; *Zeuner*, FS für Schwab, 1990, S. 575, 580; vgl. aber auch *K. Schmidt*, Handelsrecht, § 8 I 7 a), b) (S. 237 f.) für die Fälle der §§ 25, 28 HGB, in denen der neue Unternehmensträger in die Verbindlichkeiten so eintrete, wie sie bestünden, und der Altunternehmer daneben weiterhafte.

ii. ratio des § 613a Abs. 1 Satz 1 BGB

Allerdings legt die ratio des § 613a Abs. 1 Satz 1 BGB eine materiell-rechtliche Bindung an ein rechtskräftiges Urteil nahe. Wenn der Betriebserwerber vollumfänglich in die aktuelle Arbeitgeberposition einrückt, muss dies zugleich bedeuten, dass er eine rechtskräftig festgestellte Schuld nicht angreifen können soll. Angesichts dieses Zwecks des § 613a BGB wäre es inkonsequent, wenn sich der Betriebserwerber einer Inanspruchnahme durch den Arbeitnehmer entziehen könnte, indem er sich auf Einwendungen beruft, die das Gericht vormals bereits rechtskräftig abgewiesen hat. Ebenso muss dem Betriebserwerber der Einwand abgeschnitten sein, die richterliche Entscheidung sei in sonstiger Weise falsch.[727] Denn all diese Einwände stehen auch dem Betriebsveräußerer nach Rechtskrafteintritt nicht mehr zu.

Entscheidet man anders, würde der Schutz des Arbeitnehmers beeinträchtigt. Denn soll der status quo des Arbeitsverhältnisses umfassend aufrecht erhalten werden, erscheint es unabdingbar, die auf den Erwerber unverändert übergehende Schuld in gleicher Weise rechtlich zu beurteilen wie sie gegenüber dem Betriebsveräußerer bereits abschließend gerichtlich festgestellt wurde.[728] Dies eliminiert zugleich das Risiko des Arbeitnehmers, mit einer divergierenden gerichtlichen Entscheidung konfrontiert zu werden, wenn er später in derselben Sache gegen den Betriebserwerber vorgeht.

Angesichts dieser ratio ist es ohne Belang, dass im weiteren Verlauf ein Gesamtschuldverhältnis entsteht. Denn verbindlich festgestellt ist die „Urschuld“, die der Betriebserwerber als bereits titulierte Verbindlichkeit übernimmt. Dass nachträglich eine Gesamtschuld eintritt, ist zudem unbeachtlich, wenn man – wie vertreten wird – den Anwendungsbereich des § 425 BGB auf den Schuldbeitritt vor Rechtskrafteintritt beschränkt.[729]

Dieses Ergebnis überzeugt selbst für den Fall, dass der Betriebserwerber von dem rechtskräftigen Urteil keine Kenntnis hatte. Denn es obliegt den Veräußerungsparteien, für entsprechende Information zu sorgen.

iii. Einwand der Besserstellung des Arbeitnehmers

Der mögliche Einwand, dass die Bindungswirkung eine Besserstellung des Arbeitnehmers zur Folge hat, indem zu dessen Gunsten der Anspruch nunmehr gegenüber beiden Veräußerungsparteien rechtskräftig festgestellt ist, überzeugt nicht. Denn diese Rechtsfolge geht konform mit der Regelung des § 613a Abs. 2 BGB, wonach zur Sicherstellung eines liquiden Schuldners die Verpflichtetenstellung quasi verdoppelt

---

727 Vgl. hierzu BGH vom 25.09.1980 – VII ZR 301/79 – NJW 1981, 47; AR-Blattei SD (*Hergenröder*), 500.1 Rn. 1251; ArbRBGB-*Ascheid*, § 613a Rn. 147; RGRK-*Ascheid*, § 613a BGB Rn. 305; MüKo-ZPO/*Gottwald*, § 325 Rn. 36; *Schack* NJW 1988, 865, 869; mit Hinweis auf den Zweck des § 613a BGB, KDZ-*Däubler/Zwanziger*, § 613a BGB Rn. 156.

728 Ebenso *Zeuner*, FS für Schwab, 1990, 575, 591; vgl. hierzu auch MüKo-ZPO/*Gottwald*, § 325 Rn. 68.

729 So *Blomeyer*, Zivilprozessrecht Erkenntnisverfahren, § 93 II 1 und 1 a) (S. 519 f.); zu dieser Ansicht auch Rosenberg/Gaul/Schilken, Zwangsvollstreckungsrecht, § 16 V 2 b cc) (S. 274) mwN; Rosenberg/Schwab/ Gottwald, Zivilprozessrecht, § 155 Rn. 17, der hier eine Rechtskrafterstreckung im eigentlichen Sinne befürwortet.

wird. Zudem erlangt der Arbeitnehmer nicht unmittelbar einen Titel gegen den Erwerber; dieser ist vielmehr zunächst einmal lediglich an das Ergebnis gebunden.[730]

iv. Ergebnis

Im Falle des Betriebsübergangs nach Rechtskraft erzeugt § 613a BGB eine materiellrechtliche Bindung des Betriebserwerbers an die Feststellungen des gegen den Betriebsveräußerer rechtskräftig festgestellten Tenors; es kommt quasi zu einem „Eintritt in die Rechtskraft".

Die materielle Bindung bewirkt, dass der Betriebserwerber die Schuld in der Gestalt übernimmt, wie sie prozessual bereits rechtskräftig festgestellt wurde, ohne hiergegen Einwände geltend machen zu können. Dem Gericht eines Folgeprozesses ist es mithin versagt, Einwendungen des beklagten Betriebserwerbers, die im Widerspruch zum Tenor des Erstprozesses stehen, auf materiell-rechtlicher Ebene zu berücksichtigen.

Zugleich bindet das Urteil spiegelbildlich den Arbeitnehmer im Verhältnis zum Betriebserwerber. Wurde die Arbeitnehmerforderung einmal rechtskräftig abgewiesen, darf in einem Folgeverfahren gegen den Betriebserwerber nichts Gegenteiliges festgestellt werden. Grund hierfür ist, dass sich § 613a BGB auf die Sicherung des status quo des Arbeitnehmers beschränkt; er bildet keine Rechtsgrundlage, diesen besser zu stellen.

IV. Möglichkeit der Titelumschreibung nach § 727 oder 729 ZPO analog

In einem weiteren Schritt stellt sich die Frage, ob es in den Fällen des Betriebsübergangs nach Rechtskrafteintritt tatsächlich eines neuerlichen Verfahrens gegen den Betriebserwerber bedarf, um einen Titel gegen diesen zu erlangen. Alternativ wäre es denkbar, die Umschreibung des Titels auf den Betriebserwerber zuzulassen.

1. Klauselerteilungsverfahren nach § 727 ZPO analog

§ 727 ZPO greift weder unmittelbar noch analog.[731] Denn nach der hier vertretenen Ansicht ist eine Analogie zu § 325 ZPO in der vorliegenden Konstellation abzulehnen.[732] Eine rein materiell-rechtliche Bindungswirkung des rechtskräftigen Urteils rechtfertigt die Analogie zur Titelumschreibungsmöglichkeit nach § 727 ZPO nicht, da diese Norm auf der Rechtskrafterstreckung des § 325 ZPO aufbaut.[733] Ließe man eine

---

730 Inwiefern eine Analogie zu § 729 ZPO es ermöglicht, einen Titel zu vervielfältigen, vgl. unten unter IV.2.

731 Das folgt aus dem Zusammenspiel mit §§ 265, 325 ZPO, so die H.M., Baumbach/Lauterbach/Albers/*Hartmann*, ZPO, § 727 Rn. 16, § 729 Rn. 4; Musielak/*Lackmann*, ZPO, § 727 Rn. 12; Stein/Jonas-*Münzberg*, ZPO, § 727 Rn. 20 f., § 729 Rn. 1.

732 Siehe hierzu oben unter III.3.b.i.

733 Hierzu oben unter III.3.b.i.; siehe auch Stein/Jonas-*Münzberg*, ZPO, § 729 Rn. 1; HaKo-ZPO/*Kindl*, § 729 Rn. 1; Rosenberg/Schilken/Gaul, Zwangsvollstreckungsrecht, § 16 V 2 b cc) (S. 273 f.); vgl. auch *K. Schmidt*, Handelsrecht, § 8 I 7 a) (S. 237) : Er geht zwar davon aus, dass aufgrund der §§ 25, 28 HGB die Hauptverbindlichkeit auf den Neuunternehmer übergeht. Es komme allerdings *„für den Ausschluss der Titelumschreibung weniger auf die rechtsdogmatische Identität der Hauptverbindlichkeit an als darauf, dass der Titelschuldner selbst als Gesamtschuldner"* wei-

Titelumschreibung nach § 727 ZPO zu, würde der Unterschied zwischen prozessualer Rechtskrafterstreckung und materiell-rechtlicher Bindungswirkung eingeebnet.

Das geht konform mit der überwiegenden Meinung, die einer Ausdehnung der Titelumschreibungsmöglichkeit auf Fälle, in denen es zu einer kumulativen Schuldübernahme[734] kommt, wie auch im Falle des Betriebsübergangs,[735] ablehnt.

2. „Titelverdoppelung" nach § 729 ZPO analog

Ungeachtet dessen ließe sich anknüpfend an die Ähnlichkeit zu den Übernahmetatbeständen der § 419 Abs. 1 BGB a.F.[736], § 25 Abs. 1 HGB daran denken, eine analoge Anwendung der Ausnahmevorschrift des § 729 ZPO zuzulassen. Denn wie die genannten Vorschriften ordnet auch § 613a Abs. 2 BGB im Ergebnis einen Schuldbeitritt kraft Gesetzes an.[737]

Nach § 729 ZPO kann ein bereits rechtskräftiges Urteil gemäß den §§ 727, 731 ZPO auf den Übernehmer umgeschrieben werden. Notwendig im Rahmen des Klauselerteilungsverfahrens ist dabei wiederum der Nachweis des Übernahmetatbestands. Gelingt das, ist eine zusätzliche vollstreckbare Ausfertigung zu erteilen.[738]

Der mehrheitlichen Meinung, die sich gegen eine Titelumschreibungsmöglichkeit im Falle einer kumulativen Schuldübernahme[739] ausspricht, stehen vereinzelte Stimmen gegenüber, die eine Analogie zu § 729 ZPO im Kontext mit § 613a Abs. 2 BGB in Betracht ziehen.[740] Als Argument gegen eine Klauselumschreibung wird im Falle des Betriebsübergangs angeführt, die Haftung des früheren Arbeitgebers bestehe parallel zu derjenigen des Erwerbers fort; demzufolge komme eine Umschreibung des Ti-

---

terhafte; aA wohl LAG Düsseldorf vom 10.07.1995 - 10 Sa 508/95 – NZA-RR 1996, 242, 243, das § 727 ZPO auch im Hinblick auf die in einem Schlussurteil tenorierte Abfindungszahlung bejaht.

734 BGH RPfleger 1974, 260 m. zust. Anm. *Eickmann.*; HaKo-ZPO/*Kindl*, § 727 Rn. 8; Thomas/Putzo-*Hüßtege*, ZPO, § 727 Rn. 13; Stein/Jonas-*Münzberg*, ZPO, § 727 Rn. 4, 8 ff. mit umfangreichen Nachweisen; Rosenberg/Gaul/Schilken, Zwangsvollstreckungsrecht, § 16 V 2 b cc) (S. 273); vgl. auch BGH vom 18.12.1956 - VIII ZR 26/56 - NJW 1957, 420 zu § 325 ZPO.

735 Hierzu AR-Blattei SD (*Hergenröder*), 500.1 Rn. 1255; KDZ-*Däubler/Zwanziger*, § 613a BGB Rn. 156; *Zeuner*, FS für Schwab, 1990, 575, 580 f.; bezogen auf sämtliche Konstellationen, ArbRBGB-*Ascheid*, § 613a Rn. 147; ebenso RGRK-*Ascheid*, § 613a BGB Rn. 306 f.; ErfK/*Preis*, § 613a BGB Rn. 180.

736 Hierzu oben unter II.3., 4.c.

737 Vgl. Müko-ZPO/*Wolfsteiner*, § 729 Rn. 1; *Zeuner*, FS für Schwab, 1990, 575, 590.

738 Hako-ZPO/*Kindl*, § 729 Rn. 1; Müko-ZPO/*Wolfsteiner*, § 729 ZPO Rn. 1, 5.; Zöller/*Stöber*, ZPO, § 729 Rn. 6; *K. Schmidt*, Handelsrecht, § 8 I 7a) (S. 237); einschränkend wohl Musielak/*Lackmann*, ZPO, § 729 Rn. 3.

739 Hierzu oben Fn. 731.

740 Für eine Umschreibungsmöglichkeit explizit, Rosenberg/Gaul/Schilken, Zwangsvollstreckungsrecht, § 16 V 2 b cc) (S. 274); *Zeuner*, FS für Schwab, 1990, 575, 581 weist ebenfalls auf die Ähnlichkeit von § 613a Abs. 2 BGB mit den von § 729 ZPO erfassten Tatbestände hin, allerdings ohne explizit den Schluss auf eine Analogie zu ziehen; vgl. auch *Schilken*, Veränderung der Passivlegitimation, S. 42; MüKo-ZPO/*Wolfsteiner*, § 729 Rn. 1, 2. Aufl., 2000, wirft noch die Frage auf, ob *„§ 729 ZPO nicht einen der Verallgemeinerung fähigen und bedürftigen Rechtsgrundsatz ausspricht"*, vgl. nunmehr die Auflistung in Rn. 13 ff. der 3. Aufl. 2007.

tels nicht in Betracht.[741] Dem ist jedoch entgegenzuhalten, dass es dem Arbeitnehmer überlassen bleiben kann, gegen wen er den Titel einsetzt und entsprechend eine Umschreibung anstrebt oder nicht. Zudem lässt § 729 ZPO gerade eine Titelverdoppelung zu, sodass ein zusätzlicher Titel gegen den Betriebserwerber entsteht.

a. Vergleichbarkeit der Tatbestände

Über § 729 ZPO statuiert der Gesetzgeber eine Vollstreckungsnachfolge in Sonderkonstellationen, in denen eine beschränkte Gesamtrechtsnachfolge auf Schuldnerseite bei gleichzeitig gesetzlich angeordnetem Schuldbeitritt stattfindet, es jedoch an einer Rechtskrafterstreckung nach Prozessrecht fehlt. Dennoch wird angenommen, dass diese Rechtsnachfolgetatbestände eine jedenfalls rechtskraftähnliche Wirkung nach materiellem Recht begründen.[742] Vor diesem Hintergrund stellt sich die Frage, ob § 729 ZPO nicht einen verallgemeinerungsfähigen Grundsatz aufstellt für sämtliche Varianten eines gesetzlichen Schuldbeitritts mit der Folge einer materiell-rechtlichen Bindungswirkung[743] bzw. jedenfalls auf die Konstellation vertretbarer Ansprüche nach § 613a Abs. 2 BGB analog anwendbar ist.

Zunächst muss beachtet werden, dass § 729 ZPO eine gesetzgeberische Spezialregelung darstellt, die mit § 419 BGB a.F. und § 25 HGB Fälle von Gesamt-/ Sonderrechtsnachfolgen in ein Sondervermögen erfasst.[744] Eine Analogiefähigkeit ist daher nur in engem Rahmen anzuerkennen.[745] Die Gesamtrechtsnachfolgeähnlichkeit ist dem von § 613a BGB angeordneten Wechsel des Arbeitsvertragspartners jedoch abgesprochen worden.[746] Dies spricht zunächst gegen eine Vergleichbarkeit der Sachverhalte.

Allerdings übernimmt der Erwerber auch in der vorliegend beleuchteten Konstellation die Haftung für die Schulden des Veräußerers nach materiellem Recht vollumfänglich. Er tritt in die titulierte „Urschuld" ein, für die zudem der Veräußerer forthaftet. Zugleich folgt nach der hier befürworteten Auffassung aus dieser Übernahme eine materiell-rechtliche Bindungswirkung an die rechtskräftigen Feststellungen bzgl. dieser „Urschuld". Gerade solche Fälle einer materiell-rechtlichen Bindung aber erfasst § 729 ZPO und erstreckt den Anwendungsbereich des § 727 ZPO hierauf. Aus dieser Anordnung wird deutlich, dass der Gesetzgeber Sachverhalten, die keine prozessuale Rechtskrafterstreckung, wohl aber eine materiell abhängige Schuld begründen, mit der Möglichkeit der Titelvervielfältigung durchaus auch prozessuale Wirkung zuspricht. Der Gesetzgeber sieht es sonach als zulässig an, eine Titelvervielfältigung als prozess-

---

[741] Vgl. MüKo-ZPO/*Wolfsteiner*, 2. Aufl. 2000, § 727 Rn. 32, wobei die dortigen Nachweise in Fn. 92 das dort angeführte Argument m.E. nicht zu belegen vermögen.

[742] MüKo-ZPO/*Wolfsteiner*, § 729 Rn. 2 mwN.

[743] So angedacht bei MüKo-ZPO/*Wolfsteiner*, § 729 Rn. 1, 2.

[744] Müko-ZPO/*Wolfsteiner*, § 729 Rn. 1; vgl. aber auch Zöller/*Stöber*, ZPO, § 729 Rn. 3, wonach die Vermögensübernahme die Rechtsübertragung durch Übereignung oder Abtretung erfordert.

[745] In diesen Grenzen ist sie jedoch anerkannt, vgl. Baumbach/Lauterbach/Albers/*Hartmann*, ZPO, § 729 Rn. 4; MüKo-ZPO/*Wolfsteiner*, § 729 Rn. 1, 5; Stein/Jonas-*Münzberg*, ZPO, § 729 Rn. 5, 8. *K. Schmidt*, Handelsrecht, § 8 I 7 a) (S. 237), will deren Ausdehnung für sämtliche Fälle der Haftungskontinuität bei Wechsel des Unternehmensträgers zulassen.

[746] Siehe hierzu oben 5. Abschn., D.IV.3.

rechtliche Figur mit einer materiellen Abhängigkeit des neu hinzutretenden Schuldners zu rechtfertigen. Daraus folgt, dass einer materiell-rechtlichen Bindungswirkung, wie auch § 613a Abs. 1 Satz 1, 2 BGB sie hervorbringt, durchaus prozessuale Wirkung zukommen kann.

Die materiell-rechtliche Situationen, wie sie die von § 729 ZPO unmittelbar erfassten Normen sie einerseits und § 613a BGB andererseits hervorbringen, sind im Ergebnis somit ähnlich. Lediglich der rechtstechnische Modus der Schuldübernahme unterscheidet sie. Letzterer kann jedoch im Hinblick auf den Zweck des § 729 ZPO vernachlässigt werden.

b. Vergleichbarkeit der Interessenlage, Telos des § 729 ZPO

Sinn und Zweck des § 729 ZPO ist es, den Interessen der Gläubiger Rechnung zu tragen.[747] Ihnen soll erspart werden, in einem nochmaligen Erkenntnisverfahren – auch wenn das Gericht des Folgeprozesses an die Erstentscheidung materiell gebunden ist – gegen den Rechtsnachfolger vorgehen zu müssen, der in eine bereits rechtskräftig titulierte Schuld eintritt. Zu diesem Zweck ordnet der Gesetzgeber eine Vollstreckungsnachfolge an, die über das Klauselerteilungsverfahren realisiert wird.

Ein solcher Weg ist auch in der hier beleuchteten Konstellation vorzugswürdig. Besteht über den Betriebsübergang kein Streit, ist die Klausel ohne weiteres zu erteilen; im Übrigen bedarf es einer Klauselerteilungsklage durch den Arbeitnehmer. Diese Lösung stellt sich sowohl aus prozessökonomischen als auch auch kostentechnischen Gesichtspunkten als vorzugswürdig dar im Vergleich zu einem neuerlichen Erkenntnisverfahren.[748]

Zudem muss sich der Betriebserwerber dem Risiko eines sofortigen Vollstreckungszugriffs nach Titelumschreibung bewusst sein, wenn er in die Rechtsstellung seines Vorgängers eintritt.[749] Im Übrigen steht ihm gegen den Vollstreckungszugriff grundsätzlich § 767 ZPO offen.[750]

Im Ergebnis sprechen m.E. sowohl die Vergleichbarkeit der materiell-rechtlichen Ausgangssituation als auch die hieraus resultierende Interessenlage dafür, dem Arbeitnehmer die Möglichkeit zu eröffnen, analog § 729 ZPO eine vollstreckbare Ausfertigung auch gegenüber dem Betriebserwerber zu erlangen.

---

747 So Stein/Jonas-*Münzberg*, ZPO, § 729 Rn. 1.

748 Vgl. aber auch Musielak/*Lackmann*, ZPO, § 729 Rn. 3.

749 Ebenso Rosenberg/Gaul/Schilken, Zwangsvollstreckungsrecht, § 16 V 2 b cc) (S. 274) mwN; *Schilken*, Veränderung der Passivlegitimation, S. 42.

750 Nach MüKo-ZPO/*Wolfsteiner*, § 729 Rn. 2 findet § 767 Abs. 2 ZPO analog § 797 Abs. 4 ZPO keine Anwendung, allerdings folge aus der materiell-rechtlichen Bindungswirkung die Abweisung der Vollstreckungsgegenklage als unbegründet; weitergehend Rosenberg/Gaul/Schilken, Zwangsvollstreckungsrecht, § 16 V 2 b cc) (S. 274) mwN, die im Hinblick auf § 767 Abs. 2 ZPO solche Einwendungen zulassen wollen, über die der Vorprozess noch nicht entschieden hat.

V. Gewillkürter Parteiwechsel/-beitritt unter vereinfachten Voraussetzungen

Wie für den Fall rein betriebsbezogener Ansprüche sprechen sich einige Stimmen auch im Hinblick auf vertretbare Ansprüche i.S.v. § 613a Abs. 2 BGB dafür aus, einen gewillkürten Parteiwechsel bzw. –beizug unter erleichterten Bedingungen zuzulassen.[751]

1. Praktische Relevanz

Ein gewillkürter Parteiwechsel/-beizug ist aus Sicht des Arbeitnehmers insbesondere vor dem Hintergrund relevant, dass nach der hier vertretenen Ansicht eine Bindungswirkung an das ergehende Urteil nicht stattfindet, wenn es bereits während des schwebenden Verfahrens zu einem Betriebsübergang kommt.[752] Mithilfe eines gewillkürten Parteiwechsels/-beizugs könnte er daher erreichen, den Betriebserwerber in das Verfahren einzubinden.

Ohne weiteres steht es dem Arbeitnehmer offen, unter den allgemein hierfür entwickelten Voraussetzungen einen Parteiwechsel auf den Betriebserwerber herbeizuführen. Angesichts der Gesamtschuldschuldnerschaft der Veräußerungsparteien kann es sinnvoller sein, die Klage auf den Betriebserwerber zu erweitern.[753] Dabei stellt sich die äußerst bedeutsame Frage, ob der Arbeitnehmer in Ausübung des Parteiwechsels/der Klageerweiterung abermals von erleichterten Bedingungen profitieren kann.[754] Es gilt also zu klären, ob auch im Rahmen einer Klage um vertretbare Ansprüche i.S.v. § 613a Abs. 2 BGB auf die Zustimmung der Veräußerungsparteien zur subjektiven Klageänderung/-erweiterung verzichtet werden kann.

2. Rechtfertigung der erleichterten Bedingungen

Als Rechtfertigung kann in dieser Konstellation nicht auf die innerprozessuale Bindungswirkung als minus zur Rechtskrafterstreckung des § 325 ZPO analog verwiesen werden. Ansatzpunkt muss § 613a Abs. 1 Satz 1 BGB sein, soweit dieser auch Wirkung auf prozessualer Ebene erzeugt. Hieraus ließe sich eine Bindungswirkung auch dergestalt ableiten, die den Betriebserwerbers dem innerprozessualen Verfahrensstand samt der bisherigen Prozessergebnisse unterwirft.

Ein solches Ergebnis stellt sich als weitreichende, aber in sich konsequente Fortführung der befürworteten Ansicht dar, die § 613a BGB eine selbstständige prozessrechtliche Wirkung zuschreibt. Auch insoweit lässt sich das Argument fruchtbar machen, dass der Gesetzgeber zum umfassenden Schutz des status quo den vollumfänglichen Eintritt in die Rechtsstellung des ursprünglichen Betriebsinhabers anordnet.

---

[751] *Zeuner*, FS für Schwab, 1990, 575, 591, 592; *Leipold*, Anm. zu BAG vom 15.12.1976 – 5 AZR 600/75 – AP Nr. 1 zu § 325 ZPO [zu 4. der Ausführungen]. RGRK-*Ascheid*, § 613a BGB Rn. 305 spricht sich darüber hinaus für eine materiell-rechtliche Rechtskrafterstreckung nach § 613a BGB im Falle eines innerprozessualen Betriebsübergangs aus. Hiergegen spricht m.E. jedoch die zeitlich beschränkte Wirkkraft des § 613a BGB, siehe hierzu unten unter 5. Abschn., E., F.V.2.

[752] Hierzu oben 5. Abschn., E. sowie F.V.2.

[753] ArbRBGB-*Ascheid*, § 613a Rn. 151; RGRK-*Ascheid*, BGB, § 613a Rn. 299, 304; *Schilken*, Veränderung der Passivlegitimation, S. 42, 44; *Hillebrecht* NZA-Beil. 4/1989, 10, 20.

[754] Vgl. hierzu oben 5. Abschn., F.

Auf prozessualer Ebene darf sich diese Schutzfunktion aber nicht auf die materiell-rechtliche Bindung an bereits rechtskräftige Urteile beschränken. Denn gerade im Falle eines innerprozessualen Betriebsübergangs wäre der Arbeitnehmer benachteiligt, wäre der Parteiwechsel/-beizug von der Zustimmung des Betriebserwerbers abhängig. Eine Benachteiligung des Arbeitnehmers will § 613a Abs. 1 Satz 1 BGB aber verhindern, indem er den Betriebserwerber in den bei Betriebsübergang bestehenden Rechtszustand hineinversetzt. Einen Schritt weiter gehend folgt hieraus auf Seiten des Betriebserwerbers ein genereller Ausschluss von Einwendungen, sofern auch der Betriebsveräußerer solche Einwendungen nicht mehr geltend machen kann. Übertragen auf den prozessrechtlichen Bereich bedeutet dies, dass der Betriebserwerber sämtliche Tatsachen und Prozessergebnisse gegen sich gelten lassen muss, wie sie im Zeitpunkt des Betriebsübergangs dem Verfahrensstand entsprechen.[755]

Im Ergebnis lässt sich sonach aus § 613a Abs. 1 Satz 1 BGB eine materiell-rechtliche Bindungswirkung bzgl. innerprozessualer Tatbestände entnehmen. Sie rechtfertigt, eine gewillkürte Parteiänderung unter erleichterten Bedingungen auch in diesem Fall zuzulassen. Allerdings ergibt sich aus der zeitlich beschränkten Bindungskraft des § 613a BGB,[756] dass sich der Betriebserwerber ausschließlich an demjenigen Verfahrensstand festhalten lassen muss, wie er im Zeitpunkt der Betriebsübernahme vorzufinden war. Über diesen Zeitpunkt hinaus entfaltet auch § 613a BGB keine Bindungswirkung.

Dabei ist zu beachten, dass nach wirksamem Parteibeizug Betriebsveräußerer und -erwerber im Prozess als einfache Streitgenossen i.S.v. §§ 59 f. ZPO anzusehen sind.[757] Denn nach Betriebsübergang können sich die ursprünglich mit der „Urschuld“ identischen Ansprüche auf verschiedene Weise entwickeln.

VI. Innerprozessualer Übergang auf § 613a Abs. 2 BGB als Anspruchsgrundlage – Streitgegenstandsänderung

Schließlich soll die Frage aufgeworfen werden, welche Auswirkungen von einem innerprozessualen Betriebsübergang im Hinblick auf den Streitgegenstand ausgehen, wenn das ursprünglich gegen den aktuellen Arbeitgeber und späteren Betriebsveräußerer eingeleitete Verfahren nach Betriebsübergang mit diesem fortgeführt wird. Denn in diesem Fall stützt sich der Anspruch des Arbeitnehmers nicht mehr auf § 611 BGB i.V.m. dem Arbeitsvertrag, sondern auf den Nachhaftungstatbestand des § 613a Abs. 2 BGB.

Konkret wird zu untersuchen sein, ob mit dem Vortrag des Betriebsübergangs im Verfahren eine Klageänderung nach § 263 ZPO einhergeht. Dass der Austausch der

755 Ebenso *Zeuner*, FS für Schwab, 1990, 575, 591.

756 Hierzu bereits oben 5. Abschn., E. sowie F.V.2.

757 BAG vom 25.04.1996 – 5 AS 1/96 – BB 1996, 2413, 2414 m. Anm. *Berscheid*, das eine einfache Streitgenossenschaft u.a. bzgl. Zahlungsansprüchen annimmt; AR-Blattei SD (*Hergenröder*), 500.1 Rn. 1244; *Bauer/von Steinau-Steinrück*, in: Hölters (Hrsg.), Unternehmenskauf, Teil VI Rn. 379; KassHandbuchArbR/*Hattesen* 6.7 Rn. 242; KR/*Pfeiffer*, § 613a Rn. 207. Vgl. auch *Zeuner*, FS für Schwab, 1990, S. 575, 592, der im Falle rein betriebsbezogener Ansprüche wegen Rechtskrafterstreckung von einer notwendigen Streitgenossenschaft ausgeht. Das überzeugt insoweit.

materiell-rechtlichen Anspruchsgrundlage keine Streitgegenstandsänderung herbeiführt, sei als unbestritten vorneweg geschickt. Möglicherweise liegt sie jedoch in der Sachverhaltserweiterung in Bezug auf die Umstände der Betriebsveräußerung begründet. Dieser Streitgegenstandsproblematik sind – soweit ersichtlich – bisher weder Rspr. noch Lit.[758] vertieft nachgegangen.

1. Die Entscheidung des BAG vom 15.12.2005

Das BAG hat in seiner Entscheidung vom 15.12.2005[759] in einer solchen Konstellation das Vorliegen einer Klage- und damit implizit einer Streitgegenstandsänderung bejaht. Es enthält sich jedoch näherer rechtlicher Ausführungen hierzu.[760] Der Entscheidung lag verkürzt folgender Sachverhalt zugrunde:

> Der klagende Arbeitnehmer verlangte in zweiter Instanz vom Beklagten zu 3), dem behaupteten Betriebserwerber, Annahmeverzugslohn für die Monate Februar bis Mai 2003. In erster Instanz hatte der Kläger zudem hilfsweise die Feststellung gegenüber dem Insolvenzverwalter über das Vermögen des ursprünglichen Arbeitgebers – dem Beklagten zu 1) - begehert, dass ihm ein Masseschuldanspruch gegen den Insolvenzverwalter in derselben Höhe zustehe. In zweiter Instanz ließ er die prozessuale Bedingung bzgl. dieses Antrags fallen.
> Der Beklagte zu 3) hatte zuvor vom mit Eröffnungsbeschluss vom 01.10.2002 bestellten Insolvenzverwalter über das Vermögen des ursprünglichen Arbeitgebers einen Kaufvertrag über diverse Unternehmensgegenstände geschlossen, wobei als Übernahmedatum der 01.02.2003 vereinbart und ein Rücktrittrecht eingeräumt wurde. Von diesem Rücktrittsrecht machte der Beklagte zu 3) am 27.02.2003 Gebrauch. Unter demselben Datum vereinbarten der Beklagte, dass der Beklagte zu 3) fortan im Auftrag den Geschäftsbetrieb gegen Vergütung weiterführt, was bis November 2003 geschah. Zur Begründung seines Klagebegehrens trägt der Arbeitnehmer vor, auf den Beklagten zu 3) habe am 01.02.2003 ein Betriebsübergang i.S.v. § 613a BGB stattgefunden. Daran ändere, was die Beklagten bestreiten, auch der Rücktritt vom Kaufvertrag nichts, denn dieser sei unwirksam. Jedenfalls habe der Beklagte zu 3) den Betrieb trotz Erklärung des Rücktritts in eigenem Namen und auf eigene Rechnung fortgeführt.

Ebenso wie das LAG hat auch das BAG keine Bedenken, was den Übergang von Hilfs- zu Hauptantrag betrifft. Das BAG sah hierin eine – nach §§ 525, 263, 260 ZPO aufgrund Sachdienlichkeit zulässige – Klageänderung. Eine Klageänderung liege insofern vor, als der Kläger den Beklagten zu 3) nunmehr nicht mehr nur mit dem bisheri-

---

758 Einzig ArbRBGB-*Ascheid*, § 613a Rn. 147; RGRK-*Ascheid*, § 613a BGB Rn. 304 nimmt Stellung zur Frage einer Streitgegenstandsänderung, allerdings in Bezug auf die Haftung des Betriebserwerbers nach § 613a Abs. 1 Satz 1 BGB.

759 Az. 8 AZR 202/05 AP Nr. 294 zu § 613a BGB; zum Tatbestand dieser Entscheidung siehe ergänzend das zweitinstanzliche Urteil des LAG Niedersachsen vom 11.02.2005 – 16 Sa 1782/03 – recherchiert über juris.

760 Anders lag der Sachverhalt in der Entscheidung des SächsLAG vom 13.11.2002 – 2 Sa 179/02 – LAGE § 533 ZPO 2002 Nr. 1: Erstmals in der 2. Instanz war ein Zahlungsantrag gegen den Betriebsveräußerer, gestützt auf dessen Mithaftung neben dem Betriebserwerber, gestellt worden. Da die Mithaftung mit dem bisherigen zur Entscheidung stehenden Sachverhalt nichts zu tun habe, sah das LAG in dem beabsichtigten Antrag gegen den Betriebsveräußerer eine Klageänderung. In diesem Fall handelt es sich somit nicht um eine Auswechslung der Haftungsgrundlage, sondern um eine erstmalige Geltendmachung der Haftung.

gen Hauptantrag als Betriebsinhaber[761], sondern daneben unbedingt nunmehr auch den Insolvenzverwalter als ehemaligen Betriebsinhaber gemäß § 613a Abs. 2 BGB in Anspruch nehme.[762]

2. Erläuterung der Antragsstellung

Zur Erläuterung soll Folgendes klar gestellt werden: In der ersten Instanz stützt sich der als Hauptantrag gestellte Zahlungsantrag gegen den Beklagten zu 3) auf dessen aktuelle Arbeitgeberstellung nach § 613a Abs. 1 Satz 1 BGB. Denn nach der Behauptung des Klägers hat ein Betriebsübergang bereits vor dem relevanten Lohnzahlungszeitraum stattgefunden und ist nicht durch den Rücktritt beseitigt worden. Hilfsweise für den Fall, dass das Gericht den Rücktritt als wirksam ansehen sollte mit der Folge, dass das Arbeitsverhältnis auf den Insolvenzverwalter zurückgefallen ist, will der Kläger gegen diesen als nunmehr aktuellen Arbeitgeber aus §§ 613a Abs. 1 Satz 1, 611 BGB i.V.m. dem Arbeitsvertrag, § 55 InsO vorgehen.

Nachdem erstinstanzlich dem Hauptantrag stattgegeben wurde, lässt der klagende Arbeitnehmer den auf § 613a Abs. 1 Satz 1 BGB gestützten Hilfsantrag gegen den Insolvenzverwalter in zweiter Instanz fallen. Denn mit der Entscheidung über den Hauptantrag stand fest, dass eine Rückfall des Betriebs auf den früheren Betriebsinhaber nicht stattgefunden hat. Zugleich wandelte der Arbeitnehmer den ursprünglichen Hilfsantrag in einen zweiten Hauptantrag um und nahm damit den Insolvenzverwalter nunmehr über die Nachhaftung des § 613a Abs. 2 BGB in Anspruch.[763]

In diesem Wechsel von der Inanspruchnahme als aktueller Arbeitgeber zur Inanspruchnahme aufgrund Nachhaftung sah das BAG eine Streitgegenstandsänderung.

3. Weitere relevante Konstellationen

In ähnlicher Weise relevant wird die Frage nach dem Streitgegenstand, wenn der Arbeitnehmer Lohnklage gegenüber dem ursprünglichen Arbeitgeber erhebt, und er sich, weil das Vorliegen eines Betriebsübergangs unklar ist, alternativ auf § 613a Abs. 2 BGB als Anspruchsgrundlage stützt. Handelte es sich um unterschiedliche Streitgegenstände, läge Klagenhäufung i.S.v. § 260 ZPO vor. Dieselbe Fragestellung erlangt Bedeutung, wenn erst im Nachhinein eine Klage auf der Grundlage von § 613a Abs. 2 BGB erhoben werden soll, nachdem zuvor bereits ein Verfahren bzgl. eines Anspruchs aus § 611 BGB i.V.m. dem Arbeitsvertrag gegenüber demselben Beklagten eingeleitet worden ist. Denn der Zulässigkeit des Folgeverfahrens könnte das Prozesshindernis

---

[761] Der Verweis des BAG an dieser Stelle auf § 613a Abs. 1 Satz 1 BGB erscheint erläuterungsbedürftig. Das BAG geht insoweit wohl aufgrund des Rücktritts des Beklagten vom Kaufvertrag von einem nochmaligen Betriebsübergang zurück auf die Beklagte aus, mit der Folge, dass der Betrieb in ihre Hände zurückfällt und sie über § 613a Abs. 1 Satz 1 BGB wieder in die Arbeitsverhältnisse eintritt. Das ist insoweit korrekt, als der Rücktritt zu einem Rückabwicklungsschuldverhältnis führt, in dem die ausgetauschten Rechtspositionen zurückzugewähren sind, § 346 BGB; vgl. hierzu auch MüKo-BGB/*Müller-Glöge*, § 613a BGB Rn. 60.

[762] AP Nr. 294 zu § 613a BGB [zu B.I.2.a.aa) der Gründe].

[763] Dass dieser auf § 613a Abs. 2 BGB gestützte Anspruch angesichts des zeitlichen Verhältnisses Anspruchsentstehung – Betriebsübergang nicht durchgeht, sei hier nur angemerkt.

der anderweitigen Rechtshängigkeit, § 261 Abs. 3 Nr. 1 ZPO, bzw. der Rechtskraft, § 322 Abs. 1 ZPO, entgegenstehen.[764]

4. Die Definition des Streitgegenstands

Zunächst ist festzuhalten, dass dem Austausch der rechtlichen Anspruchsgrundlage an sich innerhalb des Prozesses keine Bedeutung zukommt, arg. ex § 253 Abs. 2 ZPO.[765] Vielmehr entscheidet das Gericht aufgrund der vorgetragenen Umstände sowie des bestimmten Antrags über den Streitgegenstand unter allen in Betracht kommenden rechtlichen Gesichtspunkten.[766] Beide Elemente bilden nach dem zweigliedrigen Streitgegenstandsbegriff der h.M. den Sreitgegenstand. Demzufolge folgt der Streitgegenstand aus einer Zusammenschau von konkretem Lebenssachverhalt, aus dem der Kläger den von ihm begehrten Rechtsfolgenausspruch ableitet, sog. Klagegrund[767] und Klageantrag.[768]

5. Stellungnahme

a. Keine Antragsänderung

Stützt sich der Kläger zunächst auf die arbeitsvertragliche Haftung und sodann auf § 613a Abs. 2 BGB, geht hiermit keine Antragsänderung einher. Denn der reine Anspruchgrundlagenwechsel hat auf Inhalt und Umfang des Rechtsschutzbegehrens keinen Einfluss.

b. Relevante Änderung des Lebenssachverhalts

Möglicherweise hat sich jedoch der Lebenssachverhalt wesentlich geändert angesichts dessen, dass der ursprüngliche Arbeitgeber nunmehr als nachhaftender Betriebsveräußerer in Anspruch genommen wird.

Der Lebenssachverhalt umfasst dabei das gesamte tatsächliche Geschehen, das bei natürlicher Betrachtungsweise aus der Sicht der Parteien zu dem durch den Klägervortrag zur Entscheidung gestellten Tatsachenkomplex gehört.[769] Im Detail sind sich Lit.

---

[764] Vgl. zu der Bedeutung des Streitgegenstandsbegriffs, HaKo-ZPO/*Saenger*, Einf. Rn. 93; Rosenberg/ Schwab/Gottwald, Zivilprozessrecht, § 92 Rn. 2 ff.

[765] BGH vom 21.11.1953 – VI ZR 130/52 – NJW 1954, 640, 641; vgl. zur Formulierung des Klageantrags, Thomas/Putzo-*Reichold*, ZPO, § 253 Rn. 11.

[766] „iura novit curia", vgl. *Habscheid*, Festschrift für Schwab, 1990, S. 181, 184.

[767] BGH vom 21.11.1953 – VI ZR 130/52 – NJW 1954, 640, 641; vom 18.11.1982 – IX ZR 91/81 – NJW 1983, 388, 389; Thomas/Putzo-*Reichold*, ZPO, § 253 Rn. 10; zur Bestimmung des Streitgegenstands durch den Kläger, *Henckel*, Prozessrecht und materielles Recht, 1970, S. 125 ff.

[768] BGH vom 27.02.1961 – III ZR 16/60 – NJW 1961, 917, 917 f.; vom 18.11.1982 – IX ZR 91/81 – NJW 1983, 388, 389 vom 07.03.2002 – III ZR 73/01 – NJW 2002, 1503, 1503 mwN; vom 03.04.2003 – I ZR 1/01 – NJW 2003, 2317, 2318; HaKo-ZPO/*Saenger*, Einf. Rn. 97; MüKo-ZPO/*Becker-Eberhard*, vor §§ 253 ff. Rn. 32; Thomas/Putzo-*Reichold*, ZPO, Einl II Rn. 1 ff., 24; *Grunsky*, Zivilprozessrecht, Rn. 116; *Habscheid*, Festschrift für Schwab, 1990, S. 181, 182; *Musielak* NJW 2000, 3593, 3593 f.

[769] St. Rspr., BGH vom 11.11.1994 – V ZR 46/93 – NJW 1995, 967, 968; vom 08.02.1996 – IX ZR 215/94 - NJW-RR 1996, 826, 827; vom 25.02.1999 – III ZR 53/98 – NJW 1999, 1407, 1407; vom

und Rspr. jedoch uneinig, wie der Lebenssachverhalt zu umgrenzen ist. Einige Vertreter suchen die Anlehnung an die materiell-rechtlichen Tatbestandsmerkmale, indem sie danach fragen, inwiefern die jeweiligen Tatsachen für Schlüssigkeit und Substantiierung der Klage unerlässlich sind.[770] Andere Vertreter stellen darauf ab, inwiefern die neu vorgebrachten Tatsachen zu einem wesentlich veränderten, weil umfassenderen und komplexeren Lebenssachverhalt führen im Gegensatz zur bloßen Ergänzung oder Berichtigung der bisherigen Angaben, sodass von demselben prozessualen Anspruch nicht mehr die Rede sein kann.[771] Gänzlich können diese zuletzt genannten Ansichten aber auch rechtliche Gesichtspunkte nicht außen vor lassen.[772] Im Ergebnis läuft die Abgrenzung auf eine wertende, rechtsfolgenorientierte Betrachtung im Einzelfall hinaus.

c. Der nachträgliche Vortrag der Betriebsveräußerung als Klagegrunderweiterung

Stützt der Kläger seinen Anspruch im Verfahren nachträglich auf § 613a Abs. 2 BGB anstatt auf die aktuelle Arbeitgeberstellung, stellt sich die Frage, ob der neue Tatsachenvortrag bzgl. der Betriebsveräußerungsumstände ein vom bisherigen Vortrag abgrenzbares Geschehen bildet. *Ascheid* bejaht dies für die Schuldnerstellung des Erwerbers. Gehe die Arbeitgeberstellung vom Betriebsveräußerer auf den -erwerber über, gehöre „jetzt auch der Betriebsübergang mit zur Anspruchsbegründung".[773]

20.03.2000 – II ZR 250/99 – NJW 2000, 1958, 1958; vgl. auch HaKo-ZPO/*Saenger*, Einf. Rn. 98; MüKo-ZPO/*Becker-Eberhard*, § 263 Rn.13; Thomas/Putzo-*Reichold*, ZPO, Einl. II Rn. 30; *Lüke*, Zivilprozessrecht, Rn. 162; *Habscheid*, Festschrift für Schwab, 1990, S. 181, 188..

770 Musielak/*Musielak*, ZPO, Einleitung Rn. 76 mwN; *ders.* NJW 2000, 3593, 3595 ff., der jedoch einschränkend vom materiellen Recht als Orientierungspunkt spricht; vgl. ebenfalls *Grunsky*, Zivilprozessrecht, Rn. 116; *Jauernig*, Zivilprozessrecht, § 37 VIII 1 (S. 125 f.); *Blomeyer*, Zivilprozessrecht, § 89 III 3, S. 483 f.; abgewandelt *Henckel*, Parteilehre und Streitgegenstand, S. 277, der die Identität des Streitgegenstandes danach bestimmen will, ob nach materiellem Recht ein einheitliches Verfügungsobjekt gegeben ist; hiergegen *Habscheid*, FS für Schwab, 1990, 181, 193; grundsätzlich gegen die Anknüpfung an das materielle Recht, BGH vom 11.07.1996 – III ZR 133/95 – NJW 1996, 3151, 3152; vom 06.05.1999 – III ZR 265/98 – NJW 1999, 3126, 3127; HaKo-ZPO/*Saenger*, Einf. Rn. 98.

771 BGH vom 14.01.1981 – IVb ZR 575/80 – NJW 1981, 978, 978; vom 18.11.1982 – IX ZR 91/81 – NJW 1983, 388, 389; HaKo-ZPO/*Saenger*, Einf. Rn. 98. Ähnlich BGH vom 18.11.1982 – IX ZR 91/81 – NJW 1983, 388, 389; MüKo-ZPO/*Becker-Eberhard*, § 263 Rn. 14; Thomas/Putzo-*Reichold*, ZPO, Einl II Rn. 30; *Jauernig*, Zivilprozessrecht, § 37 II 4 (S. 120 f.).

772 So BGH vom 14.01.1981, aaO (Fn. 771), der die Identität des dem Trennungsunterhalt auf der einen und des dem nachehelichen Unterhalt auf der anderen Seite zugrunde liegenden Lebenssachverhalts verneint: Die Scheidung bewirke eine Modifizierung der unterhaltsrechtlichen Beziehungen, da es sich um jeweils wesentlich unterschiedlich ausgestaltete Ansprüche handele; ähnlich BGH vom 18.11.1982, aaO, für den Anspruch auf den „großen Pflichtteil" im Vergleich zum Anspruch auf den „kleinen Pflichtteil" zzgl. Zugewinnausgleich.

773 RGRK-*Ascheid*, § 613a BGB Rn. 304; widersprüchlich insoweit BAG vom 09.02.1994 – 2 AZR 781/93 – NZA 1994, 612, 613, das zwar unter 4 b) der Gründe eine Streitgegenstandsidentität annimmt, aber dennoch alternativ neben der Titelumschreibung eine erneute Klage gegen den Betriebserwerber zulassen will.

Ob dieses Ergebnis unbesehen auf die Inanspruchnahme des Veräußerers übertragen werden kann, ist schon angesichts der unterschiedlichen rechtlichen Ausgangssituationen fraglich. Insofern ist zunächst das rechtliche Verhältnis von § 611 BGB i.V.m. dem Arbeitsvertrag und § 613a Abs. 2 BGB in Erinnerung zu rufen. Letzterer hält die vor Betriebsübergang bestehende Haftung als Arbeitgeber zeitweilig und zeitanteilig zulasten des Betriebsveräußerers aufrecht.[774] Entsprechend decken sich die Voraussetzungen beider Anspruchsgrundlagen, was Entstehung und Fälligkeit anbelangt. Der Sachvortrag insoweit bleibt derselbe. Für die Beurteilung, ob der Klagegrund derselbe bleibt, kommt es mithin ausschließlich auf die Bedeutung des ergänzenden Tatsachenvortrags bzgl. des Betriebsübergangs an.[775]

Den Umständen der Betriebsveräußerung wird regelmäßig keine wesentliche Relevanz zukommen, wenn Ansprüche i.S.v. § 613a Abs. 2 BGB eingeklagt werden. Das bedingt das Zusammenspiel der Anspruchsgrundlagen: Entweder war der ursprüngliche Arbeitgeber nach wie vor Vertragspartner, weil kein Betriebsübergang stattfand, dann greift § 611 BGB, oder es liegt ein Betriebsübergang vor, dann findet der Nachhaftungstatbestand Anwendung. Solange es um Leistungsklagen bzgl. bereits vor Betriebsübergang entstandener und fälliger Forderungen geht, sind die zeitlichen Beschränkungen des § 613a Abs. 2 BGB ohne Belang. Dies dürfte regelmäßig der Fall sein. Denn den Kern des Lebenssachverhalts bilden nach wie vor die Tatsachen bzgl. der ursprünglichen Schuld. Diese Anspruchsbegründung wird über § 613a Abs. 2 BGB aufrechterhalten. Dessen ratio gemäß sollen von der Tatsache der Betriebsveräußerung gerade keine Auswirkungen auf die Haftung des Betriebsveräußerers ausgehen. Vor diesem Hintergrund kann sich das Gericht bei der Bejahung des Anspruchs einer Entscheidung enthalten, ob die Schuldnerstellung aus dem Arbeitsvertrag oder aus dem Nachhaftungstatbestand folgt. Insoweit sprechen gute Gründe gegen das Vorliegen einer Streitgegenstandsänderung.

Ist das zeitliche Zusammenspiel von Betriebsübergang, Anspruchsentstehung und -fälligkeit allerdings unklar, wird es auf die exakte zeitliche Subsumtion unter die Betriebsübergangsvoraussetzung und damit auf die Umstände der Betriebsveräußerung ankommen. Das Gericht kann dann nicht darauf verzichten, den Zeitpunkt von Entstehung und Fälligkeit des Anspruchs zum Zeitpunkt des Betriebsübergangs in Bezug zu setzen. In der Folge bilden sämtliche Umstände der Betriebsveräußerung eine neue wesentliche Tatsachengrundlage, die das Rechtsschutzbegehren rechtfertigen soll. Bei diesem Sachverhaltskomplex handelt es sich bei natürlicher Betrachtung um ein von den eigentlichen Umständen der Anspruchsentstehung unabhängiges Geschehen, das auch nicht lediglich eine Ergänzung der im ursprünglichen Sachvortrag wenigstens angedeuteten Umstände darstellt. Die Erweiterung des ursprünglichen Sachvortrags um den tatsächlichen Vorgang der Betriebsveräußerung kann die Komplexität des Sachverhalts erheblich steigern.

---

[774] Siehe hierzu oben 2. Kap., 2. Abschn., B.III.3.

[775] Ebenso in BGH vom 18.11.1982 – IX ZR 91/81 – NJW 1983, 388, 389, in der er für die Beurteilung der Streitgegenstandsänderung auf den ergänzenden Vortrag zur Zugewinnerwirtschaftung abstellte; vgl. auch die Fragestellung bei *Musielak* NJW 2000, 3593, 3594.

Für die Beurteilung, ob es sich bei der originären Arbeitgeberhaftung und der Nachhaftung des Betriebsveräußerers um einen einheitlichen, kontinuierlichen prozessualen Anspruch handelt, muss es m.E. sonach auf den Inhalt des konkreten Sachvortrags ankommen. Bestimmend ist also, ob die Umstände der Betriebsveräußerung aufgrund der vorgenannten zeitlichen Dimension an Bedeutung gewinnen. Das hat das Gericht im Einzelfall zu beurteilen.

d. Die Rechtsfolgen des Vorliegens unterschiedlicher Streitgegenstände

Nimmt das Gericht aufgrund des neuen Sachvortrags eine Klagegrunderweiterung und damit einen abweichenden Streitgegenstand an, müssen die Klageänderungsvoraussetzungen bzw. Klageerweiterungsvoraussetzungen nach §§ 260, 263 ZPO analog vorliegen. Es bedarf sonach entweder der Zustimmung des beklagten Betriebsveräußerers oder einer Sachdienlicherklärung seitens des Gerichts[776]. Letztere wird angesichts der Teilidentität der Ansprüche bezogen auf die „Urschuld" regelmäßig erfolgen können.

Auch steht einer zweiten Klage des Arbeitnehmers, nachdem dieser mit einer ersten Klage gegen den Betriebsveräußerer gestützt auf § 611 BGB i.V.m. dem Arbeitsvertrag gescheitert ist, bzgl. desselben Anspruchs, der sich nunmehr auf die Nachhaftung nach § 613a Abs. 2 BGB stützt, weder Rechtskraft noch Anhängigkeit des Erstverfahrens entgegen.[777] Aufgrund der Divergenz der Streitgegenstände greift weder das Prozesshindernis des § 261 Abs. 3 Nr. 1 ZPO bzw. des § 322 Abs. 1 ZPO. Dabei ist zudem zu berücksichtigen, dass, obwohl hinsichtlich des Anspruchs an sich Teilidentität beider Klagen besteht, die Rechtskraft der Erstentscheidung den Richter des Zweitprozesses nicht bindet. Denn die Entscheidung über den objektiven Bestand des Anspruchs erwächst als Teilvorfrage nicht in Rechtskraft.[778] Vielmehr handelt es sich bei der Entscheidung über den objektiven Bestand der Forderung um Vorfragen in beiden Prozessen.[779] Das bedeutet zugleich aber, dass der Betriebsveräußerer der Gefahr sich widersprechender Entscheidungen ausgesetzt ist.

VII. Ergebnis für Klagen um unvertretbare Ansprüche

Hat der Arbeitnehmer vertretbare Ansprüche gegenüber seinem Arbeitgeber eingeklagt und kommt es während des schwebenden Verfahrens zum Betriebsübergang, bleibt der Betriebsveräußerer insoweit Schuldner, § 613a Abs. 2 BGB. Aufgrund der hiernach fortbestehenden Passivlegitimation kann der Arbeitnehmer das Verfahren gegen seinen ursprünglichen Arbeitgeber unverändert fortführen. Den Betriebserwerber kann der Kläger über einen gewillkürten Parteiwechsel/-beitritt in das Verfahren einbeziehen,

---

776 Zur Sachdienlicherklärung im Falle der Abspaltung von Unternehmensteilen während anhängiger Verfahren, *Bork/Jacoby* ZHR 167 (2003), 440, 452.

777 Allerdings dürfte es in den seltensten Fällen zu einer solchen Zweitklage kommen, da das Erstgericht richtigerweise bei Sachdienlichkeit einen entsprechenden Hinweis nach § 139 ZPO auf die alternativ in Betracht kommende Nachhaftung erteilen wird. Vgl. zur richterlichen Hinweispflicht bzgl. der Anregung einer Klageänderung, MüKo-ZPO/*Wagner*, § 139 Rn. 26 ff. mwN; aA Zöller/*Greger*, ZPO, § 139 Rn. 15; HaKo-ZPO/*Wöstmann*, § 139 Rn. 4.

778 Vgl. hierzu die ähnlich gelagerten Beispiele bei MüKo-ZPO/*Gottwald*, § 322 Rn. 40.

779 HaKo-ZPO/*Saenger*, § 322 Rn. 15.

ohne dass es der Zustimmung von Seiten der Veräußerungsparteien hierzu bedarf. § 613a Abs. 1 Satz 1 BGB führt in diesem Fall eine materiell-rechtliche Bindung des Betriebserwerbers an denjenigen Prozessstand, wie er im Zeitpunkt des Betriebsübergangs vorliegt, herbei. Entscheidet sich der Arbeitnehmer gegen einen Parteibeizug, hat das gegen den Betriebsveräußerer ergehende Urteil keine Wirkung gegenüber dem Betriebserwerber nach § 425 BGB.

Ist das Urteil hingegen im Zeitpunkt des Betriebsübergangs bereits rechtskräftig, bewirkt § 613a BGB eine materiell-rechtliche Bindung des Betriebserwerbers an die dortigen Feststellungen bedingt durch die materielle Abhängigkeit von der titulierten „Urschuld". Die Bindung besteht dabei rein materiell, ohne dass eine Rechtskrafterstreckung im prozessualen Sinn eintritt.

Darüber hinaus vermittelt diese materiell-rechtliche Abhängigkeit, die in dem Übergang der „Urschuld" zum Ausdruck kommt, die Grundslage für die Analogie zu § 729 ZPO. Hiernach kann der Arbeitnehmer eine vollstreckbare Ausfertigung gegen den Betriebserwerber erlangen unter den entsprechenden Nachweisvoraussetzungen der §§ 727, 731 ZPO.

Ob der dem Anspruch aus § 611 BGB i.V.m. dem Arbeitsvertrag zugrunde liegende Lebenssachverhalt sich von demjenigen, auf den sich der Anspruch aus § 613a Abs. 2 BGB stützt, derart wesentlich unterscheidet, dass dies die Annahme unterschiedlicher Streitgegenstände rechtfertigt, ist anhand der Umstände des Einzelfalls zu beurteilen. Von Relevanz hierfür wird sein, ob der Zeitpunkt des behaupteten Betriebsübergangs wegen der zeitlichen Schranken der Nachhaftung gemäß § 613a Abs. 1 Satz 1, Abs. 2 BGB die vollumfängliche Prüfung der Betriebsübergangsvoraussetzungen erforderlich macht.

B. Feststellungsklagen im Kontext mit einem Betriebsübergang

Bereits oben wurde die Möglichkeit behandelt, die Person des Arbeitgebers vor dem Hintergrund einer Betriebsveräußerung im Rahmen einer sog. Statusklage gerichtlich feststellen zu lassen.[780] Ebenso wie sie können auch sonstige allgemeine Feststellungsklagen nach § 256 Abs. 1 ZPO gegenüber dem ursprünglichen Arbeitgeber anhängig oder bereits rechtskräftig abgeschlossen sein, wenn es zum Betriebsübergang kommt.

I. Gegenüber dem späteren Betriebsveräußerer eingeleitete Statusklagen

Passivlegitimiert bzgl. der Feststellung im Statusverfahren ist der jeweils aktuelle Arbeitgeber.[781]

Entsprechend kommt es, wenn ein Betriebsübergang während eines solchen Verfahrens stattfindet, zu einem Wechsel in der Person des Passivlegitimierten. Diese Situa-

---

780 Hierzu ausführlich oben 3. Abschn.

781 KR/*Pfeiffer*, § 613a BGB Rn. 205; Moll/*Boewer*, Anwaltshandbuch ArbR, § 45 Rn. 94 f. Vgl. auch LAG Hamm vom 17.05.1993 – 17 (11) Sa 1686/92 – LAGE § 256 ZPO Nr. 7 [zu 1.b.aa. der Gründe]; vom 02.12.1999 – 4 Sa 1153/99 – NZA-RR 2000, 265, 267 f. Siehe zur Passivlegitimation im Hinblick auf den Bestand des Arbeitsverhältnisses auch oben 3. Kap., 2. Abschn., F.III.

tion ist derjenigen in Verfahren zur Durchsetzung unvertretbarer, betriebsbezogener Ansprüche gleich gelagert. Die dort vertretene Lösung ist insofern stringent auf Statusklagen zu übertragen. Die dort angeführten Argumente rechtfertigen auch hier eine umfassende Analogie zu den §§ 265, 325, 727, 731 ZPO mit den sich hieraus ergebenden Rechtsfolgen, wie sie oben bereits ausführlich beschrieben wurden.[782]

Alternativ hierzu kann der Kläger nach Ansicht des BAG seinen Feststellungsantrag auf den Zeitraum bis zur Betriebsübernahme zeitlich begrenzen und auf diese Weise den maßgeblichen Entscheidungszeitpunkt vorverlagern.[783] Voraussetzung ist jedoch, dass ein entsprechendes Feststellungsinteresse gerade im Hinblick auf dieses dann vergangene Rechtsverhältnis besteht. Nach Ansicht des BAG ist dies der Fall, da die vom Arbeitnehmer begehrte Feststellung nicht nur Wirkung für die Vergangenheit, sondern auch für die Gegenwart insofern zeitigt, als hiermit zugleich klargestellt wird, dass das Arbeitverhältnis auf den Erwerber übergegangen ist und zu diesem fortbesteht. Der Erwerber, so das BAG, müsse das in diesem anhängigen Statusverfahren ergehende Feststellungsurteil sodann analog § 325 Abs. 1 ZPO gegen sich gelten lassen.[784] Diese Ausführungen des BAG sind nicht unproblematisch, denn angesichts der nachträglichen, zeitlichen Beschränkung des Antrags findet ein Wechsel in der Passivlegitimation, die die analoge Anwendbarkeit des § 325 ZPO begründet, gerade nicht statt. M.E. kommt daher eine zeitliche Einschränkung des Statusfeststellungsantrags nur in Betracht, wenn ein gegenwartsbezogenes Interesse, die Existenz des Arbeitsverhältnisses zum Betriebsveräußerer bis zum Zeitpunkt des Betriebsübergangs feststellen zu lassen, gerade im Verhältnis zu diesem besteht.

II. Sonstige gegenüber dem ursprünglichen Arbeitgeber eingeleitete Feststellungsklagen

Im Falle sonstiger Feststellungsbegehren ist m.E. danach zu differenzieren, ob der Betriebsübergang einen Wechsel in der Passivlegitimation bzgl. des Streitgegenstands herbeiführt. Ist dies der Fall, ist wie in der Konstellation um betriebsbezogene Ansprüche eine Analogie zu den §§ 265 Abs. 2, 325 Abs. 1, 727 ZPO vorzugswürdig. Das gilt etwa dann, wenn die Feststellung das Bestehen ebensolcher Ansprüche umfasst.

Ist demgegenüber die Situation derjenigen im Falle vertretbarer Ansprüche i.S.v. § 613a Abs. 2 BGB vergleichbar, was im Grunde nur in Betracht kommt, wenn die Feststellung eines solchen Anspruchs beantragt ist, kann auf die Analogie zu den Vorschriften der Veräußerung der streitbefangenen Sache nicht zurückgegriffen werden. Insoweit ist der klagende Arbeitnehmer auf die materiell-rechtliche Bindungswirkung

[782] MüKo-BGB/*Müller-Glöge*, § 613a BGB Rn. 215. Vgl. die Darstellung der Konstellation um rein betriebsbezogene Ansprüche oben 5. Abschn., B.I. ff. Zur Anwendbarkeit des § 265 ZPO auf Feststellungsklagen, vgl. MüKo-ZPO/*Becker-Eberhard*, § 265 Rn. 20 f.; Stein/Jonas-*Schumann*, ZPO, 21. Aufl. 1997, § 265 Rn. 15. Vgl. zur analogen Anwendung des § 325 ZPO auch BAG vom 09.07.2003 - 5 AZR 595/02 – NZA-RR 2004, 9, 10. AA LAG Düsseldorf vom 12.03.2001 – 5 Sa 230/00 - DZWIR 2002, 107 [zu 1. und 2. der Gründe].

[783] BAG vom 09.07.2003 - 5 AZR 595/02 – NZA-RR 2004, 9, 10. Zur datenmäßigen Begrenzung von Feststellungsanträgen, siehe auch unten Fn. 1106.

[784] BAG vom 09.07.2003 - 5 AZR 595/02 – NZA-RR 2004, 9, 10.

des § 613a BGB bzgl. prozessualer Sachverhalte, wie sie im Zeitpunkt des Betriebsübergangs vorliegen, verwiesen.[785]

[785] Siehe hierzu oben A.III. ff.

5. Kapitel „Kündigungsklagen" im zeitlichen Kontext mit einem Betriebsübergang

1. Abschnitt: „Kündigungsklagen" und Betriebsübergang

Als weitaus häufigste prozessuale Konstellation im Zusammenhang mit einem Betriebsübergang stellt sich der gerichtliche Angriff einer Kündigung durch den Arbeitnehmer dar, sei sie vom Betriebsveräußerer, sei sie vom Betriebserwerber ausgesprochen.[786] Die Problematik resultiert daraus, dass die selbst nicht unstreitige Ausgestaltung der verschiedenen Arten von „Kündigungsklagen"[787] mit den Rechtsfolgen des § 613a BGB in einer Vielfalt von Fallgestaltungen kumuliert.

Die Vielzahl von Szenarien gründet auf der prozessrechtlichen Relevanz verschiedener Zeitmomente. Dies sind im Hinblick auf die Kündigung der Zugang der Kündigungserklärung, das Ende der Kündigungsfrist sowie die Rechtshängigkeit der die Kündigung abwehrenden Klage. Im Zusammenhang mit dem Betriebsübergang kommt es maßgeblich auf den Zeitpunkt der Übernahme der betrieblichen Leitungsmacht durch den Betriebserwerber an. Im Rahmen der rechtlichen Beurteilung wird das zeitliche Verhältnis dieser Elemente zueinander entscheidende Bedeutung gewinnen.

A. Denkbare prozessuale Szenarien

I. Kündigung durch den Betriebsveräußerer vor Betriebsübergang

Vor diesem Hintergrund stellt sich vordringlich die Frage, wie prozessual zu reagieren ist, wenn zwar noch der Betriebsveräußerer als aktueller Arbeitgeber eine Kündigung ausgesprochen hat, aber bereits zeitlich vor Klageerhebung oder aber während des schwebenden Kündigungsschutzverfahrens ein Betriebsübergang stattfindet.

Insoweit sieht sich der klagende Arbeitnehmer wiederum mit der Problematik konfrontiert, wie sich der Betriebsübergang auf die Passivlegitimation im Kündigungsstreit auswirkt. Im erstgenannten Fall bedarf es aus Sicht des Arbeitnehmers der dringenden Klärung, auf welche Weise er den begonnenen Prozess mit Wirkung gegen den Betriebserwerber fortführen kann. Im zweiten Fall ist von vornherein fraglich, gegen wen „Kündigungsklage" zu erheben ist. Schwierigkeiten treten speziell dann auf, wenn sich erst im Prozess herausstellt, dass bereits vor Klageerhebung ein Betriebsübergang stattgefunden hat.

Hierüber hinaus wird es dem Arbeitnehmer verbunden mit der Entscheidung, ob die ausgesprochene Kündigung wirksam ist, regelmäßig auch darum gehen, den (Nicht-) Übergang seines Arbeitsverhältnisses feststellen zu lassen. Dieses Bedürfnis kommt

---

[786] Das spiegelt sich in der Masse an ergangenen Entscheidungen wie auch in einem umfangreichen Schrifttum wider, die zu den hiermit verbundenen, äußerst problematischen Rechtsfragen Stellung nehmen, siehe hierzu die Nachweise zur folgenden Darstellung.

[787] Der Begriff der „Kündigungsklage" wird an dieser Stelle als Überbegriff verwandt.

etwa auf, wenn eine der Veräußerungsparteien sich weigert, den Übergang des ungekündigt fortbestehenden Arbeitsverhältnisses gegen sich gelten zu lassen.

II. Kündigung wegen des Betriebsübergangs, § 613a Abs. 4 Satz 1 BGB

Von äußerster Bedeutung für den Arbeitnehmer ist die Frage, inwieweit der Betriebserwerber an das Urteil im Kündigungsschutzrechtsstreit gebunden ist, dann, wenn er sich gegenüber der Kündigung auf das Kündigungsverbot des § 613a Abs. 4 Satz 1 BGB beruft. Denn bei seiner Entscheidung, ob eine Kündigung unzulässigerweise gerade wegen des Betriebsübergangs ausgesprochen worden ist, beschäftigt sich die Kündigungsschutzklage bereits inzidenter mit den Voraussetzungen des § 613a BGB. Daher wird es Bestreben des Arbeitnehmers sein, beide Veräußerungsparteien in die Urteilswirkungen einzubeziehen, um divergierende Entscheidungen zu vermeiden.

III. Kündigung des Veräußerers vor/des Erwerbers nach Betriebsübergang

Kündigen der Betriebsveräußerer nach oder der Betriebserwerber vor dem Arbeitgeberwechsel, geht die Kündigung – materiell-rechtlich besehen – unstreitig ins Leere. Denn ein Arbeitsverhältnis des Kündigenden zum Arbeitnehmer existiert nicht mehr oder noch nicht. Für den Arbeitnehmer steht in dieser Konstellation im Mittelpunkt, auf welche Weise und vor allem wem gegenüber er prozessual gegen die Kündigung vorgehen muss. Schwierigkeiten treten darüber hinaus auf, wenn erst während des Verfahrens bekannt wird, dass der Betriebsübergang vor respektive nach Kündigungszugang stattfand.

IV. Rechtsunsicherheit bzgl. des Vorliegens/des Zeitpunkts eines Betriebsübergangs

Hinzu tritt – wie bereits angedeutet – nicht selten die Unsicherheit, ob überhaupt die Voraussetzungen des § 613a BGB vorliegen bzw. in welchem Augenblick der Betriebsübergang stattgefunden hat. Die Schwierigkeit der rechtlichen Beurteilung paart sich dabei regelmäßig mit einem Informationsdefizit auf Seiten des Arbeitnehmers, was die Umstände der Betriebsveräußerung anbelangt.

B. Der prozessuale Angriff der Arbeitgeberkündigung

Die Überprüfung der Wirksamkeit der Kündigung eines Arbeitsverhältnisses obliegt nach § 2 Abs. 1 Nr. 3 b) ArbGG den Arbeitsgerichten. Hierfür stehen dem Arbeitnehmer im Grundsatz zwei Arten von „Kündigungsklagen" zur Verfügung, einmal die spezielle Kündigungsschutzklage, § 4 Satz 1 KSchG, zum anderen die allgemeine Feststellungsklage nach § 256 Abs. 1 ZPO.[788]

---

[788] Vgl. zur Formulierung der Anträge, *Diller* NJW 1998, 663, 663 ff.

I. Die Kündigungsschutzklage i.S.v. §§ 4, 13 Abs. 1 Satz 2 KSchG

Die explizit in § 4 Satz 1 KSchG normierte Kündigungsschutzklage stellt den gesetzlich festgeschriebenen und angesichts der Fristregelung zwingenden Regelfall dar, eine Arbeitgeberkündigung anzugreifen.

Zugleich bildet sie einen Spezialfall der allgemeinen Feststellungsklage.[789] Ausnahmsweise lässt sie die Feststellung eines Teilrechtsverhältnisses, nämlich die Auflösung des Arbeitsverhältnisses infolge Kündigung, zu.[790] Angesichts der Spezialstellung der Kündigungsschutzklage kann die grundsätzlich notwendige Darlegung des Feststellungsinteresses (vgl. § 256 Abs. 1 ZPO) im Rahmen der Zulässigkeit ohne weiteres entfallen. Grund hierfür ist die Ausschlussfunktion der „Klageerhebungsfrist" nach §§ 4, 7 KSchG von drei Wochen.[791]

1. Umfang des Anwendungsbereichs „aus anderen Gründen"

Der Anwendungsbereich der Kündigungsschutzklage bezieht sich seit der Neufassung von § 4 Satz 1 sowie § 13 Abs. 1 Satz 2, Abs. 3 KSchG zum 01.01.2004[792] nicht mehr allein auf den Fall, dass nunmehr der Arbeitnehmer die Sozialwidrigkeit der Kündigung nach § 1 KSchG geltend macht. Sie ist umfassend ausgestaltet, indem sie auf die Rechtsunwirksamkeit *„aus anderen Gründen"* Bezug nimmt.

Welche sonstigen Unwirksamkeitsgründe nach der Reform verblieben sind, die nicht in den Anwendungsbereich des § 4 KSchG fallen, ist nicht vollständig geklärt. Diskutiert wird der Fall der fehlenden Kündigungsbefugnis, wie er sich auch infolge des Betriebsübergangs stellen kann. Hierauf wird an späterer Stelle einzugehen sein.[793]

2. Streitgegenstand der Kündigungsschutzklage nach § 4 KSchG

Nahezu sämtliche Problemstellungen in Bezug auf den prozessualen Angriff einer im zeitlichen und/oder sachlichen Zusammenhang mit dem Betriebsübergang ausgesprochenen Kündigung laufen auf die Frage hinaus, wie der Streitgegenstand der Kündigungsschutzklage nach § 4 KSchG definiert ist. Insbesondere die Bestimmung des richtigen Klagegegners und der richtigen Klageart findet dort ihren Ursprung.

Den Ausgangspunkt für die Beurteilung des Streitgegenstands bildet die von § 4 Satz 1 KSchG vorgegebene Antragsformulierung. Hiernach hat das Gericht zu prüfen,

---

789 Nach h.M. keine rechtsgestaltende Wirkung, vgl. Großer Senat des BAG vom 27.02.1985 – GS 1/84 – AP Nr. 14 zu § 611 BGB Beschäftigungspflicht [zu C.II.1.b) der Gründe]; APS-*Ascheid/Hesse*, § 4 KSchG Rn. 18 f. mwN; ErfK/*Kiel*, § 4 KSchG Rn. 9; MüKo-BGB/*Hergenröder*, § 4 KSchG Rn. 15; Schwab/*Zimmerling*, ArbGG, § 46 Rn. 81 mwN; *Boemke* RdA 1995, 211, 213. Vgl. aber auch KR/*Friedrich*, § 4 KSchG Rn. 18, der auf ein rechtsgestaltendes Element hinweist. Zum Streit um die Rechtsnatur der Kündigungsschutzklage, *Bandey*, Kündigungsschutzklage, S. 15 ff.

790 BeckOK-ArbR/*Kerwer*, § 4 KSchG Rn. 24, 72; *Boemke* RdA 1995, 211, 213.

791 BAG vom 11.02.1981 – 7 AZR 12/79 – AP Nr. 8 zu § 4 KSchG 1969 [zu B.II.2. der Gründe]; vom 04.02.1993 – 2 AZR 453/92 –nv, recherchiert über juris [zu A. der Gründe]; APS-*Ascheid/Hesse*, § 4 KSchG Rn. 24; ausführlich *Boemke* RdA 1995, 211, 215 f.

792 Gesetzes zu Reformen am Arbeitsmarkt vom 24.12.2003 (BGBl. I S. 3002) m.W.v. 1.1.2004.

793 Siehe hierzu unten unter G.

ob die konkret angegriffene Kündigung das bestehende Arbeitsverhältnis zum angegebenen Termin auflöst bzw. aufgelöst hat.

a. Die erweiterte Theorie vom punktuellen Streitgegenstand des BAG

Über diese Vorgabe hinaus herrscht Streit, welches Ausmaß dem Streitgegenstand zukommt, wobei sich die Auffassung der Rspr. mittlerweile zu einem fast gewohnheitsrechtlichen Rechtssatz verfestigt hat.[794] Nach Auffassung der Rspr. – und in Abgrenzung zur allgemeinen Feststellungsklage[795] – geht der Streitgegenstand der Klage nach § 4 Satz 1 KSchG von der Fragestellung aus, ob das Arbeitsverhältnis durch die konkrete Kündigung zu dem von ihr festgeschriebenen Zeitpunkt beendet worden ist.[796]

Erweitert wird dieser punktuelle Streitgegenstand insoweit, als er neben der Wirksamkeit der Kündigung den Bestand des Arbeitsverhältnisses zwischen den Arbeitsvertragsparteien an sich einschließt und zwar nach Ansicht des BAG sowohl im Zeitpunkt des Zugangs der Kündigungserklärung[797] als auch im Zeitpunkt des Endes der Kündigungsfrist.[798]

Das impliziert, dass der Kündigungsschutzklage nur dann stattzugeben ist, wenn erstens im Zeitpunkt des Kündigungsausspruchs ein Arbeitsverhältnis zum Kündigenden bestanden hat, zweitens das Gericht zur Auffassung gelangt, dass die Kündigung unwirksam ist, und drittens keine sonstigen Auflösungstatbestände im Verfahren vorgetragen worden sind, die das Arbeitsverhältnis vor Ablauf der Kündigungsfrist been-

---

794 Vgl. zur historischen Entwicklung umfassend, *Holtermüller*, Streitgegenstand, S. 4 ff.

795 Hierzu unten unter III.

796 St. Rspr. seit BAG vom 27.06.1955 – 1 AZR 429/54 - NJW 1955, 1374, 1375; vom 13.11.1958 – 2 AZR 573/57 - DB 1959, 768; vom 17.11.1958 – 2 AZR 277/58 – DB 1959, 711, 712; vom 27.01.2004 - 2 AZR 484/93 – NZA 1994, 812, 813; vom 15.03.2001 – 2 AZR 141/00 – AP Nr. 4 KSchG 1969 Nr. 46 [zu B.II.2. der Gründe]; vom 10.11.2005 - 2 AZR 623/04 - AP Nr. 196 zu § 626 BGB [zu B.I.1.b)aa) der Gründe]; vom 27.04.2006 - 2 AZR 360/05 – NZA 2007, 229, 231; LAG Bremen vom 14.06.1990 – 3 Sa 139/89 – LAGE § 613a BGB Nr. 20; dem BAG zust., KR/*Friedrich*, § 4 KSchG Rn. 225 ff., 255; ErfK/*Kiel*, § 4 KSchG Rn. 30, 33 f.; Stahlhacke/Preis/*Vossen*, Kündigungsschutz, Rn 1873; von Hoyningen-Huene/*Linck*, KSchG, § 4 Rn. 118 ff.; *Holtermüller*, Streitgegenstand, S. 166 ff.; *Stahlhacke*, FS für Leinemann, 2006, 389, 397; *Schaub* NZA 1990, 85, 85.

797 BAG vom 12.01.1977 - 5 AZR 593/75 – NJW 1977- 1895, 1896; vom 12.06.1986 – 2 AZR 426/85 – NZA 1987, 273, 274; vom 10.11.2005 - 2 AZR 623/04 - AP Nr. 196 zu § 626 BGB [zu B.I.1.b) aa)]; vom 27.04.2006 - 2 AZR 360/05 – NZA 2007, 229, 231; vom 26.06.2008 – 6 AZN 648/07 – NZA 2008, 1145, 1147; umfassende Nachweise bei APS-*Ascheid*/*Hesse*, KSchR, § 4 KSchG Rn. 134; KR/*Friedrich*, § 4 KSchG Rn. 267.

798 BAG vom 17.11.1958 – 2 AZR 277/58 – DB 1959, 711, 712; vom 12.01.1977 - 5 AZR 593/75 - AP Nr. 3 zu § 4 KSchG 1969 [zu 2. der Gründe]; vom 12.06.1986 – 2 AZR 426/85 – NZA 1987, 273, 273 f.; vom 18.03.1999 – 8 AZR 306/98 – AP Nr. 44 zu § 4 KSchG 1969 [zu B.IV. der Gründe]; vom 27.01.1994 – 2 AZR 484/93 – AP Nr. 28 zu § 4 KSchG 1969 [zu B.II.2.b) (1) der Gründe] in Abgrenzung zur allgemeinen Feststellungsklage; vom 14.06.2006 - 5 AZR 592/05 - NZA 2006, 1154, 1155; unklar BAG vom 10.11.2005 - 2 AZR 623/04 - AP Nr. 196 zu § 626 BGB [zu B.I.1.b)aa) der Gründe]. Vgl. auch die Übersicht zu Rspr. bei Schwab/*Zimmerling*, ArbGG, § 46 Rn. 81 ff.; KR/*Friedrich*, § 4 KSchG Rn. 255. AA LAG Nürnberg 05.12.1995 - 2 Sa 408/94 - LAGE KSchG § 4 Nr. 33; *Berkowsky* NZA 2008, 1112, 1113 f.; *Grunsky*, Anm. zu BAG vom 12.01.1977 - 5 AZR 593/75 - AP Nr. 3 zu § 4 KSchG 1969 [zu 1.b) der Ausführungen].

det haben.[799] Auf diese Weise führt das BAG die punktuelle Entscheidung bzgl. der Kündigung mit einer bestandsrechtlichen Komponente zusammen.

Dieses Verständnis hat sich auch im Zuge der Neufassung des KSchG zum 01.01.2004 nicht gewandelt.[800] Es gilt nach Ansicht des BAG zudem ausnahmslos auch für sämtliche Konstellationen im Zusammenhang mit Betriebsübergängen. So geht eine Kündigung des Betriebsveräußerers, die dieser erst nach Betriebsübergang ausspricht, mangels bestehenden Arbeitsverhältnisses ins Leere und beendet das Arbeitsverhältnis somit nicht. Gleichwohl weist das BAG eine hiergegen erhobene Kündigungsschutzklage als unbegründet ab, da ein Arbeitsverhältnis im maßgeblichen Zeitpunkt gerade nicht mehr bestanden hat.[801]

Andere Auffassungen verstehen den Streitgegenstand der Kündigungsschutzklage teils enger, teils weiter.[802]

b. Rechtsfolgen der Ansicht des BAG für den Prüfungsumfang

In Konsequenz der BAG-Ansicht haben die Gerichte den Bestand des Arbeitsverhältnisses im Zeitraum vom Ausspruch der Kündigung bis zum Ablauf der Kündigungsfrist umfassend zu prüfen. Das bedeutet, sich zunächst mit der Begründung des Arbeitsverhältnisses zu befassen und sodann sämtliche in dieser Zeitspanne wirkende Auflösungstatbestände in die Entscheidung einzubeziehen, so sie vorgetragen werden. Das schließt Folgekündigungen ein, sofern deren Auflösungstermin wenigstens mit demjenigen der angegriffenen Kündigung zusammenfällt. Die konkret in Streit stehende Kündigung selbst ist unter Berücksichtigung sämtlicher vorgetragener Unwirksam-

---

799 Vgl. BAG vom 18.04.2002 - 8 AZR 346/01- NZA 2002, 1207, 1209; 25.03.2004 - 2 AZR 399/03 – AP Nr. 5 zu § 54 BMT-G II [zu II.1. der Gründe]; vom 16.02.2006 - 8 AZR 211/05 - NZA 2006, 592, 593 f.; ebenso Hako-KSchR/*Gallner*, § 4 KSchG Rn. 153 f.; KR/*Friedrich*, § 4 KSchG Rn. 255.

800 Hako-KSchR/*Gallner*, § 4 KSchG Rn. 49; *Richardi* DB 2004, 486, 489.

801 BAG vom 24.05.2005 - 8 AZR 398/04 – NZA 2005, 1302, 1303 f. mwN.; vom 15.12.2005 – 8 AZR 202/05 – AP Nr. 294 zu § 613a BGB [zu B.I.1.b) aa) der Gründe], wonach eine Klage bereits unschlüssig ist, wenn der Arbeitnehmer vorträgt, bereits vor der Kündigung sei es zum Betriebsübergang gekommen.

802 Für die bestandsrechtliche Theorie, *Bötticher*, FS für Herschel 1955, 181, 185 ff.; *Zeuner* MDR 1956, 257, 257 ff.; *Lüke* JZ 1960, 203, 204 ff.; ausführliche Darstellung und weitere Nachweise sowie Kritik, *Holtermüller*, Streitgegenstand, S. 55 ff.; kritische ebenfalls im Hinblick auf die von § 4 KSchG vorgegebene Antragsformulierung, APS-*Ascheid*/*Hesse*, § 4 KSchG Rn. 134; KR/*Friedrich*, § 4 KSchG Rn. 227. Für die Theorie vom streng punktuellen Streitgegenstand, *Bettermann* ZfA 16 (1985), 5, 7 ff.; Germelmann/*Prütting*, ArbGG, Einleitung Rn. 196 ff. mit ausführlicher Darstellung der Diskussion, insbesondere Rn. 203; Hueck/*von Hoyningen-Huene*, KSchG, noch in der 12. Aufl. 1997, § 4 Rn. 69 ff, insbesondere Rn. 71; *Löwisch*, KSchG, noch in der 8. Aufl. 2000, § 4 Rn. 11; *Bandey*, Kündigungsschutzklage, S.103 ff.; *Stahlhacke*, FS für Leinemann, 2006, 389, 400 f.; *Grunsky*, Anm. zu BAG vom 12.01.1977 - 5 AZR 593/75 - AP Nr. 3 zu § 4 KSchG 1969 [zu 1.c) der Ausführungen]; *Boemke* RdA 1995, 211, 213, 218, 222; ähnlich auch *Berkowsky* NZA 2008, 1112, 1113 f. Kritisch, *Holtermüller*, Streitgegenstand, S. 44 ff. mit ausführlicher Darstellung und Nachweisen.

keitsgründe zu würdigen.[803] Maßgeblich dafür, ob die vorgetragenen Kündigungsgründe gegeben sind, ist die tatsächliche Situation bei Zugang der Kündigungserklärung.[804]

Die Punktualität des Streitgegenstands bedingt, dass der Arbeitnehmer dennoch jede Folgekündigung isoliert fristgerecht angreifen muss.[805] Denn andere als die speziell angegriffene Kündigung werden zwar als Vorfrage der Bestandsentscheidung im bereits rechtshängigen Kündigungsschutzverfahren geprüft. Sie bilden jedoch einen davon zu unterscheidenden Streitgegenstand.[806]

c. Rechtsfolgen der Ansicht des BAG für die Rechtskraftwirkung

Diesem Prüfungsumfang folgt die Reichweite der Präklusionswirkung, wie sie die Rechtskraft des Urteils im Kündigungsschutzprozess erzeugt (§ 322 ZPO).[807] Die Parteien sind an die Entscheidung des Gerichts, was die Wirksamkeit der Kündigung sowie den Bestand des Arbeitsverhältnisses in der relevanten Zeitspanne anbelangt, für sämtliche Folgefragen gebunden.[808] Neue Tatsachen oder anderweitige Beendigungsgründe, selbst wenn zuvor unbekannt, können die Entscheidung nicht nachträglich in Frage stellen.[809]

---

803 KR/*Friedrich*, § 4 KSchG Rn. 227; *Boemke* RdA 1995, 211, 213 f. Es herrscht im arbeitsgerichtlichen Urteilsverfahren der Beibringungsgrundsatz. Nicht vorgetragene Unwirksamkeitsgründe oder anderweitige Beendigungstatbestände hat das Gericht daher weder von sich aus zu erforschen noch hierüber zu befinden, vgl. Germelmann/*Prütting*, ArbGG, Einleitung Rn. 215 f. mwN.

804 BAG vom 27.11.2003 - AP Nr. 64 zu § 1 KSchG 1969 Soziale Auswahl [zu B.II.1. der Gründe]; ErfK/*Müller-Glöge*, § 620 BGB Rn. 16; KR/*Griebeling*, § 1 KSchG Rn. 235 ff.

805 APS-*Ascheid/Hesse*, § 4 KSchG Rn. 30, 31; *Schaub* NZA 1990, 85, 86; vgl. auch *Bauer/Preis*/Schunder NZA 2004, 195, 196, wonach mit § 4 KSchG nach wie vor nur „eine" Kündigung angegriffen wird.

806 Die Verteidigung gegen die Nachfolgekündigung kann durch (nachträgliche) Häufung von Kündigungsschutzanträgen oder selbstständige Klage geschehen, jeweils innerhalb der 3-Wochen-Frist, vgl. BAG vom 16.03.1994 – 8 AZR 97/93 – NZA 1994, 860, 861 f.; LAG Rheinland-Pfalz vom 26.03.1986 - 1 Ta 58/86 - LAGE KSchG § 4 Nr. 10; APS-*Ascheid/Hesse*, § 4 KSchG Rn. 30, 31; *Schaub* NZA 1990, 85, 86. Unabhängig von der Frist ist die Antragsstellung bzgl. der Nachfolgekündigung dann, wenn im laufenden Prozess ein allgemeiner Feststellungsantrag gestellt ist, hierzu ausführlich unter III.3.

807 Die Präklusion erfasst auch Gründe, die den Bestand des Arbeitsverhältnisses an sich in Frage stellen, BAG vom 12.01.77 - 5 AZR 593/75 - AP Nr. 3 zu § 4 KSchG 1969 [zu 2.a) der Gründe]; vom 12.06.1986 – 2 AZR 426/85 – NZA 1987, 273, 273 f.; vom 25.03.2004 - 2 AZR 399/03 – AP Nr. 5 zu § 54 BMT-G II [zu II.1. der Gründe]; ausführlich hierzu Hako-KSchR/*Gallner*, § 4 KSchG Rn. 155 ff.; vgl. auch *Stahlhacke*, FS für Leinemann, 2006, S. 389, 397.

808 Ausführlich hierzu BAG vom 12.01.77 - 5 AZR 593/75 - AP Nr. 3 zu § 4 KSchG 1969 [zu 2 sowie insb. 2.b) der Gründe]; vom 12.06.1986 – 2 AZR 426/85 – NZA 1987, 273, 274; vom 25.03.2004 - 2 AZR 399/03 – AP Nr. 5 zu § 54 BMT-G II [zu II.1. der Gründe], jeweils mwN; *Berkowsky* NZA 2008, 1112, 1112 f.

809 BAG vom 13.11.1958 – 2 AZR 573/57 – DB 1959, 768; vom 12.01.77 - 5 AZR 593/75 - AP Nr. 3 zu § 4 KSchG 1969 [zu 2. der Gründe]; KR/*Friedrich*, § 4 KSchG Rn. 262. Darüber hinaus sieht das BAG, was inhaltsgleiche Wiederholungskündigungen anbelangt, bereits verbeschiedene Kündigungsgründe präjudiziert; dennoch muss nach dessen Ansicht bzgl. der Folgekündigung Kündigungsschutzklage erhoben werden, um die Fiktionswirkung der §§ 4, 7 KSchG zu verhindern; aA wohl APS-*Ascheid/Hesse*, § 4 KSchG Rn. 21.

Für den Arbeitnehmer folgt hieraus, dass er, um nicht der Präklusion zu unterliegen, sämtliche Unwirksamkeitsgründe in das Verfahren einbringen muss.[810] Spiegelbildlich hierzu ist es am Arbeitgeber, sämtliche für den Streitgegenstandszeitraum relevanten Beendigungstatbestände vorzutragen.[811]

d. Betriebsübergang als reine Vorfrage

Die Betriebsübergangsvoraussetzungen selbst, so denn das Urteil hierzu Stellung nimmt, sind nach allgemeiner Meinung vom Streitgegenstand der Kündigungsschutzklage nicht umfasst. Sie bilden lediglich eine Vorfrage, indem sie sich ggf. auf die bestandsrechtliche Komponente der Kündigungsschutzklage auswirken.[812] Mit Obsiegen im Kündigungsschutzverfahren steht somit nicht rechtskräftig fest, dass das Arbeitsverhältnis nach § 613a BGB auf den Betriebserwerber übergegangen ist. Das gilt nach überwiegender Ansicht auch dann, wenn sich der Arbeitnehmer mit dem Argument gegen die Kündigung zur Wehr setzt, es liege ein Verstoß gegen das Kündigungsverbot des § 613a Abs. 4 BGB vor.[813]

Dem ist zuzustimmen. Diese Konsequenz folgt – wie auch im Rahmen der isoliert-globalen Feststellung bzgl. des Arbeitsverhältnisses – aus dem Grundsatz, dass lediglich der Tenor in Rechtskraft erwächst.

Es wird sich daher im Folgenden die Frage stellen, wie die Feststellungen bzgl. des Betriebsübergangs auf die nicht am Prozess beteiligte Veräußerungspartei erstreckt werden können, um insoweit divergierende Entscheidungen zu verhindern.[814]

3. „Klageerhebungsfrist" nach §§ 4, 7 KSchG – Fiktionswirkung

Nach § 4 Satz 1 KSchG (i.V.m. § 13 Abs. 1 Satz 2, Abs. 3 KSchG) ist der Arbeitnehmer gehalten, innerhalb von drei Wochen Kündigungsschutzklage zu erheben. Unterlässt er dies, gilt nach dem Wortlaut des § 7, 1. Halbsatz KSchG *„die Kündigung als von Anfang an rechtswirksam"*. Angesichts dieses Zusammenspiels von Rechtzeitigkeit der Klageerhebung und Wirksamkeitsfiktion handelt es sich nach allgemeiner Ansicht insoweit um eine materiell-rechtliche Ausschlussfrist.[815]

---

[810] BAG vom 13.11.1958 – 2 AZR 573/57 – DB 1959, 768; vom 12.01.77 - 5 AZR 593/75 - AP Nr. 3 zu § 4 KSchG 1969 [zu 2.a) der Gründe]; Bader/Bram/Dörner/*Kriebel*, § 4 KSchG Rn. 103; KR/*Friedrich*, § 4 KSchG Rn 264; MüKo-BGB/*Hergenröder*, § 4 KSchG Rn. 79. Die Ergänzung kann bis zum Ende der mündlichen Verhandlung erster Instanz erfolgen, § 6 KSchG.

[811] Ausführlich hierzu BAG vom 13.11.1958 – 2 AZR 573/57 – DB 1959, 768; vom 12.01.77 - 5 AZR 593/75 - AP Nr. 3 zu § 4 KSchG 1969 [zu 2.b) der Gründe]; LAG Bremen vom 14.06.1990 – 3 Sa 139/89 – LAGE § 613a BGB Nr. 20; APS-*Ascheid/Hesse*, § 4 KSchG Rn. 141 mwN; Bader/Bram/Dörner/*Kriebel*, § 4 KSchG Rn. 106 mwN; KR/*Friedrich*, § 4 KSchG Rn. 265; einschränkend BAG vom 20.05.1999 – bestätigt von 25.03.2004 -, dass eine Ausklammerung einer Zeitkündigung aus dem Prozess zulässt.

[812] BAG vom 04.03.1993 - 2 AZR 507/92 – AP Nr. 101 zu § 613a BGB [A.1.b) bb)]; APS-*Ascheid/Hesse*, § 4 KSchG Rn. 49, 50; Hako-KSchR/*Gallner*, § 4 KSchG Rn. 101; KR/*Friedrich*, § 4 KSchG Rn. 96b; *Vossen*, FS für Leinemann, 2006, 273, 281.

[813] Hierzu ausführlich unten unter F.

[814] Hierzu unten unter F.II.

[815] MüKo-BGB/*Hergenröder*, § 4 KSchG Rn. 47; *Boemke* RdA 1995, 211, 216 mwN.

a. Die Länge der Frist nach den §§ 4 ff. KSchG

Um die Frist der §§ 4 ff. KSchG einzuhalten, muss der betroffene Arbeitnehmer im Zeitraum von drei Wochen nach Zugang der Kündigungserklärung Klage bzgl. der konkreten Kündigung erheben.[816] Ausreichen kann auch ein Kündigungsschutzantrag im Wege einer Klageänderung, -erweiterung oder der Widerklage unter den jeweiligen Voraussetzungen.[817]

Nach Ablauf der drei Wochen greift § 5 KSchG, wonach das Gericht eine verspätete Klage zulässt, wenn der Arbeitnehmer nachweist, trotz Beobachtung der ihm zumutbaren Sorgfalt nicht in der Lage gewesen zu sein, die Klage rechtzeitig zu erheben.[818]

b. Der richtige Klagegegner

Die Fristeinhaltung setzt zudem voraus, dass sich die Klage gegen den im Hinblick auf die konkret angegriffene Kündigung richtigen Klagegegner richtet.[819] Richtiger Klagegegner ist – abstrakt gesprochen – derjenige, dem bzgl. des Streitgegenstands die Prozessführungsbefugnis und damit in der Regel zugleich die originäre Passivlegitimation zukommen. Steht eine Kündigung in Streit, ist passivlegitimiert der Arbeitgeber. Im Kontext mit einem (bestrittenen) Betriebsübergang ist diese Aussage jedoch zu pauschal. Denn die Arbeitgeberstellung hängt hierbei von verschiedenen Zeitmomenten ab, die im Rahmen der Kündigungsschutzklage von Relevanz sind.[820]

c. Die Rechtsfolgen der Fiktion gemäß § 7 KSchG

Tritt die Wirkung des § 7 KSchG wegen Fristversäumung ein, gilt die Kündigung als wirksam. In der Folge kann sich der Arbeitnehmer für die Behauptung der Unwirksamkeit der Kündigung nicht mehr auf die von § 4 KSchG erfassten Gründe berufen.[821]

---

[816] Klageerhebung bedeutet Zustellung der Klageschrift an den Prozessgegner, § 46 Abs. 2 ArbGG i.V.m. §§ 495, 253 Abs. 1, 261 Abs. 1 ZPO. Nach § 167 ZPO genügt regelmäßig, die Klage bei Gericht einzureichen, Hako-ZPO/*Eichele*, § 167 Rn. 2; ErfK/*Kiel*, § 4 KSchG Rn. 18 f.; zur Voraussetzung des „*demnächst*", BGH vom 31.10.2000 – VI ZR 198/99 - NJW 2001, 885, 887 mwN; Hako-ZPO/*Eichele*, § 167 Rn. 5, 6; Thomas/Putzo-*Hüßtege*, ZPO, § 167 Rn. 1.

[817] BAG vom 09.03.1961 - 2 AZR 502/59 – NJW 1961, 1277 [LS 1]; ErfK/*Kiel*, § 4 KSchG Rn. 21; von Hoyningen-Huene/*Linck*, KSchG, § 4 Rn 29 f.; MüKo-BGB/*Hergenröder*, § 4 KSchG Rn. 19.

[818] Vgl. die verfahrensrechtliche Neuregelung in den § 5 Abs. 4, 5 KSchG durch das Gesetz zur Änderung des Sozialgerichtsgesetzes und des Arbeitsgerichtsgesetzes m.W.v. 01.04.2008 (BGBl. I Nr. 11, S. 444, 448).

[819] BAG vom 31.03.1993 – 2 AZR 467/92 – AP Nr. 27 zu § 4 KSchG 1969 [zu II. der Gründe]; LAG Berlin vom 18.01.1982 – 9 SA 98/81 – EZA Nr. 21 zu § 4 nF KSchG [S. 131 der Gründe]; Löwisch/*Spinner*, KSchG, § 4 Rn. 45; *Vossen*, FS für Leinemann, 2006, S. 273, 276.

[820] Hierzu unten unter C.

[821] MüKo-BGB/*Hergenröder*, § 4 KSchG Rn. 58, 61.

II. Problemfälle im Hinblick auf die Fristwahrung

1. Fristwahrung infolge objektiver Eventualklagenhäufung

Da es für die Frist nach § 4 KSchG auf die Rechtshängigkeit des Kündigungsschutzantrags ankommt, reicht es grundsätzlich aus, dass der Kündigungsschutzantrag als Hilfsantrag formuliert ist.[822] Im Falle einer wirklichen Bedingung wird es sich in der Regel um eine eigentliche (echte) Eventualklagenhäufung[823] handeln.

Die h.M. fordert zudem über § 260 ZPO hinaus als Zulässigkeitsvoraussetzung, dass Haupt- und Hilfsantrag derart verwandt sind, dass sie ein gleichartiges rechtliches oder wirtschaftliches Ziel verfolgen. Das ist der Fall, wenn der Hilfsantrag innerlich mit dem Streitgegenstand des Hauptantrags zusammenhängt.[824]

2. Fristwahrung infolge subjektiver Eventualklagenhäufung

Das BAG geht noch einen Schritt hierüber hinaus. Nach seiner Ansicht soll ein Kündigungsschutzantrag selbst dann fristwahrend wirken, wenn er als Eventualantrag in Form einer subjektiven Klagenhäufung gestellt ist.[825] Diese Auffassung könnte u.a. in der Konstellation hilfreich sein, in der ein Arbeitsnehmer sich angesichts einer Betriebsveräußerung über die Kündigungsberechtigung des Kündigenden nicht sicher ist.[826]

Eine subjektive eventuelle Klagenhäufung liegt vor, wenn sich Haupt- und Hilfsantrag gegen verschiedene Beklagte richten – beispielsweise der Hauptantrag gegen den einen, der Hilfsantrag gegen den anderen potentiellen Arbeitgeber. Sie ist nach allgemeiner Auffassung unzulässig, da das durch den Hilfsantrag begründete, selbstständige Prozessrechtsverhältnis von der Entscheidung über das durch den Hauptantrag erzeugte Rechtsverhältnis abhinge. Der Hilfsantrag gegen den Zweitbeklagten als Prozesshandlung stünde daher unter einer außerprozessualen, und damit unzulässigen Bedingung.[827]

---

[822] BAG vom 21.12.1968 — 2 AZR 105/67 - SAE 1968, 204, 205 f. m. kritischer Anm. *D. Gaul*, S. 206, wobei hier die Bedingung während des noch laufenden Verfahrens fallen gelassen worden war; BeckOK-ArbR/*Kerwer*, § 4 KSchG Rn. 39; Hako-KSchR/*Gallner*, § 4 KSchG Rn. 32; Löwisch/*Spinner*, KSchG, § 4 Rn. 15; MüKo-BGB/*Hergenröder*, § 4 KSchG Rn. 19.

[823] Vgl. für die objektive Klagenhäufung den § 260 ZPO.

[824] MüKo-ZPO/*Becker-Eberhard*, § 260 Rn. 12 mwN; Rosenberg/Schwab/*Gottwald*, Zivilprozessrecht, § 65 Rn. 29.

[825] BAG vom 31.03.1993 – 2 AZR 467/92 – EzA § 4 n.F. KSchG Nr. 46 m. abl. Anm. *Bakker*.

[826] Siehe hierzu unten unter G.II.2.

[827] So die allg.M., BAG in der erwähnten Entscheidung vom 31.03.1993 – 2 AZR 467/92 – EzA § 4 n.F. KSchG Nr. 46 [zu B.II.2.b) der Gründe] mit umfangreichen Nachweisen; vom 11.12.1997 – 8 AZR 729/96 – NJW 1998, 2306, 2308; vom 24.06.2004 – 2 AZR 208/03 – AP Nr. 278 zu § 613a BGB [zu B.I.2. der Ausführungen]; MüKo-ZPO/*Becker-Eberhard*, § 253 Rn. 17 f.; Musielak/*Weth*, ZPO, § 60 Rn. 12 mwN; Stein/Jonas-*Bork*, ZPO, vor § 59 Rn. 4a; *Kion*, Eventualverhältnisse, § 6 III, s. 82 ff., mwN auch zur Gegenauffassung; Hako-ArbR/*Karthaus/Richter*, § 613a BGB Rn. 275; *Habscheid*, Anm. zu LG Berlin vom 14.11.1957 – 10 O 72/57 – NJW 1958, 834; *Schreiber*, Anm. zu BAG vom 31.02.1993 – 2 AZR 467/92 – SAE 1996, 131, 132. Über eine Qualifizierung als innerprozessuale Bedingung nachdenkend, BAG vom 08.12.1988 – 2 AZR 294/88 –

a. Die Entscheidung des BAG vom 31.03.1993: Bejahung der Fristwahrungsfähigkeit

In der soeben erwähnten Entscheidung des BAG vom 31.03.1993[828] bestand auf Seiten des klagenden Arbeitnehmers Unsicherheit, wem zum Zeitpunkt des Kündigungsausspruchs die Arbeitgeberstellung zukam.[829] In der Klageschrift ging der Arbeitnehmer daher zunächst mit unbedingtem Feststellungsantrag gegen den nach seiner Ansicht aktuellen Arbeitgeber vor, stellte aber zugleich hilfsweise für den Fall des Unterliegens Kündigungsschutzantrag gegen den anderen, potentiellen Arbeitgeber.[830] Die Klageschrift wurde beiden Beklagten zugestellt.

Nachdem der Kläger den Kündigungsschutzantrag im Verfahren zuvor unbedingt gestellt hatte, beschäftigte sich das BAG sodann mit der Problematik, ob der ursprüngliche Hilfsantrag die Ausschlussfrist der §§ 4, 7 KSchG wahren konnte. In den Urteilsgründen führt es aus, eine Fristversäumung anzunehmen, weil der Antrag subjektiv bedingt gestellt worden war, würde bedeuten, dem Arbeitnehmer seinen Kündigungsschutz aus rein formalen Gründen zu entziehen. Das sei nicht zu rechtfertigen. Denn eine bedingte und daher unzulässige Klage stelle kein nullum dar. Vielmehr begründe sie ein Prozessrechtsverhältnis mit der Folge, dass das Gericht nach mündlicher Verhandlung und Möglichkeit zur Stellungsnahme auf Beklagtenseite zur Entscheidung hierüber verpflichtet sei.[831] Folgerichtig widerspricht das BAG einer Gleichstellung von bedingter Klageerhebung und gewillkürtem Parteiwechsel.[832] Denn im Falle der bedingten Klageerhebung werde der neue Beklagte nicht erst in einem späteren Moment – so beim Parteiwechsel, sondern von Anfang an am Verfahren beteiligt. Das gehe mit dem von § 4 KSchG intendierten Schutzzweck konform.[833]

Einschränkend fordert das BAG jedoch, dass im Lichte von Sinn und Zweck des § 4 KSchG auch die unzulässige Klage gewisse Grundvoraussetzungen erfüllen müsse. Entsprechend wahre der Hilfantrag die Frist nur unter der Voraussetzung, dass dieser dem Arbeitgeber Klarheit darüber verschaffe, gegen ihn werde prozessual vorgegan-

---

nv, recherchiert über juris [zu I. 1. der Gründe]; vgl. zur Gegenansicht auch die Nachweise des LAG Hamm vom 02.07.1992 – 17 Sa 205/92 – LAGE § 4 KSchG Nr. 23 [zu 3.d) bb) der Gründe].

828 Siehe Fn. 827.

829 Die Problematik stand im Zusammenhang mit einer Arbeitnehmerüberlassung nach AÜG.

830 Die Antragstellung lautete wie folgt: „ 1. festzustellen, daß das Arbeitsverhältnis zwischen dem Kläger und der V.GmbH weder durch die firstlose Kündigung vom … noch durch die ersatzweise Kündigung vom … aufgelöst worden ist, sondern fortbesteht, hilfsweise dazu festzustellen, daß das Arbeitsverhältnis zwischen dem Kläger und der Beklagten weder durch die firstlose Kündigung vom … noch durch die ersatzweise Kündigung vom … aufgelöst worden ist, sondern fortbesteht.“, EzA § 4 n.F. KSchG Nr. 46 [zum Sachverhalt].

831 BAG vom 31.03.1993, aaO (Fn. 827) [zu B.II.2.b) der Gründe]. Ebenso Hako-KSchR/*Gallner*, § 4 KSchG Rn. 33.

832 So die Vorinstanz, LAG Hamm vom 02.07.1993 – 2 AZR 467/92 – LAGE § 4 KSchG Nr. 23 [zu A. der Gründe].

833 BAG vom 31.03.1993, aaO (Fn. 827) [zu B.II.2.b) dd) der Gründe].

gen. Dem genüge, wenn der Arbeitnehmer mit seiner Klage unmissverständlich zum Ausdruck bringt, welche Kündigung er wem gegenüber angreift.[834]

Das führt das BAG zu dem Ergebnis, dass eine subjektiv bedingte Kündigungsschutzklage, so sie denn fristwahrend erhoben wurde, nicht an der Fiktionswirkung des § 7 KSchG scheitert, wenn der Kläger im Verlaufe des Verfahrens die Bedingung fallen lässt.[835]

b. Die Gegenansicht: Teleologische Auslegung des § 4 KSchG

Dass eine subjektive Eventualklagenhäufung unzulässig ist, steht außer Frage.[836] Die Rspr. des BAG, was die Fristwahrung anbelangt, hat in der Lit. aus diesem Grunde teils vehement Kritik erfahren.[837]

Im Falle der objektiven Klagenhäufung versteht die allgemeine Meinung den Hilfsantrag als von Anfang an und auflösend bedingt rechtshängig.[838] Dasselbe gilt für den subjektiv bedingten Kündigungsschutzantrag[839] mit der Folge, dass das Prozessrechtsverhältnis der Hilfsklage schwebend unwirksam ist. Hierin liegt denn auch der Ansatz der Kritik begründet. Einem solchen Prozessrechtsverhältnis, dessen Schicksal ungewiss ist, fehle es an der für §§ 4 ff. KSchG erforderlichen „Eindeutigkeit".[840]

Darüber hinaus wirft die Gegenansicht dem BAG vor, den Zweck des § 4 KSchG zu verkürzen. Über die Information des Arbeitgebers hinaus dienten die §§ 4, 7 KSchG dazu, das Bedürfnis der Arbeitsvertragsparteien nach alsbaldiger Entscheidung sicherzustellen.[841] Dieses Entscheidungsinteresse werde, so die Kritik, durch die sub-

---

[834] BAG vom 31.03.1993, aaO (Fn. 827) [zu B.II.2.b) dd) der Gründe]. Ebenso Hako-KSchR/*Gallner*, § 4 KSchG Rn. 33.

[835] Ebenso LAG Hamm vom 24.08.1998 - 15 Ta 307/98 – BB 1999, 852 [LS 3]; offen geblieben in BAG vom 08.12.1988 – 2 AZR 294/88 – nv, recherchiert über juris [zu I.1., I.2. der Gründe]. Im Ergebnis zust., *Schreiber*, Anm. zu BAG vom 31.02.1993 – 2 AZR 467/92 – SAE 1996, 131, 132; wohl auch APS-*Ascheid/Hesse*, § 4 KSchG Rn. 28; Bader/Bram/Dörner/*Kriebel*, § 4 KSchG Rn. 38; Hako-KSchR/*Gallner*, § 4 KSchG Rn. 33 f.; KDZ-*Däubler/Zwanziger*, § 613a BGB Rn. 148; KR/*Friedrich*, § 4 KSchG Rn. 24; *Löwisch/Spinner*, KSchG, § 4 Rn. 45; Moll/*Boewer*, Anwaltshandbuch ArbR, § 45 Rn. 91.

[836] Siehe hierzu die Nachweise in Fn. 396.

[837] BeckOK-ArbR/*Kerwer*, § 4 KSchG Rn. 39; ErfK/*Kiel*, § 4 KSchG Rn. 11; von Hoyningen-Huene/*Linck*, KSchG, § 4 Rn. 31; *Stahlhacke*, FS für Leinemann, 2006, S. 389, 395; *Bakker*, Anm. zu BAG vom 31.03.1993 – 2 AZR 467/92 – EzA § 4 n.F. KSchG Nr. 46; *Lüke* JuS 1996, 969, 970. Vgl. zudem Thüsing/*Laux*/Lembke, § 613a BGB Rn. 62; zweifelnd an der Rspr. des BAG auch MüKo-BGB/*Hergenröder*, § 4 KSchG Rn. 19. AA die Vorinstanz zur dargestellten Entscheidung des BAG, LAG Hamm vom 02.07.1993 – 2 AZR 467/92 – LAGE § 4 KSchG Nr. 23.

[838] Grund für diese - nicht zwingende - Konstruktion dürfte sein, Verjährungshemmung durch Klageerhebung nach § 204 Abs. 1 Nr. 1 BGB zu erreichen.

[839] Warum *Lüke*, JuS 1996, 969, 970, für den Fall der bedingten subjektiven Klagenhäufung von *„aufschiebend bedingt"* spricht, leuchtet nicht ein.

[840] *Lüke*, JuS 1996, 969, 970; *Bakker*, Anm. zu BAG vom 31.03.1993 – 2 AZR 467/92 – EzA § 4 n.F. KSchG Nr. 46 [zu II.2.b) der Ausführungen], der von notwendiger Qualität des Prozessrechtsverhältnisses spricht; ähnlich auch LAG Hamm vom 02.07.1993 – 2 AZR 467/92 – LAGE § 4 KSchG Nr. 23 [zu 3.d) bb) der Gründe].

[841] BeckOK-ArbR/*Kerwer*, § 4 KSchG Rn. 30.1; *Stahlhacke*, FS für Leinemann, 2006, S. 389, 395; *Lüke* JuS 1996, 969, 970; so auch *Schreiber*, Anm. zu BAG vom 31.02.1993 – 2 AZR 467/92 –

jektiv bedingte Klageerhebung gerade nicht befriedigt.[842] Vielmehr sei für den hilfsweise Beklagten ungewiss, ob es überhaupt zu einer Entscheidung über das Prozessrechtsverhältnis komme[843], und wann. Auf diese Weise werde die eigentliche Entscheidung über den Hilfsantrag auf unbestimmte Zeit hinausgeschoben.[844] Diese Schwebe – ggf. über mehrere Instanzen hinweg – könne auch nicht dadurch, dass man gewisse Mindestanforderungen an den Inhalt der Klageschrift stellt, ausgeglichen werden.[845] Ebenso wenig helfe es, dass der hilfsweise Beklagte bereits nach Zustellung der Klage hierauf erwidern dürfe.[846] In der Folge fehle es an der prozessualen Grundvoraussetzung von hinreichender Rechtssicherheit und Rechtsklarheit.[847] Infolgedessen müsse § 4 KSchG dahingehend verstanden werden, dass er eine subjektiv unbedingte Klage voraussetze.

c. Stellungnahme

Zuzustimmen ist zunächst dem BAG darin, dass auch eine unzulässige Klage ein Prozessrechtsverhältnis begründet und zwar von Klageerhebung an. Auch ist richtig, dass der Kläger den Zulässigkeitsmangel beheben kann, indem er seine Klage unbedingt stellt.[848] Die besondere Problematik im Falle einer bedingten Kündigungsschutzklage stellt sich dann, wenn dies erst nach Verstreichen der Ausschlussfrist der §§ 4 ff. KSchG geschieht.

Dass eine bedingte subjektive Klagenhäufung im Hinblick auf die Klageerhebung der prozessualen Grundforderung nach Rechtssicherheit und Rechtsklarheit nicht gerecht wird, ist anerkannt. Darin liegt der Grund, weshalb ihr die ganz h.M. die Zulässigkeit abspricht. Hiervon zu trennen ist aber die Frage, ob sie den Anforderungen des § 4 KSchG genügt.

SAE 131, 133, der jedoch i.E. dem BAG zustimmt; vgl. auch *Bakker*, Anm. zu BAG vom 31.03.1993 – 2 AZR 467/92 – EzA § 4 n.F. KSchG Nr. 46 [zu II.1. der Ausführungen]; zum Zweck der Ausschlussfrist auch LAG Schleswig-Holstein vom 12.07.2004 - 2 Ta 113/04, nv – recherchiert über juris [zu II. der Gründe]; MüKo-BGB/*Hergenröder*, 4. Aufl. 2005, § 4 KSchG Rn. 18.

842 *Lüke* JuS 1996, 969, 970.

843 *Kion*, Eventualverhältnisse, § 6 III, S. 83, spricht von „Prozess auf Probe"; *Bakker*, Anm. zu BAG vom 31.03.1993 – 2 AZR 467/92 – EzA § 4 n.F. KSchG Nr. 46 [zu II.2.b) der Ausführungen]; *Lüke* JuS 1996, 969, 970; aA *Schreiber*, Anm. zu BAG vom 31.02.1993 – 2 AZR 467/92 – SAE 131, 133, der entgegen der h.M. die unzulässigerweise subjektiv bedingte Klage sogleich für mittels Prozessurteil entscheidungsreif hält.

844 Von Hoyningen-Huene/*Linck*, KSchG, § 4 Rn. 31; *Kion*, Eventualverhältnisse, § 6 III, S. 83; *Stahlhacke*, FS für Leinemann, 2006, S. 389, 395; *Bakker*, Anm. zu BAG vom 31.03.1993 – 2 AZR 467/92 – EzA § 4 n.F. KSchG Nr. 46 [zu II.1. der Ausführungen], der von mehrjährigem „Prozess auf Probe" spricht und auf die Problematik infolge der Berufungseinlegung verweist.

845 *Lüke* JuS 1996, 969, 970.

846 *Lüke* JuS 1996, 969, 970.

847 BeckOK-ArbR/*Kerwer*, § 4 KSchG Rn. 30.1; von Hoyningen-Huene/*Linck*, KSchG, § 4 Rn. 31; *Kion*, Eventualverhältnisse, § 6 III, S. 84 („*sichere Entscheidungsgrundlage für jeden Prozeß gesondert*"); *Lüke* JuS 1996, 969, 970; *Bakker*, Anm. zu BAG vom 31.03.1993 – 2 AZR 467/92 – EzA § 4 n.F. KSchG Nr. 46 [zu II.2.a) der Ausführungen].

848 Vgl. *Lüke* JuS 1996, 969, 970.

Nähert man sich der Antwort rein formal, muss sie positiv beantwortet werden. Denn § 4 KSchG setzt allein voraus, dass der Kündigungsschutzantrag fristgemäß rechtshängig gemacht wird. Wie gesehen, ist auch eine subjektive Eventualklage, weil nur unzulässig, dem Klagegegner ohne weiteres zuzustellen.

Kernpunkt der Auseinandersetzung sind demgemäß die über die formale Klageergehung hinausgehenden ungeschriebenen Erfordernisse, die sowohl das BAG als auch die Gegenansicht § 4 KSchG zuschreiben. Beide Ansichten stützen sich hierbei auf die ratio der Norm. Allerdings unterschätzt das BAG, wie die Gegenansicht richtig erkennt, die bezweckte Funktionsweise der §§ 4 ff. KSchG, wenn es sie auf die Befriedigung eines Informationsinteresses reduziert. Dies wird in dem Zusammenspiel von Frist und Fiktion deutlich. Die gesetzliche Systematik ist gerichtet auf die endgültige Klärung der Wirksamkeit der Kündigung. Insoweit sind die §§ 4, 7 KSchG Teil des vom Gesetzgeber implementierten Beschleunigungsgrundsatzes in Kündigungsschutzsachen.[849] Demzufolge dient § 4 KSchG vorrangig der Beschleunigung von Rechtssicherheit.

Zwar ist mit dem BAG durchaus davon auszugehen, dass die Klage, wenn sie gewissen Mindestvoraussetzungen an ihren Inhalt genügt, als „inhaltlich eindeutig" angesehen werden kann. Zudem ist der Hilfsantrag unmittelbar verhandlungsfähig; lediglich – aber eben auch gerade – die Entscheidungsreife ist aufschiebend bedingt.[850] Diese Art der Eindeutigkeit genügt dem Zweck des § 4 KSchG nicht. So ist der Gegenansicht Recht zu geben, wenn sie mit „Eindeutigkeit" die generelle Frage meint, ob überhaupt ein entscheidungsfähiges Prozessrechtsverhältnis existiert. Die Antwort hierauf bleibt der Hilfsantrag auf unbestimmte Zeit schuldig. Denn das Gericht darf erst, nachdem es – ggf. über mehrere Instanzen hinweg – über den Hauptantrag entschieden hat, über den Hilfsantrag befinden.[851]

Angesichts dieses Zwecks ist der Gegenmeinung folgend eine teleologische Reduktion der §§ 4 ff. KSchG derart vorzunehmen, dass die Fristwahrung einer subjektiv unbedingten Kündigungsschutzklage bedarf.

3. Konsequenzen dieser Beurteilung für die bedingte objektive Klagenhäufung

Noch einmal zurückkommend auf die bedingte objektive Klagenhäufung stellt sich angesichts dieser teleologischen Reduktion des § 4 KSchG die Frage, ob nicht auch die objektive Eventualklage nur eingeschränkt fristwahrungsfähig ist. Denn im Grunde macht es im Hinblick auf den Zweck des § 4 KSchG keinen Unterschied, ob eine objektive oder eine subjektive Eventualklagenhäufung vorliegt.

---

849 Vgl. § 61a KSchG, hierzu *Lüke* JuS 1996, 969, 970.

850 *Knöringer*, Zivilprozess, § 8 III 1 a), S. 124.

851 Die Aufschiebung der Entscheidungsbefugnis entspricht der h.M., BGH NJW 1992, 3147, 3150 mwN; Thomas/Putzo-*Reichold*, ZPO, § 260 Rn. 17 mwN. AA *Schreiber*, Anm. zu BAG vom 31.02.1993 – 2 AZR 467/92 – SAE 1996, 131, 133, wonach der unzulässige Hilfsantrag sofort durch Prozessurteil entscheidungsreif sein soll; ebenso Löwisch/*Spinner*, KSchG, § 4 Rn. 45. Zum Argument der ungewissen Schwebezeit, *Stahlhacke*, FS für Leinemann, 2006, S. 389, 395; von Hoyningen-Huene/*Linck*, KSchG, § 4 Rn. 31.

Zwar ist die bedingte objektive Klagenhäufung im Gegensatz zur subjektiven Klagenhäufung zulässig. Dennoch handelt es sich auch hierbei um zwei selbstständige Klagen, deren objektive Bedingung die Entscheidung über den hilfsweise gestellten Kündigungsschutzantrag auf unbestimmte Zeit aufschiebt. Es kommt also auch hier zu einer unbestimmt langen Schwebezeit, was die Entscheidung über den Bestand des Arbeitsverhältnisses anbelangt.

a. Abgrenzung zur vorsorglichen Klageerhebung

Vor diesem Hintergrund sprechen einige Literaturstimmen einem bedingt gestellten Kündigungsschutzantrag generell die Fristwahrungsfähigkeit ab, ohne nach subjektiver und objektiver Bedingtheit zu differenzieren.[852]

Allerdings müsse, so diese Ansichten, das reine Eventualverhältnis von einer vorsorglichen Klageerhebung abgegrenzt werden.[853] Letztere zeichne sich dadurch aus, dass die vorsorglich beantragte Entscheidung nicht in einem strengen eventualiter-Verhältnis zum Primärbegehren steht. Vielmehr werde das vorsorgliche Begehren von einer Rechtsbedingung abhängig gemacht, die mit der Beurteilung des Primärbegehrens verknüpft ist. Tritt nach Auffassung des Gerichts die Rechtsbedingung ein, so habe es je nach Entscheidungsreife gleichzeitig oder vorrangig über das vorsorgliche Begehren zu entscheiden.[854] Eine solche vorsorgliche Klage könne auch in Form eines Hilfsantrags erhoben werden. In dieser Form wahre ein vorsorglich gestellter Kündigungsschutzantrag – ob ein solcher gewollt war, ist durch Auslegung zu ermitteln[855] – die 3-Wochen-Frist.[856]

Eine solche Konstellation stand in der Praxis zur Entscheidung, in der der Arbeitgeber seinem Arbeitnehmer erklärte, er zahle keinen Lohn mehr. Mit seinem Primärbegehren verfolgte der Arbeitnehmer die Lohnzahlung und klagte die entsprechende Summe ein. Um das Risiko auszuschließen, dass eine solche Erklärung als Kündigung ausgelegt werden könnte, machte der Arbeitnehmer hilfsweise in Form eines vorsorglichen Kündigungsschutzantrags die Unwirksamkeit der Kündigung geltend für den Fall, dass das Gericht die Kündigungserklärung bejaht.[857]

---

852 APS-*Ascheid/Hesse*, § 4 KSchG Rn. 29; ErfK/*Kiel*, § 4 KSchG Rn. 11; MüKo-BGB/*Hergenröder*, § 4 KSchG Rn. 19.

853 APS-*Ascheid/Hesse*, § 4 KSchG Rn. 28; ErfK/*Kiel*, § 4 KSchG Rn. 11; MüKo-BGB/*Hergenröder*, § 4 KSchG Rn. 19. Vgl. auch BAG vom 08.12.1988 – 2 AZR 294/88 – nv, recherchiert über juris [zu I.2. der Gründe], das einen Hilfsantrag ebenfalls als vorsorgliche Klageerhebung wertete, der lediglich zum Ausdruck bringen soll, dass der klagende Arbeitnehmer die Entscheidung über den erstgestellten Antrag sinnvoll als vorrangig ansieht, sodass es eine echte Bedingung verneinte.

854 APS-*Ascheid/Hesse*, § 4 KSchG Rn. 29.

855 Vgl. BAG vom 08.12.1988 – 2 AZR 294/88 – nv, recherchiert über juris [zu I.2. der Gründe].

856 Siehe zum Ganzen die in Fn. 853 genannten Nachweise.

857 APS-*Ascheid/Hesse*, § 4 KSchG Rn. 29; ErfK/*Kiel*, § 4 KSchG Rn. 11; vgl. aber auch das Gegenbeispiel einer unzulässig bedingten Kündigungsschutzklage bei ErfK/*Kiel*, § 4 KSchG Rn. 11, worin der Arbeitnehmer im Rahmen einer Lohnzahlungsklage vorträgt, er mache für den Fall, dass der Arbeitgeber sich auf eine bereits ausgesprochene Kündigung berufe, hilfsweise die Unwirksamkeit dieser Kündigung geltend.

b. Stellungsnahme

Dass eine vorsorgliche Klage in Form eines Hilfsantrags möglich und ggf. dem hilfsweise gestellten Kündigungsschutzantrag durch Auslegung zu entnehmen ist[858], überzeugt. Ein solches Verständnis führt dazu, dass ein derart auszulegender Hilfsantrag nicht an der Frist der §§ 4 ff. KSchG scheitern wird. Gleichzeitig aber ist diesem Antrag, weil prozessual unbedingt, der Vorteil entzogen, erst bei entsprechender Entscheidung über den Hauptantrag selbst entscheidungsreif zu sein.[859]

Soll die Hilfsantragsstellung hingegen tatsächlich ein eventualiter-Verhältnis begründen, so muss die Einschränkung der Fristwahrungsfähigkeit mittels teleologischer Reduktion des § 4 KSchG mit denselben Argumenten auch die objektive Klagenhäufung erfassen. Das ist logische Konsequenz, wenn man den Zweck des § 4 KSchG betrachtet und hierin vordringlich das Entscheidungsinteresse des Arbeitgebers geschützt sieht. Denn auch im Rahmen einer objektiven Eventualklagenhäufung darf über den hilfsweise gestellten Kündigungsschutzantrag lediglich aufschiebend bedingt entschieden werden. In der Folge bliebe es auch in dieser Konstellation für den beklagten Arbeitgeber unklar, ob es überhaupt zu einem Angriff und entsprechend einer Entscheidung bzgl. der Kündigung kommt.

c. Ausnahme: Strenger rechtlicher Zusammenhang von Haupt- und Hilfsantrag

Allerdings ist insoweit eine Ausnahme zuzulassen. Sie knüpft m.E. an den von der h.M. geforderten wirtschaftlichen bzw. rechtlichen Zusammenhang von Haupt- und Hilfsantrag an[860] und führt diesen im Lichte des § 4 KSchG fort.

Fristwahrungsqualität ist einem bedingt gestellten Kündigungsschutzantrag m.E. dann zuzuschreiben, wenn die Gegenstände von Haupt- und Hilfsantrag materiellrechtlich i.S. einer Rechtsbedingung miteinander verknüpft sind. Ob das der Fall ist, unterliegt strenger Beurteilung, um der Gefahr der Umgehung der teleologischen Reduktion mit der Berufung auf eine solche Rechtsbedingung zu begegnen.

Eine derartige rechtliche Verknüpfung ist anzunehmen, wenn mit dem Hauptantrag bezweckt wird, vorab inzidenter eine Entscheidung über einen rechtlichen Aspekt zu erlangen, der für die Beurteilung der Kündigung und damit die Begründetheit des Kündigungsschutzantrags rechtlich vorgreiflich ist. Die Vorgreiflichkeit folgt daraus, dass das Gericht im Rahmen des Primärantrags eine Rechtsfrage zu beantworten hat, die sinnlogisch vor der Prüfung des hilfsweisen Kündigungsschutzantrags zu klären ist. Eine solche Vorgreiflichkeit liegt jedenfalls dann vor, wenn der Prüfungsumfang des Hauptantrags einen Aspekt umfasst, der Einfluss auf die Begründetheit der Kündigungsschutzklage hat, etwa im Falle der Geltendmachung der fehlenden Kündigungsberechtigung mittels allgemeiner Feststellungsklage.[861]

---

858 Durch Auslegung auf der Grundlage der Hinweis- und Aufklärungspflicht des Gerichts, § 139 ZPO, vgl. MüKo-BGB/*Hergenröder*, § 4 KSchG Rn. 60; *Diller* NJW 1998, 663, 664.

859 Zur diesbezüglich relevanten Konstellation, dass bereits die Kündigungsbefugnis des Betriebsveräußerers bei Kündigungsausspruch in Frage steht, siehe unten unter G.

860 Siehe hierzu die Kommentarliteratur.

861 Hierzu ausführlich unten unter G.

Ausschlaggebend für die Fristwahrungsfähigkeit einer Rechtsbedingung ist somit, dass ein Aspekt des Erstantrags die Begründetheit des Kündigungsschutzantrags rechtlich bedingt. Dann nämlich ist die Entscheidung über die Kündigung an sich nicht aufgeschoben, sodass dem Entscheidungs- sowie Informationsinteresse des Arbeitgebers hinreichend Rechnung getragen ist.

4. Zusammenfassung

Ein Hilfs-Kündigungsschutzantrag vermag die materielle Ausschlussfrist der §§ 4 ff. KSchG dann zu wahren, wenn sich Haupt- und Hilfsantrag gegen denselben Beklagten richten. Fristwahrung im Falle einer subjektiven Eventualklagenhäufung kommt nicht in Betracht.

Darüber hinaus muss es sich bei dem hilfsweisen Kündigungsschutzantrag entweder um einen vorsorglichen Hilfsantrag handeln oder eine Ausnahme im Hinblick auf das Erfordernis eines unbedingten Kündigungsschutzantrags gegeben sein. Ein lediglich vorsorglicher Hilfsantrag liegt vor, wenn der Kläger – was durch Auslegung zu ermitteln ist – mit dem Antrag nicht eine echte prozessuale Bedingung im Hinblick auf die Entscheidungsbefugnis des Gerichts anstrebt, sondern dem Gericht nicht mehr als eine abgestufte Prüfungsreihenfolge vorgibt. Ein objektiv bedingter Kündigungsschutzantrag ist dann ausnahmsweise zulässig, wenn Haupt- und Hilfsantrag sich rechtlich bedingen, weil der Hauptantrag eine rechtlich vorgreifliche Entscheidung für die Beurteilung des Kündigungsschutzantrags hervorbringt.

5. Fristwahrung durch Streitverkündung gegenüber dem „Alternativarbeitgeber“

Als Ausweg aus der Schwierigkeit, dass der Arbeitnehmer in bestimmten Fällen nicht mit Sicherheit beurteilen kann, wer aktueller Arbeitgeber im Zeitpunkt des Zugangs der Kündigungserklärung gewesen ist, wird vertreten, neben der Kündigungsschutzklage gegen den einen potentiellen Arbeitgeber eine fristwahrende Streitverkündung (§ 72 ZPO) gegen den jeweils anderen zuzulassen.[862]

Die Einleitung des nachfolgenden, zweiten Kündigungsschutzverfahren gegenüber dem jeweils anderen potentiellen Arbeitgeber wird in aller Regel die Frist der §§ 4 ff. KSchG nicht wahren. Entsprechend stellt sich die Frage, ob der Streitverkündung fristwahrende Qualität zugesprochen werden kann.

---

[862] *Bakker*, Anm. zu BAG vom 31.03.1993 – 2 AZR 467/92 – EzA KSchG § 4 n.F. Nr. 46 [zu III. der Ausführungen]; dies auch in Betracht ziehend, KDZ-*Däubler/Zwanziger,* § 613a BGB Rn. 148, 149; von Hoyningen-Huene/*Linck*, KSchG, § 4 Rn. 31; KR/*Friedrich*, § 4 KSchG Rn. 96b; MüKo-BGB/*Hergenröder*, 4. Aufl. 2005, § 4 KSchG Rn. 52. Zur Zulässigkeit einer solchen Streitverkündung ausführlich unten unter F.II.

a. Ansicht *Bakkers*: Fristwahrungsfähigkeit der Streitverkündung

Was die Fristwahrungsfähigkeit der Streitverkündung im Hinblick auf §§ 4, 7 KSchG anbelangt, will *Bakker*[863] sie *„zwanglos als Gesetzesanalogie zur Wirkung der Streitverkündung gegenüber Verjährungsfristen ableiten"*. Er stützt sich dabei auf den Rechtsgedanken derjenigen Vorschriften, die der Streitverkündung verjährungshemmenden Charakter zusprechen.[864] Der Implementierung einer materiell-rechtlichen Ausschlussfrist im KSchG und der zivilrechtlichen Verjährungsfristen lägen wertungsmäßig vergleichbare Interessenlagen zugrunde. Auch befriedige die Streitverkündung das Informationsinteresse des Alternativarbeitgebers, der nun mit einer Schadloshaltung ihm gegenüber rechnen müsse. Schließlich eröffne die Streitverkündung die Interventionswirkung gemäß § 74 ZPO und damit die Bindung des Streitverkündeten an die rechtlichen wie tatsächlichen Feststellungen des Gerichts. Vor diesem Hintergrund vermeide die Streitverkündung die einem Hilfsbeklagten unzumutbaren Nachteile, was die Unsicherheit infolge des Schwebezustands des Prozessrechtsverhältnisses anbelangt.[865]

Im Übrigen sei es möglich, eine subjektive und daher unzulässige Eventualklagenhäufung in eine zulässige Streitverkündung umzudeuten.[866]

b. Stellungnahme

Wenn *Bakker* in seiner Argumentation auf das Informationsinteresse des Arbeitgebers abstellt, so ist ihm zwar darin zuzustimmen, dass die Streitverkündung in dieser Hinsicht den §§ 4 ff. KSchG genügt. Doch widerspricht er sich selbst, wenn er dieses Interesse in Bezug auf die Streitverkündung als maßgeblich erachtet, während er es im Hinblick auf die subjektive Eventualklagenhäufung nicht ausreichen lassen will. Dort stellt er entscheidend auf das von §§ 4 ff. KSchG geschützte Entscheidungsinteresse ab.[867] Wie bereits herausgearbeitet, liegt gerade darin der eigentliche Zweck der Fristvorschriften des KSchG.[868]

i. Wortlaut des § 4 Satz 1 KSchG

Der Wortlaut des § 4 Satz 1 KSchG setzt die Erhebung einer Klage voraus, die ein Prozessrechtsverhältnis begründet. Die Streitverkündung als Alternative zur Klageerhebung nennt die Norm nicht. Zudem sind Klageerhebung und Streitverkündung durch wesentliche strukturelle Unterschiede gekennzeichnet. Im Gegensatz zur Klage ist die

---

863 *Bakker*, Anm. zu BAG vom 31.03.1993 – 2 AZR 467/92 – EzA KSchG § 4 n.F. Nr. 46 [zu III. der Ausführungen].

864 Er nennt §§ 209 Abs. 2, 215 BGB, § 941 BGB, §§ 478, 479, 485, 639 BGB, §§ 414, 423, 439 HGB.

865 Zu sämtlichen Argumenten, *Bakker*, Anm. zu BAG vom 31.03.1993 – 2 AZR 467/92 – EzA KSchG § 4 n.F. Nr. 46 [zu III. der Ausführungen].

866 *Bakker*, Anm. zu BAG vom 31.03.1993 – 2 AZR 467/92 – EzA KSchG § 4 n.F. Nr. 46 [zu III. der Ausführungen].

867 *Bakker*, Anm. zu BAG vom 31.03.1993 – 2 AZR 467/92 – EzA KSchG § 4 n.F. Nr. 46 [zu II. der Ausführungen].

868 Siehe hierzu oben 2.

Streitverkündigung gerade nicht auf die unmittelbare Rechtsdurchsetzung gerichtet; diese wird erst im Folgeprozess verwirklicht. Angesichts dessen kommen erhebliche Bedenken auf, der Streitverkündung in teleologischer Extension fristwahrende Wirkung zuzusprechen.

ii. Gleichstellung mit Verjährungshemmung nach § 204 Abs. 1 Nr. 6 BGB

Denken ließe sich an eine erweiternde Auslegung des § 4 KSchG angelehnt an die Wirkungen der Streitverkündung im materiellen Zivilrecht. Das BGB stellt ungeachtet der genannten strukturellen Unterschiede die Streitverkündung der Klageerhebung in Bezug auf die Verjährungshemmung gleich, vgl. § 204 Abs. 1 Nr. 6 BGB. Auf diese Weise will es eine Möglichkeit schaffen, die Verjährung eines Regressanspruchs für den Fall zu verhindern, dass der Vorprozess, der die Voraussetzungen dieser Regresspflicht ganz oder teilweise feststellt, die Verjährungsfrist zeitlich überdauert.[869]

Dieselbe zeitliche Problematik stellt sich in der hier beleuchteten Konstellation. Das zunächst eingeleitete Kündigungsschutzverfahren gegen den einen der potentiellen Arbeitgeber wird die 3-Wochen-Frist des § 4 KSchG in der Regel überdauern. In der Folge droht die Fiktionswirkung nach § 7 KSchG im Verhältnis zum tatsächlichen Arbeitgeber, wenn sich im Erstverfahren herausstellt, dass der Beklagte der falsche Klagegegner ist.

Beide Fristen – Verjährungsfrist und Klageerhebungsfrist – haben zudem gemein, dass sie die Geltendmachung materieller Rechte – einmal im Hinblick auf einen Anspruch, einmal im Hinblick auf die Unwirksamkeit einer Kündigung – an einen Zeitablauf in Form einer materiellen Ausschlussfrist koppeln. Im erstgenannten Fall stellt die Streitverkündung nicht nur das gesetzlich vorgesehene Mittel dar, divergierende Entscheidungen bei Alternativschuldnerschaft im weitesten Sinne zu verhindern. Über die Hemmung der materiellen Ausschlusswirkung eröffnet sie vielmehr auch die fristwahrende Weiterverfolgung des Anspruchs gegen den jeweils anderen Alternativschuldner. Diese Interessenlage entspricht derjenigen, wie sie im Zusammenhang mit einer Betriebsveräußerung vorzufinden ist.

iii. ratio der §§ 4 ff. KSchG – Entscheidungsinteresse

Ausschlaggebend muss letztlich aber wiederum sein, ob die Streitverkündung dem Entscheidungsinteresse auf Seiten des Arbeitgebers genügt.

Zwar ist der streitverkündete Alternativarbeitgeber nicht als Partei an das Urteil im Erstverfahren gebunden, wohl aber über die Streitverkündungswirkung an die die Entscheidung tragenden Feststellungen.[870] Das Erstverfahren entscheidet demzufolge im Hinblick auf die Arbeitgeberstellung ihm gegenüber über einen Teilaspekt der später gegen ihn zu richtenden Kündigungsschutzklage. Mit diesem Aspekt muss sich das Gericht des Folgeverfahrens angesichts der Interventionswirkung somit nicht mehr auseinandersetzen.[871] Angesichts dessen lässt sich aus Sicht des Folgeprozesses von

[869] So die Motive I, S. 329.
[870] Hierzu 4. Kap., 3. Abschn., D.I.2.
[871] Immer ausgenommen, die Einrede mangelhafter Prozessführung nach § 68, 2. Halbsatz ZPO greift.

einer Auslagerung der Teilentscheidung bzgl. der Arbeitsgeberstellung sprechen. Diese verkürzt das Folgeverfahren entsprechend. Über die Möglichkeit, dem Erstverfahren beizutreten (§ 74 Abs. 1 ZPO), kann sich der Streitverkündete auch in das Erstverfahren einbringen. Vor diesem Hintergrund ließe sich argumentieren, dass das Erstverfahren verbunden mit der Streitverkündung das Entscheidungsinteresse des Alternativarbeitgebers bereits teilweise befriedigt.

Allerdings wird, lehnt das Gericht des Ausgangsverfahrens die Arbeitgeberstellung des Erstbeklagten ab, über die Wirksamkeit der Kündigung im Übrigen erst im Folgeverfahren entschieden werden. Das hat zur Folge, dass im Falle der Streitverkündung die endgültige Entscheidung über den Bestand des Arbeitsverhältnisses an sich auf unbestimmte Zeit hinausgeschoben ist. Das Entscheidungsinteresse des Streitverkündeten vollständig zu befriedigen vermag sonach erst das Urteil des Folgeprozesses. Auf die Prüfung der Wirksamkeit der Kündigung ist das Entscheidungsinteresse aber maßgeblich fokussiert.

Die Entscheidung über die Kündigung hängt sodann von der Dauer sowie dem Ergebnis des Erstverfahrens ebenso wie dem Zeitpunkt der Einleitung des Zweitverfahrens ab. Dabei kann es im Vergleich zur sofortigen Klageerhebung gegen den Alternativarbeitgeber zu erheblichen Zeitverzögerungen kommen. Das ist etwa der Fall, wenn sich der Streitverkündete berechtigterweise auf den Einwand des § 68, 2. Halbsatz ZPO beruft. Zudem besteht die Gefahr, dass der Instanzenzug „doppelt" durchlaufen wird im Erst- wie auch im Folgeverfahren. Schließlich ist aus Sicht des Streitverkündeten nicht sicher, ob überhaupt und wann der Arbeitnehmer das Folgeverfahren gegen ihn einleitet. Diese zeitlichen Verzögerungen der streitverkündete Veräußerungspartei aufzubürden, stellt sich im Lichte von § 4 KSchG als ungemessen dar.

Noch gravierender als dies bei der subjektiven Klagenhäufung der Fall ist, führt die Streitverkündung demnach zu einem zeitlich unbestimmten Aufschub der Entscheidung, was die Wirksamkeit der Kündigung anbelangt.

iv. Fristerfordernis im Hinblick auf die Folgeklage gegen den Streitverkündeten

Hält man eine Streitverkündung trotzdem für grundsätzlich fristwahrungsfähig i.S.v. §§ 4 ff. KSchG, bedarf es m.E. einer weiteren Einschränkung.

Wie bereits angedeutet, ist es jedenfalls mit dem Entscheidungsinteresse nicht vereinbar, es dem Arbeitnehmer zu überlassen, wann er das Folgeverfahren initiiert. Auch die Verjährungshemmung endet eine gewisse Zeit nach der rechtskräftigen Entscheidung, vgl. §§ 204 Abs. 2, 209 BGB. Um Rechtssicherheit zu schaffen, kann nichts anderes für die Hemmung der Klageerhebungsfrist gelten. Insoweit ist es sachgerecht, auf die §§ 4 ff. KSchG analog zurückzugreifen. Vor dem Hintergrund der Beschleunigung von Kündigungsschutzverfahren sieht der Gesetzgeber eine Klageerhebungsfrist von drei Wochen als zumutbar an. Dieser Grundsatz, der durch die Neufassung des KSchG nochmals verfestigt wurde,[872] lässt es als angemessen erscheinen, dem Arbeitnehmer für den Folgeprozess eine ebensolche Vorbereitungszeit einzuräumen. Ihm verbleiben somit nach Rechtskraft des Ersturteils drei Wochen, Klage gegen den

[872] Hierzu oben unter 2.c.

streitverkündeten Alternativarbeitgeber zu erheben, will er die Fiktion des § 7 KSchG verhindern.[873]

c. Ergebnis

Die Streitverkündung wirkt m.E. nicht fristwahrend. Geht man von gegenteiliger Auffassung aus, beginnt jedenfalls die Frist der §§ 4 ff. KSchG nach Abschluss des Erstprozesses von Neuem. Notwendig ist in diesem Fall mithin erstens, dass der Arbeitnehmer die Zustellung der Streitverkündungsschrift an den Alternativarbeitgeber innerhalb von drei Wochen nach Zugang der Kündigung im Erstverfahren bewirkt.[874] Zum zweiten müsste er sodann innerhalb von abermals drei Wochen, beginnend ab Rechtskraft der Erstentscheidung, Klage gegen den Streitverkündeten auf der Grundlage der Interventionswirkung erheben.

III. Kündigungsklage als allgemeine Feststellungsklage i.S.v. § 256 Abs. 1 ZPO

Der die Fiktion nach § 7 KSchG abwehrende Angriff einer Kündigung setzt in ihrem Anwendungsbereich stets einen Antrag nach § 4 KSchG voraus.

1. Bedeutung der Kündigungsklage – Koppelung mit dem Antrag nach § 4 KSchG

Darüber hinaus erlangt die sog. Kündigungsklage im engeren Sinne in verschiedenen Konstellationen Bedeutung. Sie stellt dabei nichts anderes als eine allgemeine Feststellungsklage nach § 256 Abs. 1 ZPO dar.[875] Entsprechend hat sie den richterlichen Ausspruch zum Ziel, dass das Arbeitsverhältnis im Zeitpunkt der letzten mündlichen Verhandlung unverändert andauert.[876] Das Urteil befindet daher über den Bestand des Arbeitsverhältnisses, wobei es sämtliche Beendigungstatbestände als Vorfrage[877] prüft.

Relevanz kommt der Feststellungsklage etwa zu, wenn Unwirksamkeitsgründe isoliert geltend gemacht werden sollen, die nicht den §§ 4 ff. KSchG unterfallen.[878] Zu-

---

[873] Vgl. hierzu auch Löwisch/*Spinner*, KSchG, § 4 Rn. 45, der für den Fall eines sofort abgewiesenen, weil subjektiv bedingten Hilfsantrags eine erneute Klageerhebung innerhalb eines angemessenen Zeitraums hiernach genügen lassen will.

[874] Vgl. § 204 Abs. 1 Nr. 6 BGB; ggf. greift auch hier § 167 ZPO n.F., sodass die Einreichung der Streitverkündungsschrift ausreicht, Staudinger/*Peters*, BGB, § 204 Rn. 77.

[875] Zur allgemeinen Feststellungsklage als „Globalantrag“, siehe oben 4. Kap., 3. Abschn.

[876] BAG vom 27.01.1994 – 2 AZR 484/93 – AP Nr. 28 zu § 4 KSchG 1969 [zu B.II.2.b) (1) der Gründe]; vom 13.03. 1997 - 2 AZR 512/96 – NJW 1998, 698, 699; vom 15.03.2001 – 2 AZR 141/00 – AP Nr. 4 KSchG 1969 Nr. 46 [zu B.II.2. der Gründe]; KR/*Friedrich*, § 4 KSchG Rn. 225 ff., 243, 249; *Stahlhacke*, FS für Leinemann, 2006, 389, 407 f. Ausführlich zu Kombinationsanträgen, *Schaub* NZA 1990, 85, 85 ff.; *Stahlhacke*, FS für Leinemann, 2006, 389, 401 ff. Zum Streitgegenstand nach § 4 KSchG, siehe oben unter 2.

[877] LAG Hamm vom 2.12.1999 – 4 Sa 1153/99 – NZA-RR 2000, 265, 267; AR-Blattei SD (*Hergenröder*), 500.1 Rn. 1214; Soergel/*Raab*, BGB, § 613a Rn. 194; *Boemke* RdA 1995, 211, 214.

[878] BAG vom 21.06.2000 – 4 AZR 379/99 – AP Nr. 121 zu § 102 BetrVG 1972 [zu I. der Gründe]; vgl. das Beispiel bei Hako-KSchR/*Gallner*, § 4 KSchG Rn. 8. Welche das sind, ist nicht unumstritten und wird bzgl. des Einwands der fehlenden Kündigungsbefugnis zu diskutieren sein, vgl. hierzu G.

dem vermag sie den Entscheidungszeitpunkt auf das Ende der mündlichen Verhandlung zu verlagern. Zu diesem Zweck lässt das BAG eine Kopplung des allgemeinen Feststellungsantrags mit dem regulären Kündigungsschutzantrag unter den Voraussetzungen des § 260 ZPO zu.[879] Die Frage, inwiefern sich deren Streitgegenstände überschneiden, wird allseits pragmatisch gelöst mit dem Ergebnis, dass sie sich jedenfalls nicht decken und nebeneinander stehen können.[880]

Darüber hinaus kommt dem allgemeinen Feststellungsantrag die Funktion zu, den Übergang des Arbeitsverhältnisses auf den Betriebserwerber nach § 613a Abs. 1 Satz 1 BGB festzustellen.[881]

2. Notwendige Feststellungsinteresse nach § 256 Abs. 1 ZPO

Nach § 256 Abs. 1 ZPO setzt die Kündigungsklage wie jede andere Feststellungsklage – und im Gegensatz zur Kündigungsschutzklage – die Darlegung eines besonderen Feststellungsinteresses voraus.

Für eine Kombinationsantrag beider Klagen fordert die Rspr. im Hinblick auf das Feststellungsinteresse etwa, dass im Kontext mit der konkreten Kündigung weitere – ggf. bisher noch nicht ausgeübte – Beendigungstatbestände ernsthaft im Raum stehen, beispielsweise in Form konkret in Aussicht gestellter Folgekündigungen.[882] Darlegungs- sowie beweisbelastet ist der Arbeitnehmer.[883]

3. Fristwahrung durch Erhebung der Kündigungsklage

Eine allgemeine Feststellungsklage wahrt die Frist der §§ 4 ff. KSchG dann, wenn sie in einen speziellen Kündigungsschutzantrag umgedeutet werden kann. Das ist in der

---

[879] BAG vom 21.01.1988 -2 AZR 581/86 - AP KSchG 1969 § 4 Nr. 19 [zu II.2.B. der Gründe]; vom 27.01.1994 - 27.01.1994 - NZA 1994, 812, 813; vom 13.03.1997 - 2 AZR 512/96 - NZA 1997, 844, 845 f.; APS-*Ascheid/Hesse*, § 4 KSchG Rn. 138 mwN; ausführlich hierzu MüKo-BGB/*Hergenröder*, § 4 KSchG Rn. 83 ff.

[880] Vgl. BAG vom 10.10.2002 - 2 AZR 622/01 - AP Nr. 49 zu § 4 KSchG 1969 [zu B.I.2. der Gründe]. Vgl. aber auch BAG vom 16.08.1990 - 2 AZR 113/90 - AP Nr. 10 zu § 611 BGB Treuepflicht [zu II.1.b) der Gründe]; ebenso KR/*Friedrich*, § 4 KSchG Rn. 238. APS-*Ascheid/Hesse*, § 4 KSchG Rn. 139 wollen im Rahmen eines Kombinationsantrags den Globalantrag auf die der Erstkündigung nachfolgenden Beendigungstatbestände begrenzen; ErfK/*Kiel*, § 4 Rn. 31 KSchG, spricht von einem „aliud".

[881] Hierzu oben 2. Kap., 3. Abschn., B.

[882] BAG vom 13.03.1997 – 2 AZR 512/96 – AP Nr. 38 zu § 4 KSchG 1969 [zu II.1.b) der Gründe]; APS-*Ascheid/Hesse*, § 4 KSchG Rn. 140; *Schaub* NZA 1990, 85, 87; kritisch Schwab/Zimmerling, ArbGG, § 46 Rn. 87. Das LAG Köln vom 26.03.1998 – 5 Sa 1420/97 – NZA-RR 1998, 398, 399 will das besondere Feststellungsinteresse immer dann bejahen, wenn der Arbeitnehmer einen Betriebsübergang vorträgt, da dann auch über den Bestand des Arbeitsverhältnisses zu befinden sei.

[883] BAG vom 13.03. 1997 - 2 AZR 512/96 – NJW 1998, 698, 699; vom 13.03.1997 - 2 AZR 512/96 – NZA 1997, 844, 846; APS-*Ascheid/Hesse*, § 4 KSchG Rn. 147; ausführlich *Stahlhacke*, FS für Leinemann, 2006, 389, 404 ff.

Regel der Fall, da sie qua Auslegung den Kündigungsschutzantrag als ein Minus inkorporiert.[884]

Fristwahrend i.S.v. §§ 4 ff. KSchG wirkt eine anlässlich einer Erstkündigung neben den Kündigungsschutzantrag gestellte Kündigungsklage aufgrund ihres weit gefassten Streitgegenstands auch bzgl. späterer Folgekündigungen.[885] Ist sie zulässig, kann der Arbeitnehmer sämtliche bis zum Schluss der mündlichen Verhandlung nachgeschobenen Kündigungen ohne weiteres, d.h. unabhängig von der 3-Wochen-Frist, im laufenden Verfahren zur Entscheidung des Gerichts bringen.[886] Darin, Folgekündigungen von der Fiktionswirkung infolge §§ 4, 7 KSchG zu befreien, liegt gleichsam der tiefere Sinn der Kündigungsklage, die sog. Schleppnetzfunktion.[887]

C. Die Passivlegitimation im Kündigungsschutzverfahren

Steht eine Arbeitgeberkündigung im zeitlichen Kontext mit einem Betriebsübergang, liegt das vordringlichste Interesse des Arbeitnehmers darin, den richtigen Klagegegner in den Kündigungsschutzprozess hineinzuziehen. Dabei entsteht nicht nur die praktische Schwierigkeit, die Identität des Klagegegners ausfindig zu machen, sondern auch die rechtliche Problematik, wer überhaupt als richtiger Klagegegner anzusehen ist. So stellt sich im Hinblick auf den Betriebsübergang, in dessen Zuge das möglicherweise gekündigte Arbeitsverhältnis auf den Betriebserwerber übergeht (§ 613a Abs. 1 Satz 1 BGB), primär die Frage, welcher der Veräußerungsparteien die Passivlegitimation diesbezüglich zukommt.

Konkret ist zum einen zu klären, gegen wen Klage zu erheben ist, wenn bereits ein Betriebsübergang stattgefunden hat. Zum anderen geht es darum, wie während eines bereits begonnenen Prozesses auf die veränderte materielle Rechtslage infolge von § 613a BGB zu reagieren ist, insbesondere vor dem Hintergrund des Fristwahrungserfordernisses.

Dabei ist – bedingt durch die inkongruenten Streitgegenstände – zwischen Kündigungsklage (§ 256 Abs. 1 ZPO) und Kündigungsschutzklage (§ 4 Satz 1 KSchG) zu differenzieren.

I. Passivlegitimation im Falle des Widerspruchs nach § 613a Abs. 6 BGB

Widerspricht der Arbeitnehmer dem Übergang seines Arbeitsverhältnisses, bleibt der Betriebsveräußerer nach wie vor Arbeitgeber. Auch ein erst nach Betriebsübergang

---

884 BAG vom 04.02.1993 – 2 AZR 453/92 –nv, recherchiert über juris [zu A. der Gründe]; vom 10.10.2002 - 2 AZR 622/01 – NZA 2003, 684, 685 f.; vgl. auch APS-*Ascheid/Hesse*, § 4 KSchG Rn. 136; KR/*Friedrich* § 4 KSchG Rn. 240 f.; ausführlich *Schaub* NZA 1990, 85, 87.

885 Siehe hierzu oben unter 1.

886 Das gilt insbesondere für während des Verfahrens vom Arbeitgeber nachgeschobene, ggf. vom Arbeitnehmer unerkannte Folgekündigungen, BAG vom 13.03.1997 - 2 AZR 512/96 – NZA 1997, 844, 845; APS-*Ascheid/Hesse*, § 4 KSchG Rn. 141; MüKo-BGB/*Hergenröder*, § 4 KSchG Rn. 84; ausführlich zur Antragsstellung bzgl. der Folgekündigung, Hako-KSchR/*Gallner*, § 4 KSchG Rn. 57.

887 *Schaub* NZA 1990, 85, 87. Siehe zur Fristwahrungsfähigkeit der Kündigungsklage im Hinblick auf §§ 4, 7 KSchG oben unter B.III.3.

ausgeübter Widerspruch hat zur Folge, dass die Passivlegitimation unverändert beim Betriebsveräußerer verbleibt.[888]

II. Passivlegitimation im Rahmen der Kündigungsklage, § 256 Abs. 1 ZPO

1. Passivlegitimation

Die Kündigungsklage als allgemeine Feststellungsklage[889] ist gegen diejenige Person zu richten, die Rechtsträger des festzustellenden Rechtsverhältnisses. Die Passivlegitimation kommt somit entsprechend dem Streitgegenstand dem im Zeitpunkt der letzten mündlichen Verhandlung aktuellen Arbeitgeber zu.[890]

2. Reaktionsmöglichkeiten

Geht der Betrieb während einer schwebenden Feststellungsklage über, so greifen, weil gleich gelagert mit unvertretbaren, betriebsbezogenen Ansprüchen, ebenfalls die §§ 265 Abs. 2, 325 Abs. 1, 727 ZPO analog, sodass der Veräußerer als gesetzlicher Prozessstandschafter das Verfahren fortführt.[891]

Möglich erscheint aber auch, weiter gegen den Betriebsveräußerer vorzugehen, indem der klagende Arbeitnehmer das Feststellungsbegehren nachträglich auf den Zeitraum bis zum Datum der Betriebsübernahme begrenzt und auf diese Weise den maßgeblichen Entscheidungszeitpunkt vorverlagert. Zu einem Wechsel in der Passivlegitimation kommt es sodann nicht.[892] Allerdings bedarf es insoweit eines entsprechenden Feststellungsinteresses.[893]

---

888 Hako-KSchR/*Gallner*, § 4 KSchG Rn. 107

889 Hierzu oben unter B.III.

890 LAG Hamm vom 17.05.1993 – 17 (11) Sa 1686/92 – LAGE § 256 ZPO Nr. 7 [zu 1.b.aa. der Gründe]; vom 07.01.1999 – 4 Sa 2350 – recherchiert über juris [LS 3]; vom 02.12.1999 – 4 Sa 1153/99 – NZA-RR 2000, 265, 267 f.; KR/*Pfeiffer*, § 613a BGB Rn. 205; Moll/*Boewer*, Anwaltshandbuch ArbR, § 45 Rn. 94 f. Ausnahmen können sich aus einer abweichenden Antragstellung ergeben.

891 § 265 ZPO findet auch auf Feststellungsklagen Anwendung, vgl. MüKo-ZPO/*Becker-Eberhard*, § 265 Rn. 20 f.; Stein/Jonas-Schumann, 21. Aufl. 1997, ZPO, § 265 Rn. 15. Zur analogen Anwendung der §§ 265 u.a. ZPO bei unvertretbaren Ansprüchen, siehe oben 4. Kap., 5. Abschn.

892 Vgl. BAG vom 09.07.2003 – 5 AZR 595/02 - AP Nr. 158 zu § 611 BGB Lehrer, Dozenten [LS 2 sowie zu I.2.b) der Gründe]; MüKo-BGB/*Müller-Glöge*, § 613a BGB Rn. 206; Staudinger/*Annuß*, BGB, § 613a Rn. 338; *Schaub*, Anm. zu LAG Hamm vom 17.05.1993 – 17 (11) Sa 1686/92 – EWiR 1994, § 613a BGB 1/94; siehe auch Hako-KSchR/*Mestwerdt*, § 613a BGB Rn. 194 für die negative Feststellungsklage.

893 Nach LAG Hamm vom 17.05.1993 – 17(11) Sa 1686/92 – LAGE § 256 ZPO Nr. 7 [zu 1.b)bb) der Gründe] fehlt es hieran, sodass eine trotz des Betriebsübergangs gegen den Veräußerer erhobene Klage für erledigt zu erklären sei.

893 Vgl. BAG vom 09.07.2003 - 5 AZR 595/02 – AP Nr. 158 zu § 611 BGB Lehrer, Dozenten [zu I.2. der Gründe].

III. Passivlegitimation im Kündigungsschutzverfahren nach § 4 KSchG

Über die Frage, wer „richtiger Klagegegner", also passivlegitimiert im Kündigungsschutzverfahren ist, besteht nach wie vor Uneinigkeit zwischen dem BAG und den verschiedenen Literaturansichten, wobei sich zwei Hauptströmungen herausgebildet haben.

Die Grundaussage lautet, dass passivlegitimiert im Kündigungsschutzverfahren der kündigende Arbeitgeber ist.[894] Angesichts der Komplexität des Streitgegenstands nach § 4 KSchG[895] ist diese Aussage jedoch nicht hinreichend eindeutig, wenn es zeitnah im Zusammenhang mit der Kündigung zu einem Arbeitgeberwechsel kommt. Denn dann sieht sich der Arbeitnehmer dem Betriebsveräußerer als altem und dem Betriebserwerber als neuem Arbeitgeber gegenüber. Welcher Zeitpunkt für die Bestimmung der Person des Arbeitgebers und damit für die Beurteilung der Passivlegitimation maßgeblich ist, ist bisher nicht eindeutig geklärt.[896]

Zu den denkbaren Konstellationen des Zusammenspiels von Kündigungserklärung und Betriebsübergang, vgl. folgende *Abb. 3:*

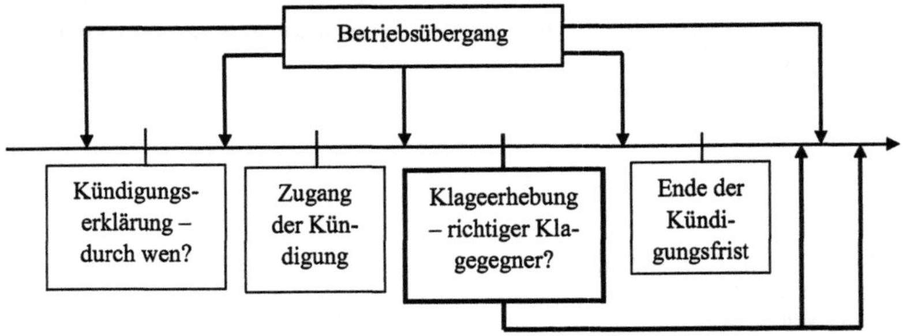

894 Bernsau/*Dreher*/Hauck, § 613a BGB Rn. 264; ErfK/*Kiel*, § 4 KSchG Rn. 15; KR/*Friedrich*, § 4 KSchG Rn. 85; D/L/W-Stichler, Handbuch ArbR, Kap. L. Rn. 31.

895 Hierzu oben unter BI.2.

896 Nicht selten ist zudem streitig, ob überhaupt und wann der Betriebsübergang stattgefunden hat, wer also wann Arbeitgeber war. Wie auf eine solche Unsicherheit zu reagieren ist, siehe unten unter G.II.

1. Die Ansicht des BAG

a. Andeutung der Problematik in seiner Entscheidung vom 14.02.1978

Die Frage, wie diese Problematik interessengerecht zu bewerkstelligen ist, hat das BAG bereits im Jahre 1978 aufgeworfen.[897] Angesichts des damals zur Entscheidung stehenden Sachverhalts, in dem die Kündigungsfrist einer Kündigung des späteren Betriebsveräußerers bereits vor dem Zeitpunkt des Betriebsübergangs verstrichen war, meinte das BAG, die Frage nach dem Übergang der Passivlegitimation offen lassen zu können. In einer solchen Konstellation bleibe aufgrund der Streitgegenstandsdefinition allein der Betriebsveräußerer passivlegitimiert.

Noch bevor es seine Rspr. zur Problematik, wie eine Kündigung des Betriebsveräußerers nach Betriebsübergang prozessual zu behandeln ist, etabliert hatte, aber bereits konsequent in deren Gerüst, verneinte das BAG einen Wechsel der Passivlegitimation in dieser Konstellation. Erst wenn das Gericht festgestellt habe, dass das Arbeitsverhältnis zum bisherigen Arbeitgeber über den Kündigungstermin hinaus fortbesteht, stelle sich – so das BAG – im weiteren zeitlichen Ablauf die Frage, ob dieses Arbeitsverhältnis von einem Arbeitgeberwechsel betroffen ist.[898]

Nichtsdestoweniger enthielt es sich einer Stellungnahme zu dieser Problematik nicht zur Gänze. Vielmehr dachte es bereits damals den später gewählten Lösungsweg an. Insoweit wies es auf eine mögliche Heranziehung des § 265 Abs. 2 ZPO hin, sah jedoch von einer näheren Erörterung angesichts der konkreten Situation ab.[899] Dieser Denkansatz ebnete sodann den Weg für die künftige Rspr. des BAG.

b. Die Grundsatzentscheidung vom 04.07.1979

In der an diesen Lösungsweg anknüpfenden Entscheidung vom 04.07.1979[900] musste sich das BAG erstmalig in der Frage der Passivlegitimation festlegen. Verkürzt lag dem Urteil folgender Sachverhalt zugrunde:

> Die Klägerinnen sind Krankenschwestern, die als sog. Gastschwestern des Deutschen Roten Kreuzes in der Unfallklinik des Beklagten tätig waren. Angesichts eines zum 01.01.1977 geplanten Trägerwechsels kündigte der Beklagte zunächst den mit dem DRK abgeschlossenen Gestellungsvertrag, und das DRK im Zuge dessen den Klägerinnen. Die gegen diese Kündigungen eingeleiteten Kündigungsschutzklagen wies das Arbeitsgericht ab mit der Begründung, die Arbeitsverhältnisse bestünden unmittelbar und ausschließlich zum Träger der Klinik. Angesichts dessen kündigte der Krankenhausträger seinerseits vorsorglich abermals den Klägerinnen zum 31.12.1976. Gegen diese Kündigungen erhoben die Klägerinnen am 23. bzw.

---

[897] In seiner Entscheidung vom 14.02.1978 – 1 AZR 154/76 – AP Nr. 60 zu Art. 9 GG Arbeitskampf; vgl. bereits vor Einführung des § 613a BGB, LAG Frankfurt vom 05.12.1961 – 5 Sa 29/61 – WA 1963, 109, worin es heißt, die Klage sei richtigerweise nach § 265 Abs. 2 Satz 1 ZPO gegen den Veräußerer erhoben worden mit dem Argument, dieser könne sich besser rechtfertigen.

[898] BAG vom 14.02.1978 – 1 AZR 154/76 – AP Nr. 60 zu Art. 9 GG Arbeitskampf [zu 1. der Gründe].

[899] BAG vom 14.02.1978 – 1 AZR 154/76 – AP Nr. 60 zu Art. 9 GG Arbeitskampf [zu 1. der Gründe].

[900] Az. 5 AZR 8/78 – AP Nr. 10 zu § 611 BGB Rotes Kreuz.

28.12.1976 wiederum Kündigungsschutzklage. Der Trägerwechsel fand wie geplant zum 01.01.1977 statt.

In den Urteilsgründen[901] qualifizierte das BAG zunächst den Trägerwechsel als Betriebsübergang i.S.v. § 613a BGB. Dies vor Augen kam es in einem ersten Schritt zu dem Ergebnis, dass die Klagen richtigerweise gegen den vormaligen Klinikträger zu richten waren. In einem zweiten Schritt führte es aus, dass die Klagen auch nach Betriebsübergang gegen diesen weitergeführt werden können.

Eine vor Betriebsübergang gegen den späteren Betriebsveräußerer eingeleitete Kündigungsschutzklage könne, so das BAG, auch über den Betriebsübergangszeitpunkt hinaus gegen diesen weiter betrieben werden. Denn der Betriebsinhaberwechsel berühre die Passivlegitimation nicht.[902] Zur Begründung verweist es zum einen auf die soeben erwähnte Entscheidung vom 14.02.1978[903], zum anderen auf seine Entscheidung vom 15.12.1976, in der es für die gerichtliche Durchsetzung unvertretbarer Handlungen erstmals die Analogie zu den §§ 265, 325 ZPO befürwortet hatte.[904] Interessengerechterweise müsse die Wirksamkeit einer Kündigung mit demjenigen Arbeitgeber gerichtlich geklärt werden, der sie ausgesprochen habe.[905] Was den Schutz des Betriebserwerbers anbelange, so stünde ihm im Gegenzug die Möglichkeit absichernder Abreden mit seinem Rechtsvorgänger bzw. die Nebenintervention nach § 265 Abs. 2 Satz 2 ZPO analog offen. Die Möglichkeit eines gewillkürten Parteiwechsels zog das BAG nicht in Betracht.

---

[901] Vgl. für die gesamte Argumentation, BAG vom 04.07.1979 - 5 AZR 8/78 – AP Nr. 10 zu § 611 BGB Rotes Kreuz [zu 1.b) der Gründe].

[902] Ebenso BAG vom 27.09.1984 – 2 AZR 309/83 – AP Nr. 39 zu § 613a BGB [zu B.I. der Gründe]; vom 26.05.1983 – 2 AZR 477/81 – AP Nr. 34 zu § 613a [zu B.I. der Gründe]; vom 09.10.1997 – 2 AZR 586/96 – nv, recherchiert über juris [zu II.2. der Gründe]; vom 20.03.1997 – 8 AZR 769/95 – AP Nr. 30 zu § 9 KSchG 1969 [zu B.II.3. der Gründe], wo es ausführt, dass *„(ergänzend) die §§ 265, 325 ZPO entsprechend Anwendung“* finden; vom 18.03.1999 – 8 AZR 306/98 – AP Nr. 44 zu § 4 KSchG 1969 [LS]; vom 18.04.2002 – 8 AZR 346/01 – AP Nr. 232 zu § 613a BGB [zu II.1.b) der Gründe]; vom 16.05.2002 – 8 AZR 320/01 – AP Nr. 9 zu § 113 InsO [zu B.II.1.a) der Gründe], in dem es ausdrücklich formuliert, dass der kündigende Arbeitgeber in dieser Konstellation passivlegitimiert ist, *„unabhängig davon, ob in der Folgezeit ein Betriebsübergang stattgefunden hat oder nicht.“*; vom 24.05.2005 – 8 AZR 246/04 – AR-Blattei ES 500 Nr. 191 Betriebsübergang [zu II.3.d) der Gründe] m. Anm. *Hergenröder*, wo es zur Begründung der fortdauernden Passivlegitimation heißt, dass *„auf den Betriebsübergang während des Prozesses §§ 265, 325 ZPO entsprechende Anwendung finden.“*; vom 20.09.2006 – 6 AZR 249/05 – AP Nr. 316 zu § 613a BGB [zu II.1. der Gründe]; LAG Frankfurt a.M. 13.7.1981 14/8 Sa 1266/80 - ZIP 1982, 619, 620 mwN; LAG Köln vom 03.08.2001 - 11 Sa 215/01 - NZA-RR 2002, 240, 241; ArbG Berlin vom 18.08.1975 – 45 Ca 76/75 – BB 1976, 513; ArbG Wiesbaden vom 22.03.1979 – 4 Ca 33/79 – DB 1979, 1607; LAG Köln vom 03.08.2001 - 11 Sa 215/01 – NZA-RR 2002, 240, 241.

[903] Siehe Fn. 897.

[904] BAG vom 15.12.1976 – 5 AZR 600/75 – AP Nr. 1 zu § 325 ZPO [zu 1.a) der Gründe], siehe ausführlich hierzu oben 4.Kap., 5. Abschn., A.

[905] Ebenso bereits LAG Frankfurt vom 05.12.1961 – 5 Sa 29/61 –WA 1963, 109; APS-*Ascheid/Hesse*, § 4 KSchG Rn. 48.

c. Unklarheiten im Detail – Bestätigende und ergänzende Folgeentscheidungen

Zu Details, in welchem Umfang die entsprechende Anwendung von § 265 ZPO die Passivlegitimation des Betriebsveräußerers aufrechterhält, schweigt das BAG in dieser ersten Entscheidung. Aber auch die Folgeentscheidungen, die auf diesem Grundsatzurteil aufbauen und diese Rspr. verfestigten, liefern auf die Frage nach der rechtlichen Konstruktion im Einzelnen keine Antwort.

So spricht das BAG in einer Entscheidung vom 26.05.1983[906] davon, dass für den Fall der Kündigung vor Betriebsübergang der kündigende, bisherige Arbeitgeber passivlegitimiert bleibe. Denn das Arbeitsverhältnis gehe in dem Zustand auf den übernehmenden Rechtsträger über, wie es im Zeitpunkt der Betriebsveräußerung mit dem übertragenden Rechtsträger bestand. Ist die Kündigung unwirksam, folge somit aus § 613a BGB, dass das Arbeitsverhältnis in ungekündigtem Zustand auf den Betriebserwerber übergeht. Die gerichtliche Klärung, ob die konkrete Kündigung das Arbeitsverhältnis aufgelöst hat, müsse entsprechend im Verhältnis zum Betriebsveräußerer erfolgen.

Das gelte – so das BAG in Fortentwicklung der Grundsatzentscheidung – auch für den Fall, dass die Klage erst nach Betriebsübergang erhoben werde.[907] Allerdings fänden in dieser Konstellation die §§ 265, 325 ZPO weder unmittelbar noch analog Anwendung, da es an einem Veräußerungstatbestand nach Rechtshängigkeit fehle. Demzufolge beschränke sich die Rechtskraft des Urteils subjektiv auf den beklagten Betriebsveräußerer.[908]

Von einer analogen Anwendung der §§ 265, 325 ZPO für den Fall des innerprozessualen Betriebsübergangs spricht explizit die Entscheidung vom 04.03.1993.[909] Darin heißt es, die Rechtskraft des Urteils wirke entsprechend § 325 ZPO auch für und gegen den Betriebserwerber.[910] Die Analogie zu § 265 Abs. 2 ZPO führe dazu, dass der Betriebsübergang auf den Prozess keinen Einfluss hat. Allerdings könne der Betriebserwerber anstelle und mit Zustimmung des Rechtsvorgängers in den Prozess eintreten (vgl. § 265 Abs. 2 Satz 2 ZPO).[911]

---

906 Az. 2 AZR 477/81 – AP Nr. 34 zu § 613a BGB [zu B.I. der Gründe]; nachfolgend, BAG vom 27.09.1984 – 2 AZR 309/83 – AP Nr. 39 zu § 613a BGB [zu B.I. der Gründe]; vom 18.04.2002 – 8 AZR 346/01 – AP Nr. 232 zu § 613a BGB [zu II.1.b) der Gründe].

907 BAG vom 26.05.1983 – 2 AZR 477/81 – AP Nr. 34 zu § 613a BGB [zu B.I. der Gründe]; vom 18.03.1999 – 8 AZR 306/98 – AP Nr. 44 zu § 4 KSchG 1969 [zu B.IV. der Gründe]; ebenso ArbG Wiesbaden vom 22.03.1979 – 4 Ca 33/79 – DB 1979, 1607.

908 BAG vom 18.03.1999 – 8 AZR 306/98 – AP Nr. 44 zu § 4 KSchG 1969 [zu B.IV. der Gründe]; vom 18.03.1999 - 8 AZR 485/97 – AP Nr. 5 zu § 325 ZPO [zu B.III. der Gründe]; LAG Hamm vom 21.06.2006 – 2 Sa 1861/05 – recherchiert über juris [zu IV. der Gründe].

909 Az. 2 AZR 507/92 – AP Nr. 101 zu § 613a BGB [zu A.1.)aa) der Gründe]; ebenso BAG vom 20.03.1997 - 8 AZR 769/95 – AP Nr. 30 zu § 9 KSchG 1969 [zu B.II.3. der Gründe], wo es heißt, die §§ 265, 325 ZPO fänden „*(ergänzend)*“ entsprechende Anwendung.

910 Vgl. zur Rechtskrafterstreckung analog § 325 ZPO ausführlich, BAG vom 05.02.1991 – 1 ABR 32/90 – AP Nr. 89 zu § 613a BGB [zu B.IV.2 der Gründe], für den Fall, dass mit dem Betriebsrat um Rechte und Pflichten aus dem Betriebsverfassungsrecht gestritten wird.

911 BAG vom 04.03.1993 - 2 AZR 507/92 – AP Nr. 101 zu § 613a BGB [zu A.1.b)aa) der Gründe].

Diese Analogie steht jedoch nach Ansicht des BAG, wie das Urteil vom 18.04.2002[912] ausführt und insoweit das bereits erwähnte Urteil vom 14.02.1978[913] bestätigt, unter der Prämisse, dass der Betriebsübergang noch während des Laufs der Kündigungsfrist stattfinde. Außerhalb des Anwendungsbereichs der §§ 265, 325 ZPO verweist die Rspr. den Arbeitnehmer darauf, den Betriebserwerber mittels allgemeiner Feststellungsklage in subjektiver Klagenhäufung neben dem Kündigungsschutzantrag gegen den Betriebsveräußerer in denselben Rechtsstreit hineinzuziehen.[914] Dies bewirke den Effekt einer Rechtskrafterstreckung, indem das dasselbe Gericht im Rahmen eines Verfahrens über die Kündigung inzidenter auch gegenüber dem Rechtsnachfolger entscheide.

d. Bedeutung der Rspr. des BAG

Dem BAG ist ein nicht unbeachtlicher Teil der Lit. gefolgt.[915]

i. Unklarer sprachlicher Aussagegehalt der Rspr.

Allerdings lässt der Aussagegehalt der genannten Urteile keine eindeutige Linie erkennen, welche Bedeutung das BAG der Analogie zu den §§ 265, 325 ZPO zuspricht. Es bleibt in der Gesamtschau m.E. offen, ob die fortbestehende Passivlegitimation – fingiert – erst ein Resultat der gesetzlichen Prozessstandschaft im Zuge der analogen Anwendung des § 265 ZPO darstellt, oder ob die Passivlegitimation auch nach Betriebsübergang originär beim kündigenden Betriebsveräußerer verbleibt. Dies ist zunächst herauszuarbeiten.

Die Schwierigkeiten resultieren aus sprachlichen Ungenauigkeiten, die sich in den teilweise widersprüchlichen Aussagen des BAG finden. In dem Grundsatzurteil vom 04.07.1979 bejaht das BAG ergebnisorientiert, dass der Prozess gegen den Betriebsveräußerer fortgeführt werden könne. Das Wort „*Analogie*" fällt nicht. Das BAG verweist lediglich auf seine vorangegangenen Entscheidungen, in denen es auf die Analogie rekurriert und sie für den Kündigungsschutzprozess angedacht hat. Dabei führt das BAG aus, die *„prozessuale Lage" müsse „insoweit ebenso beurteilt werden, wie wenn die Klägerinnen Angestellte des Klinikträgers [Anm.: also des Betriebsveräußerers]*

---

912 Az. 18.04.2002 – 8 AZR 346/01 – AP Nr. 232 zu § 613a BGB [zu II.1.b) der Gründe].

913 Az. 1 AZR 154/76 – AP Nr. 60 zu Art. 9 GG Arbeitskampf, hierzu oben unter III.1.a.

914 Hierzu unten unter E.

915 APS-*Ascheid/Hesse*, § 4 KSchG Rn. 48; Bader/Bram/Dörner/*Kriebel*, § 4 KSchG Rn. 37; D/L/W-*Stichler*, Handbuch ArbR, Kap. L Rn. 26, 28; ErfK/*Kiel*, § 4 KSchG Rn. 17; ErfK/*Preis*, § 613a BGB Rn. 174; Hako-KSchR/*Mestwerdt*, § 613a BGB Rn. 187, allerdings auch Rn. 188; Kass-Handbuch/*Hattesen*, Kap. 6.7 Rn. 235 ff.; KR/*Friedrich*, § 4 KSchG Rn. 96a; Soergel/*Raab*, BGB, § 613a Rn. 193; von Hoyningen-Huene/*Linck*, KSchG, § 4 Rn. 74 ff.; Stahlhacke/Preis/*Vossen*, Kündigungsschutz, Rn. 1792; ausführlich *Gaul*, Betriebs- und Unternehmensspaltung, § 23 Rz. 17 ff., insbesondere Rn. 31 ff.; *Vossen*, FS für Leinemann, 2006, 273, 276; *Hillebrecht* NZA Beil. 4/1989, 10, 18 f.; wohl auch *Bauer*, Unternehmensveräußerung, Kap 1.10.2. S. 114 f.; Moll/*Boewer*, Anwaltshandbuch ArbR, § 45 Rn. 92; *Wollenschläger/Pollert*, ZfA 1996, 547, 564; nicht widerspruchsfrei, *Bauer/von Steinau-Steinrück*, in: Hölters (Hrsg.), Unternehmenskauf, Teil VI Rn. 379 und 381; Tschöpe/*Beseler*, Anwaltshandbuch ArbR, Teil 2 G Rn. 144; Bedenken insoweit äußert *Müller-Glöge* NZA 1999, 499, 456.

gewesen wären“.[916] Aber auch diese Ausführungen lassen Zweifel daran bestehen, worauf sich die vorzunehmende Fiktion bezieht – auf die Passivlegitimation des beklagten Betriebsveräußerers an sich oder allein auf das bestandsrechtliche Streitgegenstandselement der Kündigungsschutzklage, das sich auf den Auflösungstermin bezieht. Die Frage stellt sich umso mehr, als die Rspr. zur Erweiterung des punktuellen Streitgegenstands bereits etabliert war.[917]

In einigen späteren Entscheidungen heißt es explizit, die analoge Anwendung der §§ 265, 325 ZPO führe dazu, dass die Betriebsveräußerung den Prozess nicht berühre[918] bzw. der Betriebsveräußerer passivlegitimiert bleibe.[919] Ihnen stehen allerdings auch Urteile gegenüber, die die fortdauernde Passivlegitimation bejahen - teils mit sachlich-inhaltlichen Argumenten, teils gänzlich ohne Ausführungen -, ohne § 265 ZPO zu erwähnen.[920] An wieder anderer Stelle lässt sich das BAG so verstehen, dass die genannten Normen nur ergänzend neben dem Fortbestand der originären Passivlegitimation des Kündigenden Anwendung finden sollen, etwa im Hinblick auf die Einbeziehung des übernehmenden Rechtsträgers.[921]

ii. Unklarer systematischer Aussagegehalt der Rspr.

Auch in systematischer Hinsicht lässt sich in der Rspr. des BAG ein klares Gesamtkonstrukt, was die Zuweisung der Passivlegitimation anbelangt, nicht erkennen.

Auf der einen Seite lässt sie im Urteil vom 04.03.1993[922] die Einwechslung des Betriebserwerbers in den Kündigungsschutzprozess mit Zustimmung des Gegners analog § 265 Abs. 2 Satz 2 ZPO zu. Die Begründetheit der umgestellten Klage gegenüber dem anstelle seines Vorgängers eingewechselten Betriebsnachfolger setzt aber dessen Passivlegitimation voraus. Insoweit scheint das BAG von einem Übergang der Passivlegitimation auf den Betriebserwerber auszugehen.

Auf der anderen Seite sieht es den kündigenden Betriebsveräußerer auch dann als passivlegitimiert an, wenn die Klage erst nach dem Betriebsübergang erhoben wird. §§ 265, 325 ZPO finden in dieser Konstellation jedoch keine Anwendung. Hieraus

916 BAG vom 04.07.1979 - 5 AZR 8/78 – AP Nr. 10 zu § 611 BGB Rotes Kreuz [zu 1 b) der Gründe].

917 Siehe hierzu die Entscheidungen zitiert in Fn. 796.

918 BAG vom 04.03.1993 - 2 AZR 507/92 – AP Nr. 101 zu § 613a BGB [zu A.1.b)aa) der Gründe], vgl. für den Wortlaut Fn. 902.

919 BAG vom 24.05.2005 – 8 AZR 246/04 – AR-Blattei ES 500 Nr. 191 Betriebsübergang [zu II.3.d) der Gründe] m. Anm. *Hergenröder*, vgl. für den Wortlaut oben Fn. 902.

920 BAG vom 26.05.1983 – 2 AZR 477/81 – AP Nr. 34 zu § 613a BGB [zu B.I. der Gründe]; vom 27.09.1984 – 2 AZR 309/83 – AP Nr. 39 zu § 613a BGB [zu B.I. der Gründe]; vom 09.10.1997 – 2 AZR 586/96 – nv, recherchiert über juris [zu II.2. der Gründe]; siehe insbesondere den deutlichen Wortlaut von BAG vom 16.05.2002 – 8 AZR 320/01 – AP Nr. 9 zu § 113 InsO [zu B.II.1.a) der Gründe], Fn. 902.

921 BAG vom 20.03.1997 – 8 AZR 765/95 – AP Nr. 30 zu § 9 KSchG 1969 [zu B.II.3. der Gründe], zum Urteilswortlaut oben Fn. 902; vgl. auch BAG vom 18.04.2002 – 8 AZR 346/01 – AP Nr. 232 zu § 613a BGB [zu II.1.b) der Gründe], das ausführt, dass der Prozess gegen den bisherigen Beklagten fortgesetzt werden kann. Auf den Betriebsübergang während des Prozesses fänden dann die §§ 265, 325 ZPO entsprechend Anwendung.

922 Az. 2 AZR 507/92 – AP Nr. 101 zu § 613a BGB [zu A.1.)aa) der Gründe].

lässt sich der Schluss ziehen, dass das BAG die Passivlegitimation im Rahmen der Kündigungsschutzklage ausschließlich beim Kündigenden sieht, wenn dieser im Zeitpunkt des Kündigungszugangs der tatsächliche Arbeitgeber war.[923]

Dies vor Augen stellt sich die Konstruktion der Passivlegitimation, wie das BAG sie favorisiert, als nicht einheitlich dar.

iii. Interpretationsversuch *Vossens*

Eine eigene Interpretation der BAG-Rspr. präsentiert *Vossen*.[924] Ausgangspunkt seiner Überlegungen stellt die erweiterte Streitgegenstandstheorie des BAG bzgl. des Kündigungsrechtsstreits dar. Bezugselement der Analogie ist aus seiner Sicht deren bestandsrechtliche Komponente bezogen auf den Zeitpunkt des Kündigungstermins.

Folge eines Betriebsübergangs innerhalb der Kündigungsfrist ist, dass im Kündigungstermin ein Arbeitsverhältnis zum Betriebsveräußerer als Partei der Kündigungsschutzklage nicht mehr besteht. Entsprechend versteht *Vossen* die Analogie zu § 265 ZPO als Mittel, um die Abweisung der Klage als unbegründet zu verhindern, wenn es noch vor dem Auflösungstermin zum Betriebsübergang kommt. Den Verlust der Passivlegitimation überbrücke die Anwendung des § 265 ZPO mit der Folge, dass der Betriebsveräußerer den Prozess als gesetzlicher Prozessstandschafter fortführe.[925]

iv. Stellungnahme

Vossen unterbreitet einen überaus überlegenswerten Ansatz, was die Entwicklung der Passivlegitimation im Kündigungsschutzverfahren betrifft. Dennoch spiegelt er nicht gänzlich die Auffassung des BAG wider, die sich m.E. gerade für den originären Fortbestand der Passivlegitimation beim Betriebsveräußerer ausspricht.

In Einklang hiermit ließe sich *Vossens* Ansicht möglicherweise bringen, wenn man ihn so verstünde, dass der Betriebserwerber ab Betriebsübergang quasi eine Teil-Passivlegitimation in Bezug auf das bestandsrechtliche Streitgegenstandselement erlangt und insoweit der Betriebsveräußerer zum gesetzlichen Prozessstandschafter wird, während letzterer bzgl. der übrigen Streitgegenstandselemente originär sachbefugt bleibt. Eine solche Teilung der Passivlegitimation hatte *Vossen* aber wohl nicht im Sinn. Vielmehr scheint auch er, wie die herrschende Literaturansicht von einem Übergang der originären Passivlegitimation auf den Betriebserwerber auszugehen.

e. Eigener Interpretationsversuch

i. Originäre Passivlegitimation beim kündigenden Betriebsveräußerer

M.E. ist für eine Interpretation der BAG-Rspr. ein anderer Ausgangspunkt zu wählen. Der entscheidende Hinweis, wie sich nach dem Verständnis des BAG die Passivlegitimation infolge des Betriebsübergangs entwickelt, wurzelt in einer Zusammenschau zweier Aussagen des BAG.

---

923 Zur Konstellation der Kündigung durch den „falschen“ Arbeitgeber, siehe unten unter G.

924 *Vossen*, FS für Leinemann, 2006, S. 273, 278 f., 282.

925 *Vossen*, FS für Leinemann, 2006, S. 273, 279.

Das BAG geht zum einen davon aus, dass selbst dann, wenn bereits im Zeitraum zwischen Kündigungszugang und Klageerhebung infolge des Betriebsübergangs ein Arbeitgeberwechsel stattfindet, immer noch und ausschließlich der kündigende Betriebsveräußerer als richtiger Klagegegner und damit als passivlegitimiert anzusehen ist.[926] Zum anderen verneint das BAG zugleich, dass der Anwendungsbereich der §§ 265, 325 ZPO in dieser Situation eröffnet ist.[927] Angesichts dieser Aussagen kann das BAG nur so verstanden werden, dass der Betriebsveräußerer nach Betriebsübergang nicht als gesetzlicher Prozessstandschafter tätig wird. Leitet es die Passivlegitimation somit nicht lediglich aus § 265 Abs. 2 ZPO ab, ist daraus zu schließen, dass das BAG den Betriebsveräußerer nach wie vor als originär passivlegitimiert ansieht. Demzufolge bleibt somit der bisherige Betriebsinhaber auch über den Arbeitgeberwechsel hinaus im Kündigungsschutzverfahren originär sachbefugt.[928]

ii. Ergänzende Funktion der §§ 265 u.a. ZPO in begrenztem Anwendungsbereich

Die Anwendung der §§ 265, 325 ZPO hat im System der Rechtsprechung m.E. nur ergänzende Funktion und zwar beschränkt auf ihren Anwendungsbereich. Dieser setzt zum einen voraus, dass der Betriebsübergang nach Rechtshängigkeit erfolgt.

Zum anderen sieht das BAG in der materiellen Kündigungsfrist eine zweite zeitliche Grenze, wenn es ausführt, ein Arbeitgeberwechsel nach dem Ende der Kündigungsfrist lasse die Passivlegitimation unberührt. Ausschließlich dann, wenn der Betriebsübergang noch während der Kündigungsfrist stattfindet, hält das BAG den Streitgegenstand für betroffen.[929] Dann nämlich besteht das Arbeitsverhältnis in dem für den Streitgegenstand maßgeblichen Zeitpunkt des Kündigungstermins zum übernehmenden Rechtsträger und nicht mehr zum Betriebsveräußerer. Aus Sicht des BAG lässt sich von einer „Teil-Passivlegitimation" des Betriebserwerbers insoweit sprechen, als das Urteil mit seiner Feststellung, dass das Arbeitsverhältnis ungekündigt fortdauert, den Rechtskreis des Betriebserwerbers berührt.

Dieser Betroffenheit sucht das BAG über die Analogie zu §§ 265, 325 ZPO Rechnung zu tragen. Auf diese Weise bewerkstelligt es zum einen, eine Klageabweisung zu verhindern. So führt das BAG aus, nach § 265 Abs. 2 Satz 1 ZPO lasse der Übergang der Arbeitgeberstellung den Prozess unangetastet. Zum anderen geht es ihm nach meinem Dafürhalten darum, ausgleichsweise den Betriebserwerber in die gerichtliche Entscheidung einzubinden. Über die Rechtskrafterstreckung des § 325 Abs. 1 ZPO trägt es dem Interesse des Arbeitnehmers Rechnung, dem aktuellen Arbeitgeber ein obsiegendes Urteil entgegenhalten zu können. Im Gegenzug hierzu räumt es dem Betriebserwerber Beteiligungsrechte ein, die sowohl die Nebenintervention als auch einen gewillkürten Parteiwechsel umfassen entsprechend § 265 Abs. 2 Sätze 2 und 3 ZPO. Lässt das BAG unter diesen Voraussetzungen einen Parteiwechsel auf den Betriebser-

---

926 BAG vom 26.05.1983 – 2 AZR 477/81 – AP Nr. 34 zu § 613a BGB [zu B.I. der Gründe]; vom 18.03.1999 – 8 AZR 306/98 – AP Nr. 44 zu § 4 KSchG 1969 [zu B.IV. der Gründe].
927 Hierzu oben unter d.ii.
928 Ebenso die Interpretation bei *Zeuner*, FS für Schwab, 1990, 575, 585.
929 Siehe oben unter d.ii.

werber zu, so beruft es sich hierbei m.E. auf eine „Teil-Passivlegitimation" des Betriebserwerbers bezogen auf den Bestand des Arbeitsverhältnisses im Beendigungstermin.

Außerhalb dieses Anwendungsbereichs lehnt das BAG, da der Streitgegenstand aus seiner Sicht nicht betroffen ist, sowohl eine Rechtskrafterstreckung als auch speziellen Beteiligungsrechte zugunsten des Betriebserwerbers konsequent ab.

f. Zusammenfassung: Arbeitgeberstellung im Zugangszeitpunkt

Nach dieser Interpretation hält das BAG denjenigen im Kündigungsschutzverfahren für originär sachbefugt, der als aktueller Arbeitgeber die Kündigung ausgesprochen hat.[930] Die Passivlegitimation ist dabei unabhängig davon, wann der Betriebsübergang im späteren zeitlichen Verlauf stattfindet. Eines Rückgriffs auf § 265 Abs. 2 ZPO bedarf es insoweit nicht.

Lediglich ergänzend zieht das BAG nach der hier vertretenen Auffassung die §§ 265, 325 ZPO heran. Deren analoge Anwendung beschränkt es auf Konstellation, in denen es nach Rechtshängigkeit, aber vor Ende der Kündigungsfrist zum Betriebsübergang kommt. Mithilfe der Analogie blendet es die Arbeitgeberstellung des Betriebserwerbers im Zeitpunkt des Auflösungstermins vor dem Hintergrund der Streitgegenstandsdefinition aus. Dem Aspekt, dass der Betriebserwerber als aktueller Arbeitgeber in den Streitgegenstand involviert ist, trägt es ausgleichsweise mit der Rechtkrafterstreckung und Beteiligungsrechten zu dessen Gunsten Rechnung.[931]

---

[930] Vgl. insoweit auch ArbG Wiesbaden vom 22.03.1979 – 4 Ca 33/79 – DB 1979, 1607, das auf die Arbeitgeberstellung im Zeitpunkt des Zugangs der Kündigung abstellt.

[931] Entgegen der hier vertretenen Interpretation meinen nicht wenige, das BAG halte die Passivlegitimation über § 265 ZPO analog aufrecht, so wohl Hako-KSchR/*Gallner*, § 4 KSchG Rn. 100; KassHandbuch/*Hattesen*, Kap. 6.7 Rn. 235; MüKo-BGB/*Hergenröder*, 4. Aufl. 2005, § 4 KSchG Rn. 51; *Gaul*, Betriebs- und Unternehmensspaltung, § 23 Rz. 18; *Gaul/Bonanni*, Anm. zu BAG vom 18.04.2002 – 8 AZR 346/01 - EzA § 613a BGB Nr. 207 [zu 5. der Ausführungen].

Zur Verdeutlichung der Interpretation der BAG-Rspr. folgende *Abb. 4:*

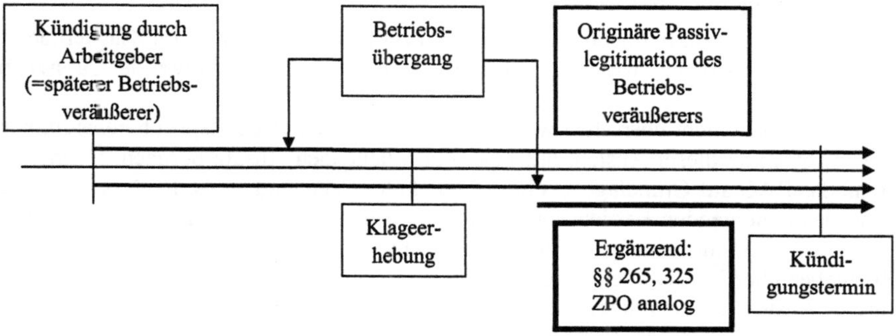

2. Die abweichende Ansicht in der Lit.

Eine starke Strömung in der Lit. folgt zwar der Rspr. des BAG, was Konstellationen betrifft, in welchen der Betriebsübergang innerprozessual stattfindet. Anders als das BAG hält sie aber den Betriebserwerber für den richtigen Klagegegner, wenn die Kündigungsschutzklage erst nach Betriebsübergang erhoben wird.[932]

a. Passivlegitimation des im Zeitpunkt der Klageerhebung aktuellen Arbeitgebers

Nach Ansicht der abweichenden, herrschenden Literaturauffassung ist die Kündigungsschutzklage gegen denjenigen zu richten, der im Zeitpunkt der Klageerhebung aktueller Arbeitgeber ist. Für den Fall, dass ein Betriebsübergang während des laufen-

---

[932] ArbRBGB-*Ascheid*, § 613a Rn. 148; KR/*Pfeiffer*, § 613a BGB Rn. 205; Löwisch/*Spinner*, KSchG, § 4 Rn. 39 f.; MüKo-BGB/*Müller-Glöge*, § 613a BGB Rn. 205; RGRK-*Ascheid*, § 613a BGB Rn. 293; Staudinger/*Annuß*, BGB, § 613a Rn. 340; *Bauer/von Steinau-Steinrück*, in: Hölters (Hrsg.), Unternehmenskauf, Teil VI Rn. 381; *Caspers*, Personalabbau, Rn. 321 ff.; Küttner/*Kreitner*, Personalbuch, Betriebsübergang Rn. 82 f.; *Zeuner*, FS für Schwab, 1990, 575, 585; *Fischer* DB 2001, 331, 334 f.; *Kreitner* FA 1998, 2, 2 f.; *Löwisch/Neumann* DB 1996, 474, 474 f.; *Müller-Glöge* NZA 1999, 449, 456; *Schaub*, NZA 1990, 85, 87; ebenso APS-*Ascheid*, 2. Aufl. 2004, § 4 KSchG Rn. 48; AR-Blattei SD (*Hergenröder*), 500.1 Rn. 717, allerdings Stellung nehmend nur für den Fall der Klageerhebung vor Betriebsübergang, vgl. Rn. 720, 1217 ff., für Klagen im Allgemeinen, Rn. 1192 ff.; jedenfalls teilweise zust., *Boewer*, in: Gaul, Aktuelles Arbeitsrecht 1996, Kap. VI.7, S. 520 ff.; unklar MüKo-BGB/*Hergenröder*, 4. Aufl. 2005, § 4 KSchG Rn. 51 f.; weitergehend KDZ-*Kittner*, 4. Aufl. 1993, § 4 KSchG Rn. 22, wonach nur dann Klage gegen den Betriebsveräußerer zu erheben ist, wenn auch der Kündigungstermin vor Betriebsübergang liegen.

den Kündigungsschutzverfahrens gegen den ursprünglichen Arbeitgeber eintritt, zieht sie die Analogie zu den §§ 265, 325 ZPO heran.[933]

b. Bedeutung der Literaturansicht

Diese differenzierte Betrachtung, die sich am zeitlichen Verhältnis von Klageerhebung und Betriebsübergang ausrichtet, hat ihren Ursprung in der Definition der Passivlegitimation.

Und so darf nicht übersehen werden, dass die mit der BAG-Rspr. übereinstimmenden Ergebnisse dieser Ansicht auf einem abweichenden Ansatz beruhen. Denn während das BAG auf Grundlage des hier entwickelten Verständnisses die Passivlegitimation des kündigenden Betriebsveräußerers als originär fortbestehend ansieht, geht sie nach der Literaturmeinung gleichsam mit dem Betriebsübergang auf den neuen Arbeitgeber über.[934] Geschieht dies während des schwebenden Verfahrens, bleibt nach dieser Ansicht der ursprüngliche Arbeitgeber analog § 265 Abs. 2 Satz 1 ZPO als gesetzlicher Prozessstandschafter passivlegitimiert.[935] Im Übrigen müsse die Klage sich gegen den Betriebserwerber richten, dem allein die Passivlegitimation zukomme.

Um Härten für den Arbeitnehmer infolge der Fiktionswirkung nach §§ 4, 7 KSchG zu vermeiden, lässt diese Meinung eine verspätete Klage nach § 5 KSchG zu, wenn der Arbeitnehmer schuldlos keine Kenntnis vom Betriebsübergang hatte und daher fälschlicherweise den ursprünglichen Arbeitgeber verklagte.[936]

c. Argumente der Literaturansicht

Zur Begründung rekurriert die Literaturansicht auf die Rechtsfolge des § 613a BGB, wonach der Betriebserwerber vollumfänglich in das Arbeitsverhältnis in seiner derzeitigen Schwebelage eintritt. Der Betriebserwerber übernehme das Arbeitsverhältnis in

---

933 Zur Möglichkeit der Titelumschreibung nach § 727 ZPO, Hako-ArbR/*Karthaus/Richter*, § 613a BGB Rn. 301.

934 AR-Blattei SD (*Hergenröder*), 500.1 Rn. 717; Löwisch/*Spinner*, KSchG, § 4 Rn. 39; *Caspers*, Personalabbau, Rn. 323; *Löwisch/Neumann* DB 1996, 474, 474; nicht völlig klar, APS-*Ascheid*, 2. Aufl. 2004, § 4 KSchG Rn. 48, 51.

935 AR-Blattei SD (*Hergenröder*), 500.1 Rn. 717; Löwisch/*Spinner*, KSchG, § 4 Rn. 39; *Boewer*, in: B. *Gaul*, Aktuelles Arbeitsrecht 1996, Kap. VI.7, S. 520 f.; *Caspers*, Personalabbau, Rn. 324; Küttner/*Kreitner*, Personalbuch, Betriebsübergang Rn. 82 f.; *Zeuner*, FS für Schwab, 1990, 575, 589. Demgegenüber will APS-*Ascheid*, 2. Aufl. 2004, § 4 KSchG Rn. 51, auf die Analogie verzichten und die Rechtskrafterstreckung bei Betriebsübergang nach Klageerhebung auf § 613a BGB unmittelbar stützen; ebenso KDZ-*Däubler/Zwanziger*, § 613a BGB Rn. 138 für den Fall, dass § 325 ZPO mangels Anwendungsbereichs nicht greift; so auch MüKo-BGB/*Müller-Glöge*, § 613a BGB Rn. 214. Zu den Rechtsfolgen der analogen Anwendung der §§ 265 ZPO u.a., siehe oben 4. Kap., 5. Abschn. B.I. ff.; zum prozessualen Vorgehen bzgl. unvertretbarer Ansprüche 4. Kap., 5. Abschn., D ff.

936 *Löwisch/Neumann* DB 1996, 474, 475; *Caspers*, Personalabbau, Rn. 323, allerdings nach seiner Ansicht nur unter der zusätzlichen Voraussetzung, dass die Klage gegen den alten Arbeitgeber fristgerecht erhoben und abgewiesen wurde. Nach APS-*Ascheid*, 2. Aufl. 2004, § 4 KSchG Rn. 48, wahrt die Klage gegen den alten Arbeitgeber die Frist, wenn die Tatsache des Betriebsübergangs dem Arbeitnehmer nicht bekannt gemacht wurde bzw. er den Betriebsübergang bestreitet, da der Erwerber sich diese unsichere Rechtslage zurechnen lassen müsse.

der Ausgestaltung, wie es sich beim übertragenden Rechtsträger darstellt. Hieraus leitet die Literaturansicht gleichsam eine rückwirkende Fiktion der Arbeitgeberstellung ab. Entsprechend rechnet sie dem Betriebserwerber die Kündigung als Gestaltungserklärung und die durch sie hervorgerufene Gestaltungslage ebenso wie den ursprünglichen Bestand des Arbeitsverhältnisses als eigene zu. In der Konsequenz sieht sie nach dem Betriebsübergang ausschließlich den Betriebserwerber für die Klärung der Schwebelage als prozessual zuständig an.

Zudem verweisen ihre Vertreter darauf, dass für Feststellungsstreitigkeiten stets der aktuelle Träger des Rechtsverhältnisses zuständig sei, nach Betriebsübergang sonach ausschließlich der Betriebserwerber.[937] Das gelte auch für den Spezialfall des Kündigungsschutzprozesses, den *Löwisch/Neumann* mit einem „Zwischenstreit“ nach § 256 Abs. 2 ZPO gleichsetzen.[938] Wie die Zwischenfeststellungsklage habe die Kündigungsschutzklage zum Gegenstand, die Wirksamkeit einer Gestaltungsrechtsausübung im Hinblick auf den Bestand eines Rechtsverhältnisses zu überprüfen. In der Zwischenstreitsituation sei die Sachbefugnis den Trägern des Grundverhältnisses, welches durch die Kündigung gestaltet werden soll, zuzuschreiben. Demnach habe die Beurteilung des Gestaltungsrechts gerade nicht im Verhältnis von Ausübendem und Adressaten zu erfolgen. Auch im Falle der Kündigungsschutzklage zwänge hierzu weder ein entsprechender Rechtsgrundssatz[939] noch Wortlaut oder Sinn des § 4 KSchG.[940] Vielmehr habe die Klärung zwischen denjenigen Personen stattzufinden, die die Gestaltungswirkung treffe, weil sie Rechte und Pflichten aus dem betroffenen Grundverhältnis ableiten[941], somit nach Betriebsübergang zwischen Arbeitnehmer und Betriebserwerber. Dies gelte unabhängig vom zeitlichen Bezug der Kündigungsfrist zum Zeitpunkt des Betriebsübergangs.[942]

Zudem weist die Ansicht auf die prozessuale Möglichkeit hin, mit der Kündigungsschutzklage einen Auflösungsantrag nach § 9 KSchG zu kombinieren. Hierauf löst nach § 9 Abs. 1 KSchG das Gericht im Falle der Unwirksamkeit der Kündigung das Arbeitsverhältnis gegen Abfindung auf, wenn es zu dem Schluss kommt, dass dessen Fortsetzung für eine der Seiten unzumutbar ist.[943] Die für die Begründetheit eines solchen Antrags nach h.M. notwendige, gerichtliche Zukunftsprognose bedinge, dass sich eine prozessuale Klärung im Verhältnis zum Betriebsveräußerer als *„krass sachwid-*

---

[937] KR/*Pfeiffer*, § 613a BGB Rn. 205; RGRK-*Ascheid*, § 613a BGB Rn. 293. LAG Hamm vom 2.12.1999 – 4 Sa 1153/99 – NZA-RR 2000, 265, 267 begründet dies mit der Stellung des Betriebsveräußerers, der nach Betriebsübergang als Nichtberechtigter hinsichtlich Arbeitgeberstellung und –funktion anzusehen sei.

[938] *Löwisch/Neumann* DB 1996, 474, 474

[939] RGRK-*Ascheid*, § 613a BGB Rn. 293; *Löwisch/Neumann* DB 1996, 474, 474

[940] ArbRBGB-*Ascheid*, § 613a Rn. 148; RGRK-*Ascheid*, § 613a BGB Rn. 293; vgl. auch *Zeuner*, FS für Schwab, 1990, 575, 588.

[941] Löwisch/*Spinner*, KSchG, § 4 Rn. 39; *Löwisch/Neumann* DB 1996, 474, 474; ihnen folgend *Caspers*, Personalabbau, Rn. 322; *Kreitner* FA 1998, 2, 2

[942] *Löwisch/Neumann* DB 1996, 474, 474; ebenso MüKo-BGB/*Müller-Glöge*, § 613a BGB Rn. 205; *Kreitner* FA 1998, 2, 2; Küttner/*Kreitner*, Personalbuch, Betriebsübergang Rn. 83.

[943] Zur Antragsbefugnis bzgl. der Auflösungsanträge i.S.v. § 9 KSchG, siehe ausführlich unten 2. Abschn.

rig" darstelle.[944] Da der Auflösungsantrag nicht isoliert von der Kündigungsschutzklage stehen könne, müsse die Entscheidung über die Kündigung in Parallele zum Auflösungsantrag sinnvoller Weise ebenfalls im Verhältnis zum Betriebserwerber erfolgen.[945]

Nicht zuletzt werfen die Gegenstimmen dem BAG vor, den Arbeitnehmer mit einer *„überflüssigen Doppelung der Prozesse"*[946] zu belasten. Denn das BAG spreche die Passivlegitimation auch dann dem Veräußerer zu, wenn es mangels zeitlichen Anwendungsbereichs des § 265 ZPO nicht zu einer Rechtskrafterstreckung auf den Erwerber kommt.[947] Mangels Rechtskrafterstreckung zwinge ein solches Verständnis den Arbeitnehmer, gegen eine Person zu prozessieren, der gegenüber das Urteil ohne praktischen Wert ist. Denn der Betriebsveräußerer sei nicht mehr aktueller Arbeitgeber und daher auch nicht zur Weiterbeschäftigung verpflichtet. Vielmehr solle das Urteil gerade dem aktuellen Vertragspartner entgegen gehalten werden, auf den sich die Urteilswirkungen aber nicht erstreckten. Weigere sich der Betriebserwerber, sich freiwillig dem Urteil im Kündigungsschutzprozess zu unterwerfen und das Arbeitsverhältnis fortzuführen, werde daher eine eigenständige Bestandsfeststellungsklage ihm gegenüber notwendig.[948] Eine Bindungswirkung gehe dabei vom Urteil im Erstprozess nicht aus.

d. Zusammenfassung: Arbeitgeberstellung im Klageerhebungszeitpunkt

Nach herrschender Ansicht in der Lit. ist die Kündigungsschutzklage somit gegen den im Zeitpunkt der Klageerhebung aktuellen Arbeitgeber zu richten. Findet zeitlich später ein Betriebsübergang statt, bleibt der Betriebsveräußerer als gesetzlicher Prozessstandschafter nach §§ 265 u.a. ZPO analog prozessführungsbefugt.

---

944 *Löwisch/Neumann* DB 1996, 474, 474 mit Hinweis auf die Parallele zum Vermieterwechsel nach Eigenbedarfskündigung.

945 *Löwisch/Neumann* DB 1996, 474, 474.

946 *Löwisch/Neumann* DB 1996, 474, 474 f.; ebenso Löwisch/*Spinner*, KSchG, § 4 Rn. 39; vgl. hierzu auch *Boewer*, in: Gaul, Aktuelles Arbeitsrecht 1996, Kap. VI.7, S. 521 f.

947 Hierzu oben III.1.b., c.

948 Vgl. hierzu ausführlich *Zeuner*, FS für Schwab, 1990, 575, 585 ff., der darüber hinaus eine Rechtskrafterstreckung aus zivilrechtlicher Abhängigkeit und aufgrund Drittwirkung der Rechtskraft ablehnt.

Vgl. für die Entwicklung der Passivlegitimation nach dieser Literaturansicht *Abb. 5:*

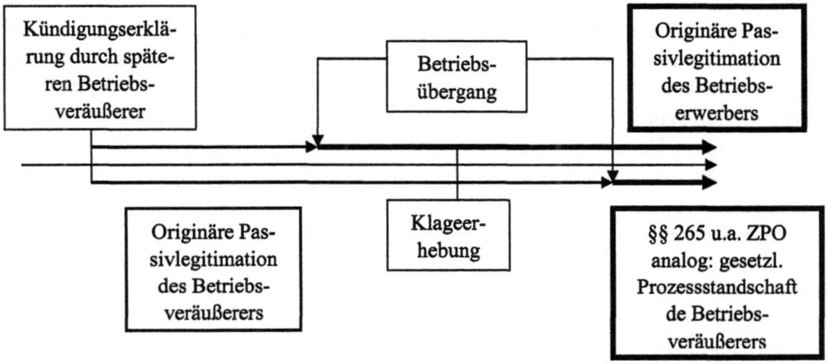

3. Mindermeinung: Wahlrecht des Arbeitnehmers nach Betriebsübergang

Während eine Mindermeinung sich ebenfalls dafür ausspricht, § 265 Abs. 2 ZPO analog anzuwenden, wenn es innerprozessual zum Betriebsübergang kommt, favorisiert sie ein Wahlrecht des Arbeitnehmers im Falle der Klageerhebung nach Betriebsübergang.[949] Dem Arbeitnehmer steht es hiernach frei, die vom Veräußerer ausgesprochene Kündigung wahlweise gegenüber dem Veräußerer oder gegenüber dessen Betriebsnachfolger anzugreifen.

Diese Ansicht stützt sich auf die herrschende Streitgegenstandstheorie. Denn in Rechtskraft erwachse neben der Entscheidung, dass die Kündigung das Arbeitsverhältnis nicht beendet hat, die Feststellung, dass bis zum Ablauf der Kündigungsfrist das Arbeitsverhältnis zum jeweiligen Arbeitgeber fortbestand.[950] Sie geht angesichts der unterschiedlichen Streitgegenstandselemente somit von einer Verdoppelung der Passivlegitimation aus.

4. Mindermeinung: Anwendung der §§ 239, 242 ZPO analog

Andere Vertreter, allen voran die 4. Kammer des LAG Hamm unter *Berscheid*[951], favorisieren – wie bereits oben für unvertretbare Ansprüche dargestellt – abermals die Analogie zu den §§ 239, 242 ZPO.[952] Sie gehen davon aus, dass der Übergang des Ar-

---

949 *Schaub* NZA 1990, 85, 87; vgl. auch KR/*M. Wolf*, 3. Aufl. 1998, BGB § 613a Rn. 117; ähnlich *Fischer* DB 2001, 331, 334; unklar Bernsau/*Dreher*/Hauck, § 613a BGB Rn. 265.

950 *Schaub* NZA 1990, 85, 87.

951 Siehe *Berscheid*, Anm. zu LAG Frankfurt vom 03.02.2004 – 1 Sa 1315/03 – jurisPR-ArbR 14/2005 Anm. 4 [zu D. der Ausführungen].

952 LAG Hamm vom 12.12.1996 – 4 Sa 1258/94 – LAGE § 613a BGB Nr. 60 [zu 1.5. ff. der Gründe]; vom 28.01.1997 – 4 Sa 141/96 – recherchiert über juris [zu 2.4. ff. der Gründe]; vom 22.03.2001-

beitsverhältnisses einen Wechsel der Passivlegitimation auf den Betriebserwerber bewirkt.[953] Entsprechend findet nach ihrer Ansicht dann, wenn der Betriebsübergang innerprozessual erfolgt, ein gesetzlicher Parteiwechsel auf den Betriebserwerber statt.

Allerdings ist zu berücksichtigen, dass sich diese Auffassung im Hinblick auf Kündigungsklagen in Form von allgemeinen Feststellungsklagen entwickelt hat. Anlass, sich für eine automatische Einwechslung des Betriebserwerbers in den Prozess auszusprechen, war – soweit ersichtlich – stets die Geltendmachung eines Verstoßes gegen das Kündigungsverbot des § 613a Abs. 4 BGB. Vor der Gesetzesänderung im Jahre 2002 war dieses Verbot als ein sonstiger Unwirksamkeitsgrund i.S. des § 13 Abs. 3 KSchG a.F. zu qualifizieren, der mittels allgemeiner Feststellungsklage geltend zu machen war.

Mit der Erweiterung des § 4 KSchG, der nunmehr nahezu sämtliche Unwirksamkeitsgründe erfasst,[954] stellt sich die Frage, inwieweit diese Ansicht noch Bedeutung zeitigt. Denn offen geblieben ist, ob diese Ansicht den gesetzlichen Parteiwechsel auch für die spezielle Kündigungsschutzklage anwenden will. Die wenig differenzierte Darstellung lässt dies jedoch bei einigen Vertretern anklingen.[955]

Zur Verdeutlichung dieser Auffassung folgende *Abb. 6:*

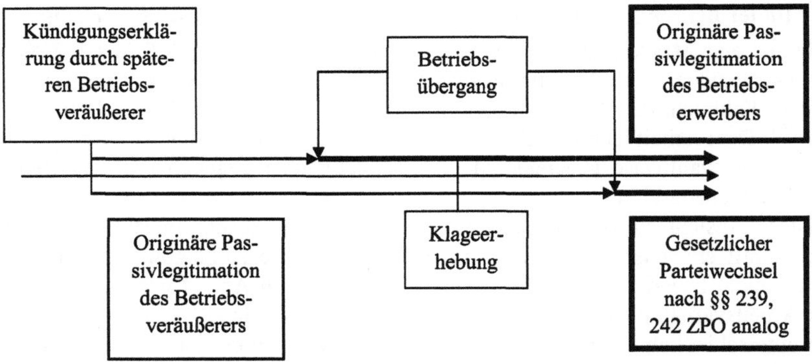

4 Sa 579/00 – NZA-RR 2002, 82, 84 f.; vom 04.06.2002 – 4 Sa 81/02 – NZA-RR 2003, 293, 295 [zu 1.2. der Gründe]. Vgl. auch LAG Hamm vom 26.11.1998 – 4 Sa 384/98, ZInsO 1999, 302 [Leitsätze 1-4]; vom 07.01.1999 – 4 Sa 2350/97 – ZInsO 1999, 363 [LS 3]; ebenso ArbG Siegen vom 14.03.1989 – 1 Da 780/88 – recherchiert über juris [LS 3]; ebenso ArbG Siegen vom 14.03.1989 – 1 Ca 780/88 – AR-Blattei ES 500 Nr. 84 [LS 3]; hierzu ebenfalls tendierend, MüKo-BGB/*Schwerdtner*, 4. Aufl. 1997, § 622BGB Anh. Rn. 205; *Fischer* DB 2001, 331, 334;

953 LAG Hamm vom 12.12.1996 – 4 Sa 1258/94 – LAGE § 613a BGB Nr. 60 [zu 1.6.1. der Gründe]; vom 28.01.1997 - 4 Sa 141/96 – LAGE § 91 a ZPO Nr. 5 [zu 2.3., 2.5.1. der Gründe]; vom 04.02.2002 – 4 Sa 81/02 – NZA-RR 2003, 293, 295.

954 Siehe hierzu oben B.I.1.

955 Vgl. LAG Hamm vom 12.12.1996 – 4 Sa 1258/94 – LAGE § 613a BGB Nr. 60 [zu 1.5. f. der Gründe]; vom 28.01.1997 – 4 Sa 141/96 – LAGE § 91a ZPO Nr. 6 [zu 2.4.4. der Gründe].

IV. Stellungnahme zu den verschiedenen Ansichten

1. Relevanz des Streitgegenstands

Den Ausgang aller Überlegungen, gegen wen der Kündigungsschutzprozess anzustrengen ist, bildet die Bestimmung der Passivlegitimation im Hinblick auf § 4 KSchG. Dreh- und Angelpunkt sämtlicher denkbarer Konstellationen stellt hierbei das prozessuale Grundprinzip dar, wonach die Passivlegitimation auf dem Streitgegenstand gründet.[956]

Die Schwierigkeit, die Sachbefugnis im Rahmen der Kündigungsschutzklage zu bestimmen, resultiert aus deren Streitgegenstandsdefinition. Die von der h.M. favorisierte erweiterte Theorie vom punktuellen Streitgegenstand beeinflusst die Beurteilung der Sachbefugnis auf Arbeitgeberseite maßgeblich. Berücksichtigung finden müssen insbesondere die bestandsrechtlichen Elemente, die den Bestand des Arbeitsverhältnisses zum Arbeitgeber auch noch im Kündigungstermin fordern.

Den Streitgegenstand streng auf die Passivlegitimation in der Konstellation des Betriebsübergangs zu übertragen, würde paradoxe Ergebnisse zutage fördern. Denn der Arbeitnehmer würde zwangsläufig unterliegen, egal gegen welche der Veräußerungsparteien er die Klage richtet, sollte es im streitgegenstandsrelevanten Zeitraum zum Übergang des Betriebs kommen: Während der Betriebsveräußerer die Arbeitgeberstellung im Auflösungstermin nicht mehr innehat, fehlt sie dem Betriebserwerber im Zeitpunkt des Kündigungszugangs. Dass ein solches Ergebnis, da es den Arbeitnehmer komplett rechtsschutzlos stellt, nicht befriedigt, ist offensichtlich. Die diskutierten Lösungsmodelle gestalten die aus dem Streitgegenstand fließende Passivlegitimation bzgl. § 4 KSchG jedoch äußerst unterschiedlich aus.

2. Stellungnahmen zu den Mindermeinungen

Dass ein gesetzlicher Parteiwechsel in Analogie zu den §§ 239, 242 ZPO nicht überzeugt, wurde bereits im Hinblick auf unvertretbare Ansprüche ausführlich dargelegt. Für die Variante der Kündigungsschutzklage kann auf die dort genannte Kritik vollumfänglich verwiesen werden.[957]

Auch die Ansicht, die ein Wahlrecht des Arbeitnehmers im Falle der Klageerhebung nach Betriebsübergang favorisiert, kann nicht überzeugen, auch wenn ein gewisses Interesse des Arbeitnehmers an einer solchen Möglichkeit nicht von der Hand zu weisen ist. Rechtlich besehen lässt sich ein solches Wahlrecht jedoch nicht zu begründen. Denn im Hinblick auf den Bestand des Arbeitsverhältnisses liegt weder eine Wahlträgerschaft i.S. einer Wahlschuld von Betriebsveräußerer und –erwerber vor noch eine Gesamtschuldnerschaft. Die Rechtsnachfolge des § 613a BGB bewirkt gerade keine Verdopplung, sondern den Austausch der Rechtsträger auf Arbeitgeberseite. Infolgedessen widerspricht eine doppelte Passivlegitimation beider Veräußerungsparteien der materiellen Rechtslage und ist daher abzulehnen.

---

[956] Hierzu oben unter 3. Kap., 2. Abschn., D.I., F.

[957] Siehe hierzu oben 4. Kap., 5. Abschn., D.

3. Stellungnahme bzgl. der Annahme eines Passivlegitimationswechsels

a. Materiell-rechtliche Nachfolge in die Schwebelage

Aus materiell-rechtlicher Sicht setzt die Literaturmeinung, die einen Wechsel in der Passivlegitimation favorisiert, den Gedanken der vollständigen Bindung des Betriebserwerbers an den status quo des Arbeitsverhältnisses, wie § 613a BGB ihn bezweckt, konsequent um. Der Hinweis auf die rückwirkende Fiktion der Arbeitgeberstellung eröffnet ihr zudem den Vorteil, auf eine an der Kündigungsfrist orientierte Differenzierung verzichten zu können.

Angesichts der starken Anlehnung an die materiell-rechtliche Entwicklung wirft dieser Lösungsweg aber bereits erste Schwierigkeiten auf, wenn die Subsumtion unter die Betriebsübergangsvoraussetzungen aus Sicht des Arbeitnehmers nicht eindeutig ist. Zudem ist es auch angesichts des rückwirkenden Eintritts in die Arbeitgeberstellung nicht zwingend, hiervon auf die prozessuale Zuständigkeit für einen zuvor gesetzten Auflösungstatbestand zu schließen.

b. „Rechtskraftargument"

Für die Literaturansicht spricht für sich besehen das „Rechtskraftargument". Ihre Annahme, es finde gleichsam mit dem Betriebsübergang ein Wechsel in der Person des Passivlegitimierten statt, hat zur Folge, dass ein stattgebendes Urteil stets Wirkung gegenüber dem Betriebserwerber entfaltet. Außerhalb des Anwendungsbereichs der §§ 265, 325 ZPO erreicht sie dieses Ergebnis auf äußerst pragmatische Weise, indem sie im Falle der Klageerhebung nach Betriebsübergang den übernehmenden Rechtsträger als richtigen Klagegegner ansieht. Diese Lösung trägt damit durchaus dem praktischen Interesse des Arbeitnehmers Rechnung, das Urteil dem aktuellen Arbeitgeber entgegenhalten zu wollen, um diesen zur Fortsetzung des Arbeitsverhältnisses zu bewegen.

Allerdings überzeugt sie nur bedingt, was den prozessökonomisch geprägten Vorwurf gegenüber der Rspr., letztere zwinge den Arbeitnehmer zu einer „überflüssigen Dopplung der Prozesse"[958], anbelangt. Denn auch die Lit. hält einen weiteren Prozess gegen den Betriebserwerber für erforderlich, wenn das Vorliegen eines Betriebsübergangs überhaupt in Streit steht. Insoweit erkennt auch die Lit. an, dass das Urteil im Kündigungsschutzstreit den Übergang des Arbeitsverhältnisses nicht rechtskräftig feststellt und § 325 ZPO insoweit keine Bindung des Betriebserwerbers herbeiführt.[959] Einen Zweitprozess gegen den Betriebserwerber macht somit auch die Lösung der Lit. nicht per se überflüssig.

c. Risikoverteilung bzgl. der Beurteilung der Betriebsübergangsvoraussetzungen

Nachteil einer solchen Lösung ist jedoch insbesondere, dass sie den Arbeitnehmer mit der Schwierigkeit belastet, den aktuellen Arbeitgeber als richtigen Klagegegner be-

---

[958] Siehe die Fundstelle in Fn. 946.

[959] Hierzu oben unter B.I.2.d.

stimmen zu müssen.[960] Diese Bestimmung wiederum ist abhängig von der Beurteilung der Betriebsübergangsvoraussetzungen. Insoweit überantwortet die Literaturansicht dem Arbeitnehmer das diesbezügliche Prozessrisiko sowie die Darlegungs- und Beweislast, während die tatsächlichen Umstände der Betriebsveräußerung in der Sphäre der Veräußerungsparteien ihren Ursprung haben. In der Folge ist der Arbeitnehmer darauf angewiesen, die notwendigen Informationen zu erlangen. Dieses Ungleichgewicht der Risikoverteilung vermag auch die Informationspflicht nach § 613a Abs. 5 BGB oder § 242 BGB m.E. nicht gänzlich auszugleichen.[961] Sie hilft nicht über den Umstand hinweg, dass die gegen den Falschen erhobene Klage als unbegründet abgewiesen und eine erneute Klage erforderlich wird.

Auch die Zulassung einer verspäteten Klage gegen den richtigen Klagegegner nach § 5 KSchG ist nur bedingt geeignet, einen Ausgleich hierfür zu schaffen. Denn zum einen sieht sich der Arbeitnehmer mit der absoluten Ausschlussfrist von sechs Monaten und 3 Wochen (§ 5 Abs. 3 KSchG) konfrontiert. Inwiefern diese überwunden werden soll bzw. kann, lässt die Literaturansicht offen. Zum anderen verliert der Arbeitnehmer, nachdem sich ein vorprozessualer Betriebsübergang herausstellt, für ihn günstige Prozessergebnisse, wenn er die Klage gegen den Betriebsveräußerer fallenlassen und erneut Klage – diesmal gegen den Betriebserwerber – erheben muss.[962] Darüber hinaus wäre in Fällen, in denen es an einer bewusst unrichtigen Information durch die Veräußerungsparteien fehlt, eine extensive Auslegung des § 5 KSchG erforderlich, die auch Rechtsirrtümer und die Zurechnung anwaltlichen Verschuldens umfasst, was bisher abgelehnt wird.[963]

d. Abgleich mit dem Streitgegenstand der Kündigungsschutzklage

i. Rückwirkende Fiktion der Arbeitgeberstellung

Wenn die Lit. darauf hinweist, dass für Feststellungsstreitigkeiten stets der Träger des Rechtsverhältnisses zuständig ist, und insoweit die Kündigungsschutzklage als Zwischenfeststellungsklage ansieht, wird sie m.E. dem besonderen Streitgegenstand der Kündigungsschutzklage nicht hinreichend gerecht.

Ihre Ansicht mag für den Streitgegenstand einer allgemeinen Feststellungsklage durchaus seine Richtigkeit haben. Die Kündigungsschutzklage stellt demgegenüber jedoch einen Spezialfall dar, den es zu beachten gilt. So stellt deren bestandsrechtli-

---

960 Das gibt auch RGRK-Ascheid, § 613a BGB Rn. 293 zu.

961 Inwiefern die für die Zweitklage anfallenden Kosten als Schadensersatz erlangt werden können, lässt die Literaturansicht offen. Ggf. kommt ein solcher Anspruch wegen mangelhafter Unterrichtung nach § 280 i.V.m. § 613a Abs. 5 BGB in Betracht.

962 Es ließe sich ggf. daran denken, unmittelbar nach Kenntnis vom Betriebsübergang dem Betriebserwerber den Streit zu verkünden, sodass die rechtskräftige Entscheidung über das Vorliegen des § 613a BGB ihm gegenüber ebenfalls Wirkung entfaltet. Diese setzt jedoch voraus, dass tatsächlich ein abweisendes Sachurteil im Erstprozess ergeht und nicht etwa der Prozess vorzeitig durch Klagerücknahme beendet wird, vgl. Thomas/Putzo-*Hüßtege*, ZPO, § 68 Rn. 4.

963 Vgl. zur insoweit restriktiven Handhabung des § 5 KSchG durch die Rspr., APS-*Ascheid/Hesse*, § 5 KSchG Rn. 21, 27 ff. Kritisch auch *Vossen*, FS für Leinemann, 2006, 273, 277.

ches Element gerade auf die Zeitpunkte des Kündigungszugangs sowie des Kündigungstermins ab. Diese zeitliche Komponente des Streitgegenstands kann die Lit. nur bedingt dadurch bewältigen, dass sie auf die rückwirkende Fiktion der ursprünglichen Arbeitgeberstellung in der Person des Betriebserwerbers verweist.

ii. Problematische Ergebnisse in der Konstellation „Betriebsübergang nach Ende der Kündigungsfrist, aber vor Klageerhebung"

Mit dem Fiktionsargument stößt die Lit. m.E. an ihre Grenzen, wenn es um Konstellationen geht, in denen die Kündigungsfrist bereits vor dem Betriebübergang endet, die Klage aber erst hiernach erhoben wird, etwa im Falle fristloser Kündigungen (vgl. § 13 Abs. 1 KSchG). Der Lit. konsequent folgend wäre für den Kündigungsschutzstreit auch in dieser Konstellation, wenn der Arbeitnehmer von einem zwischenzeitlichen Betriebsübergang ausgeht, der Betriebserwerber als aktueller Arbeitgeber zuständig.[964] Vertreter der herrschenden Literaturansicht, die in diesem Fall trotzdem ausschließlich den Betriebsveräußerer für passivlegitimiert halten,[965] durchbrechen insoweit ihren zentralen Begründungsansatz vom rückwirkenden Eintritt des Betriebserwerbers in die Arbeitgeberstellung.

Rechtliche Unstimmigkeiten kommen auf, wenn das Gericht die Klage abweist, weil es die Kündigung für wirksam hält. Denn hieraus folgt der Schluss, dass der Betriebserwerber niemals gemäß § 613a BGB in das Arbeitsverhältnis, weil bereits beendet, eingetreten ist. Der Widerspruch liegt darin begründet, dass die Arbeitgeberstellung des Betriebserwerbers und damit verknüpft dessen Sachbefugnis vom Ausgang des Kündigungsschutzprozesses abhängig sind. Denn die Wirksamkeit der Kündigung entscheidet gerade darüber, ob der Betriebserwerber neuer Arbeitgeber geworden ist, weil § 613a BGB ausschließlich im Zeitpunkt des Betriebsübergangs bestehende Arbeitsverhältnisse erfasst. Dieses Zusammenspiel von Prozessergebnis und Arbeitgeberstellung würde m.E. zu einer nicht sachgerechten Bedingtheit der Passivlegitimation führen, schriebe man sie – der Literaturansicht stringent folgend – dem Betriebserwerber zu. Sie führt zu einer Art Rückkopplung, da im Falle der Klagabweisung zugleich feststeht, dass der Arbeitnehmer die Klage gegen den falschen Klagegegner gerichtet hat. Hier kommt ein Widerspruch auf. Einer erneuten Kündigungsschutzklage, nunmehr gegenüber dem Betriebsveräußerer, stünde sodann die Frist der §§ 4 ff. KSchG als Hürde gegenüber.

Auch das stattgebende Urteil gegenüber dem Betriebserwerber in dieser Konstellation entbehrt einer gewissen praktischen Relevanz. Sicherlich stellt es ihm gegenüber fest, dass die konkrete Kündigung und sonstige Beendigungstatbestände im Zeitraum bis zum Ablauf der Kündigungsfrist das Arbeitsverhältnis zum Betriebsveräußerer nicht beendet haben. Darüber hinaus umfasst der Streitgegenstand aber weder die Frage, ob ein Betriebsübergang i.S.v. § 613a BGB vorliegt, noch, ob nicht im Zeitraum

964 Vgl. *Löwisch/Neumann* DB 1996, 474, 474, die einen strikten Übergang der Passivlegitimation auf den Betriebserwerber vertreten.

965 So wohl KDZ-*Kittner*, 4. Aufl. 1993, § 4 KSchG Rn. 22; RGRK-*Ascheid*, § 613a BGB Rn. 292 vgl. auch *Oberhofer* AuR 1989, 293, 298, *Bauer*, Unternehmensveräußerung, Kap. 1.10.1, S. 114.

zwischen dem Ende der Kündigungsfrist und dem Betriebsübergang ein anderweitiger Beendigungstatbestand das Arbeitsverhältnis aufgelöst hat.

Im Grunde wäre es aus Sicht der Lit. ratsam, im Falle des Betriebsübergangs nach Ende der Kündigungsfrist die Passivlegitimation beim Betriebsveräußerer zu belassen. Das würde aber bedeuten, vom Grundkonzept, auf die Arbeitgeberstellung bei Rechtshängigkeit abzustellen, abzuweichen und eine Rückausnahme für diese Konstellation zuzulassen. Damit verlöre die Ansicht ihr stringentes Lösungskonzept.

e. Entscheidung über den Betriebsübergang im Kündigungsrechtsstreit

Wenn die Literaturmeinung für die Passivlegitimation auf den Zeitpunkt der Klageerhebung abstellt, erweitert sie damit zugleich den Prüfungsgegenstand der Kündigungsschutzklage um die Beurteilung des § 613a BGB.[966] Das scheint sie selbst dann anzunehmen, wenn die zeitlichen Komponenten des Streitgegenstands, weil der Betriebsübergang nach Ablauf der Kündigungsfrist stattgefunden haben soll, nicht berührt sind.

Dies eröffnet eine ggf. überaus komplexe tatsächliche wie rechtliche und daher zeitaufwändige Prüfung. Hierzu sind die Gerichte auch gehalten, wenn die Parteien das Vorliegen des Betriebsübergangs „unstreitig" stellen.[967] In der Folge bläst dieser zusätzliche Prüfungspunkt das Kündigungsschutzverfahren künstlich auf und gerät damit in Kollision mit dem in KSchG und ArbGG implementierten Beschleunigungsgrundsatz, insbesondere in Bezug auf Kündigungsverfahren.[968] Auch vor dem Hintergrund, dass im Hinblick auf den Übergang des Arbeitsverhältnisses ggf. gar kein Entscheidungsinteresse besteht, weil alle Beteiligten hiervon ausgehen, ist es sinnvoll, die Beurteilung des Arbeitgeberwechsels im Kündigungsrechtsstreit weitestgehend auszublenden.

f. Beteiligung des Betriebserwerbers am Rechtsstreit

Wie bereits ausgeführt, ist es insbesondere dann nicht gerechtfertigt, den Betriebserwerber als passivlegitimiert anzusehen und ihm entsprechend alle Parteizuständigkeiten zuzuschreiben, wenn er in den besonderen Streitgegenstand der Kündigungsschutzklage nicht involviert ist. So liegt es, wenn die Kündigungsfrist vor Betriebsübergang endet.

Ist er hingegen darin einbezogen mit der Folge, dass sich die Rechtskraft des Urteils auf ihn erstreckt, ist als Ausgleich hierzu sicherzustellen, dass ihm hinreichende Beteiligungsrechte am Verfahren zustehen. Das gibt bereits der Grundsatz des rechtlichen Gehörs nach Art. 103 Abs. 1 GG vor. Das gilt insbesondere vor dem Hintergrund der

---

966 Unklar bleibt, ob die Prüfung des § 613a BGB insoweit zu einer Erweiterung des Streitgegenstands führt oder lediglich eine Vorfrage darstellt.

967 Ein „unstreitig"-Stellen ist nicht möglich, da es sich bei der Beurteilung der Betriebsübergangsvoraussetzungen um eine rechtliche Würdigung handelt, hierzu oben unter 4. Kap., 1. Abschn., C.

968 Vgl. §§ 9 Abs. 1, 61a, 64 Abs. 8 ArbGG sowie die Fristenregelung in §§ 4 ff. KSchG. Ausführlich hierzu Germelmann/*Prütting*, ArbGG, § 9 Rn. 2 ff., Germelmann/*Germelmann*, ArbGG, § 61a Rn. 4 ff.; ErfK/*Koch*, § 9 ArbGG Rn. 1 f. zur Bedeutung für die Auslegung und Anwendung von Verfahrensvorschriften.

Präklusionswirkung der Rechtskraft. Angesichts des Streitgegenstands erfasst der Urteilsausspruch, der feststellt, dass das Arbeitsverhältnis über den Kündigungstermin hinaus fortbesteht, sämtliche im Zeitraum der Kündigungsfrist wirkende Beendigungstatbestände. Zugleich präkludiert er diese, falls sie nicht in das Verfahren eingebracht werden. Denkbar ist beispielsweise, dass der Betriebserwerber noch während der Kündigungsfrist der Erstkündigung seinerseits eine fristlose Kündigung ausspricht. Hierbei handelt es sich im Sinne des Erstprozesses um einen anderweitigen Beendigungstatbestand, der bereits unter der Arbeitgeberschaft des Betriebserwerbers auf das Arbeitsverhältnis einwirkt, und dieses vor der Erstkündigung beenden würde. Soll die Berufung auf diese außerordentliche Kündigung aufgrund Präklusion künftig nicht ausgeschlossen sein, bedarf es deren Einbringung im laufenden Kündigungsschutzverfahren, wo sie eine Vorfrage darstellt. Denn der Betriebserwerber ist nach Ansicht der Lit. an das Urteil gegenüber dem Betriebsveräußerer nach §§ 265, 325 ZPO gebunden.[969] Demzufolge muss dem Betriebserwerber die Möglichkeit eröffnet sein, in dem Erstverfahren die von ihm ausgesprochene Kündigung oder sonstigen Beendigungstatbestand vortragen zu können.

Diesen Vorgaben genügt die Literaturansicht. Zum einen schreibt sie im Falle der Klageerhebung nach Betriebsübergang dem Betriebserwerber die Funktion des richtigen Klagegegners zu. Zum anderen sichert sie ihm im Falle der Klageerhebung vor Betriebsübergang über die Analogie zu § 265 Abs. 2 Satz 2, 3 ZPO exklusive Beteiligungsrechte.

g. Parallele zur Behandlung von Auflösungsanträgen nach § 9 KSchG

Der Hinweis, die Passivlegitimation müsse aus Praktikabilitätsgründen der Antragsbefugnis nach § 9 KSchG folgen, dringt nicht durch.[970]

Die Lit. würdigt m.E. nicht hinreichend, dass der Auflösungsantrag in seiner Zulässigkeit zwar an ein rechtshängiges Kündigungsschutzverfahren gekoppelt ist, jedoch im Übrigen einen völlig unabhängigen, von Seiten des Gerichts gesetzten Auflösungstatbestand und eigenständigen Streitgegenstand bildet. Hinzu tritt, dass Kündigungsschutzklage und Auflösungsanträge von wesentlichen strukturellen Unterschieden geprägt sind, insbesondere was ihre Begründetheit und den maßgeblichen Prüfungszeitpunkt anbelangt.[971] Diese rechtlich-konstruktiven Unterschiede schließen es m.E. aus, allein mit dem Hinweis auf die Möglichkeit, im Kündigungsschutzverfahren einen Auflösungsantrag einzubringen, Parallelen zu ziehen.[972]

h. Zusammenfassung

Die Literaturansicht versucht, dem praktischen Interesse des Arbeitnehmers, das Urteil dem aktuellen Arbeitgeber entgegenhalten zu können, dadurch Rechnung zu tragen, dass sie diesem die originäre Passivlegitimation im Rahmen der Kündigungsschutz-

---

969 Zur Rechtskraftwirkung der Kündigungsschutzklage, siehe oben unter B.I.2.

970 Ausführlich zur Antragsbefugnis im Hinblick auf § 9 KSchG, unten 2. Absch.

971 Einzelheiten hierzu unten 2. Abschn., F.I.2.

972 Wie das Zusammenspiel dieser beiden Rechtsinstitute aufzulösen ist, unter 2. Abschn.

klage zuschreibt. Dieses Interesse ist zwar nachvollziehbar und als schützenswert anzuerkennen. Die Art und Weise, wie die Lit. dieses praktische Interesse umsetzt, löst sich jedoch m.E. zu sehr von der Dogmatik der Passivlegitimation, die maßgeblich vom Streitgegenstand bestimmt ist. Im Hinblick auf den Streitgegenstand der Kündigungsschutzklage spielt der Zeitpunkt der Klageerhebung, auf den die Literaturansicht rekurriert, aber gerade keine Rolle.

Wenn sie sich insoweit auf die rückwirkende Fiktion der Arbeitgeberstellung gemäß § 613a BGB beruft, bürdet sie zum einen dem Arbeitnehmer insoweit das Beurteilungsrisiko auf. Zum anderen belastet sie das Kündigungsschutzverfahren entgegen den Beschleunigungsgrundsatz mit einem weiteren Prüfungskomplex bzgl. § 613a BGB.

Die Argumentation, der Betriebsübergang führe aufgrund der rückwirkenden Fiktion der Arbeitgeberstellung dazu, dass die Passivlegitimation auf den Betriebserwerber übergeht, überzeugt daher nicht. Der übernehmende Rechtsträger muss sich zwar die Kündigung wie eine eigene zurechnen lassen. Die Zurechnung der Gestaltungslage impliziert jedoch nicht zwangsläufig die Zuständigkeit für die gerichtliche Klärung der Wirksamkeit der Gestaltungshandlung. Vielmehr tritt der Betriebserwerber in die aus der Kündigung folgende Gestaltungslage ein. Entsprechend muss er auch eine Entscheidung über diese Gestaltungslage gegen sich gelten lassen.

4. Stellungnahme zur Konstruktion des BAG

a. Bezug zur Streitgegenstandsdefinition

Das BAG knüpft auf der Grundlage der hier vertretenen Interpretation betont eng an den speziellen Streitgegenstand der Kündigungsschutzklage an. Das zeigt sich insbesondere in Fällen, in denen die Kündigungsfrist vor Betriebsübergang endet. Unmissverständlich hält das BAG hier allein den Betriebsveräußerer für passivlegitimiert. Und auch im Übrigen fokussiert die Rspr. auf die Arbeitgeberstellung im Zeitpunkt des Zugangs der Kündigungserklärung, während sie den Zeitpunkt des Auflösungstermins quasi ausblendet. Sie beschränkt sich dabei auf die Feststellung, dass das Arbeitsverhältnis im Zeitpunkt des Kündigungstermins fortbesteht, ohne auf die Arbeitgeberstellung in diesem Moment einzugehen.

Dem ist zuzustimmen. Denn für die Auflösung des Arbeitsverhältnisses kommt es maßgeblich auf den Kündigungstatbestand an, wie er im Zeitpunkt des Zugangs der Kündigung vorliegt. Im Gegensatz hierzu realisiert sich im Kündigungstermin lediglich der Rechtsreflex, in dem die Gestaltungswirkung der Kündigung eintritt. Die Gestaltungswirkung ist aufgrund von § 613a BGB jedoch unabhängig davon, ob sie noch unter dem Betriebsveräußerer oder bereits unter dem Betriebserwerber eintritt. Um die Beendigungswirkung herbeizuführen, reicht es insoweit aus, dass das konkrete Arbeitsverhältnis noch im Kündigungstermin existiert. Mit wem es in diesem Zeitpunkt fortbesteht, ist angesichts der Zurechnung der Kündigung auf den Rechtsnachfolger ohne Belang. Vor diesem Hintergrund überzeugt die Lösung des BAG durchaus, wenn sie für die Zuweisung der Passivlegitimation nicht auf die Arbeitgeberstellung im Kündigungstermin abstellt.

Allerdings muss diesem Verständnis der Rspr. vorgeworfen werden, dass sich sich weit von der eigenen Streitgegenstandsdefinition entfernt, die sie eigens für Kündigungsschutzklagen entwickelt hat. Denn danach kommt es grundsätzlich auch auf den Bestand des Arbeitsverhältnisses zwischen den Parteien im Zeitpunkt des Auflösungstermins an.

b. Parallele zum Überprüfungszeitpunkt bzgl. der Wirksamkeit der Kündigung

Als ihr Hauptargument führt die Rspr. an, dass die Auflösung des Arbeitsverhältnisses maßgeblich von der Wirksamkeit der Gestaltungshandlung abhänge, die mit der Kündigung aktiv von Seiten des Betriebsveräußerers ausgeübt werde. Ob das Arbeitsverhältnis in gekündigtem oder ungekündigtem Zustand übergehe, sei entsprechend mit dem die Kündigung aussprechenden Betriebsveräußerer zu klären.

Dieses Abstellen auf die Gestaltungshandlung deckt sich mit der Vorgabe, dass der Beurteilung der Kündigung ausschließlich die tatsächlichen Verhältnisse im Zeitpunkt des Kündigungszugangs zugrunde zu legen sind.[973]

Die Zuweisung der Passivlegitimation an den Betriebsveräußerer hat angesichts dieses Prüfungsmaßstabs zudem den Vorteil, dass dieser den Umständen der Kündigung näher steht als der in das Arbeitsverhältnis eintretende Betriebserwerber.[974] Zwar erscheint es ohne weiteres zumutbar, dem Betriebserwerber die Obliegenheit zuzuweisen, sich entsprechende Informationen von seinem Rechtsvorgänger zu beschaffen. Es macht jedoch aus praktischen Gesichtspunkten nicht unbedingt Sinn, einen – damals – unbeteiligten Dritten in die Parteirolle zu zwingen. Zudem kann nicht ausgeschlossen werden, dass die Informationsbeschaffung auf Seiten des Betriebserwerbers den Prozess verzögert, was wiederum dem Beschleunigungsgrundsatz zuwider liefe.[975]

c. Verhinderung einer Rechtsunsicherheit zulasten des Arbeitnehmers

Einen wesentlichen Vorteil kann die Rspr. für sich dadurch in Anspruch nehmen, dass sie dem Arbeitnehmer das Risiko abnimmt zu beurteilen, gegen wen angesichts eines möglichen Betriebsübergangs richtigerweise Klage zu erheben ist. Im Hinblick auf die Passivlegitimation blendet sie den Arbeitgeberwechsel komplett aus. So ist die Kündigungsschutzklage stets gegen den kündigenden Betriebsveräußerer zu richten, ohne einen möglicherweise nach Kündigungszugang stattfindenden Betriebsübergang berücksichtigen zu müssen.[976]

Das überzeugt. Denn für die Bewertung der Betriebsübergangsvoraussetzung ist der Arbeitnehmer auf die Informationsweitergabe von Seiten der Veräußerungsparteien angewiesen. Angesichts des umfassenden Schutzzwecks des § 613a BGB scheint es nicht gerechtfertigt, die Lasten eines Informationsdefizits insoweit dem Arbeitnehmer aufzubürden.

---

973 Siehe hierzu oben unter B.I.2.b.

974 So bereits das LAG Frankfurt a.M. vom 05.12.1961 – 5 Sa 29/61 – WA (=Westdeutsche Arbeitsrechtssprechung) 1963, 109.

975 Zum Beschleunigungsgrundsatz, siehe bereits oben B.II.b., C.IV.4.d.

976 Vgl. hierzu auch RGRK-*Ascheid*, § 613a BGB Rn. 293, der diesen Aspekt einräumt.

d. „Rechtskraftargument"

Nicht von der Hand zu weisen ist die Kritik, die der Rspr. vorwirft, ihre Konstruktion gewährleiste die Bindung des Betriebserwerbers an das Urteil nur unzureichend. Hierin liegt denn m.E. auch ihr größtes Defizit.

Vor dem Hintergrund der Rechtsprechungskonstruktion stellt sich der Anwendungsbereich des § 325 ZPO als zu eng dar. Sie sieht den Betriebsveräußerer auch dann als richtigen Klagegegner an, wenn bereits vor Rechtshängigkeit ein Betriebsübergang stattgefunden hat, lehnt aber zugleich die Rechtskrafterstreckung in dieser Konstellation ab. Daraus entspringt die Gefahr, dass in einem nachfolgenden Statusprozess mit dem Betriebserwerber eine divergierende Entscheidung bzgl. der Wirksamkeit der konkreten Kündigung ergeht.

Ein solches Ergebnis läuft dem Sinn des § 613a BGB zuwider, den status quo des Arbeitnehmers vollumfänglich zu schützen. Dieser status quo ist nach meinem Dafürhalten nur dann ausreichend gesichert, wenn die gerichtliche Feststellung, dass ein ungekündigtes Arbeitsverhältnis besteht, auch den übernehmenden Rechtsträger bindet und zwar unabhängig davon, in welchem zeitlichen Verhältnis Betriebsübergang und Klageerhebung aufeinander folgen.

Zwar verweist die Rspr., wenn der Betriebsübergang bereits vor Klageerhebung stattgefunden hat, auf die Möglichkeit, mittels allgemeiner Feststellungsklage gegen den Betriebserwerber vorzugehen.[977] Geschehe dies in subjektiver Klagenhäufung, werde im Rahmen der Feststellungsklage inzident auch über die Kündigung im Verhältnis zum Betriebserwerber entschieden. Dies setzt jedoch voraus, dass der Arbeitnehmer weiß bzw. davon ausgeht, dass ein Betriebsübergang stattgefunden hat, und er daher gleichzeitig Klage gegen den Betriebserwerber erhebt. Ist das nicht der Fall, besteht auch aus Sicht der Rspr. nach wie vor die Gefahr, dass ein späteres Folgeverfahren die Kündigung abweichend beurteilt.

e. Beteiligung des Betriebserwerbers am Rechtsstreit

Kommt es zur Rechtskrafterstreckung gegenüber dem Betriebserwerber, stellt das BAG dessen Beteiligungsrechte ebenfalls über die Analogie zu § 265 ZPO sicher. Im Rahmen der Konstruktion des BAG genügen die dort vorgesehenen Beteiligungsrechte dem Erfordernis, dem Betriebserwerber den Vortrag „eigener Beendigungstatbestände" zu ermöglichen, um die Präklusion zu verhindern.[978]

Allerdings überzeugt es m.E. nicht, die Beteiligungsrechte des Betriebserwerbers vom zeitlichen Verhältnis von Klageerhebung und Betriebsübergang abhängig zu machen. Vielmehr sollte es nach meinem Dafürhalten für die Zuerkennung spezieller Beteiligungsrechte darauf ankommen, ob der Betriebserwerber als Rechtsnachfolger in den Streitgegenstand anzusehen ist, weil der Betriebsübergang in die Kündigungsfrist fällt.[979] Ist das nicht der Fall, weil das Arbeitsverhältnis im streitgegenstandsrelevanten

---

977 Hierzu unten unter E.

978 Siehe zum Ausgleich der Rechtskrafterstreckung mittels Beteiligungsrechten, oben 4. Kap., 5. Abschn., D.V.4.

979 Hierzu bereits bei der Stellungnahme zur herrschenden Literaturansicht, oben unter IV.1., 3.d.

Zeitraum ausschließlich dem Betriebsveräußerer unterstand, ist eine vorzugsweise Beteiligung des Betriebserwerbers über § 265 Abs. 2 Satz 2, 3 ZPO aus meiner Sicht weder notwendig noch zu rechtfertigen.

f. Fehlende Grundlage für eine Analogie zu den §§ 265, 325 ZPO

Eine Analogie zu den §§ 265, 325 ZPO kann m.E. ausschließlich darüber gerechtfertigt werden, dass es tatsächlich zu einem Wechsel in Bezug auf den Streitgegenstand kommt. Lehnt man einen Wechsel in der Passivlegitimation jedoch ab, wozu das BAG zu tendieren scheint, ist einer Analogie m.E. die Grundlage entzogen. Darüber hinaus beschränkt sich ihr Anwendungsbereich auf Sachverhalte, in denen der Betriebsübergang erst nach Rechtshängigkeit stattfindet. Das greift m.E. zu kurz.

g. Zusammenfassung

Aus meiner Sicht überzeugt es praktisch wie rechtlich, die Passivlegitimation im Kündigungsschutzprozess bei demjenigen Arbeitgeber zu belassen, der die Kündigung ausgesprochen hat.[980] Mit einer solchen Lösung ist dem Streitgegenstand der Kündigungsschutzklage am Größtmöglichen Rechnung getragen. Denn maßgeblich für die Beurteilung der konkret angegriffenen Kündigung sind die tatsächlichen Verhältnisse unter dem Betriebsveräußerer im Zeitpunkt des Zugangs der Kündigung. Das Ende der Kündigungsfrist bestimmt demgegenüber nur die zeitlich hinausgeschobene Gestaltungswirkung, die von der wirksamen Kündigung als Gestaltungshandlung ausgeht. Auf die subjektive Ausrichtung des Arbeitsverhältnisses kommt es für die Realisierung der Gestaltungswirkung nicht an. Infolgedessen ist der Lösung Vorzug zu geben, die die Klärung des Kündigungsstreits mit dem Betriebsveräußerer vorsieht. Aus dem Ausgang dieses Rechtsstreits lässt sich sodann der Schluss ziehen, dass das Arbeitsverhältnis in (un-)gekündigtem Zustand auf den übernehmenden Rechtsträger übergegangen ist oder nicht.

Der Anwendungsbereich der Rechtskrafterstreckung, wie sie das BAG vertritt, ist aus meiner Sicht nicht hinreichend dogmatisch begründbar. Zudem stellt er sich als zu eng dar, wenn man sich die Konstellation des Betriebsübergangs vor Klageerhebung vor Augen führt.

5. Ergebnis

Sowohl die Ansicht der Rechtsprechung als auch die gegenläufige Ansicht der Lit. weisen erhebliche Schwachstellen auf. Während die Rechtskrafterstreckung, so wie das BAG sie vertritt, aus meiner Sicht nicht weit genug reicht, wird die Literaturansicht dem Streitgegenstand der Kündigungsschutzklage nicht hinreichend gerecht, wenn sie für die Passivlegitimation ausschließlich auf die Arbeitgeberstellung im Zeitpunkt der Klageerhebung abstellt.

---

[980] Einschränkungen gelten für den Fall, dass dem Kündigenden keine Kündigungsbefugnis zukommt, weil er im Zeitpunkt des Kündigungszugangs nicht mehr Arbeitgeber war, hierzu ausführlich unten unter G.

Die hieraus folgenden Schwierigkeiten, mit denen sich der Arbeitnehmer konfrontiert sieht, kollidieren mit der alles bestimmenden ratio des § 613a BGB, den status quo der Arbeitnehmer umfassend vor Belastungen infolge des Betriebsübergangs zu schützen.

D. Vorschlag eines alternativen Lösungswegs zur Passivlegitimation

I. Anforderungen an eine optimale Lösung

Eine optimale Lösung muss der ratio des § 613a BGB so weit als möglich Rechnung tragen. Insofern sollte zum Schutze des Arbeitnehmers größtmögliche Rechtsklarheit darüber herrschen, gegen wen Kündigungsschutzklage erhoben werden muss.[981] Um einer „Fehl"-Klageerhebung vorzubeugen, wäre es sinnvoll, die Person des Klagegegners vom Vorliegen eines Betriebsübergangs zu lösen und eine ausufernde Differenzierung nach verschiedenen Konstellationen zu vermeiden. Auf diese Weise würde die Betriebsübergangsproblematik im Kündigungsschutzprozess weitgehend ausgeblendet und das Prüfungsprogramm entschlackt. Ziel wäre demzufolge, einen einheitlichen Klagegegner für sämtliche Konstellationen zu etablieren.

Um den status quo des Arbeitnehmers hinreichend zu schützen, ist eine Bindung des jeweils aktuellen Arbeitgebers an die Entscheidung im Kündigungsschutzverfahren in sämtlichen Konstellationen erforderlich. Eine solche Bindung muss sinnvollerweise unabhängig sein von dem zeitlichen Ablauf der Ereignisse Kündigungserklärung – Betriebsübergang – Klageerhebung, auf die der Arbeitnehmer nur bedingt Einfluss hat.

Beteiligungsrechte sollten dem Betriebserwerber dann zustehen, wenn er in den Streitgegenstand der Kündigungsschutzklage involviert ist, weil der Betriebsübergang in die Kündigungsfrist fällt. Denn anderweitige Beendigungstatbestände von Seiten des Betriebserwerbers, die nach Betriebsübergang und bis zum Ende der Kündigungsfrist das Arbeitsverhältnis aufgelöst haben und im Kündigungsschutzverfahren nicht vorgetragen werden, wären aufgrund der Rechtskrafterstreckung präkludiert.

II. Konstruktion: Materielle Lösung bei Streitgegenstandsreduzierung

Als vorzugswürdig, um die genannten Ziele zu verwirklichen, stellt sich eine materiell-rechtlich geprägte Lösung dar.

1. Betriebsübergang nach Ablauf der Kündigungsfrist

a. Fortbestand der Passivlegitimation beim Betriebsveräußerer

Fällt der Betriebsübergang in den Zeitraum nach Ablauf der Kündigungsfrist, ergeben sich keine Besonderheiten, subsumiert man diese Konstellation unter die Streitgegenstandsdefinition der Kündigungsschutzklage. Im streitgegenstandsrelevanten Zeitraum hatte durchgehend der kündigende Betriebsveräußerer die Arbeitgeberstellung inne.

---

[981] Hierauf weist ebenfalls ArbRBGB-*Ascheid*, § 613a BGB Rn. 18 hin.

Im Falle dieser zeitlichen Abfolge – Kündigung, Ende der Kündigungsfrist, Betriebsübergang – kumulieren sämtliche personenbezogenen Anknüpfungspunkte des Streitgegenstands ohne weiteres in der Person des Betriebsveräußerers. Der Betriebserwerber hingegen ist in den Streitgegenstand nicht involviert.

Passivlegitimiert ist und bleibt im Hinblick auf die von ihm vor Betriebsübergang ausgesprochene Kündigung sonach der Betriebsveräußerer.

b. Hierfür sprechende Gesichtspunkte

Über die Subsumtion unter den Streitgegenstand hinaus ist es sinnvoll, die Wirksamkeit der Kündigung als Gestaltungshandlung mit dem Betriebsveräußerer zu klären. Der übernehmende Rechtsträger muss sich zwar die Kündigung wie eine eigene zurechnen lassen. Dennoch tritt mit der Gestaltungswirkung lediglich der Rechtsreflex ihm gegenüber ein, und das auch nur dann, wenn der Auflösungstermin in den Zeitraum nach Betriebsübergang fällt. Dabei ist zu berücksichtigen, dass es sich bei der Kündigungsschutzklage gerade nicht um eine Gestaltungsklage handelt. Vielmehr stellt das Urteil die bestehende Rechtslage infolge der Kündigung fest. Ob die Rechtslage wirksam gestaltet wurde, betrifft gerade das Verhältnis zum Kündigenden. Diese damalige Rechtslage stellt das Urteil im Kündigungsschutzverfahren fest.

2. Betriebsübergang während der Kündigungsfrist

Kollisionen mit dem auf den Auflösungstermin bezogenen Element des Streitgegenstands ergeben sich, wenn der Betriebsübergang innerhalb der Kündigungsfrist stattfindet. Denn ab diesem Zeitpunkt hat der Erwerber die Arbeitgeberstellung anstelle des Veräußerers inne. Insoweit mag man durchaus meinen, dass es nahe liegt, einen Zuständigkeitswechsel im Prozess anzunehmen. Dass dieses Streitgegenstandselement grundsätzlich seine Berechtigung hat, wurde angesichts der praktischen Aussagekraft des Kündigungsschutzurteils, dass das Arbeitsverhältnis über den Kündigungstermin hinaus fortbesteht, auch bereits bejaht.[982]

a. Streitgegenstandsreduzierung zum Ersten – Ausblendung der Arbeitgeberstellung im Zeitpunkt des Kündigungstermins

Zu hinterfragen bleibt jedoch, ob das Merkmal „Bestand des Arbeitsverhältnisses zwischen den Parteien im Kündigungstermin" von der h.M. nicht überbewertet wird. Sie beharrt auf diesem Streitgegenstandselement auch im Falle der gesetzlichen Überleitung des Arbeitsverhältnisses und stellt so die Begründetheit der Kündigungsschutzklage in Frage. Im Gegensatz hierzu ließe sich im Falle eines Rechtsträgerwechsels nach § 613a BGB vertreten, neben der Feststellung, ob das konkrete Arbeitsverhältnis im potentiellen Kündigungstermin noch besteht, die subjektive Ausrichtung des Arbeitsverhältnisses und damit die Person des Arbeitgebers auszublenden. In der Folge bliebe prozessual besehen die Person des Arbeitsgebers im Zeitpunkt des Auflösungstermins ohne Bedeutung. Relevanz käme sonach ausschließlich der Frage zu, ob an-

982 Hierzu oben unter B.I.2.

derweitige Beendigungstatbestände das Arbeitsverhältnis als solches im Zeitraum bis zum Ende der Kündigungsfrist wirksam aufgelöst haben. In diesem Zusammenhang würden sodann Beendigungstatbestände, die der Betriebserwerber gesetzt hat, und damit dessen Arbeitgeberstellung Bedeutung gewinnen.[983]

Dies modifiziert bzw. reduziert das bestandsrechtliche Streitgegenstandselement auf den unbeendeten und unveränderten Fortbestand des Arbeitsverhältnisses im Auflösungszeitpunkt.[984] Unter Ausblendung der personenbezogenen Komponente im Zeitpunkt des Auflösungstermins ließe sich sodann vertreten, dass der Betriebsveräußerer trotz Betriebsübergangs während der Kündigungsfrist ausschließlich und originär passivlegitimiert bliebe. Ein Übergang der Passivlegitimation i.S. von § 265 ZPO fände hiernach nicht statt.

Eine solche Ausblendung der subjektiven Vertragsverhältnisse legt die Rechtsfolgenanordnung des § 613a BGB nahe. Sie leitet das konkrete Arbeitsverhältnis in unverändertem Zustand qua lege auf den Betriebsnachfolger über. Es findet „lediglich" ein von den Veräußerungsparteien initiierter Arbeitgeberwechsel statt, wobei sich der Nachfolger insbesondere eine vorangegangene Kündigung zurechnen lassen muss. So begehrt denn auch der Arbeitnehmer nicht die Feststellung, dass das Arbeitsverhältnis zu seinem früheren Arbeitgeber fortbesteht. Vielmehr geht es ihm darum, dass die Kündigung als solche das Arbeitsverhältnis nicht aufgelöst hat, um sodann gegen den übernehmenden Rechtsträger vorgehen zu können.[985] Vor diesem Hintergrund stellt es sich m.E. als zweckwidrig dar, die Kündigungsschutzklage an ihrem bestandrechtlichen Element scheitern zu lassen, wenn es noch innerhalb der Kündigungsfrist zum Betriebsübergang kommt. Das Arbeitsverhältnis als Objekt bleibt dasselbe inklusive der Schwebelage infolge der früheren Kündigung. Die Prüfung der Betriebsübergangsvoraussetzungen zu eliminieren, entschlackt zudem das Kündigungsschutzverfahren, das auch im Übrigen die Betriebsübergangsvoraussetzungen nicht rechtskräftig festzustellen vermag.[986]

Nicht unbeachtet bleiben kann allerdings, dass das Urteil den Fortbestand des Arbeitsverhältnisses auch über den Betriebsübergang hinaus und damit seinen Bestand unter dem Betriebserwerber feststellt, wenn dieser noch innerhalb der Kündigungsfrist erfolgt. Das steht einer Streitgegenstandsreduzierung jedoch nicht entgegen. Wie damit umzugehen ist, dass das Urteil insoweit die Rechtsstellung des Betriebserwerbers berührt, ist an anderer Stelle zu lösen. Dies betrifft die Reichweite der Bindungswirkung gegenüber dem Betriebserwerber sowie seine Beteiligungsrechte.

983 Ebenso bereits das ArbG Berlin vom 18.08.1975 – 45 Ca 76/75 – BB 1976, 513.
984 So bereits angedacht von ArbG Berlin vom 18.08.1975 – 45 Ca 76/75 – BB 1976, 513.
985 So auch das ArbG Berlin vom 18.08.1975 – 45 Ca 76/75 – BB 1976, 513.
986 Vgl. zur Feststellung der Betriebsübergangsvoraussetzungen im Rahmen der Kündigungsschutzklage ausführlich ober unter B.I.2.d., F.I.II., G.II.2., 3.

b. Bindung des Betriebserwerbers an die Entscheidung

i. Problemaufriss

Die Bindung an die Entscheidung über die §§ 265, 325 ZPO analog, wie sie Rspr. und Lit. vertreten, kann schon deswegen nicht vollumfänglich überzeugen, weil ihre Anwendung an die zeitliche Abfolge „Betriebsübergang nach Rechtshängigkeit" geknüpft ist. Dieser Anwendungsbereich ist vor dem Hintergrund des von § 613a BGB bezweckten, umfassenden Schutzes des Arbeitnehmers zu eng, wenn er vom zufälligen zeitlichen Zusammenspiel von Rechtshängigkeit der Kündigungsschutzklage und Betriebsübergang abhängig gemacht wird.

Lehnt man, wie hier vertreten, einen Übergang der Passivlegitimation ab, ist der Analogie zu den §§ 265, 325 ZPO der Boden entzogen. Es fehlt bereits an einer sie rechtfertigenden Grundlage, denn eine Veräußerung der streitbefangenen Sache während Rechtshängigkeit im weitesten Sinne als Charakteristikum der §§ 265 Abs. 2, 325 Abs. 1, 727 ZPO findet nicht statt.

Hiervon abgesehen bedarf es auch außerhalb des analogen Anwendungsbereichs der §§ 265, 325 ZPO eines rechtlichen Mechanismus, der eine Bindung des Betriebserwerbers an die Urteilsentscheidung bewirkt, wenn man die Fortführung des Verfahrens gegen den Betriebsveräußerer befürwortet. Nur über eine darüber hinaus gehende Bindung des Nachfolgers ist ein umfassender Erhalt des status quo des Arbeitsverhältnisses gesichert.

ii. Materiell-rechtliche Bindung unmittelbar über § 613a BGB

Eine über die prozessuale Rechtskrafterstreckung hinausgehende Bindung an die gerichtliche Feststellung der Rechtslage gibt m.E. bereits § 613a BGB selbst vor.[987]

Infolge der Rechtsnachfolgenanordnung übernimmt der Betriebserwerber das Arbeitsverhältnis mitsamt seiner momentanen Schwebelagen infolge der bestrittenen Kündigung. Das gilt umso mehr, wenn der Betriebsübergang erst nach Ablauf der Kündigungsfrist stattfindet. Dann ist der Erwerber – wie gezeigt – in den Streitgegenstand nicht involviert.[988] Entsprechend tritt der übernehmende Rechtsträger, wenn das Gericht der Klage stattgibt, in ein nach gerichtlicher Feststellung ungekündigtes und in jeglicher Hinsicht bis zum Ende der Kündigungsfrist unbeendetes Arbeitsverhältnis ein. Der unbedingte status quo-Erhalt über § 613a BGB gibt vor, den Betriebsnachfolger an das Urteil zu binden und ihm sämtliche Einwände abzuschneiden, die diese gerichtliche Entscheidung in Frage stellen. Über § 613a BGB geschieht dies auf materiell-rechtliche Weise.[989]

---

[987] Ergänzend wollen auch KDZ-*Däubler/Zwanziger*, § 613a BGB Rn. 156, den § 613a BGB als Bindungstatbestand heranziehen; ebenso APS-*Ascheid*, 2. Aufl. 2004, § 4 KSchG Rn. 51; RGRK-*Ascheid*, § 613a BGB Rn. 291. Vgl. auch ErfK/*Preis*, § 613a BGB Rn. 180; MüKo-BGB/*Müller-Glöge*, § 613a BGB Rn. 214.

[988] Siehe hierzu oben unter IV.3., insbesondere 3.d.

[989] Das würde darauf hinauslaufen, dass eine Folgeklage in derselben Sache zwar nicht unzulässig, wohl aber unbegründet wäre, ebenso KDZ-*Däubler/Zwanziger*, § 613a BGB Rn. 138.

Das muss ebenso gelten, wenn der Betriebsübergang während der Kündigungsfrist stattfindet. Auch insoweit gilt es zu verhindern, dass der Betriebserwerber die Entscheidung des Gerichts über die materielle Rechtslage unter dem Betriebsveräußerer, was die konkret angegriffene Kündigung sowie sonstige Beendigungstatbestände anbelangt, nachträglich erfolgreich bestreitet.

c. Beteiligung des Betriebserwerbers am Verfahren und Reduzierung der Präklusionswirkung

Nicht unberücksichtigt bleiben darf, dass ein stattgebendes Urteil, wenn der Betriebsübergang während des Verfahrens stattfindet, inzident auch über mögliche Beendigungstatbestände entscheidet, die vom Betriebserwerber selbst nach Betriebsübergang gesetzt wurden und noch innerhalb der Kündigungsfrist auflösend wirken.[990] Denn das Urteil stellt fest, dass das Arbeitsverhältnis unbeendet über den Auflösungstermin hinaus fortbesteht. Und an diese Feststellung ist der Betriebserwerber jedenfalls über § 613a BGB materiell-rechtlich gebunden. Wie bereits mehrfach ausgeführt, ist der Betriebserwerber daher in den Streitgegenstand der Kündigungsschutzklage involviert.

i. Einfache Nebenintervention nach § 66 ZPO

Es stellt sich die Frage, wie mit dieser Situation prozessual umzugehen ist. Erstreckt sich die Bindungswirkung gegenüber dem Betriebserwerber auch auf den Zeitraum nach Betriebsübergang, so ist der Betriebserwerber insoweit mit einem gegenteiligen Vortrag präkludiert. Die Präklusion erscheint aber nur dann gerechtfertigt, wenn zu seinen Gunsten hinreichendes rechtliches Gehör (Art. 103 Abs. 1 GG) im Verfahren sichergestellt und ihm so die Möglichkeit eröffnet ist, einen entsprechenden Sachvortrag einzuführen. Diese Ausgleichsnotwendigkeit zeigt sich etwa in den exklusiven Beteiligungsrechten des § 265 Abs. 2 Satz 2 ZPO. Bindungswirkung und Beteiligungsrechte des Betriebserwerbers stehen somit als sich ausgleichende Elemente in einem Verhältnis gegenseitiger Bedingtheit. Außerhalb des Anwendungsbereichs des § 265 ZPO steht dem Betriebserwerber lediglich die Möglichkeit der Nebenintervention offen.

Bei alledem ist jedoch Folgendes zu beachten: Unabhängig vom Vortrag anderweitiger, nach Betriebsübergang wirkender Beendigungstatbestände sind die vom Betriebserwerber ausgesprochenen Kündigungen wegen der §§ 4, 7 KSchG gesondert prozessual anzugreifen. Auch die Wirksamkeit sonstiger Beendigungstatbestände unter dem Betriebserwerber wird der Arbeitnehmer direkt mit diesem klären müssen. Ihre Klärung stellt in Bezug auf das Kündigungsschutzverfahren, das mit dem Betriebsveräußerer fortgeführt wird, eine Vorfrage dar. Allerdings ist äußerst fraglich, ob das Gericht, wenn anderweitige Beendigungstatbestände während der Kündigungsfrist im

[990] Beispielsweise wenn der Betriebserwerber nach Betriebsübergang eine Kündigung ausspricht, deren Kündigungsfrist kürzer ist als diejenige, die die Kündigung des Betriebsveräußerers ausgelöst hat. Zu dieser Problematik ebenfalls Hako-KSchR/*Gallner*, § 4 KSchG Rn. 49 f.; Löwisch/*Spinner*, KSchG, § 4 Rn. 14.

Raum stehen, das Kündigungsschutzverfahren gegen den Betriebsveräußerer bis zur Entscheidung hierüber aussetzen kann (vgl. § 148 ZPO).[991]

Dies vor Augen mag es dem Grundsatz des rechtlichen Gehörs genügen, dem Betriebserwerber im Kündigungsschutzprozess mit dem Betriebsveräußerer lediglich die Stellung eines Nebenintervenienten nach allgemeinen Regeln zu eröffnen.[992] Das Interventionsinteresse ergibt sich aus der über § 613a BGB materiell-rechtlich erzeugten Präklusionswirkung. Tritt der Betriebserwerber auf Seiten des Betriebsveräußerers dem Verfahren bei, kann er die von ihm ausgelösten Beendigungstatbestände vortragen und eine Aussetzung des Verfahrens zu erreichen suchen. Das rechtliche Gehör wird sodann in dem speziellen Verfahren um den anderweitigen Beendigungstatbestand hinreichend gewahrt werden. Zudem können Betriebserwerber und -veräußerer schuldrechtlich die Verpflichtung des Letzteren vereinbaren, solche vom Betriebserwerber nach Betriebsübergang gesetzten Beendigungstatbestände in das Kündigungsschutzverfahren einzubringen.

ii. Streitgegenstandsreduzierung zum Zweiten – Heranziehung der „Ausklammerungsrechtsprechung" des BAG

Ein neuer Gedanke wäre, dem Betriebserwerber, um nicht der Präklusion zu unterliegen, die vom BAG entwickelte „Ausklammerungsrechtsprechung" zugute kommen zu lassen. Im Gegenzug wäre eine Beteiligung des Betriebserwerbers am Verfahren gegen den Veräußerer im Lichte des Art. 103 Abs. 1 GG nicht erforderlich.

Die „Ausklammerungsrechtsprechung" des BAG nimmt an, dass die Auflösung des Arbeitsverhältnisses durch eine anderweitige Kündigung, die früher als die streitgegenständliche wirkt, im Kündigungsschutzverfahren gegen die Erstkündigung unbeachtet bleiben könne.[993] In dem seiner Entscheidung vom 20.05.1999 zugrunde liegenden Sachverhalt sprach derselbe Arbeitgeber zwei Kündigungen nacheinander mit unterschiedlichen Kündigungsfristen aus, die der Arbeitnehmer in separaten Verfahren angriff. Angesichts der getrennten Kündigungsschutzklagen, über die dieselbe Kammer des Arbeitsgerichts am selben Tag befand, sei, so das BAG, allen Beteiligten offenbar gewesen, dass die Kündigung mit kürzerer Kündigungsfrist nicht zugleich Gegenstand des Rechtsstreits über die später wirkende Kündigung habe sein sollen. Entsprechend sei die Zweitkündigung von der Präklusionswirkung des Ersturteils ausgenommen.

Diese Rspr. lässt sich – auch wen dies als überaus weiter Schritt erscheint– auf die hier beleuchtete Kumulation von Betriebsveräußerer- und -erwerberkündigung erweitern. Wie in der Argumentation zur Passivlegitimation im Kündigungsschutzverfahren

---

[991] Vgl. LAG Sachsen-Anhalt vom 26.02.2008 – 5 Ta 15/08 – recherchiert über juris. Zur Problematik der Aussetzung, ErfK/*Koch*, § 9 ArbGG Rn. 4 f. mwN; ErfK/*Kiel*, § 9 KSchG Rn. 35. Eine Aussetzung bejahend, Fischer DB 2001, 331, 334 mwN; ebenso BAG vom 26.06.2008 – 6 AZN 648/07 – NZA 2008, 1145, 1147 in der dortigen Konstellation.

[992] Zur Nebenintervention des Betriebserwerbers, KDZ-*Däubler/Zwanziger*, § 613a BGB Rn. 150.

[993] BAG vom 20.05.1999 – 2 AZR 278/98 – nv, recherchiert über juris [zu I. der Gründe]; bestätigt im Urteil vom 25.03.2004 – 2 AZR 399/93 – AP Nr. 5 zu § 54 BMT-G II [zu B.II.2. der Gründe]; ausführlich hierzu Hako-KSchR/*Gallner*, § 4 KSchG Rn. 50 f.

ausgeführt, überzeugt es, die Zuständigkeit für den Rechtsstreit um die Kündigung allein dem Kündigenden zu übertragen. Entsprechend ist der Betriebserwerber ausschließlich für die gerichtliche Überprüfung von nach dem Betriebsübergang ausgesprochenen Kündigungen passivlegitimiert. Diese Kündigungen in den Rechtsstreit mit dem Betriebsveräußerer einbringen zu müssen, um die Präklusion zu verhindern, liefe dem Gedanken der Passivlegitimation zuwider. Und auch in der vorliegenden Konstellation lässt sich argumentieren, es müsse sowohl dem Gericht als auch den Parteien klar sein, dass in dem nach Betriebsübergang mit dem Betriebsveräußerer fortgeführten Kündigungsschutzverfahren spätere Beendigungstatbestände, die vom Betriebserwerber gesetzt wurden, vom Streitgegenstand ausgenommen sein sollen.

Dies stellt, wie auch *Gallner* allgemein gegen die „Ausklammerungsrechtsprechung" einwendet,[994] allerdings eine Durchbrechung der erweiterten Theorie vom punktuellen Streitgegenstand dar. Überträgt man sie dennoch auf die hier vorliegende Konstellation, würde in der mit dem Betriebsveräußerer fortgesetzten Kündigungsschutzklage lediglich überprüft, ob die konkret angegriffene Kündigung des Betriebsveräußerers und anderweitige, von ihm ausgehende Beendigungstatbestände, die während der Kündigungsfrist wirken, das Arbeitsverhältnis aufgelöst haben. Beendigungstatbestände, die unter dem Betriebserwerber wirken, wären vom Streitgegenstand hingegen nicht erfasst. Ihre Klärung wäre einem gesonderten Verfahren vorbehalten.

3. Zusammenfassung

Der hier zur Diskussion gestellte, alternative Lösungsweg wandelt den Streitgegenstand der Kündigungsschutzklage, die gegen den Betriebsveräußerer fortgeführt wird, in zweierlei Hinsicht ab.

Zum einen blendet er die subjektive Ausrichtung des Arbeitsverhältnisses im Auflösungszeitpunkt aus. Demzufolge ist für den Erfolg der Klage lediglich Voraussetzung, dass das konkrete Arbeitsverhältnis im Kündigungstermin unverändert nach § 613a BGB fortexistiert unabhängig davon, ob es aktuell noch zwischen den Prozessparteien besteht. Auf diese Weise wird ein Wechsel in der Passivlegitimation infolge eines der Kündigung nachfolgenden Betriebsübergangs verhindert. Ausschließlich sachbefugt bleibt der Betriebsveräußerer, der die Kündigung ausgesprochen hat unabhängig davon, wann der Betriebsübergang im Anschluss an die Kündigung eintritt und wann Klage erhoben wird.

Zum anderen werden Beendigungstatbestände, die unter dem Betriebserwerber erst nach dem Betriebsübergang geschehen, aber noch innerhalb der Kündigungsfrist der Veräußererkündigung wirken, vom Streitgegenstand und damit von der Präklusionswirkung dieses Verfahrens ausgenommen. In der Folge umfasst der modifizierte Streitgegenstand dieser Kündigungsschutzklage zum ersten die Frage, ob das Arbeitsverhältnis bei Kündigungszugang zum Betriebsveräußerer bestand, zum zweiten, ob die konkret angegriffene Kündigung wirksam ist, zum dritten, ob anderweitige Beendigungstatbestände, die der Betriebsveräußerer bis zum Betriebsübergang gesetzt hat, das Arbeitsverhältnis noch während der Kündigungsfrist aufgelöst haben. Der Be-

---

994 Hako-KSchR/*Gallner*, § 4 KSchG Rn. 51.

triebsübergang wird insoweit ausgeblendet. Mit der gerichtlichen Entscheidung wird sodann rechtskräftig festgestellt, ob das Arbeitsverhältnis in gekündigtem oder ungekündigtem Zustand vom Betriebsveräußerer auf den Betriebserwerber übergegangen ist.

Die Bindung des Betriebserwerbers an das Urteil wird sodann materiell-rechtlich über § 613a BGB konstruiert. Die Beteiligung des Betriebserwerbers am mit dem Betriebsveräußerer fortgeführten Verfahren wird über die Möglichkeit zur Nebenintervention (§ 66 ZPO) sichergestellt. Darüber hinaus ließe sich darüber nachdenken, die „Ausklammerungsrechtsprechung" des BAG auch auf diese Konstellation zu übertragen. Auf deren Grundlage könnte man Beendigungstatbestände, die der Betriebserwerber gesetzt hat, im Verfahren mit dem Veräußerer außen vor lassen.

2. Abschnitt: Kombination mit der Statusfeststellung gegenüber dem Betriebserwerber

Unabhängig davon, ob das Vorliegen eines Betriebsübergangs im Kündigungsschutzverfahren überhaupt eine Rolle spielt, erwachsen die diesbezüglichen Feststellungen jedenfalls nicht in Rechtskraft, sodass eine Rechtskrafterstreckung auch gegenüber dem Betriebserwerber insoweit nicht stattfinden kann.[995] Die Kündigungsschutzklage vermag somit nicht verbindlich zu klären, ob das Arbeitsverhältnis auf den Betriebserwerber nach § 613a BGB übergegangen ist. Dementsprechend reicht es nicht aus, dem Betriebserwerber das gegenüber dem Betriebsveräußerer ergangene Urteil entgegen zu halten, wenn dieser den Betriebsübergang und den Übergang des ungekündigten Arbeitsverhältnisses auf ihn nicht anerkennt.

Aus diesem praktischen Interesse des Arbeitnehmers heraus bedarf es sonach zusätzlicher prozessualer Mittel über die Kündigungsschutzklage hinaus, die es ihm ermöglichen, den Übergang des Arbeitsverhältnisses auch im Verhältnis zum Betriebsnachfolger bindend zu klären.

A. Unterscheidung zweier Konstellationen

Bei der Erörterung denkbarer prozessualer Konstruktionen ist in einer ersten Überlegung von Relevanz, ob die Voraussetzungen des Betriebsübergangs im Erstverfahren überhaupt thematisiert wurden.

Nimmt das Gericht zu den Voraussetzungen des § 613a BGB als Vorfrage Stellung, sieht sich der klagende Arbeitnehmer mit der Gefahr divergierender richterlicher Beurteilungen konfrontiert. Hauptanwendungsfall ist, dass sich der Arbeitnehmer auf das Kündigungsverbot des § 613a Abs. 4 BGB beruft. Gerade in dieser Situation besteht auf Seiten des klagenden Arbeitnehmers das Bedürfnis, den Betriebserwerber an die richterlichen Würdigungen im Erstprozess zu binden. Neben einer eigenständigen Klage gegenüber dem Betriebserwerber kommt in diesem Fall zusätzlich auch eine Streitverkündung nach § 72 ZPO in Betracht. Hierauf soll eigens im Zusammenhang mit dem Kündigungsverbot des § 613a Abs. 4 BGB vertieft eingegangen werden.[996]

B. Isoliert-globale Feststellung gegenüber dem Betriebserwerber

Begehrt der klagende Arbeitnehmer über den Kündigungsschutz hinaus die Feststellung, dass sein Arbeitsverhältnis nunmehr zum Betriebserwerber fortbesteht, kann er dies nach h.M. mit der Statusklage bewerkstelligen, also allgemeine Feststellungsklage

---

[995] Hako-ArbR/*Karthaus/Richter*, § 613a BGB Rn. 273 f.; Moll/*Boewer*, Anwaltshandbuch ArbR, § 45 R. 93; Bernsau/*Dreher*/Hauck, § 613a BGB Rn. 266. Dasselbe gilt, wenn man mit der hier vertretenen Ansicht von einer materiell-rechtlichen Bindung über § 613a BGB ausgeht. Zum Streitgegenstand des Kündigungsschutzklage, oben unter B.I.2. Zum Vorliegen eines Betriebsübergangs als Vorfrage, siehe oben unter B.I.2.d.

[996] Hierzu unten unter F.

auf den Bestand des Arbeitsverhältnisses zum Betriebserwerber erheben. Ein entsprechendes Feststellungsinteresse wird in der Regel gegeben sein.[997]

Nach allgemeiner Auffassung lassen sich Kündigungsschutzklage gegen den Betriebsveräußerer und Bestandsfeststellungsklage nach § 256 ZPO gegen den Betriebserwerber in subjektiver Klagenhäufung miteinander verbinden, § 260 ZPO.[998] Die Klagen können sowohl gleichzeitig als auch nachträglich durch Klageerweiterung erhoben werden.[999] Angesichts der unterschiedlichen Streitgegenstände sind die Veräußerungsparteien in diesem Fall als einfache Streitgenossen nach § 59, 2. Alt. ZPO anzusehen.[1000] Identischer rechtlicher Grund i.S. dieser Norm ist die Feststellung des ungekündigten Bestandes des Arbeitsverhältnisses, wobei die Entscheidung des Kündigungsschutzstreits vorgreiflich ist für die Bestandsklage.[1001] Vorteil einer solchen Klagenhäufung ist, dass der Arbeitnehmer auf diese Weise eine einheitliche Entscheidung sowohl über die Betriebsübergangsvoraussetzungen als auch über die Wirksamkeit der Kündigung erlangt, die gegenüber beiden Veräußerungsparteien in Rechtskraft erwächst.[1002]

Im Lichte der Rspr. zur Passivlegitimation im Kündigungsschutzverfahren kommt der verbundenen Bestandsfeststellung darüber hinaus die Bedeutung zu, den Betriebserwerber in die Entscheidung über die Wirksamkeit der Kündigung einzubeziehen, sollte der Anwendungsbereich der Analogie zu den §§ 265, 325 ZPO nicht eröffnet sein.[1003]

---

997 Zur Kombinationsklage, BAG vom 04.03.1993 - 2 AZR 507/92- NZA 1994, 260, 261; vom 25.04.1996 – 25.04.1996 - 5 AS 1/96 – NZA 1996, 1062; APS-*Ascheid/Hesse*, § 4 KSchG Rn. 48; APS-*Steffan*, § 613a BGB Rn. 252, 254; Hako-ArbR/*Karthaus/Richter*, § 613a BGB Rn. 274; Hako-KSchR/*Mestwerdt*, § 613a BGB Rn. 190; KDZ-*Däubler/Zwanziger*, § 613a BGB Rn. 147; KR/*Friedrich*, § 4 KSchG Rn. 96a; BeckOK-ArbR/*Gussen*, § 613a BGB Rn. 278; Moll/*Boewer*, Anwaltshandbuch ArbR, § 45 Rn. 94; *Vossen*, FS für Leinemann, 2006, 273, 281 f.; *Hillebrecht* NZA Beil. 4/1989, 10, 19; ausführlich *Nicolai* FA 2007, 164, 164 ff. Im Falle verschiedener Gerichtsstände greift § 46 Abs. 2 ArbGG i.V.m. § 36 Abs. 1 Nr. 3 ZPO.

998 Siehe hierzu die Fundstellen in Fn. 997.

999 BAG vom 04.03.1993 - 2 AZR 507/92- NZA 1994, 260, 261; *Vossen*, FS für Leinemann, 273, 281 f.

1000 BAG vom 04.03.1993 - 2 AZR 507/92- NZA 1994, 260, 261; zust. Hako-ArbR/*Karthaus/Richter*, § 613a BGB Rn. 274; Hako-KSchR/*Mestwerdt*, § 613a BGB Rn. 190, mit prozesstaktischen Hinweisen, Rn. 192; KDZ-*Däubler/Zwanziger,* § 613a BGB Rn. 147; *Nicolai* FA 2007, 164, 165 rekurriert abweichend auf § 60 ZPO.

1001 BAG vom 25.04.1996 - 5 AS 1/96 – NZA 1996, 1062.

1002 *Hillebrecht* NZA-Beilage 4/1989, 10, 19.

1003 So nach Ansicht des BAG bei Betriebsübergang vor Klageerhebung, siehe oben III.1.b., c.; vgl. hierzu auch Hako-KSchR/*Mestwerdt*, § 613a BGB Rn. 190.

3. Abschnitt: Kündigung wegen des Betriebsübergangs, § 613a Abs. 4 BGB

Der Streitgegenstand der Kündigungsschutzklage umfasst den Übergang des Arbeitsverhältnisses infolge von § 613a BGB nicht in der Weise, dass die entsprechenden Feststellung bzgl. des Betriebsübergangs in den Urteilsgründen – so sie denn erfolgt – in Rechtskraft erwachsen.[1004] Und auch angesichts des Verständnisses des BAG im Hinblick auf die Passivlegitimation im Rahmen der Kündigungsschutzklage[1005] bildet der Tatbestand des § 613a BGB in der Praxis nur ausnahmsweise den Gegenstand der gerichtlichen Prüfung.

Eine solche Ausnahme stellt es dar, wenn der klagende Arbeitnehmer sich auf das Kündigungsverbot des § 613a Abs. 4 Satz 1 BGB beruft. Hiernach ist eine Kündigung unwirksam, wenn sie primär zum Zwecke der Personalreduzierung oder des Personalaustauschs im Zusammenhang mit einer den § 613a BGB auslösenden Betriebsveräußerung erfolgt.[1006]

Nichtsdestoweniger handelt es sich auch in diesem Zusammenhang, in dem das Gericht die Voraussetzungen des § 613a BGB prüft, lediglich um eine nicht rechtskraftfähige Vorfrage.[1007] Daran hat sich auch nach der Neufassung des KSchG zu Beginn des Jahres 2004[1008] – zu den Auswirkungen sogleich – nichts geändert. Vor diesem Hintergrund stellt sich dem klagenden Arbeitnehmer nach wie vor die Frage, auf welche Weise er erreichen kann, dass auch der Betriebserwerber an die inzidente Beurteilung der Betriebsveräußerung gebunden ist.

A. Die Anwendbarkeit der §§ 4 ff. KSchG

In einem Schritt zuvor ist zunächst zu klären, auf welche Weise – insbesondere wem gegenüber – der Verstoß gegen das Kündigungsverbot bei Betriebsübergang überhaupt prozessual geltend zu machen ist, insbesondere im Lichte der Ausweitung des § 4 KSchG im Zuge der Arbeitsmarktreformen von 2004.

I. Auswirkungen des Arbeitsmarktreformgesetzes

Vor der Gesetzesänderung sah man die Regelung des § 613a Abs. 4 BGB als selbstständiges Kündigungsverbot i.S.v. § 13 KSchG a.F. an.[1009] § 4 Satz 1 KSchG be-

---

[1004] Hako-KSchR/*Gallner*, § 4 KSchG Rn. 100 f.; Kasseler HbArbR/*Hattesen*, Kap. 6.7 Rn. 236; Moll/*Boewer*, Anwaltshandbuch ArbR, § 45 Rn. 93.

[1005] Hierzu oben unter C.III.1.

[1006] Siehe hierzu oben 2. Kap., 2. Abschn.,B.IV., im Übrigen die einschlägige Kommentarliteratur.

[1007] BAG vom 04.03.1993 – 2 AZR 507/92 – AP Nr. 101 zu § 613a BGB [zu A.I.b)bb) der Gründe mwN]; Hako-KSchR/*Gallner*, § 4 KSchG Rn. 100 f.; Hako-KSchR/*Mestwerdt*, § 613a BGB Rn. 190; Moll/*Boewer*, Anwaltshandbuch ArbR, § 45 Rn. 93.

[1008] Durch das Gesetz zu Reformen am Arbeitsmarkt vom 24.12.2003 (BGBl. I S. 3002) m.W.v. 01.01.2004.

[1009] BAG vom 31.01.1985 – 2 AZR 530/83 - AP Nr. 40 zu § 613a BGB [zu II. der Gründe]. Ausführlich hierzu AR-Blattei SD (*Hergenröder*), 500.1 Rn. 626 ff. mwN; vgl. auch Hako-KSchR/*Gallner*, § 4 KSchG Rn. 102.

schränkte sich bis dato auf Fälle, in denen sich der klagende Arbeitnehmer auf die Sozialwidrigkeit der Kündigung nach § 1 KSchG berief.[1010] Infolgedessen war das Kündigungsverbot damals mittels allgemeiner Feststellungsklage anzugreifen, was allein der Verwirkung als zeitlicher Schrank unterlag.[1011] Die Problematik, wie dieses Verbot geltend zu machen und insbesondere gegen wen,[1012] ist mit der Neufassung der §§ 4, 13 KSchG[1013] nunmehr überholt.

Aufgrund des Verweises in § 13 Abs. 3 KSchG n.F. fällt das Kündigungsverbot wegen Betriebsübergangs nach allgemeiner Ansicht nunmehr unter die „anderen Unwirksamkeitsgründe“ i.S.v. § 4 Satz 1 KSchG.[1014] Diese Angleichung bedeutet zum einen, dass der klagende Arbeitnehmer auch im Hinblick auf § 613a Abs. 4 BGB fristgerecht einen punktuellen Kündigungsschutzantrag nach §§ 4 ff. KSchG stellen muss.[1015] Zum anderen kann für die Frage der Passivlegitimation auf die allgemeine Diskussion bzgl. Kündigungsschutzklagen verwiesen werden.[1016]

II. Fristwahrungserfordernis als Verstoß gegen die Richtlinie 2001/23/EG

Mit der Ausdehnung des Anwendungsbereichs der §§ 4 ff., 13 Abs. 3 KSchG ist zugleich die Geltendmachung des Kündigungsverbots wegen Betriebsübergangs der dortigen Ausschlussfrist unterworfen worden. Dies ist nicht ohne Bedenken geblieben.[1017] Zugrunde liegen Zweifel daran, ob die in Deutschland eingeführte Fristenregelung in ihrer gegenwärtigen Fassung mit den Vorgaben von Art. 4 Abs. 1 Satz 1 der Richtlinie 2001/23/EG[1018] vereinbar ist. Als Vorlage für die nationale Umsetzung des Verbots der Kündigung wegen Betriebsübergangs schreibt die Richtlinie weder eine Fristenregelung vor noch schließt sie sie aus.

Die Problematik stellt sich angesichts der Schwierigkeiten auf Seiten des Arbeitnehmers, innerhalb von drei Wochen erkennen zu müssen, dass ein Betriebsübergang

---

1010 BAG vom 31.01.1985 – 2 AZR 530/83 - AP Nr. 40 zu § 613a BGB [zu II. der Gründe].

1011 BAG vom 31.01.1985 – 2 AZR 530/83 - AP Nr. 40 zu § 613a BGB [zu II. der Gründe]; *Raab* RdA 2004, 321, 326 f.

1012 Vgl. hierzu LAG Hamm vom 26.11.1998 – 4 Sa 384/98 – ZInsO 1999, 302; vom 07.11.1999 – 4 Sa 2350/97 – ZInsO 1999, 363.

1013 Durch das Arbeitsmarktreformgesetzes, siehe Fn. 1008.

1014 Ausdrückliche Erwähnung in der Aufzählung im Rahmen der Begründung zum Entwurf eines Gesetzes zu Reformen am Arbeitsmarkt der Fraktionen der SPD und der Grünen, BT-Drucks. 15/1204, S. 9 f.; 13; HessLAG vom 25.11.2006 – 17 Sa 606/05 – recherchiert über juris [zu Rn. 70 der Gründe], Revision beim BAG – Az. 8 AZR 164/06; AR-Blattei SD (*Hergenröder*), 500.1 Rn. 629; Bernsau/*Dreher*/Hauck, § 613a BGB Rn. 227 ff., 234; Tschöpe/Beseler, Anwalts-Handbuch ArbR, 2. Teil G Rn. 143; *Bader* NZA 2004, 65, 67 ff.; *Bender/Schmidt* NZA 2004, 358, 363; *Nicolai* FA 2007, 164, 165.

1015 Hako-KSchR/*Gallner*, KSchG § 4 Rn. 102.

1016 Hierzu oben unter C.III, IV.

1017 *Kamanabrou* NZA 2004, 950 ff.; *Sprenger* AuR 2005, 175 ff.; von Hoyningen-Huene/*Linck*, KSchG, § 4 Rn. 18; vgl. auch HessLAG vom 25.11.2006 – 17 Sa 606/05 – recherchiert über juris [zu Rn. 71 ff. der Gründe], Revision beim BAG unter Az. 8 AZR 164/06.

1018 Richtlinie 2001/23/EG des Rates vom 12.03.2001 zur Angleichung der Rechtsvorschriften der Mitgliedsstaaten über die Wahrung von Ansprüchen der Arbeitnehmer beim Übergang von Unternehmen, Betrieben oder Unternehmens- oder Betriebsteilen (ABl. EG Nr. L 82, S. 16).

nach § 613a BGB vorliegt und die Kündigung zu dessen Durchführung ausgesprochen wurde. So kommt es etwa, wenn der bisherige Betriebsinhaber eine ernsthafte Stilllegungsabsicht,[1019] die einen nach wie vor zulässigen Kündigungsgrund nach § 613a Abs. 4 Satz 2 BGB darstellt,[1020] vorspiegelt. Betreibt der Betriebsinhaber im Zeitpunkt des Zugangs der Kündigungserklärung in Wahrheit unerkannt eine Betriebsveräußerung, greift das Kündigungsverbot.[1021]

Werden diese subjektiven Absichten erst in dem Moment für den Arbeitnehmer erkennbar, in dem der Alt-Arbeitgeber die Betriebsveräußerung nach außen offenkundig wird, droht die Wirksamkeitsfiktion nach § 7 KSchG.

1. Europarechtliche Bedenken gegen die Ausschlussfrist im Hinblick auf § 613a Abs. 4 BGB

Im Hinblick auf das Kündigungsverbot kam es mit der Neufassung des KSchG zu einer nachträglichen, überschießenden Umsetzung des Art. 4 Abs. 1 der EG-Richtlinie 98/50/EG (jetzt 2001/23/EG)[1022], der selbst eine solche Frist nicht vorsieht. Trotz der grundsätzlichen Befugnis des nationalen Gesetzgebers, über die Vorgaben europarechtlicher Richtlinien bei der Umsetzung hinauszugehen, ist ihm mit dem sog. Effektivitätsprinzip eine Grenze gezogen.[1023] Dieses Prinzip gewährleistet, dass die vorgegebenen Regelungen in effektiver Weise in das nationale Recht implementiert werden. Eine nationale Vorschrift, die die Geltendmachung von im Europarecht wurzelnden Rechtspositionen zeitlich beschränkt, darf demzufolge nicht derart bemessen sein, dass sie deren Durchsetzung aushöhlt, indem sie sie praktisch unmöglich macht.[1024]

Nunmehr unterliegt die gerichtliche Geltendmachung der 3-Wochen-Frist. Zwar steht dem Arbeitnehmer, der nachträglich vom Betriebsübergang Kenntnis erlangt, die nachträgliche Zulassung der Klage nach § 5 KSchG offen. So sind nach allgemeiner Ansicht deren Voraussetzungen erfüllt, wenn der Arbeitgeber über seine wahre Veräußerungsabsicht in arglistiger Weise getäuscht hat.[1025] Diese Hürde ist jedoch hoch. Zu-

---

[1019] Siehe zur Stilllegung auch oben unter 2. Kap., 1. Abschn., D.

[1020] Hierzu ausführlich AR-Blattei SD (*Hergenröder*), 500.1 Rn. 675 ff.

[1021] Vgl. zu diesem Beispiel, *Kamanabrou* NZA 2004, 950, 951. Zum maßgeblichen Überprüfungszeitpunkt der Kündigung, siehe oben unter B.I.2.b. Hierzu sowie zur Abgrenzung von Betriebsstilllegung und Betriebsübergang und dem erforderlichen subjektiven Element, AR-Blattei SD (*Hergenröder*), 500.1 Rn. 634, 636 ff.

[1022] ABL. L 82 vom 22.03.2001, S. 16.

[1023] EuGH vom 11.07.2002 - Rs. C-62/00 (Marks & Spencer) – IStR 2002, 565, 567 [zu Rn. 34 ff. der Gründe] für Ausschluss-/Verjähungsfristen; Callies/Ruffert-*Ruffert*, Verfassungsrecht der EU, EGV Art. 10 Rn. 24.

[1024] So für Ausschlussfristen, EuGH vom 10.07.1997 - Rs. C-261/95 (Palmisani) – NZA 1997, 1041, 1042; vom 16. 12. 1976 - Rs 33/76 (Rewe I) – NJW 1977, 495, 496; vgl. auch HessLAG vom 25.11.2006 – 17 Sa 606/05 – nv, recherchiert über juris [zu Rn. 73 der Gründe]; BeckOK-ArbR/*Gussen*, § 613a BGB Rn. 281; *Kamanabrou* NZA 2004, 950, 950; *Sprenger* AuR 2005, 175, 175 sowie dort Fn. 5 mwN.

[1025] V. Hoyningen-Huene/*Linck*, KSchG, § 5 Rn. 7 (im Übrigen aber ablehnend); *Kamanabrou* NZA 2004, 950, 951, jedenfalls im Zuge einer richtlinienkonformen Auslegung für die hier vorliegende Konstellation; *Löwisch* BB 2004, 1541, 60; *Willemsen/Annuß* NJW 2004, 177, 183 f. Allgemein dem ist es nach § 5 Abs. 2 Satz 2 KSchG am Arbeitnehmer, die die nachträgliche Zulassung der Klage begründenden Tatsachen glaubhaft zu machen (§ 294 ZPO). Die Darlegungslast, die sich etwa angesichts einer streitigen Stilllegungsabsicht auf subjektive Umstände, jedenfalls aber auf Umstände aus der Sphäre des Arbeitgebers erstreckt, wie sie im Zeitpunkt des Kündigungszugangs vorlagen, belastet den Arbeitnehmer erheblich. Das gilt auch dann, wenn man gewisse Beweiserleichterung anerkennt.[1026]

Jedenfalls aber kollidiert § 5 Abs. 3 Satz 2 BGB mit der Richtlinie.[1027] Hiernach unterliegt die nachträgliche Zulassung einer absoluten Ausschlussfrist von sechs Monaten und drei Wochen. Wird die Betriebsveräußerung erst nach diesem Zeitraum erkennbar oder ergibt sich erst dann Anlass für den Arbeitnehmer, Nachforschungen über die tatsächlichen Pläne des Arbeitgebers im Zeitpunkt des Kündigungszugangs anzustellen, wäre dem Kündigungsschutz der Weg abgeschnitten.[1028] Das gilt umso mehr, als sich die starre 6-Monats-Grenze nicht mit dem Zeitraum deckt, wie er vor der Änderung des KSchG für die Geltendmachung des § 613a Abs. 4 BGB herangezogen wurde. Die hiervor maßgebliche Grenze der Verwirkung knüpfte kumulativ an Zeit- und Umstandsmoment an, was es ermöglichte, anhand der Umstände des Einzelfalls den Zeitrahmen individuell zu bestimmen.[1029] Insoweit konnte das Gericht berücksichtigen, ob der Arbeitgeber den Arbeitnehmer bewusst/arglistig im Unklaren gelassen hat.[1030]

Insoweit geht die Ausdehnung des Fristenerfordernisses auf § 613a Abs. 4 BGB nicht konform mit dem europarechtlichen Effektivitätsprinzip und damit mit höherrangigem Recht.

2. Richtlinienkonforme Auslegung bzw. teleologische Reduktion als Ausweg

Ist jedenfalls in diesem Punkt von einer Richtlinienwidrigkeit auszugehen, stellt sich im nächsten Schritt die Frage, ob die §§ 4, 5 KSchG einer richtlinienkonformen Auslegung zugänglich sind.[1031] Einigkeit besteht insoweit nicht.

---

für arglistiges Verhalten des Arbeitgebers, HessLAG vom 25.11.2006 – 17 Sa 606/05 – nv, recherchiert über juris [zu Rn. 75 der Gründe]; APS-*Ascheid/Hesse*, § 5 KSchG Rn. 21; KR/*Friedrich*, § 5 KSchG Rn. 40; *Vossen*, FS für Leinemann, 2006, 273, 277; *Quecke* RdA 2004, 86, 101; *Raab* RdA, 321, 327; *Willemsen/Annuß* NJW 2004, 177, 184.

1026 Ebenso *Sprenger* AuR 2005, 175, 176, zudem sei der Zeitraum für Tatsachenvortrag im bereits laufenden Prozess zeitlich beschränkt; vgl. auch *Raab* RdA 2004, 321, 327.

1027 So auch HessLAG vom 25.11.2006 – 17 Sa 606/05 – nv, recherchiert über juris [zu Rn. 75 der Gründe]; von Hoyningen-Huene/*Linck*, KSchG, § 4 Rn. 18; *Kamanabrou* NZA 2005, 950, 951 f.; *Sprenger* AuR 2005, 175, 175 f.

1028 Siehe zu verschiedenen denkbaren Konstellationen, in denen dies der Fall sein kann, *Kamanabrou* NZA 2005, 950, 951.

1029 Hierzu *Gaul*, Betriebs- und Unternehmensspaltung, § 23 Rn. 4 mwN.

1030 *Kamanabrou* NZA 2005, 950, 952.

1031 Rechtliche Grundlage hierfür ist Art. 249 Abs. 3 EGV i.V.m. Art. 10 EGV. Zur richtlinienkonformen Auslegung vgl. Callies/Ruffert-*Ruffert*, Verfassungsrecht der EU, EGV Art. 249 Rn. 115 ff. mwN, Art. 10 Rn. 58 mwN; Streinz, EuropaR, Rn. 455 f. mwN.

Was die 3-Wochen-Frist des § 4 Satz 1 KSchG anbelangt, so bejaht *Sprenger* eine teleologische Reduktion dahingehend, die Frist im Falle der Berufung auf das Kündigungsverbot erst ab dem Zeitpunkt des Betriebsübergangs beginnen zu lassen.[1032] Auf diese Weise könne man die widerstreitenden Zielsetzungen der Richtlinie einerseits und des § 13 Abs. 3 KSchG andererseits effektiv zusammenführen, ohne dass der Wille des deutschen Gesetzgebers noch sonstige Gründe entgegenstünden. Darin, die Fristenregelung auf § 613a Abs. 4 BGB auszudehnen, kann *Sprenger* keine bewusste Entscheidung des Gesetzgebers erkennen.[1033] Schließlich weist er auf den öffentlichrechtlichen Charakter der Fristenregelung nach § 4 KSchG hin, was seiner Auffassung nach verhindere, dass eine derartige teleologische Interpretation der Vorschrift Gesichtspunkte des Vertrauensschutzes zugunsten der Arbeitgeber berühre.[1034]

Ausdrücklich gegen eine solche Auslegung wendet sich das Hessische LAG in seiner Entscheidung vom 25.11.2006.[1035] Einer solchen teleologischen Reduktion stünden gerade der *„klar erkennbare Wille des Gesetzgebers"* und zudem der Wortlaut des § 4 KSchG n.F. entgegen. Die Gesetzesbegründung nenne § 613a Abs. 4 BGB unmissverständlich als neuen Anwendungsfall der Klageerhebungsfrist. Mit der Ausdehnung des § 4 KSchG sei offensichtlich bezweckt, auch für das Kündigungsverbot eine rasche gerichtliche Klärung im Interesse der Rechtssicherheit herbeizuführen. Wortlaut, Systematik sowie Telos des § 4 Satz 1 KSchG widersprächen daher einem Verständnis, das den Fristbeginn an den tatsächlich schwer zu belegenden und rechtlich zu beurteilenden Tatbestand des Betriebsübergangs knüpft.

An diese Argumentation knüpft auch *Kamanabrou* an. Zwar bejaht sie eine richtlinienkonforme Auslegung des § 5 KSchG insoweit, als sie bei arglistiger Täuschung durch den Arbeitgeber die Nichteinhaltung der Klagefrist als unverschuldet i.S. dieser Vorschrift wertet.[1036] Für eine Rechtsfortbildung, die die Anwendung von § 5 Abs. 3 S. 2 KSchG im Falle des Kündigungsverbots gänzlich unterlässt, bestehe hingegen kein Spielraum. Einer hierfür notwendigen teleologischen Reduktion stehe die Gewaltenteilung entgegen. Nationale Gerichte seien nicht ermächtigt, umgesetztes innerstaatliches Recht wegen Verstoßes gegen seine europarechtlichen Grundlagen rechtsfortbildend zu korrigieren.[1037]

3. Stellungnahme

a. Fehlen einer Regelungslücke

In der Tat steht einer richtlinienkonformen Auslegung, wie *Sprenger* sie vorschlägt, entgegen, dass § 4 KSchG einen auslegungsfähigen Spielraum im Hinblick auf den Fristbeginn nicht eröffnet. Dabei ist es unerheblich, ob der deutsche Gesetzgeber einen Verstoß gegen die europarechtlichen Vorgaben erkannt hat oder nicht, wie *Sprenger*

[1032] AuR 2005, 175, 177.
[1033] AuR 2005, 175, 177.
[1034] *Sprenger* AuR 2005, 175, 177.
[1035] Az. 17 Sa 606/05 – nv, recherchiert über juris [zu Rn. 71 f., 74 der Gründe].
[1036] NZA 2004, 950, 952.
[1037] *Kamanabrou* NZA 2004, 950, 952.

meint. Ansatzpunkt muss vielmehr sein, ob das nationale Recht selbst so gefasst ist, dass es eine abweichende Interpretation zulässt.[1038] Grundvoraussetzung jeder Auslegung ist die Auslegungsfähigkeit der Norm. Das gilt entsprechend für die Rechtsfortbildung in Gestalt einer teleologischen Reduktion.[1039] Zu Recht wird eine solche Offenheit des § 4 KSchG angesichts von Normtext und Gesetzesbegründung verneint.[1040] Gerade Letztere macht deutlich, dass es dem Gesetzgeber aus Gründen der Einheitlichkeit und Rechtsklarheit darauf ankam, auch das Kündigungsverbot des § 613a Abs. 4 BGB der Fristregelung zu unterwerfen. Ihren Regelungsgehalt derart fortzubilden, würde bedeuten, die vom Gesetzgeber intendierte Regelung in ihr Gegenteil zu verkehren. Das ist mit den Grundsätzen der Gewaltenteilung nicht zu vereinbaren.

b. Folgen der Richtlinienwidrigkeit

Kommt sonach eine richtlinienkonforme Reduzierung des § 4 Satz 1 KSchG nicht in Betracht, bedeutet dies zugleich, dass der deutsche Gesetzgeber seinen Umsetzungsspielraum überschritten hat, indem er die Geltendmachung von § 613a Abs. 4 BGB an die Klageerhebungsfrist koppelt.

Dieses Ergebnis wirft sodann die Frage auf, ob nicht jedenfalls die absolute Ausschlussfrist des § 5 Abs. 3 Satz 2 KSchG, weil sie als richtlinienwidrige nationale Rechtsvorschrift einzustufen ist, unangewendet bleiben muss.[1041] Die Pflicht zur Nichtbeachtung solcher Normen folgt im unmittelbaren Wirkungsbereich von Richtlinien aus der Normenhierarchie und damit dem Anwendungsvorrang des Gemeinschaftsrechts. Sie trifft demzufolge die Mitgliedstaat als Adressaten der gemeinschaftsrechtlichen Vorgabe im Verhältnis zum Bürger (sog. „vertikale Wirkung").[1042]

Für das horizontale Verhältnis zwischen Bürgern ist bisher nicht eindeutig geklärt, ob das Nichtanwendungsgebot im Falle richtlinienwidriger Umsetzung ebenfalls gilt (sog. „horizontale Wirkung"). Insoweit scheint der EuGH das von ihm ausdrücklich

---

[1038] EuGH vom 14.07.1994 – Rs. C-91/92 (Faccini Dori) – NJW 1994, 2473 [zu Rn. 26 der Gründe], auch zur Pflicht richtlinienkonformer Auslegung; vom 05.10.2004 – Rs C 397/01 (*Pfeiffer*) – AP Nr. 12 zu EWG-Richtlinie Nr. 93/104 [zu Rn. 110 ff. der Gründe, insbesondere Rn. 116 mit Hinweis auf die Beobachtung nationaler Auslegungsmethoden]; ausführlich *Streinz*, EuropaR, Rn. 455 f. mwN.

[1039] *Streinz*, EuropaR, Rn. 456.

[1040] Begründung zum Entwurf eines Gesetzes zu Reformen am Arbeitsmarkt der Fraktionen der SPD und der Grünen, BT-Drucks. 15/1204, S. 2, 13: Rasche Klärung der Rechtslage als Erfordernis der Rechtssicherheit; wortlautidentisch im Entwurf eines Gesetzes zu Reformen am Arbeitsmarkt der Bundesregierung, BT-Drucks. 12/1509, S. 2.

[1041] Hierzu auch *Kamanabrou* NZA 2004, 950, 952 [zu III. der Ausführungen]. Vgl. zum Verhältnis richtlinienkonformer Reduzierung und Nichtanwendung einer Norm, *Streinz*, EuropaR, Rn. 456.

[1042] EuGH vom 07.07.1981 - Rs. 158/80 – NJW 1981, 1886, 1889 [zu Rn. 48 der Gründe]; Callies/Ruffert-Ruffert, Verfassungsrecht der EU, EGV Art. 10 Rn. 60 mwN, Art. 249 Rn. 83 ff., wonach eine Verwerfungspflicht besteht, ggf. beschränkt auf offenkundige Gemeinschaftswidrigkeit; dies trifft nach Ansicht des EuGH *„öffentliche Arbeitgeber"*, EuGH vom 12.07.1990 - Rs. C-188/89 (Forster) – NJW 1991, 3086, 3087 [zu Rn. 20 der Gründe: *„Einrichtung, die unabhängig von ihrer Rechtsform kraft staatlichen Rechtsakts unter staatlicher Aufsicht eine Dienstleistung im öffentlichen Interesse zu erbringen hat und die hierzu mit besonderen Rechten ausgestattet ist, die über das hinausgehen, was für die Beziehungen zwischen Privatpersonen gilt…"*].

fortgeführte Prinzip, einer Richtlinie ausschließlich im vertikalen Verhältnis Wirkung zuzusprechen,[1043] aufzulockern, wenn die Richtlinienwidrigkeit einer nationalen Vorschrift allein durch ihre Nichtanwendung begegnet werden kann. Bedingt die unmittelbare Wirkung einer Richtlinie lediglich, dass im Bereich unter Privaten eine nationale Vorschrift außer Acht zu lassen ist, ohne dass materiell-rechtliche Richtlinienvorgaben ersatzweise zur Anwendung kommen, so nimmt der EuGH eine unmittelbare Wirkung auch unter Privaten an.[1044]

Im Ergebnis wird § 5 Abs. 3 Satz 2 KSchG aufgrund des Vorrangs des Gemeinschaftsrechts jedenfalls dann keine Anwendung finden, wenn es sich um einen staatlichen Arbeitgeber handelt.[1045] In der Folge bleibt die Berufung auf § 613a Abs. 4 BGB unter den Voraussetzungen einer unverschuldeten Fristversäumung i.S.v. § 5 Abs. 1 Satz 1 KSchG auch über die 6-Monatsfrist hinaus möglich.

III. Teleologische Reduktion des § 4 Satz 1 KSchG im Übrigen

Über die Richtlinieninkompabilität hinaus hat *Richardi* in seiner Stellungnahme zum Entwurf des Arbeitsmarktreformgesetzes ganz allgemein favorisiert, den Beginn der Klageerhebungsfrist auf die Kenntnis des Arbeitnehmers vom Vorliegen des Unwirksamkeitsgrundes hinauszuschieben.[1046] Hiermit will *Richardi* dem bereits angesprochenen Umstand Rechnung tragen, dass ein Arbeitnehmer erst nachträglich von im Zeitpunkt des Zugangs der Kündigung vorliegenden Umständen erfährt, die die Unwirksamkeit der Kündigung begründen.

Dem haben diverse Stimmen widersprochen.[1047] Ihre Argumentation deckt sich mit den bereits zur richtlinienkonformen Auslegung dargestellten Einwänden. Nachdem der Gesetzgeber – bis auf den Schwangerschaftsfall (vgl. § 5 Abs. 1 Satz 2 KSchG) – die Kenntnisproblematik bei der Neufassung des § 4 KSchG bewusst außen vor gelassen habe, fehle es an einer die Rechtsfortbildung bedingenden Regelungslücke. Zudem verkehre die Anknüpfung des Fristbeginns an subjektive Merkmale gerade den vom

[1043] Vgl. hierfür EuGH vom 14.07.1994 – Rs. C-91/92 (Faccini Dori) – NJW 1994, 2473 [zu Rn. 24 der Gründe]; vom 26. 9. 2000 - Rs. C-443/98 (Unilever Italia) – EuZW 2001, 153 [zu Rn. 50 der Gründe].

[1044] Str., so aber wohl in der Entscheidung Unilever Italia, EuGH vom 26. 9. 2000 - Rs. C-443/98 – EuZW 2001, 153 [zu Rn. 50 der Gründe]. Vgl. zu der nicht unumstrittenen Interpretation dieser Entscheidung, *Streinz*, EuropaR, Rn. 450, 456 mwN auch zur Gegenansicht; Callies/Ruffert-*Ruffert*, Verfassungsrecht der EU, EGV Art. 249 Rn. 84.

[1045] Siehe zu Differenzierungen im Einzelnen, *Kamanabrou* NZA 2004, 950, 952.

[1046] NZA 2003, 764, 766, mit Hinweis auf die nachträgliche Kenntnis einer Arbeitnehmerin von der Schwangerschaft (umgesetzt in § 5 Abs. 1 Satz 2 KSchG) sowie für den Fall fehlender Vertretungsmacht des kündigenden Vertreters; nach Kenntniserlangung verlangt er eine unverzügliche Klageerhebung. Unter dem Gesichtspunkt richtlinienkonformer Auslegung, *Sprenger* AuR 2005, 175, 177.

[1047] *Bader* NZA 2004, 65, 68; *Bender/Schmidt* NZA 2004, 358, 364; *Raab* RdA 2004, 321, 327; ebenso HessLAG vom 25.11.2006 – 17 Sa 606/05 – nv, recherchiert über juris [zu Rn. 74 der Gründe].

Gesetzgeber verfolgten Zweck, Rechtssicherheit zugunsten des Arbeitgebers zu schaffen, in sein Gegenteil.[1048]

Dieser Kritik ist abermals zuzustimmen. Zwar hielt das BAG die frühere Rechtslage, wonach die Berufung auf § 613a Abs. 4 BGB keiner Frist unterlag, für angemessen. Die Gründe hierfür verortete das BAG u.a. gerade in den Interessen auf Seiten des Arbeitnehmers, die aus der Schwierigkeit der Abgrenzung von Betriebsübergang und Betriebsstilllegung resultieren. Dem Arbeitnehmer müsse – so damals das BAG – in der Regel ein über die 3-Wochen-Frist hinausgehender Zeitraum zugebilligt werden, die Entwicklung des Betriebs nach Ausspruch der Kündigung zu beobachten.[1049] Diese bereits in den achtziger Jahren erkannte Interessenlage hat den Gesetzgeber allerdings nicht davon abgehalten, von einer umfassenden Ausdehnung des Fristerfordernisses abzusehen. Vor diesem Hintergrund muss man unterstellen, dass der Gesetzgeber die Vereinheitlichungsentscheidung auch im Hinblick auf § 613a Abs. 4 BGB bewusst getroffen hat. Darüber hinaus stellt es sich in der Tat beweistechnisch als äußerst problematisch dar, den Beginn einer Ausschlussfrist an subjektive Kriterien, wie etwa die Ernsthaftigkeit des Betriebsstilllegungswillens, zu binden.

IV. Zusammenfassendes Ergebnis

Somit wird der Arbeitnehmer jedenfalls die Zulassung seiner verspäteten Klage nach § 5 Abs. 1 Satz 1 BGB erreichen können, wenn der Arbeitgeber ihm pflichtwidrig seine wahren Veräußerungspläne nicht oder nicht vollständig offen gelegt hat. § 5 Abs. 3 Satz 2 KSchG dürfte im Falle der Berufung auf § 613a Abs. 4 BGB aufgrund Europarechtswidrigkeit unanwendbar sein.

Im Übrigen verbleibt es – wie im Normalfall – dabei, dass die Obliegenheit, notwendige Informationen einzuholen, ggf. mittels Auskunftsklage,[1050] sowie das Risiko, entsprechend die Erfolgsaussichten eines Prozesses einzuschätzen, den Arbeitnehmer trifft.[1051] Das mag in bestimmten Fälle des § 613a Abs. 4 BGB ein unbefriedigendes, de lege lata aber unvermeidbares Ergebnis sein.[1052]

[1048] *Bader* NZA 2004, 65, 68; *Bender/Schmidt* NZA 2004, 358, 364; *Raab* RdA 2004, 321, 327; ebenso HessLAG vom 25.11.2006 – 17 Sa 606/05 – nv, recherchiert über juris [zu Rn. 74 der Gründe].

[1049] BAG vom 31.01.1985 – 2 AZR/82 – AP Nr. 40 zu § 613a BGB [zu II.2.d)aa) der Gründe]; bestätigend, BAG vom 05.12.1985 – 2 AZR 3/85 – AP Nr. 47 zu § 613a BGB [zu I. der Gründe].

[1050] Hierzu unten oben 2. Kap., 2. Abschn., A.VII. 1., 2. sowie 4. Kap. 2. Abschn.

[1051] Ausführlich hierzu *Raab* RdA 2004, 321, 327. Vgl. auch ErfK/*Kiel*, § 5 KSchG Rn. 6; Stahlhacke/Preis/*Vossen*, Kündigungsschutz, Rn. 1834.

[1052] Vgl. hierzu auch *Quecke* RdA 2004, 86, 101, der ausführt: „*Grundsätzlich wird der Arbeitnehmer auch bei Ungewissheit über die Wirksamkeit er Kündigung klagen müssen*", um die Wirkung des § 7 KSchG zu vermeiden; zugleich erwägt er die Möglichkeit einer nachträglichen Klagezulassung auf weitere Fälle vorsichtig auszudehnen, hierzu mwN in dortiger Fn. 213; ebenso *Preis* DB 2004, 70, 77.

B. Erstreckung der Entscheidung über das Vorliegen des Betriebsübergangs auf den Erwerber

Wie bereits erwähnt, prüft das Gericht den Betriebsübergang im Rahmen einer Kündigungsschutzklage lediglich als eine nicht rechtskraftfähige Vorfrage.[1053] Entsprechend und unabhängig davon, welcher Meinung man folgt, greift § 325 ZPO insoweit nicht.

Um dennoch der Gefahr divergierender Entscheidung zu entgehen, muss es Anliegen des klagenden Arbeitnehmers sein, den Betriebserwerber an die Entscheidungen des Erstgerichts zu binden. Hierfür steht ihm als Mittel nicht nur die subjektive Klagenhäufung zur Verfügung,[1054] sondern es kommt möglicherweise auch eine Streitverkündung nach §§ 72, 74 ZPO in Betracht. Denn bereits im Kündigungsschutzverfahren wird über das Vorliegen eines Betriebsübergangs im Hinblick auf den Kündigungsgrund des § 613a Abs. 4 Satz 1 BGB – wenn die Klage nicht im Übrigen scheitert – entschieden.

I. Streitverkündung im Rahmen der Kündigungsschutzklage bzgl. § 613a Abs. 4 BGB

In der hier beleuchteten Konstellation bietet es sich an, die Feststellungen bzgl. des Betriebsübergangs mittels Streitverkündung auf den Betriebserwerber gemäß §§ 74 Abs. 1, 68 ZPO zu erstrecken.[1055] Im Rahmen einer nachfolgenden Statusklage gegen den Betriebserwerber, so diese nötig wird, weil der Betriebserwerber den Übergang des Arbeitsverhältnisses abstreitet, wären sodann die tatsächlichen und rechtlichen Feststellungen des Erstgerichts bzgl. der Betriebsübergangsvoraussetzungen festgeschrieben.

Das setzt allerdings voraus, dass im Verhältnis Arbeitnehmer – Betriebserwerber ein Streitverkündungsgrund i.S. des § 72 Abs. 1 ZPO gegeben ist. Im Rahmen der Statusklage war angesichts der Alternativität der Arbeitgeberstellung ein solcher in weiter Auslegung bejaht worden.[1056] Fraglich ist, ob dies auch auf die vorliegende Konstellation übertragen werden kann.

[1053] Siehe hierzu oben B.I.2.d.

[1054] Hierzu oben unter E.

[1055] So bejaht für den Fall, dass ein Betriebsübergang zeitlich vor dem Kündigungsausspruch im Raum steht, BAG vom 31.01.2008 – 8 AZR 11/07 – BeckRS 2008, 54209; LAG Frankfurt vom 17.12.1987 – 9/13 Sa 333/87 – LAGE § 613a BGB Nr. 12 [zu I.2. der Gründe], allerdings beide Entscheidungen ohne auf die Problematik des Vorliegens eines Streitverkündungsgrundes näher einzugehen; *Hillebrecht* NZA Beil. 4/1989, 10, 20; *Bakker*, Anm. zu BAG vom 31.03.1993 – 2 AZR 467/92 – EzA KSchG § 4 n.F. Nr. 46 [zu III. der Ausführungen]. Eine Streitverkündung ebenfalls im Grundsatz in Betracht ziehend, AR-Blattei SD (*Hergenröder*), 500.1 Rn. 1249; Hako-KSchR/*Gallner*, § 4 KSchG Rn. 102; von Hoyningen-Huene/*Linck*, KSchG, § 4 Rn. 31; KR/*Friedrich*, § 4 KSchG Rn. 96b; KR/*Pfeiffer*, § 613a BGB Rn. 209; MüKo-BGB/*Hergenröder*, 4. Aufl. 2005, § 4 KSchG Rn. 52; Staudinger/*Annuß*, BGB, § 613a Rn. 341. AA KDZ-*Däubler/Zwanziger*, § 613a BGB Rn. 147.

[1056] Hierzu oben 4. Kap., 3. Abschn., D.I.3., 4.

1. Streitverkündungsgrund i.S.v. § 72 Abs. 1 ZPO

Ein Streitverkündungsgrund im engeren Sinne, mithin ein Anspruch auf Gewährleistung oder Schadloshaltung infolge des Unterliegens, wie § 72 Abs. 1 ZPO ihn fordert, besteht in der beleuchteten Konstellation nicht. Es kommt daher wiederum nur eine weite Auslegung der Streitverkündungsgründe in Betracht.[1057]

2. Extensive Auslegung des § 72 Abs. 1 ZPO

a. Alternativverhältnis der Arbeitgeberstellungen

In weiter Auslegung kann ein Streitverkündungsgrund jedenfalls dann bejaht werden, wenn der Erstklage und den von ihrem Ausgang bedingten Folgeansprüchen gegenüber einem Dritten ein Alternativverhältnis zugrunde liegt. Entsprechend wurde in der Konstellation, dass der Bestand des Arbeitsverhältnisses an sich infolge des Betriebsübergangs in Streit ist, ohne dass eine konkrete Kündigung im Raum steht, die Streitverkündung als zulässig angesehen.[1058]

Die Alternativität der Arbeitgeberstellung spielt auch in der Folge einer auf § 613a Abs. 4 BGB gestützten Kündigungsschutzklage eine entscheidende Rolle, wenn auch nur mittelbar. Denn bejaht das Gericht die Unwirksamkeit einer vom Betriebsveräußerer ausgesprochenen Kündigung, weil sie primär aus Anlass des Betriebsübergangs ausgesprochen wurde, folgt daraus jedenfalls inzident, dass das Arbeitsverhältnis fortbesteht, und zwar wegen des Betriebsübergangs mit dem Betriebserwerber.[1059]

b. Gleichgerichtetheit der Rechtsschutzbegehren

Trotzdem gewinnt die erwünschte Bindung des Betriebserwerbers über § 68 ZPO aus Sicht des klagenden Arbeitnehmers gerade nur dann an Bedeutung, wenn er im Kündigungsschutzprozess obsiegt. Dieser Gleichlauf resultiert daraus, dass sowohl das Kündigungsverbot, als auch der Übergang des Arbeitsverhältnisses, welcher dem Betriebserwerber entgegen gehalten werden soll, das Vorliegen eines Betriebsübergangs voraussetzen. Entsprechend stehen im Grunde mit dem Rechtsschutzbegehren von Kündigungsschutz- und ggf. anschließender Feststellungsklage nicht Alternativrechtsfolgen in Streit, sondern gleichgerichtete: Beide sind auf die Feststellung des Fortbestands des Arbeitsverhältnisses gerichtet.[1060] Hieran knüpft denn auch die Kritik, die

---

[1057] Hierzu bereits im Rahmen der Streitverkündung bei Statusklage oben 4. Kap., 3. Abschn., D.I.3., 4.

[1058] Mittels allgemeiner Feststellungsklage nach § 256 Abs. 1 ZPO, siehe oben unter 4. Kap., 3. Abschn., D.I.3., 4.

[1059] Auf das Alternativverhältnis der Arbeitgeberstellungen als Begründung des Streitverkündungsgrundes ebenfalls explizit hinweisend, *Bakker*, Anm. zu BAG vom 31.03.1993 – 2 AZR 467/92 – EzA KSchG § 4 n.F. Nr. 46 [zu III. der Ausführungen], hierzu ausführlich unten unter G.II.3.

[1060] Hierin liegt der Unterschied zur bereits oben beleuchteten Streitverkündungsmöglichkeit bei Statusklage.

sich gegen die Bejahung eines Streitverkündungsgrunds in dieser Konstellation ausspricht.[1061]

c. Praktische Relevanz des Kündigungsschutzurteils

Allerdings darf nicht übersehen werden, dass die Kündigungsschutzklage von Gesetzes wegen auf Bestandsschutz gerichtet ist. Es geht, wie auch die Rspr. des BAG zum Streitgegenstand deutlich macht, darum, die Fortexistenz des Arbeitsverhältnisses über den Kündigungstermin hinaus zu klären. Angesichts dessen fordert das bestandsrechtliche Streitgegenstandselement grundsätzlich, auch die subjektive Ausrichtung des Arbeitsverhältnisses zu prüfen.[1062] Diese Prüfung blendet die Rspr. im Falle des Betriebsübergangs jedoch aus, indem sie dem Betriebsveräußerer vollumfänglich die Passivlegitimation zuweist.[1063]

Diese prozessuale Konstruktion hilft zwar darüber hinweg, im Rahmen der Kündigungsschutzklage zur Person des Arbeitgebers Stellung nehmen zu müssen. Dennoch befindet das Gericht mit seinem Urteil bzgl. § 613a Abs. 4 KSchG zugleich inzident über die Betriebsübergangsvoraussetzungen, die die Alternativität der Arbeitgeberstellung bedingen. Und entsprechend verfolgt der Arbeitnehmer mit der Kündigungsschutzklage das praktische Ziel, mit Berufung auf die festgestellte Unwirksamkeit der Kündigung den Fortbestand des Arbeitsverhältnisses gegenüber dem Betriebserwerber als Alternativarbeitgeber durchsetzen zu können. Infolgedessen entscheidet das Gericht sehr wohl über alternative Rechtspositionen, indem es nämlich bereits im Erstverfahren zu § 613a BGB Stellung nimmt.

So resultiert denn auch die äußerliche Gleichgerichtetheit der Begehren daraus, dass das Kündigungsverbot nunmehr auch § 4 KSchG unterfällt und das BAG dem Betriebsveräußerer die Passivlegitimation im Kündigungsschutzverfahren zuschreibt. Müsste nach wie vor allgemeine Feststellungsklage erhoben werden, müsste die Entscheidung hierüber unmittelbar zum Alternativverhältnis bzgl. der Arbeitgeberstellung Stellung nehmen.[1064] Diese Änderung der prozessualen Vorgaben kann nicht dazu führen, dass die nunmehrige Gleichgerichtetheit der Klagebegehren der Streitverkündung entgegensteht.

3. Schlussfolgerung und Ergebnis

Die Kündigungsschutzklage entscheidet zwar über die Voraussetzungen des Arbeitgeberwechsels, spricht ihn aber nicht rechtskräftig aus. Wenn aber im Grundsatz ein Alternativverhältnis besteht, welches die Praxis jedoch aus anderen – guten – Gründen zugunsten des Arbeitnehmers auf prozessualer Ebene ausblendet, wäre es kontraproduktiv, dem Arbeitnehmer den Weg der Streitverkündung im Hinblick auf diese Vor-

---

[1061] KDZ-*Däubler/Zwanziger*, § 613 BGB Rn. 147; *Bauer/von Steinau-Steinrück* in: Hölters (Hrsg.), Unternehmenskauf, Teil VI Rn. 379; siehe zum Zweck der Streitverkündung auch *Hillebrecht* NZA Beil. 4/1989, 10, 20.

[1062] Zur Streitgegenstandsdefinition oben 4. Kap., 6. Abschn., VI.4.

[1063] Ebenso verfährt die hier vertretene Ansicht zur Streitgegenstandsmodifizierung.

[1064] Vgl. zur Statusklage oben 4. Kap., 3. Abschn., D.I.3., 4.

aussetzungen abzuschneiden. Das gilt umso mehr, wenn man sich das Rechtsschutzbedürfnis des Arbeitnehmers vor Augen führt, der sich zwei potentiellen Arbeitgebern gegenüber sieht.

Angesichts dessen ist aus meiner Sicht in extensiver Auslegung des § 72 Abs. 1 ZPO ein Streitverkündungsgrund im Verhältnis Arbeitnehmer – Betriebserwerber im Rahmen des Kündigungsschutzverfahrens zu bejahen. Über eine weites Verständnis des präjudiziellen Rechtsverhältnisses, das mit den Betriebsübergangsvoraussetzungen nach § 613a BGB der Streithilfe zugrunde liegt, lässt sich somit eine Interventionswirkung bzgl. der tatsächlichen wie rechtlichen Feststellungen erreichen.[1065]

[1065] So auch BGH vom 26.03.1987 - IX ZR 69/86 – AP Nr. 66 zu § 613a BGB [zu I. der Gründe], der eine Bindungswirkung im Grundsatz bejaht.

4. Abschnitt: Kündigung des Betriebsveräußerers nach/des Betriebserwerbers vor Betriebsübergang

Eine weitere Kündigungskonstellation im Zusammenhang mit einem Betriebsübergang stellt es dar, wenn der Betriebsveräußerer die Kündigung – möglicherweise unwissend – erst zeitlich nach dem eigentlichen Betriebsübergang ausspricht bzw. sie erst hiernach dem Arbeitnehmer zugeht. In diesem Fall fehlt es dem Kündigenden im maßgeblichen Zeitpunkt des Zugangs der Kündigungserklärung an der Kündigungsberechtigung als Ausfluss der Arbeitgeberstellung.[1066] Dementsprechend geht die Kündigung ins Leere und berührt das Arbeitsverhältnis nicht.[1067] Spiegelbildliches gilt, wenn der Betriebserwerber vor Betriebsübergang kündigt. Das ist etwa der Fall, wenn die Kündigung nach dem vertraglich vereinbarten Übernahmetermin ausgesprochen wurde, die maßgebliche faktische Übernahme des Betriebs aber noch aussteht.[1068]

Trotz der materiell-rechtlichen Unwirksamkeit der Kündigung stellen diese Konstellationen den Arbeitnehmer vor nicht unerhebliche prozessuale Schwierigkeiten. Diese Unwirksamkeit gerichtlich geltend zu machen wirft die Frage auf, welche Klage der Arbeitnehmer gegen welche Veräußerungspartei erheben muss, um sich auf die fehlende Kündigungsbefugnis zu berufen. Das prozesstaktische Vorgehen wird noch weiter verkompliziert, wenn der Arbeitnehmer nicht mit letzter Sicherheit beurteilen kann, ob überhaupt und wann ein Betriebsübergang stattgefunden hat, und aus diesem Grund bereits das Fehlen der Kündigungsberechtigung an sich unsicher ist.

A. Kündigungsberechtigung als „anderer Grund" i.S.v. § 4 Satz 1 KSchG

Die Weichenstellung erfolgt über § 4 Satz 1 KSchG n.F. Denn stellt die Kündigungsberechtigung einen anderen Unwirksamkeitsgrund i.S. des § 4 KSchG dar, muss fristgerecht Kündigungsschutzklage erhoben werden. Ist § 4 KSchG hingegen nicht einschlägig, kann der Arbeitnehmer mittels allgemeiner Feststellungsklage nach § 256 Abs. 1 ZPO den Fortbestand seines Arbeitsverhältnisses geltend machen. Die Einordnung bedingt zudem, wem die Passivlegitimation zukommt.

Welche einzelnen, früher nicht von § 4 KSchG erfassten Unwirksamkeitsgründe nach der Reform nunmehr in dessen Anwendungsbereich fallen, ist nicht vollständig geklärt.[1069] Und so ist auch um die Qualifizierung der Kündigungsberechtigung als „anderer" Unwirksamkeitsgrund i.S.v. § 4 KSchG eine heftige Diskussion entbrannt.

[1066] Siehe zur materiell-rechtlichen Kündigungsberechtigung oben 2. Kap., 2. Abschn., B.II.3.

[1067] BAG vom 18.04.2002 – 8 AZR 346/01 – AP Nr. 232 zu § 613a BGB [zu I.2.b) der Gründe].

[1068] Zum maßgeblichen Zeitpunkt der Betriebsübernahme, oben 2. Kap., 2. Abschn., A.V.

[1069] § 4 KSchG spricht von „schriftlicher Kündigung"; daher unterliegt nach allg. Ansicht die isolierte Rüge des Schriftformverstoßes, § 623 BGB i.V.m. § 126 BGB, nicht der 3-Wochen-Frist, vgl. die Begründung zum Entwurf eines Gesetzes zu Reformen am Arbeitsmarkt, BT-Drucks. 15/1204, S. 10; KR/*Friedrich*, § 4 KSchG Rn. 9; *Preis* DB 2004, 70, 77; *Willemsen/Annuß* NJW 2004, 177, 184. Dasselbe gilt für die Rüge einer zu kurz bemessenen Kündigungsfrist, mit ausführlicher Begründung BAG vom 15.12.2005 - 2 AZR 148/05 – AP Nr. 55 zu § 4 KSchG 1969 [zu B.I. der Gründe]; vom 09.02.2006 - 6 AZR 283/05 – AP Nr. 56 zu § 4 KSchG 1969 [zu I.2.c) aa) der Gründe]; APS-*Ascheid/Hesse*, § 4 KSchG Rn. 10b, 147.

Sie findet sich wieder in größerem Kontext, was die Einordnung rechtsgeschäftlicher Wirksamkeitsvoraussetzungen im Allgemeinen anbelangt. Zudem betrifft sie zwei Varinaten, einmal die Kündigung durch einen Nichtarbeitgeber im eigenen Namen, einmal durch einen Vertreter ohne Vertretungsmacht im Namen des wahren Arbeitgebers.

I. Fehlen der originären Kündigungsberechtigung

Wird eine Kündigung im Namen einer Person mit der Behauptung ausgesprochen, diese Person sei der aktuelle Vertragspartner im Arbeitsverhältnis, so greift der Arbeitnehmer, wenn er dies bezweifelt, die originäre Kündigungsbefugnis des Arbeitgebers an.[1070] Ob der tatsächliche Arbeitgeber wirksam durch den die Kündigung Aussprechenden vertreten wurde, ist eine nachrangige Frage.

1. Uneingeschränkte Anwendbarkeit des § 4 KSchG

Einige Vertreter des Schrifttums sprechen sich für eine uneingeschränkte Anwendbarkeit des § 4 KSchG auf sämtliche allgemeinenen rechtsgeschäftlichen Wirksamkeitsvoraussetzungen einer Kündigung aus. Sie berufen sich auf den im Gesetzeswortlaut zum Ausdruck kommenden, unbedingten Vereinheitlichungswillen des Gesetzgebers. Ziel sei die Erhöhung der Rechtssicherheit dadurch, dass der Angriff der Kündigung ohne Ansehung der Klagebegründung der 3-Wochen-Frist unterworfen wird.[1071]

Auf diese Argumentation stützt sich auch das Hessische LAG in seiner Entscheidung vom 02.02.2007[1072], befasst sich allerdings nicht explizit mit der Frage der originären Kündigungsberechtigung. Darin hatte das LAG über die Rechtzeitigkeit einer Klage zu befinden, die sich gegen eine von dem Geschäftsführer der Arbeitgeberin ausgesprochene Kündigung wand, dessen ausreichende Bevollmächtigung streitig war. In seinem Urteil sprach sich das Gericht darüber hinaus für eine Erstreckung des Fristerfordernisses auf sämtliche rechtsgeschäftlichen Wirksamkeitsvoraussetzungen einer Kündigung aus.

Zwar ließ das LAG aufgrund des Sachverhalts offen, wie zu entscheiden ist, wenn sich die Kündigung als dem wahren Arbeitgeber nicht zurechenbar darstellt.[1073] Die Urteilsgründe lassen jedoch den Schluss zu, dass es auch im Hinblick auf die Kündigungsbefugnis eine uneingeschränkte Anwendbarkeit des § 4 KSchG favorisiert. Insoweit führt das LAG aus, die umfassende Formulierung der Gesetzesneufassung lasse keinerlei Differenzierung nach verschiedenen Arten von Unwirksamkeitsgründen erkennen, insbesondere nicht, ob diese in der Kündigungserklärung selbst, der Person des Erklärenden oder sonstigen sachlichen Kündigungsschranken angelegt sind.[1074] Etwas anderes ergebe sich auch nicht daraus, so das Gericht, dass die für die rechtsge-

---

1070 Vgl. hierzu *Fornasier/Werner* NJW 2007, 2729, 2732.

1071 Bader/Bram/Dörner/*Kriebel*, § 4 KSchG Rn. 26; ErfK/*Ascheid*, 6. Aufl. 2006, § 4 KSchG Rn. 2; ohne dies zu begründen, *Löwisch* BB 2004, 154, 158, wohl auch *Preis* DB 2004, 70, 77; *Willemsen/Annuß* NJW 2004, 177, 184.

1072 Az. 10 Sa 790/06 – nv, recherchiert über juris.

1073 Insoweit stellt das HessLAG, aaO [dortige Rn. 36], darauf ab, ob für den Arbeitnehmer erkennbar war, dass die Kündigung im Namen des Arbeitgebers erfolgt ist, was es bejahte.

1074 HessLAG vom 02.02.2007 – 10 Sa 790/06 – nv, recherchiert über juris [dortige Rn. 34 ff.].

schäftliche Wirksamkeit relevanten Vorschriften in der beispielhaften Aufzählung möglicher sonstiger Unwirksamkeitsgründe in der Gesetzesbegründung[1075] fehlen. Dieser Auflistung komme kein abschließender Charakter zu.[1076]

2. Befürworter einer teleologischen Reduktion des § 4 KSchG

Das Vereinheitlichungsbestreben des Gesetzgebers erkennt auch die Gegenansicht an. Sie setzt mit ihrer gegenläufigen Argumentation jedoch eine Stufe früher an, nämlich am Sinn und Zweck des § 4 KSchG selbst. Das führt sie zu dem Ergebnis, die Beanstandung der originären Kündigungsberechtigung über eine teleologische Reduktion des § 4 KSchG auszunehmen.[1077]

a. Voraussetzung einer einwandfreien Kündigungserklärung

Als Begründung führt sie an, die Regelung des § 4 KSchG setze bereits begrifflich eine wirksame Kündigungserklärung voraus. Entsprechend könne sich die Norm nicht auf Unwirksamkeitsgründe beziehen, die die Kündigungserklärung selbst betreffen.[1078] Daher habe auch der Gesetzgeber, wie sich aus dem exemplarischen Katalog denkbarer „anderer Gründe" ergebe, nur solche Mängel berücksichtigen wollen, die die innere Wirksamkeit der Kündigung betreffen.[1079]

b. Schutzrichtung des § 4 KSchG

Aus Sinn und Systematik folge zudem, dass die Wirksamkeitsfiktion der § 4 KSchG i.V.m. § 7 KSchG ausschließlich Kündigungen des tatsächlichen Arbeitgebers erfasse. Als eine solche Kündigung sei eine Kündigungerklärung aber nur dann zu qualifizieren, wenn sie dem wahren Arbeitgeber auch zugerechnet werden könne, weil sie dessen rechtsgeschäftlichem Willen entspringt.[1080] Andernfalls würde die Wirksamkeitsfiktion des § 7 KSchG zu nicht haltbaren Ergebnissen führen. Denn müsse der Arbeit-

---

[1075] Vgl. hierzu die Begründung zum Entwurf eines Gesetzes zu Reformen am Arbeitsmarkt, BT-Drucks. 15/1204, S. 10.

[1076] HessLAG vom 02.02.2007 - 10 Sa 790/06 – nv, recherchiert über juris [dortige Rn. 36].

[1077] BeckOK-ArbR/*Kerwer*, § 4 KSchG Rn. 18; KDZ-*Zwanziger*, § 4 KSchG Rn 8; MüKo-BGB/*Hergenröder*, § 4 KSchG Rn. 11, 16; *Hanau*, FS für Küttner, 2006, S. 357, S. 381; *Stahlhacke*, FS für Leinemann, 2006, S. 389, 393; *Vossen*, FS für Leinemann, 2006, 273, 274; *Bender/Schmidt* NZA 2004, 358, 362; *Fornasier/Werner* NJW 2007, 2729, 2732 f. (differenzieren im Hinblick auf die Einwilligungsmöglichkeit des wahren Arbeitgebers nach § 185 BGB); *Preis* in: Bauer/Preis/Schunder NZA 2004, 195, 196; *Hanau* ZIP 2004, 1169, 1175; nunmehr in der 9. Auflage auch ErfK/*Kiel*, § 4 KSchG Rn. 6.

[1078] *Stahlhacke*, FS für Leinemann, 2006, 389, 393; *Vossen*, FS für Leinemann, 2006, 273, 274; *Bender/Schmidt* NZA 2004, 358, 362.

[1079] *Stahlhacke*, FS für Leinemann, 2006, 389, 393; *Bender/Schmidt* NZA 2004, 358, 362.

[1080] APS-*Ascheid/Hesse*, § 4 KSchG Rn. 10c; BeckOK-ArbR/*Kerwer*, § 4 KSchG Rn. 18; Hako-KSchR/*Gallner*, § 4 KSchG Rn. 132d; MüKo-BGB/*Hergenröder*, § 4 KSchG Rn. 11, 40; *Bender/Schmidt* NZA 2004, 358, 362; *Hanau* ZIP 2004, 1169, 1175.

geber die Kündigung eines Nichtberechtigten gegen sich gelten lassen, würde ein zu ihm bestehendes Arbeitsverhältnis beendet, ohne dass er hierauf Einfluss hat.[1081]

Ein solches Ergebnis verkehre zugleich, so diese Ansicht, die Schutzrichtung der §§ 4, 7 KSchG in ihr Gegenteil. Denn der Schutzcharakter, mit der Wirksamkeitsfiktion rasch für Rechtsklarheit zugunsten des Arbeitgebers zu sorgen, wirke sich auf diese Weise zu dessen Lasten aus.[1082] Das trifft den tatsächlichen Arbeitgeber insbesondere dann, wenn er von der Kündigung nichts weiß und daher nicht selbst gegen sie vorgehen kann.

Diese den Arbeitgeber belastende Folge der Klagefrist auszuschließen, indem man die Arbeitgeberkündigung von den Rechtsfolgen der §§ 4 ff. KSchG, insbesondere der Wirksamkeitsfiktion, ausnimmt,[1083] lehnt diese Ansicht demgegenüber ab. Dies liefe auf eine nicht zu rechtfertigende Ungleichbehandlung von Arbeitnehmer und Arbeitgeber hinaus, die mit dem Rechtssicherheitsargument nicht vereinbar sei.[1084]

c. Wirksamkeitsvoraussetzungen auf beiden Seiten

Darüber hinaus meinen einige Stimmen, die Reduktion des § 4 KSchG stelle sicher, dass eine Privilegierung des Arbeitgebers gegenüber dem Arbeitnehmer verhindert wird. Denn eine solche fände statt, wenn Wirksamkeitserfordernisse im Raum stehen, die für arbeitnehmer- wie arbeitgeberseitige Kündigungen gleichermaßen gelten. Während nämlich ein solcher Mangel in der Sphäre des Arbeitgebers über § 7 KSchG geheilt würde, wäre die Kündigung des Arbeitnehmers, auf die § 4 KSchG keine Anwendung findet, im Falle desselben Mangels unweigerlich unwirksam. Dieses Gleichbehandlungsargument bezieht sich auf sämtliche formellen Anforderungen an die Kündigungserklärung, insbesondere die Kündigungsbefugnis.[1085]

3. Stellungnahme

Allgemein anerkannt ist mittlerweile, dass bei einem Verstoß gegen das Schriftformerfordernis nach § 623 BGB der Anwendungsbereich des § 4 KSchG nicht eröffnet ist. Dies gibt der Wortlaut der Vorschrift vor.[1086] Weitere Einschränkungen finden sich im Gesetz nicht.

Im Ergebnis überwiegen die Argumente, die eine teleologische Reduktion befürworten, den Vereinheitlichungsgedanken, der hinter der Neufassung des § 4 KSchG

[1081] MüKo-BGB/*Hergenröder*, § 4 KSchG Rn. 11; Hako-KSchR/*Gallner*, § 4 KSchG Rn. 132d; *Fornasier/Werner* NJW 2007, 2729, 2730 f., 2732. Für den Fall der fehlenden Vertretungsmacht, ErfK/*Kiel*, § 4 KSchG Rn. 6; Hako-KSchR/*Gallner*, § 4 KSchG Rn. 132 d; *Kortstock* NZA 2007, 297, 298; *Ulrici* DB 2004, 250, 251 f.

[1082] BeckOK-ArbR/*Kerwer*, § 4 KSchG Rn. 18; ErfK/*Kiel*, § 4 KSchG Rn. 6; *Fornasier/Werner* NJW 2007, 2729, 2730 f.; *Quecke* RdA 2004, 86, 101.

[1083] Vgl. *Kortstock* NZA 2007, 297, 298.

[1084] BeckOK-ArbR/*Kerwer*, § 4 KSchG Rn. 18.

[1085] *Raab* RdA 2004, 321, 325; ähnlich, *Kortstock* NZA 2007, 297, 298, der dem Arbeitgeber ein schutzwürdiges Interesse dahingehend abspricht, von einer Kündigung zu profitieren, die er selbst nicht veranlasst hat.

[1086] Siehe Fn. 1069.

steht. Allen voran darf die Wirksamkeitsfiktion nicht dazu führen, dass außen stehenden Dritten die Möglichkeit eröffnet wird, ohne Wissen und Wollen des Arbeitgebers in die schuldrechtliche Beziehung zum Arbeitnehmer einzugreifen. Das würde die Privatautonomie des tatsächlichen Arbeitgebers gänzlich in Frage stellen.

Ausgeblendet worden ist bisher eine folgenorientierte, prozessuale Betrachtung. Denn es ergeben sich widersinnige Ergebnisse, hält man die Kündigungsschutzklage für die richtige Klageart, die fehlende Kündigungsbefugnis geltend zu machen. Beruft sich nämlich der Arbeitnehmer darauf, mangels Bestands eines Arbeitsverhältnisses zum Kündigenden im Zeitpunkt des Kündigungszugangs fehle es an der Kündigungsbefugnis, wäre die Kündigungsschutzklage im Hinblick auf das bestandsrechtliche Element zwangsläufig unschlüssig.[1087] Das gilt nach Ansicht des BAG auch, wenn der Arbeitnehmer die fehlende Kündigungsbefugnis mit dem Übergang des Arbeitsverhältnisses infolge von § 613a BGB begründet.[1088] Dies vor Augen liefe der Rechtsschutz des Arbeitnehmers leer. Angesichts dieser Streitgegenstandsdogmatik bleibt somit keine andere Wahl, als in dieser Konstellation die allgemeine Feststellungsklage als statthaft anzusehen.

Darüber hinaus ist das Kriterium der Zurechenbarkeit geeignet, die notwendige Abgrenzung im Falle der streitigen Kündigungsbefugnis im Hinblick auf § 4 KSchG zu bewerkstelligen. Kann somit eine ausgesprochene Kündigung nicht dem wahren Arbeitgeber zugerechnet werden, ist die allgemeine Feststellungsklage nach § 256 Abs. 1 ZPO, i.Ü. Kündigungsschutzklage statthaft.

II. Berufung des die Kündigung Erklärenden auf Vertretungsmacht/ Genehmigung

Weitaus differenzierter werden die Lösungsvorschläge in Konstellationen, in denen sich der Kündigende darauf beruft, vom tatsächlichen Arbeitgeber bevollmächtigt zu sein (beispielsweise gemäß §§ 164 ff. BGB) bzw. in dessen Einvernehmen zu handeln (§ 185 BGB).[1089]

Die weitere Auffächerung der Ansichten resultiert aus der rechtlichen Ausgestaltung des Vertretungsrechts, das nach nicht unumstrittener Ansicht analoge Anwendung findet, was die Genehmigungsmöglichkeit in eine durch einen nichtberechtigten Drit-

---

[1087] So BAG vom 15.12.2005 – 8 AZR 202/05 – AP Nr. 294 zu § 613a BGB [LS 1 sowie zu B.I.1.b.aa) der Gründe]; vom 18.04.2002 – 8 AZR 346/01 - AP Nr. 232 zu § 613a BGB [LS sowie zu 2.a), b) der Gründe]; LAG Hamm vom 22.03.2001 – 4 Sa 579/00 - NZA-RR 2002, 82; LAG Köln vom 18.03.1994 – 13 SA 924/93 - NZA 1994, 815, 815 f.; zust., APS-*Steffan*, § 613a BGB Rn. 250 mwN; BeckOK-BGB/*Gussen*, § 613a BGB Rn. 279; ErfK/*Preis*, § 613a BGB Rn. 175; Thüsing/*Laux*/Lembke, § 613a BGB Rn. 64. AA LAG Hamm vom 28.05.1998 – 8 Sa 2257/97 – NZA –RR 1999, 71, 71 f., das nicht von Unschlüssigkeit ausgeht, sondern mittels Auslegung eine Kombinationsklage annimmt; hiergegen, BAG vom 18.04.2002 – 8 AZR 346/01 – aaO, siehe hierzu unten unter II.2.a.iii.

[1088] BAG vom 24.05.2005 - 8 AZR 398/04 – NZA 2005, 1302, 1303 f.; vom 27.10.2005 - 8 AZR 568/04 – NZA 2005, 668, 673; ebenso APS-*Steffan*, § 613a BGB Rn. 250.

[1089] Vgl. hierzu ErfK/*Kiel*, § 4 KSchG Rn. 4, 6; Hako-KSchR/*Gallner*, § 4 KSchG Rn. 132d; *Kortstock* NZA 2007, 297, 298; *Quecke* RdA 2004, 86, 101, *Ulrici* DB 2004, 250, 251 f.; *Fornasier/Werner* NJW 2007, 2729, 2732 f.

ten ausgesprochene Kündigung anbelangt. Demzufolge kann der wahre Arbeitgeber nicht nur im Falle fehlender Vertretungsmacht, sondern auch fehlender Kündigungsbefugnis über §§ 180 Satz 2, 177 ff. BGB analog die Wirksamkeit der Kündigung herbeiführen.[1090] Eine solche Genehmigungsmöglichkeit setzt allerdings zum einen voraus, dass der Arbeitnehmer als Kündigungsempfänger die Nichtberechtigung/fehlende Vertretungsmacht kannte, die Kündigung aber nicht beanstandet hat. Zum anderen darf die Kündigung nicht wegen Nichtvorlage der Vollmachtsurkunde/Einverständniserklärung unverzüglich zurückgewiesen worden sein, § 174 Satz 1 BGB.[1091]

Angelehnt an die oben dargestellten Argumente finden sich neben der Extremposition, § 4 KSchG uneingeschränkt zur Anwendung zu bringen, für die einzelnen Konstellationen bejahende und verneinende Stimmen.[1092] Je nach Auffassung ist auch insoweit entweder wiederum allgemeine Feststellungsklage oder – wie wohl die überwiegende Ansicht annimmt – Kündigungsschutzklage nach § 4 KSchG zu erheben. Diese Klage ist ggf. mit der auf die Beanstandung der originären Kündigungsbefugnis gerichteten allgemeinen Feststellungsklage in geeigneter Weise zu verbinden.[1093]

III. Ergebnis

Jedenfalls die fehlende originäre Kündigungsbefugnis derjenigen Person, in deren Namen die Kündigung ausgesprochen wird, kann ohne Bindung an die Fristen der §§ 4 ff. KSchG mittels allgemeiner Feststellungsklage nach § 256 Abs. 1 ZPO geltend gemacht werden. Sie bezieht sich auf den Fortbestand des Arbeitsverhältnisses mit der Folge einer inzidenter-Prüfung der Kündigungsbefugnis.[1094] Passivlegitimiert ist der behauptete Arbeitgeber.

B. Prozesstaktische Überlegungen bei Unsicherheit bzgl. des Betriebsübergangs

Will der Arbeitnehmer die Kündigung nicht nur wegen der fehlenden Kündigungsbefugnis angreifen, sondern noch weitere, von § 4 KSchG erfasste Unwirksamkeitsgrün-

---

[1090] BAG vom 26.03.1986 - 7 AZR 585/84 - NJW 1987, 1038, 1039; vom 11. 12. 1997 – 8 AZR 699/96 – AuR 1998, 202, 203; vom 10.02.2005 - 2 AZR 584/03 – AP Nr. 18 zu § 174 BGB [zu B.I. der Gründe], worin das BAG auf die Vertretungsmacht abstellt; vgl. auch BeckOK-ArbR/*Hesse*, § 620 BGB Rn. 21; ErfK/*Müller-Glöge*, § 620 BGB Rn. 29. Zur Anwendung des § 180 Satz 2 BGB analog auf Gestaltungsrechte, BeckOK-BGB/*Bub*, § 185 Rn. 3; Staudinger/*Gursky*, BGB, § 182 Rn 47, § 185 Rn 6; aA Palandt/*Heinrichs*, § 185 BGB Rn. 2.

[1091] Siehe hier die in Fn. 1090 genannten Fundstellen.

[1092] Vgl. APS-*Ascheid/Hesse*, § 4 KSchG Rn. 10c; KDZ-*Zwanziger*, § 4 KSchG Rn. 9; KR/*Friedrich*, § 13 KSchG Rn. 288 ff.; MüKo-BGB/*Hergenröder*, § 4 KSchG Rn. 9; *Bender/Schmidt* NZA 2004, 358, 362; *Fornasier/Werner* NJW 2007, 2729, 2732 f.; *Hanau* ZIP 2004, 1169, 1175; *Raab* RdA 2004, 321, 324 f.; *Ulrici* DB 2004, 250, 250 ff.

[1093] Hako-ArbR/*Karthaus/Richter*, § 613a BGB Rn. 279, weisen darauf hin, dass der Betriebserwerber die Kündigung nach § 184 BGB stets auch noch genehmigen könne, sodass in jedem Fall anzuraten sei, zusätzlich die Fiktion der §§ 4 ff. KSchG mittels Kündigungsschutzklage zu verhindern.

[1094] APS-*Steffan*, § 613a BGB Rn. 250. Zur Feststellungsfähigkeit eines Gestaltungsrechts sowie zum Vorrang der Feststellung des gestalteten Rechtsverhältnisses, nachdem das Gestaltungsrecht ausgeübt wurde, *Boemke* RdA 1995, 211, 213 mwN.

de hilfsweise in das Verfahren einbringen, stellt sich die Frage, wie er prozesstaktisch vorgehen muss, um sich seiner Rechte nicht zu begeben.

Mit einer solchen Situation sieht sich der Arbeitnehmer insbesondere konfrontiert, wenn er die Voraussetzungen des § 613a BGB oder den genauen Zeitpunkt der Betriebsübernahme nicht mit Sicherheit beurteilen kann. Um mit weiteren Unwirksamkeitsgründen nicht gemäß § 7 KSchG ausgeschlossen zu werden, sollte das Gericht die Kündigungsbefugnis bejahen, muss dem Arbeitnehmer daran gelegen sein, die Frist der §§ 4 ff. KSchG jedenfalls vorsorglich einzuhalten.[1095] Sinnvoll wäre aus seiner Sicht, sich vorrangig auf die fehlende Kündigungsbefugnis zu berufen und zugleich prozessuale Mittel zu ergreifen, die die Ausschlussfrist hemmen.

I. Hilfsweises „Zugestehen" der Umstände der Betriebsveräußerung

Eine Variante schlägt das BAG[1096] vor für den Fall, dass der Arbeitnehmer seinen Angriff der Kündigung vorrangig auf anderweitige Unwirksamkeitsgründe, die § 4 KSchG unterfallen, stützen will.

Insoweit ist es nach Ansicht des BAG möglich, den Prüfungspunkt „Bestand des Arbeitsverhältnisses zum kündigenden Betriebsveräußerer im Kündigungstermin" im Kündigungsschutzverfahren ausblenden. Hierzu könne der Arbeitnehmer hilfsweise *„das Nichtvorliegen eines Betriebsübergangs zugesteh[en]"*. Auch könne er sich *„das zu seinem Sachvortrag in Widerspruch stehende Vorbringen des Beklagten"* im Hinblick auf die Umstände der Betriebsveräußerung *„wenigstens hilfsweise zu eigen machen"*.[1097] Von einem solchen hilfsweisen Zugeständnis geht das BAG aus, wenn der Arbeitnehmer seine Klage neben der fehlenden Kündigungsberechtigung zusätzlich auf weitere Unwirksamkeitsgründe stützt.[1098] In der Folge, so das BAG, sei die Klage zwar nach dem Hauptvorbringen unschlüssig, nicht jedoch nach dem Hilfsvorbringen.

Kritisch anzumerken ist allerdings, dass der Betriebsübergang an sich keine Tatsache darstellt, sondern eine rechtliche Schlussfolgerung auf der Grundlage der vorgetragenen Umstände.[1099] Demzufolge ist die Kündigungsschutzklage trotz Zugeständnis

---

1095 Auf diese *„missliche und kostenträchtige Situation"* weisen auch KDZ-*Däubler/Zwanziger*, § 613a BGB Rn. 140 hin.

1096 Entscheidung vom 15.12.2005 – 8 AZR 202/05 – AP Nr. 294 zu § 613a BGB [zu B.I.1.b) aa) der Gründe]. Vgl. auch BAG vom 7.10.2005 - 8 AZR 568/04 – AP Nr. 292, das zunächst das Vorliegen des geltend gemachten Betriebsübergangs prüft und verneint und sodann auf zweiter Stufe die Kündigung als sozial gerechtfertigt beurteilt und daher den Kündigungsschutzantrag als unbegründet abweist; MüKo-BGB/*Müller-Glöge*, § 613a BGB Rn. 209 spricht insoweit von einer „Art Wahlfeststellung" und „doppelter (alternativer) Begründung".

1097 BAG vom 15.12.2005 – 8 AZR 202/05 – AP Nr. 294 zu § 613a BGB [zu B.I.1.b) aa) der Gründe]; vom 18.04.2002 - 8 AZR 346/01 - AP Nr. 232 zu § 613a BGB [zu I.1.d) der Gründe], jeweils mwN; zust. APS-*Steffan*, § 613a BGB Rn. 250; AR-Blattei SD (*Hergenröder*), 500.1 Rn. 722, 1225; BeckOK-BGB/*Fuchs*, § 613a BGB Rn. 58; Hako-ArbR/*Karthaus/Richter*, § 613a BGB Rn. 279; ErfK/*Preis*, § 613a BGB Rn. 175.

1098 BAG vom 15.12.2005 – 8 AZR 202/05 – AP Nr. 294 zu § 613a BGB [zu B.I.1.b) bb) der Gründe].

1099 Hierzu oben 4. Kap., 1. Abschn., C.

unbegründet, wenn das Gericht aufgrund der hilfsweise zugestandenen Tatsachen zu dem rechtlichen Schluss gelangt, ein Betriebsübergang habe doch stattgefunden.[1100]

Zugleich schneidet sich der Arbeitnehmer mit einem solchen Vorgehen die Geltendmachung der fehlenden Kündigungsbefugnis als möglichen Nichtigkeitsgrund der Kündigung in diesem Verfahren ab und geht damit das Risiko ein, mit den anderen vorgetragenen Unwirksamkeitsgründen abgewiesen zu werden. Zu einem solchen Vorgehen ist ihm somit nur zu raten, wenn einer der anderen Unwirksamkeitsgründe mit relativer Sicherheit gegeben ist.

II. Kombination von Kündigungsschutz- und Feststellungsklage

Um zu erreichen, dass das Gericht sich zunächst mit der Kündigungsbefugnis – und damit dem Betriebsübergang – und sich nur hilfsweise für den Fall, dass kein Betriebsübergang oder dieser erst nach dem Kündigungszugang stattgefunden hat, mit den übrigen Unwirksamkeitsgründen auseinandersetzt, bedarf es somit eines anderen prozessualen Weges.

Prozessual unproblematisch ist, im Wege der subjektiven Klagenhäufung Kündigungsschutzklage gegen den bisherigen Arbeitgeber und unbedingte Feststellungsklage gegen den potentiellen Betriebserwerber zu verbinden.[1101] Allerdings führt dies praktisch dazu, dass der Arbeitnehmer jedenfalls mit einer der Klagen unterliegen wird.[1102] Wünschenswert wäre daher eine Abstufung der Klagebegehren. Allerdings ist zu berücksichtigen, dass eine subjektive Eventualklagenhäufung nicht in Betracht kommt.[1103]

1. Kombination mit negatorischer Feststellungsklage

Einen Ausweg aus dieser Sackgasse an *„Rechtsschutzmöglichkeiten gegen den eigentlichen „Störer" des Arbeitsverhältnisses"* [1104] sehen vereinzelte Stimmen in einer negativen Feststellungsklage nach § 256 ZPO gegen den kündigenden Nichtarbeitgeber, die einem hilfsweisen Kündigungsschutzantrag voran gestellt wird.[1105] In der Folge

---

[1100] So auch BAG vom 15.12.2005 – 8 AZR 202/05 – AP Nr. 294 zu § 613a BGB [zu B.I.1.b) aa) der Gründe].

[1101] ErfK/*Preis*, § 613a BGB Rn. 175; *Vossen*, FS für Leinemann, 2006, 273, 275; *Hillebrecht* NZA Beil. 4/1989, 10, 20; *Nicolai* FA 2007, 164, 165. Sich ebenfalls für eine unbedingte Klagehäufung aussprechend, BeckOK-ArbR/*Kerwer*, § 4 KSchG Rn. 44.3; KDZ-*Däubler/Zwanziger*, § 613a Rn. 148 mwN; Hako-KSchR/*Gallner*, § 4 KSchG Rn. 105 mwN. Dabei ist der Antrag auf Feststellung des (Nicht-) Bestands des Arbeitsverhältnisses zu richten, wodurch zugleich inzident über die Kündigungsbefugnis, die selbst nicht isoliert feststellungsfähig i.S.v. § 256 Abs. 1 ZPO ist, entschieden wird, vgl. LAG Hamm vom 22.03.2001 – 4 Sa 579/00 – NZA-RR 2002, 82, 84.

[1102] ErfK/*Preis*, § 613a BGB Rn. 175; *Preis/Steffan* DB 1998, 309, 313.

[1103] ErfK/*Preis*, § 613a BGB Rn. 175; Hako-KSchR/*Mestwerdt*, § 613a BGB Rn. 193.

[1104] So Hako-KSchR/*Mestwerdt*, § 613a BGB Rn. 194.

[1105] LAG Hamm vom 28.05.1998 – 8 Sa 2257/97 – NZA –RR 1999, 71, 71 f. nach Auslegung in einen negatorischen Feststellungsantrag; grundsätzlich auch BAG vom 18.04.2002 – 8 AZR 346/01 – NZA 2002, 1207, 1209; Hako-KSchR/*Mestwerdt*, § 613a BGB Rn. 194. Ähnlich KDZ-*Däubler/Zwanziger*, § 613a BGB Rn. 140 mwN, die favorisieren, die Feststellungsklage hilfsweise würden sich beide Anträge gegen den Veräußerer richten, wobei die Feststellungsklage darauf gerichtet ist festzustellen, dass ein Arbeitsverhältnis zwischen den Parteien zum Zeitpunkt des Zugangs der Kündigung nicht bestand.[1106]

a. Vorliegen des notwendigen Feststellungsinteresses

Hierbei stellt sich jedoch die Frage, ob insoweit ein Feststellungsinteresse i.S.v. § 256 Abs. 1 ZPO gegenüber dem Alt-Arbeitgeber vorliegt. In aller Regel wird ein Bestandsfeststellungsinteresse gegenüber dem Betriebsveräußerer nach Betriebsübergang verneint. Denn das Rechtsverhältnis zum ihm stellt ein vergangenes dar. So wird denn auch nur ausnahmsweise ein solches Interesse anerkannt, wenn die Feststellung noch als Grundlage für die Geltendmachung aktueller, konkreter Ansprüche gegen den Alt-Arbeitgeber dienen soll.[1107]

Diese Anforderung an eine vergangenheitsbezogene Feststellung sind in der vorliegenden Konstellation als erfüllt anzusehen. Denn es wird ersichtlich um die gegenwärtigen Folgen des vergangenen Rechtsverhältnisses mit dem Betriebsveräußerer gestritten. Hat nämlich die Kündigung das Arbeitsverhältnis mangels Kündigungsbefugnis nicht beendet, besteht das Arbeitsverhältnis nunmehr nach Betriebsübergang ungekündigt mit dem Betriebserwerber fort. Die Beendigungswirkung der Kündigung ist daher gegenüber beiden Veräußerungsparteien gegenwärtig von Belang.[1108]

Zudem spricht für ein rechtliches Interesse an alsbaldiger Feststellung, dass sich der Betriebsveräußerer mit dem Ausspruch der Kündigung der Arbeitgeberstellung berühmt.[1109] Aufgrund dessen befinden sich die Rechte des Arbeitnehmers durchaus in

---

erheben; das überzeugt nur, wenn der klagende Arbeitnehmer für den Kündigungsschutzantrag als Hauptantrag die Betriebsveräußerungsumstände hilfsweise zugesteht.

[1106] Ebenso bereits LAG Hamm vom 28.05.1998 – 8 Sa 2257/97 – NZA –RR 1999, 71, 71 f.; KDZ-*Däubler/Zwanziger*, § 613a BGB Rn. 140 mwN, schlagen vor, hilfsweise Feststellung gegeüber dem Veräußerer zu begehren, dass dieser zur Kündigung nicht berechtigt war. Zur Datumsangabe im Feststellungsantrag, Hako-ArbR/*Karthaus/Richter*, § 613a BGB Rn. 274.

[1107] BAG vom 03.03.1999 - 5 AZR 275/98 – AP Nr. 53 zu § 256 ZPO 1977 [zu 2. der Gründe]; vgl. auch Thomas/Putzo-*Reichold*, ZPO, § 256 Rn. 8. Zur parallelen Problematik betreffend die frühere Rechtslage, ob ein Feststellungsinteresse gegenüber dem Alt-Arbeitgeber gegeben ist, wenn mit der Feststellungsklage ein Verstoß gegen § 613a Abs. 4 BGB geltend gemacht wird, LAG Hamm vom 26.11.1998 – 4 Sa 384/98 – ZInsO 1999, 302 [LS 1]; vom 28.01.1997 – 4 Sa 141/96 – LAGE § 91a ZPO Nr. 6 [zu 2.1.5. der Gründe]. Für den Fall der Kündigung vor Betriebsübergang, LAG Hamm vom 17.05.1993 – 17 (11) Sa 1686/92 – LAGE § 256 ZPO Nr. 7 [S. 4 f. der Gründe]; vom 07.01.1999 – 4 Sa 2350/97 – ZInsO 1999, 363 [LS 3]; vom 02.12.1999 – 4 Sa 1153/99 – NZA-RR 2000, 265, 266; ArbG Stade vom 14.12.1987 – 2 Ca 279/87 – DB 1988, 918; *Hillebrecht* NZA-Beil. 4/1989, 10, 19.

[1108] So die ausführliche Begründung des LAG Hamm vom 28.05.1998 – 8 Sa 2257/97 – NZA –RR 1999, 71, 71; vgl. zu einer ähnlichen Konstellation, BAG vom 09.07.2003 - 5 AZR 595/02 – AP Nr. 158 zu § 611 BGB Lehrer, Dozenten [zu I.2. der Gründe].

[1109] In dieselbe Richtung argumentierend, BAG vom 24.06.2004 – 2 AZR 215/03 – AP Nr. 278 zu § 613a BGB [zu I.2.b) der Gründe]; LAG Hamm vom 28.05.1998 – 8 Sa 2257/97 – NZA-RR 1999, 71, 71; KDZ-*Däubler/Zwanziger*, § 613a BGB Rn. 140, da sich der Betriebsveräußerer eines Gestaltungsrechts berühmt. Vgl. auch BGH vom 10.10.1991- IX ZR 38/91 - NJW 1992, 436, 437, das ein Feststellungsinteresse bejaht, wenn sich der Feststellungsgegner eines auch nur bedingten Anspruchs berühmt. Kritisch, LAG Hamm vom 22.03.2001 – 4 Sa 579/00 – NZA-RR 2002, 82, 84.

einer gegenwärtigen Gefahr der Unsicherheit, die das Feststellungsurteil zu beseitigen vermag.[1110] Selbst wenn die Kündigung materiell-rechtlich ins Leere geht, besteht ein Rechtsschutzbedürfnis, gerade gegen den – wie *Mestwerdt* ihn nennt – „Störer" des Arbeitsverhältnisses vorzugehen und ihm mittels richterlicher Entscheidung vor Augen zu führen, dass er die Arbeitgeberstellung nicht mehr inne hat.[1111]

Schließlich verweist das LAG Hamm[1112], um das Vorliegen eines Feststellungsinteresses zu stützen, auf prozessuale Gründe. Sie entspringen nach seiner Ansicht der Streitgegenstandstheorie und dem Umfang der daraus folgenden Präklusionswirkung.[1113] Angesichts des Dilemmas, dass auf der einen Seite die Kündigungsschutzklage als unbegründet abgewiesen wird, wenn der Nichtbestand des Arbeitsverhältnisses vorgetragen wird, auf der anderen Seite der Einwand der fehlenden Kündigungsbefugnis verloren geht, wenn sich der Arbeitnehmer im Rahmen des Kündigungsschutzverfahrens nicht hierauf beruft, bestünde auf Seiten des Arbeitnehmers ein dringendes rechtliches Interesse, den Einwand auf einem anderen prozessualen Wege – mittels Feststellungsklage – geltend machen zu können.

b. Antragsformulierung

In Kombination mit dem Kündigungsschutzantrag und zwar hilfsweise für den Fall, dass das Gericht einen Betriebsübergang verneint,[1114] würde die Antragsformulierung somit lauten,

> *„festzustellen, dass ein Arbeitsverhältnis zwischen den Parteien zum Zeitpunkt des Zugangs der Kündigung vom ... am ... [Daten einfügen] nicht bestanden hat,*
> *hilfsweise für den Fall, dass das Gericht den Antrag zu 1. abweist, festzustellen, dass das Arbeitsverhältnis, beruhend auf dem Arbeitsvertrag vom ... [Spezifikation], nicht durch die Kündigung vom ..., dem Kläger zugegangen am ... [Datum des Zugangs der Kündigungserklärung] zum ... [Datum des Ablaufs der Kündigungsfrist] aufgelöst worden ist."*

[1110] Ebenso KDZ-*Däubler/Zwanziger*, § 613a BGB Rn. 140. Zu diesem Kriterium, BGH vom 10.10.1991- IX ZR 38/91 - NJW 1992, 436, 437; LAG Hamm vom 02.12.1999 – 4 Sa 1153/99 – NZA-RR 2000, 265, 266 mwN; Thomas/Putzo-*Reichold*, ZPO, § 256 Rn. 13 ff.

[1111] In eine eher andere Richtung argumentiert BAG vom 18.04.2002 – 8 AZR 346/01 – NZA 2002, 1207, 1209, wenn es meint, die Feststellung der fehlenden Kündigungsbefugnis nütze dem Arbeitnehmer im Verhältnis zum Veräußerer nichts.

[1112] Ausführliche Darlegung in der Entscheidung vom 28.05.1998 – 8 Sa 2257/97 – NZA –RR 1999, 71, 71 f.; ihm folgend, BeckOK-ArbR/*Gussen*, § 613a BGB Rn. 279.

[1113] Siehe hierzu oben B.2.

[1114] Diese Kombination bereits heranziehend, LAG Hamm vom 28.05.1998 – 8 Sa 2257/97 – NZA – RR 1999, 71, 71 f.

c. Umdeutung durch das Gericht

Das LAG Hamm vertrat in seiner Entscheidung vom 28.05.1998[1115] in einer solchen Konstellation sogar, einen isoliert gemäß § 4 KSchG gestellten Antrag nicht als unschlüssig anzusehen, sondern ihn in eine solche Kombinationsklage umzudeuten. Eine entsprechende Auslegung des Klageantrags sei eröffnet, wenn der Arbeitnehmer neben sonstigen Unwirksamkeitsgründen vorträgt, dem ursprünglichen Arbeitgeber fehle wegen zwischenzeitlichen Übergangs des Arbeitsverhältnisses nach § 613a BGB die Kündigungsbefugnis. Trotz einheitlichen Klageantrags verfolge der Arbeitnehmer nach verständiger Auslegung, insbesondere vor dem Hintergrund des Streitgegenstands der Kündigungsschutzklage, zwei unterschiedliche Klageziele. Diese stünden in einem logischen Rangverhältnis insoweit, als es zunächst um die Feststellung der Kündigungsbefugnis des ursprünglichen Arbeitgebers gehe und erst bei deren Bejahung um die Unwirksamkeit der Kündigung.[1116]

Das BAG hat später explizit in Bezug auf diese Entscheidung des LAG Hamm eine solche extensive Auslegung verneint.[1117] Seinem Urteil lagen mehrere Kündigungsschutzanträge nach § 4 KSchG zugrunde, die jeweils mit dem Anhängsel *„..., sondern darüber hinaus fortbesteht"* versehen waren. Diese Antragstellung und der konkrete Klägervortrag, der den ausdrücklichen Einwand der fehlenden Kündigungsbefugnis vermissen ließ, veranlasste das BAG zu der Aussage, es könne nicht generell im Wege der Auslegung davon ausgegangen werden, dass der Kläger im Falle eines möglichen Betriebsübergangs vor Kündigungsausspruch zwei Ziele verfolge. Vielmehr bedürfe es zusätzlicher besonderer Anhaltspunkte, die auf ein allgemeines Feststellungsbegehren hindeuten. Wohl erkennt das BAG die Möglichkeit einer negativen Feststellungsklage nach § 256 ZPO an, allerdings impliziere das Anhängsel an den Kündigungsschutzantrag gerade eine positive Feststellungsklage gegenüber dem ursprünglichen Arbeitgeber. Dass der Einwand der mangelnden Kündigungsbefugnis nicht gegenüber dem Betriebsveräußerer geltend gemacht werden könne, stelle dabei auch keinen unverhältnismäßigen Nachteil dar, da an diese Feststellung der faktische Gegner, nämlich der Betriebserwerber, nicht gebunden sei.[1118]

Dem BAG ist zuzustimmen, als es angesichts des konkreten Sachverhalts eine entsprechende Auslegung ablehnte. Insoweit fehlte es in der Tat an hinreichenden Anhaltspunkten, die eine Umdeutung zuzulassen hätten. Nichtsdestoweniger scheint das BAG darüber hinaus einer Kombinationsmöglichkeit mit einer negativen Feststellungsklage nicht abgeneigt. Sind die Anforderungen an eine entsprechende Auslegung des Kündigungsschutzantrags erfüllt, etwa wenn sich der Arbeitnehmer im Rahmen eine Kündigungsschutzantrags explizit auf die fehlende Kündigungsbefugnis beruft, ist m.E. dem LAG Hamm folgend eine Umdeutung zulässig.

[1115] Az. 8 Sa 2257/97 – NZA-RR 1999, 71.

[1116] LAG Hamm vom 28.05.1998 – 8 Sa 2257/97 – NZA-RR 1999, 71, 71; zur Umdeutungsmöglichkeit siehe auch *Boemke* RdA 1995, 211, 216 f.

[1117] Entscheidung vom 18.04.2002 – 8 AZR 346/01 – NZA 2002, 1207, 1209; ebenso Hako-KSchR/*Gallner*, § 4 KSchG Rn. 58.

[1118] BAG vom 18.04.2002 – 8 AZR 346/01 – NZA 2002, 1207, 1209.

2. Alternativer Vorschlag: Kombination mit Drittfeststellungsklage

Das BAG hat in seiner bereits oben ausführlich dargestellten Entscheidung vom 24.06.2004[1119] in einer der hier beleuchteten Konstellation ähnlichen Situation einen alternativen Lösungsweg aufgezeigt. Dieser lässt sich auch vorliegend fruchtbar machen.

a. Rekapitulation der Entscheidung des BAG vom 24.06.2004

In dieser Entscheidung[1120] ließ das BAG eine bedingte Kumulation von Bestandsfeststellungsantrag und Kündigungsschutzantrag gegen beide Veräußerungsparteien als Klagegegner zu mit dem Argument, beide Anträge richteten sich sowohl gegen den Betriebsveräußerer als behaupteten Alt-Arbeitgeber als auch gegen den Betriebserwerber als behaupteten Neuarbeitgeber. Die Klage sei zwar in objektiver Hinsicht, nicht hingegen in subjektiver Hinsicht bedingt. Die Klägerin habe den Bestand des Arbeitsverhältnisses zu der einen Veräußerungspartei mittels Hauptantrag auch gegenüber der jeweils anderen Veräußerungspartei festgestellt wissen wollen. Insoweit handele es sich um eine zulässige Drittfeststellungsklage. Das Drittfeststellungsinteresse begründete das BAG damit, dass sich der Dritte einer gegenteiligen Rechtsposition, nämlich der eigenen Arbeitgeberstellung, berühme.[1121]

b. Übertragung dieser BAG-Rspr. auf die vorliegende Problematik

Die Zulässigkeit einer Drittrechtsfeststellungsklage nach § 256 Abs. 1 ZPO bei entsprechendem Feststellungsinteresse wurde bereits befürwortet. Sie eröffnet dem Arbeitnehmer die Möglichkeit einer subjektiven Klagenhäufung gegenüber Betriebserwerber und –veräußerer in Bezug auf die Bestandsfeststellung, die mittelbar Auskunft über die Kündigungsbefugnis gibt, verbunden mit einem hilfweise gestellten Kündigungsschutzantrag.

Der Antrag wäre wie folgt zu formulieren:

> *... gegenüber dem Beklagten zu 1) [Anm.: Betriebsveräußerer] sowie dem Beklagten zu 2) [Anm.: Betriebserwerber] festzustellen, dass das Arbeitsverhältnis, beruhend auf dem Arbeitsvertrag vom ... [Spezifikation], seit dem ...[Zeitpunkt des Betriebsübergangs]/im Zeitpunkt des Zugangs der Kündigung des Beklagten zu 1) vom ... am ... zum Beklagten zu 2) als Arbeitgeber bestand, hilfsweise für den Fall, dass das Gericht den Antrag zu 1) abweist, gegenüber dem Beklagten zu 1) festzustellen, dass das Arbeitsverhältnis, beruhend auf dem*

1119 Az. 2 AZR 215/03 – AP Nr. 278 zu § 613a BGB.

1120 Az. 2 AZR 215/03 – AP Nr. 278 zu § 613a BGB. Siehe zu Tatbestand und Gründen, oben 4. Kap., 3. Abschn., D.IV.2.

1121 BAG vom 24.06.2004- 2 AZR 215/03 – AP Nr. 278 zu § 613a BGB [zu B.I.2.b) der Gründe].

Arbeitsvertrag vom ...[Spezifikation], nicht durch die Kündigung vom ..., dem Kläger zugegangen am ... zum ... aufgelöst worden ist.“

Eine subjektive Eventualklagenhäufung liegt bei einer solchen Antragsgestaltung nicht vor, da sich sowohl der Antrag zu 1) als auch zu 2) gegen den Betriebsveräußerer richten, somit der Hilfsantrag nicht außerprozessual bedingt ist. Für das besondere Drittrechtsfeststellungsinteresse gegenüber dem Betriebsveräußerer kann auf die soeben angeführten Argumente verwiesen werden.[1122] Auch vermag der objektiv bedingte Kündigungsschutzantrag in dieser Konstellation die Fiktionswirkung der §§ 4, 7 KSchG zu hemmen. Denn bereits aus dem Hauptantrag wird deutlich, dass der Arbeitnehmer die Kündigung nicht gegen sich gelten lassen will.[1123]

III. Streitverkündung nach § 72 ZPO

1. Die Ansicht *Bakkers*

Einen anderen Weg, der Unzulässigkeit einer subjektiven Eventualklagenhäufung zu begegnen, schlägt *Bakker* ein. Nach seiner Ansicht ist dem Arbeitnehmer, kann dieser nicht sicher beurteilen, wer aktueller Arbeitgeber im Zeitpunkt der Kündigung war, neben der Klage gegen den einen potentiellen Arbeitgeber die Streitverkündung (§ 72 ZPO) gegen den jeweils anderen potentiellen Arbeitgeber eröffnet.[1124] Auf diese Weise werde der Arbeitnehmer davor bewahrt, beide potentiellen Arbeitgeber in einem Verfahren unbedingt verklagen zu müssen mit der sicheren Folge, in einem Fall zu unterliegen.

Die potentiellen Arbeitgeber als Gegner der Kündigungsschutzklage sind nach *Bakker* als Alternativschuldner zu qualifizieren. Bei alternativen Schuldnern aber sei die Streitverkündung das *„prozeßordnungemäße Mittel“*, auf effektive und kostengünstige

---

1122 Siehe oben i. Kritisch LAG Hamm vom 22.03.2001 – 4 Sa 579/00 – NZA-RR 2002, 82, 84, das das Drittrechtsfeststellungsinteresse mit dem Argument verneint, die Feststellung der mangelnden Kündigungsbefugnis sei zwar Vorfrage des Kündigungsschutzverfahrens, ihr komme jedoch keine Präjudizwirkung zu. Dieser Einwand vermag m.E. nicht zu überzeugen.

1123 Hako-ArbR/*Karthaus/Richter*, § 613a BGB Rn. 279 schlagen eine Kombination in der Weise vor, die Kündigungsschutzklage in subjektiver Klagenhäufung gegen beide Veräußerungsparteien zu richten, und sie mit einer Statusklage gegen den Erwerber zu verbinden. Vgl. zum vorsorglichen Hilfsantrag, oben unter B.II.2. f.

1124 *Bakker*, Anm. zu BAG vom 31.03.1993 – 2 AZR 467/92 – EzA KSchG § 4 n.F. Nr. 46 [zu III. der Ausführungen]; *Habscheid*, Anm. zu LG Berlin vom 14.11.1957 – 10 O 72/57 – NJW 1958, 834. Ebenso bereits das LAG Frankfurt vom 17.12.1987 – 9/13 Sa 333/87 – LAGE § 613a BGB Nr. 12 [zu I.2. der Gründe] sowie neuerdings das BAG vom 31.01.2008 – 8 AZR 11/07 – BeckRS 2008, 54209, allerdings beide Entscheidungen ohne auf die Problematik des Vorliegens eines Streitverkündungsgrundes näher einzugehen. Eine Streitverkündung ebenfalls im Grundsatz in Betracht ziehend, AR-Blattei SD (*Hergenröder*), 500.1 Rn. 1249; Hako-KSchR/*Gallner*, § 4 KSchG Rn. 102; von Hoyningen-Huene/*Linck*, KSchG, § 4 Rn. 31; KR/*Friedrich*, § 4 KSchG Rn. 96b; KR/*Pfeiffer*, § 613a BGB Rn. 209; MüKo-BGB/*Hergenröder*, 4. Aufl. 2005, § 4 KSchG Rn. 52. AA KDZ-*Däubler/Zwanziger*, § 613a BGB Rn. 147; *Hillebrecht* NZA Beil.4/1989, 10, 20. Vgl. zur Möglichkeit einer Streitverkündung im Kontext mit § 613a Abs. 4 BGB, oben unter F.II.

Weise die Rechte des Klägers zu sichern.[1125] Auch befriedige die Streitverkündung hinreichend das Informationsinteresse des Alternativarbeitgebers, der nunmehr mit einer Schadloshaltung ihm gegenüber rechnen müsse. Zudem vermeide die Interventionswirkung die dem Hilfsbeklagten unzumutbaren Nachteile, die der Schwebezustand der eventuellen subjektiven Klagehäufung mit sich bringt.[1126]

Im Übrigen sei es möglich, eine subjektive und daher unzulässige Eventualklagenhäufung in eine zulässige Streitverkündung umzudeuten.[1127]

2. Ausgangslage und mögliches prozessuales Vorgehen mittels Streitverkündung

Bakker folgend wäre die Streitverkündung auch im Kontext mit einer Betriebsveräußerung ein geeignetes Mittel, wenn nicht klar ist, wer die Arbeitgeberstellung innehat.

Hiernach könnte der Arbeitnehmer zunächst Kündigungsschutzklage gegenüber dem früheren Arbeitgeber als dem nach seiner Ansicht aktuellen Arbeitgeber im Zeitpunkt des Kündigungszugangs erheben. Daneben wäre die Streitverkündung gegenüber dem potentiellen Betriebserwerber möglich. Käme das Gericht zu dem Ergebnis, dass im Zeitpunkt des Kündigungszugangs wegen des Betriebsübergangs kein Arbeitsverhältnis mehr zum früheren Arbeitgeber bestand, könnte sodann auf der Grundlage der Interventionswirkung mittels Bestandsfeststellungsklage gegen den Betriebserwerber vorgegangen werden.

Dasselbe ließe sich in umgekehrter Weise bewerkstelligen, indem zunächst eine Bestandsschutzklage gegen den potentiellen Betriebserwerber kombiniert wird mit einer Streitverkündung gegenüber dem früheren Arbeitgeber, um ggf. nachfolgend gegen Letzteren Kündigungsschutzklage zu erheben. Aufgrund von §§ 72, 68 ZPO wäre das Gericht des Folgeprozesses im Hinblick auf den Bestand des Arbeitsverhältnisses an die Beurteilung des Erstgerichts gebunden.

3. Stellungnahme

Die Ansicht *Bakkers* wirft zum einen die grundsätzliche Frage auf, ob in der Situation, in der anlässlich einer Betriebsveräußerung die Kündigungsbefugnis des Betriebsveräußerers streitig ist, überhaupt ein Streitverkündungsgrund vorliegt. Zum anderen hilft die Streitverkündung dem unsicheren Arbeitnehmer überhaupt nur, wenn man ihr fristwahrenden Charakter i.S. der §§ 4 ff. KSchG zuspricht. Nach hier vertretener Auffassung ist dies zu verneinen.[1128] Dennoch soll eine Auseinandersetzung mit den Argumenten dieser Ansicht erfolgen. Anknüpfend hieran ist zu klären, ob sich eine subjektiv bedingte Klage in eine zulässige Streitverkündung umdeuten lässt.

[1125] *Bakker*, Anm. zu BAG vom 31.03.1993 – 2 AZR 467/92 – EzA KSchG § 4 n.F. Nr. 46 [zu III. der Ausführungen].

[1126] Zu sämtlichen Argumenten, *Bakker*, Anm. zu BAG vom 31.03.1993 – 2 AZR 467/92 – EzA KSchG § 4 n.F. Nr. 46 [zu III. der Ausführungen].

[1127] *Bakker*, Anm. zu BAG vom 31.03.1993 – 2 AZR 467/92 – EzA KSchG § 4 n.F. Nr. 46 [zu III. der Ausführungen].

[1128] Hierzu ausführlich oben unter B.II.5.

a. Streitverkündungsgrund i.S.v. § 72 ZPO

Voraussetzung ist, dass die oben dargestellte Ausgangslage einen von der ZPO anerkannten Streitverkündungsgrund hervorbringt. Dass die Streitverkündung nach § 72 ZPO in weiter Auslegung zulässig ist, wenn zwei Alternativrechtsverhältnisse im Raum stehen, wurde im Rahmen der Bestandsfeststellung ausführlich dargelegt.[1129] In Fortführung dessen liegt nach hier vertretener Ansicht ebenfalls ein Streitverkündungsgrund im Verhältnis zum Betriebserwerber vor, wenn ein Verstoß gegen das Kündigungsverbot des § 613a Abs. 4 KSchG mittels Kündigungsschutzklage gegenüber dem Betriebsveräußerer geltend gemacht wird.[1130]

An diese beiden Konstellationen knüpft der Streit um die Kündigungsbefugnis an. Allen Konstellationen ist zunächst gemein, dass sie den Bestand des Arbeitsverhältnisses und daher die Betriebsübergangsvoraussetzungen jedenfalls als Teilaspekt der Klage beinhalten. Die hier beleuchtete Konstellation nimmt dabei eine Mittelstellung ein, weil sie auf der einen Seite auf eine Kombination von zeitlich nacheinander geschalteter Bestandfeststellungs- und Kündigungsschutzklagen hinaus läuft. Auf der anderen Seite dient die Streitverkündung anders als bei der Geltendmachung von § 613a Abs. 4 BGB nicht dazu, gleichgerichtete Rechtsschutzbegehren geltend zu machen.

Vielmehr behauptet der klagende Arbeitnehmer in dieser prozessualen Konstellation konträre Rechtspositionen. Während er mit der Bestandsfeststellungsklage ein Arbeitsverhältnis zum Betriebserwerber geltend macht, behauptet er mit der Kündigungsschutzklage ein solches zum kündigenden Betriebsveräußerer. Insoweit ist sein prozessuales Vorgehen mittelbar von der Alternativität der Arbeitgeberstellung bedingt, die die Streitverkündung auflösen soll.

Insoweit kann auf die Argumentation zur Bestandsfeststellungsklage verwiesen werden, die den Streitverkündungsgrund mit der Alternativität der Arbeitgeberstellung begründet.[1131] Sie deckt sich mit der Ansicht *Bakkers*, was die Alternativschuldnerschaft der Veräußerungsparteien anbelangt. Dass die diesbezügliche Entscheidung im Kontext mit dem Angriff auf eine Kündigung begehrt wird, steht dem nicht entgegen. Denn ihr ist die Beurteilung der Arbeitgeberstellung als Teilaspekt immanent. Entsprechend bezweckt die Interventionswirkung im Falle der Klage nach § 4 KSchG zu verhindern, dass sich der streitverkündete Alternativarbeitgeber im Folgeprozess auf die Arbeitgeberstellung des Erstbeklagten beruft.

Das notwendige Ausschlussverhältnis bzgl. der Begründetheit der Klagen sowie die mittelbar erstrebte Schadloshaltung, was Folgeansprüche anbelangt,[1132] liegen auch in dieser Konstellation des Kündigungsschutzprozesses vor. Ein Streitverkündungsgrund an sich ist somit auf der Grundlage eines weiten Verständnisses zu bejahen.

[1129] Mittels allgemeiner Feststellungsklage nach § 256 Abs. 1 ZPO, siehe oben 4.Kap., 3. Abschn., D.I.

[1130] Hierzu oben unter F.II.

[1131] Hierzu oben 4.Kap., 3. Abschn., D.I.3.

[1132] Etwa die Ansprüche auf Beschäftigung und Lohnzahlung.

b. Umdeutung einer subjektiven Eventualklage in eine zulässige Streitverkündung

Bakker sieht zudem die Möglichkeit, eine unzulässige, weil subjektiv bedingte Klage in eine zulässige Streitverkündung umzudeuten.[1133] Im Rahmen eines allgemeinen Zivilprozesses wird eine solche Umdeutung vielerorts vertreten.[1134]

Notwendig hierfür ist zunächst, dass der als Klageschrift gedachte Schriftsatz die formellen Voraussetzungen einer Streitverkündung nach §§ 72 f. ZPO erfüllt. Insofern muss sein Inhalt dahingehend ausgelegt werden können, dass er als Minus eine Streitverkündung enthält. Darüber hinaus erfüllt die Klageschrift die Anforderungen nach § 73 Satz 1 ZPO, denn aus ihr ergeben sich angesichts der materiell-rechtlichen Verknüpfung von Haupt- und Hilfsbegehren und der gleichzeitigen Erhebung der Klagen eindeutig die Lage des Rechtsstreits sowie der Streitverkündungsgrund. Macht die Hilfsklage zudem einen Alternativanspruch gegen den Zweitbeklagten geltend für den Fall, dass die Klage gegen den Erstbeklagten nicht durchdringt, weil insoweit ein Ausschlussverhältnis besteht, so kommt darin regelmäßig der Wille zum Ausdruck, den Alternativanspruch anstelle der beabsichtigten Klagenhäufung jedenfalls mittels Streitverkündung zu sichern. Auch dies ist erfüllt, wenn der klagende Arbeitnehmer Bestands- und Kündigungsschutzklage eventualiter gegenüber den Veräußerungsparteien kombiniert und sich hierbei auf den Bestand des Arbeitsverhältnisses zum Betriebserwerber bereits im Zeitpunkt des Zugangs der Veräußererkündigung beruft. Unter diesen Voraussetzungen ist *Bakker* zu folgen.

Entsprechend ist die Klageschrift, falls noch nicht geschehen, mit Hinweis auf die Einstufung als Streitverkündung dem Hilfsbeklagten zuzustellen, § 73 Satz 2 ZPO.

c. Zwischenergebnis

Das Alternativarbeitsverhältnis begründet auch bei der Kombination von Bestandsfeststellungs- und Kündigungsschutzverfahren, wenn die Kündigungsbefugnis bestritten wird, einen zulässigen Streitverkündungsgrund. Unabhängig davon, ob der streitverkündete Alternativarbeitgeber dem Rechtsstreit beitritt, kommt es gemäß den §§ 68, 74 Abs. 3 ZPO zur Interventionswirkung in Bezug auf die Betriebsübergangsvoraussetzungen. Zudem besteht die Möglichkeit, unter den Voraussetzungen des § 73 ZPO eine subjektiv bedingte Klage in eine zulässige Streitverkündung mittels Auslegung umzudeuten.[1135]

[1133] *Bakker*, Anm. zu BAG vom 31.03.1993 – 2 AZR 467/92 – EzA KSchG § 4 n.F. Nr. 46 [zu III. der Ausführungen].

[1134] Musielak/*Weth*, ZPO, § 60 Rn. 12; Zöller/*Vollkommer*, ZPO, § 60 Rn. 10; *Kion*, Eventualverhältnisse, S. 85 f.; zwar nicht von Umdeutung, aber von dem „richtigen Weg" spricht *Habscheid*, Anm. zu LG Berlin vom 14.11.1957 – 10 O 72/57 – NJW 1958, 834; ebenso MüKo-ZPO/*Schultes*, § 59 Rn. 11; Rosenberg/Schwab/Gottwald, Zivilprozessrecht, § 65 Rn. 34.

[1135] Siehe aber zur Fristwahrungsfähigkeit einer Streitverkündung, oben unter B.II.5.

IV. Abschließendes Ergebnis

Die §§ 4 ff. KSchG finden nach hier vertretener und überwiegender Ansicht keine Anwendung auf die Geltendmachung der fehlenden Kündigungsbefugnis. Dieser Einwand gegen die Unwirksamkeit der Kündigung kann daher fristungebunden mittels allgemeiner Feststellungsklage nach § 256 Abs. 1 ZPO geltend gemacht werden.

Für den Fall, dass der Arbeitnehmer das Vorliegen der Betriebsübergangsvoraussetzungen bzw. den genauen Zeitpunkt des Betriebsübergangs nicht sicher bestimmen kann, stehen ihm mehrere Möglichkeiten eines prozessualen Vorgehens offen. Eine subjektiv unbedingte Klagenhäufung von Bestandsfeststellungsklage gegenüber dem potentiellen Betriebserwerber und Kündigungsschutzklage gegen den kündigenden ursprünglichen Arbeitgeber kommt stets in Betracht, führt aber zwangsläufig zum Unterliegen des Arbeitnehmers mit einer der Klagen. Das kann eine hilfsweise Kombination beider Klagen verhindern. Sie ist zum einen zulässig in der Variante, dass eine negatorische Feststellungsklage gegenüber dem ursprünglichen Arbeitgeber bezogen auf den Bestand des Arbeitsverhältnisses im Zeitpunkt des Kündigungszugangs erhoben wird, kombiniert mit einem hilfsweisen Kündigungsschutzantrag gegen denselben. Alternativ kann die Feststellungsklage auch als positiver Hauptantrag gegen beide Veräußerungsparteien kumulativ betrieben werden. Im Verhältnis zum ursprünglichen Arbeitgeber stellt dies eine zulässige Drittrechtsfeststellung dar, die sodann mit einer Eventual-Kündigungsklage kombiniert werden kann. Schließlich kommt im Falle einer isoliert erhobenen Bestandsfeststellungsklage gegenüber dem behaupteten Betriebserwerber eine Streitverkündung gegenüber dem ursprünglichen Arbeitgeber in Betracht.

5. Abschnitt: Mehrfachkündigungen

An die vorangegangene Fallgruppe knüpft die Konstellation an, in der wegen Unsicherheit der Arbeitgeberstellung angesichts von § 613a BGB beide Veräußerungsparteien gegenüber dem Arbeitnehmer eine Kündigung aussprechen. Aus der unklaren Situation heraus, wer in welchem Zeitpunkt tatsächlich Arbeitgeber ist, kann es sich für die jeweilige Veräußerungspartei empfehlen, der Kündigung der anderen Veräußerungspartei eine eigene Kündigung nachzuschieben, um in jedem Falle eine wirksame Beendigung des Arbeitsverhältnisses zu erreichen. Hier stellt sich die Frage, wie gegen derartige Mehrfachkündigungen verschiedener Personen prozessual vorzugehen ist. Noch diffiziler wird es, wenn die Kündigungen mit unterschiedlichen Kündigungsfristen und zu unterschiedlichen Zeitpunkten ausgesprochen werden.

Grundsätzlich gilt, dass jede Kündigung gesondert mittels Kündigungsschutzklage anzugreifen ist, um die Wirksamkeitsfiktion der §§ 4 ff. KSchG zu verhindern. Dabei taucht abermals die Problematik um die fehlende Kündigungsbefugnis auf. Daher ist es auch in dieser Konstellation erforderlich, eine Lösung zu entwickeln, die die Abweisung der Kündigungsschutzklage aus diesem Grund verhindert. Ob dem Arbeitnehmer insofern eine extensive Auslegung des § 5 KSchG im Hinblick auf Rechtsirrtümer zu helfen vermag, erscheint äußerst fraglich.[1136]

Einen möglichen Weg stellt es wiederum dar, primär die Bestandsfeststellung gegenüber beiden Veräußerungsparteien zu betreiben kombiniert mit hilfsweisen Kündigungsschutzanträgen sowohl gegenüber dem Betriebsveräußerer als auch gegenüber dem Betriebserwerber.[1137]

[1136] Hierzu bereits oben unter C.III.2.c. sowie IV.3.c.

[1137] Zu dieser Konstruktion siehe bereits oben unter G.II.2.b.

6. Abschnitt: Reaktion auf Kenntniserlangung vom früheren Betriebsübergang während Rechtshängigkeit

Wenn der Arbeitnehmer nicht bereits vermutet, dass vor Kündigungsausspruch ein Betriebsübergang stattgefunden hat, sondern erst während des schwebenden Kündigungsschutzverfahrens hiervon erfährt, stellt sich wiederum die Frage, wie prozessual zu reagieren ist, um mit der ursprünglichen Klage zu unterliegen. Sie stellt sich in gleicher Weise, wenn ein Betriebsübergang möglicherweise vor Klageerhebung stattgefunden haben könnte.

A. Unentdeckter Betriebsübergang nach Kündigungsausspruch

Hat ein Betriebsübergang nach § 613a BGB erst nach dem Ausspruch der Kündigung durch den späteren Betriebsveräußerer stattgefunden, so ergeben sich nach Ansicht der Rspr. sowie der hier vertretenen Auffassung keine Schwierigkeiten, den richtigen Klagegegner zu eruieren: Passivlegitimiert ist und bleibt der ehemalige Arbeitgeber.[1138]

Anders sieht die Situation hingegen nach der herrschenden Literaturansicht aus. Ihrer Ansicht nach ist die Kündigungsschutzklage gegen den im Moment der Klageerhebung aktuellen Arbeitgeber zu richten.[1139] Das stellt den Arbeitnehmer zum einen vor die bereits erwähnte Beurteilungsproblematik. Gegebenenfalls kommt zugunsten des Arbeitnehmers in begrenztem Rahmen ein Antrag auf Berichtigung des Passivrubrums (analog § 319 ZPO) in Betracht.[1140] Über die rechtliche Subsumtionsproblematik könnte ggf. die Zulassung einer verspäteten Klage nach § 5 KSchG hinweg helfen, wenn sich im Nachhinein die rechtliche Beurteilung, wer bei Eintritt der Rechtshängigkeit aktueller Arbeitgeber ist, als unrichtig herausstellt.[1141] Allerdings wäre insoweit eine extensive Auslegung des § 5 KSchG erforderlich, was Rechtsirrtümer angeht, die von Seiten der Rspr. bisher nicht ersichtlich ist.[1142]

B. Unentdeckter Betriebsübergang vor Kündigungsausspruch

Die oben aufgezeigten prozesstaktischen Möglichkeiten, die der Arbeitnehmer ergreifen kann, wenn aus seiner Sicht das Vorliegen eines Betriebsübergangs unsicher ist,

---

1138 Hierzu oben C.III.1., D.II.

1139 Hierzu oben unter C.III.2.

1140 Das BAG hat die vormals von ihm entwickelte Grenze für eine Parteiberichtigung – „falsche Parteibezeichnung bei rechtlicher Identität" – mittlerweile aufgeweicht. Nunmehr soll für die Berichtigung ausreichen, wenn sich aus den Anlagen der Klage unzweifelhaft entnehmen lässt, welche Partei tatsächlich verklagt werden sollte. Im Übrigen läuft die Rspr. auf eine Einzelfallkasuistik hinaus, vgl. BAG vom 15.03.2001 - 2 AZR 141/00 – NJW 2000, 459, 461; vom 01.03.2007 - 2 AZR 525/05 – NJW 2007, 2877, 2877 f. Zur Berichtigungsmöglichkeit, von Hoyningen-Huene/*Link*, KSchG, § 4 Rn. 67; *Clasen* NJW 2007, 2887, 2887 ff.

1141 Die Literaturansicht schreibt § 5 KSchG insoweit eine Ausgleichsfunktion zu, siehe hierzu oben unter C.III.2.c.

1142 Vgl. hierzu APS-*Ascheid/Hesse*, KSchG § 5 Rn. 21, 27 ff.; siehe hierzu auch oben unter C.III.2.c. sowie IV.3.c.

setzen voraus, dass er bereits im Zeitpunkt der Klageerhebung einen solchen vermutet oder für denkbar hält.

Hat er von einem möglichen Betriebsübergang jedoch keinerlei Kenntnis, wird der Arbeitnehmer gegen eine Kündigung „seines" Arbeitgebers zunächst bedenkenlos Kündigungsschutzklage nach § 4 KSchG erheben. Tauchen sodann während des Verfahrens Anhaltspunkte dafür auf, dass ein Betriebsübergang bereits vor Ausspruch der Kündigung stattgefunden haben könnte, sieht er sich mit einem drohenden Prozessverlust konfrontiert. Bejaht das Gericht letztendlich einen solchen Betriebsübergang, wird die Kündigungsschutzklage als unbegründet abgewiesen werden. Dies gilt es aus Sicht des Arbeitnehmers prozesstaktisch zu verhindern.

I. Umdeutung der ursprünglichen Klage in eine Kombinationsklage

Eine Auslegung des gestellten Kündigungsschutzantrags dahingehend, dass er eine Kombination aus Bestandsfeststellungs- und Kündigungsschutzklage umfasst, wie sie teils befürwortet wird,[1143] scheidet in dieser Konstellation aus. Denn eine solche Umdeutung kommt nur in Betracht, wenn bereits bei Klageerhebung aus den vorgetragenen Umständen erkennbar ist, dass das Rechtsschutzziel sich auf beide Begehren richtet. Das ist bei nachträglicher Kenntnis von einem möglichen Betriebsübergang offensichtlich nicht der Fall.

II. Nachträgliche Streitverkündung gegenüber dem Betriebserwerber

Als eine weitere Variante kann der klagende Arbeitnehmer nachträglich dem potentiellen Betriebserwerber im Kündigungsschutzverfahren gegen den früheren Arbeitgeber den Streit verkünden, § 72 ZPO. Die Streitverkündungswirkungen sind sodann zwar entsprechend § 68, 2. Halbsatz ZPO zeitlich beschränkt. Dennoch besteht auf diese Weise noch die Möglichkeit, der klagende Arbeitnehmer auf diese Weise erreichen, den Betriebserwerber an die Feststellungen bzgl. des Betriebsübergangs zu binden. Das gilt in extensiver Auslegung der Streitverkündungsvoraussetzungen auch dann, wenn das Gericht infolge nach Klageerhebung vorgetragener Umstände zu dem Schluss kommt, dass der Kündigende bereits vor Ausspruch der Kündigung die Arbeitgeberstellung nach § 613a BGB verloren hat, und demzufolge die Klage abweist. Der Streitverkündunggrund beruht insoweit abermals auf dem Alternativverhältnis der Arbeitgeberstellung.[1144] Zudem ist die Interventionswirkung unabhängig davon, ob der Streitverkünder im Erstprozess unterliegt.

Allerdings riskiert der Arbeitnehmer, wenn er seinen Kündigungsschutzantrag weiterverfolgt und das Gericht tatsächlich einen Betriebsübergang annimmt, den Verlust des Prozesses. Ggf. kann er aber mögliche finanzielle Schäden hierdurch von den Veräußerungsparteien ersetzt verlangen, soweit er sich darauf beruft, dass sie es unterlas-

[1143] Vgl. hierzu die befürwortenden Stimmen, oben G.II.2.a.iii.

[1144] Zur Zulässigkeit der Streitverkündigung wegen Alternativarbeitgeberstellung, siehe oben 4. Kap., 3. Abschn., D.I.3., 4., im Kündigungsschutzverfahren, siehe oben F.II.

sen haben, ihn ordnungsgemäß über den Betriebsübergang zu unterrichten (§ 613a Abs. 5 BGB).[1145]

III. Gewillkürter Parteiwechsel auf den Betriebserwerber

Alternativ hierzu kann der Arbeitnehmer versuchen, anstelle des Betriebsveräußerers den Betriebserwerber als richtigen Beklagten in den Prozess hineinzuziehen. Für einen solchen gewillkürten Parteiwechsel kommen in dieser Situation jedoch etwaige Erleichterungen, wie sie in der Konstellation des Betriebsübergangs während Rechtshängigkeit bejaht wurden, nicht in Betracht. Es bedarf daher der Zustimmung der auszuwechselnden Beklagten nach §§ 263, 269 ZPO.[1146]

IV. Rücknahme der ursprünglichen und erneute Klage

Unbenommen bleibt dem Arbeitnehmer zudem, den Kündigungsschutzantrag zurücknehmen. Nach Rechtshängigkeit ist hierfür die Einwilligung des beklagten Betriebsveräußerers nach § 269 Abs. 1 ZPO erforderlich. Der Arbeitnehmer kann sodann erneut Klage erheben, etwa auf Bestandsfeststellung gegen den Betriebserwerber oder beide Veräußerungsparteien. Eine erneute Kündigungsschutzklage müsste jedoch die Fristen der §§ 4 ff. KSchG wahren. Insbesondere wäre an dieser Stelle abermals an eine Ausdehnung des § 5 KSchG zu denken, die Zweitklage wegen Fehlbeurteilung der Betriebsübergangsvoraussetzungen auch über die 3-Wochen-Frist hinaus zuzulassen.

Auch in diesem Fall kann sich der Arbeitnehmer ggf. auf den schuldrechtlichen Schadensersatzanspruch wegen Verletzung der Unterrichtungspflicht stützen.[1147]

V. Nachträgliche Kombination mit einem Bestandsfeststellungsantrag

Um die Nachteile einer Klageabweisung oder die Notwendigkeit einer Klagerücknahme zu umgehen, ist es überlegenswert, den als unbedingten Hauptantrag gestellten Kündigungsschutzantrag gegenüber dem ursprünglichen Arbeitgeber hilfsweise aufrecht zu erhalten und diesem Hilfsantrag nachträglich einen Antrag auf positive/negative Bestandsfeststellung voranzuschalten. Dieser Feststellungsantrag könnte ebenfalls gegen den ursprünglichen Arbeitgeber oder ggf. nach dessen Einbeziehung in das Verfahren gegen den potentiellen Betriebserwerber gerichtet werden. Allerdings stellt sich hierbei die Frage, ob eine solche Modifikation der Klage prozessual zulässig ist.

Betrachtet man die einzelnen Modifikationen isoliert, dürften sie zulässig sein: Der neu eingebrachte Bestandsfeststellungsantrag ist als nachträgliche Klageerweiterung

---

[1145] Zur Unterrichtungspflicht als schadensersatzbewehrter Rechtspflicht, oben 2. Kap., 2. Abschn., A, VII. 4.

[1146] Siehe hierzu oben unter 4. Kap., 5. Abschn., C.III.2. Vgl. auch *Jauernig*, Zivilprozessrecht, § 86 II (S. 278 f.)

[1147] Hierzu oben 2. Kap., 2. Abschn., A, VII. 4. Tschöpe/*Beseler*, Anwalts-Handbuch ArbR, Teil 2 G Rn. 149 schlägt vor, dass der Arbeitnehmer die Erledigung der Hautsache erklärt mit der Folge einer Kostenentscheidung nach § 91a ZPO zulasten des Arbeitgebers. Ob tatsächlich eine Erledigung vorliegt, erscheint m.E. allerdings zweifelhaft.

zu behandeln. Nach h.M. bedarf es hierfür der Klageänderungsvoraussetzungen nach § 263 ZPO.[1148] Die Einbeziehung des Betriebserwerbers ist als nachträgliche Parteierweiterung ebenfalls hiervon abhängig,[1149] zusätzlich zu den Vorgaben der §§ 260, 59 f. ZPO. Schließlich ist auch eine Herabstufung eines ehemaligen Hauptantrags zu einem Hilfsantrag nach § 263 ZPO zulässig.[1150]

Die Sachdienlichkeit dieser Klageänderungen i.S.v. § 263, 2. Alt. ZPO lässt sich in der vorliegenden Konstellation durchaus bejahen. Diese Annahme liegt in der sachlich-streitgegenständlichen Verknüpfung von neuem Haupt- und nunmehrigem Hilfsantrag begründet. Denn über den Bestand des Arbeitsverhältnisses im Zeitpunkt der Kündigung wird bereits im Rahmen des Hauptantrags entschieden, was zugleich eine vorgreifliche Frage für die Begründetheit der Kündigungsschutzklage darstellt. Deren Vorabklärung geht dabei konform mit dem Gedanken der Prozessökonomie, der hinter § 263 ZPO steht.

Dennoch lassen sich gewisse Bedenken gegenüber dieser Antragsmodifizierung nicht von der Hand weisen. Diese Bedenken gründen darauf, dass auf diese Weise dem Kläger zugebilligt würde, die Abweisung seiner ursprünglichen Klage als unbegründet zu verhindern, indem er seinen Hauptantrag zum Hilfsantrag degradiert und einen gegenläufigen, neuen Hauptantrag voranschaltet, dem die Behauptung der Arbeitgeberstellung des Betriebserwerbers zugrunde liegt. Erst wenn das Gericht diesen Antrag abwiese, weil das Arbeitsverhältnis nach wie vor zum früheren Arbeitgeber besteht, würde über die Kündigungsschutzklage entschieden, deren Begründetheit gerade die Arbeitgeberstellung des früheren Arbeitgebers im Zeitpunkt der Kündigungserklärung voraussetzt.

Zwar ist es grundsätzlich zulässig, dass Haupt- und Hilfsantrag sowie der Vortrag hierzu sich widersprechen.[1151] Die hier angedachte Konstruktion erinnert jedoch an eine Umgehung der Klagerücknahmevoraussetzung, genauer des Einwilligungserfordernisses auf Seiten des Beklagten (§ 269 Abs. 1 ZPO). Denn sie bewirkt zugleich, dass die Entscheidung über den vormaligen Hauptantrag nunmehr von einer Bedingung abhängig gemacht wird, nämlich dem Ausgang des neu eingebrachten Hauptantrags. Würde diesem stattgegeben, würde die Rechtshängigkeit des nunmehrigen Hilfsantrags automatisch enden, ohne dass hierüber entschieden worden wäre.

[1148] BGH vom 29.04.1981 - VIII ZR 157/80 - MDR 1981, 1012, 1012; vom 10.01.1985 - III ZR 93/83 – NJW 1985, 1841, 1842; Zöller/Greger, ZPO, § 260 Rn. 3; Stein/Jonas-*H. Roth*, § 260 Rn. 3; kritisch Stein/Jonas-*Schumann*, 21. Aufl. 1997, ZPO, § 260 Rn. 3, § 264 Rn. 11; Rosenberg/Schwab/Gottwald, Zivilprozessrecht, § 96 Rn. 6.

[1149] BGH vom 12.10.1995 - VII ZR 209/94 – NJW 1996, 196, 196 f. für die parteierweiternde Widerklage; MüKo-ZPO/*Becker-Eberhard*, § 263 Rn. 84. AA Hako-ZPO/*Saenger*, § 263 Rn. 21; Thomas/Putzo-*Hüßtege*, ZPO, Vorbem § 50 Rn 25; Zöller/*Greger*, ZPO, § 263 Rn. 21; Rosenberg/Schwab/Gottwald, Zivilprozessrecht, § 42 Rn. 21.

[1150] Hako-ZPO/*Saenger*, § 260 Rn. 8. Für den umgekehrten Fall, vgl. BGH vom 29.04.1981 - VIII ZR 157/80 - MDR 1981, 1012, 1012; Stein/Jonas-*H. Roth*, ZPO, § 260 Rn. 18. Vgl. für die nachträgliche Stellung eines Hilfsantrags, BGH vom 10.01.1985 - III ZR 93/83 – NJW 1985, 1841, 1842.

[1151] BGH vom 28.09.1989 - IX ZR 180/88 – NJW-RR 1990, 122; Hako-ZPO/*Saenger*, § 260 Rn. 8; Zöller/*Greger*, ZPO, § 260 Rn. 4 mwN.

Diesen Bedenken ist jedoch gegenüberzustellen, dass Bestandsfeststellungs- und Kündigungsschutzklage von Rechtsschutzziel und Prüfungsumfang her besehen in einem engen sachlichen Zusammenhang stehen. Beide sind auf die jedenfalls mittelbare Feststellung gerichtet, dass von der Kündigung keine Wirkungen ausgehen, einmal weil sie ins Leere geht, einmal weil sie unwirksam ist. Die Überprüfung der konkreten Kündigung stellt das Bindeglied beider Anträge dar, wobei die Frage nach der Arbeitgeberstellung vorgreiflich ist für den Kündigungsschutzantrag. Dabei wird die bedingte Kumulation beider Anträge gerade deshalb erforderlich, weil die Streitgegenstandstheorie des BAG einen einheitlichen Kündigungsschutzantrag zur Feststellung von „Nichtigkeit“[1152] und Unwirksamkeit der Kündigung nicht anerkennt. Das darf nicht zulasten des Arbeitnehmers gehen. Demgegenüber wird der von den Klagerücknahmevorschriften geschützte Anspruch des Beklagten auf Sachentscheidung durch die Antragsmodifizierung nicht wesentlich beeinträchtigt. Denn wird dem Bestandsfeststellungsantrag stattgegeben, steht fest, dass die Kündigung nicht nur unwirksam ist, sondern ein rechtliches nullum darstellt. Das bedeutet, dass sie das Arbeitsverhältnis jedenfalls nicht beendet hat.

Vor diesem Hintergrund erscheint es denkbar, eine solche Antragsmodifizierung zuzulassen. Auf das Einwilligungserfordernis des § 269 Abs. 1 ZPO ließe sich mittels teleologischer Reduktion verzichten. Demgemäß könnte man die Degradierung des ursprünglich isoliert stehenden Kündigungsschutzantrags zum Hilfsantrag auch ohne Einwilligung des beklagten Betriebsveräußerers zulassen. Auch die Sachdienlichkeit nach § 263 ZPO ließe sich aus dem Verwandtschaftsverhältnis beider Klagen, was das Rechtsschutzziel anbelangt, ableiten.

Andernfalls wäre es lediglich möglich, den ursprünglichen Kündigungsschutzantrag als Hauptantrag beizubehalten und daneben in objektiv/subjektiv unbedingter Klagenhäufung einen Bestandsfeststellungsantrag gegen den ursprünglichen Arbeitgeber oder den Betriebserwerber oder beide in das Verfahren einzubringen.

C. Zusammenfassung

Es verbleiben dem klagenden Arbeitnehmer nur wenige Möglichkeiten, auf einen sich während des Kündigungsschutzverfahrens offenbarenden Betriebsübergang, der bereits vor Ausspruch der Kündigung stattgefunden hat, prozessual zu reagieren. Möglich ist eine Streitverkündung gegenüber dem Betriebserwerber, wenn die Klage nach § 4 KSchG unverändert fortgeführt wird. Darüber hinaus kommt eine nachträgliche objektive/subjektive Klagenhäufung der anfänglichen Kündigungsschutzklage mit einer Bestandsfeststellungsklage entweder in negatorischer Weise gegenüber dem ursprünglichen Arbeitgeber oder in positiver Weise gegenüber dem potentiellen Betriebserwerber in Betracht.

Zudem ließe sich über eine Antragsmodifikation dergestalt nachdenken, dass der Kündigungsschutzantrag als ursprünglicher Hauptantrag zum Hilfsantrag degradiert wird bei gleichzeitiger Vorschaltung einer Bestandsfeststellungsklage als neuem

---

[1152] Nichtigkeit insoweit verstanden, als die Kündigung ins Leere geht.

Hauptantrag. Die Bedenken gegen eine solche Klagemodifikation, die aus §§ 263, 269 ZPO resultieren, lassen sich mit teleologischen Überlegungen zurückweisen.

7. Abschnitt: Kombination mit Durchsetzung von Ansprüchen auf Annahmeverzugslohn/Weiterbeschäftigung

Es wird dem Arbeitnehmer in der Regel anzuraten sein, zusammen mit der Kündigungsklage auch die prozessuale Durchsetzung seiner Leistungsansprüche gegenüber der jeweiligen Veräußerungspartei zu betreiben, die mit dem Fortbestand des Arbeitsverhältnisses einhergehen. Da die Kündigung im Hinblick auf Annahmeverzugslohnansprüche oder den Weiterbeschäftigungsanspruch eine Vorfrage bildet, bedingt deren Wirksamkeitsprüfung sämtliche Folgeansprüche. Als Mittel kommt die Kombination von Kündigungsschutz-/Bestandsfeststellungsklage mit den entsprechenden Leistungsklagen in objektiver wie subjektiver Klagenhäufung nach §§ 260, 59 f. ZPO in Betracht.

6. Kapitel Auflösungsanträge nach § 9 KSchG und Antragsbefugnis

1. Abschnitt: Auflösungsanträge im Kontext mit einem Betriebsübergang

Mit der Möglichkeit, wie der Gesetzgeber sie in § 9 KSchG geschaffen hat, trotz Wirksamkeit der Kündigung die Auflösung des Arbeitsverhältnisse im Kündigungsschutzverfahren zu erreichen, stellen sich abermals die bereits bekannten Fragen. Insbesondere wird zu erörtern sein, wem die „prozessuale Zuständigkeit" für den nach § 9 Abs. 1 KSchG notwendigen Prozessantrag zukommt, wenn ein Betriebsübergang im zeitlichen Kontext zur Antragstellung steht.

2. Abschnitt: Auflösungsanträge nach § 9 KSchG – Überblick

Den vom Gesetzgeber intendierten Grundgedanken, das Arbeitsverhältnis in Kündigungssituationen umfassend in seinem Bestand zu schützen, durchbricht § 9 KSchG.[1153] Er trägt der Interessenlage der Arbeitsvertragsparteien Rechnung, falls ihre Beziehung durch Umstände in Zusammenhang mit der Kündigung oder des Kündigungsrechtsstreits derart wesentlich beeinträchtigt ist, dass die Fortführung des Arbeitsverhältnisses als nicht zumutbar anzusehen ist. In der Folge löst das Gericht das fortbestehende Arbeitsverhältnis gegen Abfindung auf, § 9 Abs. 1 Satz 1, 2, Abs. 2 KSchG.[1154]

A. Zulässigkeit der Auflösungsanträge nach § 9 KSchG

Die Auflösungsanträge stellen ein eigenständiges prozessuales Institut dar.[1155] Ihre Statthaftigkeit ist gekoppelt an einen anhängigen Kündigungsschutzprozess, in den sie bis zum Schluss der mündlichen Verhandlung in der Tatsacheninstanz eingebracht werden können, § 9 Abs. 1 Satz 3 KSchG.[1156]

Angesichts der sinnlogischen Voraussetzung, dass das aufzulösende Rechtsverhältnis im dem Zeitpunkt, in dem es aufgelöst werden soll, noch existiert, ist über den Be-

---

[1153] Diese Durchbrechung haben sowohl das BVerfG als auch das BAG für verfassungsmäßig erachtet, BVerfG vom 29.01.1990 – 1 BvR 42/82 – NZA 90, 535; BAG vom 16.05.1984 - 7 AZR 280/82 - AP Nr. 12 zu § 9 KSchG 1969; vgl. auch KR/*Spilger*, KSchG § 9 Rn. 8 ff.; *Kreßler* NZA-RR 2002, 1, 1 f.

[1154] Daneben steht die Alternative, ein Arbeitsverhältnis durch gerichtlichen Vergleich aufzulösen, vgl. MüKo-BGB/*Hergenröder*, § 9 KSchG Rn. 5, hierzu ausführlich im 2. Abschnitt.

[1155] BAG vom 26.10.1979 – 7 AZR 752/77 – AP Nr. 5 zu § 9 KSchG 1969 [zu B.II.2.a) der Gründe]; APS-*Biebl*, § 9 KSchG Rn. 21; MüKo-BGB/*Hergenröder*, § 9 KSchG Rn. 6; zur Eigenständigkeit des Streitgegenstands, APS-*Biebl*, § 9 KSchG Rn 21.

[1156] BAG vom 17.09.1987 – 2 AZR 2/87 – nv, recherchiert über juris [zu II.1. der Gründe]; LAG Baden-Württemberg vom 03.06.1991- 7 Sa 16/91 – LAGE § 9 KSchG 1969 Nr. 20 [S. 2, 3 der Gründe]; ErfK/*Kiel*, § 9 KSchG Rn. 1; Hako-KSchR/*Fiebig*, § 9 KSchG Rn. 12; KR/*Spilger*, § 9 KSchG Rn. 14. Zum Antragsstellungszeitpunkt ausführlich, MüKo-BGB/*Hergenröder*, § 9 KSchG Rn. 12 ff.; *Boewer* RdA 2001, 380, 396 f.

stand des Arbeitsverhältnisses zwingend vorab zu entscheiden. Das bedingt die vorrangige Prüfung der Wirksamkeit der konkret angegriffenen Kündigung sowie sonstiger vorgebrachter Beendigungstatbestände. Entsprechend sind die Auflösungsanträge als un-/echte Eventualanträge im Bezug auf den Kündigungsschutzantrag anzusehen.[1157]

Antragsbefugt ist sowohl der Arbeitnehmer, als auch der kündigende Arbeitgeber, § 9 Abs. 1 Satz 1, 2 KSchG.[1158] Wer als der „kündigende Arbeitgeber" anzusehen ist, kann im Falle des Betriebsübergangs allerdings wiederum nicht pauschal beantwortet werden. Die Antragsbefugnis bzgl. § 9 KSchG knüpft vielmehr daran an, wie die Sachlegitimation infolge des Arbeitgeberwechsels in den verschiedenen Auflösungssituationen zu bewerten ist.

B. Begründetheit der Auflösungsanträge nach § 9 KSchG

Die Begründetheit sowohl arbeitnehmerseitiger als auch arbeitgeberseitiger Auflösungsanträge setzt voraus, dass die in Streit stehende ordentliche Kündigung wenigstens u.a. wegen Sozialwidrigkeit i.S.v. § 1 KSchG unwirksam ist.[1159] Zugleich darf das Arbeitsverhältnis nicht aus anderweitigen Gründen vor dem gerichtlich festzusetzenden Auflösungstermin sein Ende gefunden haben.[1160]

Zur Begründung des Auflösungsantrags muss der Antragsteller Umstände vortragen, die der Fortsetzung des fortbestehenden Arbeitsverhältnisses entgegen stehen,

---

[1157] Allg. A., vgl. BAG vom 05.11.1964 - 2 AZR 15/64 – NJW 1965, 787; vom 3.06.1993 - 2 AZR 56/93 – AP Nr. 23 zu § 9 KSchG 1969 [zu II.2.c) cc) der Gründe]; LAG Baden-Württemberg vom 03.06.1991- 7 Sa 16/91 – LAGE § 9 KSchG 1969 Nr. 20 [S. 2, 3 der Gründe]; APS-*Biebl*, § 9 KSchG Rn. 19; KR/*Spilger*, § 9 KSchG Rn. 16 f.; MüKo-BGB/*Hergenröder*, § 9 KSchG Rn. 21, 22. Zur Formulierung der Anträge, Hako-KSchR/*Fiebig*, § 9 KSchG Rn. 16.

[1158] BAG vom 20.03.1997 - 8 AZR 769/95 – AP Nr. 30 zu § 9 KSchG 1969 [zu B.II.4. der Gründe]; APS/*Biebl*, § 9 KSchG Rn. 30; APS/*Steffan*, § 613a BGB Rn. 255; Hako-KSchR/*Mestwerdt*, § 613a BGB Rn. 196.

[1159] BAG vom 26.10.1979 - 7 AZR 752/77 – NJW 1980, 1484; vom 20.03.1997 - 8 AZR 769/95 – AP Nr. 30 zu § 9 KSchG 1969 [zu B.II.1 der Gründe mwN]; ErfK/*Kiel*, § 9 KSchG Rn. 5; Hako-KSchR/*Fiebig*, § 9 KSchG Rn. 1, 24 ff.; KR/*Spilger*, § 9 KSchG Rn. 27 ff. Im Hinblick auf den Arbeitgeberantrag sind nach neuerer Rspr. des BAG andere Unwirksamkeitsgründe unschädlich, solange sie keine Schutznormen zugunsten des Arbeitnehmers darstellen, BAG vom 10.11.1994 – 2 AZR 207/94 – AP Nr. 24 zu § 9 KSchG 1969; vom 27.09.2001 – 2 AZR 389/00 – AP Nr. 41 zu § 9 KSchG 1969; hierzu ausführlich KR/*Spilger*, § 9 KSchG Rn. 27b; *Hertzfeld* NZA 2004, 298. Zugleich bedarf es der Anwendbarkeit des KSchG und einer rechtzeitigen Kündigungsschutzklage, vgl. *Kreßler* NZA-RR 2002, 1, 3; *Matissek*, FS 50 Jahre Arbeitsgerichtsbarkeit in Rheinland-Pfalz, S. 287, 294. Das gilt auch nach der Neufassung der §§ 4, 13 KSchG, vgl. ErfK/*Kiel*, § 9 KSchG Rn. 3; KR/*Spilger*, KSchG § 9 Rn. 26. Vgl. die Sondervorschriften des § 13 Abs. 1 Satz 3, 4 sowie Abs. 2 KSchG für außerordentliche Kündigungen; insoweit ist allein der Arbeitnehmer antragsberechtigt.

[1160] BAG vom 17.09.1987 – 2 AZR 2/87 – nv, recherchiert über juris [zu II.2.a) der Gründe]; vom 20.03.1997 - Az. 8 AZR 769/95 – AP Nr. 30 zu § 9 KSchG 1969 [zu B.II.2., B.II.4.b) der Gründe]; vom 24.05.2005 - 8 AZR 246/04 – AP Nr. 282 zu § 613a BGB [zu II.2. der Gründe mwN]; APS-*Biebl*, § 9 KSchG Rn. 16; ErfK/*Kiel*, § 9 KSchG Rn. 10; *Keßler* NZA-RR 2002, 1, 5; ausführlich hierzu, MüKo-BGB/*Hergenröder*, § 9 KSchG Rn. 30 ff.

vgl. § 9 Abs. 1 Satz 1, 2 KSchG.[1161] Sie können sowohl mit der Kündigung und dem Kündigungssachverhalt selbst zusammenhängen, als auch nachträglich im Kündigungsschutzverfahren entstanden sein.[1162] Bei den in § 9 KSchG genannten Gründen handelt es sich jeweils um unbestimmte Rechtsbegriffe. Sie erfordern eine zukunftsgerichtete Gesamtabwägung der tatsächlichen Umstände, die das Gericht im Rahmen einer Prognose vorzunehmen hat.[1163] Hierbei sind angesichts des Ausnahmecharakters des § 9 KSchG strenge Maßstäbe anzulegen.[1164] Maßgeblicher Zeitpunkt für diese Beurteilung ist nach h.M. der Schluss der letzten mündlichen Tatsachenverhandlung.[1165]

C. Auflösungsentscheidung

Hält das Gericht die Voraussetzungen für gegeben, löst es durch Gestaltungsurteil das Arbeitsverhältnis auf und auferlegt als Ausgleich hierfür dem Arbeitgeber die Zahlung einer angemessenen Abfindung.[1166] Den Zeitpunkt, zu dem das Gericht die Auflösung auszusprechen hat, gibt § 9 Abs. 2 KSchG zwingend mit dem hypothetischen Kündigungstermin vor. Insofern kann sich die Gestaltungswirkung anerkanntermaßen auch rückwirkend auf einen früheren Zeitpunkt beziehen.[1167]

[1161] Ausführlich hierzu, KR/*Spilger*, § 9 KSchG Rn. 36 ff., MüKo-BGB/*Hergenröder*, § 9 KSchG Rn. 36 ff., 50 ff.; vgl. die Aufzählung bei *Holthausen/Holthausen* NZA-RR 2007, 449, 450 ff; *Keßler* NZA-RR 2002, 1, 6 ff. Zum Arbeitgeberantrag, ErfK/*Kiel*, § 9 KSchG Rn. 19 ff.; *Gravenhorst* NZA-RR 2007, 57, 58. Zur Darlegungs- und Beweislast in beiden Fällen, MüKo-BGB/*Hergenröder*, § 9 KSchG Rn. 63 f.

[1162] APS-*Biebl*, § 9 KSchG Rn. 33 ff.; ErfK/*Kiel*, § 9 KSchG Rn. 13; für den Arbeitgeberantrag, *Gravenhorst* NZA-RR 2007, 57, 58 ff.

[1163] Stellen beide Seiten Auslösungsanträge, ist die Prüfungspflicht des Gerichts umstr., vgl. Hako-KSchR/*Fiebig*, § 9 KSchG Rn. 71 ff; *Holthausen/Holthausen* NZA-RR 2007, 449, 453; von Hoyningen-Huene/*Linck*, KSchG, § 9 Rn. 74; nach KR/*Spilger*, § 9 KSchG Rn. 65 ff. besteht zwar keine Pflicht zur Prüfung, sie ist dem Gericht aber auch nicht verwehrt.

[1164] BAG vom 07.03.2002 – 2 AZR 158/01 – NZA 2003, 261, 262 f.; vom 24.05.2005 – 8 AZR 246/04 – AP Nr. 282 zu § 613a BGB [zu II.4.a) der Gründe mwN] m. Anm. *Wollenschläger/Krogull* = AR-Blattei ES 500 Betriebsinhaberwechsel Nr. 191 m. Anm. *Hergenröder*; LAG Berlin vom 23.11.2001 – 8 Sa 545/01 – recherchiert über juris [zu II. 3.2 der Gründe]; BVerfG vom 22.10.2004 – 1 BvR 1944/01 – AP Nr. 49 zu § 9 KSchG 1969 [zu II.3.b)aa) der Gründe] m. abl. Anm. *Dieterich*, AR-Blattei ES 830 Nr. 33.

[1165] BAG vom 30.09.1976 - 2 AZR 402/75 – AP Nr. 3 zu § 9 KSchG 1969 [zu 3.a) der Gründe]; vom 07.03.2002 – 2 AZR 158/01 – NZA 2003, 261, 263; ErfK/*Kiel*, § 9 KSchG Rn. 12; KR/*Spilger*, § 9 KSchG Rn. 40; ebenso APS-*Biebl*, § 9 KSchG Rn. 36; Stahlhacke/Preis/*Vossen*, Kündigungsschutz, Rn. 1976; MüKo-BGB/ *Hergenröder*, § 9 KSchG Rn. 34; aA *Gravenhorst* NZA-RR 2007, 57, 61 f., die für den Zeitpunkt der Antragsstellung als maßgeblichen Prüfungszeitpunkt plädiert, hierzu unten unter F.I.1.

[1166] Die Auflösung tritt mit Rechtskraft des Urteils ein, ErfK/*Kiel*, § 9 KSchG Rn. 2. Zur Qualifikation als Gestaltungsurteil, MüKo-BGB/*Hergenröder*, § 9 KSchG Rn. 66; Schwab/Weth-*Zimmerling*, ArbGG, § 46 Rn. 106.

[1167] BAG vom 25.11.1982 - 2 AZR 21/81 – AP Nr. 10 zu § 9 KSchG 1969 [zu B.I.2.b) der Gründe]; ErfK/*Kiel*, § 9 KSchG Rn. 34; KR/*Spilger*, § 9 KSchG Rn. 13a; MüKo-BGB/*Hergenröder*, § 9 KSchG Rn. 73; Löwisch/*Spinner*, KSchG, § 9 Rn. 72. Vgl. für die außerordentliche Kündigung § 13 Abs. 1 Satz 3 KSchG.

D. Zeitliche Anknüpfungspunkte im Kontext mit dem Betriebsübergang

Aus dem zuvor Gesagten wird deutlich, dass für die Bestimmung der Sachbefugnis bzgl. der Auflösungsanträge zwei Zeitpunkte von entscheidender Bedeutung sind.

Zum einen gibt die gesetzliche Regelung den Zeitpunkt bzgl. der Gestaltungswirkung vor, der zeitlich mit dem hypothetischen Kündigungstermin zusammenfällt. Zum anderen sind Grundlage der Zukunftsprognose diejenigen Verhältnisse, wie sie zum Schluss der mündlichen Verhandlung bestehen. Für die Auflösungsgründe sind sonach grundsätzlich diejenigen Umstände maßgeblich, wie sie sich im Entscheidungszeitpunkt im Verhältnis zum Arbeitgeber darstellen.

Angesichts dessen läuft die Problematik bzgl. der Verteilung der Antragsbefugnis konkret auf die Fragen hinaus, ob ein Auflösungsantrag des Betriebsveräußerers bzw. gegen diesen gerichteter Auflösungsantrag nach innerprozessualem Betriebsübergang noch Bestand haben kann. Wenn dies bejaht wird, ist zu klären, wie mit diesem weiter zu verfahren ist. Spiegelbildlich hierzu ist zu erörtern, ob der Betriebsveräußerer noch zeitlich nach dem Betriebsübergang einen Auflösungsantrag stellen kann bzw. gegen wen der Arbeitnehmer einen nachträglichen Auflösungsantrag zu stellen hat.

Zur Verdeutlichung der zeitlich problematischen Abfolge *Abb. 7*:

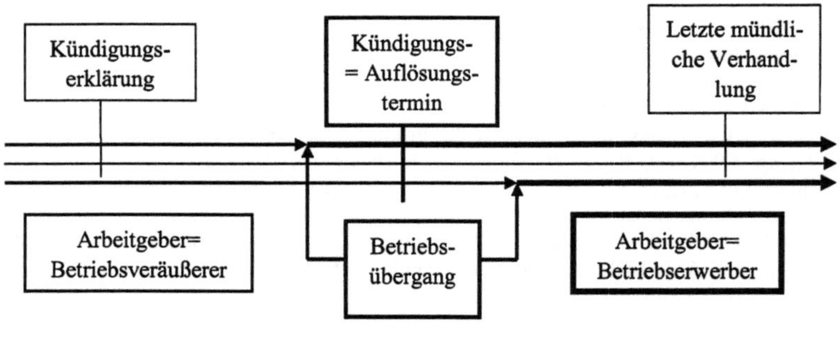

E. Die Rspr. des BAG zur Sachbefugnis bzgl. Auflösungsanträgen

Das BAG hat sich noch nicht mit allen Aspekten dieser Problematik befasst. Bisher ergingen Entscheidungen jeweils in der Konstellation, dass der Betriebsveräußerer eine Kündigung vor Betriebsübergang ausgesprochen hatte mit der Folge, dass das anhängige Kündigungsschutzverfahren gegen ihn fortzuführen war.

I. Entscheidung vom 20.03.1997: Auflösungsantrag des Arbeitnehmers, Betriebsübergang während Kündigungsfrist

In der Entscheidung vom 20.03.1997[1168] hatte sich das BAG mit einem Auflösungsantrag zu befassen, den der klagende Arbeitnehmer erst zeitlich nach einem innerprozessualen Betriebsübergang und zwar gegenüber dem beklagten Alt-Arbeitgeber gestellt hatte. Der Betriebsübergang selbst fand noch während der Kündigungsfrist statt mit der Folge, dass die Auflösung das bereits auf den Betriebserwerber übergegangene Arbeitsverhältnis erfassen würde (Kündigung zum 30.06.1994; Betriebsübergang am 31.01.1994; Auflösungsantrag gestellt am 20.05.1994).

Das BAG wies den Auflösungsantrag ab. Seiner Ansicht nach hätte dieser ausschließlich gegen den bekannten Betriebserwerber gerichtet werden können. Der Betriebsveräußerer sei – jedenfalls im konkreten Streitfall – nicht mehr passivlegitimiert gewesen.

Das BAG betont die prozessuale Eigenständigkeit der Auflösungsanträge. Zudem stünde es deren charakteristischen Ausgestaltung entgegen, für die Antragsbefugnis auf die Passivlegitimation im Kündigungsschutzverfahren zu verweisen. Denn für die Auflösung mache es einen wesentlichen Unterschied, ob der Betriebsübergang erst nach oder noch vor dem Kündigungstermin stattfinde.[1169] Im letztgenannten Fall nämlich werde das bereits auf den Betriebserwerber übergegangene Arbeitsverhältnis aufgelöst. So komme es, wenn der Betriebsübergang vor dem Ende der mündlichen Verhandlung stattfinde, auf die Arbeitssituation unter dem Betriebsveräußerer nicht mehr an.[1170]

Ob die §§ 265 Abs. 2, 325 Abs. 1, 727 ZPO in dieser Konstellation analog anwendbar sind, konnte das Gericht wegen der fehlenden zeitlichen Voraussetzungen offen lassen. Eine hierüber hinausgehende Prozessstandschaft lehnte es explizit ab. Zudem verlange auch der Schutzzweck des § 613a BGB nicht, so das BAG, einen Auflösungsantrag gegen den Betriebsveräußerer auch noch nach Betriebsübergang zuzulassen. Denn dem Arbeitnehmer stünden es offen, die Auflösung im Verhältnis zum Betriebsveräußerer über einen Widerspruch nach § 613a Abs. 6 BGB zu erreichen oder, um einen Auflösungsantrag stellen zu können, den Betriebserwerber in das Verfahren einzubeziehen. Im Übrigen könne der Arbeitnehmer eine Kündigung des Betriebserwerbers abwarten. Schließlich weist das BAG darauf hin, dass Schwierigkeiten bei der Darlegung eines unklaren Betriebsübergangs als rechtsvernichtende Einwendung zulasten des Betriebsveräußerers gingen, sodass es zu einer Belastung der Arbeitnehmer insoweit nicht komme.[1171]

[1168] Vom 20.03.1997 - 8 AZR 769/95 – AP Nr. 30 zu § 9 KSchG 1969.

[1169] BAG vom 20.03.1997 – 8 AZR 769/95 – AP Nr. 30 zu § 9 KSchG 1969 [zu B.II.4.a) sowie d) cc) der Gründe].

[1170] BAG vom 20.03.1997 – 8 AZR 769/95 – AP Nr. 30 zu § 9 KSchG 1969 [zu B.II.4.d) aa) der Gründe].

[1171] BAG vom 20.03.1997 – 8 AZR 769/95 – AP Nr. 30 zu § 9 KSchG 1969 [zu B.II.4.d) cc) der Gründe].

II. Entscheidung vom 24.05.2005: Auflösungsantrag des beklagten Betriebsveräußerers, Betriebsübergang nach Ablauf der Kündigungsfrist

In einer späteren Entscheidung vom 24.05.2005[1172] lag dem BAG ein Auflösungsantrag des beklagten Alt-Arbeitgebers vor, den dieser im eingeleiteten Kündigungsschutzverfahren erstmalig zeitlich nach Betriebsübergang gestellt hatte. Der Betriebsübergang selbst hatte zeitlich nach dem Ende der Kündigungsfrist als festzusetzendem Auflösungstermin stattgefunden (fristlose, hilfsweise ordentliche Kündigung zum 30.06.2003; Betriebsübergang am 9.10.2003; Auflösungsantrag gestellt am 16.10.2003).

Nach Ansicht des BAG bleibe der Betriebsveräußerer – jedenfalls in der Konstellation, in der der Betriebsübergang erst nach dem Auflösungszeitpunkt des § 9 Abs. 2 KSchG erfolgt – auch nach dem Betriebsübergang noch aus eigenem Recht antragsbefugt.[1173] Insoweit widerspricht es der Vorinstanz: Mit Blick auf den Prüfungszeitpunkt hatte das LAG Berlin vertreten, die im Verhältnis zum bisherigen Betriebsinhaber begründeten Auflösungsumstände verlören nach Betriebsübergang ihre Bedeutung für die gerichtliche Prognoseentscheidung. Auf das Verhältnis zwischen den neuen Arbeitsvertragsparteien aber könne der Betriebsveräußerer einen eigenen Auflösungsantrag nicht stützen.[1174]

Das BAG hingegen sah in der Beendigung des Arbeitsverhältnisses durch den Betriebsübergang zwischen Auflösungstermin und Urteilserlass kein Hindernis. § 9 Abs. 1 Satz 3 KSchG lasse, so die Richter, ausdrücklich auch ein rückwirkendes Auflösungsrecht zu, das dem Alt-Arbeitgeber, ansonsten in zulässiger Weise entzogen würde. Denn andernfalls würde er gezwungen, das Arbeitsverhältnis bis zum Betriebsübergang fortzuführen samt den hieraus entspringenden Pflichten, obwohl ihm die Weiterbeschäftigung in der Zwischenzeit unzumutbar gewesen wäre.[1175] Angesichts seiner Arbeitgeberstellung über den Auflösungstermin hinaus verfolge der ursprüngliche Betriebsinhaber mit seinem Antrag auch nach Betriebsübergang eigene Rechte. Ein Verlust dieses Auflösungsrechts führe zu einer Rechtsschutzlücke zulasten des Betriebsveräußerers, insbesondere da ihm kein Widerspruchsrecht gegen den Übergang des Arbeitsverhältnisses zustünde. Entsprechend müsse sich der Betriebsveräußerer auch nicht auf eine Antragstellung vor Betriebsübergang verweisen lassen, um die §§ 265, 325 ZPO auszulösen. Schließlich verweist das BAG auf die praktisch sinnvolle Lösung, das Auflösungsverfahren in Parallele zum Kündigungsschutzprozess ebenfalls mit dem bisherigen Betriebsinhaber fortzuführen.[1176]

[1172] Vom 24.05.2005 - 8 AZR 246/04 – AP Nr. 282 zu § 613a BGB m. zust. Anm. *Wollenschläger/Krogull* = AR-Blattei ES 500 Betriebsinhaberwechsel Nr. 191 m. zust. Anm. *Hergenröder*.

[1173] So bereits das LAG Berlin vom 23.11.2001 – 8 Sa 545/01 – nv, recherchiert über juris [zu II. 3.1 der Gründe]. Zur Antragsberechtigung des Betriebserwerbers, LAG Köln vom 15.02.2002 – 4 (2) Sa 575/01 – nv, recherchiert über juris [zu III.1. der Gründe], hierzu ausführlich unten unter G.

[1174] LAG Berlin vom 29.01.2004 - 18 Sa 2189/03 – nv, recherchiert über juris [zu 4. der Gründe].

[1175] Ebenso für eine ähnliche Konstellation, BAG vom 21.01.1965 – 2 AZR 38/64 – NJW 1965, 1453, 1454.

[1176] Zu dieser Argumentation insgesamt BAG vom 24.05.2005 - 8 AZR 246/04 – AP Nr. 282 zu § 613a BGB [zu II.3.d) der Gründe]

Allerdings könne es, so das BAG einschränkend, für die Prognoseentscheidung in dieser Konstellation naturgemäß allein auf den Zeitraum zwischen Auflösungstermin und Betriebsübergang ankommen.[1177]

III. Die Konstruktion der BAG-Rspr.

In den genannten Entscheidungen stellt das BAG bei Beurteilung der Sachbefugnis auf Arbeitgeberseite auf die Arbeitgeberstellung im Auflösungstermin des § 9 Abs. 2 KSchG ab.[1178]

Aufgrund dessen beschränkt das BAG die Aktivlegitimation des Betriebsveräußerers auf Konstellationen, in denen der Auflösungstermin dem Arbeitgeberwechsel zeitlich vorangeht unabhängig davon, wann der Auflösungsantrag anhängig wird. Im Übrigen hält das BAG ausschließlich den Betriebserwerber für antragsbefugt. Entsprechendes gilt nach seiner Auffassung auf der Passivseite. Jedenfalls wenn der Betriebsübergang noch während der Kündigungsfrist stattfindet, ist richtiger Antragsgegner der Betriebserwerber.

F. Positives Echo und Weiterentwicklungen in der Lit.

Diese Rspr. hat in der Lit. überwiegend Zustimmung erfahren.[1179] Auch die Lit. verweist darauf, dass ein bereits beendetes Arbeitsverhältnis nicht mehr aufgelöst werden könne, der Antrag somit ein bestehendes Arbeitsverhältnis zum Antragsgegner im Auflösungstermin voraussetze.[1180] Daher könne über die Auflösung des Arbeitsverhältnisses zeitlich nach Betriebsübergang nicht ohne Beteiligung des Erwerbers entschieden werden.[1181] Zudem führt die Lit. an, dass im Falle langwieriger Verfahren ein

---

[1177] BAG vom 24.05.2005 - 8 AZR 246/04 – AP Nr. 282 zu § 613a BGB [zu II.2. der Gründe]. Vgl. hierzu auch BAG vom 17.09.1987 – 2 AZR 2/87 – nv, recherchiert über juris [zu II.3.b) der Gründe].

[1178] Ebenso LAG Berlin vom 23.11.2001 – 8 Sa 545/01 – recherchiert über juris [zu II.3. der Ausführungen]; LAG Köln vom 15.02.2002 – 4 (2) Sa 575/01 – recherchiert über juris [zu III.1. der Gründe].

[1179] U.a. APS-*Biebl*, § 9 KSchG Rn. 30; APS-*Steffan*, BGB § 613a Rn. 255; AR-Blattei SD (*Hergenröder*), 500.1 Rn. 718 f., 1235 (unklar insoweit Rn. 1196); BeckOK-ArbR/*Gussen*, § 613a BGB Rn. 282 f.; ErfK/*Kiel*, § 9 KSchG Rn. 10, 27; ErfK/*Preis*, § 613a BGB Rn. 176; Hako-KSchR/*Fiebig*, § 9 KSchG Rn. 21; Hako-KSchR/*Mestwerdt*, § 613a BGB Rn. 196 ff.; KR/*Spilger*, § 9 KSchG Rn. 15; KR/*Pfeiffer*, § 613a BGB Rn. 208; MüKo-BGB/*Müller-Glöge*, § 613a BGB Rn. 208; von Hoyningen-Huene/*Linck*, KSchG, § 9 KSchG Rn. 43; *Gaul*, Betriebs- und Unternehmensspaltung, § 23 Rn. 35 ff.; Küttner/*Kreitner*, Personalbuch, Betriebsübergang Rn. 92; Schaub/*Koch*, § 118 Rn. 52; *Vossen*, FS für Leinemann, 2006, 273, 283 ff.; *Hergenröder*, Anm. zu BAG vom 24.05.2005 - 8 AZR 246/04 – AR-Blattei ES 500 Betriebsinhaberwechsel Nr. 191 (vgl. aber auch dessen Bedenken in MüKo-BGB/*Hergenröder*, 4. Aufl. 2005, § 9 KSchG Rn. 35 f.); *Andelewski*, Anm. zu BAG vom 24.05.2005 - 8 AZR 246/04 – DB 2005, 2082, 2084; *Künzel*, Anm. zu BAG vom 20.03.1997 – 8 AZR 769/95 - EWiR § 613a BGB 1/98, 17; *Wollenschläger/Krogull*, Anm. zu BAG vom 24.05.2005 - 8 AZR 246/04 - AP Nr. 282 zu § 613a BGB; *Boewer* RdA 2001, 397 f.; *Holthausen/Holthausen* NZA-RR 2007, 449, 453; *Keßler* NZA-RR 2002, 1, 5; *Löwisch/Neumann* DB 1996, 474, 475.

[1180] *Vossen*, FS für Leinemann, 2006, 273, 283.

[1181] *Kreitner* FA 1998, 2, 4; *Vossen*, FS für Leinemann, 2006, 273, 283.

nicht unerheblicher Zeitraum zwischen Kündigungstermin und Betriebsübergang anwachsen könne, in dem der Betriebsveräußerer contra legem an der Entlohnungspflicht festgehalten würde.[1182] Insoweit verfolge der Betriebsveräußerer gerade eigene Interessen.[1183]

Schließlich beruft sich die Lit. auf die besondere Ausgestaltung der Auflösung nach § 9 KSchG[1184], die auch rückwirkend erfolgen könne. Insofern sei es systemwidrig, den Betriebsveräußerer zwar als Partei im Kündigungsschutzverfahren zu halten, ihm gleichzeitig aber das Recht zu nehmen, den Auflösungsantrag weiter zu verfolgen. Denn dieser Antrag sei gerade im Zusammenhang mit dem Ausgang des Rechtsstreits zu sehen.[1185]

[1182] *Wollenschläger/Krogull*, Anm. zu BAG vom 24.05.2005 - 8 AZR 246/04 - AP Nr. 282 zu § 613a BGB [zu 1. der Ausführungen]; *Hergenröder*, Anm. zu BAG vom 24.05.2005 - 8 AZR 246/04 – AR-Blattei ES 500 Betriebsinhaberwechsel Nr. 191 [zu III.1. der Ausführungen]; *Berkowsky* NZI 2006, 81, 82.

[1183] *Hergenröder*, Anm. zu BAG vom 24.05.2005 - 8 AZR 246/04 – AR-Blattei ES 500 Betriebsinhaberwechsel Nr. 191 [zu III.1. der Ausführungen]; *Berkowsky* NZI 2006, 81, 82, nach dem beide Veräußerungsparteien ein erhebliches Interesse an einer Auflösung des Arbeitsverhältnisses schon vor Betriebsübergang haben.

[1184] *Hergenröder*, Anm. zu BAG vom 24.05.2005 - 8 AZR 246/04 – AR-Blattei ES 500 Betriebsinhaberwechsel Nr. 191 [zu II.1. der Ausführungen].

[1185] KR/*Pfeiffer*, BGB § 613a Rn. 208; *Hergenröder*, Anm. zu BAG vom 24.05.2005 - 8 AZR 246/04 – AR-Blattei ES 500 Betriebsinhaberwechsel Nr. 191 [zu III.1. der Ausführungen].

3. Abschnitt: Einzelfragen zum Arbeitgeberantrag nach § 9 Abs. 1 Satz 2 KSchG

A. Antragsbefugnis des Betriebsveräußerers im Falle des Auflösungstermins vor Betriebsübergang

Wird das Kündigungsschutzverfahren gegen eine vom späteren Betriebsveräußerer ausgesprochene Kündigung vor Betriebsübergang eingeleitet, kommt die Antragsbefugnis nach § 9 KSchG zunächst dem Betriebsveräußerer als aktuellem Arbeitgeber zu.

Es stellt sich jedoch die Frage, wie ein nachfolgender Betriebsübergang das Antragsrecht beeinflusst. Zum einen wird zu klären sein, ob der Betriebsveräußerer einen Antrag auch noch nach Betriebsübergang in das Verfahren einbringen oder einen bereits gestellten Antrag über den Betriebsübergang hinaus weiterverfolgen kann. Das BAG bejaht dies.[1186]

I. Gegenansicht *Gravenhorsts*

Gegen ein solches Verständnis wendet sich *Gravenhorst.*[1187] Ihrer Ansicht nach ist für die Antragsbefugnis/-gegnerschaft auf Arbeitgeberseite auf das Verhältnis von Antragstellung und Zeitpunkt des Betriebsübergangs abzustellen.[1188] Auf eine Differenzierung nach dem zeitlichen Verhältnis von Auflösungstermin und Betriebsübergang komme es hingegen nicht an.[1189] Vor Betriebsübergang sei sonach der Betriebsveräußerer, danach ausschließlich der -erwerber antragsbefugt. Als Begründung führt sie an, dass der Veräußerer mit Betriebsübergang die Dispositionsbefugnis über das Arbeitsverhältnis verliere. Eine Disposition stelle es aber dar, die Auflösung des Arbeitsverhältnisses zu beantragen.

Dieser Auffassung liegt *Gravenhorsts* abweichendes Verständnis zugrunde, was den Beurteilungszeitpunkt für die Prognoseentscheidung anbelangt. Anders als die h.M. will sie hierfür – vorverlagernd – den Zeitpunkt der Antragsstellung heranziehen. Zwar stimmt sie angesichts der Zulässigkeit einer nachträglichen Antragstellung der h.M. zu, dass auch Gründe nach Ausspruch der Kündigung im Rahmen der Prognoseentscheidung nach § 9 KSchG berücksichtigt werden können. Die zeitliche Grenze hierfür zieht sie jedoch mit dem Zeitpunkt der Antragstellung.[1190]

[1186] Entscheidung vom 24.05.2005, hierzu oben unter D.II. Ebenso LAG Berlin vom 23.11.2001 – 8 Sa 545/01 – recherchiert über juris [zu II.3. der Ausführungen]; Tschöpe/*Beseler*, Anwalts-Handbuch ArbR, Teil 2 G Rn. 145. AA KR/*Spilger*, § 9 KSchG Rn. 34, der das Auflösungsrecht des Betriebsveräußerers von der Ausübung des Widerspruchs durch den Arbeitnehmer abhängig machen will.

[1187] *Gravenhorst* NZA-RR 2007, 57, 61 ff.

[1188] Ebenso wohl KDZ-*Däubler/Zwanziger*, § 613a BGB Rn. 144.

[1189] *Gravenhorst* NZA-RR 2007, 57, 63.

[1190] *Gravenhorst* NZA-RR 2007, 57, 61.

Diese zeitliche beschränkte Relevanz der Auflösungsgründe leitet sie aus einem Vergleich mit der Kündigung ab. Anders als die h.M. sieht sie keine wesentlichen strukturellen Unterschiede zwischen beiden Rechtsinstituten. Die h.M. verweist demgegenüber auf die unterschiedliche Perspektive, aus welcher die Beurteilung vorzunehmen ist: Während der Auflösungsentscheidung eine Zukunftsprognose im Entscheidungszeitpunkt zugrunde liege, sei die Wirksamkeit der Kündigung rückschauend bezogen auf den Zeitpunkt des Kündigungszugangs zu bewerten. *Gravenhorst* wendet hiergegen ein, auch die Entscheidung über die Wirksamkeit einer – insbesondere verhaltens- oder personenbedingten – Kündigung setze eine negative Zukunftsprognose voraus. Sowohl die Beurteilung der Kündigungs- wie der Auflösungsgründe sei demzufolge zukunftsgerichtet. Entsprechend könnten erst nach Antragstellung entstandene Auflösungsgründe ebenso wie Kündigungsgründe nach Kündigungszugang nicht in die Entscheidung einfließen.[1191]

II. Stellungnahme

Gegen die Vergleichbarkeit, die *Gravenhorst* dem Prüfungsmaßstab der Auflösungs- und Kündigungsgründe zuspricht, sprechen wesentliche Gesichtspunkte. Sie lassen erheblich Zweifel daran aufkommen, die Sachlegitimation bzgl. Auflösungsanträgen derjenigen bzgl. Kündigungsschutzanträgen gleichzustellen.[1192]

1. Unterschiede in den Urteilsformen/Selbstständigkeit der Auflösungsanträge

Die Bestimmung der Sachbefugnis im Rahmen von § 9 KSchG muss dogmatisch entsprechend den Grundsätzen des Zivilprozessrechts am Verfahrensgegenstand anknüpfen. Dabei muss die besondere Ausgestaltung der Auflösungsentscheidung beachtet werden. Allen voran zeigen sich die Unterschiede beider Rechtsinstitute in der Rechtsnatur ihrer Endurteile. Während das Endurteil der Kündigungsschutzklage die materielle Rechtslage feststellt, gestaltet das Auflösungsurteil aktiv die Rechtslage, indem es das fortbestehende Arbeitsverhältnis beendet (§ 9 Abs. 1 KSchG).[1193] Zudem betont die h.M. zu Recht die Eigenständigkeit der Auflösungsanträge, die allein in ihrer Statthaftigkeit an die Kündigungsschutzklage gebunden sind (§ 9 Abs. 1 Satz 3 KSchG).[1194]

2. Beurteilungszeitpunkt

Darüber hinaus unterscheiden sich beide Streitgegenstände maßgeblich in ihrem zeitlichen Anknüpfungspunkt für die Beurteilung ihrer Gründe. Die Kündigungsgründe be-

---

[1191] Zur gesamten Argumentation, *Gravenhorst* NZA-RR 2007, 57, 61 ff. Verändert sich die tatsächliche Situation, die den Auflösungsgründen zugrunde liegt, nach Antragstellung, so kann dies nach Ansicht *Gravenhorsts* nur auf die Weise Berücksichtigung finden, dass der ursprüngliche Auflösungsantrag zurückgenommen und ein neuer Antrag gestellt wird, *Gravenhorst* NZA-RR 2007, 57, 62 f.

[1192] Ebenso, allerdings ohne dies zu begründen, *Keßler* NZA-RR 2002, 1, 5.

[1193] Vgl. ausführlich das BAG vom 07.03.2002 – 2 AZR 158/01 – NZA 2003, 261, 263.

[1194] U.a. BAG vom 07.03.2002 – 2 AZR 158/01 – NZA 2003, 261, 263; KR/*Pfeiffer*, § 613a BGB Rn. 208.

ruhen nach allgemeiner Ansicht auf den Verhältnissen im Zeitpunkt des Kündigungszugangs. Aus dieser rückschauenden Perspektive ist eine negative Zukunftsprognose bzgl. der jeweiligen Störung des Arbeitsverhältnisses vorzunehmen. Demgegenüber sind im Rahmen der gerichtlichen Zukunftsprognose nach § 9KSchG diejenigen Umstände maßgeblich, wie sie Zeitpunkt der letzten mündlichen Verhandlung über den Auflösungsantrag vorzufinden sind.[1195]

Entgegen der Ansicht *Gravenhorsts* ist dieser Beurteilungszeitpunkt vom Telos des § 9 KSchG zwingend vorgegeben. Er trägt den Interessen der Arbeitsvertragsparteien Rechnung, das fortbestehende Arbeitsverhältnis zu beenden, wenn die Grundlage für eine künftige Zusammenarbeit erheblich beeinträchtigt erscheint. Der Zweck der Auflösungsanträge ist somit rein zukunftsbezogen auf die Zumutbarkeit der Weiterbeschäftigung gerichtet.[1196] Dabei stellen die Auflösungsanträge eine absolute Ausnahme vom Bestandsschutzgedanken des KSchG und damit die ultima ratio dar. Sachgerechterweise muss daher die Würdigung der Auflösungsgründe im letztmöglichen Zeitpunkt nach Abschluss der mündlichen Tatsachenverhandlung erfolgen.[1197] Nur falls die Voraussetzungen zu diesem Zeitpunkt vorliegen, lässt es sich rechtfertigen, auf Antrag einer Partei das an sich fortbestehende Arbeitsverhältnis qua einseitigen Hoheitsakts aufzulösen. Denn hiermit geht zugleich ein Eingriff in die Privatautonomie des Antragsgegners sowie den Grundsatz „pacta sunt servanda" einher. Daher muss in die Entscheidung auch einfließen, dass vormals vorliegende Auflösungsgründe in der Folgezeit in tatsächlicher oder rechtlicher Weise ihr Gewicht verlieren.[1198] Eine solche Entwicklung zu berücksichtigen, stellt keine unverhältnismäßige Benachteiligung der Parteien dar, selbst wenn deren Einfluss auf die Dauer eines Kündigungsschutzverfahrens begrenzt ist. Es bleibt ihnen unbenommen, auf die Veränderung der Arbeitssituation mit einer erneuten Kündigung zu reagieren.[1199]

Schon die Ausgangsprämisse *Gravenhorsts*, dass es für die Prognoseentscheidung auf den Zeitpunkt der Antragstellung ankommen soll, kann infolgedessen nicht überzeugen.

[1195] Ebenso BAG vom 07.03.2002 – 2 AZR 158/01 – NZA 2003, 261, 263; hierauf verweisen eindringlich auch *Holthausen/Holthausen* NZA-RR 2007, 449, 453.

[1196] BAG vom 07.03.2002 – 2 AZR 158/01 – NZA 2003, 261, 263. Ebenso KR/*Spilger*, § 9 KSchG Rn. 45; *Holthausen/Holthausen* NZA-RR 2007, 449, 453.

[1197] BAG vom 07.03.2002 – 2 AZR 158/01 – NZA 2003, 261, 263. Dass es hierbei im Einzelfall zu im Ergebnis unbilligen Ergebnissen kommen kann, wie *Gravenhorst*, NZA-RR 2007, 57, 61, mit Hinweis auf den Sachverhalt des BAG vom 07.03.2002 – 2 AZR 158/01 – NZA 2003, 261, 263, anführt, rechtfertigt kein anderes Ergebnis, vgl. BAG, aaO, S. 263.

[1198] BAG vom 07.03.2002 – 2 AZR 158/01 – NZA 2003, 261, 263 mit Hinweis darauf, dass die Auflösungsanträge eine neben der Kündigung zusätzliche Lösungsmöglichkeit darstellen; KR/*Spilger*, § 9 KSchG Rn. 54. Beispiele für eine Veränderung können beispielsweise der Austausch von Vorgesetzen oder die Veränderung der Belegschaftsstruktur sein.

[1199] BAG vom 07.03.2002 – 2 AZR 158/01 – NZA 2003, 261, 263; *Holthausen/Holthausen* NZA-RR 2007, 449, 453.

3. Gestaltungszeitpunkt

Das Auflösungsurteil beendet das Arbeitsverhältnis zum hypothetischen Kündigungstermin (§ 9 Abs. 2 KSchG). Die Gestaltungswirkung betrifft somit das Arbeitsverhältnis in seiner subjektiven Ausrichtung, wie sie in diesem Zeitpunkt vorliegt.

Insoweit übersieht *Gravenhorst* den Einfluss der Gestaltungswirkung auf die Rechtsstellung des Betriebsveräußerers. Entgegen ihrer Ansicht ist die Dispositionsqualität des Auflösungsantrags nicht an die Antragsstellung, sondern an den Gestaltungszeitpunkt geknüpft.[1200] In dieser Hinsicht betrifft die rückwirkende Auflösung den Betriebsveräußerer als damaligen Rechtsträger und seine Verpflichtungen aus dem Arbeitsverhältnis unmittelbar. Sie entscheidet darüber, ob das Arbeitsverhältnis bis zum Betriebsübergang mit ihm fortbesteht. Der Betriebsveräußerer nimmt demzufolge eigene Rechte wahr unabhängig davon, wann der Auflösungsantrag gestellt wird.[1201]

Diese Rechtsbetroffenheit muss sich m.E. in einer Antragsbefugnis des Betriebsveräußerers widerspiegeln. Demnach ist der h.M. folgend für dessen Sachlegitimation maßgeblich auf die zeitliche Relation von Betriebsübergang und Auflösungstermin abzustellen. Demzufolge fehlt dem Betriebsveräußerer, wenn die Auflösung erst zeitlich nach dem Betriebsübergang Wirkung entfaltet, das Antragsrecht. In diesem Fall ist ausschließlich das fremde Recht des Betriebserwerbers betroffen, zu dem das aufzulösende Arbeitsverhältnis nunmehr fortbesteht.

III. Zulässigkeitshindernis: Betriebsübergang nach Auflösungstermin, aber vor Urteilserlass

Über die Aktivlegitimation hinaus stellt sich die grundlegende Frage, ob der Aspekt, dass nach dem Auflösungstermin, aber noch vor der letzten Verhandlung ein Betriebsübergang stattfindet, dagegen spricht, eine Auflösung auf Initiative des früheren Arbeitgebers zu ermöglichen.

Zwar würde die Auflösung zu einem Zeitpunkt eintreten, in dem das Arbeitsverhältnis noch zum Betriebsveräußerer bestand. Im Zeitpunkt des Urteilserlasses hingegen ist aktueller Arbeitgeber der Betriebserwerber. Daraus folgt bezogen auf die tatsächliche Arbeitssituation, dass das Arbeitsverhältnis infolge Unwirksamkeit der Kündigung gerade zum Betriebserwerber fortzusetzen wäre. Praktisch besehen käme es in diesem Falle also zu einer Zusammenarbeit von Betriebsveräußerer und Arbeitnehmer nicht mehr. Angesichts dieser Diskrepanz von Antragsgegner und „Fortsetzungsarbeitgeber" lässt sich am Rechtsschutzbedürfnis des Betriebsveräußerers, die Auflösung des Arbeitsverhältnisses wegen nicht zu erwartender förderlicher Zusammenarbeit zu betreiben, zweifeln.

[1200] So auch explizit APS-*Steffan*, § 613a BGB Rn. 255; vgl. *Holthausen/Holthausen* NZA-RR 2007, 449, 453.

[1201] So auch explizit APS-*Steffan*, § 613a BGB Rn. 255. *Andelewski*, Anm. zu BAG vom 24.05.2005 - 8 AZR 246/04 – DB 2005, 2082, 284, spricht von einem zufälligen und nicht begründbaren Schutz des Arbeitsverhältnisses bis zum Zeitpunkt des Betriebsübergangs.

1. Bedenken in der Lit.

Derartige Bedenken äußern einige Stimmen in der Lit. ganz allgemein gegen die Zulässigkeit eines Auflösungsantrags, wenn das Arbeitsverhältnis – aus welchen Gründen auch immer – noch vor der letzten mündlichen Tatsachenverhandlung endet.[1202] Denn bestünde das Arbeitsverhältnis im Beurteilungszeitpunkt nicht mehr, sei, so diese Ansicht, nur noch eine Vergangenheits- und nicht mehr eine Zukunftsprognose möglich. Eine solche Vergangenheitsprognose werde der gesetzgeberischen Intention jedoch nicht gerecht. Ihrer Ansicht nach bedürfe es dann, wenn das Arbeitsverhältnis bereits aus anderen Gründen vorzeitig endet, keines prozessualen Mittels mehr, um auf die Erwartung einer künftigen unzuträglichen Zusammenarbeit reagieren zu können. Entsprechend entfalle das Auflösungsinteresse denknotwenig.[1203]

Diese Bedenken lassen sich ohne weiteres auch auf die Konstellation des Betriebsübergangs zeitlichh vor Urteilserlass übertragen, mit dem das Ende des Arbeitsverhältnisses zum Betriebsveräußerer einhergeht.

2. Unbeachtlichkeit einer zwischenzeitlichen Beendigung nach h.M.

Die h.M. sieht demgegenüber in einer zwischenzeitlichen Beendigung des Arbeitsverhältnisses – auch infolge eines Arbeitgeberwechsels – kein Hindernis für eine Auflösungsentscheidung gegenüber dem früheren Arbeitgeber.[1204] Das sah auch das BAG in seiner Entscheidung vom 24.05.2005 so und folgt damit seiner bisherigen Rechtssprechung in vergleichbaren Konstellationen.[1205] Sinnlogisch sei allerdings in diesem Fall der Zeitraum, der der Prognoseentscheidung zugrunde liegt, an die tatsächliche Situation anzupassen. Demzufolge reduziere sich die Prognose auf die Umstände in der Phase zwischen Auflösungstermin und Beendigung des Arbeitsverhältnisses.[1206]

1202 MüKo-BGB/*Hergenröder*, 4. Aufl. 2005, § 9 KSchG Rn. 35 f.; Löwisch/*Spinner*, KSchG, § 9 Rn. 28; *Matissek*, FS 50 Jahre Arbeitsgerichtsbarkeit in Rheinland-Pfalz, S. 287, 294; Stahlhacke/Preis/*Vossen*, Kündigungsschutz, Rn. 2011 für das zwischenzeitliche Versterben des Arbeitnehmers, siehe aber auch aaO Rn. 1973. Ausdrücklich für den Fall des Betriebsübergangs, von Hoyningen-Huene/*Linck*, KSchG, § 9 Rn. 43 im Gegensatz zu Rn. 41.

1203 MüKo-BGB/*Hergenröder*, 4. Aufl. 2005, § 9 KSchG Rn. 35 f.; Löwisch/*Spinner*, KSchG, § 9 Rn. 28; *Matissek*, FS 50 Jahre Arbeitsgerichtsbarkeit in Rheinland-Pfalz, S. 287, 294.

1204 LAG Berlin vom 23.11.2001 – 8 Sa 545/01 - recherchiert über juris [zu II.3. der Gründe]; APS-*Biebl*, § 9 KSchG Rn. 88; APS-*Steffan*, § 613a Rn. 255; Hako-KSchR/*Fiebig*, § 9 KSchG Rn. 39; ErfK/*Kiel*, § 9 KSchG Rn. 27; KR/*Spilger*, § 9 KSchG Rn. 34; *Andelewski*, Anm. zu BAG vom 24.05.2005 - 8 AZR 246/04 – DB 2005, 2082, 2084; *Berkowsky* NZI 2006, 81, 81 f.

1205 Siehe zum genannten Urteil oben unter D.II. BAG vom 21.01.1965 – 2 AZR 38/64 – NJW 1965, 1453, 1453 f. = AP Nr. 21 zu § 7 KSchG 1951 m. abl. Anm. *Herschel*; 17.09.1987 – 2 AZR 2/87 – nv, recherchiert über juris [zu II.1. der Gründe mwN]; vom 24.05.2005 - 8 AZR 246/04 – AP Nr. 282 zu § 613a BGB [zu II.4.b) der Gründe]; zust., APS-*Biebl*, § 9 KSchG Rn. 87 f.; ErfK/*Kiel*, § 9 KSchG Rn. 10; Hako-KSchR/*Fiebig*, § 9 KSchG Rn. 39; KR/*Spilger*, § 9 KSchG Rn. 34 mwN; *Boewer* RdA 2001, 380, 398.

1206 KDZ-*Däubler/Zwanziger*, § 613a BGB Rn. 145a; *Boewer* RdA 2001, 380, 398; *Holthausen/Holthausen* NZA-RR 2007, 449, 453; *Hergenröder*, Anm. zu BAG vom 24.05.2005 - 8 AZR 246/04 – AR-Blattei ES 500 Betriebsinhaberwechsel Nr. 191 [zu III.2. der Ausführungen]. Hako-KSchR/*Fiebig*, § 9 KSchG Rn. 39 spricht von hypothetischer Prüfung; ebenso KR/*Spilger*, § 9 KSchG Rn. 34. *Andelewski*, Anm. zu BAG vom 24.05.2005 - 8 AZR 246/04 – DB 2005, 2082,

3. Stellungnahme

Die Bedenken der Lit. sind berechtigt. Denn die Auflösung hat primär die Befreiung von der Weiterbeschäftigungspflicht zum Ziel. Rein praktisch kommt ihr im Hinblick auf die tatsächliche Arbeitssituation, auch wenn sie zurückwirkt, erst ab Urteilserlass und damit künftig Relevanz zu. Denn erst ab diesem Moment steht fest, ob das Arbeitsverhältnis fortzusetzen ist oder nicht. Aus diesen praxisbezogenen Erwägungen heraus ließe sich daher durchaus das Auflösungsinteresse des Betriebsveräußerers verneinen, wenn bereits vor Urteilserlass das Arbeitsverhältnis auf den Betriebserwerber übergeht.

Nichtsdestoweniger überzeugen die Argumente der h.M.[1207] Denn der Fortbestand des Arbeitsverhältnisses begründet nicht nur die Weiterbeschäftigungspflicht, sondern begründet weitere Pflichten. So würde der Betriebsveräußerers zu berücksichtigen, versagte man ihm einen für den Zeitraum bis zur Betriebsübernahme begründeten Auflösungsantrag, trotz Unzumutbarkeit der Weiterbeschäftigung an sämtlichen aus dem Arbeitsverhältnis Pflichten, insbesonderre zur Lohnzahlung, festgehalten. Dabei kann die Zeitspanne zwischen Auflösungstermin und Betriebsübergang u.U. von erheblicher Dauer sein. Sie kann eine Zeitspanne von zwölf Monaten ohne weiteres übersteigen, während § 10 Abs. 1 KSchG die Abfindung auf zwölf Monatsgehälter „deckelt". Richtig ist zwar, dass die Auflösungsanträge vor einer unzumutbaren Weiterbeschäftigungspflicht und nicht primär vor einer Lohnfortzahlungspflicht schützen. Aber selbst wenn die Weiterbeschäftigung nunmehr unmöglich und nur noch hypothetisch bewertet werden kann, steht der Gedanke des Synallagmas der Leistungspflichten dem Festhalten des Betriebsveräußerers an das Arbeitsverhältnis trotz Unzumutbarkeit entgegen.

Ein gegenteiliges Ergebnis würde des Weiteren bedeuten, das Auflösungsantragsrecht in unbilliger Weise an die Verfahrensdauer zu knüpfen. So wäre das Antragsrecht etwa versagt, wenn es angesichts der langen Dauer noch vor Urteilserlass zum Betriebsübergang kommt. Auf die Verfahrensdauer hat der Betriebsveräußerer nur bedingten Einfluss.[1208] Hierin liegt eine wesentliche Benachteiligung des Betriebsveräußerers. Schließlich lässt § 9 KSchG gerade ausdrücklich eine nachträgliche Antragsstellung und rückwirkende Auflösung zu.

2084 sieht hierin nicht unerhebliche Härten für den Betriebsveräußerer angesichts der Fortführung der Betriebsstruktur nach Betriebsübergang. Dieser Ansicht hat sich trotz Bedenken auch *Hergenröder*, Anm. zu BAG vom 24.05.2005 – 8 AZR 246/04 – AR-Blattei ES 500 Betriebsinhaberwechsel Nr. 191 [zu III.1. der Ausführungen], angeschlossen.

[1207] Siehe hierzu oben unter D., F.I. Vgl. auch APS-*Steffan*, § 613a BGB Rn. 255.

[1208] Ebenso ErfK/*Kiel*, § 9 KSchG Rn. 27; KR/*Spilger*, § 9 KSchG Rn. 34; *Holthausen/Holthausen* NZA-RR 2007, 449, 453. Zudem steht ihm, wie das LAG Berlin vom 23.11.2001 – 8 Sa 545/01 – recherchiert über juris [zu II.3.1. der Ausführungen], bemerkt, kein Widerspruchsrecht zu.

IV. Beurteilungsmaßstab

1. Die verschiedenen Ansichten

Gesteht man dem Betriebsveräußerer also zu, auch bei zwischenzeitlichem Betriebsübergang einen Antrag auf Auflösung des Arbeitsverhältnisses zu einem hiervor liegenden Zeitpunkt aus eigenem Recht zu stellen, muss nach überwiegender Ansicht der Beurteilungsmaßstab modifiziert werden.[1209] Denn die Fortsetzung des Arbeitsverhältnisses zwischen Betriebsveräußerer und Arbeitnehmer – ex post betrachtet – wäre, so diese Ansicht, nur bis zu dessen Übergang auf den Betriebserwerber möglich gewesen.

Ein solches Ergebnis hält *Berkowsky*[1210] mit Hinweis darauf, dass das Arbeitsverhältnis „wie es liegt und steht" auf den übernehmenden Rechtsträger übergeht, für nicht zwingend. Er spricht sich demzufolge dafür aus, in die Zumutbarkeitsprognose sämtliche Umstände bis zum Urteilserlass einzubeziehen.

2. Stellungnahme

Berkowsky lässt dabei außer Acht, was er selbst einräumt, dass das Arbeitsverhältnis nach Betriebsübergang mit dem Betriebserwerber fortzusetzen wäre. Gewährt man dem Betriebsveräußerer jedoch ein eigenständiges Antragsrecht, ist es nicht zu rechtfertigen, ihm die Berufung auf solche Unzumutbarkeitsgründe zu eröffnen, die dem Verhältnis zum Betriebserwerber entspringen. Die Auflösung des nunmehr zum Betriebserwerber bestehenden Arbeitsverhältnisses aus Gründen, die ihren Ursprung in desesn Sphäre haben, bedeutet m.E. einen Eingriff in fremde Rechte. Es existiert insoweit auch keine Rechtsgrundlage, die eine Zurechnung nachträglicher Auflösungsgründe zugunsten des Betriebsveräußerers vorsieht. Eine solche kann auch § 613a BGB nicht leisten.

Zudem handelt es sich bei den Anträgen verschiedener Arbeitgeber m.E. um verschiedene Streitgegenstände. Denn die Unzumutbarkeit einer weiteren Zusammenarbeit betrifft das spezielle Verhältnis von Arbeitnehmer und konkretem Arbeitgeber. Sie ist sonach personenbezogen zu bestimmen. Es verbietet sich m.E. daher, Gründe, die das Verhältnis zum alten und solche, die das Verhältnis zum neuen Arbeitgeber betreffen, zu vermischen. Eine derartige Zusammenrechnung infolge des Betriebsübergangs würde den Arbeitnehmer unangemessen benachteiligen.

Es können daher nur solche Umstände Berücksichtigung finden, die bis zur Betriebsübernahme im Verhältnis zum Betriebsveräußerer eingetreten sind.[1211] Die Unzumutbarkeitsprognose erfolgt sodann hypothetisch bezogen auf den Betriebsübergangszeitpunkt.

[1209] AA LAG Berlin vom 23.11.2001 – 8 Sa 545/01 – nv, recherchiert über juris [zu II.3.1./2. der Gründe], das wegen der Besonderheiten des ihm vorliegenden Falls ohne nähere Begründung auch solche Umstände berücksichtigen will, die erst später unter dem Betriebserwerber eingetreten sind.

[1210] *Berkowsky* NZI 2006, 81, 82; mit Hinweis auf die Besonderheiten des Falls, aber ohne nähere Begründung, ebenso LAG Berlin vom 23.11.2001 – 8 Sa 545/01 - nv, recherchiert über juris [zu II.3.2 der Gründe].

[1211] So auch *Andelewski*, Anm. zu BAG vom 24.05.2005 - 8 AZR 246/04 – DB 2005, 2082, 2084.

V. Bindung des Betriebserwerbers an das Auflösungsurteil

Ergeht das Auflösungsurteil im Verhältnis Alt-Arbeitgeber – Arbeitnehmer, ist es wiederum notwendig, den Betriebsnachfolger in die Urteilswirkungen einzubeziehen. Dieser soll das Auflösungsurteil nicht nachträglich in Frage stellen können, indem er sich erfolgreich auf den Fortbestand bzw. Nichtfortbestand des Arbeitsverhältnisses beruft. Allerdings ist er weder Partei des Verfahrens noch greifen, wie bereits dargelegt, die Vorschriften über die Veräußerung der streitbefangenen Sache.

In Parallele zum Kündigungsschutzverfahren folgt m.E. auch im Rahmen der Auflösungsanträge eine Bindungswirkung gegenüber dem Betriebserwerber aus § 613a BGB. Für den Fall, dass das Gericht dem Auflösungsantrag stattgibt, tritt der Betriebserwerber schon gar nicht in das Arbeitsverhältnis nach § 613a Abs. 1 Satz 1 BGB ein. Denn das Gestaltungsurteil löst das Arbeitsverhältnis als Substrat des Arbeitgeberwechsels – ex post betrachtet – bereits vor Betriebsübergang auf.

Entsprechendes gilt in denjenigen Fällen, in denen ein Auflösungsantrag abgewiesen wird. Der Betriebserwerber tritt in das Arbeitsverhältnis ein, wie es besteht. Insbesondere kann er Unzumutbarkeitsgründe, die rein das Verhältnis Arbeitnehmer – Betriebsveräußerer betreffen, nicht geltend machen.[1212]

B. Antragsbefugnis des Betriebsveräußerers im Falle des Betriebsübergangs vor Auflösungstermin

Hat der Betriebsveräußerer zunächst einen Auflösungsantrag nach § 9 Abs. 1 Satz 1 KSchG gestellt und findet sodann während des Verfahrens noch vor dem Auflösungstermin ein Betriebsübergang statt, verliert er die Antragsbefugnis aus eigenem Recht. Das Auflösungsurteil betrifft nunmehr nicht mehr das Arbeitsverhältnisses zwischen dem Alt-Arbeitgeber und dem Arbeitnehmer, sondern das auf den Betriebserwerber übergegangene Arbeitsverhältnis. Es hat sonach keinen Einfluss auf die Rechtsstellung des Betriebsveräußerers. In der Folge entfällt dessen Rechtsschutzinteresse.[1213]

Das BAG hat sich bisher nicht dazu geäußert, wie in dieser Konstellation zu verfahren ist. Es lässt sich insoweit daran denken, den Betriebsveräußerer analog §§ 265, 325 ZPO mit Wirkung gegenüber dem Betriebserwerber das Auflösungsverfahren als gesetzlicher Prozessstandschafter weiterführen zu lassen.

I. Befürworter der Analogie zu §§ 265, 325 ZPO

Einige Stimmen in der Lit. befürworten eine solche Analogie. Aus ihrer Sicht sei kein Grund ersichtlich, die Auflösungsanträge *„anders zu behandeln als sonst den Betriebsübergang“*.[1214]

[1212] Ebenso ErfK/*Kiel*, § 9 KSchG Rn. 10 für den Fall des Arbeitnehmerantrags, wobei er sich einer Aussage zur rechtlichen Konstruktion enthält; KR/*Spilger*, § 9 KSchG Rn. 34.

[1213] *Berkowsky* NZI 2006, 81, 82.

[1214] KDZ-*Däubler/Zwanziger*, § 613a BGB Rn. 145; ebenso KR/*Pfeiffer*, § 613a BGB Rn. 208 mit Hinweis darauf, dass eine Bindung an den Auflösungsantrag nicht weniger angemessen und ein interner Ausgleich zwischen den Veräußerungsparteien möglich ist.

II. Stellungnahme

Diejenigen Vertreter, die sich auch insoweit für eine Analogie zu den §§ 265 Abs. 2, 325 Abs. 1, 727 ZPO aussprechen, lassen eine inhaltliche Auseinandersetzung mit der speziellen Konstruktion der Auflösungsanträge vermissen. Aufgrund dessen kann der pauschale Verweis auf sonstige prozessuale Wirkungen des Betriebsübergangs nicht überzeugen.

1. Fehlen einer Veräußerung der streitgegenständlichen Sache im weitesten Sinne

Die Prozessführungsbefugnis über fremde Rechte mit Bindungswirkung für und gegen den Rechtsinhaber kommt nur in Betracht, wenn das Gesetz sie ausdrücklich zulässt. Im Übrigen würde die prozessuale Wahrnehmung einer fremden Rechtsbeziehung einen nicht zulässigen Eingriff in die fremde Rechte des Dritten bedeuten. Die allgemeine Annahme einer Prozessstandschaft des Betriebsveräußerers qua lege für sämtliche mit der Kündigungsschutzklage zusammenhängende Rechtspositionen wird daher zu recht abgelehnt.[1215] Sie lässt sich insbesondere nicht unmittelbar aus der materiellrechtlichen Vorschrift des § 613a BGB ableiten. Diese verleiht dem Betriebsveräußerer nicht ohne weiteres die darüber hinausgehende Befugnis, Rechtspositionen des Betriebserwerbers auch nach Betriebsübergang wahrzunehmen.[1216]

Eine entsprechende Anwendung des § 265 ZPO wird – wenn sich hierzu Ausführungen überhaupt finden – überwiegend abgelehnt.[1217] § 265 ZPO setzt angesichts seines Zwecks ebenso wie seiner Systematik einen Übergang der Sachbefugnis voraus. Erforderlich ist sonach, dass der Rechtsnachfolger im Hinblick auf den Streitgegenstand während des Verfahrens in die Rechtsstellung des Rechtsvorgängers eintritt. Diesen Grundsatz zu durchbrechen, würde sich als sachwidrig darstellen. Im Rahmen der Auflösungsanträge findet ein Wechsel in der Sachbefugnis gerade nicht statt. Denn der Prognoseentscheidung liegt die jeweilige Beziehung zwischen den Antragsgegnern zugrunde. Die Bewertung, ob eine weitere Zusammenarbeit über den Auflösungstermin hinaus als förderlich angesehen werden kann, ist personenbezogen. Sie stützt sich auf die Arbeitssituation unter den jeweiligen Personen. In der Folge werden die Gründe, die die Auflösung im Verhältnis zum Betriebsveräußerer gerechtfertigt hätten, nach Betriebsübergang neu zu bewerten sein. Hiermit geht ein Austausch des Prozessstoffs einher.

Vor diesem Hintergrund kann m.E. nicht von einem Einrücken des neuen Betriebsinhabers in den sachbezogenen Verfahrensgegenstand des Auflösungsantrags ausge-

---

1215 Vgl. MüKo-BGB/*Hergenröder*, § 9 KSchG Rn. 20; *Gaul*, Betriebs- und Unternehmensspaltung, § 23 Rn. 37; *Müller-Glöge* NZA 1999, 449, 456.

1216 Insoweit übereinstimmend mit *Gravenhorst* NZA-RR 2007, 57, 63.

1217 AR-Blattei SD (*Hergenröder*), 500.1 Rn. 1234; Hako-KSchR/*Mestwerdt*, § 613a BGB Rn. 197; Löwisch/*Spinner*, KSchG, § 9 Rn. 30; MüKo-BGB/*Hergenröder*, § 9 KSchG Rn. 20; *Gaul*, Betriebs- und Unternehmensspaltung, § 23 Rn. 36. Unter den Kritikern finden sich auch solche Stimmen, die im Rahmen der Kündigungsschutzklage eine Analogie zu den §§ 265 f. ZPO befürworten, so *Löwisch/Neumann* DB 1996, 474, 475.

gangen werden. Vielmehr handelt es sich aufgrund der neuen Entscheidungsgrundlage um einen anderen Streitgegenstand.[1218] Auch angesichts dessen, dass die Regelung des § 265 ZPO maßgeblich prozessökonomischen Erwägungen Rechnung trägt und dieser Zweck leer liefe, wenn wie hier der Prozessstoff nicht derselbe bleibt, lässt sich die Analogie nicht rechtfertigen.

2. Verweis des Betriebserwerbers auf die Stellung als Nebenintervenient

In diesem Zusammenhang überzeugt zudem der Einwand, die Nebenintervention nach § 265 Abs. 2 Satz 2 ZPO werde der materiell-rechtlichen Stellung des Betriebserwerbers nicht gerecht. Denn die Auflösungsentscheidung betrifft ausschließlich ihn als aktuellen Arbeitgeber. Zugleich fokussiert die Prognose allein auf die tatsächliche Arbeitssituation, wie sie im Verhältnis zwischen Arbeitnehmer und neuem Arbeitgeber vorliegt. Hierüber werden der Betriebsveräußerer in der Regel keine ausreichenden Informationen verfügen. Infolgedessen stellt es sich als sachwidrig dar, dem Betriebsveräußerer die Rolle des Prozessstandschafters zu übertragen.[1219] Dasselbe gilt insofern, als die vom Betriebserwerber eingebrachten Angriffs- und Verteidigungsmittel davon abhängig wären, dass der Betriebsveräußerer als Hauptpartei sie billigt, vgl. § 67 ZPO.[1220]

Die Ablehnung der Analogie belastet den Betriebsveräußerer nicht unangemessen. Denn für die im Zeitraum zwischen Betriebsübergang und Auflösungszeitpunkt entstehenden Ansprüche haftet er nicht (arg. ex § 613a Abs. 1 Satz 1, Abs. 2 BGB). Für zuvor entstandene Ansprüche hat er unabhängig davon einzustehen, ob das Gericht dem Auflösungsantrag stattgibt oder nicht.

C. Ergebnis

Was die Sachlegitimation bzgl. des Auflösungsantrags anbelangt, so bleibt der Betriebsveräußerer nach hier vertretener Ansicht antragsbefugt, wenn der Betriebsübergang zeitlich nach dem von § 9 Abs. 2 KSchG gesetzten Auflösungstermin stattfindet. Er kann einen bereits gestellten Antrag aus eigenem Recht fortführen und auch noch nach Betriebsübergang einen solchen in das Verfahren einbringen.[1221]

Findet der Betriebsübergang zeitlich vor dem Auflösungstermin statt, verliert der Betriebsveräußerer Sach- sowie entsprechend Antragsbefugnis mit der Folge, dass der zuvor eingebrachte Auflösungsantrag unzulässig wird[1222] bzw. sich erledigt.[1223] Eine

---

1218 Ebenso AR-Blattei SD (*Hergenröder*), 500.1 Rn. 1234. In dieser Richtung ebenfalls tendierend, Hako-KSchR/*Mestwerdt*, § 613a BGB Rn. 197; MüKo-BGB/*Hergenröder*, § 9 KSchG Rn. 20.

1219 *Löwisch/Neumann* DB 1996, 474, 475, verweisen insoweit auf Art. 103 Abs. 1 GG sowie die Notwendigkeit sicherzustellen, dass der Betriebserwerber überhaupt Kenntnis vom Auflösungsverfahren erlangt.

1220 Ebenso *Berkowsky* NZI 2006, 81, 83; *Löwisch/Neumann* DB 1996, 474, 475. Letzteren folgend, LAG Köln vom 15.02.2002 – 4 (2) Sa 575/01 – recherchiert über juris [zu III.1. der Gründe].

1221 Siehe zur Argumentation oben unter F.I. Ebenso APS-*Biebl*, § 9 KSchG Rn. 31; BeckOK-ArbR/*Pleßner*, § 9 KSchG Rn. 48; von Hoyningen-Huene/*Linck*, KSchG, § 9 Rn. 44.

1222 So *Berkowsky* NZI 2006, 81, 82, der auf das fehlende Rechtsschutzinteresse hinweist. Nach *Boewer* RdA 2001, 380, 398 entfällt die Prozessführungsbefugnis.

Analogie zu den §§ 265, 325 ZPO ist angesichts des speziellen Charakters der Auflösungsanträge nach § 9 KSchG abzulehnen.

[1223] *Gaul*, Betriebs- und Unternehmensspaltung, § 23 Rn. 36. Der Betriebsveräußerer sollte seinen Antrag „zurücknehmen". Dabei handelt es sich nicht um eine klassische Rücknahme, sondern um eine Beschränkung des Klageantrags i.S. des § 264 Nr. 2 ZPO, so das BAG vom 26.10.1979 - 7 AZR 752/77 – AP Nr. 5 zu § 9 KSchG 1969 [zu B. der Gründe]; ebenso *Boewer* RdA 2001, 380, 397; Hako-KSchR/*Fiebig*, § 9 KSchG Rn. 22; ausführlich hierzu Löwisch/*Spinner*, KSchG, § 9 Rn. 24 mwN; *Matissek*, FS 50 Jahre Arbeitsgerichtsbarkeit in Rheinland-Pfalz, S. 287, 291.

4. Abschnitt: Auflösungsantrag des Betriebserwerbers

Spiegelbildlich hierzu stellt sich die Frage, wie es sich mit der Antragsbefugnis des Betriebserwerbers verhält, der infolge des Betriebsübergangs zum Arbeitgeber wird.

A. Antragsbefugnis des Betriebserwerbers im Falle des Betriebsübergangs noch während der Kündigungsfrist

Nach überwiegender Ansicht vermittelt der Arbeitgeberwechsel, der während der Kündigungsfrist stattfindet, dem Betriebserwerber zugleich die Antragsbefugnis nach § 9 Abs. 1 Satz 2 KSchG.[1224]

Das überzeugt, da er sich als Rechtnachfolger sowohl die Kündigung wie auch den Kündigungssachverhalt zurechnen lassen muss. Wird er entsprechend an der Kündigung festgehalten, wäre es sachwidrig, ihm das Antragsrecht zu versagen, wenn eine förderliche weitere Zusammenarbeit zwischen ihm und dem Arbeitnehmer nach Betriebsübergang nicht zu erwarten ist. Insoweit ergänzt der Auflösungsantrag die Kündigungsschutzklage zu einem ganzheitlichen Ausgleich der widerstreitenden Interessen.[1225]

B. Antragsbefugnis des Betriebserwerbers im Falle des Betriebsübergangs nach Kündigungstermin

Wie bereits beschrieben, steht dem Betriebsveräußerer, wenn der Betriebsübergang erst nach dem Auflösungstermin i.S.v. § 9 Abs. 2 KSchG stattfindet, die Antragsbefugnis aus eigenem Recht zu. Damit ist allerdings noch nicht geklärt, wie es sich mit der Antragsbefugnis des Betriebserwerbers in dieser Situation verhält.

Insoweit sind zwei Lösungswege denkbar. Entweder man versagt dem Betriebserwerber das Auflösungsrecht zugunsten einer alleinigen Antragsbefugnis des Betriebsveräußerers, oder man erkennt ein selbstständiges Antragsrecht daneben an. Die Lösung einer doppelten Antragsbefugnis schließt die Entscheidung des BAG vom 24.05.2005 nicht aus; sie befasste sich ausschließlich mit dem Antragsrecht des Betriebsveräußerers.[1226] Das Argument, angesichts der Fortführung des Kündigungsschutzprozesses mit dem kündigenden Betriebsveräußerer sei es sinnlogisch, auch den Auslösungsantrag mit dem Betriebsveräußerer weiter zu verhandeln, scheint jedoch gegen eine solche Lösung zu sprechen.

Bei der Beurteilung der Antragsbefugnis gilt es, die Interessen auf Seiten des Arbeitnehmers wie des Betriebsveräußerers mit den Schutzzwecken von § 613a BGB sowie § 9 KSchG in Einklang zu bringen. Das Verbot, den Arbeitnehmer infolge des

---

[1224] BeckOK-ArbR/*Pleßner*, § 9 KSchG Rn. 48; Tschöpe/*Beseler*, Anwalts-Handbuch ArbR, Teil 2 G Rn. 145; *Berkowsky* NZI 2006, 81, 83.

[1225] *Andelewski*, Anm. zu BAG vom 24.05.2005 - 8 AZR 246/04 – DB 2005, 2082, 2084, hingegen verweist den Betriebserwerber auf die Möglichkeit, schuldrechtliche Absprachen mit dem Betriebsveräußerer im Hinblick auf die gegenseitigen Unterstützung bei der Stellung von Auflösungsanträgen zu treffen.

[1226] Hierzu oben unter D.II.

Betriebsübergangs schlechter zu stellen, spricht zunächst dagegen, dem Betriebserwerber ein eigenes Antragsrecht zuzusprechen. Denn dadurch sieht sich der Arbeitnehmer der Gefahr gegenüber, im Kündigungsschutzverfahren mit mehreren Auflösungsanträgen konfrontiert zu werden.

Allerdings schließt § 613a BGB auch aus, den Arbeitnehmer besser zu stellen. Dies würde jedoch geschehen, würde man dem Betriebserwerber als nach dem Betriebsübergang aktuellem Arbeitgeber ein begründetes Antragsrecht versagen. Denn er hat keinen Einfluss darauf, dass der Betriebsveräußerer seinerseits einen begründeten Auflösungsantrag stellt. Möglicherweise treten die Gründe für die Unzumutbarkeit auch gerade erst unter seiner Betriebsführung auf. Sie nur deshalb nicht zu berücksichtigen, weil sie nach Betriebsübergang liegen, lässt sich nicht rechtfertigen. Vielmehr sieht das Gesetz gerade diese Gründe als maßgeblich an; das Antragsrecht des Betriebsveräußerers bildet insoweit eine spezielle Ausnahme. Demgegenüber ist es nicht sachgerecht, den Arbeitnehmer vor einem hierauf gestützten Antrag zu bewahren. Denn die §§ 9 f. KSchG bringen gerade zum Ausdruck, dass der Schutz des Antragsstellers den Bestandsschutz überwiegt und der Ausgleich über eine finanzielle Abfindung erfolgt. Insofern ist der Unzumutbarkeit der gemeinsamen weiteren Zusammenarbeit unter den neuen Arbeitsvertragsparteien Priorität einzuräumen vor den Interessen des Arbeitnehmers.

Zudem muss sich der Erwerber die Kündigung ebenso wie die Entscheidung des Gerichts, die Kündigung sei unwirksam, zurechnen lassen. Aufgrund dessen steht ihm gegenüber verbindlich fest, dass er das Arbeitsverhältnis fortzusetzen und den Arbeitnehmer zu beschäftigen hat. Ohne Antragsrecht würde sein Handlungsspielraum darauf beschränkt, aufgrund der vorliegenden Umstände eine eigene Kündigung gegenüber dem Arbeitnehmer auszusprechen. Das setzt jedoch voraus, dass sich die Umstände bereits zu einem Kündigungsgrund verdichtet haben, was nicht unbedingt der Fall ist. Die Auflösung nach § 9 KSchG knüpft jedoch gerade sinnlogisch an diese Fortsetzungspflicht an und schafft einen Ausgleich hierfür.

Im Verhältnis zum Antragsrecht des Betriebserwerbers ist das Antragsrecht des Betriebsveräußerers in der vorliegenden Konstellation als Ausnahme anzusehen, dessen Bejahung sich aus seiner erhöhten Schutzbedürftigkeit im Verhältnis zum Arbeitnehmer begründet. Zudem stellt es angesichts des abweichenden Entscheidungsmaßstabs ein aliud zum Antragsrecht des Betriebsveräußerers dar. Sollten beide Veräußerungsparteien einen Auflösungsantrag stellen, ist zunächst über die Wirksamkeit der Kündigung und sodann den Antrag des Veräußerers zu entscheiden. Erst wenn das Gericht diesen ablehnt und das Arbeitsverhältnis insoweit fortbesteht, kommt m.E. der Antrag des Erwerbers zur Verhandlung. Hält es diesen für begründet, löst das Gericht das auf den Betriebserwerber übergegangene Arbeitsverhältnis rückwirkend zum Kündigungstermin auf.

C. Modalitäten der Antragstellung

Passivlegitimiert bzgl. der vor Betriebsübergang ausgesprochenen Kündigung bleibt nach hier vertretener Ansicht der Betriebsveräußerer. Ist dieser sonach Partei des Kündigungsschutzverfahrens, stellt sich aus Sicht des Erwerbers die Frage, wie er sich prozessual in den laufenden Rechtsstreit einbringen muss, um einen Auflösungsantrag stellen zu können.

In der spiegelbildlichen Situation des Arbeitnehmerantrags macht das BAG dem Arbeitnehmer zur Auflage, den Betriebserwerber in das Verfahren neben dem Alt-Arbeitgeber als Partei einzubeziehen.[1227] Für die Konstellation des Arbeitgeberantrags gibt die überwiegende Lit. dementsprechend dem übernehmenden Rechtsträger auf, seinerseits dem Kündigungsschutzprozess durch Stellung des Auflösungsantrags als Partei beizutreten.[1228]

Diese Lösung ist in Anbetracht der Verteilung der Sachbefugnis bzgl. der Auflösungsanträge folgerichtig. Insbesondere setzt die Antragstellung, da sie einen eigenständigen Streitgegenstand umfasst, voraus, dass der Antragende zur Partei des Verfahrens wird. Der Parteibeitritt erfolgt, in dem der Betriebserwerber seinen Auflösungsantrag in das anhängige Kündigungsschutzverfahrens einbringt. Hält man die Zustimmung des Betriebsveräußerers nach § 263 ZPO zum Parteibeitritt im Grundsatz für erforderlich,[1229] muss in der hier beleuchteten Konstellation eine Ausnahme gelten. Denn das Auflösungsrecht des aktuellen Arbeitgebers kann nicht von der Zustimmung seines Rechtsvorgängers abhängen.[1230]

D. Erstmalige Antragstellung in zweiter Instanz

Nach Ansicht der Lit. kann der Parteibeitritt angesichts der Möglichkeit, einen Antrag bis zum Schluss der Tatsacheninstanz zu stellen, auch noch im Berufungsverfahren erfolgen.[1231] Das überzeugt. Denn der Einwand, dem hinzutretenen Antragssteller werde auf diese Weise eine Instanz entzogen,[1232] wird durch die gesetzliche Regelung des § 9 Abs. 1 Satz 3 KSchG entkräftet.[1233]

[1227] BAG vom 20.03.1997 - 8 AZR 769/95 – AP Nr. 30 zu § 9 KSchG 1969 [zu B.II.4 d) cc) der Gründe]. Hierzu unten unter H.

[1228] *Löwisch/Neumann* DB 1996, 474, 475; ihnen folgend, *Vossen*, FS für Leinemann, 2006, 273, 284; *Berkowsky* NZI 2006, 81, 83. Ebenso LAG Köln vom 15.02.2002 – 4 (2) Sa 575/01 – recherchiert über juris [zu III.1. der Gründe].

[1229] BGH vom 13.11.1975 - VII ZR 186/73 – NJW 1976, 239, 240; vom 12.10.1995 - VII ZR 209/94 – NJW 1996, 196, 196 f. Vgl. hierzu auch MüKo-ZPO/*Becker-Eberhard*, § 263 Rn. 84 mwN; Rosenberg/Schwab/Gottwald, Zivilprozessrecht, § 42 Rn. 21; aA Hako-ZPO/*Saenger*, § 263 Rn. 26.

[1230] Vgl. hierzu auch *Boewer* RdA 2001, 380, 397: Wie § 9 Abs. 1 Satz 3 KSchG zeige, bedürfe es in keiner Konstellation einer Mitwirkungshandlung von Seiten des Prozessgegners. *Matissek*, FS 50 Jahre Arbeitsgerichtsbarkeit in Rheinland-Pfalz, S. 287, 290 verweist auf den lex specialis-Charakter des § 9 KSchG.

[1231] *Vossen*, FS für Leinemann, 2006, 273, 284 f.; *Berkowsky* NZI 2006, 81, 83

[1232] So für den Normalfall des Klägerbeitritts, Thomas/Putzo-*Hüßtege*, ZPO, Vorbem § 50 Rn. 26; Hako-ZPO/*Saenger*, § 263 Rn. 27.

[1233] *Berkowsky* NZI 2006, 81, 83; *Boewer* RdA 2001, 380, 397; *Löwisch/Neumann* DB 1996, 474, 475; Letzteren folgend, LAG Köln vom 15.02.2002 – 4 (2) Sa 575/01 – recherchiert über juris [zu III.1. der Gründe]; Schwab/Weth-*Zimmerling*, ArbGG, § 46 Rn. 108; *Matissek*, FS 50 Jahre Arbeitsgerichtsbarkeit in Rheinland-Pfalz, S. 287, 290 f. Siehe zum Zeitpunkt der Antragstellung allgemein, Hako-KSchR/*Fiebig*, § 9 KSchG Rn. 17.

E. Beurteilungszeitpunkt und Prüfungsumfang

Unproblematisch kann der Betriebserwerber als Auflösungsgründe solche Umstände geltend machen, die sein eigenes Verhältnis zum Arbeitnehmer im Entscheidungszeitpunkt schwerwiegend stören.[1234] Darüber hinaus besteht Streit, sowohl was den maßgeblichen Beurteilungszeitpunkt als auch damit verknüpft den Umfang relevanter Auflösungsgründe anbelangt.

I. Die Ansicht *Berkowskys*

Berkowsky[1235] will dem Betriebserwerber zugestehen, sich auch auf solche Gründe berufen zu können, die das Verhältnis des Arbeitnehmers zum Alt-Arbeitgeber vor Betriebsübergang betreffen. Insoweit argumentiert *Berkowsky*, der Betriebsnachfolger trete vollumfänglich in das Arbeitsverhältnis ein. Entsprechend perpetuiere der Betriebsübergang einen einmal unter dem Rechtsvorgänger entstandenen „Auflösungssituation".[1236] Entsprechend soll es nach *Berkowsky* also im Hinblick auf sog. „Alt-Umstände" nicht darauf ankommen, ob diese im Verhältnis Arbeitnehmer – Betriebserwerber aktuell noch fortwirken.

II. Stellungnahme

Berkowsky Argumentation ist vor dem Hintergrund, dass die ratio des § 9 KSchG eine aktuelle Zukunftsprognose fordert, entgegenzutreten. Er erkennt zwar durchaus den vorverlagerten Beurteilungszeitpunkt an, der für den Fall des zulässigen Veräußererantrags erarbeitet wurde. Er zieht hieraus m.E. jedoch einen wenig überzeugenden Schluss, wenn er meint, im Vergleich hierzu sei es beim Erwerberantrags nicht gerechtfertigt, mit dem Betriebsübergang eine Zäsur bezogen auf den Prüfungsgegenstand anzunehmen. Eine Zäsur dahingehend, dass der Betriebserwerber sich ausschließlich auf „neue" Auflösungsgründe, die unter seiner Betriebsführung entstanden sind, stützen könne, lehnt er infolgedessen ab.

Dass dieser Schluss nicht überzeugt, ergibt sich daraus, dass er nicht stringent ist. Denn würde man tatsächliche eine Zäsur infolge des Betriebsübergangs ablehnen, würde dies doch dafür sprechen, den Prüfungsmaßstab heranzuziehen, wie er im Normalfall besteht, also bezogen auf den Zeitpunkt der letzten Tatsachenverhandlung. Dieser Prüfungsmaßstab impliziert, „Alt-Umstände" lediglich in „aktualisierter" Form, nämlich wie sie sich im Verhältnis zum Betriebserwerber aktuell darstellen, zu berücksichtigen.

M.E. ist kein Grund ersichtlich, eine Ausnahme von diesem regulären Beurteilungszeitpunkt im Falle des Betriebserwerberantrags anzunehmen. Denn der Auflösungstermin und damit die Frage nach einer zumutbaren Weiterbeschäftigung betreffen nach Betriebsübergang allein das Arbeitsverhältnis zum Betriebserwerber. Zudem darf nicht unbeachtet bleiben, dass dem Auflösungsantrag gegen/durch den Betriebsveräußerer Ausnahmecharakter insoweit zukommt, als der Betriebsveräußerer die Arbeitgeberstel-

---

[1234] Vgl. KDZ-*Däubler/Zwanziger*, § 613a BGB Rn. 144.

[1235] *Berkowsky* NZI 2006, 81, 83; ebenso KDZ-*Däubler/Zwanziger*, § 613a BGB Rn. 144.

[1236] *Berkowsky* NZI 2006, 81, 83.

lung im eigentlichen Entscheidungszeitpunkt nicht mehr in Händen hält. Entsprechend waren Modifikationen bzgl. der Behandlung des Betriebsveräußererantrags notwendig. Demgegenüber hat das Gericht in der hier beleuchteten Situation über die Auflösung des Arbeitsverhältnisses zum aktuellen Arbeitgeber zu befinden, sodass Ausnahmen von den gesetzlichen Vorgaben in Falle des Erwerberantrags nicht gerechtfertigt sind.

Das gilt umso mehr, als der Betriebserwerber die Auflösung aus eigenem Recht geltend macht. Der spezielle Zweck des § 9 KSchG, den Interessen im Falle unzumutbarer Fortsetzung des Arbeitsverhältnisses Rechnung zu tragen, bedingt daher m.E., die Zukunftsprognose rein im Verhältnis zum Betriebserwerber vorzunehmen. Darin liegt m.E. auch keine Besserstellung des Arbeitnehmers begründet. Vielmehr ist diese Lösung konsequente Folge des Ausnahmecharakters der Auflösungsmöglichkeit im KSchG. Angesichts dessen hat die gerichtliche Prognoseentscheidung grundsätzlich die aktuelle Situation im letztmöglichen Zeitpunkt in Bezug zu nehmen. Nur auf dieser Grundlage lässt sich der Eingriff in die Privatautonomie der Arbeitsvertragsparteien rechtfertigen. Vor dem Hintergrund der ratio des § 9 KSchG berücksichtigt auch die h.M., dass sich ein früherer Auflösungsgrund aufgrund der zwischenzeitlichen Entwicklung wieder abgeschwächt hat.[1237]

III. Ergebnis und seine Folgen

Im Ergebnis ist m.E. für die Auflösungsentscheidung allein auf die aktuelle Situation unter dem Betriebserwerber abzustellen. Allerdings müssen diese Umstände, wie stets, im Kontext zur angegriffenen Kündigung oder dem hierum geführten Kündigungsschutzverfahren stehen. Nicht ausgeschlossen ist dabei, dass Umstände, die bereits unter dem Betriebsveräußerer aufgetreten sind, im Verhältnis zum Betriebserwerber fortwirken.[1238] Ob sie sich unter dem Betriebserwerber aktualisieren, ist auf der Grundlage der neuen Verhältnisse genauestens zu prüfen.

Neben den Auflösungsgründen entscheidet das Gericht im Rahmen der Antragsbefugnis über die Arbeitgeberstellung des Betriebserwerbers und damit über § 613a BGB. Die Betriebsübergangsvoraussetzungen sind vom Antragsteller darzulegen und ggf. zu beweisen. Ist dabei der Auflösungsantrag noch nicht zur Entscheidung reif, kann gegenüber dem Betriebsveräußerer Teilurteil bzgl. des Kündigungsschutzantrags ergehen.[1239]

1237 Hierzu oben B.II.

1238 Denkbar etwa, wenn der Arbeitnehmer befürchtet, dass es im Falle der Rückkehr in den Betrieb zu Spannungen mit ebenfalls übernommenen Kollegen kommt, mit denen er weiterhin zusammenarbeiten müsste, weil er eine Kündigung wegen fehlerhafter Sozialauswahl erfolgreich zulasten eines Kollegen angegriffen hat, vgl. die Beispiele bei MüKo-BGB/*Hergenröder*, § 9 KSchG Rn. 51; *Andelewski*, Anm. zu BAG vom 24.05.2005 - 8 AZR 246/04 – DB 2005, 2082, 2084. Zudem ist denkbar, dass die Unzumutbarkeit im Verhältnis zum Geschäftsführer/sonstigen Personalzuständigen gründen, wenn dieser weiter unter dem übernehmenden Rechtsträger tätig wird.

1239 *Löwisch/Neumann* DB 1996, 474, 475; vgl. auch Schwab/Weth-*Zimmerling*, ArbGG, § 46 Rn. 108; aA. *Matissek*, FS 50 Jahre Arbeitsgerichtsbarkeit in Rheinland-Pfalz, S. 287, 303.

Zur Antragsbefugnis der Veräußerungsparteien nach § 9 KSchG, vgl. folgende *Abb. 8*:

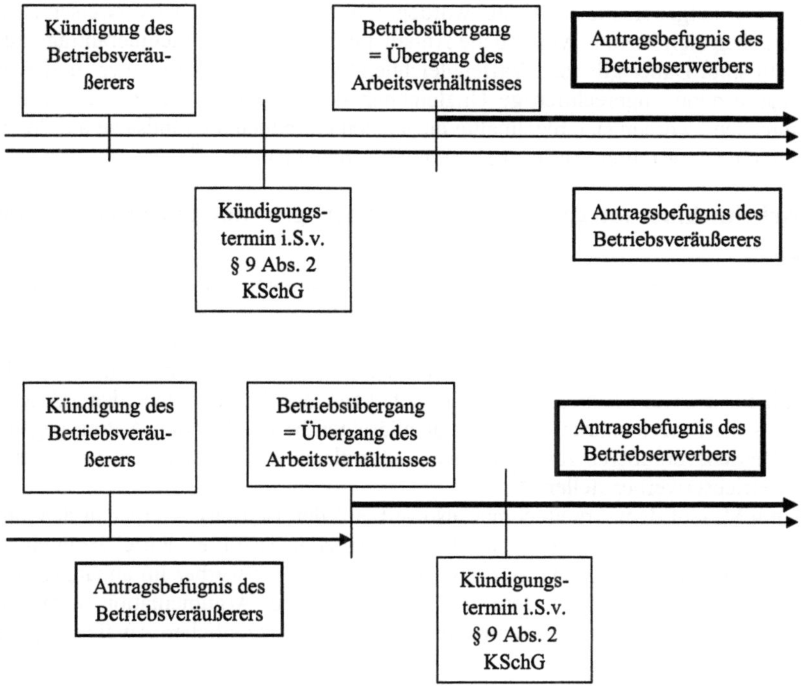

5. Abschnitt: Einzelfragen zum Arbeitnehmerantrag nach § 9 Abs. 1 Satz 1 KSchG

Etliche Einzelfragen, die um den Arbeitnehmerantrag ranken, sind bereits spiegelbildlich auf Arbeitgeberseite beleuchtet worden. Ohne hierauf pauschal verweisen zu wollen, ergeben sich hieraus wesentliche Anhaltspunkte, wie Arbeitnehmeranträge zu behandeln sind. Dabei gilt es, „Waffengleichheit" zwischen Arbeitnehmer- und Arbeitgeberseite ohne ungerechtfertige Ungleichbehandlung einer Seite zu gewährleisten. Entsprechend werden sich regelmäßig die soeben erarbeiteten Grundsätze auf den vom Arbeitnehmer gestellten Auflösungsantrag übertragen lassen.[1240]

A. Arbeitnehmerantrag im Falle des Auflösungstermin nach Betriebsübergang

Liegt der Auflösungstermin nach Betriebsübergang, kann der Auflösungsantrag sich zulässigerweise ausschließlich gegen den Betriebserwerber richten, es sei denn, der Arbeitnehmer hat nach § 613a Abs. 6 BGB Widerspruch gegen den Übergang seines Arbeitsverhältnisses erhoben.[1241] Findet im laufenden Verfahren noch während der Kündigungsfrist ein Betriebsübergang statt, kann der Arbeitnehmer den infolge des Verlusts der Prozessführungsbefugnis unzulässigen bzw. erledigten Antrag gegenüber dem Betriebsveräußerer zurücknehmen und sodann einen neuen Antrag gegenüber dem Betriebserwerber stellen.[1242]

Die h.M. gibt dem Arbeitnehmer insoweit auf, den Betriebserwerber in den anhängigen Kündigungsschutzprozess mit dem Alt-Arbeitgeber mittels Parteibezug einzubeziehen, indem der Auflösungsantrag gegen den Betriebserwerber im anhängigen Verfahren eingebracht wird.[1243] Dem ist spiegelbildlich zur Argumentation beim Erwerberantrag[1244] zuzustimmen. Es kann auf sämtliche diesbezüglichen Ausführungen verwiesen werden.

Auch was den Beurteilungszeitpunkt und die zu berücksichtigenden Auflösungsgründe betrifft, kann vollumfänglich auf die Konstellation des Betriebserwerberantrags verwiesen werden.[1245]

1240 Ebenso *Andelewski*, Anm. zu BAG vom 24.05.2005 - 8 AZR 246/04 – DB 2005, 2082, 2084.

1241 MüKo-BGB/*Müller-Glöge*, § 613a BGB Rn. 208 mwN.

1242 Siehe zur Parallelsituation beim Betriebsveräußererantrag.

1243 BAG vom 20.03.1997 - 8 AZR 769/95 – AP Nr. 30 zu § 9 KSchG 1969 [zu B.II.4.d) cc) der Gründe]; ebenso KDZ-*Däubler/Zwanziger*, BGB § 613a Rn. 144; KR/*Pfeiffer*, § 613a BGB Rn. 208; *Vossen*, FS für Leinemann, 2006, 273, 283; *Löwisch/Neumann* DB 1996, 474, 475. Nach Ansicht von ErfK/*Kiel*, § 9 KSchG Rn. 10 kann der Auflösungsantrag nur in einem Prozess gegenüber dem neuen Arbeitgeber gestellt werden, wobei er dies nicht spezifiziert; *Gaul*, Betriebs- und Unternehmensspaltung, § 23 Rn. 36, spricht von einer gesonderten Klage gegen den übernehmenden Rechtsträger, was angesichts der Kopplung an das Kündigungsschutzverfahren nicht recht überzeugt. Ähnlich MüKo-BGB/*Hergenröder*, § 9 KSchG Rn. 20.

1244 Hierzu oben unter F.I. f. Ebenso *Löwisch/Neumann* DB 1996, 474, 475.

1245 Zust., dass es allein auf die Verhältnisse zum Betriebserwerber im Zeitpunkt der letzten mündlichen Tatsachenverhandlung ankommen kann, ErfK/*Kiel*, § 9 KSchG Rn. 12. AA KDZ-

B. Arbeitnehmerantrag im Falle des Auflösungstermins vor Betriebsübergang

Auf einen Auflösungsantrag gegenüber dem Betriebsveräußerer wird man insbesondere dann stoßen, wenn der Arbeitnehmer die Unzumutbarkeit der weiteren Zusammenarbeit geltend macht, bevor der Betriebsübergang eingetreten oder für ihn erkennbar ist.

Noch nicht höchstrichterlich geklärt ist, inwiefern ein Betriebsübergang Einfluss auf die Passivlegitimation des Betriebsveräußerers hat, wenn der Betriebsinhaberwechsel nach Antragsstellung stattfindet oder der Arbeitnehmer den Auflösungsantrag erst hiernach stellt. Vor dem Hintergrund, dass § 9 Abs. 1 Satz 3 KSchG eine Antragstellung bis zum Schluss der Tatsacheninstanz zulässt, stellt sich insbesondere die Frage, gegen wen sich der Arbeitnehmerantrag richtigerweise richten muss.

I. Die verschiedenen – denkbaren - Ansichten

In der Parallelkonstellation auf Arbeitgeberseite hat das BAG den Antrag des Betriebsveräußerers für zulässig erachtet mit dem grundsätzlichen Hinweis, dass die Aktivlegitimation dem zeitlichen Verhältnis von Auflösungstermin und Betriebsübergang folgt.[1246] Stringent fortgedacht ließe sich dies auch auf die Passivseite übertragen.[1247] Demzufolge bliebe der Betriebsveräußerer Antragsgegner, wenn der Auflösungstermin vor dem Betriebsübergang liegt.

Umgekehrt ließe sich argumentieren, dass unabhängig vom Auflösungstermin nach Betriebsübergang das nunmehr zum Betriebserwerber bestehende Arbeitsverhältnis aufgelöst werden soll. Für die Passivlegitimation des Betriebserwerbers ließe sich demnach anführen, dass dieser vollumfänglich und rückwirkend in das Arbeitsverhältnis eintritt mit der Folge, dass die ursprüngliche Arbeitgeberstellung in dessen Person und bezogen auf den Auflösungstermin fingieren wird.[1248]

II. Stellungnahme zur Passivlegitimation auf Arbeitgeberseite

Beide Ansichten betrachten die Problematik aus unterschiedlichen zeitlichen Perspektiven. Auf der einen Seite geht das BAG davon aus, dass im Falle des Auflösungstermins vor Betriebsübergang das damlas zum Betriebsveräußerer bestehende Arbeitsverhältnis aufgelöst wird. In der Rückschau bedeutet dies, dass das Arbeitsverhältnis erst gar nicht auf den Betriebserwerber übergegangen ist. Kommt es demgegenüber

---

Däubler/Zwanziger, § 613a BGB Rn. 144, die meinen, der Arbeitnehmer könne sich auch auf Gründe im Verhältnis zu seinem früheren Arbeitgeber stützen.

1246 BAG vom 24.05.2005, hierzu oben unter D.II.

1247 So *Berkowsky* NZI 2006, 81, 82.

1248 So zu verstehen, APS-*Steffan*, § 613a BGB Rn. 255; von Hoyningen-Huene/*Linck*, KSchG, § 9 Rn. 43; Tschöpe/*Beseler*; Anwalts-Handbuch ArbR, Teil 2 G Rn. 145; *Gaul*, Betriebs- und Unternehmensspaltung, § 23 Rn. 37. In diese Richtung wohl ebenfalls tendierend, *Müller-Glöge* NZA 1999, 449, 456, wobei er die Anwendbarkeit der §§ 265, 325 ZPO offen lässt; ErfK/*Kiel*, § 9 KSchG Rn. 10; unklar AR-Blattei SD (*Hergenröder*), 500.1 Rn. 1234 ff.; Hako-KSchR/*Fiebig*, § 9 KSchG Rn. 21.

noch während der Kündigungsfrist zum Betriebsübergang, so gestaltet das Urteil das bereits auf den Betriebsnachfolger übergegangene Arbeitsverhältnis. Nach diesem Verständnis knüpft die Passivlegitimation an die Arbeitgeberstellung im Auflösungstermin an.

Auf der anderen Seite wird vertreten, dass es zunächst infolge des stattgebenden Kündigungsschutzurteils feststehe, dass das Arbeitverhältnis infolge des Betriebsübergangs auf den Betriebserwerber übergegangen ist. Erst dieses unter dem neuen Betriebsinhaber fortbestehende Arbeitsverhältnis werde durch das Gestaltungsurteil aufgelöst, wenn auch rückwirkend bezogen auf einen vor Betriebsübergang liegenden Zeitpunkt. Maßgeblich sei demzufolge die Arbeitgeberstellung bei Urteilserlass.

1. Objekt der Auflösungsentscheidung

In der Tat geht rechtlich besehen und ggf. nur für eine juristische Sekunde das Arbeitsverhältnis mit Stattgabe des Kündigungsschutzantrags zunächst auf den Betriebserwerber über. Anders als im Kündigungsschutzverfahren ist im Auflösungsverfahren die Entscheidung über den Auflösungsantrag m.E. nicht vorgreiflich für die Frage, ob das Arbeitsverhältnis auf den Betriebserwerber überhaupt übergegangen ist. Die Auflösungsentscheidung erfasst – bis auf die oben genannte Ausnahme des Veräußererantrags – das Arbeitsverhältnis, wie es aktuell besteht und löst es nur ggf. rückwirkend auf. Diese zeitliche Betrachtungsweise gibt § 9 KSchG m.E. unmittelbar selbst vor, der verlangt, dass im Zeitpunkt des Auflösungstermins das Arbeitsverhältnis noch existiert. Die Auflösung ist somit der Entscheidung über den Bestand des Arbeitsverhältnisses logisch nachrangig. Hieraus folgt, dass zunächst das Arbeitsverhältnis über den Kündigungstermin hinaus fortbestanden haben muss, was die Übernahme durch den Betriebserwerber impliziert, bevor es aufgelöst werden kann. Zunächst ist der Betriebserwerber sonach qua gesetzlicher Regelung in alle Rechte und Pflichte aus dem Arbeitsverhältnis eingetreten. In der Folge treffen ihn insbesondere auch die auf ihn übergegangenen Pflichten des ehemaligen Arbeitgebers, wie sie diesem bis zum Auflösungstermin oblagen.

Demgegenüber erscheint es m.E. als Trugschluss, in dieser Konstellation anzunehmen, die Auflösungsentscheidung betreffe das noch zum Betriebsveräußerer bestehende Arbeitsverhältnis, weil sie auf einen Zeitpunkt vor Betriebsübergang zurückwirke. Auf der Grundlage dieser Annahme hält *Berkowsky* die Auflösungsentscheidung für maßgeblich dafür, ob das Arbeitsverhältnis im Betriebsübergangszeitpunkt überhaupt noch existiert und daher nach § 613a BGB auf den Erwerber übergehen konnte.[1249] Die zeitliche Abfolge von Betriebsübergang und Erlass des Auflösungsurteils darf aber nicht außer Acht gelassen werden. Demzufolge bildet nach Betriebsübergang das auf den Betriebserwerber übergegangene Arbeitsverhältnis das Objekt des Auflösungsurteils. Hieraus folgt m.E. die ausschließliche Passivlegitimation des Betriebserwerbers zeitlich nach Betriebsübergang.

Dem stehen berechtigte Interesse des Arbeitnehmers nicht entgegen. Zwar wurde in der Parallelsituation des Arbeitgeberantrags ein Antragsrecht des Betriebsveräußerers

---

[1249] *Berkowsky* NZI 2006, 81, 82.

bejaht. Aus Gründen der Waffengleichheit ließe sich insofern argumentieren, dem Arbeitnehmer müsse ein entsprechendes Recht gegenüber dem Betriebsveräußerer zustehen, solange der Auflösungstermin vor Betriebsübergang liegt. Dieses Argument verkennt allerdings, dass gerade die besondere Schutzbedürftigkeit des Betriebsveräußerers in der dortigen Konstellation die Interessen des Arbeitnehmers überwogen hat. Dieselbe Schutzbedürftigkeit findet sich auf Seiten des Arbeitnehmers nicht. Denn die Pflicht zur Arbeitsleistung wird im Arbeitsverhältnis als Dauerschuldverhältnis mit Zeitablauf unmöglich. Darüber hinaus wird der Arbeitnehmer während des Kündigungsschutzstreits entweder weiter tätig gewesen sein, wofür er seinen regulären Arbeitslohn erhält, oder einen Anspruch auf Annahmeverzugslohn haben. In der Praxis ist es zudem üblich, dass der Arbeitnehmer während des Verfahrens unter Fortzahlung seine Bezüge von der Arbeitleistung freigestellt wird. Infolge dessen besteht weder eine Nachholungspflicht bzgl. der nicht erbrachten Arbeitsleistung noch hat der Arbeitnehmer finanzielle Nachteile zu befürchten. Es kommt somit regelmäßig zu keiner Benachteiligung, versagt man ihm ein Auflösungsrecht im Verhältnis zum Betriebsveräußerer.

Vor diesem Hintergrund besteht kein Grund, vom Prüfungsmaßstab des § 9 KSchG im Falle des Arbeitnehmerantrags abzuweichen. Praktische Relevanz kommt der Zumutbarkeit der Weiterbeschäftigung entsprechend allein im Verhältnis zum Betriebserwerber zu.

2. Entzug des Abfindungsanspruchs

Dieses Ergebnis stützen diejenigen Literaturstimmen, die auch im Übrigen das Auflösungsinteresses des Arbeitnehmers in Konstellationen, in denen das Arbeitsverhältnis noch vor Urteilserlass aus sonstigen Gründen zum Arbeitgeber endet, in Zweifel ziehen.[1250]

Hergenröder[1251] wendet sich insoweit berechtigterweise gegen das Argument, das In-Frage-Stellen des Auflösungsinteresses mache mittelbar den Abfindungsanspruch nach §§ 9, 10 KSchG von der Verfahrensdauer abhängig. Diesem Argument liegt die Überlegung zugrunde, dass die Verneinung des Auflösungsinteresses, wenn es zwischenzeitlich zum Betriebsübergang und damit zur Beendigung des Arbeitsverhältnisses kommt, zugleich dazu führt, dass der Arbeitnehmer das Antragsrecht und damit den aus der Auflösung folgenden Abfindungsanspruch nach § 10 KSchG verliert. *Hergenröder* sieht in diesem Verlust kein unbilliges Risiko zulasten der Arbeitnehmer. Der Untergang des Abfindungsanspruchs sei lediglich rechtmäßige Folge anderweitiger „guter" Beendigungsgründe, die zwischenzeitlich das Arbeitsverhältnis beendet haben.[1252]

Übertragen auf die vorliegende Konstellation begründet der Betriebsübergang die anderweitige Beendigung des Arbeitsverhältnisses zum ursprünglichen Arbeitgeber.

1250 Siehe zu den Ausführungen dieser Bedenkenträger, siehe oben unter B.II.

1251 MüKo-BGB/*Hergenröder*, 4. Aufl. 2005, § 9 KSchG Rn. 35 f.

1252 Die gesamte Argumentation noch bei MüKo-BGB/*Hergenröder*, 4. Aufl. 2005, § 9 KSchG Rn. 35 f.

Das gerade genannte Argument, der Verlust des Antragsrechts gegenüber dem Betriebsveräußerer führe auch zum Verlust des Abfindungsanspruchs, ließe sich also auch hier anbringen. Es spricht m.E. aber auch in der Konstellation des Betriebsübergangs nicht dafür, die Passivlegitimation des Betriebsveräußerers aufrecht zu erhalten. Dabei ist vor allem zu beachten, dass es vorliegend nicht zu einer Vollbeendigung des Arbeitsverhältnisses kommt. Die Beendigung des Arbeitsverhältnisses zum Betriebsveräußerer ist insoweit lediglich ein notwendiger Nebeneffekt, den die Überleitung des Arbeitsverhältnisses auf den Betriebserwerber nach sich zieht. Er ist keinesfalls gezielt auf den Untergang des Abfindungsanspruchs gerichtet. Vielmehr dient der gesetzliche Mechanismus des § 613a BGB gerade dem Schutz der Arbeitnehmer. Dieser Schutzzweck aber überwiegt das mögliche Interesse der Arbeitnehmer, die Auflösung des Arbeitsverhältnisses gegen Abfindung noch gegenüber dem Betriebsveräußerer zu erreichen. So stellt die Abfindung gerade den vom Gesetz vorgesehenen Ausgleich für den Fall dar, dass die praktische Fortsetzung des Arbeitsverhältnisses unzumutbar ist. Die Vorschriften dienen demgegenüber nicht primär dazu, dem Arbeitnehmer einen Anspruch auf Geldabfindung zu eröffnen. Der Bestand des Auflösungsrechts ist daher vorrangig nach seinem Zweck, die unzumutbare Fortsetzung eines Arbeitsverhältnisses zu verhindern, zu beurteilen.

Der Rechtsstellung des Arbeitnehmers ist somit genüge getan, wenn er entweder mittels Widerspruch nach § 613a Abs. 6 BGB die Auflösung des Arbeitsverhältnisses zum Betriebsveräußerer oder unmittelbar gegenüber dem Betriebserwerber erlangen kann. Ein Auflösungsinteresse gegenüber dem Betriebsveräußerer zeitlich nach dem Betriebsübergang ist daher m.E. zu verneinen. Die abweichende Lösung in der Parallelsituation auf Arbeitgeberseite zugunsten eines Auflösungsrechts des Betriebsveräußerers gründet auf der dort vorzufindenden, spezifischen Interessenlage.

III. Beurteilungsmaßstab

Für den Beurteilungsmaßstab ergeben sich keine Besonderheiten. Der Arbeitnehmer muss sein Auflösungsbegehren auf solche Umstände stützen, die seine gegenwärtige Arbeitssituation unter dem Betriebserwerber beeinträchtigen.

6. Abschnitt: Zusammenfassung

Die Sachbefugnis auf Seiten der Veräußerungsparteien folgt der Arbeitgeberstellung im Zeitpunkt des Erlasses des Auflösungsurteils. Mangels Eintritts des Betriebserwerbers in den Streitgegenstand des § 9 KSchG finden §§ 265 Abs. 2, 325 Abs. 1, 727 ZPO keine Anwendung.

Entsprechend wird der Auflösungsantrag, der sich gegen den Betriebveräußerer richtet bzw. von diesem stammt, unzulässig, wenn noch bis zum Ende des Auflösungsverfahrens ein Betriebsübergang nach § 613a BGB stattfindet. Es fehlt am notwendigen Auflösungsinteresse. Sachbefugt ist allein dessen Nachfolger. Dieser kann dem laufenden Kündigungsschutzverfahren mit einem eigenen Auflösungsantrag beitreten bzw. mittels Parteierweitung in das Verfahren einbezogen werden, ohne dass es der Zustimmung von anderer Seite bedarf. Die Beurteilung der Auflösungsgründe unterliegt den allgemeinen Grundsätzen. Berücksichtigt werden können ferner Umstände, die bereits unter dem Betriebsveräußerer vorlagen, soweit sie im Verhältnis zum Erwerber fortwirken.

Liegt der Auflösungstermin i.S.v. § 9 Abs. 2 KSchG vor Betriebsübergang, bleibt der Betriebsveräußerer ausnahmsweise neben dem Betriebserwerber aktivlegitimiert. Er kann sein Auflösungsbegehren auch über den Betriebsübergang hinaus weiterverfolgen bzw. erstmalig einen entsprechenden Antrag stellen. In diesem Fall ist der Beurteilungsmaßstab an die besondere Situation, dass das Arbeitsverhältnis im Entscheidungszeitpunkt zum Veräußerer nicht mehr besteht, anzupassen. Er beschränkt sich daher auf diejenigen Umstände, wie sie im Zeitraum bis zum Betriebsübergangs unter dem ursprünglichen Arbeitgeber vorlagen. Die Zumutbarkeitsprognose bezieht sich somit ausschließlich auf den Zeitraum zwischen Auflösungstermin und Betriebsübergang.

Der Betriebserwerber ist unmittelbar materiell-rechtlich über § 613a BGB an die gerichtliche Entscheidung über den Auflösungsantrag im Verhältnis Arbeitnehmer – Betriebsveräußerer gebunden. Daneben ist er nach den allgemeinen Vorgaben selbst antragsbefugt.

7. Kapitel VERGLEICH UND „VERGLEICHSBEFUGNIS“ DER VERÄUßERUNGSPARTEIEN

1. Abschnitt: Einführung in die Problematik

Die Frage, wie der Betriebsübergang prozessual zu handhaben ist, ist nicht nur dann von Interesse, wenn am Schluss des gerichtlichen Verfahrens ein Endurteil steht. Die Problematik um die verfahrensrechtliche Zuständigkeit auf Arbeitgeberseite und ihrer Wirkungen stellt sich in gleicher Weise, wenn das Verfahren einvernehmlich durch Prozessvergleich zwischen den Parteien zu einem Ende gebracht werden soll.

Sowohl aus Sicht des Arbeitnehmers als auch der Veräußerungsparteien ist insoweit von Bedeutung, inwiefern dem am Prozess beteiligten Betriebsveräußerer die „Vergleichsbefugnis“ zukommt, er also einen Prozessvergleich wirksam abschließen kann. Zugleich sind ihre Interessen auf die Frage gerichtet, ob und in welchem Umfang der mit dem Betriebsveräußerer geschlossene Vergleich Wirkung gegenüber dem Betriebserwerber entfaltet. Beide Problemkreise stellen sich insbesondere in den vom Betriebsveräußerer nach Betriebsübergang als Prozessstandschafter fortgeführten Verfahren. Sie werden darüber hinaus für alle Prozesskonstellationen, wie sie bereits beleuchtet wurden, zu untersuchen sein.

2. Abschnitt: Praktische Relevanz

Die Relevanz dieser Fragestellung wird in der täglichen Praxis deutlich. Vor den Arbeitsgerichten findet mehr als jede zweite Klage durch Parteivereinbarung ihr Ende. Einen großen Anteil hieran nehmen im Alltag Kündigungsschutzverfahren ein.[1253]

Die Reichweite der Bindung, die einem Prozessvergleich im Kündigungsschutzverfahren gegenüber dem Betriebserwerber zukommt, rückt etwa dann in den Blick, wenn der Arbeitnehmer darin mit dem Alt-Arbeitgeber die Beendigung des Arbeitsverhältnisses vereinbart, sog. Beendigungsvergleich.[1254] Möglicherweise will der Betriebserwerber die einvernehmliche Auflösung des Arbeitsverhältnisses nicht akzeptieren. Umgekehrt ist aus Sicht des Betriebserwerbers denkbar, dass der Arbeitnehmer die Bindungswirkung des Beendigungsvergleichs ihm gegenüber abstreitet und Annahmeverzugslohn oder Weiterbeschäftigung verlangt.[1255]

Darüber hinaus ist aus Sicht sowohl des Arbeitnehmers als auch des Betriebserwerbers von Interesse, inwiefern Letzterer für sonstige im Vergleich vereinbarte Ver-

---

[1253] Quelle: Statistik des Bundesministeriums für Arbeit und Soziales „Tätigkeit der Arbeitsgerichte (Deutschland) 2006“, recherchiert unter http://www.bmas.de/coremedia/generator/18120/ property=pdf/ergebnisse__der__statistik__der__arbeitsgerichtsbarkeit__2006.pdf: Erledigte Klagen in 2006 insgesamt: 476.906, davon Bestandsstreitigkeiten infolge Kündigungen 231.588, Erledigungen durch Vergleich: 249.065.

[1254] Die Formulierung lautet beispielsweise: *„1. Die Parteien sind sich darüber einig, dass das Arbeitsverhältnis des Klägers durch betriebsbedingte Kündigung der Beklagten vom 15.02.2003 zum 31.03.2002 beendet worden ist.“*

[1255] So in BAG vom 24.08.2006 – 8 AZR 574/05 – AP Nr. 314 zu § 613a BGB, siehe hierzu die ausführliche Darstellung unten unter B.I.

pflichtungen einzustehen hat. Das wird bedeutsam, wenn diese übernommenen Verpflichtungen selbst nicht unmittelbar Streitgegenstand des Verfahrens sind. Das ist beispielsweise der Fall, wenn – wie üblich – mit der Beendigung des Arbeitsverhältnisses eine Abfindungsvereinbarung einhergeht, sog. Abfindungsvergleich. Auch sonstige Aspekte, die die materiell-rechtliche Seite des Arbeitsverhältnisses betreffen, können die Parteien in Vergleich festschreiben. Dabei handelt es sich in der Regel um Gegenstände, die für die Abwicklung des beendeten Arbeitsverhältnisses als notwendig erscheinen, oder über die zwischen den Parteien im Rahmen der Abwicklung Streit aufkommen könnte, so beispielsweise Regelungen bzgl. noch ausstehender Lohnforderungen, Urlaubsansprüche oder die Festlegung von Inhalt und Form eines zu erteilenden Arbeitszeugnisses.[1256]

A. Der Prozessvergleich – Rechtsnatur

Die Inhalte von gerichtlichen Vergleichen sind im Grundsatz unbegrenzt. Von ihrem Zweck her sind sie auf die einvernehmliche Erledigung des Prozessstoffs gerichtet, der charakteristischerweise ein gegenseitiges Nachgeben der Vergleichsparteien zugrunde liegt, vgl. § 779 BGB.

Was die Rechtsnatur des Prozessvergleichs anbelangt, so hat diese im Gesetz eine nur äußerst marginale Regelung erfahren (vgl. § 794 Abs. 1 Nr. 1 ZPO). Nach h.M. kommt dem Prozessvergleich als einheitlichem Vertrag eine Doppelnatur zu: Als Prozessvertrag stellt er eine Prozesshandlung dar; sie beendet den Rechtsstreit unmittelbar. Zugleich beinhaltet der Prozessvergleich ein materielles Rechtsgeschäft i.S.v. § 779 BGB, das das materiell-rechtliche Verhältnis der Parteien in Bezug auf den Streitgegenstand in Form eines privatrechtlichen Vertrags gestaltet.[1257] Entsprechend dieser Doppelfunktion erfordert die Wirksamkeit eines Prozessvergleichs nach h.M., dass sowohl die Prozesshandlungsvoraussetzungen als auch die Voraussetzungen für den wirksamen Abschluss des Rechtsgeschäft vorliegen. Um über das dem Streitge-

---

1256 Diese könnten beispielsweise lauten:
„2. Bis zum Ablauf des Arbeitsverhältnisses erhält der Kläger die ihm zustehende monatliche Vergütung von 3.000,00 €.
3. Für den Verlust des Arbeitsplatzes zahlt die Beklagte an den Kläger eine Abfindung in Höhe von 30.000,00 €. Der Anspruch auf die Abfindung ist bereits jetzt entstanden und vererbbar. Die Abfindung ist innerhalb von zwei Wochen nach Zustellung des Sitzungsprotokolls an die Beklagte fällig.
4. Zwischen den Parteien besteht Einigkeit, dass der Kläger seinen Urlaub in natura genommen hat." Vgl. *Klein*, Prozessvergleich, S. 46 ff.

1257 Insoweit stellt der Vergleich einen einheitlichen Vertrag, der zwei unterschiedliche Teilbereiche regelt, wobei die Wirksamkeit beider Teilbereiche in gegenseitiger Abhängigkeit steht, so die herrschende Theorie von der Doppelnatur des Prozessvergleichs, BGH vom 31.03.1993 - XII ZR 234/91 – NJW 1993, 1995, 1996 mwN; vom 21. 3. 2000 - IX ZR 39/99 - NJW 2000, 1942, 1943 mwN; Hako-ZPO/*Kindl*, § 794 Rn. 2; Zöller/*Stöber*, ZPO, § 794 Rn. 3; *Klein*, Prozessvergleich, S. 32 ff.; *Klinck* WM 2006, 417, 419 mwN; zu den Vergleichstheorien Rosenberg/Schwab/Gottwald, Zivilprozessrecht, § 129 Rn. 29 ff. mwN; MüKo-ZPO/*Wolfsteiner*, § 794 Rn. 10 ff. mwN.

genstand zugrunde liegende Recht verfügen bzw. Verpflichtungen eingehen zu können, bedarf es insoweit insbesondere der diesbezüglichen materiellen Berechtigung.[1258]

Was die Folgewirkungen anbelangt, kommt dem Prozessvergleich nach allgemeinem Verständnis keine Rechtskraftwirkung zu.[1259] Auf prozessualer Ebene beendet er die Rechtshängigkeit der Klage; materiell-rechtlich ordnet er die Rechtlage zwischen den Parteien neu mit der Folge, dass ihnen ein einseitiger Rückgriff auf die frühere Rechtlage versagt ist.[1260]

B. Die verschiedenen Ansichten zur „Vergleichsbefugnis"

Entsprechend ihrer Häufigkeit in der Praxis waren es bisher stets Kündigungsschutzklagen, in deren Kontext sich die Gerichte mit der Wirksamkeit und Bindungskraft eines Prozessvergleichs angesichts eines zwischenzeitlichen Betriebsübergangs zu befassen hatten.

I. Entscheidung des BAG vom 24.08.2006

Das BAG nahm in seiner Entscheidung vom 24.08.2006[1261] zu dieser Thematik erstmals Stellung. Der Entscheidung ging ein Kündigungsschutzverfahren voran, in dem die dortigen Prozessparteien einen Beendigungsvergleich geschlossen hatten. Das BAG hatte sich sodann im Rahmen eines erneuten Verfahrens mit dessen Wirkungen auseinandersetzen. Dem lag folgender Sachverhalt zugrunde:

> Die Klägerin war als Reinigungskraft bei der K.GmbH beschäftigt. Letztere hatte der Klägerin gegenüber nach Verlust eines Reinigungsauftrags eine Änderungskündigung zum 31.08.2004 ausgesprochen. Die Klägerin hatte die Änderung unter Vorbehalt angenommen und zugleich gegen die K.GmbH Änderungsschutzklage erhoben. In diesem Verfahren teilte die K.GmbH Mitte August 2004 mit, angesichts der Übernahme des Reinigungsauftrags durch das Nachfolgeunternehmen – den im Folgeverfahren Beklagten – gehe sie von einem Betriebsübergang aus. Die Übernahme war zum 01.07.2004 erfolgt. Am 21.09.2004 schloss die Klägerin sodann in dem mit der K.GmbH fortgeführten Änderungsschutzverfahren einen Beendigungsvergleich

---

[1258] Hako-ZPO/*Kindl*, § 794 Rn. 3, 9; Thomas/Putzo-*Hüßtege*, ZPO, § 794 Rn. 12 f.; Rosenberg/Schwab/Gottwald, Zivilprozessrecht, § 129 Rn. 33; vgl. auch MüKo-ZPO/*Wolfsteiner*, § 794 Rn. 31, 33; zu den übrigen Wirksamkeitsvoraussetzungen, vgl. die einschlägige Kommentarliteratur.

[1259] MüKo-ZPO/*Wolfsteiner*, § 794 Rn. 85 mwN auch zu den Gegenansichten; Thomas/Putzo-*Hüßtege*, ZPO, § 794 Rn. 29; Zöller/*Stöber*, ZPO, § 794 Rn. 12 ff.; Rosenberg/Schwab/Gottwald, Zivilprozessrecht, § 129 Rn. 27; vgl. zur prozessualen Wirkung auch *Häsemeyer* ZZP 108 (1995), 289, 315 ff. Ggf. fehlt wegen des bereits vorliegenden Titels in Form des Vergleichs das Rechtsschutzbedürfnis für einen Zweitprozess, vgl. BGH vom 07.12.1988 - IVb ZR 49/88 - NJW 1989, 318, 319; vom 19.06.1986 - IX ZR 141/85 - NJW 1986, 2704, 2705; MüKo-ZPO/*Wolfsteiner*, § 794 Rn. 82 mwN.

[1260] Thomas/Putzo-*Hüßtege*, ZPO, § 794 Rn. 26, 29 f.; Rosenberg/Schwab/Gottwald, Zivilprozessrecht, § 129 Rn. 21, 24; ausführlich *Häsemeyer* ZZP 108 (1995), 289, 297 ff.; weitergehend, *Klinck* WM 2006, 417, 421 f.; vgl. auch BGH vom 19.05.1982 - IVb ZR 705/80 - NJW 1982, 2072, 2073.

[1261] Az. 8 AZR 574/05 – AP Nr. 314 zu § 613a BGB.

mit der K.GmbH, wonach das Arbeitsverhältnis mit Ablauf des 31.08.2004 gegen Zahlung einer Abfindung und Gewährung von Resturlaub in natura sein Ende gefunden hat.
In dem dem BAG vorliegenden Folgeverfahren begehrte die Klägerin anschließend von dem Beklagten, dem Auftragsnachfolger, Weiterbeschäftigung über den vereinbarten Beendigungstermin hinaus im Rahmen des übergegangenen Arbeitsverhältnisses unter Berufung auf § 613a BGB. Denn nach Ansicht der Klägerin entfaltet der Vergleich gegenüber dem Beklagten keine Wirkung.

In seiner Entscheidung hat das BAG die Rechtsauffassung der Kläger verworfen und mit Hinweis auf die analoge Anwendung des § 265 ZPO die Wirksamkeit eines Abfindungsvergleichs, den Arbeitnehmer und Betriebsveräußerer im zwischen ihn fortgeführten Kündigungsschutzprozess schließen, ebenso wie dessen Wirkung für und gegen den Betriebserwerber bejaht.

Das BAG befand zunächst im Wege der Auslegung, dass die Parteien mit dem Vergleich angesichts des darin festgelegten Endtermins und der Urlaubsregelung eine absolute Beendigung des Arbeitsverhältnisses beabsichtigt hatten, die auch das Verhältnis zum Betriebserwerber betreffen sollte.[1262] Die Bindungswirkung des Beendigungsvergleichs gegenüber dem Betriebsnachfolger stützte das Gericht auf die Begründung, die Betriebsveräußerin habe als Vertreterin im Namen des Betriebserwerbers gehandelt. Deren Vertretungsmacht leitete es aus der gesetzlichen Prozessstandschaft analog § 265 Abs. 2 ZPO ab.

Vor dem Hintergrund, dass der klagenden Arbeitnehmerin der zeitlich vorangegangene Betriebsübergang bekannt war, ging das BAG davon aus, dass die K.GmbH als Betriebsveräußerin nach objektivem Empfängerhorizont jedenfalls auch in fremdem Namen aufgetreten war. Als Prozessstandschafterin sei sie zur Vornahme von Prozesshandlungen uneingeschränkt befugt gewesen und damit auch zum Abschluss eines Prozessvergleichs. Dem stünde in dem vorliegenden Sachverhalt auch nicht entgegen, dass einige Ansichten diese Befugnis des Prozessstandschafters gewissen Einschränkungen unterwerfen. Denn auch diese waren nach Auffassung des BAG vorliegend erfüllt. So bewege sich die vereinbarte Beendigung des Arbeitsverhältnisses als materiell-rechtliche Verfügung zum einen im Rahmen des Streitgegenstands.[1263] Denn nach einvernehmlicher Rücknahme des Vorbehalts hätte auch ein gerichtliches Urteil zu dem Ergebnis kommen können, dass die angegriffene Kündigung wirksam und das Arbeitsverhältnis hierdurch beendet worden ist. Jedenfalls liege eine entsprechende Ermächtigung von Seiten des neuen Arbeitgebers vor. Gemäß § 177 Abs. 1 BGB habe dieser den Vergleich konkludent genehmigt, als er sich während des dem BAG vorliegenden Verfahrens darauf berief, der Vergleich habe das Arbeitsverhältnis beendet.[1264]

1262 BAG vom 24.08.2006, aaO [zu II.1.b) der Gründe]. Eine solche Auslegung, ob nach dem Inhalt des Vergleichs lediglich die Rechtsbeziehungen zum früheren Arbeitgeber oder diese absolut auch im Verhältnis zum Betriebsnachfolger geregelt werden sollten, beschäftigte bereits das LAG Köln vom 19.10.1989 – 8 Sa 802/89 – LAGE § 613a BGB Nr. 17 [zu 2. der Gründe (S. 5)] in einer nahezu identischen Konstellation.

1263 Ebenso LAG Düsseldorf als Vorinstanz vom 23.06.2006 – 11 Sa 483/05 – DB 2005, 2696, 2697.

1264 BAG vom 24.08.2006, aaO [zu II.2. der Gründe].Auch das LAG Köln vom 19.10.1989 – 8 Sa 802/89 – LAGE § 613a BGB Nr. 17 [zu 2. der Gründe (S. 4)], verweist für die Bindungswirkung

II. Die Entscheidung der Vorinstanz: LAG Düsseldorf vom 23.06.2005

Das LAG Düsseldorf[1265] als Vorinstanz in dieser Sache hatte in seiner Entscheidung noch einen weiteren Punkt angeführt, auf den das BAG nicht einging. Das LAG sah in der vergleichsweisen Einigung von Seiten der Klägerin zugleich – zwingend – einen konkludenten Widerspruch nach § 613a Abs. 6 BGB. Allein auf diese Weise bliebe die Betriebsveräußerin Arbeitgeberin und könne rechtswirksam mittels Vergleich mit der Klägerin das Arbeitsverhältnis zum 31.08.2004 beenden.[1266]

III. Stimmen in der Lit. und ein denkbarer anderweitiger Lösungsweg

Diejenigen arbeitsrechtlichen Stimmen in der Lit., die auf die Frage nach der „Vergleichsbefugnis" des Betriebsveräußerers eingehen, haben sich weitgehend der Entscheidung des BAG vom 24.08.2006[1267] angeschlossen. Auch sie wollen – teils unter gewissen weiteren Voraussetzungen, die auch das BAG in der oben genannten Entscheidung berücksichtigt hat – die Bindung des Betriebserwerbers an einen erst nach Betriebsübergang geschlossenen Vergleich über § 265 Abs. 2 ZPO analog herbeiführen.[1268]

Gravenhorst[1269] denkt darüber nach, die Bindung des Betriebserwerbers einer Analogie zu § 325 ZPO zu entnehmen. Dies würde bedeuten, dem Prozessvergleich rechtskraftähnliche Wirkung zuzuschreiben. Mit dem Gegenargument, dass eine vollumfängliche Analogie zur Normenkette der §§ 265, 325, 727 ZPO bzgl. des Prozessvergleichs auch aus seiner Sicht zu weit gehen würde, verwirft denn auch *Gravenhorst* diesen Ansatz umgehend.

Denkbar wäre schließlich, die Anlehnung an die Rspr. zu den Auflösungsanträgen nach § 9 KSchG zu suchen. Parallel zur dortigen Antragsbefugnis ließe sich für die Vergleichsbefugnis bzgl. eines Beendigungsvergleichs ebenfalls darauf abstellen, wer im dem Zeitpunkt, in dem das Arbeitsverhältnis qua Einigung beendet sein soll, die Arbeitgeberstellung innehat. Hieraus ließe sich eine originäre Vergleichsbefugnis des Betriebsveräußerers ableiten für den Fall, dass sich die Beendigung auf einen Zeitpunkt vor Betriebsübergang bezieht. Hierfür könnte die Ähnlichkeit beider Rechtsinstitute sprechen: Sowohl der Vergleich als auch das Auflösungsurteil beenden das Ar-

---

auf die von der Betriebserwerberin ausdrücklich erklärte nachträgliche Zustimmung. Offen gelassen in LAG Berlin vom 06.01.2006 – 6 Sa 2021/05, recherchiert über juris [zu .1.1.1 der Gründe].

1265 Entscheidung vom 23.06.2005 – 11 Sa 483/05 – DB 2005, 2696.

1266 LAG Düsseldorf, aaO (Fn. 1265), S. 2698; ebenso BeckOK-BGB/*Fuchs*, § 613a BGB Rn. 58.

1267 Hierzu oben unter I.

1268 Vgl. AR-Blattei SD (*Hergenröder*), 500.1 Rn. 1203; BeckOK-ArbR/*Kerwer*, § 4 KSchG Rn. 44.3; BeckOK-ArbR/*Gussen*, § 613a BGB Rn. 278; Hako-ArbR/*Karthaus/Richter*, § 613a BGB Rn. 278. ErfK/*Preis*, § 613a BGB Rn. 176, jedenfalls bei Zustimmung des Betriebserwerbers; ebenso APS-*Ascheid/Hesse*, § 4 KSchG Rn. 48; MüKo-BGB/*Müller-Glöge*, § 613a BGB Rn. 205; *Gravenhorst*, Anm. zu BAG vom 24.08.2006 – 8 AZR 574/05 - jurisPR-ArbR 16/2007 Anm. 3 [zu C. der Ausführungen, teils kritisch]; *Leinemann*, FS für Vossen, 2006, 273, 280 f., der die Genehmigung des Betriebserwerbers fordert, wenn der Vergleich den Streitgegenstand überschreitet; ebenso *Zeuner*, FS für Schwab, 1990, 575, 592 mwN.

1269 Anm. zu BAG vom 24.08.2006 – 8 AZR 574/05 - jurisPR-ArbR 16/2007 Anm. 3 [zu C. der Ausführungen].

beitsverhältnis auf Initiative der Parteien regelmäßig im hypothetischen Kündigungstermin.

C. Die „Vergleichsbefugnis" des Betriebsveräußerers

I. Die „Vergleichsbefugnis" des Prozessstandschafters nach § 265 Abs. 2 ZPO

Vor dem Hintergrund, dass die h.M. die Wirksamkeit des Vergleichs an sich und dessen Bindungswirkung im Kontext mit dem Betriebsübergang über die Analogie zu § 265 Abs. 2 ZPO befürwortet, sind insoweit zwei Problemkreise zu erörtern. In einem ersten Schritt stellt sich ganz allgemein die Frage, inwieweit die Regelung des § 265 Abs. 2 ZPO in ihrem unmittelbaren Anwendungsbereich dazu führen, dass die Wirksamkeitsvoraussetzungen des Prozessvergleichs auf prozessualer wie materieller Seite in der Person des Prozessstandschafters erfüllt sind. Insbesondere gilt es zu klären, inwieweit diese prozessrechtliche Stellung zugleich materielle Verfügungsbefugnis über den Streitgegenstand vermitteln kann. In einem zweiten Schritt wird zu beleuchten sein, ob sich die gewonnenen Ergebnisse auf den Fall des Betriebsübergangs übertragen lassen.

Betrachtet man zunächst die prozessuale Komponente des Prozessvergleichs, so bedarf es als Prozesshandlungsvoraussetzungen der Partei-, Prozess- sowie Postulationsfähigkeit des Prozessstandschafters.[1270]

1. Die verschiedenen Ansichten zur materiell-rechtlichen Seite

Bleibt die Frage, woraus die Verfügungsbefugnis des Prozessstandschafters entspringt, zum einen materiell wirksam eine Einigung bzgl. des streitigen Rechtsverhältnisses herbeiführen, zum anderen den Rechtsnachfolger hieran binden zu können. Hierüber besteht nach wie vor Streit. Das BAG hat in seiner Entscheidung vom 24.08.2006[1271] bereits die wesentlichen Ansichten aufgezählt, ohne hierzu selbst Stellung zu beziehen.

Der BGH geht ohne weitere Einschränkung von einer mit der Prozessstandschaft verbundenen materiell-rechtlichen Verfügungsbefugnis des Prozessstandschafters im Rahmen des Prozessvergleiches aus. Er leitet sie unmittelbar aus § 265 Abs. 2 ZPO ab.[1272] Darüber hinaus setzen einige Stimmen in der Lit. den prozessbeendigenden Vergleich einem Endurteil gleich und verweisen für die Bindungswirkung bzgl. des Rechtsnachfolgers auf die Folgevorschriften der §§ 325, 727 ZPO. Denn auch die Rechtskrafterstreckung auf den wahren Berechtigten, wie sie für das Urteil aus § 325

[1270] MüKo-ZPO/*Wolfsteiner*, § 794 Rn. 30. Vgl. für eine uneingeschränkte prozessuale Dispositionsbefugnis, *Klinck* WM 2006, 417, 418.

[1271] Hierzu ausführlich oben unter B.I.

[1272] BGH vom 14.05.1986 - IVa ZR 146/85 - NJW-RR 1987, 307 [obiter dictum: Der gesetzliche Prozessstandschafter sei zu allen Prozesshandlungen befugt, insbesondere zum Abschluss eines auf den Prozess bezogenen, ihn beendenden gerichtlichen oder auch außergerichtlichen Vergleichs. Das ergebe sich aus § 265 Abs. 2 ZPO, der der Veräußerung jeglichen Einfluss auf den Prozess abspreche]. Ebenso LAG Köln vom 19.10.1989 – 8 Sa 802/89 – LAGE § 613a BGB Nr. 17 [zu 2. der Gründe (S.4)], das allerdings zusätzlich auf die explizite Genehmigung des Vergleichs durch den Betriebserwerber hinweist.

ZPO folgt, setze eine der Verfügungsbefugnis ähnliche Rechtsmacht in den Händen des Prozessstandschafters voraus. Denn die §§ 265 Abs. 2, 325 ZPO verleihen dem Prozessstandschafter die Fähigkeit, eine Rechtskrafterstreckung auf den Veräußerer auszulösen, lasse dies den Schluss zu, so diese Ansicht, dass dem Prozessstandschafter hiermit zugleich die materiell-rechtliche Befugnis über den Streitgegenstand übertragen werde.[1273] Diese Schlussfolgerung impliziert, dass sich die auf § 265 ZPO beruhende Verfügungsmacht auf dasjenige beschränkt, was auch Inhalt eines Urteils im konkret anhängigen Verfahren sein könnte.[1274]

Nach anderer Ansicht vermittelt die gesetzliche Prozessstandschaft allein nicht diejenigen Handlungsvoraussetzungen, die das materielle Recht für die Wirksamkeit eines Rechtsgeschäfts aufstellt.[1275] Die Wirksamkeit des materiell-rechtlichen Bestandteils eines Prozessvergleichs setze infolgedessen eine rechtsgeschäftliche Ermächtigung voraus,[1276] die entweder durch Vertretungsmacht verliehen werden oder bei Handeln im fremden Namen aufgrund Zustimmung des berechtigten Rechtsnachfolgers nach § 177 BGB bzw. bei Handeln im eigenen Namen nach § 185 BGB erfolgen kann.[1277]

2. Stellungnahme

Der Prozessvergleich beinhaltet in nahezu sämtlichen Fällen auch eine materielle Regelungskomponente, deren Wirksamkeit vom Vorliegen der materiell-rechtlichen Verfügungsbefugnis der Vergleichsparteien abhängt. Infolgedessen ist die Bewertung, welche Befugnisse dem Prozessstandschafter nach § 265 Abs. 2 ZPO auf materiellrechtlicher Ebene zukommen, überaus bedeutsam.

Im Ergebnis überzeugen diejenigen Vertreter, die eine materiell-rechtliche Verfügungsbefugnis in den Grenzen des konkreten Streitgegenstands annehmen. Für eine auf den Streitgegenstand beschränkte Verfügungsbefugnis sprechen zunächst Sinn und Zweck der §§ 265 Abs. 2, 325 Abs. 1, 727 ZPO. Die Prozessstandschaft dient als Ausgleichsmechanismus dafür, dass das Gesetz die Veräußerung der streitbefangenen Sache an sich während des anhängigen Verfahrens nicht einschränkt. Zu diesem Zweck ordnet § 265 ZPO eine Rechtsstellung an, die den Rechtsvorgänger ermächtigt, zugleich aber auch verpflichtet, den schwebenden Prozess um das ihm nunmehr fremde Recht in eigenem Namen fortzuführen. Die Norm überantwortet dem Veräußerer den

[1273] So Rosenberg/Schwab/Gottwald, Zivilprozessrecht, § 129 Rn. 38; ohne nähere Begründung ebenso, Hako-ZPO/*Saenger*, § 265 Rn. 12; Thomas/Putzo-*Reichold*, ZPO, § 265 Rn. 12; Baumbach/Lauterbach/Albers/*Hartmann*, ZPO, § 265 Rn. 19, wobei dieser dem Prozessvergleich allerdings rein prozessrechtlichen Charakter zuspricht, vgl. aaO Anh § 307 Rn. 3. AA *Klinck* WM 2006, 417, 421 f.; unklar Stein/Jonas-*Schumann*, 21. Aufl. 1997, ZPO, § 265 Rn. 40 mwN, der den Prozessstandschafter im Hinblick auf Prozesshandlungen, u.a. den Abschluss eines Vergleichs, für berechtigt ansieht, nicht jedoch zu materiell-rechtlichen Verfügungen.

[1274] Ebenso LAG Düsseldorf vom 23.06.2006 – 11 Sa 483/05 – DB 2005, 2696, 2697; MüKo-ZPO/*Becker-Eberhard*, § 265 Rn. 75; Stein/Jonas-*H. Roth*, ZPO, § 265 Rn. 20.

[1275] MüKo-ZPO/*Wolfsteiner*, § 794 Rn. 33; *Jauernig*, Zivilprozessrecht, § 87 III 3 (S. 281 f.).

[1276] Zöller/*Greger*, ZPO, § 265 Rn. 6; BeckOK-ArbR/*Kerwer*, § 4 KSchG RN. 44.3.

[1277] Zur Genehmigungsfähigkeit der Kündigung, LAG Köln vom 05.10.2007 – 11 Sa 257/07 – NZA-RR 2008, 5, 9.

Streitgegenstand prozessual. Dabei soll die prozessuale Nichtbeachtung der Veräußerung den Prozessgegner vor Nachteilen infolge des Übergangs der Sachbefugnis schützen.[1278] In der Folge muss diese prozessuale Zuständigkeit konsequenterweise die Befugnis einschließen, einen Prozessvergleich über den Streitgegenstand herbeiführen zu können, auch wenn hiermit ein materiell-rechtliches Rechtsgeschäft einhergeht.[1279]

Zudem überzeugt die Parallele zwischen Vergleich und Urteil. Zwar ist zu beachten, dass von einem Vergleich per se keine Rechtskraft ausgeht und entsprechend § 325 ZPO nicht einschlägig sein kann. Trotzdem sind beide Rechtsinstitute insoweit vergleichbar, als der Prozessstandschafter den Ausgang des Verfahrens mittels Urteil, etwa durch Nicht-Bestreiten oder Anerkenntnis, ebenso steuern kann wie die Beendigung des Verfahrens mittels Vergleich. Lässt das Gesetz zu, dass der Rechtsvorgänger das Verfahren in eigenem Namen und nach eigenem Gutdünken fortführt, so verleiht es hiermit ebenfalls eine der Verfügungsmacht vergleichbare Rechtsmacht über den Streitgegenstand. Demgegenüber führt die Forderung, den Erwerber am Vergleichsabschluss zu beteiligen, dazu, dass die Vergleichsmöglichkeit zulasten der Rechtssicherheit auf Seiten beider Prozessparteien verkompliziert und mit zeitlichen Verzögerungen belastet würde.[1280]

Spricht man somit dem Prozessstandschafter Verfügungsbefugnis – vermittelt über § 265 Abs. 2 ZPO – zu, kann sie stets nur so weit reichen wie der Streitgegenstand selbst bzw. eine hypothetische gerichtliche Entscheidung hierüber. Ausschließlich insoweit will das Gesetz den Veräußerer an der streitigen Sache festhalten. Und auch der Eingriff in die nunmehrige Rechtsposition des Erwerbers ist nur in diesem Umfang gerechtfertigt.

II. Übertragung auf Konstellationen des Betriebsübergangs

Das BAG ist sich der Frage nach der Verfügungsbefugnis sehr wohl bewusst, wie es in der angeführten Entscheidung vom 24.08.2006 zum Ausdruck bringt.[1281] Seiner Ansicht nach vermittelt die Analogie zu § 265 ZPO auch im Kontext mit dem Betriebsübergang die materiell-rechtliche Vergleichsbefugnis zugunsten des das Verfahren fortführenden Prozessstandschafters.

1. Zustimmung im Rahmen der befürworteten Analogie zu §§ 265 u.a. ZPO

Soweit nach der hier vertretenen Ansicht die Analogie zu § 265 ZPO greift, ist der Ansicht des BAG zur „Vergleichsbefugnis" zuzustimmen. Demzufolge entspringt die materielle Verfügungsbefugnis im Rahmen eines Prozessvergleichs der gesetzlichen

---

1278 Siehe zum Telos der §§ 265 u.a. ZPO auch oben 4. Kap., 5 Abschn., B.I., D.I.

1279 Das LAG Düsseldorf vom 23.06.2005 – 11 Sa 483/05 – DB 2006, 2696, 2697 spricht von einem *„der Rechtslage vor der Veräußerung entsprechenden prozessualen Handlungsspielraum."*

1280 Für den Fall, dass der Betriebsveräußerer eine schriftliche Genehmigung verweigert, schlagen Hako-ArbR/*Karthaus/Richter*, § 613a BGB Rn. 278 einen einseitig widerruflichen Zwischen- bzw. Teilvergleich vor, dessen Widerrufsfrist länger bemessen ist als die Frist zur Erfüllung eventueller Abfindungs- und Zeugnisansprüche mit der Folge, dass nach deren Erfüllung die Klage für erledigt erklärt werden könne.

1281 Siehe hierzu die Darstellung seiner Begründung, oben unter B.I.

Prozessstandschaft in denjenigen Fällen, in denen es tatsächlich zu einem Wechsel in der Passivlegitimation i.S.v. § 265 ZPO kommt.

Das ist der Fall bei Leistungsklage um rein betriebsbezogene Ansprüche ebenso wie bei Feststellungsklagen um unvertretbare Rechtspositionen aus dem Arbeitsverhältnis. Ein diesbezüglicher Prozessvergleich beinhaltet in der Regel die vertragliche (Teil-) Anerkennung oder den (Teil-)Verzicht bzgl. der eingeklagten Forderung oder sonstigen Verpflichtung, wenn darin vereinbart wird, eine bestimmte Summe zur Abgeltung sämtlicher gegenseitiger Ansprüche zu zahlen. Zu solchen Verfügungen ist der Prozessstandschafter ermächtigt. Zugleich ist seine Verfügungsbefugnis aber auf den konkreten Streitgegenstand beschränkt. Treffen die Prozessparteien darüber hinausgehende Regelungen, bedarf es der Beteiligung des Betriebserwerbers hieran, sollen sie auch für und gegen ihn wirken. Das kann zum einen dadurch geschehen, dass der Erwerber von Anfang an am Vergleichabschluss beteiligt ist, er dem Vergleich zustimmt oder ihm später beitritt.

Betrifft der Prozess unvertretbare Ansprüche i.S.v. § 613a Abs. 2 BGB, so greift weder § 265 ZPO noch kommt angesichts der Gesamtschuldnerstellung ein materielle Bindungswirkung über § 613a BGB in Betracht. Der Prozessvergleich betrifft zunächst nur die Abschlussparteien. Der Betriebserwerber kann jedoch wiederum in den materiellen Teil des Prozessvergleichs miteinbezogen werden.

2. Betriebsübergang nach Abschluss des Prozessvergleichs

In konsequenter Fortführung der hier vertretenen Ansicht bindet ein bereits vor Betriebsübergang zwischen den ursprünglichen Arbeitsvertragsparteien abgeschlossener Prozessvergleich den Betriebserwerber über § 613a BGB unmittelbar. Letzterer tritt aufgrund der materiell-rechtlichen wie auch prozessualen Bindungswirkung des § 613a BGB derart in das Arbeitsverhältnis ein, wie es der Prozessvergleich gestaltet hat.

3. Prozessvergleich mit dem Betriebsveräußerer im Kündigungsschutzverfahren

Darüber hinaus bedarf es genauerer Betrachtung, was die Vergleichsbefugnis auf materieller Ebene hinsichtlich eines Beendigungs- bzw. Abfindungsvergleichs zwischen den ursprünglichen Arbeitsvertragsparteien in dem mit dem Alt-Arbeitgeber fortgeführten Kündigungsschutzprozess anbelangt.

Sie ist insoweit erforderlich, als die Einigung darüber, dass die ausgesprochene Kündigung das Arbeitsverhältnis beendet (hat), eine Verfügung i.S. des materiellen Rechts darstellt, vgl. § 185 BGB.[1282] Sie beinhaltet die gegenseitige Verpflichtung, die ausgesprochene Kündigung als wirksam zu akzeptieren, wodurch das Arbeitsverhältnis als Rechtsverhältnis jedenfalls mittelbar in gegenseitigem Einvernehmen aufgeho-

---

[1282] Zur Definition einer Verfügung, siehe Palandt/*Heinrichs*, § 185 Rn. 2; vgl. zur Genehmigungsfähigkeit der Kündigung auch LAG Köln vom 05.10.2007 – - 11 Sa 257/07 - NZA-RR 2008, 5, 9; BeckOK-ArbR/*Kerwer*, § 4 KSchG Rn. 44.3.

ben wird.[1283] Dem Prozessvergleich kommt somit ein materieller Verfügungscharakter zu.

a. Nichtberechtigung des Betriebsveräußerers

Fraglich ist, ob der Betriebsveräußerer zeitlich nach der Betriebsveräußerung insoweit zwangsläufig als Nichtberechtigter im Hinblick auf das Arbeitsverhältnis anzusehen ist. Dies ist wiederum eine Frage der zeitlichen Perspektive. Denn im Rahmen der Auflösungsanträge nach § 9 KSchG wurde seine Antragsbefugnis in der Sonderkonstellation des Auflösungstermins vor Betriebsübergang ausnahmsweise aufgrund der spezifischen Interessenlage anerkannt.[1284]

Mit dem Betriebsübergang verliert der Alt-Arbeitgeber die Arbeitgeber- und damit Vertragspartnerstellung bzgl. des Arbeitsverhältnisses. In der Folge büßt er grundsätzlich auch die Befugnis ein, einen Aufhebungsvertrag bzgl. des Arbeitsverhältnisses zu schließen. Dasselbe gilt für die vertragliche Neugestaltung der materiell-rechtlichen Rechtsbeziehungen im Rahmen eines Prozessvergleichs. Sowohl nach Ansicht der Lit. als auch der Rspr. handelt der Betriebsveräußerer nach Betriebsübergang als Nichtberechtigter bzgl. des Abschluss eines Beendigungsvergleichs. Dies folgt zugleich aus dem mit dem Betriebsübergang einhergehenden Verlust der originären Passivlegitimation im Kündigungsschutzprozess, jedenfalls nach Ansicht der h.Lit. Aus diesem Grund hält sie die Analogie zu den §§ 265 Abs. 2, 325 Abs. 1, 727 ZPO für erforderlich.[1285]

b. Alternativer Denkansatz: Parallele zu § 9 KSchG

Möglicherweise lässt sich jedoch die Parallele zu den Auflösungsanträgen nach § 9 KSchG ziehen. Das würde voraussetzen, dass der Vergleichs- und der Auflösungssituation eine vergleichbare Interessenlage zugrunde liegt. Ist das der Fall, wäre es nicht zu rechtfertigen, die Befugnis bzgl. der Beendigung des Arbeitsverhältnisses in beiden Konstellationen abweichend zu beurteilen. Das Urteil des BAG vom 24.08.2006[1286] schließt die Anlehnung an die Antragsbefugnis nach § 9 KSchG nicht aus. In dem dieser Entscheidung zugrunde liegenden Prozessvergleich hatten die Parteien vereinbart, dass das Arbeitsverhältnis erst zu einem Zeitpunkt nach Betriebsübergang enden sollte. Die Sonderkonstellation im Rahmen von § 9 KSchG erfasst demgegenüber solche Konstellationen, in denen der Endtermin vor Betriebsübergang liegt. Demzufolge ist offen, wie das BAG die Vergleichsbefugnis des Betriebsveräußerers im diesem Fall beurteilt.

[1283] MüKo-BGB/*Schramm*, § 185 BGB Rn. 8 mwN; Staudinger/*Gursky*, BGB, § 185 Rn. 6, wonach im Falle einer unwirksamen Vertragsübernahme die Aufhebung des Vertrags durch den vermeintlich neuen Vertragspartner eine Verfügung eines Nichtberechtigten darstellt; allgemein zum individuellen Verfügungscharakter eines Rechtsgeschäfts und der daher notwendigen Auslegung, *Klinck* WM 2006, 417, 420.

[1284] Hierzu oben unter Kap. 5, 2. Abschn., F.I.

[1285] Hierzu oben unter 5. Kap., 1. Abchn., C.III.2.

[1286] Az. 8 AZR 574/05 – AP Nr. 314 zu § 613a BGB, hierzu oben unter B.I.

Im Falle der Auflösungsanträge leitet die h.M. die Antragsbefugnis aus der zeitlichen Abfolge von Betriebsübergang und Auflösungstermin ab. Da das Gestaltungsurteil, wenn der Auslösungstermin vor Betriebsübergang liegt, auch den Betriebsveräußerer als damals aktuellen Arbeitgeber betrifft, müsse seinen Interessen mit einer eigenständigen Antragsbefugnis Rechnung getragen werden. Parallel hierzu ließe sich im Rahmen des Prozessvergleichs auf die materiell-rechtliche Verfügungsbefugnis des Betriebsveräußerers bzgl. der Beendigung des Arbeitsverhältnisses schließen. Demzufolge ließe sich argumentieren, dass dem Betriebsveräußerer die materielle Verfügungsbefugnis zukommt, solange der vereinbarte Auflösungstermin vor dem Zeitpunkt des Betriebsübergangs liegt.[1287]

i. Gegenüberstellung: Wirkung beider Rechtsinstitute

Die strukturelle Vergleichbarkeit des Prozessvergleichs mit den Auflösungsanträgen, die der Arbeitgeber initiiert, liegt nicht völlig fern, stellt man die Wirkungen beider Rechtsinstitute gegenüber. Beide Instrumente beenden das Arbeitsverhältnis auf Initiative der Parteien – einseitig oder zweiseitig –, ohne dass die Kündigung wirksam ist, bzw. ohne dass die Kündigung vom Gericht auf ihre Wirksamkeit hin überprüft wird, und zwar regelmäßig jeweils zum hypothetischen Kündigungsfristende.[1288] Beiden Rechtsinstituten kann somit im weitesten Sinne Verfügungscharakter zugesprochen werden.

ii. Gegenüberstellung: Wirkweise beider Rechtsinstitute

Auch in ihrer Wirkweise kommen beiden Rechtsinstituten keine wesentlichen strukturellen Unterschiede zu.

Zwar löst auf der einen Seite das gerichtliche Auflösungsurteil auf Antrag des Arbeitgebers, auf der anderen Seite die Parteivereinbarung das Arbeitsverhältnis auf. Nichtsdestoweniger geschieht dies in beiden Fällen unter Mitwirkung des Arbeitgebers. Zugleich vermögen beide Institute das Arbeitsverhältnis zu einem Zeitpunkt zu beenden, in dem der Betriebsveräußerer noch Arbeitgeber war, weil der Zeitpunkt vor Betriebsübergang liegt. Auf beiden Wegen kann ein Beendigungstatbestand gesetzt werden, der in den Zeitraum vor Betriebsübergang zurückwirkt.

In der Folge sind in beiden Konstellationen Rechte des Betriebsveräußerers als Alt-Arbeitgeber betroffen. Denn der Vergleich betrifft seine vor Betriebsübergang bestehende Rechtsstellung aus dem Arbeitsverhältnis. Gelingt es ihm, einen Beendigungsvergleich zu schließen, der das Arbeitsverhältnis noch vor dem Betriebsübergang beendet, wird er infolgedessen von seinen Arbeitgeberpflichten frei. Auf seiner Seite besteht somit, identisch mit der Auflösungssituation nach § 9 KSchG, ein originär ihm

---

[1287] In diese Richtung tendiert wohl das LAG Düsseldorf vom 23.06.2005 – 11 Sa 483/05 – DB 2005, 2696, wenn es in der Konstellation, in der der vereinbarte Beendigungstermin in den Zeitraum nach Betriebsübergang fällt, für einen Vergleich mit dem Betriebsveräußerer einen Widerspruch nach § 613a Abs. 6 BGB für erforderlich hält.

[1288] Beim Vergleich ist dies regelmäßig der Fall, muss aber nicht zwingend so sein, vgl. *Klein*, Prozessvergleich, S. 49.

zustehendes Interesse, einen Beendigungsvergleich zu schließen. In der Folge eines solchen Vergleichs hätte das Arbeitsverhältnis rückschauend zum vereinbarten Zeitpunkt vor Betriebsübergang geendet, sodass es im Zeitpunkt des Betriebsübergangs nicht mehr bestanden hätte und somit auch nicht auf den Betriebserwerber übergegangen wäre. Vor diesem Hintergrund ließe es sich durchaus stringent vertreten, dem Betriebsveräußerer eine originäre Vergleichsbefugnis zuzusprechen, wenn die Beendigung des Arbeitsverhältnisses vor Betriebsübergang vereinbart werden soll.

Auf der anderen Seite bedarf es einer solchen Ausnahme, wie sie im Falle der Auflösungsanträge befürwortet wurde, nicht notwendigerweise. Denn anders als im Rahmen von § 9 KSchG spricht sich die h.M. im Falle der Kündigungsschutzklage dafür aus, die §§ 265 Abs. 2, 325 Abs. 1, 727 ZPO analog heranzuziehen. Für § 9 KSchG wurde dies aufgrund der dortigen Besonderheiten, was den Prüfungsmaßstab anbelangt, abgelehnt. Käme daher vorliegend dem Betriebsveräußerer bereits aus der gesetzlichen Prozessstandschaft eine materielle Vergleichsbefugnis zu, bedürfte es keiner solchen Ausnahme, wie sie für § 9 KSchG entwickelt wurde. Dort stellte die ausnahmsweise dem Betriebsveräußerer eröffnete Antragsbefugnis das einzige Mittel dar, dessen Rechtsstellung gerecht zu werden.

c. Konstruktion einer vermittelten Verfügungsbefugnis des Betriebsveräußerers

Verfügt der Betriebsveräußerer demnach jedenfalls dann, wenn der Beendigungstermin nach Betriebsübergang liegt, über das Arbeitsverhältnis als Nichtberechtigter, muss ihm die Verfügungsbefugnis entweder rechtsgeschäftlich oder gesetzlich vermittelt sein. Fraglich ist insoweit, ob eine gesetzlich vermittelte Ermächtigung über § 265 ZPO in Betracht kommt.

i. Wirksame Verfügung mittels Stellvertretung

Wie das BAG richtig annimmt, kann ein Verfügungsgeschäft eines Nichtberechtigten auch dann für und gegen den Berechtigten wirken, wenn der Handelnde im Namen und mit Vertretungsmacht des verfügungsbefugten Dritten agiert (§§ 164 ff. BGB). Aber schon am Ausgangspunkt des BAG lässt sich zweifeln, wenn es in seiner Entscheidung vom 24.08.2006[1289] im Hinblick auf den Prozessvergleich ein konkludentes „auch-Fremdgeschäft" des Betriebsveräußerers i.S.v. § 164 Abs. 1 Satz 1, 2 BGB annimmt und dessen Vertretungsmacht aus § 265 ZPO ableiten will.

Zwar erkennt das BAG an, dass ein Prozessvergleich keine Wirksamkeit erlangt, wenn er nicht beide Prozessparteien einschließt, sondern lediglich zwischen einer Prozesspartei – dem Arbeitnehmer – und einem Dritten, der nicht Partei ist – dem Betriebserwerber als Vertretener – zustande kommt.[1290] Entsprechend spaltet das BAG die Aktionsrichtung der Vergleichserklärungen auf. Im Hinblick auf den prozessualen

---

[1289] Az. 8 AZR 574/05 – AP Nr. 314 zu § 613a BGB, siehe die ausführliche Darstellung oben unter B.I.

[1290] Die Prozessbeendigung muss im Zusammenwirken mit dem Klagegegner erfolgen, Thomas/Putzo-*Hüßtege*, ZPO, § 794 Rn. 9; Rosenberg/Schwab/Gottwald, Zivilprozessrecht, § 129 Rn. 13; vgl. aber auch Zöller/*Stöber*, ZPO, § 794 Rn. 6.

Bestandteil der Prozessbeendigung habe der Betriebsveräußerer im eigenen Namen gehandelt, um den im eigenen Namen geführten Prozess zu erledigen. Im Hinblick auf den materiellen Vergleichsinhalt hingegen sei der Betriebsveräußerer im fremden Namen des Betriebserwerbers aufgetreten.[1291]

Kritisch zu hinterfragen ist zum einen, ob eine solche Aufspaltung in Eigen- und Fremdgeschäft im Rahmen eines Prozessvergleichs, der von der h.M. als einheitlicher Vertrag begriffen wird, zulässig sein kann, oder ob nicht vielmehr im Hinblick auf beide Bestandteile Parteiidentität herrschen muss.[1292] Zum Zweiten erscheint überaus zweifelhaft, ob § 265 Abs. 2 ZPO tatsächlich eine gesetzliche Vertretungsmacht für ein Fremdgeschäft des Rechtsvorgängers vermittelt. Denn die Norm gibt dem Veräußerer gerade auf, den Prozess in eigenem Namen fortzuführen. In Zusammenschau mit den Folgenormen der §§ 325, 727 ZPO, denen zufolge das Urteil zunächst rein im Verhältnis zum Rechtsvorgänger ergeht, stellt sich die Annahme einer Rechtsmacht zur Fremdgeschäftsführung als systemwidrig dar.[1293] Darüber hinaus kann es nicht überzeugen, wenn das BAG meint, das „Teil-"Handeln im fremden Namen sei vom objektiven Empfängerhorizont aus angesichts der zeitlichen Abläufe und der Mitteilung von Seiten der Betriebsveräußerin für den Arbeitnehmer erkennbar. Eine solche Annahme erscheint, insbesondere angesichts der unklaren Rechtslage in Bezug auf die Vergleichsbefugnis des Prozessstandschafters, wenig lebensnah.

Im Ergebnis kann das BAG mit der Konstruktion über die Kombination von prozessualem Eigen- und materiell-rechtlichem Vertretergeschäft nicht überzeugen.

ii. Gesetzliche Verfügungsbefugnis über § 265 Abs. 2 ZPO analog

Hätte das BAG bereits zu Anfang auf den Umweg über ein Vertretergeschäft verzichtet, was ihm die Konstruktion des partiellen Fremdhandelns erspart hätte, und den Weg über die Verfügung eines Nichtberechtigten i.S. des § 185 BGB gewählt, wäre das Ergebnis im Lichte seiner Rspr. m.E. stimmig geworden.[1294]

Aus dieser Perspektive leitet sich die materielle Verfügungsbefugnis über den Streitgegenstand aus der gesetzlichen Prozessstandschaft in Analogie zu § 265 ZPO ab, wie die oben dargestellte h.M. zum unmittelbaren Anwendungsbereich dieser Norm es befürwortet. Ein solches Ergebnis fügt sich als logische Konsequenz in die BAG-Rspr. ein, wodurch die Analogie folgerichtig ausbaut wird.

Hiergegen sprechen aus Sicht des BAG auch keine gegenläufigen Interessen, weder auf Erwerber- noch auf Arbeitnehmerseite. Ersterer ist durch seine Informationsmöglichkeit und Sekundärrechte gegenüber seinem Geschäftspartner sowie die Möglichkeit, anstelle des Betriebsveräußerers in das Verfahren einzutreten (§ 265 Abs. 2 Satz 2 ZPO), hinreichend geschützt. Auf der anderen Seite bedeutet es auch keine Be-

---

[1291] BAG vom 24.08.2006 - 8 AZR 574/05 – AP Nr. 314 zu § 613a BGB [zu II.2.a) der Gründe].

[1292] Unabhängig hiervon ist, dass nach allgemeiner Ansicht zusätzlich auch dritte Nichtparteien am Vergleich beteiligt sein können, vgl. Thomas/Putzo-*Hüßtege*, ZPO, § 794 Rn. 9; Zöller/*Stöber*, ZPO, § 794 Rn. 6; Rosenberg/Schwab/Gottwald, Zivilprozessrecht, § 129 Rn. 15.

[1293] In dieselbe Richtung argumentierend, was eine Vertreterstellung in prozessualer Hinsicht angeht, *Klinck* WM 2006, 417, 418.

[1294] Denselben Vorwurf trifft das LAG Köln vom 05.10.2007 – 11 Sa 257/07 – NZA-RR 2008, 5, 9.

einträchtigung des Arbeitnehmerschutzes, den Betriebserwerber im Verhältnis zum Arbeitnehmer an die einvernehmliche Beendigung des Arbeitsverhältnisses zu binden.[1295] Denn dem Arbeitnehmer steht es frei, einen Beendigungsvergleich zu schließen.[1296] Will er Ansprüche aus dem mit dem Betriebserwerber fortbestehenden Arbeitsverhältnis über den Endtermin hinaus geltend machen, muss er von einem solchen Vergleich absehen. So widerspricht es der Einheiltlichkeit des Arbeitsverhältnisses, es auf der einen Seite mit dem Betriebsveräußerer gegen Abfindung zu beenden, es aber zugleich mit dem Betriebserwerber fortsetzen zu wollen.[1297] Zudem wäre ein solches Verhalten als rechtsmissbräuchlich anzusehen.

d. Zwischenergebnis

Schließt der Betriebsveräußerer im fortgeführten Kündigungsschutzverfahren einen Beendigungsvergleich, so verfügt er insoweit als Nichtberechtigter i.S.v. § 185 BGB. Ausgehend von der Analogie zu § 265 ZPO, wie die h.M. in Rspr. und Lit. sie vertritt, vermittelt ihm seine Rolle als gesetzlicher Prozessstandschafter die insoweit notwendige materiell-rechtliche Verfügungsbefugnis, sollte der Betriebserwerber nicht bereits persönlich seine Zustimmung erteilt haben. Angesichts dessen ist es anders als im Rahmen der Auflösungsanträge nach § 9 KSchG nicht erforderlich, dem Betriebsveräußerer eine originäre Vergleichsbefugnis zuzusprechen für den Fall, dass der vereinbarte Beendigungstermin vor Betriebsübergang liegen soll. Seine Rechte werden über die Möglichkeit, als Prozessstandschafter unabhängig vom Betriebserwerber einen Beendigungsvergleich zu schließen, hinreichend gewahrt. Ein Vergleich, der das Arbeitsverhältnis zu einem Termin vor Betriebsübergang beendet, hat zur Folge, dass das Arbeitsverhältnis zunächst nach § 613a BGB auf den Betriebserwerber übergegangen ist und sodann einvernehmlich zu einem vor Betriebsübergang liegenden Zeitpunkt rückwirkend aufgelöst wurde. Die Arbeitgeberpflichten sind somit zunächst vollständig und auch rückwirkend bezogen auf den Zeitraum vor Betriebsübergang auf den Betriebserwerber übergegangen.

Zugleich ist die Vergleichsbefugnis des Betriebsveräußerers auf den Streitgegenstand beschränkt. In der Folge kann sich der Beendigungsvergleich ausschließlich auf denjenigen Zeitpunkt beziehen, den die angegriffene Kündigung nennt. Im Übrigen bedarf es der Einbeziehung des Betriebserwerbers in den Vergleich, soll er gegenüber

---

[1295] Diese Frage stellt sich etwa, wenn der Arbeitnehmer sich trotz des Vergleichsabschlusses auf die Erfüllung der Pflichten aus dem Arbeitsverhältnis durch den Betriebserwerber beruft.

[1296] So bereits das LAG Köln vom 19.10.1989 – 6 Ca 806/89 – LAGE § 613a BGB Nr. 17 [zu 2. der Gründe (S. 4)].

[1297] Dieses Argument spricht m.E. auch gegen die Zulassung einer Auslegung dahingehend, dass der Vergleich ausschließlich die Rechtsbeziehungen zu dem früheren Arbeitgeber regeln soll, wenn darin die Beendigung des Arbeitsverhältnisses durch die vereinbarte Kündigung vereinbart wird; so aber sowohl das LAG Köln vom 19.10.1989 – 6 Ca 806/89 – LAGE § 613a BGB Nr. 17 [zu 2. der Gründe (S. 5)] als auch das BAG vom 24.08.2006, 8 AZR 574/05 – AP Nr. 314 zu § 613a BGB [zu II.1.b) der Gründe].

diesem Wirkung entfalten, sei es aufgrund Zustimmung nach § 185 BGB oder durch dessen Beteiligung am Vertragsschluss.[1298]

4. Umfang der „Vergleichsbefugnis“ bzgl. der „Gegenleistung“

Kommt dem Betriebsveräußerer sonach die notwendige materiell-rechtliche Vergleichsbefugnis bzgl. der Beendigung des Arbeitsverhältnisses zu, stellt sich die Frage, wie sich dies mit übrigen schuldrechtlichen Verpflichtungen verhält, die als „Gegenleistung“ in einen Prozessvergleich üblicherweise aufgenommen werden, etwa Abfindungs-, Urlaubs- oder Zeugnisregelungen. Diese können, müssen aber nicht selbst Streitgegenstand sein. Sind sie es nicht, ist zu klären, inwiefern der Betriebserwerber diesbezüglich durch den Prozessvergleich verpflichtet werden kann.

Die genannten Regelungen dienen zum einen der Abwicklung des Arbeitsverhältnisses, zum anderen als Entschädigung für den Arbeitnehmer, der sich quasi die Beendigung des Arbeitsverhältnisses abkaufen lässt. Streng genommen stehen sie außerhalb des Streitgegenstands. In der Folge ist im Grundsatz dem Betriebsveräußerer eine über § 265 ZPO vermittelte Vergleichsbefugnis abzusprechen. Stellungnahmen zu dieser Problematik finden sich über die Aussage hinaus, die originäre Vergleichsbefugnis beschränke sich auf den Umfang des Streitgegenstands, nicht.

a. Erweiterung der Vergleichsbefugnis auf die Abfindungsregelung

Es bei diesem Ergebnis zu belassen, stellt sich angesichts des typischen Charakters eines Vergleichs als äußerst unpraktikabel dar. Denn der Arbeitnehmer wird sein Nachgeben bzw. die Kündigung kaum ohne eine Gegenleistung akzeptieren. Und auch die Natur des Vergleichs fordert ein gegenseitiges Nachgeben.

Angesichts dessen, dass die Kündigung nicht wie eine Geldforderung teilbar ist, liegt dieses Nachgeben gerade in einer arbeitgeberseitig zu zahlenden Abfindung. Diese Überlegung spricht m.E. dafür, die Vereinbarung einer Abfindung als Gegenleistung von der Vergleichsbefugnis mit Bindungswirkung gegenüber dem Betriebserwerber als gedeckt anzusehen. Denn das Gegenseitigkeitsverhältnis „Auflösung gegen Abfindung“ ist dem Prozessvergleich im Kündigungsschutzverfahren immanent. Und auch der Gesetzgeber erkennt mit der Regelung der §§ 9, 10 KSchG an, die einvernehmliche Vertragsbeendigung in Geld aufzuwiegen. Dies zeigt sich in der Möglichkeit, einen beidseitigen Antrag nach § 9 KSchG auf Auflösung des Arbeitsverhältnisses gegen Geldleistung zu stellen; in der Folge entfällt nach überwiegender Ansicht die gerichtliche Prüfung der Unzumutbarkeit der Weiterarbeit.[1299] Es steht somit den Parteien des Verfahrens offen, das Arbeitsverhältnis alternativ zum Vergleich über einen prozessualen Auflösungsantrag im Rahmen des Kündigungsschutzverfahrens einem Ende zuzuführen. Darüber hinaus muss dem Prozessstandschafter ein gewisser Spielraum zustehen, will man ihm effektiv die Rolle des Prozessstandschafters und damit die Befugnis zum Vergleichsabschluss übertragen. Sie ist praktisch nur denkbar, wenn

[1298] Vgl. zur Beteiligung einer dritten „Nicht-Prozesspartei“, Thomas/Putzo-*Hüßtege*, ZPO, § 794 Rn. 9, 12.

[1299] Hierzu oben unter 5. Kap., 2. Abschn., B.II.

dieser Spielraum ein Nachgeben seinerseits ermöglicht; die Vergleichsbefugnis würde andernfalls sinnentleert.

Diese innere Verbundenheit der Leistungen „Beendigung gegen Abfindung" rechtfertigt es, sich zur Bestimmung des Umfangs der Vergleichsbefugnis vom streng prozessualen Streitgegenstandsbegriff der Kündigungsschutzklage zu lösen. Demzufolge umfasst die Vergleichbefugnis die Beendigungs- wie Abfindungsvereinbarung. Die Höhe der Abfindungszahlung bestimmt sich in Anlehnung an § 10 KSchG, worin der Gesetzgeber die Bemessungsgrundlage für die Ausgleichszahlung normiert hat. Dabei kann für die Angemessenheit der Abfindung auf die von der arbeitsgerichtlichen Praxis entwickelten Grundsätze zurückgegriffen werden (vgl. die Abfindungsformel: „ein halbes Bruttomonatsgehalt pro Beschäftigungsjahr"). Dabei rechtfertigen die jeweiligen Erfolgsaussichten und Prozessrisiken, in den Grenzen des § 10 KSchG einen gewissen Korrekturspielraum nach unten oder nach oben zuzulassen.

b. Erweiterung der Vergleichsbefugnis auf Abwicklungsregelungen

Zudem deckt die Vergleichsbefugnis aus den genannten Gründen m.E. sonstige vergleichsweise Vereinbarungen, die zur Abwicklung des Arbeitsverhältnisses notwendig sind. Die Grenze für die Vergleichsbefugnis insoweit ist m.E. dort zu ziehen, wo dem Betriebserwerber überschießende Verpflichtungen auferlegt werden sollen. Die Abwicklungsregelungen dürfen sonach ohne Mitwirken des Betriebserwerbers nicht über dasjenige hinausgehen, was den Pflichten aus dem übernommenen Arbeitsverhältnis entspricht. Das ist etwa erfüllt bei Vereinbarungen, die die gleichzeitige Abgeltung gegenseitiger Ansprüche beinhalten, etwa die Regelung, noch bestehender Urlaub gelte als genommen, oder die Verpflichtung zur Erstellung eines wohlwollenden Arbeitszeugnisses.

Wollen die Vergleichsparteien Regelugen treffen, die über die ohnehin nach dem Arbeitsvertrag bestehenden Pflichten hinausgehen, bedarf es der Mitwirkung des Betriebserwerbers. Insoweit besteht die Möglichkeit, die Wirksamkeit des Vergleichs unter Widerrufsvorbehalt zu stellen für den Fall, dass der Betriebserwerber dem Vergleich nicht beitritt.[1300]

III. Zur Fortführung der hier vertretenen Ansicht im Hinblick auf die Vergleichsbefugnis

Im Kündigungsschutzprozess behält nach der hier entwickelten Auffassung der Betriebsveräußerer die originäre Sach- und Prozessführungsbefugnis bzgl. einer von ihm ausgesprochenen Kündigung. Ob die Kündigung wirksam ist oder nicht, ist im Verhältnis zum Betriebsveräußerer zu klären. Der Betriebserwerber tritt sodann je nach Ausgang des Verfahrens in das gekündigte oder ungekündigte Arbeitsverhältnis ein, indem er über § 613a BGB inhaltlich an die Entscheidung des Gerichts über die Kündigung gebunden ist.[1301]

[1300] Zur Bedingungsfreundlichkeit des Vergleichs, Thomas/Putzo-*Hüßtege*, ZPO, § 794 Rn. 17.
[1301] Ausführlich hierzu oben 5. Kap., 1. Abschn., D. II.2.c.

1. Übertragung auf die „Vergleichsbefugnis"

Konsequent hierzu verbleibt m.E. auch die materiell-rechtliche Verfügungsbefugnis beim Betriebsveräußerer, was die einvernehmliche Beendigung des Arbeitsverhältnisses mittels der zuvor erklärten Kündigung anbelangt. Grund hierfür ist, dass der Betriebsveräußerer vollumfänglich Herr darüber bleibt, ob diese frühere Kündigung das im Zeitpunkt des Kündigungsausspruchs zu ihm bestehende Arbeitsverhältnis beeinflussen soll. Der Betriebsveräußerer hat als damals aktueller Arbeitgeber noch vor Betriebsübergang den Beendigungstatbestand gesetzt und damit das Arbeitsverhältnis gestaltet; der Kündigungstermin ist der Rechtsreflex dieser Gestaltung. Zudem kommt es nach allgemeiner Ansicht für die Wirksamkeit der Kündigung auf den Zeitpunkt des Zugangs der Kündigungserklärung an. Hieraus ist zu folgern, dass die konkrete Kündigung aus der Sphäre des Betriebsveräußerers stammt und er für deren Klärung zuständig bleibt.

In einem Prozessvergleich vereinbaren die Parteien nunmehr, sich materiellrechtlich dieser konkreten Kündigung zu unterwerfen und prozessual auf eine weitere gerichtliche Prüfung zu verzichten. Hiermit setzen sie also gerade keinen neuen Beendigungstatbestand. Alternativ hätte der Arbeitnehmer auch auf die Klage verzichten oder sie zurücknehmen können mit der Folge der Wirksamkeitsfiktion nach §§ 4, 7 KSchG. Entsprechend haben es m.E. die früheren Arbeitsvertragsparteien in der Hand, die Wirksamkeit der Kündigung herbeizuführen.

2. Bindungswirkung des Prozessvergleichs gegenüber dem Betriebserwerber

Die Bindung des Betriebserwerbers an den Vergleich erfolgt sodann wie beim Urteil im Kündigungsschutzverfahren über § 613a BGB, indem sich der Betriebserwerber daran festhalten lassen muss, dass das Arbeitsverhältnis durch die konkrete Kündigung bereits vor Betriebsübergang beendet worden ist. An sonstige, über die Beendigung des Arbeitsverhältnisses hinausgehende Vereinbarungen ist er allerdings nicht gebunden. Insoweit kann § 613a BGB nur Bindungswirkung erzeugen, wenn der Vergleich vor Betriebsübergang geschlossen wurde.

Daneben besteht die Möglichkeit, den Betriebserwerber in den Vergleich mit einzubinden. Insoweit kann der Arbeitnehmer auch einen Beendigungsvergleich mit dem Betriebserwerber losgelöst von eingeleiteten Kündigungsschutzverfahren schließen. Dieser wirkt in der Folge rein materiell-rechtlich i.S.v. § 779 BGB im Verhältnis zum Erwerber. Da ein solcher Vergleich auf das Verfahren mit dem Betriebsveräußerer keinen Einfluss, muss der Arbeitnehmer den Prozess anderweitig beenden, etwa durch Klagerücknahme.

IV. Konkludenter Widerspruch im Prozessvergleich mit dem Betriebsveräußerer

Schließlich sieht das LAG Düsseldorf[1302] im Abschluss eines Prozessvergleichs mit dem Betriebsveräußerer zeitlich nach dem Betriebsübergang einen konkludenten Widerspruch gegen den Übergang des Arbeitsverhältnisses. Auf diesen Rückschluss be-

---

[1302] Entscheidung vom 23.06.2005 – 11 Sa 483/05 – DB 2005, 2696, 2698.

ruft sich das Gericht in seiner Begründung hilfsweise, nachdem es zunächst auf die Analogie zu den §§ 265, 325 ZPO als Grundlage der Vergleichsbefugnis hingewiesen hat.[1303]

Dieses Nebeneinander beider Begründungsansätze stellt sich als widersprüchlich dar, wenn das LAG ausführt, nur infolge des Widerspruches habe die Betriebsveräußerin, weil sie infolgedessen Arbeitgeberin bliebe, rechtswirksam die Beendigung des Arbeitsverhältnisses vereinbaren können. Im Ergebnis scheint das LAG Düsseldorf eine Vergleichsbefugnis des Betriebsveräußerers nach unwidersprochenem Betriebsübergang über § 265 ZPO somit abzulehnen. Zuvor hat es allerdings eine hieraus entspringende Vergleichsbefugnis zunächst anerkannt.

Demgegenüber setzt die h.M., die die Vergleichsbefugnis aus der Prozessstandschaft ableitet, einen Widerspruch nicht voraus. Das überzeugt. Die gegenteilige Ansicht würde bedeuten, die Möglichkeit eines Prozessvergleichs an einen Widerspruch nach § 613a Abs. 6 BGB zu koppeln. Es bliebe dem Arbeitnehmer lediglich, einen rein materiellen Vergleichsvertrag mit dem Betriebserwerber zu schließen und den Prozess mit dem Betriebsveräußerer anderweitig zu beenden. Ein solches Verständnis beeinträchtigt m.E. zu weitgehend die Rechtspositionen der Prozessparteien. Das betrifft insbesondere den Betriebsveräußerer. Er wird am Kündigungsschutzprozess in eigenem Namen festgehalten, einen Vergleich könnte er jedoch nur schließen, wenn der Arbeitnehmer widerspricht. Eine solche Konstruktion läuft seiner Rolle als Prozessstandschafter und damit Partei des Verfahrens zuwider. Und auch die Rechtsstellung des Arbeitnehmers würde infolgedessen beeinträchtigt, denn er müsste, um in Vergleichsverhandlungen eintreten zu können, zunächst einen Widerspruch ausüben und sich auf diese Weise seines Schutzes nach § 613a BGB begeben.

D. Zusammenfassung

Aus der Perspektive der Rspr. und der h.Lit. überzeugt es, die Vergleichsbefugnis aus der gesetzlichen Prozessstandschaft analog § 265 ZPO abzuleiten. Sie ist beschränkt auf den Streitgegenstand. Dieser umfasst über dessen prozessuale Definition hinausgehend auch eine i.S.v. §§ 9, 10 KSchG angemessene Abfindungszahlung sowie Abwicklungsregelungen, die sich im Rahmen der arbeitsvertraglichen Verpflichtung des Betriebserwerbers halten. Darüber hinaus bedarf der Betriebsveräußerer privatautonom vermittelter Verfügungsbefugnis von Seiten des Berechtigten.

Auf der Grundlage der hier vertretenen Ansicht ist dem Vorgenannten allerdings nur für den Fall zuzustimmen, dass der Anwendungsbereich der Analogie zu § 265 ZPO eröffnet ist. Im Rahmen der Kündigungsschutzklage folgt aus der originär beim Betriebsveräußerer verbleibenden Sachbefugnis bzgl. der von ihm ausgesprochenen Kündigung, wie sie hier vertreten wird, zugleich die originäre Vergleichsbefugnis. Er kann unbeschränkt und einvernehmlich mit dem Arbeitnehmer die Beendigung des Arbeitsverhältnisses infolge der ausgesprochenen Kündigung vereinbaren. Die Bindung des Betriebserwerbers insoweit erfolgt wiederum materiell-rechtlich über § 613a BGB.

[1303] LAG Düsseldorf vom 23.06.2005 – 11 Sa 483/05 – DB 2005, 2696, 2698.

8. Kapitel Zusammenfassung der Erkenntnisse

Eine generalisierende Antwort, wie § 613a BGB prozessual umzusetzen ist, kann es nicht geben. Angesichts seiner umfangreichen Rechtsfolgen und der sich daraus ergebenden Variantenvielfalt von prozessualen Konstellationen, die dem Dreiecksverhältnis aus Rechtsbeziehungen zwischen Arbeitnehmer, Betriebsveräußerer und -erwerber entspringen, ist eine differenzierende Betrachtung unumgänglich. Ausgangspunkt ist das materielle Rechtsfolgensystem des § 613a BGB, das sich angesichts der Wechselwirkungen von materiellem Recht und Prozessrecht zwangsläufig in der Lösungsfindung widerspiegeln muss. Zugleich ist die Erörterung der prozessualen Behandlung von Betriebsübergangssachverhalten geprägt von den unterschiedlichen Interessen der einzelnen Beteiligten. Maßgeblich ist hierbei die von der ratio des § 613a BGB geprägte Maxime, den Arbeitnehmer vor Nachteilen infolge der Betriebsveräußerung zu schützen. Übergeordnetes Ziel bildet demgemäß auch auf prozessualer Ebene die Aufrechterhaltung des status quo des Arbeitnehmers bei gleichzeitigem Ausgleich der schutzwürdigen Interessen aller Beteiligten. Die umfassende Beleuchtung der verschiedenen denkbaren Konstellationen führt dabei zu folgenden Erkenntnissen:

► Angesichts der Bedeutung des individuellen Streitgegenstands für die Beurteilung der originären Sachlegitimation ist parallel zur Entwicklung der materiell-rechtlichen Rechtlage zu differenzieren. Ein Wechsel in der Sachlegitimation tritt ein, wenn der Bestand des Arbeitsverhältnisses an sich in Streit steht, da mit dem Übergang des Arbeitsverhältnisses der Betriebserwerber zu dessen Rechtsträger i.S.v. § 256 Abs. 1 ZPO wird. Entsprechendes gilt, sofern unvertretbare Ansprüche Gegenstand der Klage sind. Im Gegensatz hierzu bewirkt der Nachhaftungstatbestand des § 613a Abs. 2 BGB im Falle vertretbarer Ansprüche, dass der Betriebsveräußerer Schuldner und damit passivlegitimiert bleibt, während der Betriebserwerber als weiterer Schuldner hinzutritt. Dabei führt die innerprozessuale Auswechslung der Anspruchsgrundlage – § 613a Abs. 2 BGB anstelle von § 611 BGB i.V.m. dem Arbeitsvertrag – lediglich dann zu einer Streitgegenstandsänderung, wenn die Berufung auf den Nachhaftungstatbestand mit einer Sachverhaltserweiterung einhergeht. Dies ist anhand der Umstände des Einzelfalls zu beurteilen.

► Die prozessuale Feststellung, dass ein Betriebsübergang und damit zugleich ein Wechsel in der Person des Arbeitgebers stattgefunden hat, erfolgt mittels allgemeiner Feststellungsklage nach § 256 Abs. 1 ZPO. Ihr Antrag lautet festzustellen, dass das konkrete Arbeitsverhältnis des Arbeitnehmers zum Prozessgegner besteht/nicht besteht (sog. Statusklage). Eine solche Statusklage ist auch in Form einer Drittrechtsfeststellungsklage zwischen den Veräußerungsparteien zulässig (sog. Prätendentenstreit), sofern ein qualifiziertes Feststellungsinteresse im Verhältnis der Prozessparteien vorliegt. Dabei ist das feststellungsfähige Rechtsverhältnis zwischen den Veräußerungsparteien in deren Prätendentenstellung bzgl. der Arbeitgeberschaft begründet, wobei die subjektive Betroffenheit aus der Alternativität der Arbeitgeberstellung folgt. Allerdings ist die Zulässigkeit einer solchen Drittrechtsfeststellung unter den Arbeitgeberprätendenten begrenzt. Ihr steht ein bereits mit dem Arbeitnehmer anhängiger Statusprozess entgegen.

Die Einbindung des jeweils dritten am Betriebsübergang Beteiligten in den Statusprozess kann über eine Streitverkündung gemäß § 72 ZPO erfolgen. Hinreichender Streitverkündungsgrund ist die Alternativität der Arbeitgeberstellung, die Alternativschuldner- und Alternativgläubigerschaft im Hinblick auf das konkrete Arbeitsverhältnis vereint. Hierauf gestützt ist im Rahmen der Statusklage eine Streitverkündung des Arbeitnehmers gegenüber der prozessfremden Veräußerungspartei ebenso wie eine Streitverkündigung gegenüber dem Arbeitnehmer im Prätendentenstreit stets zulässig. Vor dem Hintergrund der Gesamtschuldnerschaft kommt zudem eine Streitverkündung des beklagten Betriebserwerbers gegenüber dem prozessfremden Betriebsveräußerer in Betracht.

Relevanz erlangt daneben die subjektive Klagenhäufung in der Kombination aus klassischer Statusklage des Arbeitnehmers gegen einen der potentiellen Arbeitgeber und Drittrechtsfeststellungsklage gegenüber den übrigen potentiellen Arbeitgebern. Sie ist unter der Voraussetzung eines entsprechenden Feststellungsinteresses zulässig. Dasselbe gilt, wenn einer der Arbeitgeberprätendenten mittels Statusklage gegen den Arbeitnehmer und zugleich im Wege des Prätendentenstreits gegen seinen Konkurrenten vorgeht. Da die Klagen in einem Verfahren vor demselben Gericht verfolgt werden, schließt die Statusklage mit dem Arbeitnehmer die hiermit verbundene Prätendentenklage in diesem Fall nicht aus.

Die Rechtswegdivergenz von Arbeits- und ordentlicher Zivilgerichtsbarkeit steht angesichts der Wertungen von §§ 17 Abs. 2 Satz 1 GVG, § 2 Abs. 3 ArbGG weder der Streitverkündung noch der subjektiven Klagenhäufung entgegen.

► Stehen unvertretbare Ansprüche in Streit, sind der h.M. folgend die Vorschriften über die Veräußerung der streitbefangenen Sache, §§ 265, 325, 727 ZPO, analog heranzuziehen. In der Folge erlangt der Betriebsveräußerer die Rolle eines gesetzlichen Prozessstandschafters bei gleichzeitiger Rechtskrafterstreckung und Titelumschreibungsmöglichkeit auf den Betriebserwerber. Diese Lösung wird den Interessen der Beteiligten ebenso wie den Analogievoraussetzungen im Hinblick auf Vergleichbarkeit der Interessenlage, Systematik und ratio am weitestgehenden gerecht. Die Ansicht, die sich für einen gesetzlichen Parteiwechsel entsprechend den §§ 239, 242 ZPO ausspricht ebenso wie diejenige, die eine materielle Rechtskrafterstreckung unmittelbar aus § 613a BGB ableitet, überzeugen in dieser Konstellation weniger.

Anstelle der gesetzlichen Prozessstandschaft steht es dem Arbeitnehmer frei, einen gewillkürten Parteiwechsel auf den Betriebserwerber herbeizuführen. Er kann unter erleichterten Bedingungen ausgeübt werden, d.h. ohne Zustimmung von Seiten der Veräußerungsparteien und mit gleichzeitiger Bindung des Betriebserwerbers an die bisherigen Prozessergebnisse.

► Angesichts der kumulativen Schuldübernahme infolge von § 613a Abs. 2 BGB fehlt es im Falle vertretbarer Ansprüche an dem Charakteristikum der Schuldbefreiung, das die Vorschriften über die Veräußerung der streitbefangenen Sache prägt. In der Folge finden die §§ 265 u.a. ZPO in dieser Konstellation keine Anwendung. Allerdings lässt sich im Falle bereits rechtskräftiger Urteile eine materielle Bindungswirkung gegenüber dem Betriebserwerber unmittelbar mit § 613a BGB begründen. Dies eröffnet zugleich die Möglichkeit der „Titelvervielfältigung" entsprechend § 729 ZPO. Darüber hinaus rechtfertigt die materiell-rechtliche Bindungswirkung des § 613a BGB, eine Klageerweiterung auf den Betriebserwerber ebenfalls unter erleichterten Bedingungen zuzulassen.

► Die bestandsrechtlichen Elemente der erweiterten Theorie vom punktuellen Streitgegenstand, wie das BAG sie vertritt, stellt die prozessuale Behandlung von Kündigungsschutzklagen im Zusammenhang mit Betriebsübergängen vor erhebliche Schwierigkeiten. Das ist insbesondere der Fall, wenn es zwischen Ausspruch der Kündigung und letzter mündlicher Verhandlung im Kündigungsschutzverfahren zum Arbeitgeberwechsel kommt. Angesichts dessen, dass nicht selten Unsicherheiten im Hinblick auf das Vorliegen eines Betriebsübergangs bestehen, sprechen im Ergebnis die besseren Argumente für die Lösung, wie sie das BAG vertritt. Das BAG belässt die Passivlegitimation unabhängig vom Betriebsübergang bei demjenigen, der die Kündigung ausgesprochen hat und wendet im Übrigen die §§ 265, 325, 727 ZPO analog an. Dennoch ist auch diese Ansicht, insbesondere im Falle der Klageerhebung vor Betriebsübergang, nicht ohne Defizite. Als alternativer Lösungsweg wird vorliegend eine doppelte Streitgegenstandsreduzierung favorisiert. Diese hat zum einen zum Inhalt, das bestandsrechtliche Element des Streitgegenstands, das auf den Bestand des Arbeitsverhältnisses im Zeitpunkt der Kündigungsfristendes gerichtet ist, zu „entpersonalisieren". Infolgedessen muss das Arbeitsverhältnis im Zeitpunkt lediglich noch bestehen, ohne dass es auf die Person des Arbeitgebers ankommt. Auf diese Weise bleibt die originäre Passivlegitimation ungeachtet des Betriebsübergangs bei der die Kündigung aussprechenden Veräußerungspartei. Des Weiteren werden Beendigungstatbestände, die der Betriebserwerber nach Betriebsübergang setzt und die noch innerhalb der Kündigungsfrist der Veräußererkündigung wirken, vom Streitgegenstand und damit von der Präklusionswirkung des Urteils ausgenommen.

Verstößt eine Kündigung gegen das Kündigungsverbot des § 613a Abs. 4 BGB, erkennt der Arbeitnehmer dies jedoch nicht rechtzeitig, kann er – jedenfalls wenn der Arbeitgeber seine wahren Veräußerungsabsichten verschleiert hat – die Zulassung der verspäteten Klage nach § 5 Abs. 1 Satz 1 KSchG beantragen. Eine Beschränkung dieses Rechts auf sechs Monate, wie § 5 Abs. 3 Satz 2 KSchG es vorsieht, kommt im Anwendungsbereich des § 613a Abs. 4 BGB wegen Europarechtswidrigkeit nicht in Betracht.

Die fehlende Kündigungsbefugnis, weil des Kündigende infolge des Betriebsübergangs nicht mehr oder noch nicht Arbeitgeber war, kann der Arbeitnehmer fristungebunden mittels allgemeiner Feststellungsklage geltend machen. Kann er die Betriebsübergangsvoraussetzungen (in zeitlicher Hinsicht) nicht sicher beurteilen, ist ihm anzuraten, zugleich Kündigungsschutzklage zu erheben. Hierfür kann er eine negatorische Feststellungsklage bezogen auf den Bestand des Arbeitsverhältnisses im Zeitpunkt des Kündigungszugangs mit einer hilfsweisen Kündigungsschutzklage gegenüber dem Betriebsveräußerer verbinden, ggf. bei gleichzeitiger Streitverkündung gegenüber dem Betriebserwerber. Alternativ hierzu kann er gegenüber beiden Veräußerungsparteien in subjektiver Klagenhäufung positive Feststellungsklage erheben, gerichtet auf den Bestand des Arbeitsverhältnisses zum Betriebserwerber im Zeitpunkt des Kündigungsausspruchs, kombiniert mit einer hilfsweisen Kündigungsschutzklage gegenüber dem Betriebsveräußerer.

Dabei gilt es zu beachten, dass grundsätzlich weder die subjektiv noch die objektiv bedingte Kündigungsschutzklage die „Klageerhebungsfrist" der §§ 4, 7 KSchG wahrt. Eine Ausnahme besteht jedoch, wenn der objektiv bedingte Kündigungsschutzantrag sich lediglich als vorsorglicher Hilfsantrag darstellt, weil er keine echte Bedingung beinhaltet. Darüber hinaus ist eine objektive Bedingung unschädlich, wenn Haupt- und Hilfsantrag in einem streng rechtlichen Zusammenhang stehen, weil der Hauptantrag über eine rechtlich vorgreifliche Frage für die Beurteilung des Kündigungsschutzantrags entscheidet, etwa über die Kündigungsbefugnis. Die Streitverkündung ist nicht fristwahrungsfähig.

► Angesichts der Besonderheiten der Auflösungsanträge nach § 9 KSchG und mangels Einrückens des Betriebserwerbers in deren Streitgegenstand finden die §§ 265, 325, 727 ZPO hierauf keine Anwendung. Vielmehr folgt die Sachbefugnis grundsätzlich der Arbeitgeberstellung im Zeitpunkt des Erlasses des Auflösungsurteils.

Entsprechend wird der Auflösungsantrag, der sich gegen den Betriebveräußerer richtet bzw. von diesem stammt, grundsätzlich unzulässig, sobald ein Betriebsübergang erfolgt. Der sodann sachbefugte Nachfolger kann dem laufenden Kündigungsschutzverfahren mit einem eigenen Auflösungsantrag beitreten bzw. mittels Parteierweitung in das Verfahren einbezogen werden, ohne dass es seiner oder der Zustimmung des Betriebsveräußerers bedarf. Insoweit verbleibt es bei dem gesetzlich vorgesehenen Beurteilungsmaßstab. Entsprechend finden Umstände, die bereits unter dem Betriebsveräußerer vorlagen, im Falle des Erwerberantrags lediglich dann Berücksichtigung, soweit sie auch im Verhältnis zum Erwerber aktuell sind.

Ausnahmsweise bleibt aufgrund der besonderen Interessenlage der Betriebsveräußerer neben dem Betriebserwerber aktivlegitimiert, wenn der Betriebsübergang nach dem Auflösungszeitpunkt i.S.v. § 9 Abs. 2 KSchG stattfindet, wobei insoweit der Beurteilungsmaßstab entsprechend zu modifizieren ist. Der Betriebserwerber ist in diesem Fall materiell-rechtlich über § 613a BGB an die gerichtliche Entscheidung im Verhältnis Arbeitnehmer – Betriebsveräußerer gebunden.

► Rspr. und h.Lit. folgend ist die Vergleichsbefugnis des Betriebsveräußerers aus der gesetzlichen Prozessstandschaft analog § 265 ZPO abzuleiten, sofern der Anwendungsbereich der Analogie eröffnet ist. Im Falle der Kündigungsschutzklage folgt die Vergleichsbefugnis bereits aus dem Fortbestand der originären Passivlegitimation des Betriebsveräußerers, wie er hier vertreten wird. Infolgedessen kann der Betriebsveräußerer unbeschränkt auch nach Betriebsübergang die Beendigung des Arbeitsverhältnisses infolge der ausgesprochenen Kündigung mit dem Arbeitnehmer vereinbaren. Die Bindung des Betriebserwerbers im Hinblick auf die Beendigung des Arbeitsverhältnisses folgt materiell-rechtlich aus § 613a BGB.

Leitet man der h.M. folgend die Vergleichsbefugnis aus einer Analogie zu § 265 ZPO ab, beschränkt sich die Vergleichsbefugnis grundsätzlich auf den Streitgegenstand. Im Falle der Kündigungsschutzklage muss dieser Grundsatz jedoch aus Praktikabilitätsgründen erweitert werden. Da der Vergleich ein gegenseitiges Nachgeben fordert, ist dem Betriebsveräußerer als gesetzlichem Prozessstandschafter zugleich die Befugnis zur Vereinbarung einer i.S.v. §§ 9, 10 KSchG angemessene Abfindungszahlung sowie von Abwicklungsregelungen, die sich im Rahmen der arbeitsvertraglichen Verpflichtung des Betriebserwerbers halten, einzuräumen.

Schriften zum Verfahrensrecht

Herausgegeben von Peter Gottwald und Ulrich Haas

Band 1 Matthias Rauscher: Die neue Berufung in Zivilsachen. 2002.

Band 2 Jörn-Christian Schulze: Grenzen der objektiven Schiedsfähigkeit im Rahmen des § 1030 ZPO. Eine Betrachtung des Rechts der Schiedsfähigkeit nach der Schiedsverfahrensrechtsform. 2003.

Band 3 Roman Rodloff: Das vereinfachte Verfahren zur Festsetzung von Kindesunterhalt nach §§ 654 ff. ZPO. Zugleich ein Beitrag zur Unterhaltsannexklage nach § 653 ZPO und zum vereinfachten Abänderungsverfahren nach § 656 ZPO. 2003.

Band 4 Helia-Verena Daubach: Kammer oder Einzelrichter? Ist die Kammer ein Qualitätselement des Zivilprozesses? 2003.

Band 5 Thomas Gemmeke: Beweisverwertungsverbote im arbeitsgerichtlichen Verfahren. 2003.

Band 6 Wolfgang Kreißig: Der Sportverein in Krise und Insolvenz. 2004.

Band 7 Alexander M. Krämer: Leasingverträge in der Insolvenz. 2005.

Band 8 Timo Christian Walther: Das Verfahren bei Masseunzulänglichkeit nach den §§ 208 ff. InsO. 2005.

Band 9 Henning Müller: Die Lebensversicherung in der Zwangsvollstreckung. 2005.

Band 10 Oliver Hilsbos: Die Mitwirkungspflicht von Personenstandsbehörden in Nachlassverfahren. 2006.

Band 11 Matthias Holla: Der Einsatz von Schiedsgerichten im organisierten Sport. 2006.

Band 12 Matthias Hofmann: Die Eigenverwaltung in der Insolvenz. Darstellung eines Rechtsinstituts unter besonderer Berücksichtigung der Gesellschaftsinsolvenz. 2006.

Band 13 Christian Schindler: Rechtskraft und Innenbindung von Beschlüssen nach der ZPO-Reform. 2006.

Band 14 Carola Reimann-Dittrich: Die Finanzierungsfolgenverantwortung des Gesellschafters. 2006.

Band 15 Viktoria Kress: Internationale Zuständigkeit für elterliche Verantwortung in der Europäischen Union. Das neue europäische Familienverfahrensrecht in Fragen der elterlichen Verantwortung im Kontext der Haager Abkommen. 2006.

Band 16 Frank Martin Herget: Die internationale Zuständigkeit im Electronic Commerce in der Europäischen Union. 2006.

Band 17 Cornelia Drenckhahn: Urkundsvorlagepflichten im Zivilprozess und im arbeitsgerichtlichen Verfahren nach der ZPO-Reform unter besonderer Berücksichtigung der Neufassung des § 142 ZPO. 2007.

Band 18 Walter Boeckh: Beschwerde und Rechtsbeschwerde im Zivilverfahren. 2007.

Band 19 Gökçe Nazar Uzar: Rechtsmittel gegen Schiedssprüche nach dem neuen deutschen und türkischen Schiedsverfahrensrecht. 2007.

Band 20 Christa Kraemer: Eigenkapitalersatz und Insolvenz. Klassische und moderne Fallgruppen. 2007.

Band 21 Martin Beckmann: Statutarische Schiedsklauseln im deutschen Recht und internationalen Kontext. 2008.

Band 22 Ulf Pechartscheck: Entgeltansprüche aus Altersteilzeitarbeit in der Arbeitgeberinsolvenz. Analyse gegenwärtiger Sicherungsmodelle in Deutschland. 2008.

Band 23 Thomas Baumann: Patentstreitigkeiten vor Schiedsgerichten. Eine rechtsvergleichende Betrachtung ausgewählter Probleme nach deutschem und schweizerischem Recht. 2008.

Band 24 Désirée Cimmino: Das UNCITRAL-Modellgesetz über internationale ADR-Verfahren in Wirtschaftsstreitigkeiten. 2008.

Band 25 Ralf Burkhard: Der Einfluss der Schuldrechtsreform auf von § 103 InsO erfasste Kaufverträge. 2009.

Band 26 Stefan Roßkopf: Die Aufrechnung im deutschen und englischen Insolvenzrecht. Eine rechtsvergleichende Untersuchung. 2008.

Band 27 Thomas Rothammer: Die insolvenzrechtliche Restschuldbefreiung – Probleme und Lösungen. 2008.

Band 28 Franziska Schmalenberg: Anerkennung von Patenten in Europa. 2009.

Band 29 Michael Schaumann: Reform des Eigenkapitalersatzrechts im System der Gesellschafterhaftung. Unter Berücksichtigung der Änderungen durch das MoMiG. 2009.

Band 30 Hengliang Shen: Das Absonderungsrecht in der Insolvenz. Erfahrungen aus Deutschland und die Praxis in China. 2009.

Band 31 Alexander Panier: Der Grundsatz der Schadenseinheit. 2009.

Band 32 Ming-Sheng Liu: Die richterliche Hinweispflicht. Dogmatik und Rechtskultur. 2009.

Band 33 Lothar Czaja: Umsetzung der Kooperationsvorgaben durch die Europäische Insolvenzverordnung im deutschen Insolvenzverfahren. 2009.

Band 34 Stefanie Reiche: Die prozessualen Folgen eines Betriebsübergangs nach § 613a BGB. 2009

www.peterlang.de